心理学译丛

社区心理学
——联结个体和社区
（第2版）

Community Psychology Linking Individuals and Communities 2ND Edition

[美]　詹姆士·H·道尔顿（James H. Dalton）
　　　毛瑞斯·J·伊莱亚斯（Maurice J. Elias）　著
　　　阿伯汉姆·万德斯曼（Abraham Wandersman）

王广新　等译

中国人民大学出版社
·北京·

心理学译丛·教材系列
出版说明

我国心理学事业近年来取得了长足的发展。在我国经济、文化建设及社会活动的各个领域，心理学的服务性能和指导作用愈发重要。社会对心理学人才的需求愈发迫切，对心理学人才的质量和规格要求也越来越高。为了使我国心理学教学更好地与国际接轨，缩小我国在心理学教学上与国际先进水平的差距，培养具有国际竞争力的高水平心理学人才，中国人民大学出版社特别组织引进"心理学译丛·教材系列"。这套教材是中国人民大学出版社邀请国内心理学界的专家队伍，从国外众多的心理学精品教材中，优中选优，精选而出的。它与我国心理学专业所开设的必修课、选修课相配套，对我国心理学的教学和研究将大有裨益。

入选教材均为欧美等国心理学界有影响的知名学者所著，内容涵盖了心理学各个领域，真实反映了国外心理学领域的理论研究和实践探索水平，因而受到了欧美乃至世界各地的心理学专业师生、心理学从业人员的普遍欢迎。其中大部分版本多次再版，影响深远，历久不衰，成为心理学的经典教材。

本套教材以下特点尤为突出：

● 权威性。本套教材的每一本都是从很多相关版本中反复遴选而确定的。最终确定的版本，其作者在该领域的知名度高，影响力大，而且该版本教材的使用范围广，口碑好。对于每一本教材的译者，我们也进行了反复甄选。

● 系统性。本套教材注重突出教材的系统性，便于读者更好地理解各知识层次的关系，深入把握各章节内容。

● 前沿性。本套教材不断地与时俱进，将心理学研究和实践的新成果和新理论不断地补充进来，及时进行版次更新。

● 操作性。本套教材不仅具备逻辑严密、深入浅出的理论表述、论证，还列举了大量案例、图片、图表，对理论的学习和实践的指导非常详尽、具体、可行。其中多数教材还在章后附有关键词、思考题、练习题、相关参考资料等，便于读者的巩固和提高。

希望这套教材的出版，能对我国心理学的教学和研究有极大的参考价值和借鉴意义。

中国人民大学出版社

关于作者 >>>>>>>>

About the Authors

社区心理学——联结个体和社区（第2版）

我是 James H. Dalton 博士，宾夕法尼亚州布卢斯堡大学教授。我在弗吉尼亚长大。我在田纳西州国王学院获得文学学士学位，于康涅狄格州立大学获得博士学位。我和 Maurice Elias 合作，共同创立了社区心理学教育团体，这个教育团体是社区心理学课程的资源。这个教育机构可以促进社区心理学家课程资料的交流以及社区心理学教师之间思想的交流，有《社区心理学家》（The Community Psychologist）时事通讯专栏。在布卢斯堡大学，我是种族公平特别工作组的领导者，致力于人类多样性和社会公正的社区/社会变革。我也和 Frederick Douglass 一起工作，建设学习型社区。我们把不同种族、不同民族的布卢斯堡大学的新生们安排在同一个学生宿舍，一起上课，建设共享社区。

我最初对社区心理学感兴趣，是因为这可能与我生活的社区的优点和缺点有关，还可能和我关注社会公正有关。我成长的时期，正好是民权运动和全社会的反贫穷运动如火如荼的时期。在大学期间，我参加了以忠诚为基础的社区服务活动，这段在新泽西纽瓦克的学习经历，加深了我对社区心理学的兴趣。在康涅狄格州立大学，上研究生的第一天，我遇到了 Maurice Elias，尽管我们背景不同，却成了很好的朋友和同事。后来我遇到了 Abraham Wandersman，在两年一次的社区研究和行动协会（SCRA）会议上成为好朋友。在研究生院，最幸福的事情就是遇到了我的妻子 Carolyn，她的真爱、陪伴使我能够完成这本书的写作。我有两个孩子，他们在宾夕法尼亚州米尔维尔教友会上很活跃。读到这一段的时候，希望我已经重新开始自己最喜爱的运动：在阿巴拉契亚山脉远足。

James H. Dalton

我是 Maurice J. Elias 博士，美国罗格斯大学教授。我从美国纽约州立大学王后学院获得学士学位，于康涅狄格州立大学获得博士学位。从 1979 年开始，我与别人共同开发了社会决策和社会问题解决项目，该项目获得了 1988 年国家心理健康协会颁发的罗拉·罗兰预防奖。同时该项目被美国国家教育安全、无毒品学校委员会，学校心理学家全国协会、性格教育协会以及其他的一些全国组织列为示范项目。

目前，我是合作以促进学术、社会和情感学习协会（CASEL）的领导，新泽西州儿童联盟和希望基金的理事。与 CASEL 的同事一起，我出版了《促进社会和情感学习：教育者指南》（*Promoting Social and Emotional Learing：Ceuidelines for Educators*），该书由课程发展与管理联盟出版，在美国以及国际上有超过 100 000 的教育领导者因此受益。受联合国教科文组织国际教育局的委托，撰写了有关文件，与联合国教科文组织合作的相关文件可以在 www.CASEL.org 网站中找到。我在预防领域撰写了许多书和文章，并且在社区研究和行动协会（SCRA）任职，最近为创建社区心理学这一领域的实践期刊而努力。

我出生在纽约的布隆克斯，在我小的时候，父母带我去过洋基球场许多次。这对我有深刻影响，使我一生都对体育感兴趣，尤其是大学的篮球运动。另外我还担任比尔德纳犹太人生活研究中心的特约研究员，致力于让世界更加美好、更加公正的研究和实践。这些也是我的妻子 Ellen 以及我的孩子 Sara 和 Samara 共同追求的目标。在我的家庭里，我觉得相互之间的隔阂越来越少，而在社会乃至整个世界范围，隔阂显得越来越多。对我而言，社区心理学正不断完善我的人格，促进我的职业发展。

Maurice J. Elias 博士

我是 Abraham Wandersman 博士，是美国南卡罗来纳大学心理学教授，从美国纽约斯托尼布鲁克大学获得学士学位，从康涅狄格州立大学获得博士学位。我从事公民参与社区组织、社区联盟方面的研究以及项目评估工作，是《预防 Ⅲ》（*Prevention Plus Ⅲ*）的合著者，还是《授权评估：自我评估、责任知识和工具》（*Empowerment Evaluation：Knowledge and Tools for Self Assessment and Accountability*）的合作编辑。我发表了一些文章，出版了一些著作。1998 年，因为在评估实践中的成就，美国评估协会授予我米达尔奖。2000 年，我当选为社区研究和行动协会主席。2005 年，由于我在理论和实践方面的杰出贡献，受到社区研究和行动协会的奖励。在和疾病预防与控制中心的项目合作中，我正从事家庭暴力预防和性暴力预防领域开展授权评估系统方面的工作。

我出生在德国纳粹集中营，是纳粹大屠杀幸存者的后代。在我九个月大的时候，父母带我来到美国，我在纽约长大。在我 6 岁的时候，我的妹妹死于一场医疗事故，从那时开始，我就梦想着要提高人们的生活质量。失去一个孩子对每个家庭而言都是一场悲剧，但是对于大屠杀幸存者而言，失去了一个孩子更是一场灾难，因为每个孩子，不仅是父母眼中的珍宝，而且还是对希特勒及其种族主义的驳斥。1967 年，我进入斯托尼布鲁克大学，那是我人生的转折点。斯托尼布鲁克大学是孕育社会变革的温床。我改变了我的专业，从医学预科转到心理学专业，并且以社会科学作为我的职业。在斯托尼布鲁克大学，我遇到了 Lois，在我去康涅狄格州立大学读研究生之前，我们结婚了。当我彷徨于"学习如何思考"这个问题时，Lois 给了我很大的支持。在康涅狄格州立大学，我主修社会/人格心理学，但是对其他的课程也有所涉猎。我也研究了儿童和家庭精神病理学、社会组织和变革、环境心理学。我在乔治皮博迪学院获得了第一份教学工作，Bob Newbrough 介绍我进入到社区心理学这个新领域。

我非常感谢我的妻子 Lois 以及我的两个孩子。感谢他们给予我的爱。我与家庭、社区的联系就是我的生活所在。

Abraham Wandersman 博士

　　我一直很害怕成为教科书的作者。他们怎样鼓起勇气，以界定该领域？他们怎样花时间去深入、细致地了解也许和自己的专业相去甚远的研究，然后再以浅显易懂的方式表达出来？写一本教科书有大量的工作要做。好的教科书不仅给初学者展示了一个令人兴奋的领域，而且对于在这个领域探索多年的人而言，好的教科书同样会有新的洞见。这本书就非常卓越和出色，该书文笔流畅，引人入胜，富于学术气息而且又很综合、全面。

　　这本书在两方面有所超越和创新。一是在概念框架上，二是在教学方法上。

　　在概念框架上，我们人类倾向于把自己看作是宇宙的中心。我们对于一个事件做因果关系归因的时候，倾向于把责任归因为个体的性格、意图和行动，而不是把责任归因于个体所处的情境。这种力量非常强大，以至于社会心理学家把它命名为"基本归因错误"。研究人格和精神病理学的心理学家尤其倾向于用个体的特质去解释个体的成功与失败。临床心理学家，尤其易于通过改变个体，或者改变个体看待世界的方式去取得治疗进展。相反，社区心理学家关注的是人类行为的情境性。他们试图理解我们的行为及行为结果如何受到文化、我们生存的物理和社会环境、我们可以自由支配资源的影响。本书的作者帮助学生成功地转变思维视角，情境既对行为产生影响，同时又是行为变化的目标。当然，如果像忽略情境那样，忽略个体差异，将会导致过度概括化和简单的世界观。Dalton、Elias 和 Wandersman 并没有犯这样的错误，而是大大推进了情境化的研究视角。

　　在教学方法上，根据"成功教育和预防项目"的研究："个体通过与学习材料和学习情境的积极互动，产生自身的理解意义，通过这个过程，学习得以促进。"本书包含大量练习，鼓励学生积极实验在书本中提到的概念，并且把这种思想应用到学生自己或他们所在的社区中。在这点上，作者是出色的教师，他们考虑的不仅仅是如何把原材料呈现给积极主动的学习者，而是在考虑如何适应学生已有的知识结构，让学生积极主动地参与学习。这样的考虑在教科书中是很不寻常的，但是，如果我们了解了作者，我们就不会觉得奇怪。Dalton 和 Elias 在过去的十几年中，一直在做"教育联结"。

Marybeth Shinn

纽约大学心理学系教授

这本书不仅仅是传统意义上用来引导学生进入某一领域学习的大学教科书，它很有特色。这本书可以引导读者熟悉社区心理学中的关键概念，像设计、评估和实行预防以及社区发展项目。更重要的是，对于有些想在自己生活的社区执行以社区为基础的项目的公民和学生，这本书将是重要的资源。

本书的三位作者是向导，会引导我们游历社区心理学的多个侧面。他们已经建立了该领域的综合测评机制。更重要的是，通过他们的工作，社区心理学已经不再局限和封闭于学术领域，在评估和公共领域也有很大的应用。本书的成功之处在于，读者在阅读过程中会逐渐发现，虽然在书籍的文字和页码中也有丰富的思想、发现、概念和实践应用，但社区心理学不仅仅存在于此。这本书真正有冲击力的地方在于，读者可以采用本书的观点和思想，并且可以把这些思想应用到他们自己的社区中。当读完这本书后，读者可以充满自信地实施他们自己的社区心理学思想。

读者可以尝试自己的社区心理学，这个信念实际上通过以下事实得以巩固。在本书的写作过程中，书中的很多素材取之于本书的目标受惠者。作者和他们平等交流，不断获得反馈。从这个意义上说，在本书中呈现的思想已经获得检验：在人们真实的生活情境中实验。这里所呈现的知识是可靠的，本书的概念和研究发现在多种社区背景中得以检验。在研究过程中是负责任的，所以，消费者、当事人、公民在整个工作中都有自己的话语权。读者可以把这本书中的思想作为自己开展社区工作的良好开端。

这本书的主要目的，不仅要在社区心理学的活力、社区心理学的品质等方面给读者留下深刻印象，而且，作者有一个非常好的观点是，社区心理学是一个可以触及、容易接近的领域。我个人很高兴去揭示社区心理学的这个特性。

这本书对于那些致力于社区心理学的发展，工作时间超过40年的社区心理学家来说，是一个见证。现在，有大量可行的、可以检验的思想和项目。本书中提到的很多人，他们或者通过自己的研究开创了一个新领域；或者积极参与到居民、社区生活中，展开示范项目或者预防项目。本书中所呈现的知识和洞察来自于大学教师、大学生以及社区心理学家在大学之外开展的工作。

　　这本书也证明了社区心理学家有多么独特，精力充沛，生机勃勃。尽管社区心理学家在整个心理学家群体中只占一小部分，但我们在这里所引用的社区心理学家的工作，对于心理学科学研究主题的重新界定、发展有很大贡献，使心理学在研究视角上有所转变，例如，从关注疾病、功能障碍逐渐开始关注发展社会能力和个体资源。

　　第二次世界大战之后，促进心理健康，这是许多专业人士的强烈愿望，现在这个愿望正在实现。社区心理学家，正如本书所阐述的那样，知晓促进心理健康的知识和技巧以及如何学习和培养这些知识和技巧。除此之外，越来越多的社区心理学家开始理解社区作为支持系统的能力。

　　这本书阐述了社区心理学这一领域中令人兴奋的品质，呈现了社区心理学家在设计和评估社区项目时所用的各种方法，这些方法令人耳目一新。因为没有一种方法能完全理解社区心理学的主题，我们鼓励读者选择适合自己社区和项目的方法。社区心理学方法的多样性也说明，社区心理学可以满足多样化社区的多重需要。社区心理学是一门适应人们独特文化背景的科学，这是社区心理学的中心思想，在这本书中也体现得比较明显。

　　社会能力/心理健康主题与社会环境属性和生活在其中的人的属性是关联的。这是社区心理学成功地转变心理学家关于预防视角的根据。人们现在越来越把预防理解为个体积极品质的不断培养和社会环境的发展。本书一共15章，每章都阐明了对健康和情境的关注。作者提供了一个非常有吸引力的机会，引导读者参与到这次令人激动的冒险之旅中。

James G. Kelly

Davis，加利福尼亚

伊利诺伊大学芝加哥校区心理学系荣誉教授

前 言 >>>>>
Preface

社区心理学——联结个体和社区（第2版）

　　我们诚挚地邀请您通过畅游本书而理解这一令人激动的研究领域——社区心理学。我们致力于社区心理学，是因为社区心理学魅力十足，我们的价值、思想和生活都为之吸引。我们希望这本书对于广大读者也可以起到同样效果。

　　为使您在本书的阅读中能兴趣盎然，本书涵盖了大量的练习、问题和例子以使您能更好地理解和思考在您社区中的个体。我们吸收第1版的写作优点，继续收录了大量的练习和实践。社区心理学是一种生活方式，能够应用到许多生活情境和社区中，这本书正反映了这种视角。

　　我们希望这本书对于心理学及相关领域的本科生和研究生有所帮助。我们还希望能为社区心理学家、公民以及其他领域的专家提供社区心理学的概览。最后，我们力求为社区心理学在概念体系上做出自己的贡献，为该领域的学者和活动家提出可供探讨的问题，通过不断的对话，使社区心理学取得新的进展。

　　经过大量的反馈，本书的所有章节都有所修改。每章都有第一作者，他的视角对该章的内容影响深刻。James Dalton 是1～8章、第12章、第13章和第15章的主要作者。Maurice Elias 是9～11章的主要作者，Abraham Wandersman 博士主要负责第14章。Elise Herndon 和 James Dalton 合作完成了第8章，并且为第1章内容提供了素材。

致谢

　　如果没有本书作者生活和工作的团队的支持，那么本书的构思和写作的完成都将是十分困难的。Jean Ann Linney 最早孕育并策划了这本书，在承担了其他工作之后，仍然鼓励我们完成该书。Elise Herndon 完成了第8章第一稿的写作，并且完成了第1章和第8章中"伊莱恩"部分的写作。我们同样感谢 Marianne Taflinger，本书的编辑，她的容忍和大度帮助我们顺利完成了本书的写作，并且最终出色地完成了这一计划。除此之外，我们还要感谢 Jim Kelly 和 Beth Shinn，他们为本书写了序言，并且在很多方面给予我们鼓励和帮助。我们感谢每一位同事的支持。

在第1版中，我们感谢了曾经影响了我们对于社区心理学和社区生活观点的人。在这一版中，我们仍然要感谢我们的同事和学生，他们在教室里，在会议上，或者通过调查和 E-mail 给我们意见和建议。我的学生们以极大的耐心阅读草稿，写反馈意见，测试练习题目，同时能忍受我们工作中的一些错误。Tracy Fox，布鲁斯堡大学的学生，做了极为出色的校对工作。我们也同样感谢最近的其他社区心理学家的教材，很有价值，例如，Murray Levine、Douglas Perkins、David Perkins、Jennifer Kofkin Rudkin、Geoff Nelson、Isaac Prilleltensky、Karen Duffy、Frank Wong、John Scileppi、Elizabeth Teed 和 Robin Torres，所有这些人都为社区心理学的对话与交流做出了杰出的贡献。

评论家的支持和批评的确也非常有价值而且非常值得我们深思。我们尤其要对 Jean Hill 深表感谢。他来自美国新墨西哥高地大学，他提供了广阔的、有洞察力的、影响深远的评论。我们还要感谢其他的评论家。他们是：Bill Berk owitz，来自美国马萨诸塞州立大学；Graig Brookins，来自美国北卡罗来纳州立大学（罗利）；RikD, Amato，来自北科罗拉多大学；Eros Desouza，来自伊利诺伊州立大学；Joseph Durlak，来自芝加哥罗耀拉大学；James Emshoff，来自佐治亚州立大学；Kelly Hazel，来自美国大都会州立大学；Marc Levy，来自南俄勒冈大学；Mercedes McCormick，来自佩斯大学；Clifford O'Donnell，来自夏威夷大学；Loretta Simons，来自威得恩大学；Jennifer Woolard，来自美国乔治敦大学。

Jame Dalton 还要尤其感谢宾夕法尼亚州米尔维尔宗教教友会的成员们。他们在我们前后两版书的写作中，在精神上给了我们很大的支持。Maurice Elias 要感谢合作以促进学术、社会和情感学习协会（www. CASEL. org）的同事们以及我们所有的合作者，他们热爱孩子、家庭、学校以及养育我们的社区，这些都激励 Maurice Elias 成为一名更出色的社区心理学家，并引导别人也这样做。Abraham Wandersman 要感谢他的学生为理论、研究和行动所做的贡献，这些理论、研究和行动使得社区心理学对社区建设更有价值。Abraham Wandersman 还要感谢 Kevin Everhart 和 David DuBois，他们为第14章的写作提供了指导和支持。最后，我们要深深地感谢我们的家人，他（她）们的爱、耐心、勇气与支持丰富了我们的生活。

James H. Dalton
Maurice J. Elias
Abraham Wandersman
2006 年 4 月

第 2 版的变化：概览

　　很高兴听教师和学生告诉我们，我们的第 1 版《社区心理学》让他们很兴奋。这本书深化和扩展了他们的生活视角，增强了对社区生活的希望，加深了对社区心理学领域的了解。Kenneth Maton（2003）在《当代心理学》中评论我们第 1 版《社区心理学》"写得很好，富于革新精神，提供了很多实用信息"，并且把生态学视角和社区心理学的核心价值作为我们第 1 版社区心理学独特的贡献。在第 2 版中，我们在个体卷入、注重价值的基础上，扩展到多水平的研究视角。

　　我们在尽量保持第 1 版优点的基础上，对许多章节做了大量的修改。这些修改是以我们的同事、学生、评论家的良好建议为基础的（这里我们表示感谢）。我们还对我们的本科生和研究生在教室里进行了实地试验，并且仔细考虑了他们的意见和建议。

　　正如一些教师和学生建议的那样，第 2 版中，我们增加了个人和社区叙事，扩展了案例以使整本书更加生动。同时也扩展了社会政策研究并倡导这部分内容，注意了社区研究的多学科视角（例如社会资本的概念），增加了提高邻里和社区生活的干预这部分内容。我们认为社区心理学比以前更加国际化，更加注意人的多样性，更加注意到社会和文化的细微差别。也许更重要的是，我们以一种独特的视角，以谈论学生生活现实和关注问题的方式来传递社区心理学。例如，我们提供一个叙事，证明普通的公民如何一同工作、改变他们的社区、参与社区变革。我们也会通过举例来更加生动地说明，社区心理学的概念如何扩展了持临床观点学生的视角。

　　我们保留了第 1 版中很多优点，这些优点是在其他的社区心理学教材中很少见到的。这些优点包括：在整个章节中都关注社区心理学这一领域的发展，研究情境和方法，社区的概念（包括社区感的概念），人的多样性概念，杰出的预防项目，实施预防项目，公民参与以及项目评估。我们同样保留了本书第 1 版中在教育方法方面的优点，例如在章节开始和结束时候的练习。

第 2 版的变化：具体章节

评论家们，尤其是学生们告诉我们，加入更多的故事会使导论变得更加生动。我们接受了他们的建议，在第 1 章中强调了两个生动的例子。一个涉及伊莱恩，她的故事证明了个体生活如何与社区、宏观系统交互作用，在理解了生态学水平分析，识别了社区资源之后，证明了临床治疗如何得以进一步强化。第二个例子描述了 Debi Starnes（2004），一位社区心理学家，如何在美国佐治亚州市议会工作，实现社区心理学的价值。除此之外，我们强调了 Rhona Weinstein（2002a）"达到更高目标"的例子，有关在学校中教学的重要评论。我们保留了原版中的两部分内容，因为这两部分能给学生留下深刻印象：以九点问题作为开篇练习，以抢椅子的音乐游戏为隐喻来理解无家可归的现象。

第 2 章，有关社区心理学的历史。新版现在更加关注在过去的 60 年中，社区心理学的诞生和发展。应评论家的建议，我们强调了社区心理学领域的国际化和全球化的进展，涵盖了 Barbara Dohrenwend 和 Marie Jahoda 的概念贡献，阐释了在该领域，有影响的早期的情境以及与授权概念、女性主义、批判主义以及解放的视角的契合。我们仍然在使用 Levine（1992）的历史推动力的概念，Ryan（1971，1994）谴责无能者的概念、公平分享、公平竞争的概念以及 Rappaport（1981）关于在多重辩论的基础上，采用差异推理鉴赏多重事实的概念。尽管我们的政治观点是激进的，但是我们也关注保守观点和社区心理学的共同基础。至少在美国的环境背景下，这本书是体现了两种历史趋势对社区心理学影响的少数教材之一。

第 3 章和第 4 章，研究方法的章节，涵盖了新的女性主义社区心理学研究，建构主义和批判主义方法，并且详细说明了 2002 年芝加哥会议中参与性社区研究的方法和范例（Jason *et al.*，2004）。第 4 章新增加了社区案例研究，社会革新和传播实验，整合定性研究和定量研究方法以及更新的社区心理学研究的例子。这本教材，在目前的社区心理学领域，是少数能以这样的深度来讨论社区心理学研究方法的两本教材之一。

第 5 章阐释了该领域的基本的生态学概念，并且得到了读者的肯定和表扬。在这一版，我们要讨论 Moos（2002，2003）有关情境的整合性论文以及活动情境概念（O'Donnell，Tharp & Wilson，1993）。这一章也包括增加的、更新的有关邻里和个人生活（Shinn & Toohey，2003）以及邻里水平变革革新。

第 6 章为社区概念和人类的多样性。在新版中，我们修改了此章的内容。此章涵盖社区的概念，包括最近的有关社区感的工作（如 Fisher，Sonn，& Bishop，2002）以及 Putnam（2000）的"独自玩保龄球"，在社会资本领域获得广泛认同的工作。当然，对于这两个概念，我们都在社区心理学层次上加以应用和评价。我们阐释了社区的概念如何可以应用到精神信仰型社区，社区服务学习机构以及在线社区。对于这些重要的问题，在众多著作中，我们是唯一以整章篇幅来论述的。

第 7 章论述人类多样性问题。我们的第 1 版教材是第一部以整章内容揭示这个主题的社区心理学教材。在第 2 版中，我们继续发扬这一优势。正如读者建议的那样，我们把"压制"的动力与"解放"和社会变革更加清晰地联结起来。通过阐述 Ortiz-Torres、Serrano-Garcia 和 Torres-Burgos（2000）的工作，分析了文化和解放之间的冲突。在第 7 章中也涵盖了更多的认同发展，更新了的个人主义—集体主义概念范畴以及对这些概念的评价。而且，我们一直在强调人类多样性的三个维度，每一个人都能在这三个维度中找到自己的位置。

应读者要求，我们（和 Elise Herndon）修改了第 8 章，更加生动地强调社区—生态学视角如何影响个体/家庭的应对方式，如何影响到了心理健康服务系统。我们提供了一个综合的、多水平的概念框架，以强调情境过程和资源、积极的结果，为从社会政策到临床治疗的干预做准备。所有这些都以第 1 章提到的伊莱恩案例的细节进行说明和阐述的。Elise Herndon 也阐述了她从严重事故中恢复过来的经历，并且以她在灾难心理健康服务机构的经历，向我们描述了丽塔飓风和卡特里娜飓风给美国海岸带来的生态巨变。更新的互助型群体的内容（包括在线互助群体）也在第8章中。

9～11章阐述了预防/促进的关键概念、案例和问题。这些内容是我们第1版《社区心理学》的独特之处（Maton，2003）。第10章包括更多的现在的预防/促进项目，同时还保留了许多经典的预防方法的案例。第11章保留了预防/促进项目实施以及情境化的开创性分析。在同类的社区心理学著作中，这是唯一论述该问题的一章，也得到了我们许多读者的好评（Maton，2003）。

第12章和第13章形成一个单元，阐述社区和社会变革如何介入个体生活。读者建议，关于这个话题，应该从丰富的文献中，加入更多的真实故事，于是我们这样做了。第12章从个体加入社区决策和社会政策的故事开始，接着描述了四位社区活动家以及两个个人社会政治发展的定性研究。这种叙事生动地证明了，表面上看起来很普通的人，如何成为影响社区和社会变革的倡导者和领导者。我们把这些故事和后面的概念讨论结合起来。正如读者建议的那样，第12章现在涵盖有关力量和授权的独特的、跨学科的分析。我们同样完善了授权社区情境、授权的困境等内容，这些内容是我们第1版社区心理学的优点（Maton，2003）。

第13章以六个有吸引力的社区和社会变革的故事开始。接着，我们结合这些故事，进行社区变革七种方法的分析。正如读者建议的那样，我们扩展了政策研究和倡导这部分内容，结合社区心理学家对无家可归的政策倡导进行了分析（Shinn，Baumohl & Hopper，2001）。第13章反映了授权和社区/社会变革的多水平的、生态学的视角，这种视角强调社区心理学的价值，同样也强调社区心理学的概念和方法。我们的目标是帮助学生理解社区和社会变革是与他们的生活紧密关联的，鼓励学生努力参与到社区和社会变革中，实现他们的价值。

第14章以一个案例开始，展示评估和项目促进在日常生活中是普遍存在的。接着，我们扩展到公民如何使用评估的方法去监测和促进社区项目，当然，我们还强调了授权评估。在社区心理学教材中，只有一本和我们的教材一样涵盖了项目评估的内容，而只有我们以独特的视角，把社区项目发展、项目评估、评估的概念和实践有机地整合起来。

第15章我们做了结论性概览。我们增加了Kelly（1971）社区心理学家品质的内容，社区心理学的精神和本质价值，联结了社区心理学的历史和未来。我们同样也想促进学生发扬致力于社区和社会变革的乐观精神，也增加了在真实生活中社区和社会变革的例子。最后，让学生预想他们理想的未来社区和社会，通过这个练习，结束全书。

 ## 可供选择的章节安排

社区心理学课程的教师可能会有他们自己喜欢的组织概念和主题方式，在第2版中，我们能使您更方便地安排章节的顺序。与此同时，又以社区心理学的核心概念为基础，促进学生了解社区心理学概念及其相互作用。可以按照这样的顺序来安排，我们的建议是，以第1章和第2章作为社区心理学导论，尽管一些教师喜欢只以第1章作为导论。

导论部分之后，您可以直接进行到5～7章（生态学、社区、多样性）。为了更早地强调授权的观点，您也可以选择第12章（授权和公民参与）、第13章（授权和社区/社会变革），让它们更早地与学生见面。

如果您的课堂上有许多持临床观点的学生（包括临床和咨询心理学的本科生，同样包括关注点尚未明确的研究生），扩展他们的视角，让他们学会以生态学和预防的观点思考，这是本书的一个重要目标。为了吸引学生的注意力，增强他们的学习兴趣，您可以早一点安排第8章的内容（应对方式），以强调临床概念和社区概念的整合。还可以选择8～11章（应对和预防/促进）作为一体化的单元。第14章可以用来证明项目评估如何促进项目实施，保证项目质量。然而，完整地涵盖社区心理学需要在恰当的时候，讲到 5～7 章和 12～13 章。

您也可能希望在 3～4 章之后安排第 14 章（项目评估），以证明科学思维的逻辑如何应用到实际的社区项目监测中。有一些教师也在课程快结束的时候，安排第 3 章、4 章、14 章，在讲完生态学、社区、多样性、授权之后，第 3 章、4 章、14 章强调的参与研究和文化适应对学生来讲可能有更深的内涵。我们的学生也发现，第 14 章的内容，对于评估社区干预的论文很有用。

教学方法

一些教师和学生认为，我们的教学方法很有吸引力，是这本教材的一大优点。我们在第 2 版中仍然保持了这一优点，致力于整合教学方法，促进学生思考、洞察、应用和行动。这包括强调每一章的提纲、要点，作为前导手册，以开篇练习提高学生的兴趣，促进概念的应用；标题、表格突出关键概念；用本章小结指出本章的主要主题和概念；以推荐阅读和推荐网站帮助学生做更深的探索。在第 1 章中，为了让学生了解这些教学方法特性，我们设置了"给学生的建议：如何合理使用本书"。

我们希望您能注意到每一章结束时的简短练习以及间隔几章出现的章际练习。这些内容对您来讲，是可用的资源，可以促进学生概念的应用，如在个体水平上，在小群体或者在全班的讨论中，这些资源都很重要。一些练习还包括让学生参与课外的项目。

在第 1 章的第一个简短练习形成了一个框架，这是由 Maurice Elias 设计的，让学生写下对每一章的反映。在教学中，我们针对一些章节使用这样的方式，我们鼓励您调整结构以使之适应您课程的需要。我们发现，这对弄清楚学生们如何思考，什么是他们理解的、什么他们没有理解，是非常有价值的。

章际练习（在第 4 章、5 章、8 章、9 章之后）或者是长一点的练习，或者是帮助学生分析、阅读社区心理学文献的有用工具。在我们的教师指导手册中有更多的练习和项目示范。有一些成为社区心理学教育联盟的专题，社区心理学教育联盟是 Maurice Elias 和 James Dalton 在 1982 年创立的，该联盟也出现在社区研究和行动协会的《社区心理学家》（*The Community Psychologist*）通讯中。要想了解更多社区研究和行动协会（the Society for Community Research and Action，SCRA），或者想成为其成员，请登录这个网址：http：//www.scra27.org/。

这本书在 Info Trac 大学版在线服务上有压缩版。Info Trac 大学版在线服务能为您提供杂志和最近的期刊阅读服务，包括社区心理学家阅读的一些期刊，像《美国社区心理学》（*America Journal of community Psychology*）。Info Trac 大学版在线服务还包括一些很流行的期刊，学生在那里可以阅读了解到最近的社会和社区问题。

目 录

第二部分　社区研究

第三部分　理解社区

第四部分　预防问题行为和增强社会能力

第五部分　促进社区和社会变革

第 12 章　公民参与和授权 / 269

第 13 章　社区和社会变革 / 289

第 14 章　项目评估和项目发展 / 312

第一部分

社区心理学导论

第1章

什么是社区心理学

致读者

欢迎来到社区心理学，欢迎阅读本书！

人类依托于社区。与他人之间的关系是我们生活的中心。个人的生活和社区生活相互交织，本书将介绍这种相互交织存在的形式。

我们的写作会受到我们观点、视角的影响（在一些问题上，我们有不止一位作者）。整本书，我们都努力做到全面公正地探讨双方观点。然而不可避免地，我们的著述是我们经验及看法的结果。那些拥有不同经验和看法的人可能会持不同的观点，对此我们表示尊重。本书在设计的时候，

就希望能引起讨论，使您能发展和表达自己的观点，并理解别人的看法。

我们希望您读完本书后会有以下一些收获：更好地理解社区心理学；更欣赏个人、社区以及社会的交互作用；更明白自身的价值；主动考虑并尊重社区和社会问题；热情地参与社会和社区变革，将所在社区和社会建设得更好。我们研究社区心理学，是因为我们的思想、价值观为之吸引，影响了我们的生活。我们衷心希望本书能给您带来同样的感受。

给学生的建议：如何合理使用本书

开始阅读前，请先考虑以下这些建议，以便您能更好地阅读本书。系统地学习可促使您在阅

读时能更多地参与，帮助您学到并记住更多的内容。

● 每一章的开始都有章节概要。它是一个先前组织，旨在构建本书的学习框架。在阅读每章之前，浏览一下本章概要，以了解章节中的重点。读完一章后应再复习一遍。

● 阅读时，应注意章节标题，章节标题往往包含着关键术语。其他关键术语在每章正文中会以特殊形式标出，并列在每章总结里。重点概念也会在每章正文的表格中列出。对课堂教学和测验来说，要求学生能对这些术语进行定义并举例。

● 大多数章节会以开篇练习开始，要求你对一些内容进行思考，往往还要写下思考的内容。花点时间做一下，它会使接下来的阅读更有趣。

在一些章节里，我们也在其他地方插入思考练习和问题。

● 我们建议记录（或者至少思考）读完每章后你的反应。在第 1 章的第一个简短练习中，我们给出了一个这种做法的模板。这个模板包括发现、情感、问题以及争论。这样做可以帮助你从阅读中学到更多的东西，并更多地参与课堂讨论。

● 每章最后，我们给出了一些小练习，使你的所学得到应用。可能的话做一做。你的老师可能会布置其中的一些作业，或在课堂上使用它们。

● 每章结尾，我们还给出了一些推荐读物和推荐网址。这些可以扩展你关于所读内容的学习。

● 几章过后，我们还安排章际练习，它们提供了前面章节提到的概念，比小练习更有深度。

开篇练习

在开始阅读本章之前，先看一下图 1—1，这就是通常为人熟知的九点问题，试着去解决这个问题。在你忍不住要看下一页图 1—2 的答案之前，我建议您多花几分钟时间去思考，尝试找到解决的方案。对于答案图 1—2，您是否觉得很惊奇？以下是本书一位作者的解释（Jim Dalton）。

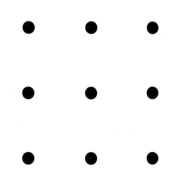

图 1—1　九点问题

要求：设计一条路径，连续画四条直线穿过图 1—1 的 9 个点。在画的过程中，笔不要离开页面，并且不要重复画线。

当第一次遇到这个问题时，我花了几分钟的时间去尝试解决这一问题，尝试了各种

可能的方法，但都失败了。当然，当我看到答案时，我惊异于答案的简单。我犯了大多数人在面临这一问题时都会犯的错误：9 个点的 3×3 排列对我来说形成了一个问题箱，而我尽力在那个问题箱内尝试去画 4 条连续的直线。我的思维局限于问题箱内，先前的假设不仅是不必要的，而且这样的思维定势会使这个问题根本无法解决。

真正的问题，是我对于这一问题的预先假设和思维定势（还有当我解决问题失败后剧增的沮丧情绪）。九点形成的问题空间不仅限制了我的视点，同样也限制了我的思维，而这样的结构框架作用十分强大，因为我在解决九点问题时不仅没有识别出，也没有质疑这一框架。这就是为何"跳出问题箱"思维和问题假设是如此重要的原因。

社区心理学关注社会、社区和个人间的关系。这些问题要比图 1—1 中的九点问题复杂得多。然而这一简单的谜题却包含了本书中许多关键的信息。对问题的假设，决定了解决问题的方式和手段。尤其是我们没有意识到，在做这样的假设时，文化背景、个人经验、教育和反应倾向（有时正

是伴随教育习得的反应倾向）促成了这些偏好的形成，这些假设实际上阻碍了对问题的有效解决，假设反而成为真正的问题。如果忽视了这些预先假设，那么将不会被这些概念框架所局限（Seidman & Rappaport，1986）。

在本书中，我们希望拓宽您对框架问题的思维。图1—2为图1—1九点问题的答案。

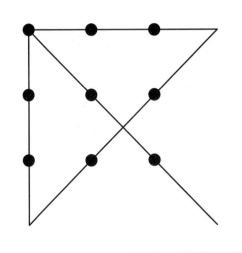

图1—2　图1—1的九点问题的答案

社区心理学家们跳出了传统心理学的框架来定义问题，而且总结了不仅是在个体水平上，还包括各个水平的干预措施。

事实上，并没有真正的个体问题或干预。人们做的每件事都发生在具体的社会情境中：如在一种文化、一个地区、一个单位（例如，工作场所、学校、操场或家里）和一系列的人际关系中。一个明事理的儿童当然也处在各种社会情境中。当一个顾客来接受心理咨询时，他或她带来了一系列的个人生活经历（在社会情境中），心理咨询师也是这样。他们形成了一种关系，这种关系不仅是基于个人的，还跟文化、性别、社会、经济（例如，谁为咨询付费，付费的关系怎样影响到咨询？）和其他环境有关。从文化的术语讲，甚至候诊室里的气氛都有所不同。

在这一章，我们首先讨论社区心理学是如何在研究视角上发生转换的。接下来我们阐述社区心理学关于人的基本假设，情境的两种变化的类型，详细说明社区心理学的研究视角。我们对社区心理学进行了界定，然后讨论这个领域的两个中心概念框架：生态学水平分析和社区心理学的七种核心价值。这章是本书介绍和定义社区心理学两章中的第1章，在第2章，我们将追溯社区心理学的发展历史，阐述社区心理学的发展现状。

 ## 社区心理学：研究视角的转换

为了进一步探索社区心理学的研究视角，让我们来思考两个现实生活中的问题。每个问题都涉及研究视角的转换：从关注个体到考虑个体；社区和社会之间的交互作用。第一个问题是个简单易记的类比；第二个问题，在个体和社会问题的交互作用上，有更详细的分析。

无家可归和抢座位游戏

很多居民认为，人们变得无家可归是因为他们有精神疾病或其他的个人问题。这个观点代表个人主义的视角，关注的是无家可归的人和有房屋的人的区别。一些研究已经确定了造成无家可归者的一些个人和环境风险因素（Shinn, Baumohl & Hopper, 2001）。不同于上述观点，我们把无家可归和抢座位的游戏做一个类比（McChesney, cited in Shinn, 1990）。事实上，对于无家可归的最好预测因子是，低收入者的住房数量和低收入家庭/个体的比例（Shinn, Baumohl &

Hopper，2001）。而在抢椅子游戏中，则是椅子的数量和参加游戏人数的比例。

当然，谁是无家可归者，个体的因素也会起作用。这些因素包括个体的收入，能够提供临时住所的家庭或朋友的数量，社会支持的获得程度（面临经济和其他困难时）以及个体在面临压力时的弹性程度（如乐观主义）。继续我们关于抢椅子游戏的类比，个体因素决定谁能得到座位，谁要站着，而不能决定有多少把椅子。

在无家可归的研究中，如果只关注个体水平，就会忽视大的现实因素。针对无家可归的社会项目，如果只关注个体的心理疾病，提升个人的面试技巧，这样做，对于什么人会成为无家可归的人，什么人不会无家可归可能会有调整，但是，可住房屋的数量还是没有变化。解决诸如无家可归的社区或社会问题，需要研究视角的转换。有了更广泛的视角，社区心理学家才能有更多建树（例如 Shinn，1992；Toro，1999）。

伊莱恩：临床抑郁的多重情境

"伊莱恩"（化名）给咨询中心打电话，询问该中心是否有像 Kevorkian 博士这样以自杀救助而闻名的工作者。她的丈夫长期患病，她想结束她丈夫的生命然后自杀。在这种情况下，她推断每个人最好都离开。伊莱恩感受不到生活的乐趣，吃不下睡不着，就连很简单的事都没有精神去做。她符合 DSM-IV（美国精神病学会，1994）中对抑郁症的诊断标准。尽管伊莱恩问题看来只是抑郁的一个简单案例，但检查问题的情境，对未来的干预可以有重要的提示，如压力源、资源和方法（Wandersman，Coyne，Herndon，McKnight & Morsbach，2002；personal communication，Elise Herndon，September 5，2003）。

伊莱恩的家庭情境看上去毫无希望。她的丈夫因为生病、大量酗酒开销很大。她不得不为那些远远超出家庭收入的信用卡账单而苦恼。当一场大洪水冲毁了他们的房屋时，她丈夫没有用政府给的灾难救济金修补房屋，而是把它们挥霍掉了。这时，家庭唯一的经济来源就是丈夫的伤残补助，这钱不但少得可怜，而且一旦丈夫去世，这笔钱就不会再发了。这个家庭正处于失去房屋的危险中。她丈夫不想让伊莱恩去工作或从事任何与经济有关的事。他们的儿子服用毒品，心情焦虑、抑郁，并伴有暴力倾向，还不时威胁伊莱恩。伊莱恩的母亲是她在步行距离内的唯一邻居，也卧病在床，需要伊莱恩的照顾。

伊莱恩没有朋友或是家庭外的支持。她住在一个步行距离内没有邻居、人烟稀少的地区，而且她不会开车。她 15 岁时就离开了学校，没有被雇用过，只有一点点的销售技能。她所在的美国南部社区人员分散，提供的社区服务也很少。

治疗：一种社会生态途径 咨询中心的工作者们采取了一种社会生态治疗法：给伊莱恩抗抑郁药物，进行个人和家庭的来访咨询和事务安排，包括对其提供政府救灾援助并帮其处理债务，促进伊莱恩的丈夫和主治医生进行交流，鼓励伊莱恩去寻找更广泛的外界支持。这些方法包含了一种研究视角的转换，从仅仅关注伊莱恩的个人和家庭处境到改善社区资源环境。

伊莱恩从这个治疗途径中得到了帮助。她不再一味地服侍家庭成员，她的丈夫停止了酗酒，她的儿子也接受了戒毒治疗。伊莱恩和她的丈夫参加了教会并结交了很多新朋友。在她儿子的帮助下，伊莱恩学会了驾驶，拓宽了她寻求支持的途径。不过，这个家庭的财政问题还是存在着，但他们在努力一起把它处理得更好。由于家庭情况的改善，伊莱恩的"开朗心境"和应对事情的技能又恢复了，也不用再继续服药了（Wandersman et al.，2002，p. 22）。

潜在社区和宏观系统途径 另一个研究视角的转换来源于这样一个问题：像伊莱恩这样的例子，还有多少没有被注意到？社区能够做些什么来预防或减轻像伊莱恩所遭受的痛苦？为更多的人提供心理健康和其他服务是很必要的，但是为每一个人都提供专业的心理治疗将是一笔巨额开销。居民、心理学家和决策者都应该在社区和社会的水平上，而不仅仅是个人的层面上满足需要和提供资源。

在伊莱恩的案例中，我们不应该忽略更广泛的社会力量。强大的经济决策给予美国社区沉重的打击，工作岗位在减少但执行者和调查者却在受益。全球和当地的经济势力制造了很多个人和家庭困难，并且还限制了公共和私人的交流服务基金。伊莱恩的家庭成员经济困难是其原因之一，有钱人遇到相同困难，他们会有更多的财力资源去解决这些困难。财富和机遇的不平等性，在很多国家（包括美国）仍然存在，并且还有扩大的趋势。这种经济的不平等与穷人的健康以及其他不良情况有很大关联，不仅仅只是那些低收入人群（American Psychological Association, 2000；Lott & Bullock, 2001）。

从家庭到社会，性别观念以及定势创造了像伊莱恩那样在家庭环境中负担过重的情境。她没有外界支援，在家庭决策中也位卑言微；男人很少做家务，却行使控制权。和许多其他处于同一境况中的人一样，伊莱恩从来没有追求受教育的想法，也没有与家庭之外的人员建立联系，做出财政决策，甚至外出驾驶的想法。

心理学家要怎样解决类似问题呢？在这本书里，我们将讨论很多针对这个问题的回应。下面是一个概述。

预防/促进　预防/促进项目减少了问题发生的可能性，比如，提高人们社会—情感应对的技巧，提高人们获得学业成就或其他目标的技能；促进家庭教养与家庭适应力；积极行动，在社区水平上减少毒品滥用。

与组织协商　比如，在工作场所关注角色、决策的制定、交流以及组织内冲突，以提高员工的工作满意度，提高服务机构和学校的效率。

可供选择的情境　当传统心理健康服务对一些人群没有帮助时，可供选择的服务机构可提供服务：如妇女中心、强奸危机中心以及特殊困难人群自助群体。像伊莱恩这种情况，妇女中心以及酒精成瘾康复或残障病人康复群体可能会对她及其家庭有帮助。举个例子，Liang、Glenn 和 Goodman（2005）讨论成立"走出抑郁"——以女权主义为基础的妇女社区项目。它将女权提倡者和患抑郁症的低收入女性配对，根据女权主义观念以及相互关系中的权利分享，为个体提供支持和帮助。

社区发展　帮助公民组织发现本社区的问题以及决定怎样解决它们。

社区联盟　将公民和社区机构组合起来（比如宗教团体、学校、警察局、企业、群众服务机构、政府）一起去解决社区问题，而不是分散地、没有协商地去解决问题。

参与性研究　由社区研究者与居民合作进行，能为解决社区问题的行动提供有用的信息。

程序评估　能帮助确定影响社区项目是否有效地达到目标，怎样改善社区项目。

政策研究和倡导　包括研究社区和社会问题，将行动方式通知决策者（政府官员、私人部门领导、大众传媒、公众），评估社会政策的影响力。社区心理学家提倡重视无家可归者、毒品滥用、优秀儿童以及家庭发展等问题。这本书的一个目的是，向普通公民或者专业人士介绍从当地到国际水平上所倡导的工具和方法。

任何这本书的读者，在将来都很有可能参与到社区革新中，无论是作为社区心理学家、心理咨询师，还是其他健康专家、教育者、研究者、父母或者平民。这本书的一个目的就是为你提供做这些事情的方法。

理解各种各样的文化，包括自身所属的文化，需要研究视角的转换。个人、家庭以及社区的文化传统为有效的行动提供个人力量及资源。社区心理学家强调理解不同文化的独特性，同时强调文化核心价值以及共有的人类经验。这本书的一个更深远的目的就是，为学习不同文化及在不同文化中的工作提供一些方法。

人、情境和变化

我们讲到研究视角的转换，涉及两个问题以及对问题的前提假设：问题是怎样产生的？变化怎样才能出现？接下来，我们将阐述一些社区心理学家对这些问题的设想。

人和情境

关于这些问题的最重要的假设，涉及人和情境的重要性。Shinn 和 Toohey（2003）创造了**情境最小错误**一词，表示我们在个人生活中忽视了情境的重要性。**情境**（在整本书中我们将使用的一个术语）指个体生活环境。包括：家庭、友谊、网络、同辈群体、邻居、工作地点、学校、宗教或社区组织、生活地区、文化遗产和文化规范、性别角色、社会和经济力量。情境最小错误理论认为心理学理论以及研究发现有缺陷，仅在有限环境中是正确的。情境最小错误会导致干预治疗和社区项目失败，因为这些干预治疗和社区项目没有理解个体的生活环境。

社会心理学的一个关键概念是基本归因错误（Ross，1977），如观察者观察演员时，高估演员性格特征的重要性，而低估情境因素重要性的趋势。当我们看见某人在人行道上拐来拐去地走路时，我们经常认为"多么难堪啊"，或者怀疑这个人是否喝了很多酒。我们极少去看这条人行路是否是坑坑洼洼的。情境最小化与之相似，但是这个术语包含了即时情境之外的情境和力量。文化规范、经济需要、邻里特征以及工作环境都是例子。情境影响我们的生活，至少与个人性格特征的影响力旗鼓相当。这不是说个人性格特征没关系，也不是说个体不必对他们的行为负责任，而是说要认识到情境的重要影响。社区心理学家在他们生活的社会情境中努力理解人们，并且为了改善人们的生活质量去改变情境。

在 1 年级公立学校教室中，我们可以考虑影响孩子的多种情境因素。老师和学生的人格肯定影响到教室情境；同样，老师和每个学生以及每个学生父母的关系也有影响。在学校里，老师和学生也和其他人有关联。班级所在的教室环境，学校所在的区域及社区，这些因素会支持、影响学生的学习。管理者、学校理事会以及公民（和纳税人）之间的关系肯定也影响到教室环境，社区、政府以及国家态度和教育政策也有影响。因此，改善学生学习的行动需要改变多种情境（See especially Weinstein，2002a）。

人和情境相互影响　社区心理学是关于人和情境的关系的。这些都不是单向的。情境会影响个体的生活；作为个体的人，特别是当个体与别人互动时，也会影响以及改变情境。Riger（2001）呼吁社区心理学重视人是怎样对情境反应的，以及他们在改变情境时是怎样获得力量的。

公民通过努力，使警察局改善新闻报道，居民之间的关系得以改善，被虐待妇女得到救助，居民能买得起住宅，或者居民通过行动减少了临近工厂的污染。上述例子都表明，人会影响情境。有问题或者疾病的人，他们组成互助组时，也会影响情境。社区心理学家力求了解和改善个体、社区和社会生活的质量。这本书的目的之一，就是让你参与到社区及社会行动中来。

"在情境中"读这本书　当你读这本书时，我们希望有时你不同意我们的观点，或者指出我们书中的局限。在社区心理学中，分歧的存在是很重要的，也是值得尊重的。社区心理学家 Rappaport 提出一条 Rappaport 法则："当每个人都同意你的观点时，你就应该操心了"（Rappaport，1981，p. 3）。各种各样不同的观点，对于了解社区及社会问题的各个方面，是非常有价值的资源。

当你读这本书时，请注意观察导致你不同意和同意的个人特殊生活经历以及这些经历的社会情境。如果有可能，和你的指导者、同学讨论一下这个问题。我们发现，社区及社会的许多不同意见，都是由不同情境下不同的经历造成的。带着敬意，讨论以及了解那些经历非常重要。通过讨论，能够加深你自己以及他人对这个问题的理解。

第一层级变化和第二层级变化

在社区心理学中，研究视角的转换，人和情境认知的转变，即为了改善个体及社区生活，就要采取行动去改变情境。为了做到这一点，需要更加深入地研究视角的转换。

将家庭比作一个社会系统，Watzlawick (Watzlawick *et al.*, 1974) 区别出两种变化。**第一层级变化**，重新安排及替换小组成员。这有可能解决问题的某些方面。然而，从长远看来，尽管更换了小组成员，同样的问题也总是反复发生。根据上述情况，我们可以得出一个结论，即改变得越多，存在旧的问题越多。没有给流浪者安排充足的住房，就与他们协商，以解决流浪问题，就是第一层级变化。

试着用社区心理学家 Sarason (1972) 提出的思路去分析教育系统。在美国，批判者经常将责任归因于个体或者是与个体有关的人身上：不胜任的老师，不好好学习的学生，或者不关心孩子的父母及管理者。设想在学校改变每一个个体：解雇所有老师及工作人员，雇用新的教师，招收新的学生，改变学校里的每一个人，但是完好地保留了职能机构、期望值及原有的学校政策。你认为同样的问题和批评再次出现需要多久呢？如果你回答"不久"，你就会看到第一层级变化的局限。有时候它已足够，但是经常的情况是，仅仅有第一层级的变化是不够的。

一个小组不仅仅是个体的集合，同样是个体之间关系的集合。改变那些关系，尤其是改变目标、角色、规则及权利关系，是**第二层级变化** (Linney, 1990; Seidman, 1988)。比如，相比于老板和员工之间刻板的模式（老板决策、员工执行），第二层级变化倾向于协商性的决策制定。相比于精神健康专家及"病人"之间的专业性刻板模式，第二层级变化倾向于发现心理异常者自助群体互助的方式。下面给出一些更详细的例子。

到达更高点：学习第二层级变化　学校怎样为全体学生创造"生产性学习的学习情境" (Sarason, 1972) 呢？在美国，"不让一个孩子落后"法案试图靠标准测试及对失利学生的处罚进行学校改革。这代表了在系统中的假设和角色的第一层级变化。

尝试用不同的方法去促进学生学习，Rhona Weinstein 用埃里克（化名）——一个从未学会阅读的 10 岁孩子的故事，开始了他 2002 年新书的写作——《到达更高点》(*Reaching Higher*)。测试表明，这个孩子没有学习障碍，但是多年传统的教学却对其不起任何作用。

到他所在的教室参观，为故事提供了很多信息。埃里克是被称为"小丑"的最差阅读小组的一员。小组成员包括一个少数民族孩子，一个阅读能力很差的学生，一个超重的孩子等。比较高阅读能力组和低阅读能力组，其结果令人心痛，差异显著。在高能力组，阅读速度较快，阅读材料有趣，孩子们活跃。在低能力组，功课是唠叨的、矫正的，并且枯燥无味。根据孩子们的表现，我发现友谊模式和阅读任务分组是相匹配的。低阅读能力小组的成员一般都是独自站着，很孤立，甚至在成员内部也是如此。

我建议改变学习环境，而不是替代孩子。埃里克被提升到中等阅读能力小组。我坚持 3 个月的试验，提供额外的辅导和心理帮助来辅助他的学习。一个巨大的挑战出现了，典型的第 22 条军规，埃里克的老师和校长都要求我出示证据，证明埃里克可以胜任中等阅读能力小组的任务。我争辩道，我们除非改变教育背景，缓解埃里克的学习焦虑，否则我无法出示证据。最后，我的意见得到了认可。埃里克被升级到中等阅读能力小组，虽然缓慢，但是已经顺利地开始阅读，并融入班级生活。到了该学期的最后，他达到了这个层次的阅读水平，交到了朋友。他自豪地带着朋友找到我，在我去教学大厅的时候，他用胳膊紧紧地拥抱着他的朋友。

……但我一直在考虑那些在低阅读能力小组里的其他的埃里克…… (2002a, pp. 2 - 3)

从埃里克的经历中，Weinstein 受到鼓舞，她进而去研究和创造更好的学校学习环境。她了解到，许多背景下，学生的教学环境很贫乏。例如，她的双胞胎儿子，一个有先天的视觉障碍，被公立学校特别对待。在1年级的最初两个月结束后，校长告诉Weinstein和她的丈夫，他们那个有视觉障碍的儿子永远不会像他哥哥一样可以上大学（Weinstein，2002a，p.19）。学校的专业人员开始给那个聪明的孩子提供特别的班级和学习机会，而有视觉障碍的孩子却没有这样的机会。他们夫妇和儿子一起抵抗学校的区别对待。父母教导孩子，根据他们的不同状况采用不同的学习方法，最后两个孩子都上了大学。

Weinstein和她的同事（Weinstein，2002a，b；Weinstein，Gregory & Strambler，2004）展示了教师如何使用教学技巧去教授和激发所有的学生，让学生成为充满活力的学习者。教师要拓展技能，需要发展生产性学习的教学环境：管理者和同伴的支持以及学习体验的机会。这需要学校系统规则和公共信仰的改变去支持这样的观点，即如果教法得当，每个孩子都可以学好。所有的步骤，改变了角色关系，代表着第二层级变化。

牛津之家：物质滥用恢复者的第二层级变化

对物质滥用的传统专业治疗，往往有高复发率。依赖恢复中个体的互相帮助，这为我们提供了另外一种可供选择的方法。一个例子是十二步骤小组，像戒酒互助协会。另一个是牛津之家，一个居住社区网络（Ferrari，Jason，Olson，Davis & Alvarez，2002；Jason，Ferrari，Davis & Olson，2006；Suarez-Balcazar et al.，2004）。

一些用以康复治疗的房屋（小客栈），位于高犯罪率和高药物滥用率的地方，很拥挤，有时间限制，有强迫性责任规则。这些限制反映了社会大众不情愿支持药物滥用者，或者每天接触物质滥用者。相反，牛津之家提供在低犯罪社区的住房，而且居住空间更大。居住者需要工作、交税、做杂务，且不能滥用毒品。居住者可以选择是否参加专业治疗、互助小组（例如，十二步骤小组），或者都参加。牛津之家可以为男士和女士提供独立分开的住房。每个房子都采取民主管理，管理者由居住者选出。想居住的人需要申请加入住房，重新滥用药物的居住者，或者破坏规则的人将会由投票表决被驱逐。新的居住者加入一个社区，在那里可以获得支持，分享责任，共同决策。

牛津之家是第二层级变化的代表，因为它改变了传统的病人和专家之间的角色关系，让恢复中的人们，在平等和共享的社区环境中，更有权利决定他们自己的行为。而且评估显示出了积极的结果，复吸率下降。

聆听伙伴：妇女间的第二层级变化   聆听伙伴项目融合了女性主义思想和社区心理学原则，是维蒙特年轻妈妈之间的同辈群体组织（Bond，Belenky & Weinstock，2000）。参与者是那些生活在孤立农村环境中的低收入欧裔美国妇女。

在聆听伙伴项目中的年轻妈妈们与当地妇女领导人每周见一次面。小组授权这些女人讲述她们生活中的个人故事，互相学习、互相支持、互相加油，增加解决问题的技巧。领导人极力淡化自己和其他妇女参与者地位上的差别（改变关系角色）。评估显示，聆听伙伴小组的妇女们（和一个对照组比较）在生活中、家庭中、社区中的参与度都有了很大的提高。就像一位参与者描述她的成长那样：

> 关于事情是否可以改变，我思考了很久。如果可以改变，我就努力去改变它们，如果不能改变，我就努力去面对它们……现在我关心其他人和自己。我有了新的自我肯定，就是我能正确地做事情，且我享有此权利。（Bond，Belenky & Weinstock，2000，p.720）

聆听伙伴包含了第二层级变化，因为它强调了社会公平和妇女生活中的角色关系转变，通过与社区联结促进了个人成长。

社会情境改变的局限性   虽然一些第二层级改变没有解决社区和社会的问题，但在解决社会和社区问题的尝试中，更重要的是解决过程而不是解决结果。每个解决过程都面临着新的问题和挑战：非预期的结果，人或物质资源的改变，价值观和需要的冲突。但这些不能成为我们放弃的理由。如果社区和社会认真研究历史和未来可能的结果，那么解决问题的过程会带来真正的发展（Sarason，1978）。

例如，在前面讨论过的学校改革将带来新的挑战（Elias，2002；Sarason，2002，2003a；Weinstein，2002a，b）。为所有孩子创造生产性学习环境，会遭到抵制，其中一些是合理的。毕竟，在学校和社区中，资源是有限的。所面对的问题包括：谁从不平等的、有缺陷的教育系统中受益？谁从改革中受益？要达成一致，有共同的基础吗？进行改革，必要的钱、技术和领导从何而来？将会发生什么？这些问题是社区变革的重要方面。

什么是社区心理学？对社区心理学的界定

以研究视角的转换为基础，我们现在能更完整地定义社区心理学。乍一看来，社区与心理学的观念似乎是互相冲突的。社区主要指的是因共同的事业或兴趣爱好聚在一起的群体，或者至少是在地域上相邻的群体、邻里或组织。而从传统意义而言，心理学一直关注个体，例如，认知、动机、行为、发展和相关的过程。在西方文化中，个体和社区的本性和利益被认为是截然不同的，甚至通常是对立的。因此，当社区与心理学两个概念放在一起的时候——社区心理学，难道这不是一个自相矛盾的术语吗（Shinn，1990）？

但是当我们经过深入分析时，我们会发现社区与心理学是有内在关联的，而不是相互矛盾的（Rappaport，1981）。个体和社区也在许多方面存在着内在关联。社区心理学的概念为深入探索这种内在的关联提供了形象的比喻（Shinn，1990），考虑到社区心理学家的兴趣、研究概念、价值取向和研究方法的多样性和复杂性，我们作了如下定义：

> 社区心理学关注的是个体与社区、社会的关系，通过相互合作研究和采取共同行动，社区心理学家致力于理解和提高个体、社区和社会的生活质量。社区心理学的核心价值观是个体和家庭健康、社会感、尊重人类的多样性、社会公正、公民参与、合作和团体力量、实验基础。

让我们展开这个定义。社区心理学关注个体、社区和社会的多重关系。我们先定义社区。个体可能生活在多种社区中，从不同水平看，包括：家庭、朋友网络、工作地点、学校、志愿团体、街区和居住地，甚至文化。所有这些社区都是处在更大的社会或更广阔的全球环境中。一定要在相互关系中理解个体，而不是孤立地理解个体。这意味着，社区心理学是跨学科的领域，要从许多其他学科中吸收概念和方法。包括：公共健康、社区发展、人类发展、人类学、社会学、社会工作、地理学以及其他方面。社区心理学的专业协会叫社区研究和行动协会，体现了社区心理学的跨学科性。

社区心理学关注的焦点不仅仅局限于个体，也不仅仅局限于社区，而是二者的联结（就像本书的题目）。这个领域也研究社会结构的相互影响：公民组织如何影响更大层次的社区。社会结构如何影响个体，又如何涵盖个体。

社区心理学坚定地发展那些有益于社区生活的心理学知识。在社区心理学视角中，是通过行动来建构知识的。社区心理学家的角色通常被描绘为**参与者—概念构建者**（Bennett et al.，1966，pp.7-8），包括积极参与到社区过程中，尝试解释和理解社区，对这一观点提纲挈领的描述是：

> 如果你想理解什么，就去改变它。（Dearborn，cited in Bronfenbrenner，1979，p.37）
> 没有什么比一个好理论更有用了。（Lewin，cited in Marrow，1969）
> 如果我们害怕通过参与社会生活而检验我们的思想，如果我们很少参与到社会生活中去，我们只能教给学生一些关于社会的思想，而不是我们参与其中的经历和体验。我们能告知学生社会应该是什么样子，但是不能告知学生改变当前状态以达到理想状态的方式。（Sarason，1974，p.266）

社区心理学研究是与社区和社会行动交织在一起的，从这些研究中，我们构建理论并指导行动。例如，一个在高中预防学校暴力的发展项目，可以产生很多知识，如青少年发展、当地学校和社区、未来预防项目等。而且，社区心理学研究和行动是相互协作的，以个体间合作或者社区卷入为基础。

社区心理学研究和行动，根植于我们定义的 7 个核心价值。下面我们将分析关系和社会环境的层次与水平，然后再详细阐述这 7 个核心价值。

社区心理学的生态学水平分析

作为个体，我们是生活在社会关系网中的。Bronfenbrenner（1979）创建了分析水平的概念（描述社会情境的水平），这个概念在发展心理学和社区心理学方面很有影响。我们对生态学水平讨论的部分依据于 Bronfenbrenner 的观点，但是我们的参考框架是社区，而不仅仅是发展中的个体。因此，我们的观点在一些细节上有别于其他观点（关于生态水平的不同概念，也可参见 Maton，2000；Moane，2003；Nelson & Prilleltensky，2005）。

用生态学水平进行分析，有助于澄清和说明一个单独的事件或问题。比如说，在学校中造成儿童问题的因素可能包含多个层面。在学校、社区、国家甚至世界范围内，政策制定者所制定的政策，会影响儿童接受教育的质量。家庭成员、朋友和师长同样对儿童有着重大的影响，他们的价值观念体系受到学校、社区、文化、社会甚至全球层面上的影响。人们不是常常敦促你学习，以面对全球经济一体化的竞争吗？

用生态学分析水平去思考，同样也帮助我们用多重维度解释社区心理学上的一个重要问题，这个问题即是：什么是社区？尽管社区的原意指地点或者地域，"社区"这个术语逐渐演变为多层次方面的人际关系，因此，教室、联谊会、宗教集会、在线虚拟社区或者一个文化团体（例如墨西哥裔美国社区），都可以看作一个社区。

图1—3 阐述了我们以生态学分析水平，对社区心理学做出的分类。系统的最近端，与个体最接近，包括面对面的沟通，接近图形的中心点。系统的远端是间接地接触个人，离得越远对个体行为就有越广泛的影响。事实上，各个水平之间的界限会比图1—3 显示得更加模糊。例如，一些小商业团体或者社区团体，在图1—3 中属于组织水平，也可能表现出属于微观系统的心理特征。在图1—3 中的斜体字只是举例说明社区的不同存在水平，并不能代表该水平上的所有部分。

Bronfenbrenner（1979）用俄罗斯套娃作比喻说明以个体为中心的关系网络。套娃呈圆形或类似鸡蛋形状，里面包含一系列小套娃，一个套着一个。当依次打开每个套娃时，就会看见内置的一个小套娃，直到最小的套娃。作为一种比喻，套娃让人更关注的是在多层的大套娃之内，最小的套娃是怎样存在的。图1—3 是基于这个比喻之上的。近端系统被套在更加广泛和远端的系统之中。但是，套娃的比喻忽略了各个层次之间的关系，是不完整的。个体、社会以及二者之间的多层关系是互相依存的。实际上，社区心理学正是建立在这种相互依存基础之上的。

个体

我们可以把最小的套娃比喻成个体，它从属于一个相互依存的多层关系，在某种程度上，个体要选择他/她的关系网络或所处环境，并以多种方式来影响他们。同样，多层关系网络和环境也

影响个体的选择。每个人都在一个多层次的生态学水平系统中，比如家庭、朋友、工作场所和邻居。社区心理学的诸多研究关注的是，在个体生活中，个体同周围环境的关系。例如，近期一

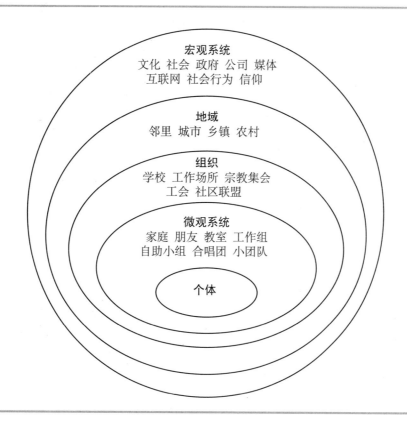

图 1—3　在社区心理学中的生态学分析水平

项针对失业状态下的人工成本的研究（Dooley & Catalano，2003）。

　　社区心理学和其他相关领域在社区预防方面也取得了很大的进展，有效地减少了社会难题诸如儿童学业发展问题，青少年行为问题和青少年犯罪，成人心理健康及抑郁，HIV/AIDS，家庭重大变化引起的问题。例如，初为人父母、离婚、家庭暴力（我们将在 9～11 章展开具体讨论），很多预防措施提高了人的社会情感能力、技巧，以更好地面对挑战及生态情境上的变化，比如上学或者成为父母（Weissberg & Kumpfer，2003）。

微观系统

　　在套娃比喻中，第一个压缩的套娃代表刚刚超越个体的分析水平，即微观系统（Bronfenbrenner，1979，p.22）。微观系统也就是环境。在环境中，人与人之间进行直接的、人际间的交往。微观系统包括家庭、学校、友谊网络、童子军、艺术团体、运动队、居住区、自助团体。在微观系统中，个体形成人际关系，承担社会角色，共享活动（Maton & Salem，1995）。

　　微观系统不是简单的个体成员集合。他们是动态的社会单元。举个例子，家庭治疗师一直在关注超越家庭个体成员的家庭系统功能（Watzlawick *et al.*，1974）。微观系统是很重要的支持来源，同时也是其成员冲突和负担产生的根源。

　　在社区心理学中，**情境**概念是很重要的。情境这个术语在心理学中的使用，不仅指物理地点，而且指个体关系中持久的关系背景，而这个背景可能和一个或几个地点有关。自助小组就是一个情境，哪怕其会议地点总是变化的。像操场、小区公园、酒吧或者咖啡厅等物理环境，都可以向微观系统提供交流地点。**情境**这个术语适用于微观系统和较大的组织。

　　在不同的背景下，个体以不同的方法使用微

观系统。例如，一项在欧美人占主导的大学进行的研究发现，在大学的第一年，家庭支持对于非洲裔美国人更加重要，他们在校园里很少有同伴；而对于欧裔美国人而言，同伴支持更加重要，他们有更多的同伴资源（Maton *et al.*，1996）。

什么是你生活中最重要的微观系统？这些微观系统是否为更宽泛的环境，比如邻居、大学或者公司的一部分？

选择一个微观系统。它提供给你什么资源？它又带给你什么样的挑战和义务？

组织

下一个相对较大的压缩套娃代表组织水平。组织比微观系统要大，拥有正式的结构：有头衔、细则、政策、会议或者工作时间、管理关系等。社区心理学家对组织的研究包括服务和健康护理机构、治疗项目、学校、工作场所、邻里协会、房屋供给合作组、宗教集会和社区联盟。这些是社区的重要类型。比如，人们会经常介绍他们在哪里工作。

组织通常是由微观系统的集合组成。班级、活动、院系、职员、管理者，还有董事会组成了一所学校或者大学。班组、轮班、工作团队，这些是工厂或餐馆的组成方式。宗教组织通常通过合唱团、宗教团体和祷告团体发挥作用。大型社区组织要通过分社区发挥作用。然而，组织不是各个部分的集合；整个组织的协作，例如，组织层次和组织非正式文化，是非常重要的。

反过来，组织能成为很大的社会单元的部分。一个地方团体可能是更大的宗教团体的一部分，或是连锁商店的一部分。社区联盟以政府决策的方式对公民产生影响。最大型的组织，如国际公司、政党或宗教教派，包含在宏观系统中（以后界定）。

在你的生活中，什么组织是最重要的？

通过小的微观系统，你参加这些组织吗？这些组织是否为更大的地域或者系统的一部分？

选择一个组织。它提供给你什么资源？它能给你带来什么挑战？

在你生活的组织中，有一些你想改变的事物，尝试给这些事物命名，并说明原因。

地域

下一个压缩套娃代表地域水平，尽管"社区"这一术语在许多分析水平上具有意义，但其最显著的意义是指地理位置，包括乡、村、郡、小城镇、都市居民区、邻近地区甚至指整个城市。在地域上，通常有政府、地方经济、媒体、社会系统、教育和健康服务，还有其他影响着个体生活质量的机构。

地域可被理解为一系列的组织或者微观系统。个体通过社区组织或机构，参与、共享地域的生活。即使在小城镇，通过和他人合作，或者通过组织间合作，也可以对大范围的社区施以影响。一个邻里居民协会就是一个组织，而整个邻里之间就形成了一个地域。那些邻居可能也与在咖啡厅遇见的人、在操场遇见的带着孩子的家长形成一个10个朋友的微观系统。总之，地域不仅仅是公民、微观系统或者社区组织的总和。它的历史、文化传统和特性像一个周围包括每一层次的整体社区一样。

在个体生活中，邻里很重要，社区和发展心理学家已经开始研究这一概念。一个最近的研究回顾推断出，邻里间的状况（城市和农村地区）与儿童健康、个人挫败、学术成就、求职机会、行为问题、违法行为、青少年生育问题、暴力犯罪问题有关。父母针对不同邻里关系所采用的策略不同。例如，安全、和睦的邻里关系策略与有风险、紧张的邻里关系策略就有很大的差异。对于成年人来说，邻里关系可能影响个体对犯罪的恐惧、焦虑、压抑以及社区感。

组织和地域之间的内在关联，一个例子就是最近出现的社区联盟。社区联盟由很多社区团体和组织代表组成，旨在解决更多的社区问题，如吸毒和健康问题。

在你的生活中，哪个地域是重要的？

描述一个你居住过的地域。有哪些优点、缺点？如果你有能力去改变，你会怎么做？该地区中哪些组织起着重要作用？而其他更强大的社会力量又是如何作用于这些组织的？

宏观系统

在套娃的比喻中，我们以最大的套娃代表宏观系统，包括社会、文化、政治团体、社会运动、公司、国际工会、各级政府、国际组织、经济政治力量和观念体系。社区心理学的视角最终需要全球化。

通过政策和特殊决定（如立法和法庭判决），通过意识形态和社会规范，宏观系统发挥着影响力。个人主义观念在很大程度上影响文化和心理学的基本原则。大众传媒传达了微妙的种族刻板印象，表达了对"瘦"的文化预期（尤其是对女性的文化期望）。宏观系统也能形成一种情境，供其他系统在其中运行，比如经济背景环境对商业发展的影响。然而，其他层面的系统也可以通过社会倡导作用于宏观系统，比如购买本地自产食物的行为。

在宏观系统内，有一个重要的分析水平是人口。如何界定人口？我们通常通过广泛的、共享一致的特征来界定这一概念。如性别、种族、民族、国籍、收入、宗教、性别取向、身体残疾或精神疾病。人口可以作为广义社区的基础，例如犹太社区，或者同性恋社区。但是，在人口中，并非每一个个体都可以识别、认同该社区。

在社区心理学研究中，很多研究都涉及分析的多个层面。比如，一项对美国中西部家庭的调查显示，家庭（微观系统）的经济压力（宏观系统）会降低青少年（个人）在生活中的自控能力，并增加焦虑和沮丧的情绪。

你的国籍和（或）民族对你来说意味着什么？具有什么力量？

工作市场和其他经济因素如何影响你的日常生活？如何影响到你的未来规划？

你有过移民经历吗？你有生活在不同文化背景中的体验吗？你从中学到了什么呢？

社区心理学中的 7 种核心价值

我们对于关系、义务和社会优先变革权的价值，以及我们的世界观，都会影响我们在社区工作中的议程和活动的先后顺序。(Bond，1989，p.356)

我们的工作促进了一些利益群体的目标达成，尽管我们没有确切地意识到这一点。(Riger，1989，p.382)

对于社区心理学而言，认识"价值"是至关重要的。当我们谈到"价值"时，究竟指什么？价值是回答什么是"道德的"或者什么是"好的"的内在理念。价值具有强烈的感情色彩，需要被尊重，且不容轻视。价值包括目标或方法（如何实现目标），或者两者兼具。价值具有社会属性，我们通过与人的接触发展价值。个体拥有价值，家庭、社区和文化也同样拥有价值。价值根植于精神信念或精神活动中，可以是长期的。许多价值会彼此产生冲突，例如，在一个特定情境中，两种价值中选出一个更为重要（Nelson & Prilleltensky，2005；O'Neill，1989；Rudkin，2003；Schwartz，1994；Snow，Grady & Goyette-Ewing，2000）。

在社区心理学中，关于价值的讨论有许多作用。第一，价值有助于我们研究、选择和行动。

即使对于一个问题的定义也是一种价值判断，对之后的行为具有重大影响。对社区的定义和社会问题反映了强大的世界观以及维持现状的需要。关注价值会使人们质疑主导观点。对于社区心理学家而言，决定是否与某个组织或社区合作，这要取决于他们的内在价值。有时候，社区心理学家会得出这样的结论：他们的价值与背景环境不匹配，他们决定不合作（Isenberg, Loomis, Humphreys & Maton, 2004）。

第二，当行动与信仰价值不匹配时，关于价值的讨论有助于我们识别出这种差异。试想，一个社区领导人致力于建立邻里关系社区中心，来帮助那些男同性恋者、女同性恋者、双性恋者或者对性取向感到困惑的青少年。他决定革新空间和计划项目，但青少年却很少有发言权。不管此社区领导人意图如何，这种做法没有授权于青少年。这位社区领导人谈其所想，却没有通过行动支持他的言论。

或者，再试想一下，一所高中想要授权学生、学生家庭和教师。然而，在做出决策时，教师拥有渠道了解每日更新的信息和变化，而学生和家长却没有，这样一来，教师就掌握了讨论的主导权。尽管拥有价值信仰，组织活动并没有真正授权于学生和学生家庭。这并不是个人伪善的问题，而是组织理想与实际结果的差异。

第三，要理解文化和社区就要理解社区独有的价值。例如，Potts（2003）阐述了泛非民族主义价值对美国黑人青少年的重要性。夏威夷当地人对于健康的文化概念与"ohana 和 lokahi"的价值（家庭与社区团体）紧密关联，陆地、水、人类社区是相互依存、息息相关的。在夏威夷土著社区进行的健康宣传项目就必须融合这几种价值。

第四，社区心理学有着独特的精神（Kelly, 2002a），以及广为人知的目的和意义。这种精神是我们承担义务的基础，在出现障碍时激励着我们前进。这种精神是值得深思的，也是充满热情的，寓于行动中的。

社区心理学的精神是以 7 个核心价值为基础的，如表 1—1 所示。我们从最接近于个体层面的价值开始，再到社区和宏观系统层面的价值。当然，这种分析逻辑并不是依据价值的重要性的。我们对于 7 个核心价值的讨论受 Prilleltensky 和 Nelson（2002）的影响，但又有所不同（Nelson & Prilleltensky, 2005；Prilleltensky, 1997, 2001）。7 个核心价值以我们的实际经历为基础，只是总结该领域核心价值的一种途径。在社区心理学这一领域，每个个体，每个工作团队都必须思考"以什么价值作为工作中心"这一问题，这里我们旨在推动关于这些核心价值的讨论。就如本节开头引用的 Bond 和 Riger（1989）的名言，社区心理学将在某些价值的指引下为某些人的利益服务，不论我们是否意识到这些价值的存在。我们最好讨论、选择我们的价值，并将它们付诸实践。

表 1—1 社区心理学中的 7 种核心价值	
个人和家庭健康	公民参与
社区感	合作和团体的力量
尊重人类多样性	实验基础
社会公正	

社区心理学家 Debi Starnes 提供了一些例子，显示她是如何将核心价值运用于佐治亚州亚特兰大城市资讯的领导实践中的（Stames, 2004）。这些案例也说明，一个担负着责任的人，通过畅所欲言来与他人合作。

个体和家庭健康

健康指的是生理和心理健康，包括个体幸福感和目标的实现（Cowen, 1994, 2000a, b, c）。健康指数包括心理压抑及症状，愉快心情诸如心理弹性、社会—情感技巧、个人主观幸福感及生活满意度等积极指标。这些及其他类似指标通常是形成社区心理学干预的标准。

稳定的家庭有利于促进个人健康。致力于儿童成长的社区预防项目，通常强调家长和家庭的作用。然而，个人健康不能等同于家庭健康。比如，当发生家庭暴力时，保护家庭与保护受害者的个人健康这两者就是冲突的。

个人/家庭健康也是临床心理学和相关领域研究的重心。在美国，推动社区心理学建立的一个重要事件是，社区心理学超越临床方法，同时也是临床方法的一种补充，将个人健康置于生态分析层面的大环境中。研究表明，专业的临床治疗对于大多数人来说太过昂贵，而且难以实施（Albee，1959）。（Albee 的分析在当今管理医疗保健时代更为可信。）临床医疗是很有价值的，但并不能应用到所有人。通常最需要临床医疗的人没有办法得到治疗（Felner，Felner & Silverman，2000）。

为了促进个人/家庭健康，社区心理学家研究并发展了社区干预，其着重于：预防不良行为、个人和家庭问题、疾病；促进社会情绪能力，提高健康水平；社会支持网络和互助型群体；非临床环境中的干预项目，如学校和工作场所中的干预项目；在社会服务、法律、政策和项目中倡导变革，以促进生理和心理健康。

在亚特兰大市议会，Starnes 倡导建立行动小组，为无家可归的个人和家庭提供政策支持和项目支持，通过这一行动，推动个人和家庭健康的核心价值。Starnes 的努力推动了服务一体化：紧急帐篷、过渡房、独立的自给房、岗位培训、严重精神病人的支援住房，并且建有资源机会中心和管理信息系统，能对 70 余家服务机构的工作加以协调。这些服务有助于降低成本，因为他们将无家可归的人从紧急住房和监狱中转移出来。（Starnes，2004，p. 3）

Starnes 的努力不仅帮助了无家可归的个人和家庭，也为整个社区谋得了利益。Prilleltensky（2001）提出了集体健康概念，指的是社区和社会的整体健康。Cowen（1994，2000c）对于健康的阐释包括授权和社会公正的概念。毫无疑问，个人健康和社区健康是相互交织的，而集体健康遵循整体性的原则。它和我们接下来要讨论的 5 个价值是紧密联系的。

社区感

社区感是社区心理学的中心（Sarason，1974）。它指的是对联系个人与集体的归属感、依赖感和相互责任的感知。社区心理学对社区感已经开展研究，如在邻里、学校、课堂、互助组织、信仰团体、工作场所以及互联网的虚拟环境中的社区感（如 Fisher，Sonn & Bishop，2002；Newbrough，1996）。社区感是社区和社会行动的基础，同样也是社会支持和临床工作的基础。

社区感的这种价值与个人家庭健康之间应取得平衡。在西方文化中，在西方心理学中强调的是个人，这种对个人的强调，其最恶劣的形式是极端自私或对他人漠不关心（Bellah，Madsen，Sullivan，Swidler & Tipton，1985；Sarason，1974）。建立社区感，以超越个人主义，其更加关注相互依存和合作关系。从社区心理学的角度看，个体和社区的生活质量相互依赖，不可分离。

然而，社区感并不总是积极的。它可以区分出"局内人"和"局外人"，并且亲近"局内人"，疏远"局外人"。它可以通过无视或攻击一个社区，创造不公正或破坏一致。社区感并不能包治百病。当面对会有危险的邻居时，成人、儿童适时撤退可能是一个更佳的选择（Brodsky，1996）。因此，社区感必须与其他价值取得平衡，特别是要在社会公正和尊重多样性之间建立平衡。

在亚特兰大工作期间，Starnes 通过几项革新推动社区感。建设有吸引力的、良好的多阶层居住的社区，取代那种大型的、集中的公共住房单元，在这方面，亚特兰大已经成为领跑者。Starnes 被认为是倡导中等收入和低收入的居民混合居住的先驱。她的第一个项目非常成功，另外 6 个类似的公共房屋社区已重新建立。这些都提升了跨越社会阶层的社区感。此外，Starnes 为受 1996 年奥林匹克运动影响的 7 个社区制订了社区发展计划。

最后，她帮助开展新生活品质规划和建设条例，规划住房功能以鼓励邻居之间互动。这些规划促进了这些服务，例如，房屋前面有门廊和人行道，以使人们能够看到对方，和对方聊天等。

尊重人类的多样性

这种价值承认、尊重社区多样性，承认并尊重各种社会身份，如不同的性别、民族/种族、国籍、性取向、健全或残疾、社会经济地位和收入、年龄或其他特征（Trickett，1996）。理解"在社区中的个体"的需要，理解人类的多样性。个人和社区是多种多样的，需要按照他们自己的方式去理解他们。

尊重人类多样性，不是一种模糊的尊重，它表明一种政治上的正确态度。为了有效地在社区工作，社区心理学家必须了解他们为之工作的社区中所有独特的文化或习俗（O'Donnell，2005a）。这包括欣赏并了解文化如何提供了独特的优势和资源。调查者们还需要调整研究方法和研究问题，以适应文化。这不是简单的翻译问卷。为了深入研究文化，要彻底复查研究目的、方法和预期研究成果（Hughes & Seidman，2002）。

尊重多样性不意味着道义上的相对论：你可以持有很强的价值观，同时可以寻求理解不同的价值观。例如，文化传统不同，授予女性的权力会不同；宗教传统不同，关于性行为的教育便不同。尊重多样性也必须在社会公正和社区感之间建立平衡：理解不同的团体和人群，同时促进社会公正，求同存异，避免社会分裂（Prilleltensky，2001）。要做到这一点，第一步是学习多样性以了解他们。另外要像尊重同胞一样尊重他人，即使你并不同意他的观点。

Starnes 描述了在亚特兰大她是如何通过增强行动策略、践行尊重多样性这一价值的。为同性恋夫妇建立保险，帮助应对过去和现在的歧视（这个问题涉及社会公正和尊重多样性）。住房革新讨论了在多样性群体中，促进邻里和社区联结。Starnes 的社区代表了有不同社会经济地位、不同种族的和其他形式多样性的多元社区，她的工作要求她具有相当强的文化水平。Starnes 同时指出，亚特兰大市议会上，担任市长、城市代理人和首席执行官的以女性居多。在社区组织里，类似的经验是，大多数志愿者和地方领导人是女性，女性在更大的背景下担任领导角色。

社会公正

社会公正可以定义为资源、机会、责任、义务以及权力，作为一个整体被公正、平等地分配（Prilleltensky，2001，p.754）。社会公正对社区心理学的一些定义很重要（Nelson & Prilleltensky，2005；Rappaports，1981）。

社会公正在这里有两层特殊的含义。"分配公正"关注资源的分配（例如，金钱、获得优质的保健服务或教育）。20 世纪 60 年代，美国兴起的社区心理健康运动，就是向更多的居民提供心理健康服务，一种重新分配性的努力。谁决定着资源如何分配？这是一个"程序公正"的问题，涉及有代表性的公民是否参与集体决策。因此分配公正关注程序或社会政策的成果；程序公正关注怎样计划和完成（Drew，Bishop & Syme，2002；Fondacaro & Weinberg，2002）。

在美国，支持社会公正的心理学记载有好有坏。有时，心理学参与到最前沿，为争取社会公正而斗争。在 1954 年，布朗诉教育委员会种族隔离条件中，Mamie 和 Kenneth Clark 的研究被引用。然而，心理学的研究和实践有时也支持性别歧视、种族主义和其他的不公正现象（Gould，1981；Prilleltensky & Nelson，2002）。解放心理学的传统植根于拉丁美洲一些相关领域，诸如批判心理学和女性主义心理学，都体现了心理学对社会公正的追求（Bond，Hill，Mulvey & Terenzio，2000a，b；Martin Baro，1994；Montero，1996；Prilleltensky & Nelson，2002；Watts & Serrano-Garcia，2003）。

社会公正的视角往往最关心倡导：社会政策的倡导（法律、法院的判决、政府的做法、宗教），倡导公众态度的转变，尤其是通过公众传播媒体来进行倡导。然而它也可以通过研究受压制人群指导临床工作，并且可以研究遭受社会不公正时，或者社会政策变化时的心理效应。

社会公正关注所有人的心理健康和幸福，用包容的观点来看待社区，承认人的多样性。程序公正与我们下一步要呈现的价值相关：决策时的公民参与，社区心理学家和社区成员之间真正的合作。

在实践中，追求社会公正必须兼顾其他价值观念，也要考虑权力的不平等性，有些是很难改变的（Prilleltensky，2001）。例如，在危地马拉和南非，心理学家在对政府支持的暴力事件生还者进行研究时发现，全面追究肇事者的责任，为幸存者谋求更大的权力（社会公正），这些内容必须与其他目标平衡：如个人愈合（疗养），社会和民族和解（社区感）以及现实中谁在社区和社会中继续掌权（Lykes，Blanche & Hamber，2003）。

在亚特兰大，Starnes 和其他理事会成员提交了城市生活工资政策，以此关注社会公正，这项政策将提高城市服务员工最低工资。当企业代表告诉她，她不明白这一政策的"连锁反应"时，她回答说，她确实理解连锁反应，这是她提议的原因！Starnes 还推动建立了社区法院制度，针对非暴力罪犯使用恢复性司法原则，如清理乱涂乱画和进行社区服务。在相关的变革革新中，被捕的妓女现在通过治疗和服务，为无家可归的人提供帮助。累犯及其成本降低了。住房制度改革、积极行动政策，为无家可归者提供服务促进了社会公正。

公民参与

这种价值是指民主决策的进程，这种民主决策能使所有成员都参与决策，这很重要，对那些直接受决策影响的个体而言，更是如此（Prilleltensky，2001；Wandersman & Florin，1990）。草根公民团体、邻里组织和社区预防联盟都能促进公民参与。公民参与还指社区通过更大的机构（例如宏观系统）参与决策、影响未来的能力。公民参与和授权概念、程序正义的概念密切相关（Fondacaro & Weinberg，2002；Rappaport，1981；Zimmerman，2000）。这是社区心理学的基本视角。

公民参与并不能自动导致更好的决策。有时公民在参与决策时，不考虑个人或团体的权利和需要。因此，公民参与必须与社区感、社会公正、尊重多样性之间建立平衡。这可能导致相互竞争的观点和利益的冲突。然而，仅仅为了避免冲突，就限制公民参与，这种做法很糟糕。更好的方法是促进自由辩论，找到解决冲突的办法。

亚特兰大分为 24 个社区规划单位。拟提交的城市政策要经过这些社区规划单位共同讨论，由他们提出意见和建议。Starnes 把这些会议称为"喧闹的民主"，也即公民热情参与，换言之，他们的声音能被听到。这样，精英们就很难做出私人决定，因为公民和社区都有发言权，从而能影响精英们的决策。Starnes 自己是这些群体的前任主席之一。社会发展计划起源于亚特兰大奥运会（如前所述），也促进了公民和专业规划团队的合作。作为合作伙伴，他们一起做出决定。

合作和团体的力量

社区心理学一直强调的，也许最独特的价值是，社区心理学家与公民的关系以及社区心理学家与工作过程的关系。

以往，心理学家与社区成员之间有联系，但这时，心理学家常常具有专家身份：研究者、临床或者教育专家、组织咨询顾问以及类似的角色。这种专家身份实际上是在专家和当事人之间建立了层级的、非平等的关系。这种关系在某些情况下是有益的，但往往不适合社区工作。传统上，心理学家注重个人缺陷问题（例如，诊断精神障碍），而社区心理学家寻求个人和社区的优势，促进变化。社区心理学家当然也有这样的专家技术，但是社区心理学家同样也识别和珍视生活经验、智慧、社会网络、组织、文化传统和其他资源（简而言之就是团体力量）。培养这种力量往往是解决问题的最好途径（Maton, Schellenbach, Leadbeater & Solarz, 2004）。

社区心理学致力于在社区成员和社区心理学家之间建立起一种合作性的关系，双方都能够为社区的建设和发展贡献知识和资源。并且，在这个过程中，双方都参与目标设定和做出决定（Kelly, 1986；Prilleltensky, 2001；Tyler, Pargament & Gatz, 1983）。例如，社区研究人员可以设计一项研究以满足公民的需求，与公民共享研究成果。社区项目的开发者在项目计划和项目实施过程中应该让公民充分地参与进来。

如果心理学家和社区拥有共享的价值，那么合作就是最好的工作方式。对于社区心理学家而言，知晓自己的重要价值是至关重要的。同时社区心理学家要仔细选择合作伙伴，在工作过程中如果出现观点上的分歧，就必须要公正地讨论和

解决。

社区心理学家 Tom Wolff 参与了一个社区健康联盟的健康促进计划。Wolff 计划在社区里主持一个所有成员都参加的健康促进方面的会议。社区心理学家原来的设想是，与会的人有的可能会讨论早期疾病筛查、互助型组织。但是，与这位社区心理学家的预期相反，许多社区居民认为最重要的是街道的标示问题。社区心理学家很难控制自己的惊讶，然而，社区居民认为，最近，社区里的几个人需要紧急的医疗救治，因为街道的标示不清楚，救援被耽误了，由此带来了严重的后果。

Wolff 适时记录了这个问题。然后，他想把话题引入到和他对社区健康问题的预期有关的问题中去。然而，当地居民却并不感兴趣。他们想做计划，并行动起来，以改善街道的标示。他们认为，当他们的这个需要被满足之后，人们才能信任健康联盟，才能和他们合作解决别的问题。Wolff 于是转变了他的工作思路，他与当地居民一起计划并且行动起来，建立更好的街道标示（Wolff & Lee, 1997）。他的行动证明了公民参与、合作这一核心价值。

Starnes（2004，pp. 4-6）报告了她在亚特兰大作为一名民选官员的工作，包括听取和调节成员之间的激烈的观点之争。她指出，政府迫切需要具有调节技巧的社区心理学家。

实验基础

这种价值指的是，只要有可能就要根据实证研究结果整合社区研究与社会行动。通过开展社区研究使社区活动更加有效，通过研究更好地了解和解释社区行为。社区心理学家对缺乏经验证据的理论和社区行动是没有那么多耐心的。

社区心理学家使用定性研究和定量研究两种方法（我们将在第4章讨论）。社区心理学家重视通过多种途径，使用创新方法获得一般性知识（Jason, Keys, Suarez-Balcazar, Taylor & Davis,

2004；Martin, Lounsbury & Davidson, 2004）。

社区心理学家认为，没有哪一项研究可以是与价值无涉的（Value free）。研究者的概念、理论和研究结论要受到研究者自身的价值观和理论预设的影响。因此，对于这样的研究我们就不能仅仅看它的研究数据和结论，还要注意到研究者的价值观和理论预设。所以如果从一个研究中得出结论，则需要考虑他们的价值观和社会背景，而不是仅仅从简单的数据推理得出结论。但这并不

意味着研究者要放弃严格的研究，但是影响研究的价值观和社会问题则需要进行开放的讨论，以便更好地理解研究调查结果。

Starnes（2004，pp.5－6）一直在倡导亚特兰大政府，只要有可能，就要以实验证据为基础，进行政府决策。她承认她只取得了部分的成功。

然而，有很多研究方法，可以获得可信的研究证据，进而影响政府的决定、评价社区项目、帮助社区协会。除此之外，Starnes 还注意到，社区问题变得更加复杂，需要有更多知识和更强分析能力的社区心理学家，这也给他们提出了一个挑战。

结论：在情境中的价值

没有哪一个学科需要其成员内部达成一致的价值体系，社区心理学尤其可以持多元态度和进行质疑（Rappaport 规则）。因此，在实践中，一定要从这些价值彼此之间是如何平衡、互相制约去理解社区心理学和核心价值（Prilleltensky，2001）。例如，一定要在广泛的社区内来谈个体健康问题。与当地社区成员合作是非常耗时的方法，该方法使需要提供实验场地研究的完成进程更趋缓慢，可促进当地社区感或文化特征，但并不一定能促进社会公正。社区生活以及明智的社区心理学，需要选择和容纳这些价值观，而不是单方面地追求其中的一种或两种价值观。

并且，在摘要中，一些像个体幸福感、社会公正、尊重多样性和社区感等观念可以用来指非常不同的事情，可以针对不同的人，或在不同的情境下。就上面所描述的 7 种价值观在社区心理学中的应用历史而言，我们一定要对其作进一步的阐释（Riger，1999），必须通过制订和实施的例子来讨论这 7 种核心价值。当你读完这本书时，可以和其他人用一个合适的方式讨论价值问题。部分关于社区心理学的呼吁就是关于价值观的进一步讨论问题。文本框 1—1 表述了社区心理学家的教育、工作环境和工作内容。这些都是社区心理学家表达其核心价值的形式、他们的价值观以及工作涉及的多重生态水平分析。

 本章小结

1. 社区心理学关注个体、社区和社会的关系。通过合作研究和行动，社区心理学致力于增进个体、社区和社会的生活质量。无论是在社区心理学的研究中还是在社区心理学的行动计划中，社区心理学都强调合作的研究方法。社区心理学家都是社区参与的*概念人*，在社区活动中调查并理解那样的行为。

2. 与其他的心理学研究领域相比，社区心理学有一种研究视角的转换。社区心理学关注的不是单一的个体，而是这个个体是怎样在一个复杂的社会背景中存在的：个体与社区、社会的联系。个体和社会是相互影响的。忽视社会背景影响的重要性会导致情境最小错误。

3. 第一层级变化是变更或代替群体中或社区中独特的个体；第二层级变化是改变成员之间的角色关系。第二层级变化的例子：学校为全体学生提供富有成效的教学环境，从物质滥用中康复过来，帮助年轻的母亲。每个活动都会遇到挑战，然而从长时间来看这些问题都会得到改善。

4. 个体类似于一个小的套娃，生存于一个*微观系统*中，如家庭、朋友圈、教室和小型群体。微观系统是比个体大的套娃。比微观系统大的套娃是*组织*，如学校、工厂。比组织更大的套娃是*地域*，如居住地、邻里。地域则包含在更大的套娃——*宏观系统*之下，如社会、文化。微观系统对个体来说更为熟悉（更接近自己），而宏观系统对个体来说则很陌生（离自己更遥远），但它们都影响着个人生活。一个社会环境就是一个或几个

文本框 1—1　社区心理学教育和职业

社区心理学有硕士或博士学位培养项目。博士和硕士学位课程大概分成3类。

● 独立的社区心理学课程侧重于社区心理学。

● 社区—临床心理学，或者有咨询专业，可以使学生在社区心理学和临床心理学两方面都受到培训。

● 跨学科的课程，就是社区心理学与心理学相关学术教学、研究和管理学科相结合，比如发展心理学和社会心理学。临床心理咨询培训与心理治疗或者和心理学以外的学科结合，比如人类发展学和社区发展学。

有些项目也和法律、规划、社会工作或公共健康等领域合作。在取得学士学位以后，获取硕士学位通常需要两年的全日制学习；取得硕士学位以后，需要4～6年的全日制学习，得到博士学位（通常是 Ph. D.）。

有些硕士课程也招收非全日制学生。有些则鼓励学生在开始研究生学习之前有工作经验。可以在自己的指导老师或者心理学系的其他人那里征求研究生学习的建议。

在社区的社会研究和行动网站有社区心理学研究生项目简介：http：//www.scra27.org/scraprograms.html。

社区心理学家执行各式各样的职责，通常涉及这些领域中的一个或多个：

● 关于社会问题、项目评估、社会政策的研究

● 倡导社会政策的变化

● 作为民选官员或与其一起做有关社会政策制定的工作

● 制订和协调预防/推广计划

● 与其他机构合作

● 管理社区服务和程序

● 社区机构、学校或工作场所的咨询机构

● 协调社会联盟

正如你在这张清单中看到的，社区心理学家在多个生态水平工作，从个人到宏观世界。他们的工作核心价值就是本章讨论的7个核心价值。社区心理学家在很多机构开展工作，包括：青年和家庭服务，健康促进计划，预防物质滥用机构，社区预防/推广计划，家庭暴力和性伤害危机中心，刑事司法机构，精神卫生服务，国家、州、地区宣传组织，社区发展组织，社区联盟，私人基金会和供资机构，政府的行政立法部门，还有教育界，这也仅仅是一个提示清单。社区心理学的闪光点就是它的理论观点可以在很多方面发挥作用。如果你特别关注社区心理学的某一方面，而在这里又没有提及，那么你很有可能在这一领域走出一条道路。

社区心理学家在他们的工作中都是理想和现实并存的。他们的工作经常是具有创新意义的一种使命：号召或领导一个人，在行动中体现其价值观。我们不知道哪个社区心理学家很富有，但是我们知道他们都很热爱自己的工作。

物理环境相互联系而形成的一套并存的系统。

5. 价值观在社区心理学中是重要的。它们帮助阐明在调查与合作中的争论和选择问题，使有质疑的社会主导变得容易理解，帮助理解文化和社区的各自特色。

6. 社区心理学是以7种核心价值为基础的：个体和家庭健康、社区感、尊重人类的多样性、社会公正、公民参与、合作和团体的力量以及实验基础。分配公正关心的是社会中的策略分配是否公正；程序公正关心的是做决定的过程是否全面。这7种核心价值相互关联又互相影响，如果只考虑其中一种价值而忽略其他，就会导致片面的研究

和行动。

简短练习

1. 思考下面关于本章的问题：

对你来说，最重要的发现或见解是什么？

关于本章，你有什么样的情绪反应，什么样的观点，为什么？

关于本章讨论的话题，你还有什么疑问？

你有什么不赞同的地方？这和你的个人生活经验有什么联系？

（在这本书的每个章节都有这样的安排。把自己的答案与自己的朋友、同学、导师进行讨论或在班级上讨论。）

2. 关于以下这些想象和价值观的问题，你的答案是什么？与其他人一同讨论。

你是怎么定义圆满人生的？

它与社区和社会有怎样的关联？

引导这样生活的核心价值是什么？

你怎么定义一个理想的社区？

它怎么给个人或家庭带来好的生活？

在这样的社区里需要有什么样的组织？为什么？

该社区核心价值观是什么？为什么？

你怎样来定义理想社会？

它如何使个人、家庭、社区拥有更好的生活？

这个社会的核心价值观是什么？为什么？

3. 复习社区心理学 7 个核心价值。和别人讨论它们。

这些共鸣哪些是你自己的价值？哪里可能你不同意？思考你的生活社区，还有什么其他的价值是很重要的吗？

在这些冲突观点中，你能举个例子吗？

4. 最近在社会心理学期刊阅读的哪篇文章，对于你来说很有趣？描述这 7 个核心价值观的地址。您可以通过 Info Trac 大学版搜索服务访问《美国社会心理学期刊》。

5. 列举出至少 5 个重要的社会问题。选择其中的一个，并回答这些问题。

社区心理学上的哪些价值和这个问题有关？为什么？

请问这个问题涉及的因素是在个体水平上，还是在微观系统、组织、地域或宏观系统水平上？

推荐阅读

Rappaport, J. , & Seidman, E. (Eds.) (2000). *Handbook of community psychology*. New York: Kluwer/Plenum.

Shinn, M. , & Toohey, S. M. (2003). Community contexts of human welfare. *Annual Review of Psychology*, 54, 427 - 460.

推荐网站

http：//www. communitypsychology

社区心理学网络包括许多与社区心理学有关

的信息。对学生、公民和社区心理学家很有用。

http：//www. scra 27. org/

社区研究和行动协会（SCRA）网站，该协会

是国际社区心理学的职业机构，也是美国心理学会的分会。这个网站包含 SCRA 的行动和目标、成员利益、活动和会议。

 关键词

社区、社区心理学

第2章
社区心理学的发展

开篇练习

　　思考一下，2001 年 9 月 11 日的恐怖袭击事件对你生活的影响，以及对世界各地所造成的影响。"9·11"事件以后，你的生活有什么不同吗？怎样不同？社区生活有什么不同吗？怎样不同？社会生活有什么不同吗？怎样不同？如果你生活在美国以外的其他国家，"9·11"事件对你所在社会造成的影响和对美国的影响一样重要吗？为什么？在你的国家或在你自己的生活中，还有什么重要的事件？为什么？

　　现在思考一下你在心理学或相关领域受到的教育。在生活中，教育能帮助你了解历史、文化、社会、政治和经济力量的影响吗？还需要别的资源和知识吗？

　　历史背景对个人和社区、学术等领域都有影响。在本章，我们将探讨社区心理学是如何发展成为一门独立学科的。今天的社会心理学根植于

它的历史，有它的发展线索、情境、人物。历史将贯穿当前和未来，也包括你，一个学生，一个公民，也许将成为未来的心理学家。

　　我们的视角，不是回顾社区心理学历史的唯一方式。事实上，我们的目标是要你批判性地思考，关于社区心理学这个领域，与自己、与他人对话。研究者们把社区心理学的重点放在美国，但也认识到它的国际根源，社区心理学现在是一个全球性领域。

　　通常，人们认为社区心理学的诞生是以 1965 年心理学家在马萨诸塞州召开的斯维姆斯哥特会议为标志的。但是，社区心理学真正的开端并不在此。斯维姆斯哥特会议的召开不会凭空进行，它的召开和 20 世纪中期美国的社会历史、文化背景、心理学的发展动态紧密相关。事实上，美国的社区心理学早在斯维姆斯哥特会议之前就已经

开始萌芽了。所以，为了深入理解社区心理学，我们必须回到"发端之前"（Sarason，1974），去分析整个 20 世纪美国的社区和心理学的历史。首先，我们将探讨社区心理学的前身心理学的一些特性。

在心理学中的个人主义和实践

> 如果早期心理学家研究中，不是将一种动物，而是将两三种动物放入迷宫中，那么我们对人类行为及学习将有更富有成果的概念。（Sarason，2003b，p.101）

心理学，特别是美国心理学，有把自身定义为研究个人机体的传统。甚至社会心理学家，主要研究的是个人的认识和态度。传统的行为主义，强调环境的重要性，很少研究社会文化变量。心理动力学、人本主义和认知心理学也都侧重于个体而不是侧重于环境。这一研究视角有一些好处，但也有局限，因此才促使新视角的出现，包括社区心理学。

心理学的发展并没有过于关注个体。Dewey 和 Kurt Lewin 早期的作品中，将心理学界定为：研究个人与社会文化、环境关系的科学（Sarason，1974，2003b）。1896 年，在费城，Lightner Witmer 建立了心理教育诊所，这是美国的第一个心理诊所，该诊所关注的是儿童教育问题。Witmer 断言，每个孩子都可以学习，所以教学方法必须要适应孩子的需要。Witmer 致力于与公立学校合作，这种尝试预示了社区心理学的主题（Levine & Levine，1992）。尽管有这样的研究取向，以后的心理实践仍然侧重于个体心理疾病和专业评估和治疗，而且主要针对成年人。

文化视角中的心理学

纵观心理学的历史，心理学主要研究者、概念构建者、研究参与者往往来自同一背景，多数为欧美男性。当对妇女进行直接研究时，研究往往是基于以男性为中心的理论框架内。很少有研究涉及不同种族和民族背景，直到目前，研究还建立在西方文化种族优越感的框架内。这种研究传统假定，个人之间基本上是相互独立的。相互依存的关系以及个人与社区的关系，被认为是附属的，在研究中常被忽视（如 Miller，1976；Riger，1993；Sarason，1974，1994，2003b；van Uchelen，2000）。

对这一思路的经典挑战来自 Gergan（1973，p.312）。Gergan 说，从跨文化角度看，许多心理学概念似乎有很大不同。强烈的自尊心，在西方个人主义文化中，是得到承认和尊重的，可是，在强调群体成员相互依存的文化背景中，强烈自尊心可能被视为对自我的过度关注。同样，在许多情况下，设法控制生活事件及其结果，可能导致对他人缺乏尊重。社会整合，在西方个人主义世界观中是被抵制的概念，但在不同的文化背景中，则是巩固群体团结的重要黏合剂。这并不是说，个人主义的概念是错误的，只是说它不具有普遍性。

在心理学中，权力和控制的概念也深受个人主义思维方式的影响（Riger，1993；van Uchelen，2000）。心理学家往往关注个体是否可以对环境实施控制，相信个体持有这样的内部控制力，通常还会有适应于个体的心理测量。这种方法假设，有一个个个独立的"自我"，这个独立的自我在"自己"和他人之间有明确的界线，这种观点在西方个人主义文化下是适当的，但是在个体之间相互依存的文化背景中，就不被认同。在非西方文化背景中，文化假定是，人们要想寻求控制，就必须和他人合作。这削弱了心理学中"内部"控制和"外部"控制的区分。此外，女性主义思想家指出，心理控制概念往往等同于为追求一个目标或利益而支配他人，但更大的对环境的控制，往往要通过合作才能达到目标。

这些只是少数的几个例子，表明在心理学研究中，需要文化意识。社会心理学，现在开始研究在文化和社会背景中的个体。然而，正如我们在本章和后面几章中所探讨的，将其付诸实践是不容易的。

个人主义实践

专业心理学实践也主要侧重于个人，有关个体差异的心理测量的研究，长期以来都和学校、工厂的测验有关联。而心理测验的使用促进了功利性个人主义。个体的数据被测量、存储，也许会产生变化。但是，学校或者工作环境却很少获得那样详尽的研究。除此之外，大量的心理治疗的实践是基于表达性个人主义的假设基础上（Bellah, Madsen, Sullivan, Suidler & Tipton, 1985；Wallach & Wallach, 1983）。在心理治疗中，当事人作向内的自我关注，以便寻找一种能够使自己感到更加快乐的新的生活方式。心理治疗中假定当事人对他人的关注是依据当事人自我关注基础上自动化做出的。这种方法对于那些生活处于严重混乱的人而言是非常有帮助的，然而，作为一种普通的生活哲学，它强调的是自我实现，然而，

它可能忽略了人际关系，社区和社会资源的恢复。个人主义思维限制了我们认识自我、心理学学科、社区和社会的方式。正如我们在第 1 章谈到的九点问题，除非我们认识到这种框架的限制，否则这种框架就会限制我们的思维。

为了促进和提高个体和社区的生活质量，情境的（组织的、社区的、社会的）变革是必要的。我们的观点不是认为以个体为基础的研究、测验和心理治疗没有用处，而是说心理学不能仅仅依赖这样的个体化工具和手段。心理学也需要其他的方式、方法和手段来进行研究。

社区心理学既是对主流心理学局限性的反应，又是对主流心理学的扩展。为了了解社区心理学如何产生、发展的，我们将从 20 世纪中叶美国社会开始谈起。

 ## 社区心理学在美国的出现

20 世纪 30 年代和 40 年代，美国及其盟国战胜了灾难性的经济衰退，并赢得了第二次世界大战的胜利。战争的影响深入到每个家庭，挑战并加强了民族团结。大量女性曾进入工厂，并获得劳动报酬。虽然许多女性在战争末期被解雇，然而，在这期间，她们的能力得到了锻炼，这为后来的女权运动孕育了火种。在军队中的日裔美国人由于作战勇敢而得到认同，然而在美国本土的日裔美国人却在拘禁所里遭到拘禁。反亲犹太主义，原来在学术圈内，在社会各个层面都很流行，在希特勒对犹太人的大屠杀之后，这种观点失去了影响力。战后，G. I. Bill 把很多老兵送到大学读

书，拓展了对大学的关注面。在退伍老兵中，存在许多心理问题。这也导致了临床心理学的兴起。

这些事件启动了 20 世纪 50 年代和 60 年代美国社会的重要变革，而这些变革导致了社区心理学的诞生（Wilson, Hayes, Greene, Kelly & Iscoe, 2003）。我们这里将为大家阐述导致社区心理学诞生的 5 个推动力（坦白地讲，这个维度框架是对引起社区心理学诞生的因素的简化）。所有这 5 个推动力，都反映了人们对于个体、社区和社会问题、社区取向的思考（See Levine, Perkins & Perkins, 2005）。

对生活中发生问题的预防性观点

威胁人类的大规模的疾病，不会因为治疗受感染的个体而得到根治或者控制。(Gordon, quoted by Albee in Kelly, 2003)

社区心理学产生的推动力之一和心理健康系统中的预防性观点有关。而这主要是受到公共健康学科概念的影响。公共健康理论和实践不仅要关注那些已经患病的人的治疗，它同样也关注对疾病的预防。预防有很多种形式，从环境卫生到教育再到早期的对传染疾病的治疗，旨在控制疾病的蔓延。公共健康从人口学的视角出发，关注的是在社区、国家或社会中预防或控制疾病的发生，而不仅仅是针对个体疾病的预防和治疗。正如我们在引文中所暗示的那样，对于天花和小儿麻痹症这样的疾病的控制，不是对于已经感染的个体的治疗，有效的方法是预防性的公共健康项目（治疗的方法是慈善的，但是不会大规模地、有效地控制疾病）。精神病学家 Lindemann 和他的同事们把预防这一理念应用到心理健康学科体系中，这是一种公共健康的观点，它强调心理异常中的环境因素对心理问题的早期干预，建立以社区为基础的干预和治疗，而不是单纯关注医院中的设施，用个体和社区的力量预防生活中出现的问题 (Gaplan, 1961; Klein & Lindemann, 1961; Lindemann, 1957)。

Lindemann 强调以生活危机以及社会变迁作为心理健康系统干预点的重要性。他的最著名研究涉及失去亲人家庭的家庭应对 (Lindemann, 1944)。在波士顿，椰格罗夫夜总会遭遇大火，这场悲剧就发生在 Lindemann 诊所的附近。许多幸存者需要帮助，这个数量远远超出诊所人员用传统心理咨询方法所能承受的数量。Lindemann 认为，有过创伤经历的人在将来会出现很多心理和家庭问题。Lindemann 不是等到个体完全出现异常行为才进行治疗，而是倡导对特殊危机事件开展应对和支持的教育工作，以起到预防的效果。

1948 年，Lindemann 在马萨诸塞州的韦尔兹利建立了人际关系中心。这个中心为父母和教师、教育团体、支持性群体、危机干预和短期的治疗提供咨询。服务者包括市民和社区的领导者如神职人员、学校官员。这体现了社区心理学在社区协作和力量以及改变角色关系和第二层级变化方面的价值。人际关系服务中心的创办者和早期的领导者之一，Donald Klein，是一位心理学家，他后来为社区心理学的产生起了推动作用。这个服务中心也为心理学家、社会学家以及人类学家（对心理健康和公共健康问题感兴趣）提供了一个很好的研究场所 (Felsinger & Klein, 1957; Kelly, 1984; Klein, 1984, 1995; Klein & Lindemann, 1961; Lindemann, 1957; Spaulding & Balch, 1983)。心理学家对社区服务和疾病预防的兴趣促成了 1955 年的大会。在会上，Lindemann、Klein 和其他人介绍了自己的研究成果，并且指出，心理学家在该领域的未来发展趋势是"社区心理健康" (Felsinger & Klein, 1957; Strother, 1957; Wilson et al., 2003)。

1953 年，心理学家 John Glidewell 和密苏里州路易斯县的公共健康组织合作，在学校中建立起一套程序，目的在于和孩子的父母一起探讨如何预防儿童在发展中的行为异常问题 (Glidewell, 1994; Glidewell, Gildea & Kaufman, 1973; Kelly, 2003)。在 1958 年，Emory Cowen 和他的同事们在纽约的罗切斯特小学建立了初级心理健康项目。这个项目致力于儿童学校适应不良行为的早期症状研究以及早期干预 (Cowen, in Kelly, 2003; Cowen, Pedersen, Babigian, Izzo & Trost, 1973; Cowen et al., 1996)。和人际关系服务一样，在这些创新项目中，与社区成员合作，能够帮助社区成员发生第二层级改变。他们还努力验证和进行实证研究。因此他们帮助建立了社区心理学的核心价值、社区合作和以实验为基础的研究。

尽管不是在公共健康系统的框架之内，但另外一项在学校内进行的早期研究项目同样值得一提。1962 年，Sarason 和他的同事们在耶鲁的心理—教育临床中心和其他学校以及机构开展针对青年的咨询和治疗工作 (Sarason 根据 Lightner Witmer 早期临床中心来给自己的中心命名)。通过和学校的工作人员一起工作，心理—教育临床中心工作人员的目的是了解"学校文化"以及确定和推进"生产性学习环境"，以促进青少年的发展。心理—教育临床中心用生态学的方法，试图理解和改变环境，而不仅仅是个人，这也预示着社区心理学将会出现的重要主题（Sarason，1972，1982，1988，1995；Sarason，in Kelly，2003）。

尽管预防举措代表着重要的创新，但是他们却遭到临床护理传统的强烈抵触，并且还未进入主流的精神病学和临床心理学中（Strother，1987）。

对心理健康系统的改革

作为一名抵抗战争的贵各会教徒，Wilbert Edgerton 于 1942 年被分配到一家精神病院服务。在这里，他描述了他的经历。病人很多，医院的实际床位远远满足不了那么多的病人。机构运营如同封建领主制，每年向国家交钱……我们有一个组记录了所有的事情，并把它们呈现给国家立法机构，立法机构会召开特别会议，并向所有国立医院提供更多拨款……这就是个例子，如果你采取了行动，好的事情就会发生（Edgerton，2000）。

促成社区心理学产生的第二个推动力是美国的心理健康系统发生了重大的、几乎是不可逆转的变化。这一变化开始于第二次世界大战，并且一直持续到 20 世纪 60 年代（Humphreys，1996；Levine，1981；Sarason，1988）。战后，建立了退役军人管理中心（the Veterans Administration，VA），这个管理中心为战后众多的退伍士兵提供医疗服务（也包括对心理异常的治疗）。除此之外，成立了国家心理健康中心以协调使用心理健康研究和训练资金。这些联邦机构都在很大程度上依赖心理学家的工作（Kelly，2003）。

这些事件导致了临床心理学的迅速扩展，这种影响持续到今天。在大学的心理学系中，临床治疗以专业化的姿态独立出来。临床技巧要在医疗环境中学习（在退役军人管理中心，退伍男性军人的工作中）。这种方法是在 1948 年博尔德会议上被确立的。临床心理学尤其重视对成人的个体化治疗，这是退役军人管理中心的需要，是一种医学模式的治疗取向。而进步时代的临床心理学，对儿童—家庭的关注以及环境的观点——另外一种临床心理学可能的发展方向却被忽视了，这实在是一个很不幸的失误（Humphreys，1996；Sarason，2003b）。

战后，美国社会发生了一场关注心理健康改革的运动（Levine，1981；Sarason，1974；Spaulding & Balch，1983）。新闻工作者的文字和影视报道证实了精神病医院内的非人道的条件，像国家心理健康中心这样的组织也在倡导改革。而且抗精神病类药物疗效的迅速发展，也使得长期住院治疗变得没有太大必要。Wil Edgerton 在精神病院的遭遇使他帮助社区心理学的先驱者通过宣传和与社区合作，改善社区心理健康服务。在 Robert Felix 的支持下，对预防和社会创新感兴趣的心理学家而言，国家心理健康中心成为核心机构（Goldston，1994；Kelly，2002b，2003）。

进一步的问题是，当时的精神病医院并没有考虑好病人出院之后，如何自如地在社区居住和生活。1960 年，Fairweahter 和他的同事们在加利福尼亚州帕罗阿尔托的退役军人管理中心医院，开始发展和评估社区、居民区创新项目，来解决这个问题（Fairweahter，1979，1994；Fairweahter，Sanders，Cressler & Maynard，1969；Kelly，2003。他们的退伍男性军人样本表明，退役军人管理医院关注点比较狭窄）。一些专业人士认为，严重的男性精神病患者，不适合在社区中生活。社区居民区的研究表明，实际上他们可以很好地生活在一个支持性的社会中，监测每个人的行动，他们甚至可以经营小型企业，哪怕给予他们很少的专业指导就可以。社区居民区强调的是互助、关联以及对社会的责任，而不是对个体的治疗。Fairweahter 提出的社区居民区模型在心理健康上被广泛采用，然而，很少有人有兴趣做一个关于精神病患者大胆、深入的研究。Fairweahter 提出的核心和重点对当今的社会心理学仍有很大的影响力：人道主义的心理保健，开展创新计划，用严格的实验评估其有效性，广泛传播研究结果

（Hazel & Onanga，2003；Seidman，2003）。

1961 年，为回应对心理健康系统改革的呼声，联邦政府资助的心理疾病和心理健康联合委员会成立了（Joint Commission，1961）。在委员会的一项研究报告中，心理学家 George Albee 回顾了最近的研究，研究表明，与培养心理健康和心理治疗专业人才的成本相比，美国心理异常者的比率非常高。由此，George Albee 得出结论，认为在美国不可能培养出足够的临床心理治疗人员，从而为所需要的人提供临床的治疗和帮助。George Albee 和其他研究者们因此呼吁重视预防。心理学家 Marie Jahoda 积极倡导拓展人们对于精神疾病的思维范式，提出了积极心理健康的概念，这是目前我们使用的健康、弹力、力量等概念的先导（见文本框 2—1）。她还主张识别制约个人心理健康的条件，通过预防和社会改革改变这些条件（Albee，1995；Kelly，2003）。然而，在最后的报告中，心理健康联合委员会的大多数成员仍倾向于认同专业的诊断与治疗模式（Levine，1981）。

作为对心理疾病和心理健康联合委员会的回应，国家心理健康中心（the National Institute of Mental Health，NIMH）提出建立社区心理健康中心系统（CMHCs；Goldston，1994；Levine，1981）。1963 年，在肯尼迪总统以及一部分国会议员的支持下，国会通过了由国家心理健康中心提出的社区心理健康法案。与传统的心理分析治疗、精神病医院相比较，社区心理健康中心被赋予了不同的职能。这些职能不仅包括在社区内照顾那些心理异常的人，同时还包括危机干预，与其他的社区机构一起，开展磋商和预防工作（Goldston，1994；Kelly，2003）。Wellesley 人际关系中心就是这些服务中的范例。在政府的资助下，社区心理健康中心系统的方法对社区心理学产生了很大影响。

文本框 2—1　Marie Jahoda：社区心理学的先驱

Marie Jahoda，一名社会心理学家，她的研究预示和影响了当今社区心理学的诸多领域。1930 年，她和她的同事们成立了一个研究失业对心理影响的跨学科团队（Jahoda，Lazarsfeld & Zeisel，1933/1971）。他们研究奥地利的一个名叫马林塔尔村庄的主要工作场所，由于全球范围的经济衰退日益严重而关闭。他们在研究时，第一次把失业和心理学实验联系在一起，其中包括辞职和实际运用中的抗压能力。研究小组既研究社区，也关注个体，使用的方法包括：文档、问卷调查、访谈、个人和家庭的历史、参与和非参与观察。他们作为伙伴与社区成员合作，尽力找到能服务社区的实际方式。他们试图用马林塔尔村庄自己的方式去理解，而不是将检验假设泛化到其他地区。他们的研究产生了深远的影响，包括对今天的社区心理学（Fryer & Fagan，2003；Kelly，2003）。当法西斯在奥地利上台后，Jahoda 被关押，然后获准移居英国，后来在美国定居（Unger，2001）。

20 世纪 50 年代，由于 Jahoda 在马林塔尔村庄研究中的贡献，美国心理健康联合委员会邀请她领导一个跨学科团队，来界定积极心理健康，这不是简单地将心理健康的认识停留在障碍的层面上，而是更注重积极的品质。该工作组确定了积极心理健康的标准，包括：强烈的个人身份认同，动机，心理的成长，追求价值，压力下的韧性，自主选择和行动，同情，在爱、工作、娱乐以及人际关系上的满足。她和她的同事们得出结论，积极心理健康是被社会背景影响的价值判断概念。例如，在西方文化中，自主是积极的心理健康中的重要组成部分，但在别的文化中却并不那么重要（Jahoda，1958；Jahoda，in Kelly，2003）。该报告界定了人的品质，但是没有说明可以促进心理健康发展的条件。然而，它仍是一个重大进步，预示了很多当前社区心理学和积极心理学的重要概念。

团体动力和行为研究

Lewin 不仅关注在心理学学科内部适当而　　　　正确的研究主题，而且也关注对情境因素的理解……Lewin 是一个有创造力的人，他喜欢让别人和他一起创造。（Zander，in Kelly，2003；Zander，1995）

影响社区心理学形成和发展的第三种力量来自于社会心理学。开始于 Kurt Lewin 的团体动力和行动研究（Kelly，2003；Marrow，1969；Zander，1995）。

Lewin 在他的职业生涯中花了很多时间向以实验为基础的心理学家和公众表明：社会行动和研究能够以某种方式整合。他的著名论断是："没有什么比好的理论更加富有实践意义了"（Marrow，1969）。Lewin 是"用心理学解决社会问题协会"（SPSSI）的创始人，渴望在美国心理学界有自己的声音。在 20 世纪 40 年代，Lewin，这位来自德国的心理学家，开始对团体动力的研究感兴趣（一个在社会心理学中的研究领域），并且尝试着用团体动力理论去解决社会以及团体中存在的问题。

Lewin 的研究团队面临的第一个社区问题并不是心理健康问题。Lewin 和他的研究团队被请求通过研究找到一种减少反犹太主义的方法（Cherry & Borshule，1998；Marrow，1969，pp. 210 - 211）。在心理学家讨论这些问题的时候，参与的公民坚持自己的观点，这使 Lewin 开始考虑团体动力的

问题，创造出团体训练的方法（T 小组训练法；Bradford，Gibb & Benne，1964）。Lewin 去世后，他的学生以及其他学者在美国康涅狄格州贝瑟尔建立了一个训练实验室（the National Training Laboratories，NTL）。帮助职业心理学家和公民学习组织内和组织间的团体动力如何影响个体和社区生活（Kelly，2003；Marrow，1969；Zander，1995）。这个训练实验室关注团体和社区工作人员参与技巧的发展。这个训练实验室不是治疗群体、支持群体取向，也不是传统的临床的、医学意义上的定向。相反，他们体现了心理学家以社会 — 心理视角对团体动力的关注。这种方法不同于传统心理学范式中关注个人主义和实验室研究，而是关注心理学专家和公民的合作关系。

几位早期的社区心理学家曾经和 NTL 合作。这些心理学家包括 Donald Klein 和 Glidewell 等人。他们把社区心理健康与 NTL 的团体动力与行动的研究传统结合起来（Edgerton，2000；Glidewell，1994；Kelly，2003；Klein，1987，1995）。Lewin 关注行动研究，关注与公民的合作，是当今社区心理学研究的奠基者。如文本框 2—2 所示，早期社区心理学 4 个杰出的研究，凸显了人际关系和群体过程的重要性。

文本框 2—2　社区心理学早期的杰出项目

社区心理学不是产生于针对个体的心理学工作，而是产生于开创性的社区项目。在这些项目中，很多情境下，心理学专家和公民是一起工作的。我们这里选择了 4 个项目：韦尔兹利人际关系中心、社区居民区、在耶鲁的心理—教育临床中心和初级心理健康项目。在这里我们主要关注这些项目的人际—情感意义，阐明他们如何体现了与公民的合作，重视社区的力量，在角色关系中第二层级的变化。这些主题在社区心理学家 Kelly 及其学生进行的访谈中表现得尤为明显（Kelly，2003）。

韦尔兹利人际关系中心是应社区领导的要求建立的。尽管其他的心理健康专业机构断言他们拥有心理疾病诊断和治疗的专业知识，Lindermann，人际关系中心的第一位领导，却强调从公民那里学习的重要性，并且坚持要公民承担起社区心理健康的责任。Donald Klein（1995）描述了 Lindermann 在与社区领导会谈时，在探讨人际关系中心能为社区做些什么的问题时，Lindermann 告诉他："不，我们从公民那里学习的才是最重要的。"

即使是在十几年之后，在一次访谈中，Donald Klein 和 Jim Kelly 在谈到他们在人际关系中心的工作时，谈到了一些重要品质：真诚、重视社区力量、仔细倾听、注重人际关系。这些品质植根于 Lindermann 的领导风格。Klein 的训练实验室（以 Lewin 的团体动力为基础），以及在韦尔兹利和公民一起工作，被视为自己伙伴的经历（Klein，1995；Kelly，1997，2003）。

社区居民区项目更进一步地创造了一种情境以授权那些心理异常的人。George Fairweather 及其

同事在退役军人管理中心医院，开始寻求一种方法，用患者之间的相互关系进行团体治疗。他们的研究发现，有严重心理异常的患者，在日常生活中，他们能一起工作，彼此照顾，能在医院以外的社区居民区中很好地生活。社区居民区项目的成功反驳了许多专家关于严重心理异常者能力的假设。而该项目的成功，主要得益于参与者未识别的力量和参与者的相互支持。Fairweather 温和的、常识化的风格，促进者——咨询者的角色，促进了该项目的成功。

当公民要有更大的控制力和自主权的时候，社区伙伴关系会迎来一个关键点。Fairweather 后来回忆到这个令人伤心的时刻，社区居民区的成员感谢他所做的努力，但是同时又说"你该走了"。对于参与合作的专家而言，Fairweather 称之为"极不愉快的一刻"。然而，他理解并且接受了他们的决定。这个居民区成为他们自己的社区。专家的出现，尽管意图良好，能提供支持，但是却会妨碍居民区未来的发展。初创的这些居民区以及后来的项目都取得了成功（Fairweather，1994；Kelly，2003）。

Sarason 认为，耶鲁心理—教育临床中心有 3 个目标：理解"学校中的文化"以及这种文化如何限制了生产性学习（Productive learning）；在学校中开展服务，以实验的方式理解文化（Sarason, in Kelly, 2003）。要达到这些目标，意味着要超越以往的研究方法，问开放式的问题，分析个人经历，冒一定的风险进行改革，以促进生产性学习。

开始的时候，Sarason 及其同事并不知道他们在找什么，也不知道在他们的工作中，他们的角色是什么以及研究成果会是什么。Murray Levine 把在心理—教育临床中心的工作描述为"到学校去，找到一种有用的方法"。Sarason 后来告诉学生，他如何申请成立心理—教育临床中心，但是他还不能清楚地阐释什么是"学校中的文化"以及将采用什么样的研究方法。他的申请两次遭到拒绝。然而，心理—教育临床中心最终发表了对社区心理学有影响的书籍、论文和概念。在每周五的心理—教育临床中心会议上，工作人员集中讨论他们的经历，这包括深入地、广泛地审视自己的经历以及学校中的事件，就这些内容的意义激烈地进行讨论（Levine, in Kelly, 2003；Sarason, 1995；Sarason, in Kelly, 2003）。

在心理—教育临床中心的经历，无论是对职员而言，还是对学生而言都是自己的体验。许多有影响的社区心理学家在他们的生活中验证了临床中心工作的重要性。Rhona Weinstein 在学校开展富有创新的工作（我们在第 1 章以埃里克为例介绍了她的工作）；Sarason，在她的申请被那些不愿承认女性地位的人拒绝之后，努力工作，捍卫自己的利益；Murray Levine 仍然带着老的心理—教育临床中心的钥匙，那是他与那里的人们联系的象征。

Emory Cowen 被 George Albee 称作"在预防的森林里最高的一棵橡树"（Albee，2000，p. xiii）。Cowen 获得如此高的评价，主要是因为 Cowen 在罗切斯特大学倡导的初级心理健康项目（the Primary Mental Health Project，PMHP）和社区研究中心（现在是一个儿童机构）。

Cowen 及其同事通过 20 世纪 50 年代的一些心理健康实例，描述了 PMHP 的发展与成长历程：我们缺乏足够的人员帮助那些需要帮助的孩子；对青少年学习、行为及情感问题的早期识别以及采取立即干预，将预先阻止随后更加棘手的问题的发生。项目辅助人员与濒危儿童构建积极关系，并帮助他们学习主要的协调技能，所能达成的目标与专业服务达成的目标持平。

1963 年，Cowen 及其团队发展了儿童协会组织，在专业人员的监督下，项目辅助人员在学校工作，为儿童提供支持和实际援助。Cowen 和他的工作团队及学生最初在一所学校创立了 PMHP 实验项目，后来，该项目在世界范围内的 2 000 多所学校得以普及。

一年年过去了，社区研究中心的研究目标不断扩大，包括的主题为：学校范围内社会问题的解决与技巧培训，离婚家庭儿童预防服务，儿童顺应力的培养等行为研究。社区研究中心在预防方面所做的工作与 Cowen（1994，2000a）关于健康的概念对社区心理学、发展心理学、临床心理学和学校心理学都产生了重大影响。

许多有影响力的社区心理学家与 Cowen 共同发展 PMHP 和其他项目；最近专门有文章赞誉 Cowen 的概念性贡献及革新性的社区工作。

社会变革和解放运动

想要真正的解放——男性和女性，对这一崭新的视角，心理学几乎没什么用……简而言之，目前心理学（包括生物学）对于女性的解释，总是在小样本的基础上试图做出概括化的解释，因此是无用的；如果我们试图解释女性的行为，我们就一定要理解女性生活的社会环境……但是，很清楚，除非我们对男性和女性有公平的社会预期，除非我们对女性和男性有公正的尊重，否则，我们对问题的回答仍然会反映我们的偏见。（Weinstein，1971/1993，pp. 197，207，208）

我确信，大家都认为，在社会中，在我们生活的世界中，有一些东西是我们无法妥协接受的……我们不会让自己妥协接受种族歧视和种族隔离，我们不会让自己妥协接受宗教偏执，我们不会让自己妥协接受军国主义的疯狂，也不会接受采用暴力行为的自暴自弃。（King，1968，p.185）

影响社区心理学形成和发展的第四股力量来源于 20 世纪 60 年代发生在美国的社会变革及解放运动，尤其是民权运动（后来是黑人运动）、女权主义、和平、环境、男同性恋/女同性恋权力等运动影响深远。这些运动尽管都有很深的历史根源，但是它们确实和 20 世纪 60 年代流行的思想倾向有关。这些运动在 20 世纪 60 年代和 70 年代早期，影响越来越大。借助于这些运动，参与者把他们的不平感以及理想传递给了民众。

这些运动中所蕴涵的思想有几个共同的主题（Kelly，1990；Wilson et al.，2003）。其中一个共同的主题是：挑战在白人和有色人种之间、男人和女人之间、专家和大众之间、同性恋和异性恋定向之间、强势群体和弱势群体之间的层级的、不平等的角色。而且，年轻人经常自己担任领导：大学生坐在隔离开的速食餐厅的柜台前，组织起面向南部种族隔离的自由运动，领导反战抗议。

组织了第一个地球日。这五大运动的共同主题与社区心理学的核心价值相对应：社会公正、民主参与以及对多样性的尊重（Wilson et al.，2003）。

这五大运动的另一个共同特点是：他们致力于把地区水平和国家水平的社会变革结合起来。每一个行动的倡导者都寻求在当地社区水平中以及整个国家的变化，"思想全球化，行动本地化"成为座右铭。这些运动倡导了我们在第 1 章介绍过的各个生态学水平的社会变革。例如，在民权运动中，不同的群体使用不同的方法。几十年来，美国全国有色人种联合会开展政策研究，开展立法倡导，呼吁废止种族歧视。其他的一些组织采用社区动员的方法：在有限的时间内动员大规模游行示威，吸引媒体的注意（自由乘车运动，伯明翰和塞尔玛运动，华盛顿进军）。其他不被承认的当地组织，致力于长期的社区组织，追求选民登记或者其他目标，这是一种不会产生名人，但是会引起社区持久变化的方法（Lewis，1998；Payne，1995）。女性，包括 Ella Baker、Septima Clark，都是当地社区的领导（Collier-Thomas & Franklin，2001）。所有这些变化都和电视传媒迅速发展，如实向观众描述社会冲突这一趋势相契合。想否认种族主义，变得越来越困难。

有几位心理学家在民权运动中扮演了政策倡导的角色。Kenneth 和 Mamie Clark，非洲裔美国心理学家，1954 年在布朗诉教育局废止种族歧视案中，他们的研究成果被最高法院引用，作为推翻种族隔离学校的基本原理之一。Clark 的研究比较了儿童对不同肤色玩偶的反映，以测量非洲裔美国人和欧裔美国人的自尊。Mamie Clark 的政策倡导和研究、法庭证词，包括"用心理学解决社会问题协会"（SPSSI）的研究和政策倡导，这些对于全国有色人种联合会诉讼废除种族隔离学校起到了很大的作用（Clark，1953；Clark，Chein & Cook，1952/2004）。然而，心理学家的反应是不同的，有些心理学家试图验证种族隔离，并为种族隔离辩护。Clark后来认为，是社会科学倡导导致了1954年法庭的判决，这大大削弱了美国的种族主义（Benjamin & Crouse，2002；Keppel，2002；Lal，2002）。

女性主义与社区心理学在目标上有许多相同之处（Mulvey，1988）。二者都批评"谴责无能者的做法"。而且，女性主义的核心观念是"个体的也是政治的"：甚至是私人关系也受到压迫女性的社会信仰、动态权威影响，这与社区心理学生态学水平分析的理念是一致的。女性主义和社区心理学都注意到了角色关系的不平等，像专家—当事人，或者男性—女性的关系。二者都强调同辈群体支持以及组织社区成员可以作为变革的一种方法，都认识到倡导在宏观系统中变革的需要和重要性。当然，女性主义和社区心理学之间也存在差异。首要的一点是，女性主义是作为一项社会运动兴起的，但社区心理学是作为学术学科兴起的。

1968年，心理学家Naomi Weisstein发表了演讲，题目为"心理学建构女性——男性心理学家的想象"（Weisstein，1971/1973）。Weisstein的论文被描述为"一次地震……动摇了心理学的基础"（Riger，in Kelly，2003）。Weisstein质疑那个时代的心理学家是否真正了解女性，男性心理学家在进行研究时，排除了女性，经过"系统"研究，提出了男性视角中的心理学。她强调社会情境对于女性选择和行动的作用，而且许多情境限制了女性的选择。她的批评是众多女性主义学者奠基性阐释之一，并且促进了许多学科在研究概念、研究方法上的转变，这其中也包括社区心理学。而且，Weisstein和其他女性活动家积极筹划项目，支持女性发展，倡导社会变革（Dan，Campbell，Riger & Strobel，in Kelly，2003）。

20世纪60年代，当社会变革运动取得积极进展的时候，一些心理学认为，公民和社区行动对于引起社会变革是必要的，而且在这个过程中，心理学家能发挥很大的作用（Bennett et al.，1966；Kelly，1990；Sarason，1974；Walsh，1987）。马丁·路德·金曾经致函给美国心理学会，呼吁他们研究并倡导青年发展、公民领导和社会行动，尤其是在非洲裔美国人当中开展这些研究（King，1968）。然而，社会卷入的心理学观点在心理学领域中并没有得到广泛支持。不过，能动心理学家不顾美国心理学会的反对，仍然安排了马丁·路德·金的发言（Pickren & Tomes，2002）。

乐观主义的潜流

我们刚刚赢得了一场规模巨大的战争，有史以来最大的一场。实际上，很久以前，我们的精神就被激励起来了。如果我们能做到这一点，我们就有能力做任何事情。包括解决美国社会中所有的社会问题：种族关系，贫穷……有了一种乐观主义……一种救世主般的热情……我们相信，我们能够改变世界，我们感到我们正在改变着世界。

解决社会问题是会让人清醒的……要赢得战争，你会去杀人，去破坏。要解决社会问题，你要去建构事物和创造事物。（Glidewell，1994）

Glidewell的评论证明了我们在以前所讨论的四种推动力的一种倾向。解决社会问题的乐观主义（Kelly，1990；Levine，1992；Sarason，1994）。

这种乐观主义倾向在本质上是非常美国化的，也促进了社区心理学的产生。

1965年，约翰逊当局发动了由联邦政府资助的"大社会"项目，即广为人知的"消除贫困的战争"。包括一些教育革新项目如"提前教育"项目（Head Start），工作培训计划和员工项目，当地社区行动组织。社区心理健康的联邦资助者以及"消除贫困的战争"的联邦资助者，希望社会科学，包括心理学，能作为科学地解决社会问题的资源。这种态度部分地来自于美国人对于科学和技术的忠诚。这种对于科学和技术的忠诚，以美国第二次世界大战期间，包括冷战期间的社会经历为基础。这种对科学的忠诚，包括对社会科学的忠诚，为更加清醒的、被对社会科学效用的有效性的认知所取代。这一点在Clidewell的评论中有所体现。

斯维姆斯哥特会议

1965 年，39 位心理学家聚集在马萨诸塞州海滨港口城市斯维姆斯哥特，讨论在新的国家心理健康中心系统下，训练心理学家以适应新的角色问题（Bennett *et al.*，1996；Klein，1987；Kelly，2003）。正像当时在心理学界、科学界非常典型的做法一样，与会的 39 位心理学家几乎都是白人、男性（Rosenblum，in Kelly，2003；Walsh，1987）（有一位女性，Luleen Anderson，参加了会议，帮助作者准备会议报告）。然而，与会的心理学家更愿意把自己称作是非典型的心理学家。因为他们从事社区心理学的研究已经改变了他们的研究兴趣和技巧（Bennett *et al.*，1966）。他们中的许多人试图在学术研究者、社区心理健康专家以及公民之间建立联结。在斯维姆斯哥特会议（Swampscott Conference）上，与会专家呼吁建立社区心理健康新的训练模式，并且为新的、更广阔的社区心理学奠定基础。

社区心理学关注"在复杂的交互作用过程中，连接个体行为和社会系统的心理学过程"（Bennett *et al.*，1966，p. 7）。社区心理学不会只局限在心理健康问题上，因此也区别于社区心理健康，尽管二者有某种程度的交叉。

斯维姆斯哥特会议上，与会专家同意用"参与者—概念构建者"来描述社区心理学家。社区心理学家既作为社区变革的参与者，同时又是对这些社区变革努力有效性的研究者和引导者。与会专家讨论了社区心理学新的角色：针对学校和社区机构开展咨询，开展干预计划，针对学校以及社区机构开展咨询倡导社区变革，与居民广泛合作。当面临复杂的社区问题时，也强调跨学科合作和谦虚的精神（Bennett *et al.*，1966）。

在斯维姆斯哥特会议上，也有没达成一致的地方。一些参加会议者同意社区心理学的公共健康预防模型。与此相对应，Robert Reiff 则谈到了社区心理健康方法的局限性以及社区行动方法的优点，Robert Reiff 还谈到了他与社区内原住民合作（而非心理学专家），吸收社区的实践知识（Reiff，1966）。这种观点预示了今日社区心理学的张力。应该说，在斯维姆斯哥特会议上，呈现了多种研究视角，而不是很草率地达成一致（Bennett *et al.*，1966；Rosenblum，in Kelly，2003）。

斯维姆斯哥特会议，无论是对于参与社区研究的人而言，还是对致力于这个新领域研究的人而言，都是一个转折点。许多人在传统的心理学学术视角下，在临床取向的研究中，感觉到很孤立。然而，在斯维姆斯哥特会议上，他们却高兴地发现，他们找到了与自己观点和价值相近的人，"我们彼此发现"，这是参加斯维姆斯哥特会议人士的共同记忆。30 年后，在给学生讲起斯维姆斯哥特会议的影响力时，Klein 不由自主地笑了起来，在他的眼神和话语中透露出了热情："参加会议的兴奋与激动一直伴随着我，就好像会议发生在昨天"（Klein，in Kelly，2003）。

社区心理学：发展同一性

斯维姆斯哥特会议之后，社区心理学从社区心理健康体系中独立出来，成为一门独立的学科。1973 年，在美国发行了两个致力于这方面研究的期刊，《美国社区心理学》和《社区心理学》。也开发了毕业生培训项目，在这个领域也出版了一些有影响力的教材（按初版出版时间顺序，如 Murrell，1973；Heller & Monahan，1977；Rappaport，1977；Levine & Perkins，1987）。这些努力逐渐帮助社区心理学形成一种同一性（Revenson & Seidman，2002）。

在社区心理健康中的变革

社区心理健康运动萌芽在 20 世纪 60 年代。许多社区定向的心理学家开始在国家心理健康中心工作。他们为学校、公共事业提供咨询，开展评估研究，引导干预计划，并且经常提供临床心理治疗服务。在斯维姆斯哥特会议十几年之后，社区心理健康和社区心理学相互交织在一起（Goodstein & Sandler，1978）。然而，社区取向的咨询和预防很难找到资金支持，在 20 世纪 70 年代和 80 年代，政府资助的项目资金大规模削减之后，表现得更为明显。有关社区心理健康的详细资料可以参看 Bloom（1977）、Golann 和 Eisdorfer（1972）、Levine（1981）以及 Heller、Jenkins、Steffen 和 Swindle（2000）。

这时，一种去职业机构化的趋势兴起了。在这种趋势中，许多过去为心理异常患者提供服务的人由精神病治疗机构转入社区中。同时，治疗药物疗效不断增强，激进的社会政治气候也支持了这一种趋势。但是，在这一趋势中，人们对人性因素考虑得相对不够完善。去职业机构化能够使政府削减预算，节省开支，但是也使那些心理异常者因此得不到充分的治疗和帮助（Levine，1981；Linney，1990）。美国社会削减了心理医院的开支，但是却没有把节省下来的钱投入到社区心理健康体系中去。只有几个典型的社区心理健康治疗计划保留了下来，但是关于社区心理健康的投资基金却减少了。

由于缺少对社区生活的卷入，社区心理健康系统最终停止了。它所采用的是自上而下的方法，提供单一的、一致的概念，由专家来主持社区心理健康系统。这样的系统想满足多样化社区的心理健康需要是不太现实的，要知道多样化社区关于心理健康和异常有不同的界定。不同于 Wellesley 模型，社区心理健康系统很少卷入社区生活，获得社区领导和居民的支持与帮助，也很少关注社区的工作背景和精神信仰。社区心理健康系统服务的"社区"，是专家根据服务机构的位置与功能而设定的（如学校、医院），不是依据社区的自然地理位置而设定的（Hunter & Riger，1986）。这也使社区心理健康项目很难和社区文化价值相匹配。还有一个因素是联邦政府资助的变化，从社区心理健康到反毒品运动，稍后我们会提到。

政府资助的社会变革运动的局限

1968 年以后，美国的政治领导人和公众已经认识到了"消除贫困的战争"的一些局限性（Wandersman，1984；Moynihan，1969）。一些计划缺少清晰的目的，因此，在执行过程中，有时候会有许多自相矛盾的目标。除此之外，联邦政府不能同时应对越南战争以及"消除贫困的战争"。此外，关于消除贫困的政治讨论使得公众的政治期望值非常高，当遇到障碍的时候，公众对于"消除贫困的战争"迅速胜利的希望降到了低点，公众的支持也随之降低。不过，不管公众的感知度如何，在 1965—1970 年，即在"消除贫困的战争"期间，美国的贫困率（尤其是儿童）确实下降了（U. S. Census Bureau，2005）。

一些"大社会"创新项目也有积极的效果。例如，针对儿童以及他们家庭的项目——"提前教育"项目（Head Start），针对青少年的项目——"向上超越"项目（Upward Bound）。这些项目能保持活力的原因在于，美国选民支持为生活条件差的儿童提供额外的教育，但是不愿意发动社会变革，从根源上解决儿童生活条件差的问题。高质量实施"提前教育"项目以及孩子入学之后的跟进，参与者收获良多（Schweinhart & Weikert，1988；Zigler，1994）。"提前教育"项目是"消除贫困的战争"的一个实例，即人们有一种乐观主义预期，通过干预生活不良的 4 岁孩子的生活，就能预防贫困。实践中，"提前教育"项目仅限于教育和家庭成果，可以帮助参与者摆脱贫困，但不可能大规模消除贫困。我们不是批评"提前教育"项目的工作人员，在我们的经验中，他们非常能干，参与者在参与过程中，生活有了重大改变。"提前教育"项目没有足够的资金为所有够条件的家庭提供服务。同样的逻辑也适用于贫困，我们在第 1 章中谈到无家可归：以个人和家庭为重点的项目，是人道的，对参与者也有帮助，但不能解决更广泛的经济和社会的根源问题。

"消除贫困的战争"的中心困境是：有效地解决社会问题，这就意味着要进行某种形式的社会变革。然而，这是困难的，甚至是不可能的，这相当于用政府/纳税人资助的项目，去挑战政府和社会，进行社会变革。例如，"大社会"的项目往往授权公民参与社会项目规划。当这些公民团体质疑政治精英时，精英们就会想办法削弱或排除项目（Wandersman，1984）。

谴责受害者：社会问题的思考

理解社区心理健康卫生中心和"消除贫困的战争"的兴衰，要求我们考虑思考社会问题的两种方式。一是我们如何思考问题，二是我们如何进行干预。这两点在整本书中都很重要。

1971 年，心理学家 Ryan 的书《谴责受害者》(*Blaming the Victim*)，对用个人主义视角思考社会问题进行了批判。这本书影响广泛，对社区心理学的发展也很重要。当我们认为贫困、吸毒、个人/家庭的窘迫、教育失败、犯罪或失业这些问题的发生是由于个体缺陷的时候，我们忽略了更大的因素，如经济因素、歧视或无法获得高质量的健康护理。即使我们认为，个人缺陷是由于家庭或"文化剥夺"造成的，我们也仍然是在个体内界定缺陷，仍然忽视了更大的因素。Ryan 提出了一个现在流行的术语，叫**谴责受害者**。例如，在资金不足的学校，在暴力很普遍的社区，许多学生在标准化考试中成绩不好，我们要责备个别学生？责备他们的父母？责备社区的文化？（所有这些都是在责怪受害者。）或许我们会问：为什么在一些社区学校资金不足？如何才能为更多的人提供更好的教育？怎样才能使所有儿童安全？有哪些社会资源可以参与？标准化测验能真正测量学习吗？谁决定使用标准化测验？这些问题提供了另外一种视角，在多个生态水平中来解决社会问题（Weinstein，2002a）。

Ryan 还质疑研究人员，决策者是否有分析社会问题的最佳视角。他们（通常是我们）往往用中产阶级的观点，并不能准确地去理解贫困者的日常生活。对那些家庭环境、社区环境良好的人而言，他们的成功似乎主要是由于个人特征或努力（特别是，如果他或她不承认环境有多么重要的话）。然而，在贫穷和其他压迫条件下，成功受到社会和经济因素的影响。不幸的是，个人努力的因素也会受到社会和经济因素的影响。此外，研究人员和决策者往往高估统计数据的准确性[Ryan（1971）提供了很多例子。] Ryan 批评了"消除贫困的战争"的很多项目。这些项目如果关注项目参与者个人、家庭或"文化"缺陷，就更容易去谴责受害者。这些项目没有解决社会问题的经济和社会政治根源，忽略了个人和社区的力量。

当然，个人努力和责任在生活中确实起作用。也不是每个有问题的人一定是受害者，"受害者"一词已经远远超出 Ryan 原来的使用范围（Sykes，1992）。然而，Ryan 提请注意，社会条件可以引起或恶化个人问题，我们接受的训练，又使我们往往忽视这些条件。对 Ryan 而言，提高社区生活质量，意味着要从根源上解决社会和经济问题。

自下而上和自上而下：比较社会变革的方法

无论我们关于社区或社会问题产生原因的理论是什么，解决问题有两种方式。对公民和社区心理学家而言，两者都很重要。这两种方式，在 20 世纪 60 年代的社会变革中都有涉及。

自下而上方法源于草根组织，其动力来自于公民而不是专业人员。自下而上方法，反映了普通人要控制自己日常生活的倾向，反映了最受社区和社会问题影响的个体经验和想法。**自上而下方法**，即由专业人士、社区领袖或精英涉及。**自上而下方法**可能会抱着良好的愿望，以研究结果为基础，不可避免地反映了研究者的生活经验、世界观和利益。自上而下方法倾向保存现有的权力结构（也许会有些改革），他们还常常忽视社区力量。

专业的精神健康医疗代表的是自上而下的方法，自助团体代表的是自下而上的方法。强调把市政府功能放在"市政厅"机构中是自上而下的方法；强化公民参与街区协会是自下而上的方法。只依赖技术专家做出环境问题的决策是自上而下的方法；公民加入到社区环境问题的决策过程是自下而上的方法。

没有哪种办法永远是最好的。社会公正、公民参与、合作和团体力量与自下而上的方法紧密关联。但是，自上而下的方法更容易获取外部资源（如资金、专业知识），也可以更好地把研究成果有效推广。这两种方法可以互相补充，如心理健康专业人士和自助群体团体协作，或心理学家和公民合作研究，以及协助社区。

社区心理健康主要是自上而下的方法，尽管与精神病院相比，它授权公民更多的责任。"消除贫困的战争"中的一些项目是自下而上的方法，但往往与精英相冲突，正如我们描述的那样。其他项目有更多的自上而下的素质，Ryan指出，这些项目都有自上而下方法的局限性。然而，正如我们通过这本书指出的，在其他情况下，在解决社区问题和社会问题方面，自上而下和自下而上的方法都取得了显著成就。

社区心理学的概念框架

20世纪70年代，一些社区心理学家提出概念框架，用以界定社区心理学这一领域，以区别于社区心理健康。这些工作仍然是有影响的。Cowen（1973）的《心理学评论》（*Annual Review of Psychology*）年刊中的一章"社会和社区干预"（第一次专门讨论这一议题），既表明了社区心理学的重要性，又表明了界定社区心理学概念的困难。Cowen回顾了有关社区心理健康方面的学术论文，发现其中只有不到3%的论文关注了预防问题，而在这些关注和强调社区心理干预的论文中又很少有共同点。尽管如此，Cowen仍然区分出，许多社区干预计划关注儿童或者青年的发展，关注弱势群体，并且在这些干预计划的开展过程中注重寻求和社区居民的合作。Cowen呼吁应更加重视这种预防。Kelly等人建议从生物生态学的概念，如相互依存、资源，与社区心理学做有价值的类比。他们认为，生态概念将加深我们的理解，即理解不同心理品质的个体如何应对、适应各个不同的社会环境。这种方法表明，环境和个人是相互关联的。

1974年，Sarason发表了一篇文章《心理的社区感》。在这篇文章中，他建议社区心理学应该放弃在心理健康服务中的个人主义的视角，应该以更加广阔的视角来审视"心理的社区感"。社区心理学家于是可以把Sarason所界定的个人主义社会、个体与其他人的不联系等问题概念化，并且进行干预。Sarason认为，研究并且尝试推进心理的社区感，会使社区心理学家们更加关注个体与他们所属群体的关系，而不仅仅是个体的心理调适。

Dohrenwend（1978）有关生活中问题的生态学模式，预示了当今社区心理学的许多重要主题，提供了全面的概览（见图2—1）。她承认生活压力事件既有情境原因又有个人原因，个体和情境调节因素可以抵消压力。Dohrenwend还强调个体的能力、环境资源，认为应付压力的结果可能是积极的心理成长，而不仅仅是痛苦或表现出症状。这些都是现在熟悉的概念，但是在那个时代，这是创新性概念。她还确定了一些社区心理学会支持个体应付压力的干预措施，包括技能培训、公众教育、社区发展和政治行动。她指出，这个模型不同于传统的临床治疗和危机干预，而是同时把社区和临床的办法置于一个整体的应对框架模　　　型中。

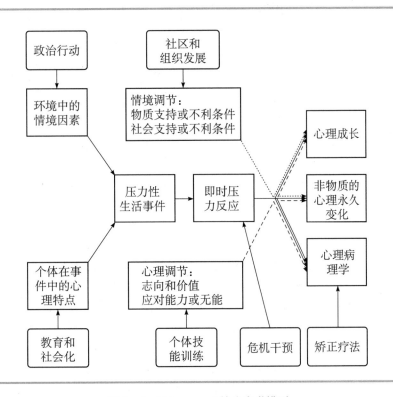

图 2—1　Dohrenwend 的生态学模型

奥斯汀会议

1975 年 4 月，大约 100 多名社区心理学家和学生（来自美国和波多黎各）聚集在奥斯汀的得克萨斯大学，开始了具有标志性意义的奥斯汀会议。这一次，大会的主题和关注点非常清楚——社区心理学（Iscoe，Bloom & Spielberger，1977；Iscoe，in Kelly，2003）。

对心理问题的预防以及对社会胜任力的推进（尤其在学校中），是大会的一个重要主题。第二个主题关注社会行动，并且倡导解决诸如社会正义、贫困、种族主义以及性别歧视等问题。奥斯汀会议的参与者，要比斯维姆斯哥特会议的参与者更多，并且从成员构成而言更加多样化。这也反映了第三个主题，尊重人的多样性，并且把它作为一种核心价值。不同于斯维姆斯哥特会议，

在奥斯汀会议上，也有来自女性和有色人种的观点。尽管关注他们的是学生、青年专家，而不是资深专家。来自黑人、西班牙裔以及女性的研究报告都强调了把这种核心价值引入训练、研究以及社区行动中的重要性（Iscoe et al.，1977）。

这次大会讨论的主题预示了社区心理学与社区心理健康的分离。这种分离的趋势开始于斯维姆斯哥特会议，而奥斯汀会议则加速了其分离趋势。奥斯汀会议进一步提出，健康不再局限于个体心理健康及相应的服务系统，可以扩展到学校、工厂、邻里、社区发展，进而倡导社会变革。尽管个体心理健康仍然是一个重要的话题，但是社区心理学开始关注其他一些价值，如社区感、社会公正、尊重多样性以及公民参与。

扩展社区心理学的关注点

奥斯汀会议之后，社区心理学继续发展学科的一致性，扩展研究的关注点和研究方法，寻找方法把社区心理学的核心价值应用到实践中。

国际化的社区心理学

20 世纪 70 年代，社区心理学的观点在拉丁美洲也发展起来了。并且这种发展在很大程度上是独立于北美洲（以美国为代表）的趋势和倾向的（Comas-Diaz, Lykes & Alarcon, 1998; Montero, 1996）。拉丁美洲的社区心理学以及解放心理学在很大程度上起源于社会心理学，而不是像美国那样起源于临床心理学。在一些国家（像墨西哥和危地马拉），社区心理学的这种倾向是对压迫政府、政权以及公开的冲突的反应。这种倾向同时也受到解放神学思潮的影响，这种思潮融合了许多基督教的价值以及拉丁美洲的为解放而斗争的思潮。在社区水平上，这种解放思潮强调公民参与以及对不公平的斗争（Martin-Baro, 1994）。另外一个影响因素是巴西教育家、活动家 Paulo Freire（1970—1993），他关注教育，并且把教育作为个体提高社会条件和社会意识形态觉知的方式和手段。像社区心理学的其他先驱者一样，保罗·弗莱尔也关注社会变革中的实践的首创精神。

拉丁美洲的社区心理学强调民主参与的价值、社会正义、当地社区、权力以及意识形态的作用。它致力于社会结构的第二层级变化。社区心理学

在波多黎各、委内瑞拉、巴西、墨西哥以及其他一些国家开始出现（Montero, 1996, 2002）。

20 世纪 70 年代和 80 年代，社区心理学在其他大陆也出现了。但是，在不同的大陆，社区心理学的源头有所差异：在南非，反对种族隔离制度是绝对的推动力；在德国，女性运动和环境运动扮演了重要的角色；在澳大利亚、新西兰和加拿大，对纯粹的临床取向感到失望是非常重要的。今天，社区心理学是一个国际化的领域。从本土的人们那里习得知识，和本土土著居民一起工作，是几个国家的社区心理学的主题。例如，在新西兰的毛利人，在澳大利亚的土著居民，在危地马拉的玛雅人（Glover, Dudgeon & Huygens, 2005; Lykes, Blanche & Hamber, 2003; Wingenfeld & Newbrough, 2000）。《社区》（*Journal of Community*）和《应用社会心理学》（*Applied Social Psychology*）是社区心理学家展示自我的主要舞台。社区心理学的培训项目以及社区心理学从业者遍布拉丁美洲、欧洲、日本、新西兰、澳大利亚、以色列、南非、加拿大以及世界各地。

授权和相关视角

20 世纪 70 年代晚期以及 20 世纪 80 年代，Rappaport（1977, 1981, 1987）把授权和文化多样性作为社区心理学关注的中心特质。1977 年，在 Rappaport 的教科书中，他认为传统的心理科学使得一些错误观念持续下去，如某种心理调节的标准应用于所有的人，忽视人的多样性，且强调标准的普遍适用性。在这样的价值观念下，尽管

提供帮助的机构有良好的意图，但是作为一个系统，帮助机构具有社会控制的作用。而且，传统的心理咨询和治疗等机构强化了力量的不平等观念，把有问题的人们置于依赖者的地位。

1981 年，Rappaport 的论文成为社区心理学这一领域的转折点。Rappaport 批评以单边的方式开展预防工作。和临床治疗一样，预防工作主要是

由社会系统内部的专家来实施，在这样的制度下，来访者很少有机会进行自我审视。Rappaport 认为，明智的做法是，关注公民的权力，提供多种帮助别人的途径和方法，促进助人行为的积极心理效应。他认为社区心理学家必须和公民建立起真正的合作伙伴关系，尤其是和那些缺少社会权力和资源的人建立合作关系。作为这种方法在实践中的范例，Rappaport 和他的同事开展了对互助型组织的研究，同时对其他非正式、非职业互助组织也开展了研究（e. g.，Luke，Rappaport ＆ Seidman，1991）。Rappaport 后来的论文（e. g.，Wiley ＆ Rappaport，2000）说明了预防、幸福、授权是互补的概念，都是社区心理学需要的内容。

女权运动和社区心理学共存了几十年，二者既有区别又有关联。女权主义者独特的观点在社区心理学中很有影响力。解放的概念和批判性的社区心理学越来越受欢迎。这些概念，每一个都有自己独特的目标和方法，然而它们的共同的核心价值是社会公正、尊重人类的多样性、与受压制的群体合作。同时，它们也都从多重生态学水平上强调群体动力。因为我们社区心理学家也都属于专家阶层，具有专家身份和专家权力，所以这些观点也可以帮助我们理解自身的局限和偏见（Angelique ＆ Culley，2000，2003；Bond，Hill，Mulvey ＆ Terenzio，2000a，b；Bond ＆ Mulvey，2000；Mulvey，1988；Nelson ＆ Prilleltensky，2005；Swift，Bond，Serrano-Garicia，2000；Watts ＆ Serrano-Garcia，2003）。

合作、参与研究

以实验为基础的研究，是社区心理学比较独具特色的一种核心价值。社区心理学也寻求社区研究和社区行动的整合。然而，要想开展严密的、真正的合作研究，在实践中是很困难的。对社区心理学早期学术期刊文献回顾的研究发现，社区心理学核心期刊的编辑认为，应该发表为主流心理学所认同的学术文章（Glidewell，1994；Newbrough，1997）。社区心理学达到了这个目标，却因此付出了代价，定量的、实验的、个体主义取向的心理学研究限制了早期社区心理学研究的创造性。早期研究大多是在个体水平上的分析，并且大多数关注的是个体的调适问题。而对于社区的研究很少从更高的生态学水平去开展研究，也很少注意到人类的多样性问题（Bernal ＆ Enchautegui-de-Jesus，1994；Loo，Fong ＆ Iwamasa，1998；Lounsbury，Leader，Meares ＆ Cook，1980；McClure et al.，1980；Novaco ＆ Monahan，1980；Speer et al.，1992）。

1988 年和 2002 年，社区心理学的两次重要会议在芝加哥召开。1988 年的大会报告呼吁建立起超越传统心理学的定性/定量研究方法，开展"更加富有冒险性的研究"。2002 年的会议则强调对社区开展参与研究（Jason，Keys，Suarez-Balcazar，Taylor ＆ Davis，2004）。

对 20 世纪 90 年代的社区心理学研究回顾表明，社区心理学的关注点扩大了，从单纯关注心理健康问题扩展到多重社区问题。在社区行动、女性主义社区心理学等研究领域关注度也在增长（Angelique ＆ Culley，2000，2003；Martin et al.，2004）。最近几年发表的论文涉及更加丰富的社区主题（e. g.，Schneider ＆ Harper，2003；Watts ＆ Serrano-Garcia，2003）。最近的一期特刊发表了革新社区研究方法，以使社区研究更加有益于社区的系列文章（Wandersman，Kloos，Linney ＆ Shinn，2005）。最近，由社区和发展心理学家以及其他学者写作的一本书，把研究成果应用到儿童、家庭、社区政策的制定上（Maton，Schellenbach，Leadbeater ＆ Solarz，2004）。

1987 年，美国心理学学会社区心理学分会——美国社区心理学家的主体机构，开始开展两年一次的会议，专门研讨在社区心理学研究和行动中的问题。1990 年，该组织更名为社区研究和行动协会（SCRA）。这个名称的变更折射出社区心理学的发展趋势。首先，社区心理学已经发展成为国际化的研究领域，现在，有超过 1/2 的社区心理学专业组织在美国之外（Toro，2005）。社区心理学也强调它跨学科的视角。其次，社区心理学家联系公共健康、人类学、社区发展以及女性研究，开展广泛的合作，已经超越了心理学的界限。最后，这种研究和行动的整合已经成为社区心理学的标志。这些内容在社区心理学两年一次的会议主题发言中都有所体现。

 ## 社会情境中的保守主义

当社区心理学发展成为一门独立的学科之后，它也要面临和应对不断变化的社会背景和环境。20 世纪 70 年代开始，尤其是在 20 世纪 80 年代末期，美国社会文化变得更加保守，这种保守主义在某种程度上在社区心理学活跃的其他国家，包括英国、加拿大、澳大利亚、新西兰也出现了。

20 世纪 80 年代，有关社会问题起因的社区—社会观点被生物医学的观点所取代。在某种程度上，这种变化得益于生物医学研究和治疗过程中基因研究的进展。尤其是对严重的心理异常患者的治疗。然而，在生物学的观点还是社会因素的影响之间存在观点的摇摆。由于社会和政府变得非常保守，提供研究基金的机构则非常明确，要求心理学的研究以生物医学，而不是社会的因素来解释和治疗心理异常患者，研究者的研究兴趣和研究取向也跟随着这一趋势（Humphreys，Rappaport，1993）。

联邦政府的注意力也从心理健康转到了毒品、酒精的泛滥问题上。心理健康问题是激进时代美国总统们关注的问题（如肯尼迪、卡特）。在里根政府时代，保守党开始向毒品问题宣战。它致力于从个体水平上寻找吸毒的原因，诸如基因、疾病或者个体道德水平的薄弱。这也是保守主义时期突出强调的，并且也是保守主义时期的一个鲜明的特点。在保守主义时期，政府也加强了对警察、监狱等暴力工具的使用。在里根政府时期，联邦监狱的犯人增加了两倍，而其中的大部分人都是吸毒的犯人（Humphreys & Rappaport，1993）。

研究也追随这种趋势。1981—1992 年的心理学期刊包括了 170 篇有关毒品成瘾和人格关系的文章，在这些文章中，只有 3 篇涉及了贫穷和毒品成瘾的关系。如果输入相似的索引术语，也会出现相似的索引结果。社会政治倾向会影响到对社会问题的研究，关于这一点，清晰的例证是，那个时代关于无家可归的研究中，大多数把无家可归的原因归因为酗酒、吸毒以及心理健康问题，而不是为无家可归者提供住房或者考虑城市发展规划。无家可归因此被界定为个人的问题，并且主要关注吸食毒品和心理异常的无家可归的小群体研究，而不是考虑为无家可归的人提供住房或者提高就业率（Humphreys & Rappaport，1993；Shinn，1992）。

贫困儿童比例在 20 世纪 60 年代早期有所下降之后，在 20 世纪 70 年代基本保持不变，20 世纪 80 年代后开始上升。在 20 世纪 80 年代早期和 90 年代早期贫困儿童比例有所回升，又回到了 20 世纪 60 年代中期的水平（美国人口统计局，2005）。无家可归在美国各城市成为显著问题。

在美国，保守主义时期一直持续到 21 世纪早期，尽管在强度上有所波动，尽管是不同的政党执政，但保守主义的影响却一直持续。这种局势对于社区心理学而言，既是机遇又是挑战，许多城市领导都没有认识到复杂的社会和经济力量对个人生活的影响。面对许多选民对政府的怀疑态度，当选官员持续减税，削减社会/社区项目基金。然而，促进个人/家庭生活质量的社区项目，特别是适合保守主义世界观的项目，例如那些以信仰为基础的项目，自助团体和精神信仰群体项目迅速成长（Kessler, Mickelsom & Zhao, 1997; Wuthnow, 1994）。而社区项目在性问题上（如青少年怀孕、HIV 预防、性取向）则更为保守。在我们讨论社会心理学家如何回应社会视角的转变之前，我们必须先考虑社区心理学和社会背景的关系。

在激进时期和保守时期对社会问题的界定

Murray Levine 和 Adeline Levine（1970,
1992），一个是心理学家，一个是社会学家，曾经
就社会和政治力量如何影响美国社会问题和公共
服务的观念做过经典的历史分析。尽管他们的工
作主要针对 20 世纪早期对儿童和家庭的服务，但
他们的分析符合社区心理学历史上的几大潮流。

Murray 和 Adeline 提出了一个简单的假说。
在社会和政治力量快速发展、更加激进的时期，
人们倾向用环境术语来界定问题。激进的时代并
不一定要由激进的政党当政，而是表现为对减少
社会问题的一种乐观主义态度。诸如人们对贫困、
药物滥用、犯罪、心理问题、儿童的教育和行为
问题的乐观态度。在激进时代，人们重视社会问
题的社会原因，人们通过社会干预来解决这些问
题。人们会帮助处于困境的个体，改善他们的环
境，提供更多的资源，赋予他们更多的自由和选
择权。尽管不是所有的激进派都赞同环境的观点，
但是社会总体趋势会强化环境的观点。

而在政治上更保守的时代，人们用个人主义
术语来界定社会问题，强调个人因素。保守时代
的共同特征就是强调问题的发生和个体的生物、
心理、道德有关，一定要通过改变个体自身，来
弥补这些缺点。同时干预项目的立足点也在于个
体（或家庭）的改变。这些变化将提高他们适应
环境的能力。保守时期并不一定是由保守的政党
执政，而且对社会问题能否解决持悲观态度，或
者认为个体的改变要比更广阔的社会变革更重要。
尽管不是所有的保守派都会赞同个人主义观点，
但是社会中的保守力量在推动它。

社会力量影响社会问题如何界定和如何解决，
社会力量也规定了什么样的研究才有价值，研究
如何应用于实践。正如我们指出的，20 世纪 60 年
代早期，社会心理学在美国得到了快速的发展，
这正是注重社会问题的经济和社会原因的激进年
代。20 世纪 80 年代开始，个人主义思维在研究中
占据了主导地位，把持了情感健康、药物滥用和
无家可归问题的研究经费。心理学研究和实践不
能够从社会—公共—政治的思维中挣脱出来。

进步同保守、个人主义同环境的区分，并不
是绝对的，在任何一个时期，两种观点都是同时
存在的。有时我们很难将二者区分开来。在美国，
个人主义世界观强调个人的健康、幸福、自由，
这种世界观成了一种主流思想（Bellah *et al.*,
1985；Lipset，1996）。在保守主义时代，对个体的
关注成为主流，甚至在激进时代，个体主义也很
有影响。Ryan《谴责受害者》一书对于个人主义
的批判集中在"消除贫困的战争"项目上，尽管
该项目由政府提供资金。一些保守人士坚持家庭
和宗教至上的观点，抵制过分的个人主义。

个人主义和环境的观点都有其道理。不过，
没有哪一个说明了个人和社会的全部问题。环境
因素（包括宏观系统）和个人原因及其选择影响
了我们的生活。激进派和保守者表达了不同的社
会政策、社区生活和目标，这些正反映了我们讨
论的不同方面。正如 Murray 和 Adeline 展现的那
样，时代的政治背景将影响哪一种观点会被更广
泛地接受。

公平竞争与公平分享：对比公平定义

我们讨论过的个人主义和环境的观点正好对
应美国人珍爱的两种平等的价值。Ryan（1980,
1994）对此进行了深入的讨论。公平竞争即要求
经济、教育和社会发展中的规则公平，就好像是
一场比赛，大家从同一起跑线出发，竞赛规则对
于每个人来说是一样的。如果规则相同的竞争中，
不同的选手得到了不一样的成绩，这就说明差异

是个人能力、天赋和努力造成的。"崇尚公平，期
望公平竞争和能者多得"（Ryan，1994，p. 28）。

公平竞争取向是美国人形成的一致观点，例
如，在美国，最重要的思想是每个人都有机会发
挥自己的潜能，获得与能力相对应的机会和工作
（Ryan，1994，p. 29）。在社会政策水平上，依据
考试分数和平均征税情况（收入不同的人群以相

同的比例纳税）作为教育和员工决策的依据。

Ryan（1981，1994）描述了另外一个对应的概念，即公平分享，即不仅要有公平竞争的过程，而且也应该最大限度地消除不公正的结果。公平分享并不排除公平竞争规则。但是又考虑了更多的因素。公平分享就好比一个家庭或社会，要关心其每一位成员。例如，公平分享观点认为，要限制财富的积累，以确保每位社会成员都能得到一定的经济保证。尽管在实际中很难实现绝对的公平，但是公平分享原则就是要消除极端不公平现象（Ryan，1994）。

公平分享的倡导者一致认为，在体面的社会里，人们的首要任务是确保每个人都有充足的食物、栖息地及健康保证。一小部分人富得流油而绝大部分人穷困潦倒是不公平的（Ryan，1994，p. 29）。公平分享的社会政策包括普及医疗、扩大教育、为更多的人提供上大学和工作的机会，实行多得者多纳税的征税政策。

Ryan（1981，1994）强调说，尽管两种观点都很有意义，但是公平竞争原则在美国民众关于公平和机会的讨论中占据主流。公平竞争假设所有的参与者都从相同的起点出发，我们要做的只是使竞赛公平地进行。事实上，很少有市民相信所有人拥有同等的经济和教育资源，拥有同等的机会找到好工作，在同一起点上发展。在美国，同许多国家一样，少数人控制着大部分财富，在许多社区心理学家看来，要确保公平竞争，就必须采取一定的措施促进公平分享。

对立观点和多元推理

针对某一社会问题会有不同的甚至对立的观点，在很多情况下，相互对立的观点可能都是对的（至少包含许多重要的事实）。在这本书中，我们已经讨论了许多对立的观点：个人与环境；第一层级与第二层级改变；社区心理学核心价值的潜在冲突；关于社会问题的个人主义与环境的观点；公平竞争与公平分享。

认识到相互对立的观点都包含许多重要的事实，这个发现促使我们去综合考虑对立的观点。用"既/又"的思维模式，而不是"不是/而是"的思维模式（Rappaport，1981）（这种思维方式来源于黑格尔和马克思的辩证哲学，但又有所不同）。Rappaport（1981）主张**多元推理**，就是在相互对立的观点中发现多个事实，认识到相互冲突的观点可能共存，避免将问题过于简单化。这并不是说，试图解决社会问题的努力是无用的。对社会问题最好的思考方式是考虑到多个不同的观点，防止片面化。

尊重双方立场、观点的对话，而不是通过辩论产生胜利者和失败者，将有助于多元推理。女权主义者在对话中得到了充分的尊重，就是最好的佐证（Bond，Belenky & Weinstook，2000；Reinharz，1994）。多元推理不仅要求大胆地提出自己的观点，也需要认真思考他人的观点并发现其中隐含的正确因素。多元推理思维认识到，不同观点之间的相互冲突是通向知识的途径。这不是探索完全的客观性，而是通过对话来学习的一种过程。在社区心理学中，这种对话通常是多方面的，而不仅是简单的两个对立面。

多元推理同样包括对现状的质疑，对普遍接受的某个观点提出质疑（Rappaport，1981）。例如在对贫困的讨论中，通常有一个观点占主流，其他观点则很不受重视。通过界定问题和讨论的术语，主流观点为处于优势地位的利益集团服务。心理学要么适应要么被其收纳，而没有对其提出质疑（Gergen，2001；Humphreys & Rappaport，1993；Riger，1993；Ryan，1971，1994；Sarason，1974，2003b）。这种情况经常发生在心理学家和公民只从个体的角度思考问题，忽略了指导和情境的重要性时（Shinn & Toohey，2003）。对现状提出质疑，意味着认真听取对该问题有实际经历的人的观点，特别是那些被忽略的声音。例如对有心理障碍的人进行研究，聚焦于他们的经历和观点，发现他们的优势，聚焦他们对自己生活以及治疗和支持的选择。

最后，多元推理需要谦虚，不论你多么坚持你的观点，它仅仅是问题的一方面，对方观点中肯定存在一些事实。记住 Rappaport 的话：当每个人都同意你的观点时，就该想一想了。

社区心理学对保守时代背景的反应

在保守年代，社区心理学研究同样大有可为。Sarason（1976）准确无误地展现了"无政府主义者洞察力"（许多保守主义者也同意该观点），即政府对社会问题的干预可能会削弱社区感受以及社区成员之间的互助。Lappe、DuBois（1994）和Wolff（1994）注意到，许多保守派和革新派都同意需要在社区水平上解决社会问题，而这正是社区心理学家关注的地方。

社区心理学中很多有影响力的观点，既和保守派观点相关又和革新派观点相关。比如，Sarason（1974）的社区感，Rappaport（1981）的概念，既反映了对社区的关注，又反映了对自上而下政府干涉的怀疑。这些观点在许多方面与保守派不同，尤其是对现状的质疑和挑战。但另一方面，这些观点与保守派观点也有很多潜在的共同点。

Linney（1990）描述了在保守主义时期为美国社区心理学的发展提供机遇的3种趋势。她的建议直到今天仍有其价值。第一，随着权力从联邦政府转到州和当地政府，社区心理学家更容易与议员、行政机构及政策制定者合作。第二，保守时期的特点就是缺乏对政府的信任，这个特点促进了在社区水平上草根运动的兴起。自下而上的方式符合保守派依靠自己的理想，也符合社区心理学公民参与及社区感的核心价值。第三，如果项目的实际费用比传统方法费用减少了，那么保守主义政府削减预算费用的做法可能适得其反，反而为社区革新提供了机会。这种情况确实发生在健康和心理健康领域，而专业的治疗也是非常昂贵的。要降低治疗成本的压力，使临床心理学重新考虑心理治疗的重点，更加关注预防、相互帮助及其他费用较低的方法（Humphreys，1996）。

实施预防项目，获得财政支持的一个例子是皮瑞学前计划纵向评估，皮瑞学前计划是"提前教育"项目的典范之一（Schweinhart & Weikert，1988）。对皮瑞学前计划的纵向评估包括成本—收益分析，分析结果表明，如果一个经济条件不好的儿童进入这种高质量的学前班，那么纳税人就可获得每年23 000美元的长期收益。与控制组相比，接受该计划培训的毕业生们在接受教育的这些年里需要特殊教育服务的可能性不大，成人后他们也不再需要福利援助，也极少因犯错误而获监禁，成人后他们可缴纳更多的税。因此，一个最初看起来非常费钱的计划从长远来看实际上是省钱的。

另外，即使同为保守派，其观点也存在很大的差异。在美国，经济保守派一般强调个人自由，在某种程度上，美国与社区心理学所强调的人类多样性存在不同的关系。社会保守派，尤其是那些有虔诚宗教观点的人，更注重解决贫困和不公平问题。以信仰为基础的环境是社区活动的资源。

不容忽视的是，历史上很多保守派持狭隘的个人主义、谴责受害者的观点（Levine & Levine，1992；Rappaport，1981；Ryan，1971，1994）。这种观点没有理解以及尊重人的多样性，在狭隘的个人主义谴责受害者观点的支配下，富有的社区获得更多的金钱和资源，相反，需要的社区反而得不到。政治上的保守主义思想也主张加强社区、授权等概念，然而其与社区心理学对这些概念的理解有很大不同。心理学，尤其是社区心理学，也受到批评，认为缺乏保守主义成员和保守主义观点（Redding，2001）。这可能导致单方面的思考和行动。在社区心理学的课堂里，社区环境下都会开展对保守派和革新派有益的对话。

在保守时期，确切地说是整个时期，其他政治团体的社区心理学需要清楚它们的价值观，了解不同的价值观，通过研究那些不同中的共同领域，吸收关于社区生活有分歧的原因。

社区心理学的全球化

未来的社区心理学将是全球性的。不同文化、社区及种族之间的差距正在不断缩小。传媒、旅游、贸易、文化交流，甚至是剥削、战争都变得越来越全球化。在美国，我们认为 2001 年 9 月 11 日的恐怖主义袭击改变了世界。在这件事情之前，全球化发展迅速，形成很多全球性事件，而且还在继续加速发展。

全球化是问题的一极，另外一极采取相反的观点，即本土化："全球化形成于上层而本土化形成于底层"（Tehranian & Reed，引自 Marsella，1998）。全球化依赖于营销资本主义的核心影响、广告、大量的媒体、个体价值观和经济产量。本土化依赖于传统集体价值意识和本地民族文化与当地社会的社区纽带（参见 Friedman，2000；Stiglitz，2003）。当然，多样化的当地居民的存在，也就伴随着对全球化不同方面的多样性的反应。然而这种全球化的营销与传统文化之间的交流在全世界都对个体和社区的生活产生了影响。为了抵制全球化，本体化在不断增强本地社区，为他们的特性和价值寻求保护。

本土化和全球化都反映了人们重要的欲望。这种全球资本主义的势力给社区心理学关于社会公平的价值创建了很多挑战，从而鼓励社区的影响以及公民参与。但是本土文化也有他们的不公平和局限。西方民主下的自由也强大起来并且有更多的需求。社区心理学家 Anne Brodsky 的《我们所有的力量》（*With All Our Strength*）一文中举例说明了这些观点的结合：她研究了阿富汗妇女的革命性的社团，使那些想要寻找妇女权益和民主自由的阿富汗妇女创建的一个本土网站在阿富汗社会中得到了承认。

Marsella（1998）提出了一个"全球—社区心理学"来研究全球社区：经济与全球政治势力的联系，对多样文化和当地社区的发展和毁灭，以及这些是如何与家庭及个人的心理学的功能联系起来的。它可以认可并促进世界文化多样性，接受西方心理理论仅仅是众多心理学形式中的一种。社区心理学根本的目的是通过拓展内涵以获得全球视角。然而，这个领域因采纳了这种立场而引起了很多挑战：增加对不同人种经历的理解，提供更多的机会去了解这种研究，从除美国外的其他社区心理学进行学习，认真思考如何在活动中运用社区心理学价值的核心。我们将在第 3 章和第 7 章对这些问题进行更详细的讨论，还包括这本书以外的案例。

结论

20 世纪 60 年代，当我们开始涉足这个领域时，我们只是提出一些简单的问题及答案。现在，随着各种各样的经历而产生的一些感觉，我们在知识结构上得到了发展。与 40 年前相比，我们起码能够对问题有更加有意义的看法。（Levine，Perkins & Perkins，2005，p. 9）

社区心理学还是一个不断成熟的领域。即使是最有经验的社区心理学家，在探讨个体与社区生活关系和多种生态级别时，仍然是一名学生。这些学生的每一代都是建立在上一代的经验基础之上的。

本章小结

1. 在美国，个人主义对心理学产生了极大的影响，使心理学更多地对个体进行研究、解释，而没有更多地关注社会背景。心理学的练习也针对个体，在很多方面这些练习是很有效的，但也有偏向性和局限性。

2. 在美国，社区心理学出现于 20 世纪中期。在众多促进其发展的因素中，我们确定了 5 个最重要的：(1) 预防性观点；(2) 对心理健康系统的改革；(3) 行为研究及团体动力学；(4) 社会变革运动，如民权运动和女权主义运动；(5) 解决社会问题的乐观主义。1965 年在斯维姆斯哥特会议上，正式确定社区心理学为一个新的领域。

3. 20 世纪 60 年代到 20 世纪 70 年代，美国的社区心理学与社区心理健康分道扬镳。心理健康系统的改变及政府社区项目的限制导致了这次分裂。导致这次分裂的原因是，心理健康系统的改革，以及政府资助的社区项目的局限性。当社会问题出现时，人们倾向于谴责受害者，人们更倾向于关注个体原因，而不是社会因素。*自上而下*是说通过专家、权威制订计划，而*自下而上*则是反映底层群众的观点。两种方法都有各自的优点，但也有局限。

4. 20 世纪 70 年代，社区心理学出现了整体概念框架：预防、生态学观点、社区感、为促进应对的多种干预措施。1975 年，奥斯汀会议后，社区心理学达成了学科共同体。

5. 社区心理学现在是一个国际化的领域。南美洲出现了社区心理学。授权、女权运动、解放运动变得很重要，随之出现了合作的、共同参与的研究方法。

6. 20 世纪 80 年代，美国和其他地区的社会政治更加保守化。Levine 认为，在激进时代，人们更倾向于用环境的术语界定社会问题。而在保守时期，则关注社会问题的个体解释。这两个观点都与公平的定义有关。公平竞争，更倾向于保守的观点，体现了在公平竞争中的公平规则的经济成就。公平共享，更倾向于发展的观点，确定了公平在团体中提供了基本的需要。

7. 对社区心理学来说，需要用多元推理来思考社会问题：了解反对者的观点，对双方而言，要把握真理，要用"既/又"的思维模式，而不是"不是/而是"的思维模式。和持不同看法的人进行交流，搜寻那些没有清晰表达或识别的观点，对问题的现状提出质疑。

8. 保守时期，为社区心理学发展提供了机遇和挑战。社区心理学和保守主义的共同点包括：对自上而下项目的怀疑；对地方决策的关注；认识到很多社区项目从长远来看很有效，产出大于投入。社区心理学的某些核心价值观可能侧重于经济保守，而另外一些则侧重社会保守。

9. 全球化对社区心理学的未来是极其重要的。要理解全球化和本土化之间的矛盾，还要拓宽社区心理学的关注点。

 简短练习

1. 采访你的导师或其他从事社区心理学的人，了解他/她参与社区心理学研究的历史。了解对他们有影响的教师、著作及经历。什么样的社区或背景影响他们的专业发展，询问你的导师，他加入该领域的动力何在？除此之外，还对什么课题感兴趣？

2. 访问一个人，或者年纪大一点的成年人，询问他们的生活及生活背景。着重于个人经历与整体社会境况之间的联系。在访谈的基础上，你可以询问他们经济大萧条、第二次世界大战、20世纪60年代动荡，或者移民、失业、妇女运动等问题。问一问社区、环境或者团体对他们的影响。

3. 与同学探讨以下问题：你在心理学方面所接受的教育是否是个体主义的？它对于你理解环境/背景对个体的影响有帮助吗？怎样有帮助？怎样没帮助？你认为这个问题涉及心理学的哪些课程或者领域？

4. 与朋友或同学讨论：选择一个社会问题，讨论一下这个问题是如何影响你的，即便是间接的影响。同样，全球化是如何影响你的？

 ## 推荐阅读

Revenson, T., D'Augelli, A., French, S., Hughes, D., Livert, S., Seidman, E., Shinn, M., & Yoshikawa, H. (Eds.) (2002). *A quarter century of community psychology: Reading from the American Journal of Community Psychology*. New York: Kluwer/Plenum。这是一本有关社区心理学历史的经典著作，包含了这一领域的4项研究。

Ryan, W. (1971). *Blaming the victim*. New York: Random House [especially first chapter]. Or: Ryan, W. (1994). Many cooks, brave men, apples, and oranges: How people think about equality. *American Journal of Community Psychology*, 22, 25-36.

 ## 推荐视频

Kelly, J. G. (Director/Producer) (2003). *Exemplars of community psychology* [DVD]. Society for Community Research and Action. Available through: SCRA Membership Office, 1800 Canyon Park Circle, Building 4, Suite 403, Edmond, OK 73103 USA. Email: scra@telepath.com.

对社区心理学先驱的访谈摘要，还有与该领域专家的访谈记录。他们的故事展现出了想法、支持、情绪，以及未书面表达的冲突。本章的一些研究引自这些访谈。

 ## 关键词

谴责受害者、历史与社区心理学、　　　　历史与社区精神健康、斯维姆斯哥特会议

第二部分

社区研究

第3章
社区研究的目的

 引言

学而时习之，不亦乐乎？（孔子《论语》，cited in Reid，1999，p. 90）

我的同事问我："你去哪了？我们 3 天没见到你了！"我告诉他们，我出去收集数据去了。他们问："哦？在谁的实验室里？"我说："在圣路易斯县，它是个很棒的实验室。"（Glidewell，1994）

20 世纪 50 年代，Jack Glidewell 对学校预防性精神健康干预的重要性进行了评估。如他所言，社区给研究提供了丰富的机会。这是一个很古老的话题：中国古代先哲孔夫子一生都在寻求知识与行动、知识与社区管理的整合（Reid，1999）。

社区研究至少放弃了一部分在实验室中对研究有用的情境：控制。实验心理学家部分或全部地通过控制变量来进行研究，通过这个视角来研

究它。方法论是在程序中对参与者进行处理，按格式处理参与者提供的数据，分析数据，解释研究结果，报告结果。实验控制促进了清晰的假设和结论，以及一些类别的知识的产生。当然，研究者的实验控制必须在道德允许的范围内，尽管在实验室里，但心理学研究者被赋予的权力还是很大的。

尽管很多个体（尤其是初步接触心理学的学生们）愿意接受足够的控制参加实验室实验，但市民很少愿意舍弃他们每天生活的情境（例如学校、工作地点、家庭、街坊、互助组）参与实验。因而这些情境不但对居民来说是很重要的，对社区心理学研究来说也是很重要的。

在本章，我们提出了一种控制的不同观点：同社区成员分享控制，能丰富从社区研究中得到的知识。设计良好的社区研究，引导一个社区的

合作关系，能产生在实验室里无法领悟的深刻见解。分享控制并不意味着放弃控制，一种合作关系意味着社区和研究者计划以及执行研究中的伙伴关系。我们的目标是为了让你更好地知晓在每个决定中，权衡、了解、重视社区的兴趣以及心理学研究的方法。

本章是社区研究两章中的第 1 章。在第 4 章我们讨论社区心理研究的具体方法，通过阅读这两章，我们希望你能了解，通过深度沟通去理解社区生活的复杂性，使社区研究变得更为丰富。

进行社区研究时的问题

社区研究可能促进社区发展，也可能会对社区有害。所以，在社区研究中，每一步都涉及价值问题。社区心理学致力于以实验为基础的价值、我们认同的核心价值。然而每个社区项目都涉及其他价值：公民参与和合作、社会公正、尊重人的多样性、寻求社区力量。这些问题可以归纳为：谁将产生什么认识？为了谁？出于什么目的？

Sarason（1972）曾说过社区革新项目"开始之前"的重要时期。在那个时期，人们开始意识到要解决的问题及挑战，赋予问题以意义，并且意识到为了解决该问题应该做些什么。"开始之前"这个概念和研究方案的早期阶段非常契合——在设计选择和数据收集之前。研究者需要回答 4 个问题。在总结这些问题之后，我们将会在本章的其他部分详细阐述这些问题。

1. 我们应该采取什么样的价值立场？ 社区心理学研究人员需要明确他们基本的价值观，他们对研究的基本假设，以及他们与社区和社会行动的相互关系。研究者在进入社区开展研究之前，要澄清上述问题。虽然他们对这些问题的思考，也会受他们和社区成员关系的影响。

2. 在研究决策中如何能促进社区参与和合作？ 社区心理学最大的特点是，在研究中，公民/社区参与以及与公民和社区的合作关系。这种独特的方法来自于社区心理学家、相关领域研究者的实际经历和理性思考。社区研究关注以下问题：在计划和实施研究时，研究者和公民如何合作？对于合作双方而言，这种合作怎样才能得到更有效的授权？研究者、社区成员以及研究参与者之间令人尊敬的合作关系如何保持？

3. 在研究中如何理解文化和社会情境？ 社区研究通常在一定的文化情境中进行。研究者的文化假设和经历与社区成员的经历不同，甚至会有很大差异。所以，对研究者而言，在研究的早期应该做的工作是，深入了解他们要去展开工作的社区。研究人员还要关注超越文化的人类多样性问题，如性别、性取向、有无能力、社会阶层。一个相关的问题是，研究者是否会考虑个体、社区和文化的力量。

4. 我们在什么生态分析水平上进行研究？ 关于社区研究者要研究问题的分析水平，无论是明确的、还是模糊的，社区研究者都需要做出决定。心理学的历史和实践关注个体的过程，但是社区心理学关注更高层次上的社会系统。最好清楚地界定分析的水平。

 ## 我们应该采取什么样的价值立场

回忆一下第 1 章中提到的九点问题，在那个问题中，未被觉察的假定常常阻止了问题的成功解决。同样，未被觉察的假定影响研究者对研究对象的选择。即从什么样的视角，用什么样的方法和价值观去研究问题。这些假定可能涉及人们的基本态度：社会科学知识如何构成，如何更好地运用。因此，我们需要比较 3 种不同的观点。

社区心理学研究中的 3 种科学哲学观

科学哲学观指的是人们对于什么是科学知识，通过什么方式获取科学知识，以及科学知识如何与实践相结合的信念。你可能从未想到你有一套你自己的科学哲学观，但是，实际上，你的研究思想和如何做研究（也许，你在心理学课程中学到的）就体现了一种科学哲学观。我们将讨论在社区心理学研究中 3 种主要的科学哲学观。这 3 种哲学观彼此关联，不是独立的流派。Riger 等人（1990，1992）对这 3 种科学观做了充分的回顾，在这里，我们对这个问题的讨论将借鉴他们的成果。

在心理学领域，**实证主义**是占据主导地位的科学哲学观。实证主义有许多形式，在心理学中，实证主义表现为以下几个共同特征：追求研究的客观性和价值无涉的中立性，最终目的是理解变量之间的因果关系，通过假设检验，控制无关变量，以澄清因果关系。数据的来源就是测量。实证科学试图构建适用多种情境的广义定律。如果你以前学过心理学研究方法，你所学的内容将深受实证主义的影响。

这种研究视角已经受到了越来越多的批评，没有一个观察者是价值无涉的。例如，个体本身就是文化中的一员，受到文化的影响，而且，文化的特殊品性、历史环境和背景限制研究成果从一种情境迁移到另一种情境（Gergen，1973，2001）。这些批评导致了**后实证主义**的产生，后实证主义认为，没有研究是真正客观的，只有尽可能减少偏见。在社区心理学中，后实证主义者采用实验方法和心理测量方法。

建构主义（有时称为背景主义或后现代主义）采取了不同的方法（Camplell & Wasco，2000；Gergen，2001；Kingry-Westergaard & Kelly，1990；Montero，2002；Nelson & Prilleltensky，2005）。建构主义并不追求价值无涉的客观性，相反，建构主义者认为，其只在相互关系中发生，是研究者和研究对象之间相互联系的产品。建构主义者强调通过联系、合作和相互理解获取知识，这也是定性研究和一些女性主义研究者所强调的（Campbell & Wasco，2000；Riger，1992，Stein & Mankowski，2004）。建构主义者尝试去理解特定的社会情境，以及这种社会情境对人们意味着什么 [例如：精神分裂症患者对他或她的家庭意味着什么？（Stein & Wemmerus，2001）]。关于因果关系的假设检验变得不那么重要。为了更好地理解情境、定性研究方法，访谈经常是最好的技术。当然，研究者的观点也会影响到调查结果。建构主义者认为，不是去消除研究者的偏见，而是把研究者的假设拿出来公开讨论和评估。这样，研究者有责任明晰他们的假设，公正地报告参与者的想法。

批判主义科学哲学观持第三种立场，批判主义与建构主义有关，却有所不同（Campbell & Wasco，2000；Nelson & Prilleltensky，2005）。他们假设知识深受权力关系的影响，而社会制度和信念系统创造并保持权力关系。研究者和研究对象的性别、种族、民族、社会阶层和其他社会地位都会强烈地影响到他们每天的经历，因为这些社会地位或多或少地反映了社会力量等级。批判主义的研究方法认为，研究者有责任认识和质疑自己的社会地位以及这种地位是如何影响研究的。批判研究者会站在积极的立场，进行挑战生活中不公平事件的研究。批判性的社区研究可能采用特殊的研究方法，或者来源于后实证主义，或者来源于建构主义。社区心理学中女权主义和解放方法，反映了批判主义的科学哲学。当然，研究者采用积极的立场，本身会影响研究的选择和研究结论，因而（和建构主义一样）研究者有责任去使他们的假设和观点更加明晰。

这样，在研究开始之前，实证主义、建构主义和批判主义就有各自不同的目的了。这 3 种科学哲学观对研究者和研究对象的角色有不同的认识，对怎样开展研究有不同的理解，对于怎样应对研究者的价值和假设有不同的观点，对于什么是"知识"有不同的概念。许多有价值的社区研究有后实证主义的特点，尤其是采用测量方法和修改后的实验法以适应社区环境。在过去 20 年中，建构主义方法在社区心理学中越来越有影响力，部分原因在于它关注研究行为以及社会系统的重要性的整合。在社区心理学研究中，所有这3种研究方法都是有用的，并且实际中的一个研究可能包含了这3种科学哲学中的不止一种因素。我们主要的观点是，鼓励社区研究者在计划研究时，对这些问题做出清晰的选择。

支持一方：对有争议的社会问题的研究

社区研究者必须决定，他们的研究怎样和具体的行为联系。后实证主义者对社会问题的解决倾向于寻找研究结论支持的、具体的、务实的方案。后实证主义者把科学方法和心理学的发现应用到社会。这种观点在社区心理学发展的早期处于主流地位。

这个研究方法是有用的。例如，一个国家或是一个团体如何预防艾滋病的传播？怎样改善儿童的健康状况？怎样减少学校的暴力行为？社区研究可以识别发生这些问题的原因，发展项目或制定政策解决这些社会问题，并且评估其有效性。美国医学研究所倡导的预防科学就包括这种程序：对引起健康或是行为问题的因素进行研究，用这些知识发展预防项目，检测预防项目在控制研究中的有效性，然后推广最有效的项目（Mrazek & Haggerty，1994）。

然而，这种研究是否有用，取决于对问题的界定、对问题原因的探讨以及解决方案的社会一致性（Price，1989）。实际上，这种社会一致性是不存在的。例如，对于公共健康问题，即使对问题有了清晰的界定，产生该问题的原因也已清晰，关于预防措施也会有很多争议（如针管的改变，开展合理使用避孕套教育）。当公众对问题如何界定以及发生问题的原因不能达成一致时，就会有很多争议。就像性别、儿童、家庭问题以及毒品使用问题一样。一个研究团队可能用"常识"去界定问题和解决办法，然而，这种思路可能为不接受前提假设研究的人们所拒绝。在社区心理学大会之前，Price（1989）描述他自己在证实过程中的经历：应对离婚，仅仅为了得到某些结论说这些问题会破坏婚姻和家庭价值的结合。这样，Price（1989，p.157）认为，很多社会困境应理解为一种社会冲突，而不是要去解决的社会问题（Sarason，1978）。这些冲突包括相互竞争的价值。

对于针对社会、社区问题的实证主义研究来说，这种冲突是否意味着没有价值？Price认为不是这样的，研究者不是单纯地寻求价值中立，而是认识到社会问题包含多重立场，每种立场都有自己的价值假设、对问题的定义、对因果关系的理论解析以及预防或应对措施。即使使用了严密的科学方法，争论的各方也都能得出支持他们假设的实证结论。因此，带着强烈价值倾向的研究者可以经受激烈的辩论来维护他们的观点（Price，1989）。这样的研究可以向我们展示他们研究对象的某一方面，这个观点跟建构主义和批判主义科学哲学相吻合。

研究者必须足够地诚实，认识到相反观点的价值，用辩证的观点去看待问题，敢于报告与他们假设相反的结果（Nelson，Prilleltensky & MacGillivary，2001，p.671）。大胆而明确地阐明研究假设和价值，通过澄清假设，可以改进研究。

一个社区研究者会支持哪一方？个人的价值观是最重要的指引。另外的原则就是寻找在社会争论中被忽略的观点（Friere，1970/1973；Price，1989；Rappaport，1981；Riger，1990）。有权势的人常常支配对社会问题的讨论，一般由处于主流社会地位的人界定研究问题，设定研究中使用的术语。他们的思想成为（解决）问题的常规思想。因此，社区研究者的一个重要角色就是识别被忽略的观点，进行研究，注意被忽略群体的声音和观点，这就为问题解决提供了更广泛的信息，并且也识别了更多的群体力量和资源。这样的方法可以称为**"关注被忽略的声音"**。

声音的隐喻来自于女权主义思想家（Belenky，Clinchy，Goldberger & Tarule，1986；Reinharz，1994；Riger，1990）。在他们看来，心理学中的实证主义模糊和扭曲了妇女的经验和知识。妇女的声音——她们的话语、直觉和观察力没有被清晰地听到和了解。在对其他群体的研究中，这些群体并没有很好地呈现在研究者中。例如，有色人种、低收入人群、生理和心理疾病患者也出现过类似的倾向。在有关学校教学和学习的研究中，很少有研究者问及学生的经历和观点（Weinstein，2002a）。Reinharz（1994）指出，研究者不能代替弱势群体个体发言，声音是人们发展自身的表征。但是研究者可以创造途径去倾听和学习不同的声音、不同的观点。

　　关注被忽略的声音要从探索社会系统中弱势群体的立场开始，这些人受社会系统的影响最大（例如，全球化、工作地点、心理健康服务系统、学校系统），对社会系统的控制力最小。要通过研究弱势群体的经历、观点，来了解多重社会系统如何对他们产生影响。研究结论则可用于倡导社会改变，以改善弱势群体及整个群体的社会生活质量。Rappaport（1981）在他早期有关授权的讨论中主张采用这种方法。这种方法与批判主义的科学哲学相一致（Nelson & Prilleltensky，2005）。

　　许多女性主义社区心理学研究表明了在研究中如何支持一方的观点、立场（e.g.，Bond，Hill，Mulvey & Terenzio，2000a，b；Salina et al.，2004）。女性主义研究者明晰自己的价值观和研究前提假设，常关注被忽略的声音，实施能有效推进社会变革的研究。他们也关注多重生态水平是怎样相互作用的，检查宏观系统、组织、人际关系怎样对妇女进行压制（重申女权主义者的口号："个人的即政治的"）。女性主义研究者承认自己的生活经历影响了他们的观点，因而努力去寻求并善于学习他人的观点。研究本身成为个体发展和人际联结过程，而不单纯是为了获取知识——一个典型的女性主义主题。

　　Sullivan 和同事开发了一个项目，主要针对家庭暴力受害者。在项目中，专业人员助手、女性家庭暴力受害者及她们的伴侣一起组成团队。基于女权主义价值观和分析，研究者支持一方，同时也设计了随机实验。他们的研究表明，实验组的妇女与对照组的妇女相比，更少受到暴力伤害，有更多的社会支持和更好的生活质量（Bybee & Sullivan，2002；Sullivan，2003）。

　　在许多社区情境中，社区研究者可以选择支持一方，参与性社区研究也会选择支持其中一方，与社会公民协作开展工作，关注被忽略的声音。例如，一个中产阶级社区在年轻人中开展了一个预防毒品滥用项目。项目发起人要对这个项目有效性进行评估。按照实证主义的方法，研究者将采取价值中立的立场，对如何开展评估研究，都由评估者决定。相反，授权评估（见第 14 章）聚焦于项目的运作上，帮助澄清目标和初始计划，对项目的实际运作情况进行反馈，并且对结果做评估。同时会考虑包含群体中的年轻人的意见。这种方法创造了一个伙伴关系，而这种合作式伙伴关系可以随时间推移，不断改进项目质量。而不是由一个外来观察者一次性断定项目的有效性（Fetterman，2002）。两种方法都有价值，我们的观点是博采众长（在这个案例中，授权评估是一个合理的方法），产生了局内人知识，而这种知识不是通过外在评估而形成的。

在研究决策中如何促进社区参与和合作

　　我永远都不会忘记我第一次做研究的时候，我走访了 11 个社区，他们都拒绝了我，因此，Baake 找来了一些家伙，并对他们说："你们能对 Chris Argyris 友好些吗？让他进入你们的银行并访谈一些人。……"因而我进去了并访谈了 50 个人，做了我的研究，我进行研究并给人们一些反馈，他们说："我们喜欢这样。你现在想做一个完全的银行研究吗？"我去了，我得到了几乎完全相反的数据，于是我访问了我以前访谈过的 25 个人，我让他们中的 19 个人进入一个房间，我说："可以告诉我将会发生什么吗？"他们说："教授，那不难，4 个星期以前，那是对克瑞斯友好的一周，因此我们中的一些人用一种方式回答问题，如关心的人或者感知到这不是威胁的人，他们会讲真话，现在你作为一个研究者顾问回来了，我们中的一些人现在感到害怕，歪曲数据，而那些认为他们能得到些帮助的人则会给你真相。"

从这则趣闻中很明显可以看出：研究数据的有用性及质量取决于收集数据的情境，尤其是研究者和研究参与者之间的关系，当研究者的地位、力量（权力）及目的改变时，雇员告诉他的内容的性质也同样会改变。在这则趣闻中，Argyris 做的是组织研究，但相似的问题存在于社区心理学研究中。

关于研究者—社区的关系，其中一个隐喻是"客人"与"主人"（Robinson，1990）。研究是在"主人"的社区里，由"客人"进行的，"客人"的良好举止可能会包括：充分展示他们的意图和方法，开展活动要获得"主人"的许可，尊重主人的愿望和观点，对"主人"的盛情款待表示感谢。通过这种合作，研究者收到合作的礼物，即社会群体提供的数据。作为互惠，研究者要提供研究结论，这对社区将是很有用的。关于研究者—社区的关系，另外一个隐喻是合作伙伴关系，在某种程度上，双方都可以选择和控制，并且敞开交流、尊重这些选择。每个合作伙伴都为合作带来独一无二的资源，参与型社区研究不是研究者的一种"高贵的牺牲"，而是包括研究者和社区成员的付出和回报（Isenberg，Loomis，Humphreys ＆ Maton，2004）。

这些隐喻暗示了人们对于社会研究的兴趣。"伙伴关系"这种隐喻包含了社区成员在计划和执行项目中的参与。我们讨论这些方法已被称为**参与社区研究、参与式行动研究、行动研究、合作研究**和**社区科学**（Jason *et al.*，2004；Kelly，Ryan，Altman ＆ Stelzner，2000；Reason ＆ Bradbury，2001；Tolman ＆ Brydon-Miller，2001；Trickett ＆ Espino，2004；Wandersman，Kloos，Linney ＆ Shinn，2005）。许多是 20 世纪 40 年代 Levine 行动研究思想的继承和发展。

许多研究者对社区采取开采、挖掘的态度，把社区作为"需要的口袋，实验的实验室，专家

自动收件箱"（Bringle ＆ Hatcher，2002，pp. 503 - 504）。"数据矿"的隐喻就是指那些对研究者有利，而对社区研究本身无利的研究。可以理解，在这种情况下，社区不愿意与研究者协作。要解决这一问题，合作研究虽然不是万能药，但它确实做到了控制和避免"开采"的问题。

如果研究包括干预和行动计划，那么，上述问题就越发显得重要。在研究中，要决定很多事情，比如，要解决的问题是什么？干预的目标是什么？干预过程如何实施？怎样评估干预的效果？干预过程已成为社区日常生活的一部分，这就需要研究者的长期卷入和投入（Primavera，2004）。

研究过程发生的问题包括价值观、情感、人际关系和解决冲突。研究者不仅需要对问题的理智理解，而且需要社会情感洞察力和社会—情感技巧。一般来讲，合作研究常使研究者和社区公民都有所改变。文化误解、权势差异、多重价值观和其他因素会使研究者面临挑战，同时也促使研究者更好地理解，更深入地开展研究（Jason *et al.*，2004；Primavera ＆ Brodsky，2004；Sarason，2003a）。

在这个部分，我们总结了一些特别方法促进研究者—社区伙伴关系，公民参与研究决策。这些方法涵盖了社区研究的每个阶段：在研究开始之前，定义主题，收集数据，解释和报告研究结论，依据结论采取行动。在每个阶段，我们的方法都最大化鼓励社区成员的参与。我们不是说这些方法在每种情况下都是有用的或适当的。在社区研究中，社区成员参与的程度从最小到最大呈谱形分布。每个社区和研究项目都需要了解研究者和公民的角色（Pokorny *et al.*，2004）。要作进一步了解的话，我们特地推荐几种资源（Bond，Hill，Mulvey ＆ Terenzio，2000b；Bringle ＆ Hatcher，2002；Brodsky，2001；Fisher ＆ Ball，2003；Hazel ＆ Onanga，2003；Hughes ＆ Seidman，2002；Jason *et al.*，2004；Kelly，Ryan，Altman ＆ Stelzner，2000；Nelson *et al.*，2001；Primavera ＆ Brodsky，2004；Tolan *et al.*，1990；Wandersman *et al.*，2005）。

研究"开始之前"合作关系

当研究者进入社区时，这种合作伙伴关系就开始了，要点包括以下问题：

谁是研究者？有什么样的机构或资金支持他们？他们的目的是什么？研究者是被邀请到社区的吗？邀请谁？以什么样的方式？谁是社区的代表？他们能代表社区吗？谁会从社区研究中受益？

要去评估研究者和社区所具有的资源，对研究者而言，这包含为项目提供资金，为社区成员提供合适的职位。真正建立合作关系，双方都需要投入时间和精力，并决定怎样分享控制。不同的社区，其想获得的资源也不同：经济上相对贫困的地区也许要寻找经济资源；而相对富裕的社区也许需要对慢性疾病患者提供情感支持（Nelson et al., 2001）。社区成员也提供资源，如社区和文化实践知识、社会网络。

研究者和公民的互相依赖要通过人际互动建立起来。这种人际互动包括非正式的、面对面的接触，在没有专家、级别的障碍下互相认识。对于社区研究者而言，重要的人际互动技巧包括：在建立信任的过程中自我展露，清楚的交流目标、观点和价值。当社区成员向研究者解释他们的群体和文化时，研究者能保持一种学习和尊重的态度是很有价值的。谦虚、愿意学习是很重要的。自愿参与社区服务，与社区成员的非正式交往，都会很有帮助。对于研究者而言，认识到研究者和社区成员在社会地位、权力、文化和社会生活际遇方面的差异，并且承认这种差异可能会影响或限制研究者的视角，这一点是很重要的（我们在文化绑定研究中，还会详细地讨论）。

研究者需要做许多工作，除去"研究"的神秘面纱。为了有效地和团体交流，研究者必须使用一种常识性的而不是高人一等的语词。语言可以传递力量，像"实验"这样的词语只能使许多人变得"疏远"。研究者需要从社区成员那里学习经验、文化和"局内人"的知识。

研究决策

成立**社区研究小组**，小组由社区组织代表和公民代表组成，准许研究者和社区成员交流协商。这也提高了研究者对社区文化特点的理解能力，同时也提供了一种让社区居民正确了解研究的渠道。另外，研究者可以与社区中的现有实体建立正式关系，如小区或邻里联盟，而不是一个研究者同社区居民有物理联系的研究组，比如小区理事会或者是邻里关系。

社区研究小组制订研究计划。研究小组需要协商的问题包括：是否用控制组（就是不接受实际刺激的组），互助组会议的观察者是否被接受，问卷的格式和问题，原始数据如何保存，如何保证它的可信度。

这些问题以及类似的决策需要仔细权衡。比如，由于缺少控制组，对项目有效性的评估就会受到限制。同标准化问卷相比，开放式访谈更适合社区的民俗研究，但是又很难在大样本中发展出可靠的、有效的测量。社区协商方法和实际决议耗费时间而且容易妥协和折中。然而，如果社区成员能真正开展合作，则能促进测量的有效性，研究者会采用更合适的方法，而研究参与者也会更严肃、认真地对待研究。在对互助群体的研究中，与互助群体成员建立合作关系时，研究会有高的反映及回馈率（Isenberg et al., 2004）。和社区成员建立积极的关系可以为后续研究做铺垫。每一个社区研究中都要仔细权衡、认真决策。

参与研究也可以使用实验方法。Sullivan（2003）和其同事进行的针对受虐待妇女的研究包括妇女庇护所、社区倡导者，同时也包括评估问题和测量的进展。最难决定的是，是否用实验设计，随机分配妇女到倡导项目组或是控制组（接受通常的庇护服务）。开始，社区成员反对随机分配，后来，社区成员确认了随机分配的公平性以及随机分配对检验项目真实效果的价值。

社区—研究者伙伴关系中的另一环节是对结果的解释。研究者和社区成员可以考虑这些问题：

一个有效的方法是，把研究结论递交社区研究小组，或者其他成员，并要求他们做出解释。这些结果是令人吃惊的吗？需要更加完善的方法吗？研究结果如何对社区起作用？可能对社区有害吗？

相互依存来自于互惠，每个成员只关心个人的利益，在信任的基础上，关注并满足所有成员的长期的利益（Bringle & Hatcher, 2002）。确认共享价值和长期目标可以推进发展，尤其是有冲突的时候更是如此。确立共享价值和长期目标并不意味着冲突的结束，而是建立了一种解决冲突的氛围。一起工作以解决面临的挑战和冲突，是很重要的。制订合作研究所需的重要人际技能包括：提供人际支持、断言和接受不同意见、避免抵制、共享力量、识别并管理冲突。封闭管理和对问题的讨论会促进关系的发展。Primavera（2004）描述了家庭扫盲项目中，大学—社区关系的双向流动。

在第1章，我们讨论了牛津住房运动，在牛津住房运动中，从物质滥用康复过来的人们生活在一起，无需专业人员的监督，彼此督促促进康复。

这个全国性运动最早开始于一个芝加哥康复家庭，最早没有研究和专业人士参与。12年后，牛津住房运动和来自DePaul大学的研究队伍已经发展成为一个合作团队。DePaul团队愿意开展这项研究是由于他们对创新的康复模式很感兴趣，并且认为，在研究的各个阶段，加入到社区成员中去，可以增强研究的效度和实际价值。为了交流思想及监督研究进程，牛津住房运动成员和研究者每周举行一次会议，这个会议对所有的社区成员都是开放的。同样，牛津住房运动举行的会议，即使是在讨论很敏感的问题，也向研究者开放。所有的合作者都致力于在这个环境中达成一种互信的氛围。这个研究开始于学生研究者，他们参加牛津住房运动的一些活动，对居民进行了访谈，想了解居民眼中的康复过程。这个定性研究成为后来定量研究的基础，牛津住房的居民彻底讨论了研究设计和评价工具，并且给予充分的支持。在研究中，数据来源是现在或者以前的居民，是牛津住房运动代表和研究团队认可的。这种稳固的伙伴关系使研究队伍有能力理解、测量牛津住房康复方法的效度，同时牛津住房运动员工也有能力评价项目发展。研究成员已经成为牛津住房运动的拥护者，他们参与到活动中来，为妇女和儿童建更多的新房子。

研究成果和影响

通过研究可以产生学术成果，比如期刊文章、书籍和会议论文。这些出版物对增加研究者的资历很有用，但对社区却没什么用。

重要的问题是关注研究成果：谁将从这个研究中获益？研究者会同社区成员分享他们的研究发现吗？公民能获得知识、技能、资金或者其他的资源来达到他们的目标吗？研究者和社区成员会对未来的合作建立持续的联盟吗？当考虑到实现系统时，更大的问题是：研究方法和研究结论会促进社会公平吗？研究结论能正确地反映个人、团体或者文化的力量吗？研究结论如何能影响到公民、社区、组织、政府机构或者其他团体将来的决议？

报告在对Nashville街区联盟的公民参与研究结论进行汇报时，Chavis、Stucky和Wandersman（1983）与公民小组为街区联盟领导者举办了工作坊，社区成员和研究者领导这些工作坊。研究者们用常识性术语报告研究成果，并要求公民进行反馈和解释。参与者分成几个小组，列出存在的首要问题以及针对性的行动计划。通过举办工作坊，研究者加深了对研究结论的理解，也促进了社区行动。这种方法在后来的社区研究中得到了广泛运用（Jason et al., 2004）。

其他研究成果可能包括：读者给市民的来信，寄到报社的文章或者信件，在流行杂志上的文章，电视采访，专家证词，宣传报道或者对决策者的拜访，正式或者不正式课程，社区文艺计划，教育角色扮演，短剧或者其他的表演（Stein & Mankowski, 2004）。当进行访谈时（主题是失业的影响），Fryer和Fagan（2003）用手提电脑计算了政府权力和计划的资格（愿意提供必要的财政信息）。这些好处首次被有效地解释给参与者。

心理政治效度　Prilleltensky（2003）提出，不仅要在方法论层面上评估社区心理学研究的效度，而且还可以依据另外两个标准进行评估。而这些正是心理政治效度的一部分。

首先，这个研究说明了宏观系统和其他社会力量的影响吗？比如，社会不公平现象对个人和社区生活的影响？在研究中，测量过这些社会力量吗？社区成员讨论了吗？其次，研究促进了研究参与者和社区成员对宏观系统、社会力量的理解吗？更积极地参与了社会变革吗？比如，公民更加了解社会不公正，增强了维护社区利益的技能，如阐明观点、形成信任、解决冲突、积累力量、做出决策。

要达到这些目标，需要仔细地思考，不仅要在研究"开始之前"仔细思考，在"研究之后"也要仔细思考。

参与方法的局限性

参与性、合作性的社区研究方法有局限性，并不是所有的社区心理研究都需要参与研究法。比如，对社区物理环境的评价和档案数据的分析并不要求参与性的方法（尽管合作过程会促进研究）（e.g., Kuo, Sullivan, Coley & Brunson, 1998；Perkins & Taylor, 1996）。

参与方法是一种比较耗时而且对公民有风险的方法，因为公民必须扮演新的角色，也要花时间掌握技术，获得发展。公民有权选择参与的程度，研究者也要尊重公民的选择。而且，参与研究决策的公民会受到不喜欢研究方法与结论的其他人的批评。研究者必须尊重研究团队小组成员的意见（Chataway, 1997）。

大学环境会对教师、学生参与研究形成障碍。许多方案需要对参与者的敏感性、交流和协商能力进行更多的训练，特别是超越文化界限（Nelson et al., 2001）。然而大学要求研究成果尽快发表，这个周期要比社区参与研究短很多。所以，这样的研究成果实际上对社区没用。

参与研究方法在某种程度上能弥合研究者和社区成员的层级性、不平等关系，但必须认识到，在研究中，有些权利差异是固有的，使用参与研究方法并不能从根本上消除这些差异。甚至参与研究本身对社区也会产生消极影响。研究者必须清醒地注意研究过程和实际工作成效（Bond, 1990；Burman, 1997；Isenberg et al., 2004）。像参与和合作这样的概念有多重含义，有些含义甚至是相反的或者是自相矛盾的。

我们一直在强调参与合作方法的共性，但是要进行深入阅读，最好关注一下不同方法的差异（那些我们常用的方法）。

参与研究方法以一种独特的方式，体现社区心理学的核心价值，并且体现了斯维姆斯哥会议的"参与者—概念建构者"的理念。他们展示了社区心理学对学术研究及社区建设的独特贡献。

 ## 在研究中如何理解文化和社会情境

所有的研究，即使是实验室研究，也是在一种或多种文化背景下进行的。对社区心理学而言，理解不同的文化、种族和社区环境是非常重要的。更重要的是，研究者应该研究不同的文化和社区，尤其是那些被主流的心理学研究所忽略的文化和社区。研究者也应该了解他们自己是怎样受文化影响的。在这种情况下，我们关注研究中几个特殊的文化问题。在第7章，我们对文化问题及相关概念进行了详细的解析。

有关文化的 4 个方法论问题

文化假设可能影响研究决策。然而，直到最近，心理学家才开始考虑文化假设如何影响研究的意义和我们对研究结论的解释（Sue，1999；Tebes，2000）。最近，在许多的研究中包含了文化变量，但并没说明为什么文化变量研究非常重要以及怎样对文化变量进行测量和评估。

例如，假设有一项研究发现，西班牙裔青少年比欧裔美国青少年的退学率更高，这是一个看似简单的结果。然而，除非这种研究能解决在概念上存在的重大问题，否则，以此研究为基础制定的社会方针或者预防性方案就是无用的，甚至是有害的。有一些无关变量，如社会经济地位、刻板印象、种族歧视、教育的机会，第一语言（英语和西班牙语）在研究中得以很好的控制。这种差异是由西班牙裔文化影响形成的，还是由外在的经济因素形成的，或是由于种族歧视造成的？西班牙裔中哪个民族（美籍墨西哥人、波多黎各人、古巴人和多米尼加人）作为代表性样本？这些民族之间有什么不同？在样本中，有多少西班牙裔的青少年是近期移民，有多少是长期定居在美国的？在比较两个种族或两种文化的组间研究中，或是把重点放在一种文化的组内研究中，充分理解文化因素了吗？这些问题作为例子说明了我们将在下面进行阐述的方法论问题（Bernal，Trimble，Burlew & Leong，2003；Hughes & Seidman，2002）。

怎样评估文化或民族同一性？ 文化同一性、民族同一性以及一些相关概念，常常在很有限的分类模式下，通过参与者的自陈式报告进行评估。例如，在调查问卷中，对于居住在美国的日本人、越南人、印度人和其他人种（如果包含太平洋中的岛屿，范围就会更大），亚裔美国人可能是唯一可用的划分标准。这样的评估标准引发的问题包括：有针对多民族、多种族不同反映倾向的编码方式吗？个体母语、出生地和父母出生地，以及居住在一个国家的时间，这些影响因素被评价了吗？个体与种族或文化传统同一性有多大？如果研究者简单地进行评估，那么他们关于文化、民族同一性的评估就会很表面，而不够深入

（Frable，1997；Timble，Helms & Root，2003）。在评估性取向、有无能力、宗教以及精神信仰概念时，也存在同样的问题。

人口同质性假设 一个相关问题是，要精确而深入地理解每种文化的多样性。同质人的选择（Sasao & Sue，1993）是把一个文化群体中的所有成员按照其相似性分类，并忽视他们之间的差异。社会分类学（Kelly，Azelton，Burzette & Mock，1994）认为，这会造成对文化群体内的成员比在文化群体外的成员的考虑更详细、更具体的认知倾向。因此，人们应该以一种复杂的方式来理解文化中的成员，不仅把他们看作个体，而且看作是各种群体和类别中的一个成员。然而，人们在理解其他文化或社区的成员时则是更加简单化，倾向于更为一般和概括的分类，并且认为他们都是一般分类中的成员，尽管这种倾向没有经常被注意到，但应该说这是种族主义的。在社区中这些现象的发生也反映出，我们缺少想要理解的细节知识和经验。与社区成员间形成的亲密协作关系有助于抵消对人口同质的假设。

举个例子，Hamby（2000）在美国的 512 个得到认可的印度籍美国人文化群体中发现，在不同文化中性别倾向存在相当大的不同（如 Seneca、Zunia、Apache）。如同民族、种族、社会经济存在差异一样，居民的这种差异性的例子包括生活经验的不同以及葡萄牙裔美国人、古巴裔美国人、墨西哥裔美国人和其他聚居的拉丁种族间在世界观上的不同。同样重要的是移民代际间的差异（比如，来自墨西哥的第一代移民，第二代、第三代墨西哥裔美国人）（Coodkind & Deacon，2004；Hughes & Seidman，2002）。在对日裔美国人的饮酒情况的研究中，在夏威夷样本的研究结果都不能普及到大陆地区的日裔美国人（Sasao & Sue，1993）。在个体水平上，一些种族的成员可能会根据自我个性这种非常重要的观点来考虑他们的种族地位，但是其他人不这样做。在任何文化中，个性特征，就像性别倾向，都会由在世界观和生活经历上的不同造成很大的不同。

方法同质性假设 第三个问题涉及对文化的

研究方法的等效性（Burlew，2003；Hughes & Seidman，2002）。这些假设甚至可能在文化差异并不是研究的主题或者没有被研究者意识到的情况下发生。问卷中和其他一些测量工具的语言等价性就是最简单的例子。Tanaka-Matsumi 和 Marsella（cited in Hughes et al.，1993）在英语中是医学术语"depression"，而和其最为相近的日语译文为"yuutsu"，它们的含义不是完全等同的。当要求区分它们时，美国人把它描述为"悲伤的"和"孤单的"这样的内部状态，而日本人则用它描述一种外部状态，例如"黑暗的"和"下雨"。仔细检查翻译能够减少但并不能消除语言不等价这样一些问题。

尺度等价是指在不同文化背景下，选择相同的问卷或其他测量方法是否意味着同一件事。Hughes 和 Seidman（2002）研究发现，非洲裔美国人和西班牙裔美国人的参与者更有可能使用等级评价尺度（Likert）的极端维度，而白人则有可能用等级评价的中间尺度。更一般地，西方心理学所采用的定量方法在许多种文化中并不常见。Goodkind 和 Deacon（2004）讨论了他们怎样在两组难民妇女（来自老挝的苗族妇女和来自中东、阿富汗和非洲的穆斯林妇女）的研究中发展定性和定量的方法。

组间和组内设计　组间设计是比较两个或者多个文化群体，如非洲裔美国人和欧裔美国人之间，研究者指定的变量。它的优点是，这种比较能获得有关他们之间差异的知识，这些知识能让人们更好地理解这两种文化。这种设计的缺点是，研究者自己的文化会影响到他们的实验设计，并且民族优越感会以一种潜在的方式影响研究者对差异的解释和评价。除此之外，在两种不同的文化中，研究的程序、背景和评价标准必须确保是同等的。最后，如果没有对两种文化的深刻理解，很容易把差别解释成为其中一种文化群体的不足或缺点。因此，组间设计常会把问题归因于文化，而不是考虑文化的长处，也不考虑外部因素，如经济和政治因素的影响作用。

研究者用组内文化特殊性的设计，更深刻地研究一个文化群体。不同文化间的比较和差异不是重点。这种方法关注为什么会存在特殊的文化。除此之外，同一种文化内的子群体（比如根据社会经济状况划分）能更清楚地被理解。目前已经开展了特殊人群的心理研究，例如墨西哥、波兰或者菲律宾文化中人们心理的研究（Kim & Berry，2003；Potts，2003）。在不久的将来，对于心理学来说，对文化深入的理解是首要的（Hughes & Seidman，2002）。此外，最近对心理学期刊上的学术文章研究发现，组间设计更可能强调一种文化或族群的不足，然而组内设计更经常强调文化或族群的优点（Martin，Lounsbury & Davidson，2004）。

进行文化扎根研究

研究者怎样才能认识到文化方面的问题，并对它们做出回应？第一步要从研究者自身开始。培养对自身世界观和文化、经验的理解。另外，在学习其他文化时要采取有教养的天真、好奇和谦虚的态度，即觉察到自己知识的不足，并且真诚地想去学习（Mock，1999）。认识到这种学习将会是一个前进的过程。

如果把自己孤立起来，就不能很好地实施文化扎根研究。你要去寻求那些能促进你对自身文化、你要研究的文化现象理解的经历。那些经历可能是非正式的、社会性的，就像参加公众庆典和活动，或者是对感兴趣的社区成员进行更加结构化的访谈。你怎样做比你做什么更加重要，要怀着尊重和急切的渴望去观察。下面是一些例子。

要为讨论创造一个安全的环境，在这个安全的环境中，研究者和参与者可以共同探讨文化和权力方面的问题：例如，每个人自己所处的文化怎样影响和限制着他或她的世界观；不同文化下的世界观和价值观的长处；社会不公平和压迫对个人造成的影响；怎样安排研究计划，从而能促进社区成员的授权；怎样能促进社区成员获得资源。

Bernadette Sanchez 研究美籍墨西哥青少年良师益友的关系（Keys，McMahon，Sanchez，London & Absul-Adil，2004，pp.185-186）。她阅读美籍墨西哥人的民族志，参加墨西哥学生组织的聚会，并且参加社会性活动。这些经历加深了她自己对美籍墨西哥族群和青少年文化方面的了解。在参与研究之前，她与他们分享了自己的信息：她为什么要攻读博士学位，她对教拉丁文的兴趣。在会见参与研究者时，她同样适当地分享了自己与家庭和良师益友关系的经验。这些亲密的关系鼓励参与研究者对她的问题做出更充分的回应。在对访谈进行分析后，她和9名参与者一起讨论她的发现，参与者倾听她的解释，同时 Bernadette Sanchez 听取他们的观点。

Susan McMahon 和 Roderick Watts（2002）对居住在城市的非洲裔美国年轻人的族群认同进行了研究。McMahon 为欧裔美国女性，Watts 为非洲裔美国男性，他们一起工作以开展这项研究。McMahon 反思了自己的文化背景以及这种文化背景对自己的认同感有什么样的影响，花很多时间讨论她对学校和社区中的非洲裔美国人的兴趣，McMahon 进行了观察和聚焦组访谈，以确定测量效度以及文化等价性，并且想从中发现经济和社会政治障碍如何影响非洲裔美国年轻人的生活（Keys et al.，2004，p.189）。

在当地专门的领导群体的协助下，James Kelly 和他的同事（Kelly et al.，1994；Kelly et al.，2004；Tandon et al.，1998）在芝加哥对一个非洲裔美国人社区的领导关系的性质进行了长期的研究，并与一些社区领导人——那些得到研究者支持的当地领导形成了伙伴关系，他们实际上设计了研究中的应用访谈，研究者对领导关系（机制）最初的构想聚焦在领导人的个人素质上。然而，社区领导们则清晰地表达了一个不同的更集中的对领导的界定，这个界定建立在他们共同工作经历的基础上，并且与非洲的传统相一致。这些领导用做汤来比喻个体贡献和群体经验的重要性。研究小组的视角是建立在个人主义心理学上的，在文化差异的假设下被扩大了。

研究文化，一个行之有效的方式是研究它的叙事，共同的叙事表述了重要的价值、历史事件、习俗和情感。Gary Harper 与 VIDA 计划有着密切联系，VIDA 是在一个小村庄里的社区组织，由在芝加哥的墨西哥裔美国人社区组成（Harper，

Bangi，et al.，2004；Harper，Lardon，et al.，2004）。VIDA 面向拉丁裔的同性恋、双性恋和问题青年实施 HIV 预防措施。Harper 和伙伴们通过拉丁文杂志、报纸，面向拉丁裔青年进行宣传。他们去过那个小村庄许多次，学习那里的壁画，当地人对大门的装饰，购物和饮食，参加文娱活动，会见 VIDA 工作人员和当地居民。他们尝试学习、了解墨西哥文化、小村庄以及个体对生活的卷入。同该计划的员工的会议是由分享食物和故事开始的，这体现了墨西哥文化。研究中使用个体或者群体访谈的方法，通过访谈，引导拉丁裔青年讲述自己的故事，让项目员工说出在拉丁文化背景下的预期，并且说出这些因素中哪些对拉丁裔青年 HIV 预防起到促进或妨碍作用。

Gerald Mohatt 和 Kelly Hazel 以及同伴（2004）也用叙事进行戒酒的研究。他们在阿拉斯加土著社区开展了这一研究。他们采用了一种看待优点的研究视角，让戒酒的人讲述自己的故事和戒酒方式。研究者和阿拉斯加土著人组成的协调委员会组成合作伙伴关系。研究者和阿拉斯加土著的部落委员会和村民委员会协商研究的步骤和程序。部落长老反对研究者向部落中参与研究的人付钱，坚持说参与研究不是来挣钱的，而是通过研究为社区做贡献。复核委员会认为，研究的访谈资料在研究结束之后应该销毁，但是部落长老仍然反对这种做法。他们认为，这部分资料对未来的预防工作很有用。研究者听取了长老们的意见，开发了一套新的研究方法，参与者可以选择接受报酬，也可以选择无偿为社区发展做贡献。在充分保密的原则下，参与者也可以选择访谈录音是否要保存下来。

当招募的人数超出预期（有152个志愿者但实际上只需要36个），长老们仍坚持认为每个志愿者的意愿需被尊重。为了达到长老们希望的目标，研究者们研发了一个简短的访谈程序。项目资助者希望研究者从事定量研究，而土著居民则更希望是定性访谈的方法。研究者要在项目资助者和土著居民要求之间取得平衡。

土著居民代表和研究小组的耐心得到了回报，他们收获了大量的访谈资料，这些资料体现了戒酒中文化的力量，该研究为阿拉斯加土著社区的戒酒工作奠定了基础。

范例：阿科维森的研究

Santiago-Rivera、Morse、Hunt 和 Lickers（1998）报告了研究者与阿科维森（Akwesasne）社区建立协作伙伴关系的过程。该社区位于美国和加拿大之间的圣劳伦斯河西，靠近卡纳维克（Kahnawake）社区，但两者相隔离。Santiago-Rivera 等人的工作阐述了参与方法、文化扎根研究的许多方面。

阿科维森的莫霍克族（Mohawk）社区面临严重的环境污染[①]。污染是由该地区工厂排放到土地、水和空气中的物质造成的（如氟化物、氰化物、聚氯联苯）。莫霍克族的一名助产士 Katsi Cook 女士为减少资源污染并寻求支持而努力，Santiago-Rivera 参与了该研究，该研究由国际基金资助，研究揭示了聚氯联苯对该社区居民身体和心理的危害。

研究的框架建立在尊重价值、公平和获得许可的基础上。Santiago-Rivera 和莫霍克族通过曾经由阿科维森的环境特遣队（一个莫霍克族群体）所制订的计划进行工作。首先，理论开发研究者发现，他们必须改变交流风格以促进他们在平等基础之上与社区成员的对话：他们花费大量的时间听取社区成员的经验及观点。他们努力减少障碍以开展工作，例如：不使用学术词汇以防限制对话。此外，研究小组在莫霍克民族文化中寻找教育、信仰、风俗、语言及社区的历史，这些因素可能在多方面影响研究，莫霍克族人认为，土地是神圣的，这种信仰使得环境污染彻底地成为一个情感

和精神的问题。人际关系的风俗影响着研究计划和数据收集的每一个方面，研究者必须高效地学习莫霍克文化以获得他们的社区伙伴的信任。

莫霍克部族成员对 Santiago-Rivera 研究小组的心理学研究有许多问题："它如何有益于我们？你们如何保证数据的可信度？你是否采用我们所赞同的方法？谁将拥有并保留这些数据？谁将得到研究补助金？"

研究者与阿科维森（Akwesasne）环境特遣队共同合作来评估所有测量及材料的文化特殊性、适宜性。这些参与者不仅完成所有的测量，而且要与研究小组讨论他们所关注的问题，并提出改进建议。研究者与环境特遣队就实施研究的角色进行磋商，这包括雇用和培训莫霍克职员去收集数据和承担监督责任，他们还决定，所有的原始资料存留在阿科维森社区，阿科维森的委员会将审查所有的研究以保证它是按照商定的程序进行的，而且，阿科维森环境特遣队成员将是出版报告的共同作者。

研究人员和社区还制订了可行的手段来解决分歧。莫霍克方法就是通过讨论和达成一致来实现协作的。在这种方法中，研究者必须调整他们的工作计划及工作风格，平衡达成一致所需要的时间和报告授权代理的最后期限等问题。然而，阿科维森社区和研究者的共同努力使这些问题得以成功解决，并最终完成了对双方都有益的研究。

我们在什么生态分析水平上进行研究

任何研究中，研究人员都要选择分析的生态学水平。在社区心理学中，人们正在积极讨论生态学水平的各个层次。社区心理学的挑战是，定义不同分析水平间的相互作用，而不仅仅是孤立

地研究个体变量。

比如研究未成年人吸毒，那么应该包括多少可以抵御吸毒的预防因素呢？在个体水平上有个人的人格特质吗？微观系统因素包括：家庭和同

[①] 莫霍克民族，美国土著民族，早先居住在纽约东北沿莫霍克河和哈得逊山谷北部。——译者注

龄人的影响，周边环境特点的影响，文化价值和资源的大影响，经济因素的影响，政策对于药物使用限制的影响等。

一项关于居民授权的研究是着重于街区整体对每一个成员个体的影响呢，还是着重于街区整体作为一个组织的功能，或者是着重于它对全体居民生活质量的影响呢？研究是否会考虑到宏观系统，如经济力量、政府和企业决策的影响？

考虑生态学水平重要性的范例

一些现象，如社会支持或公民参与，能从不同的生态水平考虑。让我们看以下两个例子。

社会支持网络　老年居民只获得了个体的支持还是在个体之外的微观系统和组织中也获得支持？Felton 和 Berry（1992）主持了一项社会支持网络的研究，研究一所医院的老年病医务室里的老年居民。他们的面谈问题是标准化、程序化的，要求被试给出在他们生活中提供重要支持的个体的名字或首字母。然而，Felton 和 Berry 的被试提供了一些最初令人困惑的答案，尽管要求回答个体，但许多人给出了像"我所有的侄女和侄子"，"我的孙子"和"老年中心的人"这样的回答。差不多有 1/3 的被试至少一次回答给出的是社区，而不是个体。总体上对老年人的社会支持中，大约 10% 的支持来源是社区。当主试要求做出解释时，大多数被试坚持说他们的意思是群体，是作为一个整体的社区，而不是提供支持的特定个体注意 Felton 和 Berry 听取并报告这些被试的反应，被试的想法不完全符合测量的程序（Felton & Berry，1992）。

我们如何看待这个结果？社会支持通常被理解为高度支持性的，在两个个体之间发生的一种过程。这使得许多社会支持与研究（Felton & Berry，1992）是在个体水平上进行的，尽管很明显，社会支持还发生在社区中，尤其是小团体中（Maton，1989）。那些社区为成员提供社会支持和社区意识，能为成员提供意义重大的援助。Maton（1989）发现，当其成员面临一系列的应激事件时，在高度支持性的宗教集会、互助组和老年中心提供了意义重大的援助。实际上，从属于一个组织或小团体（社会融合）的感觉可能和个人的社会支持一样重要（Felton & Shinn，1992）。

邻近居民参与　什么决定了居民对社区生活的参与？Perkins、Wandersman 等人（1990）分析了一项在城市居民中进行的研究计划——街区推进者计划的一部分，即居民参与。他们关注城市街区和由居民组成的街区协会。当 Perkins 等人比较个体在街区协会中的参与范围时，相对于租房的人而言，那些自己有房子，在街区生活时间长的，有较高收入的人们参与得更多（这和先前的研究是一致的）。然而，Perkins 等人计算了在每个街区的 3 个居住地和收入变量的平均数，并从街区水平，而不是个体水平上比较了居民参与的范围。在街区水平上分析，3 个因素（拥有房产、收入、居住时间）和参与程度都没有直接关系。

这意味着什么？Perkins 等人这样解释，在街区内，最可能参加的个体是长期居民、拥有住房者和那些高收入的人们。尽管有的街区中长期住客、住房拥有者和高收入居民数量很少，但他们仍然会像拥有大量这些居民的街区一样参与。

在他们的研究中，这种情况的发生可能是因为，对参与者来说，街区给居民的社区意义比社区居民的个体特性要重要得多。

如果 Perkins 等人没有对街区和个体进行比较的话，他们便会得出这样的结论：拥有一个家，有高收入并且是一个长期居民，是影响居民参与的最重要因素。这些变量很难改变。这些结论对那些生活在低收入区域，并试图提高社区生活质量的居民来说是个令人沮丧的消息。相反，更多的准确的信息显示那些人口统计学的因素造成了街区内的差异，但它们不像其他因素一样重要，没有这些资源的街区可以动员其他资源（如社区意义）来增加参与度。他们的分析不仅揭示了分析水平的差异，还建议在低收入居民中增加社区强度。

如何研究生态学水平

当研究超出个体水平之后，该如何研究诸如微观系统、组织及社区的特征呢？对微观系统、组织及社区的研究不能用心理学家熟悉的个体心理学研究方法进行。在教室、组织或居住地中的个体，是社区中相互依存中的个体。这种相互依存性，使得与之相关的统计分析和阐释变得非常复杂（Shinn & Rapkin，2000）。社区心理学致力于回答这个问题，即大生态单元对个体的效应。以下是一些观点，很有启发性，当然，这些还不是解决问题的全部方案。

在第 5 章中，我们将描述在特定情境下测量社会普遍观点的方法（Moos，1984，1994，2003）。在定量研究中，Moos 和同事测量了诸如在教室、脑健康训练中心这样的环境中个体的心理特征，他们做这项研究是通过问卷的方式调查个体对于环境质量的感觉，把这些感觉相加用来测结构，例如在各种情境中成员之间的相互支持关系、任务指向的情境、目的明确程度以及组织规则等。基于个体的判断，这些都是主观的判定，然而，当把一定数量个体的分数集合起来，与其他情境相比时，这些变量就能提供一个特定情境特征的测量尺度。这种做法有其局限性。例如，可以通过测量得知雇员全体感知到的社会支持平均水平，然而，这并不能说明男性员工和女性员工感知到的社会支持的差异（Shinn，1990；Shinn & Rapkin，2000）。

独立的外部观察，这种方法是对小群体或组织客观地测量的更好的方法（Shinn，1990）。Roberts 和同事（1991，1999）曾训练独立的外部观察者对一个自助型社区进行行为观察，他们的研究得到一个重要的发现，就是在社会社区中的社会互助现象。

一个中介途径就是选一些有代表性的被试。Allen（2005）通过访谈和调查成员及领导者，研究社区协调会议的有效性。Chesir-Teran（2003）建议使用调查、访谈、自然观察和档案记录法测量高中生的异性恋。

另一个途径是鉴别。Fawcett 和助手已经提供了这种测量方法的改良方法。例如，对残疾人和吸毒防治合作小组的拥护（Fawcett, et al.，1995）。这种社区变化的例子包括：一项新的减少吸毒的高校互助方案，一项禁止吸毒的广播无线电政策，教会的牧师努力防治吸毒方面的训练课程（Fawcett, et al.，1995）。Speer 和 Hughey、Censh eimer、Adams-leavitt 等人（1995）用档案数据来测量社区拥护组织的影响力。在超过三年的时间里，他们查阅了在大城市的主要报纸中对两个组织报道的数量，以及在这些报道中出现的每个组织所强调的思想。这种测量方法对于一个组织的长期纵向研究是特别有用的。

在第 5 章，我们阐述了社区心理学家思考这些问题的生态学概念。在《社区心理学手册》（*Handbook of Community Psychology*）中，有两章涉及对这个问题的研究回顾（Rappaport & Seidman，2000）。Linney（2000）描述了生态概念和评估方法。Shinn 和 Rapkin（2000）对在多重生态水平下进行社区研究的概念和方法论问题进行了详细的讨论。

在社区心理学中，嵌入多重生态学水平这一理念。在社区心理学领域，研究者使用多重生态学水平分析每一项研究。当人们明确了在何种生态学水平分析问题、在什么生态学水平解决问题之后，社区心理学研究也就得到了推进。

结论

我们关于社区研究的四个问题，好像在暗示社区研究者：研究视角、分析水平、文化背景和社区关系按照次序进行，每一步都跟随目录上的前一个选择而进行。实际上，这 4 个问题是相互依赖的，并不存在先后顺序。和社区组织的伙伴关系通常影响研究者对研究现象、视角及分析水平的选择。研究者可能通常在与某个具体社区的关系中，研究该社区的独特的文化或人口。可以确定的是，无论研究者是否明确，在社区研究中都包括这 4 个问题。社区研究经常发生在一种文化或一个社区中，通常有一种分析水平，从特殊视角去理解某种特殊现象。在本章中，我们的目的是使读者意识到这些问题，进而能够在进行社区研究时做出明确的、合理的选择。下一章我们谈谈具体的研究方法。

 本章小结

1. 社区为研究提供了有用的环境。开展社区研究要明确回答 4 个问题：我们应该采取什么样的价值立场？在研究决策中如何能促进社区参与和合作？在研究中如何理解文化和社会情境？我们在什么生态分析水平上进行研究？这 4 个方面的问题涉及一个更大的问题：*谁将产生什么问题，为谁，为了什么目的？*

2. 在社区心理学研究中，有 3 种主要的科学哲学观。科学哲学涉及如何界定科学，科学知识，正确地使用研究方法以及正确地使用研究结论。实证主义的观点强调客观性、测量、实验、假设检验，发现能推广到其他情境中的因果关系。*后实证主义*，是实证主义的后继发展，后实证主义承认没有哪一项研究是完全价值中立的，在测量和实验中尽量减少偏见。建构主义的观点强调研究者和参与者之间的联系，开展研究的具体情境，试图理解参与者的经验以及这种经验对参与者的意义，而不单纯是探索变量之间的因果关系。*批判主义*认为，社会力量和信仰系统既影响研究者也影响研究参与者，同时也影响研究者把研究与社会行动整合起来。每一种科学哲学观既有优点，又有缺点。我们的观点是，研究者对自己的价值观和科学哲学观有清晰的认识和抉择。

3. 社会问题也影响到社区研究。实证主义倾向于用科学的方法界定社会问题，找到解决问题的方法。这样做的一个问题是，有关某个社会问题的观点常常是互相冲突的，因而导致不同立场的人对社会问题的界定都会不同。社区心理学对有争议的社会问题的解决方式是，支持一方，从一个立场出发，搜集信息，研究问题。要关注*被忽略的声音*，即要关注这些人的观点，他们受到社会问题和社会政策影响，而且自己没有资源和力量。关注被忽略的声音，就是这样一种方法。

4. 我们描述了参与、合作社区研究的过程：在研究"开始之前"、制订研究决策、研究成果。在研究决策过程中，*发展社区研究小组*是让公民卷入决策过程的一种方法。心理政治效度指的是，研究是否授权公民参与研究过程、社会变革，以造福自己的社区。每个研究者—社区伙伴关系都有自己最佳的社区卷入水平。

5. 了解文化和社会背景是非常重要的。研究文化涉及 4 个问题：（1）如何评估文化和民族同一性；（2）挑战人口同质性假设，即在同一文化群体中的个体是相类似的；（3）研究方法同质性假设，进行跨文化的测量；（4）研究文化群体之间的差异，和详细地研究一个文化团体相比，哪个更有价值（*组间研究或组内研究*）。

6. 许多社区研究关注多重生态分析水平。我们举例说明了不同的生态分析水平如何帮助我们澄清有关社会支持网络、邻里公民参与的研究结果，我们也说明了如何研究不同的生态学水平。

7. 社区研究的这 4 个问题顺序可以颠倒，它们是相互关联的。我们建议，对每一个问题要明确，要有清晰的选择。

简短练习

1. 在你的社区或社会确定一个有争议的问题在某种程度上有个人的经验。

有关这个问题，相反的观点是什么？

有什么人、什么社区或什么观点被忽略或被掩盖了？

社会心理学研究是怎样有助于了解这些被忽略、掩盖的声音？

在这个研究中，哪些团体或组织应参与社区研究小组？为什么？

2. 阅读最近的一篇使你感兴趣的社区心理学杂志中的文章（可以通过 InfoTrac 大学版搜索服务进入《美国社会心理学期刊》来寻找这篇文章。我们在这一章里已经给出很好的例子）。这篇文章：

更多地采用实证主义、建构主义还是批判主义的观点？如何采用？

在社区或社会问题争论中，是否支持一方？是否照顾到被掩盖的观点？

同公民或社区使用参与还是合作的方式？如何使用参与/合作的方法？

社区合作伙伴关系如何建立？（这在期刊文章中很少出现，但我们引用的文章里面有关于这个问题的论述。）

说出我们讨论过的文化扎根研究的方法。怎样使用这个方法？

这项研究中，进行的研究是在什么生态学水平上？

3. 如果你对参与社区研究方法很感兴趣，考虑我们第 1 章中提到的参与社区研究的重要技能（人际关系和方法）。对于你现在来说，哪些是你的强项？在哪里以及与谁？你能学到这些技能吗？在研究中，你对什么社区和文化感兴趣？

推荐阅读

Bond, M., Hill, J., Mulvey, A., & Terenzio, M. (Eds.) (2000a, b). Special Issues: Feminism and community psychology [Parts I and II]. *American Journal of Community Psychology*, 28 (5, 6).

Hughes, D., & Seidman, E. (2002). In pursuit of a culturally anchored methodology. In T. Revenson, A. D'Augelli, S. French, D. Hughes, D. Livert, E. Seidman, M. Shinn, & H. Yoshikawa, (Eds.), *Ecological research to promote social change: Methodological advances from community psychology* (pp. 243 - 255). New York: Kluwer/Plenum.

Jason, L., Keys, C., Suarez-Balcazar, Y., Taylor, R., & Davis, M. (Eds.) (2004). *Participatory community research: Theories and methods in action*. Washington, DC: American Psychological Association.

Primavera, J., & Brodsky, A. (Eds.). (2004). Special Issue: Process of community research and action. *American Journal of Community Psychology*, 33(3/4).

关键词

实证主义、建构主义、后现代主义、女权主义（者）和研究、社会研究、参与文化研究、参与行为研究、合作研究、文化扎根研究、心理政治效度、经济水平、分析水平、多重水平

第4章

社区研究方法

导论

社区心理学用什么特定的研究方法?

在本章中,我们讨论社区心理学定量和定性研究方法,用每种方法自身的术语帮助你理解定性法和定量法。我们呈现几种重要的方法,总结它们的优点和局限,提供实际研究中的例子。我们还会阐明定性研究和定量研究如何整合在一个单独的研究中。以下是我们全部的主题。

● 定性研究与定量研究相辅相成。

● 在研究中必须根据回答的问题来选择研究方法。

● 定量研究与定性研究都可以应用到我们在第 3 章讨论的参与—合作社区研究中。

● 多种方法并存,可以促进一个特定的研究。

● 情境化和纵向的视角可以深化社区研究。

● 社区心理学正是应用多种知识和研究方法的领域。

定性研究方法

让我们通过一个研究来说明定性研究的影响力。Catherine Stein 和 Virginia Wemmerus(2001)

研究了一个样本,分析有精神分裂症患者的家庭,家庭及家庭成员如何应对患者及其疾病。他们访谈了 6 个家庭的 22 个人，包括患者本身（患有精神分裂症的人）。（研究有精神分裂症患者的家庭成员很少包括那位患者本身。该研究的一个目标就是注意到被掩盖的声音。）这些样本很小，并限制了其多样化，需要更多的研究。然而，作者使用定性的研究提供其他研究不曾有的、丰富的、对家庭生活的描述，引起了超越研究报告本身的行动（Stein & Mankowski，2004）。

Stein 和 Wemmerus 访谈了所有参与者，通过开放式问卷，询问了他们关于精神分裂症发作时和发作过程的看法，疾病对于家庭的影响，家庭照顾者的努力和对未来的期望。研究者"热切地倾听"，允许参与者"大声地说出"他们这些经历的意义，分享伤痛、弱点和力量。这些经历引导研究者去考虑患有精神分裂症的患者及其家庭的期望、应对策略以及如何为精神病患者及其家庭做出贡献（Stein & Mankowski，2004，p.28）。

Stein 和 Wemmerus 报告了精神分裂症患者在一段时期内，一段生活过程的透视图：在成年早期或预期出现的精神分裂症患者打断了家庭成员们所预期的"正常生活"；继而发生损失和悲痛；患者及其家庭努力恢复到"正常生活"（例如，日常活动、工作、社会生活、亲密关系、过正常日子）；以及他们对于未来的期望。

这段节录，表达了参与者要扮演社会价值角色的努力，以及参与者"被掩盖声音"的直观性和情感上的冲击力：

　　Martin 的母亲这样描述 Martin 的病情："妈妈们应该安排事务。你知道，所有我能做的就是尽量得到帮助……理解你的孩子患有终身疾病，并且这个病让他难以忍受，给了我毁灭性的打击。"

　　来自 Martin 的姐妹："Martin 不是在任何时期的感官都很好，但是他做得很好。他可以独立生活，他可以自己去购物，自己去看医生，还可以自己开车。"

　　来自 Donna，身为妻子，两位孩子的母亲，还是一位教师："我从没想到，当我的孩子出生时，我得了这个病，我的孩子们不得不远离我，和我兄弟一起生活。这是难以忍受的，非常难以忍受。"

　　已经与精神分裂症斗争 11 年的 Mary 说："这个感恩节是与众不同的，我和我的丈夫在这里度过了我们自己的感恩节。我们过得很成功。和我们一起过的，还有一对夫妇和另外一个人。我们有自己的火鸡、甘薯、利马豆、胶状色拉，那对夫妇还带来一个南瓜派。这是我结婚以来的第一个感恩节。"（Stein & Wemmerus，2001，pp.734，735，738，739；文中名字均为化名。）

在阅读这些话时，如果你能体验到他们的痛苦、渴望、勇气、自豪和其他的一些感受，这就阐明了定性研究方法的感情力量。

那些要了解家庭生活中病人角色的研究者发现了重要的一点：当家庭成员被问及以后他们对于生病家庭成员的护理打算时，结果显示，6 个家庭中没有一个会在这个问题上与生病成员本人进行商量，尽管有很高的护理投入（Stein & Wemmerus，2001，p.740）。出现遗漏，不仅仅是因为家庭动态，也因为社会对精神分裂症人群的态度，这显示出家庭和精神医疗体系需要多考虑精神疾病患者的生活和照料问题。

基于此研究，Stein 开了一门课程，在这门课中，临床心理学研究生会通过与精神分裂症患者配对的方式来进行精神分裂症的学习。通过共享学习活动，他们（精神分裂症患者）让这些未来的临床医生了解到，他们每天是怎样应对疾病的（Stein & Mankowski，2004）。

定性法的共同特征

定性法在心理学中有很长的历史（Maracek，Fine & Kidder，1997；Stewart，2000）。临床个案历史法是定性研究的方法之一。其他例子包括：1937 年，Dollard 的研究《南方城市社会等级和阶层》（*Casbe and Class in a Southern Toun*）和 Rosenhan 在 1937 年的研究，通过假冒病人来加入精神病群体——"在发狂的地方清醒"。Belenky 等人在 1986 年的研究《女性认知方式》（*Women's*

Ways of Knowing）则提出了在理解女性经历过程中定性方法的重要性。定性研究包含多种方法，有以下共性。

1. 语境意义。定性研究的首要目标，是弄清楚在人们特定的生活背景下，所经历现象的意义。这包括让尽可能多的人去"说出自己的心声"。语境理解代表的是一种内部知识，虽然内部知识中，有一部分是通过与外界（研究者）讨论得来的。

2. 参与者—研究者关系。语境理解是建立在研究参与者—研究者（可能情感和理性并重）相互关系的基础上的，这种相互关系是情感型的，也可以是知识型的。因此这些方法非常适用于与社区成员合作研究，也非常适用于理解文化背景。

3. 抽样。这种研究通过一个或多个特定社区情境，与样本人群建立亲密关系。样本量通常比较小，以便得到更为详细的信息。研究人员还可以依靠自己的经验来获取信息。

4. 普遍化。真正理解样本人群所表达的意思要比研究结果的普遍化重要。研究人员可以辨别在多重研究中和多个案例中所显示的共同主题，对研究结论进行概括与总结。

5. 倾听。研究者应尽可能把已有观念放在一边，尽力理解被试以及他们的术语背景、他们的语言和情境线索。注意，要问开放性的问题，并为访谈者提供建构自己思想和观点的自由，这要优于标准化问卷（反映的是研究者已有的观念）。

6. 反思。研究者也要进行反思：明确地陈述他们的兴趣、价值观、预先观念和个人地位或角色。既要向被研究者说明，在研究过程中也要有报告。他们也要用从研究参与者那里学到的东西来重新审查这些假设。这就使得潜在的偏见和预先假设尽可能地淡化。

7. 深度描述。在心理学中，定性研究的材料常常是文字。研究者需要对个人经验进行具体"深刻"的描述，细致到能够为现实提供令人信服的证据，能够经得起以后研究中对重要细节和模式的检验，其他研究者也能用这些细节资料来验证分析和解释。

8. 数据分析、解释。在定性研究中，数据收集、分析及解释的过程常常重叠在一起，研究者要分析过程，包括识别编码主题，分离/比较不同种类及阶段。例如，研究者可以使用有序问题矩阵（Sonn & Fisher，1996，p.421），其中，问题组成竖排，个体访谈者组成横排，每个参与者回答的问题在每一小格里，这种框架加快了反应的比较。研究者可以通过收集和分析更多的数据来检验主题和项目的效度，运用多重编码和检查互编码器协议来研究效度。

9. 检验。经过几轮数据收集和分析提炼之后，研究者要把主题内容呈现给被试或其他社区成员，由他们纠正、澄清或用其他反馈来检验和解释主题。

10. 多重解释。对于一个话题的多重解释或叙述是可能的。然而，叙述应具备内部连续性，实际情况和深度描写必须使用术语（有用资料包括：Brodsky，2001；Brydon-Miller & Tolman，1997；Cosgrove & McHugh，2000；Denzin & Lincoln，1994；Langhout，2003；Miles & Huberman，1994；Miller，2004；Miller & Banyard，1998；Rapley & Pretty，1999；Rappaport，1990，1993，1995，2000；Reinharz，1994；Riger，1990；Stein & Mankowski，2004；Stewart，2000；Tolman & Brydon-Miller，2001）。

定性研究的实施　　进行定性研究的研究者们是怎样进行一个研究的呢？Catherine Stein 和 Eric Mankowski（2004）总结出进行定性研究的 4 个重要步骤（他们主要针对定性访谈）。他们称这些步骤为行为方式，因为定性研究过程就像剧本中的行为方式一样。这 4 种行为方式和我们前面提到的定性研究的 10 个共性在一个叙事顺序中，与我们第 3 章所描述的参与方法也有契合。

行为方式一——**询问**，涉及明确研究人群、明确研究者预先假设和价值观念。这与我们在第 3 章提到的关于社区研究的两个问题有关（关于价值观念和社区参与），以及在我们先前定性研究共性特点中列出的 1～4 点（请注意，这里所说的询问不涉及访谈，访谈将在下一个步骤中出现）。

对于 Stein 和 Mankowski，定性研究与社会公正、社会变革直接相关。他们指出，定性研究不仅可以用来照顾那些被边缘化群体，了解他们被掩盖的声音，而且可以用来理解和评判特权群体的观念。比如，Stein 和 Wemmerus 对于精神分裂症病人及家庭的研究，关注意见经常被忽略的家庭成员。另一方面，Mankowski 研究了男性支持团体，也研究了殴打妇女的干预组。许多人（但不是全部）的经历反映了性别角色的力量。

Rebecca Campbell 和同事描述了他们怎样设计招募传单，让遭受强奸的受访妇女感到情感上是安全的、被尊重的以及怎样在妇女常去的社区分发这些招募传单（Campbell，Sefl，Wasco & Ahrens，2004）。参与者感觉到安全、被尊重，并且决定参与到研究中来，愿意分享自身的经历，这些都证实了传单中包含的情感力量。

行为方式二——**见证**，即研究者—参与者发展关系，进而开展研究，建构知识。研究者提出开放式问题，参与者介绍经验和想法，研究者要提供一个专注、共情、肯定性氛围。在研究中，会以某种方式记录参与者的话语。在 2004 年，Campbell 等人（2004）在对强奸受害者的研究中，访问者与参与者形成了一个情感纽带，从而增强了参与者介绍他们的故事的能力，通过参加访谈，参与者的精神创伤也得到一定程度上的治愈。

见证要求研究者尽可能地抛开自身的偏见，并对参与者的话语和经历保持开放的态度。此外，他们的相互关系可能会导致研究者与参与者双方角色的转换。在参与个人、社区或社会变革的过程中，研究者与参与者对参与过程的热情、个人展示动机与责任都会得到比预期多得多的东西（Campbell，2002；Stewart，2000）。这涉及定性研究共性的 5～7 点。

行为方式三——**解释**，就是分析在询问和见证阶段获得的信息，弄清参与者的经验模式及其意义。在这个行为方式中，要提出这样的问题：要讲述的是谁的故事？主要目的是参与者经验交流，听取他们的心声（他们的故事），还是对这些经验进行分类、分析和评论（研究者的故事）？另外，在参与者之间，是不是存在一个基础性的故事，还是有着许多故事？研究者要为"参与者故事"转化为"研究者故事"创造意义（Stein & Mankowski，2004，p. 22）。这涉及定性研究的共性。这意味着必须对参与者的故事进行解释，因此要进行反思，对解释进行检查，并且要承认多种解释是必要的（特征 6、9、10 点）。

例如，在 Stein 和 Wemmerus（2001）对于有精神分裂症患者家庭的研究中，研究人员记录和转录了所有参与者的访谈内容，并再三地对每一

项内容进行独立性的阅读，从而确定参与者意见中的主题。然后，他们进行讨论，并在主题上达成一致，以及摘录每个反映的内容。接下来，确定主题时，要考虑不同家庭、不同个体之间的异同。为了检验研究发现的可靠性和一致性，研究者让两名助手对摘录内容和主题进行了匹配。研究者与助手们进行进一步的讨论，对主题类别细致化，最终在几个关键主题上达成一致（Stein & Wemmerus，2001，p. 732）。参与者的语言和经验并不总是能够与研究者的预想相契合，因而也需要对主题进行完善（Stein & Mankowski，2004）。

Stein 和 Mankowski 认为，研究者拥有合法权利，做出可能会挑战参与者的阐述和解释，但这些解释最好明确化，以便其他人可以对这种解释进行评估。Brodsky 等人（2004）描述了研究小组成员之间针对解释过程达成的一致协议。

行为方式四——**意会**，这涉及定性研究的成果，以及这些成果是否会被用来提升参与者的兴趣和能力。研究成果不仅包括学术研究报告，也涉及其他领域。Stein 开发了一个创新性课程，将临床心理学的研究生与精神分裂症患者进行配对。在这个课程上，精神分裂症患者将教会这些未来的临床医生，在日常生活中，该怎样与精神分裂症患者共处。Mankowski 开发了一个 YMCA 课程和区域性会议，促进人们对性别主义和废除性别角色歧视的讨论。

虽然这四种行为方式组成了一个序列，但是这四种行为方式之间相互变动，这是定性研究的特点。每种具体的定性研究方法都会有其独特的方式，研究者可以在他们的研究情境中塑造其具体的行为方式。

定性研究方法非常适用于获取一些边缘群体被掩盖的声音，也可以减少（但不能消除）研究员和参与者之间的力量差别。定性研究也可以提供一个有关文化、社区或者是居民情境背景的更深层次的理解。它们可以加强情绪，产生洞察力和激情。尽管如此，定性研究不仅仅是表达参与者的见解与声音。即使是使用开放式问卷和讨论，研究者的假设和解释通常也会被牵涉其中（Miller，2004；Rapley & Pretty，1999）。这些方法通过研究者与参与者之间的关系建构起知识体系。

研究者—参与者关系，这是定性研究的基础，

既是长处也是瓶颈。研究者—参与者之间建构知识，也可能导向友谊，或者是有意义的个人改变和交际行为。然而，当研究者从见证转向解释时，就有可能产生困境。参与者也许会发现，他们的观点被一种他们并不喜欢的方式描述或评论，并认为，在一定程度上，辜负了研究者已经建立起的深厚信任感。研究者们可能不愿意去分析或者批评跟他们有私人关系的人的观点，即使是在开始时。书面许可，然后参与者对解释进行检查，依然可能产生问题。要解决以上困境，促进研究者—参与者对研究结论进行讨论，是一个好方法

（Paradis，2000；Stein & Mankowski，2004；Stewart，2000）。

下面我们将讨论四种定性研究方法：参与观测、定性访谈、聚焦组访谈和个案研究。这并未包含所有的定性研究方法［下面的材料将阐释另外一些定性研究方法，包括文本分析、会谈分析以及概念地图（Campbell & Salem，1999；Cosgrove & McHugh，2000；Denzin & Lincoln，1994；Miller & Banyard，1998；Rapley & Pretty，1999；Stewart，2000；Tandon，Azelton，Kelly & Strickland，1998）］。

参与观测

许多社区研究者，尤其当他们进行参与性研究时，至少要进行一些参与观察。对于人类学的人种学研究和其他社会科学研究而言，参与观察是一个至关重要的组成部分。对于一些研究来说，参与观测是最基本的方法，标题中的两个词都很重要。参与观测是细心、细致地观测，包括记录、访谈或者同居民的交流以及概念解释。它不仅仅是描述或者实录。然而，这同样是参与，研究者要变成社区成员或努力成为其合作者，成为社区生活中的一员。在研究者努力坚持旁观者的视角时，这至少可以部分地提供社区成员的内部体验知识。

优点和局限　当研究者寻求最大化的内部知识和深层的社区体验时，它可以选择参与观测。参与观测者可以十分全面地了解背景，并可以生动地表达其实质。这种方法能最大程度地密切观测者和社区的关系，并可以对社区生活多方面进行深入描述。所有这些都为理解社区提供了线索。

然而，要获取深入的知识也是要付出代价的。首先，所关注的环境是否对其他环境有概括性就是一个问题，这可以通过对其他环境的访问来缓解，通常不需要太深入，但需要较长的时间去观察结果的适用性。

其次，争论在于研究者的经历和记录是否有效地反映了环境和环境的动力性。观测者通常以地区志作为资料，再通过其他定性法，如访谈作为补充。研究者的注释、分析和解释，受选择性

观察、选择性记忆及选择性解释的影响。研究结果也容易受非代表性样本信息或研究情况等非代表性因素的影响（例如，对正式会议或个人非公开信息的观测）。研究者需要清楚地表达，自身与研究相关的价值倾向及在争议中他们会支持哪一方，从而使读者判断数据收集和解释的过程中价值选择的效果。

另一个问题是研究者影响（至少是微弱的，也许还会很强）研究中的对象或社区。地区志和解释应清楚地指出研究者对其他人行动的影响范围，从而使研究者的影响能被评估。

参与观察的另一个重大缺陷是，设置参与者和观察者的角色产生了角色冲突（Wicker & Sommer，1993）。伦理和隐私问题关系着研究者是否要告诉社区成员研究的内容。例如，研究者提醒注意的越多，社区成员就越容易怀疑或较少地暴露。另一方面，合作研究和睦邻友好的规范，这些都要求研究者解释研究意图，明确研究方法及避免欺骗。既要扮演内部人员又要扮演研究者角色可能是充满压力的，如何在两者间取得平衡，是获得接纳、建立关系以及探索整个团体的平衡的重要部分。

一个参与观测研究案例　Caroline Kroeker（1995，1996）用参与观测的方法研究了尼加拉瓜地区农民农业合作社的社区功能。

研究的主要部分是在尼加拉瓜农业合作社中进行 7 个月的参与观测及随后的 4 次回

访。我住在一个合作社，观测正式的和非正式的集会，我分享他们的居住环境和食物，以帮助教育孩子和同龄成人的教育规划作为补偿。通过在他们中间生活，我能够融入、倾听、参与许多交谈，提出问题以及评定微妙的感觉和意义。对合作社集会、交谈及观察的记录以合作社周围的城镇和村子的相互作用的过程及文件来补充。研究也包括通过文献回顾、关键被试的访谈以及参观该国的15个合作组织所获得的一般性研究来对尼加拉瓜其他合作组织进行研究。（Kroeker，1995，p.754）

这些资料的来源提供了作为一个社区协作的深入描述。Kroeker分析数据资料（p.754），并把收集的资料进行分类，确认类型及因果关系，并解释了它们的意义。这是一个包括许多数据收集和分析的重复过程。她确认了研究结果的选择解释，并为每个解释提供了证据。

Kroeker（1995，1996）的报告证明的理论包括：意识提升的重要性，在公民参与中技术的发展，以及这些在以前不可能的城市居民的领导关系（和在许多外来者仍然不相信其机制）的情境中增强领导关系的困难性。其中一项基本结果是*伴随*的重要性。一种Kroeker亲自在合作成员中证明的指导和支持领导关系建立的过程，这种作用是鼓励当地的领导者而非假定她自己是领导者。Kroeker与社区成员一起工作的意愿以及合作、权力下放的方式为合作社谋取了利益，同时也丰富了她的研究成果。

定性访谈

对一组样本的个体进行访谈，已经成为社区心理学中一种流行的定性研究模式，这种访谈常常是开放的或半结构化的，以推动参与者用自己的语言描述个人经验。样本通常较小，从而更方便访谈和深入分析。在研究中，研究者并不是社区的参与者，但仍假定与社区存在合作关系，或者扩展同访谈者的联系。

优点和局限　定性访谈允许研究者灵活地研究感兴趣的现象，发现研究者不曾预见的方面。定性访谈的基础是研究者和研究参与者之间稳固的关系。定性访谈关注参与者的语调和对过去经验的深度描述。定性访谈能够动摇研究者早期的偏见，并为理解社区生活经历、文化或人口提供线索。

与参与观测相比，定性访谈有几个优点。资料收集更加标准化，限制了选择性理解、选择性记忆及选择性解释。访谈内容可以被记录，所以分析是建立在受访者实际语言基础上的。分析过程也可以标准化，通过多个不同的评分者进行评价，而不是访谈者评价。这提高了信度和效度。主试可以与访谈者发展一种共同相互信任的关系，这对于参与观测来说，将会有较少的角色冲突。当然，所有这些都意味着，访谈中的观点比参与观测中的观点更不直接。

定性访谈要以小样本的精细研究为基础，也意味着研究成果的普遍性和概括性受到限制。与此同时，定性访谈需要时间，这可能排除了边缘性群体和困难环境的参与者（Cannon *et al.*，cited in Campbell & Wasco，2000）。另外，参与者和研究者之间的不同解释也是一个很大的问题（Stein & Mankowski，2004）。

前面谈到的Stein和Wemmerus（2001）对于精神分裂症患者的家庭研究，提供了一个定性访谈研究的范例。

聚焦组访谈

聚焦组访谈是一种组间访谈，被试对主持人提出的问题或讨论题目进行反应，这样可以产生深度描述和定性信息。利用聚焦组访谈，研究者可以评估存在于个体中的相似性和差异，聚焦组的参与者通过回应其他被试（不仅仅是与访谈者的问答），阐明其观点和主题。Hughes 和 DuMont（1993）阐述了聚焦组研究法在社区心理学中的应用。

在聚焦组研究中，分析的单元是针对组而不是个人，是整体分析。样本的大小就是每个组的大小。个体不独立于其他群体成员。事实上，聚焦组的一个目的是引发讨论，每个组通常由 6～12 个成员组成，他们具有研究者所关注的特性。例如，相同的种族、性别、文化或年龄，相似的职位或相同的健康问题。这种同质性有助于推动自由讨论，促进被试参与，一组陌生人更愿意将先前个人联系的影响最小化。大量的聚焦组需要提供关于人的更具概括性的信息，以比较群体的不同特性（例如，丈夫和妻子）。然而，正如定性访谈方法一样，聚焦组选取的样本很少对更大人群具有代表性。聚焦组的目标是形成情境化的理解。

聚焦组主持人的责任包括，创造一个自由讨论的环境，用合适的语言与参与者进行交谈，确保所有成员都参与，引出赞成和不赞成意见，在研究者感兴趣的话题与非主导话题之间取得平衡。主持人运用讨论进行引导：要讨论的主题，从一般话题到与研究有关的特殊话题。分析聚焦组的数据和分析个体定性访谈的数据过程相似。

优点和局限 聚焦组的优点和局限同定性访谈的优点和局限相似。然而，相对于其他定性法，与参与观测法相比，聚焦组方法有几个优点。研究者可以更容易地建立讨论，从感兴趣的主题和其他人的体验中受益。相对于个体访谈，聚焦组访谈有获得更多一般知识和相同话题的优势。同时还允许研究者观察群体参与者中的社会干扰，这也许可以揭示出在个体访谈中不合理的行为模式。然而，相对于个体访谈，聚焦组访谈中的主持人缺乏询问具体情况、控制话题的转化和深入了解个体的灵活性。聚焦组访谈对文化理解发挥了特别的作用。在定量研究早期，对课题探索，或者检验问卷也特别有用。

在聚焦组进行的研究 Hirokazu Yoshikawa 和研究伙伴（2003）用聚焦组方法研究了亚裔美国人和太平洋岛民社区的 HIV 预防项目，以便预防艾滋病。

这些工作者非常了解他们的社区群体和文化，并且有丰富的资源了解实际情况，用文化扎根技术来传播信息，影响可能传播艾滋病毒的行为。研究者在不同人群中组织聚焦组（如青少年、同性恋/双性人/变性人、成年女性、自我认同为异性的人）。他们拟定访谈问题，涉及成功改变行为者的"成功故事"，并研究同龄教育工作者使用的技术如何适应于不同民族、不同移民和社会经济阶层的群体，以及美国的主流社会和同性恋群体。Yoshikawa 等人对回答类型进行了划分，研究者通过访谈笔录进行仔细推敲，从而对分类取得较高的组间判断同意度。例如，这种分类涉及性别特征的文化规范，同龄教育者的工作策略，风险行为和保护性。结果表明，文化影响、社会压制、移民的地位对艾滋病及相关行为有深刻影响，同时，寻找解决这些问题有效的文化适应方法。

另外一个例子，Hughes 和 DuMont（1993）利用聚焦组的方法了解非洲裔美国人父母教他们的孩子怎样处理种族主义问题。Dumke、Gonzales、Wood 和 Formoso（1998）用聚焦组方法，将在不同地区的 4 种文化背景的家庭分为 4 个组（非洲裔美国人组、欧裔美国人组、墨西哥裔美国人组及墨西哥移民组），了解在这些文化中父母对青少年的教养方式。在两个研究中，聚焦组的方法都对后来的定量研究有很大的帮助。

个案研究

个案研究方法，在临床心理学中通常应用于个体，也能够应用于一些组织或者地区（Bond & Keys，1993；Mulvey，2002）。社区心理学家研究在生活状态下，生活背景中的个体（Langhout，2003）。研究者设计复合的个案研究，这样可以进行比较分析。例如，Wasco、Campbell 和 Clark（2002）采访了 8 位为强奸受害者辩护的人员，采访辩护者如何妥善地处理在他们的工作中遇到的精神创伤，如何利用个人和组织资源以提高应对能力。Neigher 和 Fishman（2004）利用复合个案研究，描述在五个社区组织中，有计划的社会变革和评估。

个案研究在定性研究和定量研究之间搭建了桥梁。个案研究以我们描述过的定性研究的方法为基础，也可以用定性的**档案数据**（比如，从档案或记录上获取），如简短的群体会议记录、组织政策手册，或报纸上的故事。档案数据也可以是定量数据，如警方统计、出席会议人数，或者是某项目是否达到了预期目标的定量评价。例证研究也可用其他定量研究的方法，如问卷。在本章，我们将会描述既用定量研究又用定性研究方法进行的个案研究。

优点和局限　像参与观测一样，个案研究能够对个体、背景或地区进行深度研究。个案研究对于理解文化、社会或社区环境的细微差别非常有用。它们能够提供关于文化、社会和社区的深度描述和语境理解。通过利用多重数据资源，能有效地克服主观偏见。对案例进行纵向研究也是很有用的。尽管个案研究者们不能通过实验控制的方式研究原因和结果，但是他们能够区别在自然环境背景下复杂的原因模式。

他们对于单个个案研究，也是个案研究方法最重要的局限，是研究结果是否是概括的，能否适用于其他背景，这是不确定的。研究者在分析中能使用多个个案，但是那样就可能会削弱个案研究的优点。在案例分析中，研究者需要卷入到背景或地区中，这可能引起内在—外在角色冲突，正如前面讨论的那样。

使用档案记录既有优点，也有一些问题。书面记录能够提供研究者会议或者其他事件的相关信息，也能记录访谈受访者的报告内容。档案记录方法同样能够记录组织或社会团体的事件。然而，研究者在审查档案数据的过程中可能无法找到他们最为感兴趣的内容。例如，在集体决定之前的冲突与妥协，作为集体内部的这部分内容通常会被省略，或极少被记录。

一个运用定性研究方法的个案研究　Anne Brodsky（2003）运用一系列定性研究方法，研究阿富汗妇女革命联盟（the Revolutionary Association of the Women of Afghanistan'RAWA）。她的书《用我们所有的力量》，描述了著名的阿富汗妇女运动的历史、哲学、行动、恢复力和社区感。

从1997年开始，RAWA为妇女和人权倡导强有力而非暴力的运动，倡导在阿富汗建立一个民主的、代表世俗大众的阿富汗政府。该政府独立于入侵阿富汗的部队、阿富汗军阀和阿富汗临时政府之外，并对他们的所作所为直言不讳。RAWA于1977年建立，由一个20岁的大学生发起，倡导男女自由、平等的观点，挑战了传统的阿富汗族长统治的思想，挑战阿富汗女人与外界隔绝的陈规陋习。RAWA成员（所有的志愿者、女人）宣传他们的主张，创办了一个网站，宣传并反对虐待和暴力行为，援助正在遭受各种创伤的女人，传播人道主义援助，为女性提供识字和教育课程，和支持的男性一起工作，在巴基斯坦举行抗议，并在国际上广泛推广（Brodsky，2003，pp.2-3）。这些运动遭到了猛烈的反对，以至于RAWA不得不成为一个秘密的地下组织，尽管如此，他们仍然致力于公众宣传的运动。RAWA正在努力和奋斗，它已经使得阿富汗人的生活发生了改变，而且它为激励和唤醒阿富汗妇女和男性提供了一种未来的视角。

Brodsky对RAWA作为一种社区组织如何运作和如何持续发展非常感兴趣。对当他们遭遇到暴力以及遭遇许多挫折和失败的时候如何共同分担责任的问题也很感兴趣。包括Meena（RAWA的创立者）被暗杀（Brodsky，2003）。Brodsky以女性主义定性研究的方法与框架为基础，这种方法非常适用于RAWA女性主义哲学。在研究中，要考虑阿富汗的文化和背景因素，考虑RAWA成员的情感因素，也要考虑到RAWA是个秘密组织，参与—合作式的研究关系是必要的。同时，通过研究，要授权RAWA和其他女性主义组织（pp.7-9）。

Brodsky运用多种定性研究方法（pp.9-12）。在美国的时候，她与RAWA就有多年的密切关系。在这项研究中，Brodsky于2001—2002年访问了巴基斯坦和阿富汗，"9.11"事件前到以美国为首的阿富汗战争期间，在阿富汗和巴基斯坦，她一个人采访了超过100名RAWA的成员和支持者，女人和男人。访谈通常持续2～3个小时，许多人都不止被访谈过一次。Brodsky还进行群体访谈，花几个小时参与观测，与RAWA成员进行非正式对话，在巴基斯坦和阿富汗的10个不同地点，

Brodsky 访问了 35 个 RAWA 的项目，审查档案和其他资源。在访谈中，对话采用的语言大多数为 Dari 语言，一种阿富汗语言，来自 RAWA 的一名翻译帮助 Brodsky 进行访谈（Brodsky 非常了解这门语言，可以检查翻译的准确度）。当然，该研究受到翻译因素的影响，也受到 Brodsky 对 RAWA 的承诺的影响，但是，在这种情况下，在这个研究里，这两个因素也使得建立信任变得非常重要。

Brodsky 的研究结果非常有意义，而且具有特定的环境背景。她描述这种在 RAWA 组织强烈的社区感，与女性主义思想实践一致，也与阿富汗集体主义文化传统一致。在面对创伤和暴力时，恢复力是另外一个主题。RAWA 成员的理念是，致力于在情感上互相关怀，实际中互相支持，这些都体现了 RAWA 的社区性和活力。在成员实现他们的目标而努力的评论中有所表述。两个访谈选录表述了这些主题，阐明了定性研究方法的情感力量。

> 一个在难民营加入 RAWA 的成员说："我明白了一切；我从我的悲痛和伤心中走了出来。这里有课堂，有手工艺品中心，我发现这些人为阿富汗人提供休息的地方并带领他们走向光明……走向光明的途径就是接受教育……RAWA 带给我们教育、希望，使我们能够自力更生并服务于我们的同胞。"
>
> Mariam（笔名）："我第一次参加RAWA的重大聚会时，我发现他们高呼着那些口号，那些常常令我喉咙哽咽的口号；他们讲那些我以前不敢说的话。"（Brodsky，2003，pp. 245，248）

两个总结性问题

我们通过讨论定性研究的两个总体目标来总结这部分内容：定性研究如何引出叙事故事和意义，它们如何解决信度、效度、概括性标准等问题。

定性研究中的叙事 定性研究通常利用叙事的方法。叙事方法通常有情节或者是故事，有具有一定意义的角色和背景。它们可以是个人故事或文化神话，包括心理主题、情感表达和价值表达方面，叙事研究以令人难忘的方式提供深刻的见解（Rappaport，1993，1995，2000）。例如，Stein 和 Wemmerus（2001）的研究，他们从精神分裂症患者家庭生活引出了叙述性的故事。2002年，Mulvey 进行的关于马萨诸塞州的罗威尔的个案研究，是以叙事性的方式组织的。Harper、Lardon 等人（2004）举例说明，用叙事性方法表达墨西哥裔美国人文化意义的强大力量。

Rappaport（2000）将**叙事**定义为群体中成员共享的内容。一个社区或情境叙述性的交流事件、价值或其他主题，这对群体的统一或稳定是非常重要的。不同文化中的神话和传统习惯也是叙事性的。**个人的故事**是个体独特的事情，可以由此更好地理解他们的生活。个人身份植根于个体生活故事之中。可以设计定性研究方法，引导出群体共享的故事或个人的故事。人类学、社会学和认知心理学、人格心理学和发展心理学都在研究这两种故事（Rappaport，1993，1995，2000）。叙事方法能够用来分析、描述具体的细节和抽象主题，是理解文化或社区，倾听"被掩盖的声音"的最好方式之一。

信度、效度、概括性 在实证主义、定量研究方法思维方式教育下的学生，可能质疑定性研究的信度、效度和概括性。记住，定性研究的目标与定量研究的目标不同，这是非常重要的。在一个定性研究中，对参与者阐述的敏感度比标准化程序更重要。然而，许多定性研究方法运用有与实证主义者的信度、效度标准相似的科学标准。

对定性研究来说，信度主要指不同评分者对词语资料进行编码、分类的评分者信度。相对于大样本研究，定性研究结果对其他人和群体，在解释的普遍性和概括性上有局限性。但是这不是定性研究的目标。定性研究的深度描述，使我们能更深入地理解研究中的人和环境，可以和其他的样本进行比较。更进一步说，在定性研究中，研究者和参与者之间的联系，使研究参与者能够详细说明他们的反映意味着什么。这是在标准化问卷中常常被忽视的效度问题。

定性研究通过**三角法**解决效度问题，即用多重方法来理解相同的现象。采用的方法包括访谈或者个人观察，调查有不同立场观点的人，使用多重访谈，既使用定量测量又使用定性研究获得信息。定性研究中的三角法与定量研究中对变量的多重测量方法相似。另外，定性研究中，详细的深度描述提供了令人信服的现实依据以及可以用来进行效度判断的详细数据。定性研究的目标，不仅要提供研究效度、学理证据，而且强调真实，即研究参与者的感受和读者在阅读时的感受相似。例如，回忆在这一章引用有精神分裂症患者的家庭、RAWA 的阿富汗妇女（Stein & Wemmerus,

2001；Brodsky，2003）。如果从他们的话中你体会到了情感的力量，那就是真实的。

> "无论数字还是文字，数据本身是不能不言自明的。"（Marecek *et al*.，1998，p.632）

偏见对定性和定量方法都不影响。什么研究方法，选择研究什么，怎样研究以及如何解释研究结果，都和理论与价值观有关。**解释**（这一章前面和第 3 章都讨论过），包括明确地阐明研究者的观察角度，这对任何研究都是有益的，无论采用什么研究方法，对复杂的现象进行多重解释，这种趋势越来越明显，因为不同的个人和团体有不同的观点，定性和定量方法可以阐明这些观点。

定量研究方法

我们现在转向强调测量、统计分析、实验和统计控制的方法。与定性研究方法相比，定量研究有不同的目的和问题，定量方法植根于实证主义认识论，但它可以用于其他目的的研究。虽然定性和定量方法之间存在广泛的差异，但并不能简单地一分为二。

定量研究方法的共同特征

目前存在许多种不同的定量研究方法。然而，在社区研究中绝大多数定量研究方法有一些共同特征。我们并不想重复你以前方法论课程中已了解的东西。所以下面所列举的是与定性方法相对应的关键特征。突出定量方法如何适应社会研究。

1. 测量，比较。定量方法的主要目的就是为了分析、测量变量之间的差异，了解变量之间相互关系的强度。这样有利于理解变量之间的因果关系，预测结果。通过定量研究，可以得出"外部知识"，能进行跨情境的比较。

2. 数字就是数据。虽然有一些变量是类别变量（例如，实验组/控制组），定量研究，其目的是测量变量之间的关系。

3. 因果关系。一个重要的目标是理解因果关系。知晓因果关系，就可以预测行为可能产生的结果，知晓该采取何种行动促进社会变革。实验

或者类似的方法，经常用来评估社会变革、项目、政策的效果。非实验的定量研究最终确定因果知识和社会变革的经验联系。

4. 概括性。另外一个重要的目标就是获得跨情境、文化背景和社区的一般性结论。（例如，实验研究表明，在许多社区中，实施预防项目和社会变革革新项目是有效的。）

5. 标准化测量。标准化测量确保测量的信度和效度。在定量研究中，定性研究方法的灵活性和连贯性已经消失，但是，通过研究和对额外变量的控制，定量研究结果的可比较性增加了。

下一步，我们将讨论在社区心理学研究中 4 个特定类型的定量方法：定量观测法、随机化区组设计、非同质比较组设计和间断时间序列设计。这些仅仅是与一些社区研究有关的定量研究方法（以下资源介绍了其他方法：Langhout，2003；

Luke，2005；Revenson *et al.*，2002；Shadish，　　CookCampbell，2002）。

定量观测法

　　定量观测方法包括一系列的设计和程序，包括对社区环境的调查，结构化访谈，对社区情境的行为观察，流行病学研究，并可利用社会指标（例如，普查数据、犯罪和卫生统计数据）。它们是定量研究但不是实验研究：不涉及对自变量的控制，它们可以被用于以下目的的研究：

　　● 比较现有的团体（例如女性和男性对犯罪的看法）；

　　● 研究"调查变量"之间的关系（例如，家庭收入与健康的相关性，或随时间变化青少年性态度发生的变化）；

　　● 测量社区情境的特点（例如，测量互助群体情感支持和咨询的频度）；

　　● 进行流行病学研究，以预测是否存在着某种疾病（如增加或减少感染艾滋病毒的风险行为）；

　　● 进行地理空间和社会环境的关系研究（例如，酒店稠密度和社区犯罪率相关性）；

　　● 统计分析可能包括相关、多重回归、线性分析和模型建构，甚至 t 检验，比较自发群体间的变异。可以进行横向研究，取样只有一个时间点；或进行纵向研究，随着时间推移取样。

　　通常定量观察比定性研究和实验研究取样更个性化。这有利于统计分析和归纳。为了确定这一研究的广度，这些方法依赖于以前的知识或探索性研究，以确定研究哪些变量，如何研究，怎么取样。定性研究对这种探索性研究是非常有益的。

　　相关和因果关系　在心理学中，早期的本科教育，主要是进行相关和因果对比。你知道，仅因为两因素在统计上是有联系的，并不意味着一个引起另一个。因果关系更容易以你所想的相反方向起作用，即"反向因果联系"：B 导致 A 而不是 A 导致 B，或者说是第三个变量决定了两个相关的变量（C 导致 A 和 B）。

　　然而，在一定条件下，非实验设计可以用来鉴别原因模式，检验因果假设，最简单的例子涉及时间上的先后顺序。如果 A 的改变和 B 的改变相联系，A 变化总是早于 B 变化，这种原因解释（A 导致 B）就更有可能（尽管有第三个变量卷入的可能）。一个理论模型，以 A、B、C 三者之间关系的先前知识和其他相关变量以及来自非实验数据的扩展推论为基础，从非实验数据来做因果推断。这些都依赖于对额外变量的统计控制，而不是实验控制。

　　社区调查　社区样本调查，用标准问卷法或者其他测验法进行，是一种定量描述法。比如，Fleishman 等人（2003 年）进行的一个大的、多种族的、具有全国代表性的纵向调查，从美国艾滋病毒感染者中取样。使用的统计方法为聚类分析，他们区分出四种应对方式：主动式接近型、保持距离型、内疚退出型和被动型。此外，一个令人不安的结论是，处于社会边缘的群体（妇女、少数民族和通过静脉注射使用毒品者），他们比没有使用静脉注射毒品的男性白人，更少获得社会支持，这意味着在医疗专业人员和社会群体中，这类艾滋病病毒感染者需要更多的理解和支持（Fleishman *et al.*，2003，p.201）。

　　社区调查能以组织为分析单位。社会联盟的代表从社区的不同地方聚集一堂，以解决同一个问题，例如家庭暴力（Allen，2005）或促进青年健康成长（Feinberg，Greenberg & Osegood，2004）。Feinberg 等人与 21 名社会护理联盟代表进行结构化访谈，并作定量测量。结果表明，社区护理联盟的效率与社区准备度以及联盟作为群体的内部功能相关。Allen（2005）调查和访谈了当地家庭暴力联盟的 43 名代表，研究结果发现，联盟行动效率与联盟成员共同决定以及与联盟成员积极参与有很强的相关性。

　　流行病学　这些方法有益于与社区研究相关的身体健康和心理健康。流行病学研究身体、精神异常的频率和分布以及它们的风险和预防因素。它通常是对这些异常的原因更实验化研究的一个先导，它的本质是制订预防和治疗计划。流行病学是在公共健康学科中最常用的，也越来越多地应用于社会科学（例如，Mason，Chapman & Scott，1999）。

流行病学中两个基本的概念是：发生率和流行性。**发生率**是在特定时期内（通常是一年）人群中新发生异常的比率，它是对一种异常发病频率的测量。**流行性**是在特定时期内人群中异常存在的比率，它包括新病例和在研究开始前发病的病例。这两个概念通常都用比率来表示（例如：每一千个人中有多少个病例）。对社区心理学来说，发生率和流行性的区分是很重要的。预防更关心的是发生率，即新病例的频率。流行性，即现存的病例率，与互助型群体和精神卫生服务的政策有关。

当人群中发生率和流行性确认以后，流行病学的研究就关注于鉴别风险因素和防护因素。**风险因素**是那些可能增加异常的因素。这些因素可能是导致异常的原因，也可能仅仅和异常简单相关。面对压力源或缺乏应对资源，这都是风险因素的例子。**防护因素**与可能引起异常因素有较少联系，它们可能抵消或减轻导致异常的原因的作用或仅仅和其起作用的因素相关。个人力量或文化的力量，以及支持系统是防护因素的例子。

物理定位和社会环境　地理信息系统（Geographical Information Systems，GIS）的方法提供了一个丰富的、新的资源，来研究社区物理空间和社会心理条件之间的关系（Luke，2005）。地理信息系统方法，可以在地图上绘制任何数据的空间位置。档案数据来源包括普查资料、人口密度、平均家庭收入或社会指标，如犯罪率与售酒商店密度之间的关系。结果显示，犯罪率与被告的住处有关，社会调查数据也可以输入到地理信息系统库（Van Egeren，Huber & Cantillon，2003）。

地理信息系统数据和由此产生的地图可用于定性研究。比如，在一项关于堪萨斯城街道邻居关系的研究中，Hughey 和 Whitehead（2003）发现，在统计上得不到这样的结论，即优质粮食和肥胖率有关，售酒点的密度与暴力犯罪率有关。地理信息系统也可以提供一段时间内环境的变化情况。

优点和局限　定量描述的方法有很多优势。标准化测量提供的统计分析和大样本，具有更大的推广性。这些方法可以用来研究那些不能在实验中处理的变量。流行病学研究能识别风险因素和保护因素，评估预防的效果。

最后，这些研究能识别出有助于社会和社区变革的因素，即使没有经过试验研究，不知道变量之间具体的因果关系也可以。例如，针对年轻人的暴力行为，为了识别出风险因素和保护因素，制订变革项目，我们并不需要知道年轻人暴力行为的所有因果关系。

然而，这些方法也有几个局限。在选择测量变量和样本时，需要大量的研究和知识。而且，正如我们谈到的，对原因、结果关系的研究也是有局限性的。而且，除了地理信息系统外，这些研究所提供的知识通常是"去情境化的"，即个体信息和现有环境、社区或文化关联不大。这种方法能扩大样本的广度，但是对情境化因素的理解上却很有限。流行病学研究只关注异常，也限制了它对社区心理学的作用（Linney & Reppucci，1982）。社区心理学涉及全面的心理完善，包括但不局限于异常心理。它对提高生活力量和能力的关注要大于对异常预防因素的鉴别。此外，流行病学如果研究精神疾病，在准确诊断和测量方面比躯体疾病更困难。

实验的社会变革和推广

Fairweather（1967）的实验社会革新（Experimental Social Innovation and Dissemination，ESID）概念是非常贴近于经典实验室实验研究的。然而它也涉及社区行为世界，也考虑社会价值因素。实验社会革新对于社区心理学有持久的贡献（Hazel & Onanga，2003；Seidman，2003）。Fairweather 的社区居民区项目（在第2章中有所阐述）是这种方法的经典范例（Fairweather，Sander，Cressler & Maynard，1969）。

实验社会革新以在"开始之前"细致的基础工作为基础（Linney & Reppucci，1982）。社区或者社会问题被精确界定，解决该问题的革新项目很具体，实验社会革新自身计划明确。

　　Fairweather 的实验社会革新效果如何？通过一个实验设计检验了革新的效果。研究者进行了一个纵向研究，在纵向研究中，研究者实施革新项目，并且与控制的结果进行比较。在实验的术语中，自变量就是社会革新（计划、政策或实践），比如预防一个问题行为。因变量是项目的结果。如果研究结果表明项目有效，那么项目就会推广到其他社区中（Hazel & Onanga，2003；我们在第 11 章将详细阐述项目的推广）。实验社会革新方法解决了社会行动评估中亟待解决的伦理问题。

　　我们将讨论 3 种实验社会革新的方法：随机化区组设计、非同质比较组设计，间断时间序列设计。

随机化区组设计

　　这是最严格意义上的实验社会革新，参与者（个体或者情境）被随机分配到实验组和控制组。它对社区情境应用了前测—后测控制组实验设计。在社会革新实施之前，先对实验组和控制组进行前测比较，以使他们在测量中的因变量上是相等的，在后测时再比较一次，那时他们就不同了。

　　实验社会革新主张重视实验的条件，控制组，即按照现有政策或实践"照常对待"。例如，在费尔韦瑟的社区居民区研究中（Fairweather *et al.*，1969），将精神病人分配到医院的社区居住计划中，或者在医院接受正常治疗和调养。另外的实验方法是比较两种不同的革新方法（Linney，1989），例如，对照学校中的两项预防计划。第三种方法是，在后测之后，对控制组成员进行实验社会革新的干预。在实验分组的时候，该组最早是控制组，在后测之后，再让他们接受实验社会革新干预，以减轻他们没有接受项目干预的道德伦理问题。

　　一个重点问题是实验和控制条件的分配方法。如果这是随机的，许多干扰变量能被控制。这包括个体在个性、处事技巧、社会支持网络和影响他们对革新反应的生活经历等方面的差异。干扰还包括团体间在人口统计学上的差异，如性别、年龄、种族以及家庭收入等。在实验室中，随机分配被认为是理所当然的。但在社区中，它必须通过与社区利益相关者建立协作关系并通过协商达成（Sullivan，2003）。

　　优点和局限　随机化区组设计对澄清变量之间的因果关系是很卓越的，例如，检验社会革新的效果。通过严格控制干扰因素，研究者能将它的效果做出令人信服的解释。社区心理学中许多预防干预措施的效果，已经通过随机化区组实验得到了证明，并增强了预防努力的可信性（Weissberg，Kumpfer & Seligman，2003）。

　　然而，实验需要关于背景实质的先在知识，合理的假设或值得检验的社会革新所需要的指示。合理的研究序列是，先用定性研究去理解背景，再用定量研究去识别风险因素和保护因素，界定如何测量后，发展实验社会革新，并进行实验评估其效果。即使在实验的条件下，定性方法和个体化的定量法对于理解结果的差异性以及结果是否来自于革新项目，都是很有帮助的。

　　实验的严格性同样也提出了对社会情境的控制问题。需要收集定量数据，随机分配参与者到实验组中。这些必须与社区成员沟通和磋商。

　　用随机化区组设计评估女性倡导　Cris Sullivan（2003）阐述了她在家庭暴力受害者援助中心工作的情况，还有，为了了解一些问题，做妇女援助中心的工作者，例如：为帮助受害妇女不受到更多的虐待，协会有什么可用的项目？人手不足的妇女援助中心怎样解决这些问题？怎样授权给受害妇女（Sullivan，2003，pp. 296 - 297）？

　　Sullivan 和她的同事，一起制订了援助中心计划，这是一项改革，让大学生受训练之后成为受害妇女权益的维护者（和一般的妇女庇护所受训的志愿者不一样）。这些援助者在实习课上进行一个学期训练，在第二个学期和中心的妇女一起工作，为每个妇女策划安全计划，并协助计划的进行。后继工作是，直接和中心联系获取需要的资源，完成计划。他们与妇女们一起工作，协助加强她们自身的能力，策划和执行她们的未来计划。

研究者和社区工作者决定用随机化区组设计来评估这个计划。这可不是一个容易的决定。受害妇女需要的帮助是急切的，在直觉上，这个计划效果很明显，他们不能勉强分派一些妇女到控制组，而另外一些人分配到实验组。最后，这个中心的成员备受谴责：在研究期间没有足够多的资源提供给所有妇女来支持该项目；这个项目听起来可行，但没有证据证明其可行（当一个女性试图建立自己的生活时，男人可能更倾向使用暴力，从而获得控制感）；实验研究是检验效果的最好方式，最公平的方法就是随机分派妇女到援助中心的实验组或控制组中。在这个项目中，实验组就是接受援助中心的帮助，控制组则是接受普通的帮助（p.291）。

接下来，在为期两年的评估中，实验组被试与控制组被试相比，更少遭受严重的暴力事件，更少有沮丧感，有更多的社会支持，有更高的生活质量，更能成功地获得有效资源。Sullivan 正在进行研究，以扩展项目，并且积极筹集以扩展妇女援助中心和训练志愿者所需要的资金（Sullivan 2003，pp. 300-301）。

用随机化区组设计评估社区发展革新 Paul Florin 等人（1992）用完全随机实验的方法设计了一个评估街区推进项目效果的实验，这个项目是训练纽约市街区协会的领导。

街区推进者计划，是布鲁克林和皇后区工人阶级和中产阶级的街区协会。人员构成包括欧裔美国人、非洲裔美国人以及其他人种。每个协会由一个城市街区组成，围绕一个街区那么长的街道两侧的地区。提高居民参与协会的比例是他们活动能力的重要指标。有许多这样的街区协会成立，但在一年或两年内就不活动了。街区推进计划的成员为 27 个街区协会工作，对所有这些协会的职员进行了一个调查。

街区推进者的成员然后被随机分配到 18 个街区协会的实验组中，来自每个协会的两名领导参与加强街区协会的讨论会，并参加正在进行的集会，为街区推进者职员做咨询。其他 9 个协会被分配到控制组中，只有一份书写报告和一些电话技术援助，没有讨论会和其他咨询（注意：该研究采用的是协会作为研究单元，而不是个体）。

10 个月后，在控制组中，44% 的控制协会已经不再活动了；而在实验组中，只有 22% 的协会不再活动了。街区推进者计划就这样削减了一半损失。在一个许多协会迅速变成不活动的背景中，这为提高效果提供了有利的证据（Florin *et al.*，1992）。

这里有一个漏洞：这个结果没有回答是什么确实导致了实验组的好成绩这一问题，它可能会简单地归于选择了一个讨论会和随后监控或者见到其他协会领导，并建立起支持性的关系。然而，在接下来的访谈中，实验组的领导回忆了他们协会的特殊调查结果，并报告说运用了他们在讨论会中的所学和材料并指出了讨论会的积极作用（Florin *et al.*，1992）。

非同质比较组设计

由于各种原因，许多情境不能简单地支持实验组和控制组的随机分配。例如，一个学校很难能随机地分配一些学生到改革班，把其他学生分配到控制班；即使他们做了，学生们也可能在午饭或休息期间混合在一起，实验控制就没有用了。当然，给一个年级所有的学生实施改革并与另一所学校或多年以前的学生比较他们的结果，这样的话，随机分配和组间同质的保证就不存在了。比较学校的样本可能要比个体的样本（采用学校为分析单元，不是个体）更加昂贵。

如果研究者有创造力地去解决这些障碍的话，实验的许多优点可以被保留，有许多准实验方法去实现它。最经常的是采用非同质比较组。非同质比较组设计被用于不能随机分配的实验或其他比较条件（Judd & Kenny，1981）。例如，学校的不同班级或同一地区内的不同学校可以作为实验和比较的条件，虽然班级的分配或学校的选择不是随机的，但班级或学校可能是相近的。对比较组的选择关键要产生可证明的结果（Cook & Campbell，1979；Judd & Kenny，1981；Linney &

Keppucci，1982)。对等的变量差不多包括：社会经济状况、种族、性别及其他人口统计因素。例如，在学校里这些变量则包括：学生和老师的人口统计因素及学校的大小和课程（Linney & Keppucci，1982）。

优点和局限　非同质比较组设计和随机化区组实验有很多相同之处。然而，对干扰因素的控制更弱，解释的清晰度及结论的可信度降低了。这种情形下，研究者必须尽可能多地收集可能干扰比较因素的数据。这要求他们证明两种条件的相似性，或把那些变量进行统计上的控制。例如，研究者或许能说明即使在随机分配不可能时社会阶层也是实验的组成部分以及控制条件的相似性。换句话说，研究者通过协变量或附加的变量的控制或许能在统计意义上说明社会阶层的效果，其根本目标是减弱或消除对实验结果的争论性解释。

用非同质比较组设计评估学校改革　Rhona Weinstein 和同事们使用定性和定量研究方法研究老师的期望和学校的课程政策如何影响学生的学习成绩。Rhona Weinstein 在《达到更高点》的研究报告中，阐述了这个实施多年的研究项目。他们实施改革，以提高在加利福尼亚中学那些被认为没有学习潜力学生的学习成绩。在这里，我们的关注点是实验的社会革新以及如何实施非同质比较组设计。在这个研究中，既使用了定性研究方法，又使用了定量研究方法。

Los Robels 中学，是一所中等规模的学校，这所学校历史悠久，建筑物老化，学生有来自富裕地区的，也有来自低收入地区的。在这所学校中，超过 2/3 的学生和大约 1/5 的老师来自少数民族。这所学校学生的平均成绩要低于国家平均标准，然而这所学校在加利福尼亚大学系统入学考试中依然名列前茅。学校的教职员工对学生有一种双重的态度，他们认为一部分学生有天分、学习刻苦，而另一部分学生却不是这样。他们的观点是，没有什么能改变这种现状。Rhona Weinstein 和同事们发现，学校以标准化测验成绩为基础，在九年级的时候，把一部分学生分配到低标准课程班级。这部分学生的教育目标不是考大学。在这样的班级里，学生学习一些很没有兴趣的材料，而且采用的是以教师为中心的教学方法。这种方法相对枯燥，不会引起学生的兴趣和讨论。

在这样的班级中，学生的比例非常不均衡，大约有 68% 的学生都是非洲裔美国学生。

与此相反，在标准化测试中得分高的学生的教学中，老师就经常采用以学生为主体的讨论式的教学方式，而且教学所采用的材料也更加有趣、更富于挑战性。实际上，这种情况在美国的中学中是很普遍的（Weinstein，2002a，pp. 209 - 211)。

Weinstein 和他的团队在所谓的低能力 9 年级班级的教学老师中开展了一系列工作坊。工作坊关注挑战以及激发学生的学习动机，以提高学生的学习成绩。包括如何让学生更加积极地参与到课堂教学中来，包括家长，包括在教学中使用更加富有挑战性的、更有趣的教材。老师们则在一起讨论，如何改变教学策略和班级氛围。Weinstein 和他的团队与教师们一起，设计各种方法来克服障碍。这样的工作坊持续了一年时间，取得了积极的效果。但是，项目的实施也显示，需要培训更多的老师，需要进行课程改革，更需要管理层的变革。这些内容就是该项目的下一步目标（pp. 211 - 227)。

Los Robels 中学的教职员工和来自大学的研究者联合组成研究团队，评估这个项目的有效性。对会议记录的定性研究表明，教师的预期、教学策略、课程政策都有积极的变化。研究者同样也采用了定量研究法，比较了参与项目的 158 名学生的成绩分数以及其他的记录（实验组）和人口统计学变量上相近的 154 名学生的成绩分数和相关记录（非同质比较组）。分析者使用统计学方法，控制了两组学生以往的学习差异。在项目开始的第一年，实验组的学生与控制组学生相比，有更高的成绩分数。实验组的学生在以后的学习中，辍学率更低。该项目对学生学习成绩的影响作用在一年之后开始减弱，这也说明，要进行课程改革，要对教师进行广泛的培训，进而可以在整个学校都看到这种积极的变化。

在随机实验设计的条件下，数据得到的结论，即学生学习成绩的提高，并不能必然归因于项目干预。在实验组和控制组之间，可能会引起干扰的变量包括：实验组进行试验时可能会影响学生学习成绩的事件，教师评分的变化。然而，有许多定性研究线索证明项目的有效性。自从实行项目以来，第一次，学生开始对学校感兴趣，这些都为未来学校真正的改革奠定了基础。

间断时间序列设计

另一种方法就是采用间断时间序列设计，是在小样本中，对一个独立样本（个体、组织、居住地或其他社会）进行长期的多次测量，数据是在实验操纵实施之前的基线时期收集的，然后与在执行期间及执行后收集的数据相比较。这些就是间断时间序列设计，因为操纵打断了一系列的测量。当无法获得控制组时，时间序列设计结合实验控制，就可以提供很有用的小样本实验社会革新设计。

优点和局限　时间序列设计十分有效，它们能够解释某一特殊情境在一段时间的变化，例如一个社区。通过标准化测量，能尽量减少外界干扰。

然而，社区研究中的时间序列设计对大量外在的干扰是开放的（Linney & Keppucci, 1982）。这包括季节性或周期性变动的变量测量。一个例子是选择咨询作为期末考试课程的大学生的数量，在时间序列研究中，如果选择咨询作为一个因变量，那么研究者必须考虑到数量的季节性增加，更远的干扰涉及影响变量测量的历史事件。一个例子就是对烟草使用的公开的消极公众意识，与此同时，实施一个地方性的预防青少年吸烟的计划，如果青少年吸烟量下降，公众意识可能是真正的原因，而不是预防计划。最后，单个个体或社区的研究，即使经历一个相当长的时期，对其他社区的概括性也依然存在问题。

时间序列设计的一个重要问题是，在基线期和实验期的测量次数（Linney & Keppucci, 1982），社会革新可能会有逐步的或延时的效果，很难在短时间序列设计中发现。如果时间序列足够长的话，独立变量的季节性或周期变化性（干扰）或许可以被发现。

多基线设计　时间序列设计的变化提供了一条减少外部干扰和概括性问题的途径，可以把多基线设计看成是一组时间序列设计，每一个都在不同的社区中提供更好的概括性。实验社会革新在每个社区的不同时期实施，因此外部历史因素（对所有的社区来说）都发生在同一时间，例如：对烟草使用的公众意识的影响将不会干扰革新。在革新实行后不久，如果在每个社区的不同日期，因变量的测量显示一个变化，那么是革新而不是一些干扰因素导致这种结果的观点则更加可信。事实上，这种设计检验了在一项研究中，来自一个社区的结果是否能在其他的社区中重复得到（Biglan Ary, Koehn, et al., 1996）。

多基线设计结合了间断时间序列设计和非同质比较组设计的优点。虽然多社区研究仍然是不同质的（个体在社区的分配不是随机的），它们之间难以解释的差异也仍然存在。然而，它是联合重复测量、单个社区的深入研究以及跨社区中进行复制推广的有效途径。

一个社区水平的多基线研究　能否在多个社区使用积极强化技术，进行社区干预，以减少向青少年销售烟草？Anthony Biglan 和他的同事们对这一问题进行了研究。他们运用多基线研究和时间序列方法研究了整个社区（Biglan et al., 1996）。他们分析了零售商向青少年非法出售烟草的原因以及后果，设计了一项干预项目，评估俄勒冈州当地在农村进行的多基线设计的有效性。

在每个城镇，研究团队和当地的社区成员都会组织一场由社区领导参与的宣言，反对向未成年人出售烟草。这之后，社区成员拜访每一位商人，以提醒他们遵守宣言，他们还给商人们一些相关法律的概述并且张贴标语。一个关键的环节是，让青少年志愿者去买烟草产品，对商人进行干预性访问。如果店员要青年志愿者出示证明或拒绝出售，志愿者将给店员一封感谢信和由当地商会捐赠的礼品证书（正强化）。如果店员很乐意出售，志愿者就拒绝买，并且给店员一份关于法律和宣言书的提醒声明。研究者定期地给商人们提供他们店员一般行为的反馈（不是针对个别店员）。除此之外，社区成员会公开表扬那些拒绝出售烟草的店员和商店。

对干预效果的测量，是由其他试图购买香烟

的青少年通过对商店的额外评估访问来完成的。这些测量访问是与干预访问分开的，不提供拒卖的强化或法律的提醒。如果店员愿意出售，青少年志愿者就拒绝购买。有超过 200 个年龄在 14～17 岁的男女青少年志愿者作为检查者参加。去买烟的人在性别比例上平衡。

研究者通过现场而不是通过个体商店测量干预的效果，因为他们实施的是社区干预，因变量是在年轻人评估访问中乐意出售烟草给青少年的社区商店的比例。研究者研究了 4 个小城镇，所有的社区都少于 6 000 人，且社区中大多数是欧美人。

Biglan 等人实施干预之前在每一个社区中收集了基线评估，然后把那些数据与干预进行中的和进行后的相似评估进行比较。他们在每个城市进行了多达 16 个评估。他们用多基线技术在不同社区的同一时期进行干预，后来又在其他地方进行。

在 Willamina 和 Prineville 调查的两个社区中，店员乐意出售的比例明显下降了，这些差异在统计上是显著的。在这两个社区中，干预是在不同时间进行的，这表明店员乐意出售的比例明显下降，其原因是干预，而不是外在因素。在第三个城镇萨瑟林，销售的意愿下降，但不是在干预后立即开始的。在第四个城镇，克雷斯韦尔，基线（干预前）乐意出售的比例就比别的地方稍微低一些。未知的本地社区因素影响了干预的有效性。

这些结果的概括性可能有限，因为样本只是少数几个相对近似的地区。此外，并不清楚是哪些元素影响到干预的成功（例如，社区宣言强化了店员的拒绝出售，给商人的反馈，或所有这些的总和）。而在大多数社区干预措施中，在减少店员乐意卖给青少年烟草上是有效的。Biglan 等人指出，在一个社区中的预防出售不一定意味着青少年会不吸烟，因为他们可以从成人或其他社区那里得到它。然而，行为分析和一般意义上的建议是：越难获得烟草，则青少年越难开始吸烟。

整合定性研究和定量研究

在一项研究中，既可以采用定性研究方法，也可以采用定量研究方法，以充分吸收二者的优点（Lipsey & Cordray, 2000; Maton, 1993）。我们接下来将讨论 3 个使用两种方法的研究案例：一个地区的个案研究，关于个体的个案研究，关于组织变革的多个案研究。

一个地区的个案研究　Anne Mulvey（2002）在马萨诸塞州的洛威尔市进行了一项个案研究，15 年里，她一直在研究洛威尔居民关于安全感和生活质量的知觉变化。在这期间，洛威尔的本地经济经历了起伏，并且移民数量有所增长，特别是来自东南亚的移民（大部分洛威尔最近的移民浪潮可以追溯到 150 多年前）。以情境化的方式描述洛威尔是研究的主要目的并不是要产生可以推而广之的概括性结论以应用到其他城市。

Mulvey 对洛威尔居民进行了一系列结构化访谈，以此为基础建构数据库。结构化访谈由研究方法课程班级的研究生进行。这一调查包括制订研究项目和简单的开放式问题。大多数访谈花费 30～45 分钟。样本为 15 年内 9 个区的 840 名居民。这些区不同的平均家庭收入被录入到人口调查数据（注意这是对一个地区平均特点的测量，而不是个体报告的家庭收入）。Mulvey 还根据警察的报告对这一时间段内的犯罪事件进行了统计。她和两个助手查看了开放式问题的评价，并依据可靠的分类方式将它们编成代码。质的研究结果能帮助她说明并解释在量的研究中的分析结果。

调查还询问了对地区的安全感和生活质量的认知，将洛威尔的生活质量和对于商业区的安全性认识作为一个整体。对于安全性认识，性别差异很明显：女性会比男性更缺乏安全感。相对于高收入地区的居民，低收入地区的居民更缺乏安全感并且对生活质量的认知更低。对于生活质量和安全感的认识会随着时间的推移以及经济趋势而变化，虽然在所有时期居民对其所在的社区都做了积极评价。开放性的评价主要关注安全感和移民群体。许多后来者是正性评价，而很多年轻人为负性评价。这一对立现象在 20 世纪 90 年代比 80 年代更显著，虽然自然犯罪率（不包括家庭暴力）在 90 年代有所下降。

关于个体的个案研究　Regina Langhout（2003）进行了一项对 3 年级的非洲裔美国学生丹尼尔（化名）的个案研究，以说明质的研究和量的研究如何一起用于理解人与环境的关系。Langhout 采用质的研究，运用访谈法让丹尼尔对教室、操场以及其他学校环境进行描述。这些能帮助我们理解丹尼尔的情绪、行为、长处以及和同龄人及成人的关系，包括丹尼尔学校的种族背景。丹尼尔认为，老师的态度和行为更强调训练而不是学习，并且对非洲裔美国男生有不平等对待（丹尼尔的认知符合美国在学校关于公民权利研究的官方调查结果）。

Langhout 还通过多维分级和社会网络分析法研究丹尼尔对于这些环境的认知。这些技术是让被试对开放式问题作回答，同时采用转换数字编码技术和统计分析方法对开放式回答进行数据处理。多维分级显示出丹尼尔在他觉得更为自由和私人的地方（图书馆、餐厅、体育馆、操场的一部分）表现出最强的积极、正向情感。丹尼尔还

喜欢那些他更具有领导权的地方（他是低年级学生卫生间、餐厅的管理者）。在社会网络分析中，丹尼尔在体育馆显示出相同的积极正向情感反应，但在他不喜欢的地方，比如说教室里，就只有一点点积极、正向情感反应。质的研究和量的研究都证明，在一些环境下的积极体验甚至领导能力，在教室仍有一些被边缘化了（注意与之前 Weinstein 研究的相似性）。

关于组织变革的多个案研究　William Neigher 和 Daniel Fishman（2004）报告了多个关于五个组织计划改变的个案研究：一个新泽西州的宗教慈善机构，一个加利福尼亚州的支持发展移民者公民权的基金会，一个肯塔基州家庭网络资源中心，一个通过学校为社会和公民发展提供创新项目的国家组织，以及一个新泽西州的实施创新教学发展社会—情感技能的学区。这些组织机构的任务和复杂程度都不相同，但都用计划改变目标进程的设定和计划，设计新的计划和项目，仔细执行监控这些计划，评估它们的整体效果，并且在未来的计划中吸取教训。评估收集了量的研究和质的研究数据，包括档案数据。Neigher 和 Fishman 的分析关注不同背景下变革过程的相似性和实践过程。

 结论

表 4—1 将为我们展示本章我们阐述的定性研究和定量研究方法的独特性、优点和局限。这种以图表方式的概括化阐述是为了节省空间。所以要记住，每种方法都有其微妙之处，应用范围广泛。在设计社区研究的时候，就有很丰富的创造空间。在本章，有 5 个主题。

第一，定性研究和定量研究开发不同的知识，互为补充。正如你注意到的，一种方法的缺点可能正是另外一种方法的优点。没有哪一种方法是通向知识的捷径。例如，Stein 和 Wemmerus 以及 Brodsky 的研究说明了研究参与者的声音和力量。他们运用的是定性研究方法。Florin、Biglan 等人的研究就展示了怎样用实验设计的方法解决社区

和社会问题。

第二，在研究中，通过整合定性研究和定量研究方法，能获得更多的知识，拓宽研究视角。Weinstein、Mulvey 等人的研究展现了这一主题。

第三，在研究中采用纵向的视角能促进社区研究。研究社区在一段时间内的变革能揭示出横向研究所不能揭示的内容。Sullivan、Florin、Weinstein 等人的研究阐明了这一主题。Kroeker 以及 Brodsky 等人的定性研究也阐述了研究背景的历史沿革。

第四，在同社区成员进行参与—合作伙伴研究的过程中，研究者既可以使用定性研究方法，也可以使用定量研究方法。我们阐述的很多研究

体现了这一主题。

第五，对于一个需要研究的问题而言，没有一种方法永远是最适用的、最好的。社区研究者应该尊重并且知道如何使用定性研究方法和定量研究方法。理想化的状态是，研究问题的本质将决定需要采用什么样的研究方法，即研究问题决定研究方法。在现实层面上，定性研究和定量研究方法，社区研究者并不都能掌握。在研究中根据自己的长处，有所侧重。然而，社区心理学的学生需要对定性研究和定量研究都非常熟悉。社区心理学作为一门学科，其知识的多样性和研究方法的多样化应该是一大特点。

在阅读的时候，把第 3 章和第 4 章作为一个单元来阅读和理解，这很重要。第 3 章关注在社区研究中社会价值的重要性，与社区成员的合作—伙伴关系，对社会情境以及文化的敏感性以及多重生态学水平分析。第 4 章说明了进行社区研究的具体方法，以及如何运用这些方法为社区提供有用的知识。

表 4—1		社区研究方法的比较	
方法	不同特征	优点	局限
定性方法			
参与观测	研究者"加入"社区，假设内部视角和外部视角，和成员一起生活、工作	和社区的最优关系；深度描述，以及对情境的理解	概括性有限；样本和数据搜集非标准化；对研究现象的影响；局内人—局外人的角色冲突
定性访谈	合作方法、开放式问题以消除参与者语言和经验的影响，集中于小样本研究	和参与者的牢固关系，深度描述；情境理解、灵活发掘主题比参与观测更标准化	概括性有限，比参与观测的经验更间接，比定量法更不标准化
聚焦组访谈	与定性访谈相似，但在团体中可能消除一致的观点	和定性访谈相似，但允许群体详谈，尤其有利于对文化情境的理解	和定性访谈相似，比个体定性访谈缺少对个体理解的深度
个案研究	一段时间研究个体、单个组织或社区（可使用定性法和定量法）	深入理解背景，随着时间推移理解变化，深度描述，情境理解	概括性有限，比变量法更不标准化，档案资料的局限，存在角色冲突
定量方法			
定量观测	从大样本中进行标准数据的测量和统计分析	标准化方法，概括性，研究不能被实验控制的变量	依赖以前的知识，因果推理缺乏情境性，认识更集中于异常人
随机化区组设计	通过控制组和标准化进行的社会革新	标准化方法，对额外变量及无关变量的控制，因果推理	依赖已有知识，需要情境控制，概括性有限
非同质比较组设计	和区域实验很相像，无随机分配条件	标准化方法，对情境有一些控制，实践性	依赖已有知识，需要大群体、情境控制，概括性有限
间断时间序列设计	在干预之前和之后对一个或几个情境进行纵向测量，采用多基线设计	情境视角的测量，纵向视角	依赖已有知识，时间序列上的额外干扰，需要对情境控制，概括性有限

本章小结

1. 社区研究方法可以对数据资料以话语/数量形式为基础划分为定性研究和定量研究。每一种方法都有其独特的优缺点。定性法提供对那些有一定经历的人的心理现象或社区现象的内部知识。定量法则提供对比较和检验因果假设更为有用的外部知识。

2. 在心理学研究中，定性法有很悠久的历史。在这一章，我们探讨了定性法的10个共同特点。定性法是对较小样本的深入研究。研究的目的是通过参与者—研究者之间的合作伙伴关系，用研究对象自己的术语，理解研究中情境或经验的意义。研究者使用开放式问题，充分照顾研究参与者的语言，以便研究者对参与者经验进行深度描述。在定性研究中，数据就是语言，对数据的分析就包括对参与者语言的阐释和分类。通过检验参与者的语言，有时需要对这种数据分类重新界定。所以，在定性研究中，对数据的多重分类是一种有效的、广泛接受的方法。Stein 和 Mankowski 阐述了定性研究的4个步骤：询问、见证、解释和意会。

3. 在本章，我们讨论了四种定性研究方法：参与观测、定性访谈（针对个体）、聚焦组访谈以及个案研究。定性研究方法常常利用共享的叙事或者个体的故事。在解决信度、效度和概括性等问题方面，定性研究方法和定量研究方法有所不同。定性研究的效度问题常常关注多重测量、情境真实性和自反性。

4. 定量研究强调测量、比较、因果关系、概括性。要通过实验，获得适用于许多背景或情境的概括形式的一般知识。定量研究的数据就是数字，标准化测量更加要求确立信度和效度，对数据资料的统计分析是分析的主导方法。

5. 定量描述包括许多方法，这些方法的共同特点是使用测量法，但不必实验操控变量。这些方法包括：社区调查、流行病学调查以及地理信息系统的使用。尽管相关关系不是因果关系，但对变量的描述性统计测量有时能为解释因果关系提供支持。在流行病学中，重要的概念包括发生率、流行性、风险因素和防护因素。

6. 在社区研究中，实验法的重要应用是实验社会革新，用这种方法可检验社会革新的效果。方法主要包括：随机化区组设计、非同质比较组设计、间断时间序列设计以及后来提到的多重基线设计。

7. 定性研究和定量研究在一个个别的研究中可以有机地整合，在多个相关的研究中，也可以整合定性和定量研究方法。这样可以吸取每种方法的优点，为研究整体做出贡献。

8. 表4—1总结了社区研究中常用的8种具体的定性法和定量法的特点、优点和局限。

简短练习

1. 考虑以下问题，并且与你的同学讨论这些问题。

在你自己的研究中，你准备采用我们这一章介绍的哪种方法？为什么？

要想实行你的研究，你从哪里、向谁能学到这种研究方法？

2. 选择一个你关心的有争议的社会问题。计划采用本章所描述的研究方法中的一种来做一个研究，能够讨论你选择这种方法的优缺点。

3. 阅读社区心理学或者相关领域的实验研究文章（你可以通过 Info Trac 大学版去检索到《美国社区心理学》，在你阅读的研究中，它使用了什么样的方法？这种研究方法有什么优点和缺点？从这篇文章中你学到的最有趣的事情是什么？关于这项研究你有什么不同意见？

推荐阅读

Hazel, K., & Onanga, E. (Eds.) (2003). Experimental social innovation and dissemination [Special Issue]. *American Journal of Community Psychology*, 32(4).

Revenson, T., D'Augelli, A., French, S., Hughes, D., Livert, D., Seidman, E., Shinn, M., & Yoshikawa, H. (Eds.) (2002). *Ecological research to promote social change: Methodological advances from community psychology*. New York: Klu wer Academic/Plenum.

Stein, C., & Mankowski, E. (2004). Asking, witnessing, interpreting, knowning: Conducting qualitative research in community psychology. *Amercan Journal of Community Psychology*, 33, 21 - 36.

关键词

定量、定性、定量方法和研究、定性方法和研究、社区研究、参与观测、聚焦组、个案研究、叙事、流行病学、实验社会革新、实验的、时间序列、多重基线

章际练习：分析社区研究报告

这个练习的目的是用第 3 章、第 4 章的概念去分析与社区心理学或其他相关领域有关的研究。从期刊或其他地方选择一篇以经验为主的实证研究。如果可以，选择一篇论点或话题是你最关心的文章。记录下所有文中涉及的要点，以便日后可以鉴别和引述它。

带着以下问题分析这篇研究（并不是所有问题都适于所有研究）。如果需要的话可以提出你自己的问题，同时区分这个研究的优点和局限性。

目的

1. 这个研究的目的是什么？

2. 这个研究是描述性地研究一个特定现象的吗？或者它是评估一项社会计划、政策或是改变所产生的影响的吗？

3. 研究者是否选择了有争议的社会问题进行研究？研究的取样是否覆盖了边缘人群或是被掩盖的声音？它是否提出了一个符合社会公平的观点？

4. 这个研究是在什么生态学水平上进行的？

与社区的关系（这些问题通过已发表的研究报告较难判断）

5. 研究者团队是否以一种共同参与、合作的关系工作？是如何工作的？工作是如何分配，怎样分配的？

6. 这项研究是否在其所实施的社区中产生了积极的改变？这项研究是否产生了一些结果是可以直接被人们使用的？这项研究完成后，实施的过程是否促进或强化了团队成员自身目标的实现？

取样

7. 这项研究在一种什么样的文化中进行？这项研究的样本是单一文化群体还是跨文化群体？研究者的理念和采用的研究方法是否是研究文化所能接受的？

8. 该研究是如何选择被试的？

9. 被试的多样性如何？考虑个体差异的重要意义（第 7 章）。被取样的群体是否是心理学研究中经常被忽略的？

分析方法

10. 这项研究使用了哪些研究方法？这些方法在第 4 章中被提及了吗？

11. 这项研究是否使用了多种研究、测量、数据统计方法或者其他的三角测量法？

12. 数据是如何被分析的？如果是质的研究，用了怎样的过程去辨别主题、类别和确保在多种情况下都保持一致？如果是量的研究，分析的方法是否适用于数据？样本是否足够大？

结论和正确性

13. 该研究最主要的结论是什么？

14. 该研究是否发现了所研究人群、社区、文化的优势？这些优势是什么？

15. 该研究指出了哪些社会达到了改革、干预、规划和政策的目标？哪些目标达到了？他们是如何做的？你能想到其他一些可以促进新发现的因素吗？你能找出一些计划外发生的消极结果吗？

16. 你是否相信研究者提出的结论？为什么？

个人影响

17. 在读到或想到这篇报告时你是什么样的情绪感受？为什么？这是事实的证据吗？

18. 在自己生活的社区中，你将如何应用这项研究的发现？

19. 你认为这项研究首要的缺点是什么？你的观点与你个人经历的关系有多大？

20. 如果这项研究是新的，可以写一篇邮件给他的第一作者。你有什么问题想让作者回答？你会对这个领域的研究提出什么建议？为什么？

第三部分

理解社区

第5章

理解环境中的个体

 开篇练习和导论

静下心来，花几分钟时间尽情回忆一下，自己第一次参观所就读的大学时的情景。你能够回忆起怎样的大学图景呢？它是一个寂静的、绿树成荫的校园，还是一个能够体现现代都市的骚动的大学呢？你感觉自己受欢迎吗？你感觉人们乐意看到你在这里居住、学习和工作吗？或者你在某些重要的细节方面感到什么不同了吗？可以将有关这些回忆记录下来。

让我们接着回忆。这个大学的氛围是怎样影响你的？你在这个环境中的经历是如何塑造、影响你的学习能力、个人发展、人际关系网、职业规划和个人成长的？你在这里学到了什么？你形成、发展或者强化了什么样的价值判断？记录下你体验到的变化。

对你的同班同学而不是亲近的朋友你了解多少？对学校的师资和工作人员了解如何？你为这

里的每一个群体提供了什么帮助？又接受过帮助吗？简要记录你对自己在校园内的各方面经历是否满意。

你能够得到以下列举的有关校园里的资源吗？你喜欢到什么地方进行社交活动？哪里是安静的学习场所？碰到个人的感情问题你会向谁或者到哪里寻求帮助呢？课堂之外哪里是学术讨论之地？哪里是集体学习之所？哪里适合进行体育锻炼？哪里是学生开会的地方？哪里能够通向停车场或者搭乘公共交通工具？你还使用或者需要其他资源吗？写下你对这些问题的看法。

最后，站在批判的立场上提提建议吧！为了改变大学校园的环境，你会建议做哪些调整变化呢？调整变化包括以下方面：校园的自然环境、教育、大学提供的其他服务、规章制度、师资和学生的成分，或者是你想建议改变的其他任何方面。写下你的建议。

以上问题反映了社区心理学家以及其他方面的研究者已经逐步产生的对环境（大学只是一个例子罢了）与日常生活的个人之间相互作用的理解模式。对生态学背景下的个人研究已经成为社区心理学的一个核心课题。1965 年，斯维姆斯哥特会议报告将"个人与社会系统的相互作用以及二者之间的互惠关系"作为社区心理学的一个关注焦点（Bennett et al.，1966，p.7）。对社区心理学的许多思考源于"不能脱离生态环境来孤立地理解个人行为"的基本假设。

一个世纪以来，人们一直认为生态环境是理解人类行为的一个重要动力。在 20 世纪，Lightner Witmer 以及早期的儿童发展中心的工作人员就在孩子们生活和学习的环境中进行了他们的研究工作，改变环境以帮助学生学习。芝加哥社会学院（e.g.，Park，1952）的研究指出了社区和城市环境对人们生活的重要性。Kurt Lewin（1935；Marrow，1969）认为行为是人在环境中的功能。Murray（1938）和 Rotter（1954）推崇的人格理论虽然主要是用来解释个体的，但也强调了任何情景的相互作用。环境心理学和社区心理学基本是在同一时期发展起来的，旨在研究建构起来的客观环境是如何对行为产生影响的。即使是遗传决定论的倡导者也承认环境和个体行为是相互作用的（Buss，1995）。虽然如此，但对于个体行为

和社会背景间相互作用的具体模式我们还不是很清楚。心理学家现在对个体变化的关注比环境发展要多。

环境因素与个人因素之间的相互作用问题存在于我们生活的各方面，例如，你在选择一所大学的时候会考虑到以下问题：经济问题如何解决？大学的学术贡献或者学术声望怎么样？集体氛围如何？离你的家有多远的距离？所有这些都是与你的需求或者偏好相互作用的环境因素。或者考虑一下构成食堂整体氛围的食堂室内装饰、播放的背景音乐以及就餐座位的安排情况等。在一个音乐会上、在工作的场合或者在家里，个人可能在特定的时间里表现了自己的某一方面，但是要理解全部的个人行为，还需要理解他或她与其所属环境的关系。

在本章中，我们重点关注一些环境学方面的社区研究和概念。首先，我们描述社区心理学中生态学的 6 个主要方面。其次，我们回顾了有关邻里、家庭、个体生活间相互影响的研究和社区行动。最后，我们着重说明了两个社区项目，该项目是通过创造或者改变社区的生态学背景，以促进和改善个体生活质量。

这一章是阐述社区心理学关键概念四章中的一章。所有的这几章都关注情境。第 6 章阐述社区概念，第 7 章涉及人类多样性问题，第 8 章涉及应对问题，即情境中的应对方式。

 ## 生态环境概念模型

这一部分，我们将介绍 6 个概念模型，用于描述环境和个体的交互作用。在你浏览每一个模型时，留意在第 1 章里介绍的几个生态学水平的分析层次。有些模型适用于各个层次，有些则适用于其中的一个或者两个分析层次。

生态心理学和行为情景

1947 年，Roger、Louise Barker、Herbert Wright 及其同事开始着手研究美国俄克拉何马州米德韦斯特城的小镇孩子们的生活状况。Barker 及其同事力图理解这个小镇的孩子们的生活情况（Barker，1968；Barker & Wright，1955；Barker & Associates，1978）。Barker 一家搬到小镇来住，

并与同事们一起建立了中西部现场研究站。得到小镇居民的信任和合作之后，他就和同事们开始仔细、系统、自然地观察孩子们日常生活的各个方面。Barker 称这种研究是"行为流"研究，而不是将孩子们的行为分成零碎的部分，仅仅选择几点脱离整体加以理解。他们很快发现只有研究小镇的全部生活，才能深入研究小镇中孩子们的生活。

> 事实上，很快我们就淹没在个人的行为潮之中。我们估计小镇的 119 个孩子每天有 100 000 个行为片段。依据行为发生的地点不同，我们将之分为：药店、周日学校课、4 - H 俱乐部会议、足球比赛……在这里还不包括个人行为。我们第一次看见了对小镇居民来说显而易见的事情。典型的个人行为模式流就像小镇西部小溪的急流一样显眼和固定不变。例如，普瑞斯白特瑞恩礼拜服务、中学篮球赛和邮局以它们独特的行为模式持续了一年又一年，尽管参与的人员不断变化。我们把这种持续不断的、典型的个人行为现象称之为米德韦斯特城的固定行为模式。（Barker & Wright，1978，pp. 24 - 25）

在米德韦斯特城小镇发展出的生态心理学的理论和方法论，是环境心理学和社区心理学的一个重要基础。Barker 及其同事观察那些社区的自然和社会环境，首先研究了米德韦斯特城，最后又研究了一个类似的英国小镇（Yoredale）和其他的设施。研究者关心的不是个人的存在，而是代表某一行为情景特征的固定行为模式，而不管这种行为情景中的个体是哪一个人（Barker，1965，1968；Barker & Associates，1978；Barker & Schoggen，1973；Barker & Wright，1955）。后来一些人对有关内容进行了拓展研究（Schoggen，1989；Wright，1979）。

行为情景　Barker（1968）提出了行为情景的概念，并以此作为进行有关研究的最主要的概念。行为情景是由空间维度、行为时间以及固定的行为模式界定的。因此，米德韦斯特城小镇的一个 3 年级班级的行为情景就是班级每周的教师学生会面，包括可预期的教师和学生的行为，很大程度上忽略了在场的个人。药店的行为情景有更广泛的时间维度和更大的人员（顾客和工作人员）流动量，但是发生在单一的地点。药店的行为情景同时还包括固定的行为模式，但不考虑在场的个体。有些行为情景包含在更大的行为情景之中。例如，学校中的班级。有些行为情景则是独立的，比如一个服务站。一些行为情景只是偶然的，例如，婚礼或天才性的演出，而另外的行为情景则是每天都在进行着。Barker（1968，p. 106）及其同事对 1963—1964 年米德韦斯特城小镇的 884 个行为情景进行了研究，发现这些情景能够被分成 5 个类别：政府的、商业的、教育的、宗教的和志愿组织的。

行为情景不单纯是一个物理地点。米德韦斯特城小镇教堂的圣殿是一个物理地点而不是一个行为情景。然而，诸如礼拜服务、高层会议和婚礼等具有时间维度和固定行为模式的行为情景能够在这里发生。相比之下，一个小零售商店只包括一个单一的行为情景。物理背景和行为情景在结构上是相互匹配的。例如，报告厅的座位对着演讲者，而委员会会议室的座位是相对的，这能使行为模式相对不变（Barker，1968）。

Barker 的理论认为，情景中的个人在很大程度上是可互换的，不论具体的个体是谁，在情景中人们表现出相同的行为模式。Barker 进一步假定，行为情景中有一系列使固定行为模式得以保持的隐性的或者显性的规则（Barker，1968，pp. 167 - 171）。在具体的行为模式中能够看出以下规则。

● 项目的整体安排和规划，例如会议的议事日程，构成了整个固定的行为模式。

● 目标的整体设计和规划满足了个人的目标追求，例如，顾客买某种商品或者个人参加礼拜服务。

这些规则可以联合控制机制，限制对项目和行为情景造成威胁的行为。

● 偏离——训练个体符合行为情景中的角色，矫正他们的行为以提高角色表现。

● 当一个人从行为情景中被排除时，否决机制就会发生。

生态心理学的目的就是确认行为情景、理解维持行为情景的物理环境特征和社会机制。

全球赛能够很好地体现上述研究的内在价值

（Barker，1968）。比赛是一个行为情景，内含固定的行为模式，发生在一个指定的地点和时间内。相关研究注重物理环境，但是对比赛本身研究不多。与此相类似的是，如果单独注重每一个球员的话（研究只关注一般的个体层次），我们也不能够理解比赛或个体球员的行为。例如，可以想象一下，如果一场电影仅仅显示第一个垒球员，而不显示球场的情景或者不包括这个垒球队员比赛时的球场氛围，我们将不能了解这个球员在做什么和为什么这样做，就很难预料球员的行为。而通过观察整个行为情景，活动的进展情况或者规则就变得更加清晰，比赛中球员之间的关系也更清楚了，至少人们能够认识到比赛在进行之中。Barker（1968）提出的正是自然的物理意义上的球场、比赛时间、球员（和球迷）的固定行为模式的共同体构成的垒球比赛的行为情景。

就如米德韦斯特城小镇的研究中表现出来的那样，认识行为情景是一个相当漫长的过程。Barker 及其同事花费了一年多的时间对米德韦斯特城小镇里的行为情景进行整理（Barker & Wright，1955）。行为情景的研究方法已经应用于学校（Barker & Gump，1964；Schoggen & Schoggen，1988）、教堂（Wicker，1969）、互助小组（Luke，Rappaport & Seidman，1991）和工作环境（Oxley & Barrera，1984）的研究中。威克（Wicker，1979）提出了样例方法，以期推广应用程序的流水线化。

人员紧缺情景 Barker 的生态学方法的第二个贡献是"人员配置"理论（Barker，1968）。分为"人员紧缺情景"和"人员饱和情景"。

在一项经典的研究中，Barker 和 Gump（1964）比较了堪萨斯州规模较大的学校和规模较小的学校（入学人数分布在 35～2 000 人次）的学生参加课外活动（行为模式的一种）的情况。研究发现，在较小的学校里，学生对表演和领导角色的参与度和融入度较高，学生对学校的满意度和依恋性较高。在较大的学校里，有稍多一些参加活动机会，但是在参与方式上，规模较小型学校的学生似乎有双倍的参与活动的方式，平均起来能参与的活动范围更广。Barker 和 Gump 也发现，较小型学校的学生有更强烈参与活动的责任感。他们认为，即使他们不擅长某一活动，他们

所提供的帮助也是开展活动所需要的。规模较大型学校学生参与活动的概率则较低。"勉强符合活动要求标准"的学生几乎无意服务于学校，无意与同伴或者工作人员建立社会联系。

对许多不同情景的研究表明，与角色数量多少相比，更关键性的因素是行为情景中得到角色的概率（Wicker，1969，1987）。在一个人员饱和的情景中，演员数量要等于或者多于角色数量。这种情况下，很容易组织足够的人员来完成角色扮演任务，未扮演角色的学生会成为候补人员或者被排除在外。Barker（1968，p.181）发现在这种情景中，因为有足够的可利用的替代人员，否定机制（排除有潜力参加活动的学生的行为）尤为普遍。规模较大的学校可能为体育小组、音乐小组和戏剧排演进行资格筛选，只有具有天赋者才能够被选中。Barker 和 Gump 发现，规模较大的学校内含更多的人员饱和情景。

相反，在一个人员紧缺的情景中，角色数量多于情景中可利用的成员数量。这增强了成员维护情景的责任感。如果成员没有相应的参与活动的技能，活动情景也会为他们提供发展技能的机会，这也能够增强参与活动成员的多样性，吸引更多的可利用的资源。例如，一个害羞的人，平时可能不会参加学校演出活动的资格筛选，如果被迫参与了角色的扮演，既能够发展他的社会性技能，或许也能够挖掘其潜在的天赋。另外，人员紧缺的行为情景的成员也进入了反向机制而非否决机制，他们会投入时间努力地去训练成员，以使成员具有扮演角色的技能，而不是排除成员。Barker 和 Gump 发现，规模较小的学校包含更多的人员紧缺的行为情景。当然，在一个人员严重紧缺的行为情景中，成员将会精疲力竭，而整个情景组织甚至也将解散。只有适度的人员紧缺才能对个人（在更大程度上提供技能的和个人的发展机会）和情景（培养成员更大的责任感和参与性）产生积极的影响。

以上的概念与 GROW 组织策略类似。GROW 是为严重的心理疾病患者服务的互助型组织。GROW 有意限制分会的规模，为所有的成员创造领导角色，发挥组织功能使每个成员的责任感最大化。这些方法和策略促进了个人的发展和相互的责任，体现出了人员紧缺的行为情景的实际优

势（Luke et al.，1991；Zimmerman et al.，1991）。

贡献和局限　生态心理学产生了大量的概念，引起了一系列持久性的研究，对社区心理学中的生态学理论的发展具有重大影响。行为情景概念和人员紧缺情景理论是两项重要的贡献。

生态心理学研究的一个局限性就是 Barker 及其追随者只关注于行为研究，而忽视个体的文化背景及心理过程；第二个局限性是，行为情景理论关注的是行为情景如何塑造个人的行为，这只是问题的一个方面，而没有考察人们是如何创造和改变行为情景的，以及是如何影响情景的（Perkins，Burns，Perry & Nielsen，1988）。在一个小镇的环境里所进行的实验研究，只强调稳定性而忽视变化是可以理解的，但是它限制了考察和研究的范围；第三个局限性就是，人员紧缺和人员饱和情景的实验结论在随后的实验中并非经常得到验证，行为情景与个体适应和行为的关系比理论本身指出的更加复杂（Perkins et al.，1988）（参见 Schoggen，1988，就以上观点的行为背景理论的辩解）。

活动情景

Clifford O'Donnell、Roland Tharp 和 Kathleen Wilson（1993）提出了活动情景的概念。尽管活动情景和生态心理学一样关注情景，但是活动情景理论把主观体验和文化社会意义也考虑在内。O'Donnell 等人受到了俄罗斯发展理论学家维果茨基和我们在第 3 章中阐述的建构主义者研究的影响，也受到夏威夷和太平洋文化背景的影响。

活动情景并不仅是物理情景，也不仅是在物理情景下相遇的人们的行为，而是在情景参与者中，在活动情景下发展出来的主观意义，尤其是**主体间性**：情景参与者所分享的信念、假设、价值观和情感体验。活动情景的重要因素包括物理情景、位置（角色）、人和他们所形成的人际关系、时间和情景参与成员创造和使用的符号。人们在情境中互相交流，一起工作，并且形成人际关系，主体间性的发展贯穿这些过程的始终。他们不仅发展出语言等主要符号，而且还发展出视觉的或其他图像，以此来表达他们的共同点。从这个角度看要注意文化和习俗的意义。

在许多的精神情境中，比如，宗教经典作品和词汇、视觉艺术和音乐是重要的象征，这些象征的意义是为个体所知，又被广泛认同的。对于任何文化都很重要的是主体间性，在一种文化内部，能广泛接受和理解，但很难为外人理解。甚至在一种文化中，家庭和组织产生出来的语言和手势也具有主体间性，这些语言和手势外人不能理解，却能反映内部人士的重要的态度。

活动情景提出了一个比生态心理学更广泛的社会情境的概念。活动情景理论已被用来研究儿童发展、青少年犯罪、教育和社区干预。它对超越文化界限的工作尤其有用，就像 O'Donnell 和其同伴们在夏威夷、密克罗尼西亚和其他地方的工作中显示的那样（O'Donnell，Tharp & Wilson，1993；O'Donnell & Yamauchi，2005；Gallimore，Goldenberg & Weisner，1993）。

4 个生态学规则

James Kelly、Edison Trickett 及其同事提出了 4 个生态学规则，作为社区心理学的基本框架。相互依存、资源的循环、适应和持续性（Kelly，1966，1970a，1979a，2006；Kelly，Ryan，Altman & Stelzner，2000；Trickett，Barone & Watts，2000；Trickett，Kelly & Todd，1972）。在理解生态学方面这些概念是很有影响力的。我们应该将它们作为环境的特征而非个人的特征加以认识。例如，不同的工作场合，员工之间的相互依存程度不同，参与循环运作的资源不同，个人需要的适应环境的技能也不同。当然，这些环境因素在很大程度上影响着个人、学校、家庭和工作场合以及其他环境条件下的生活。

相互依存　如同生物生态系统，任何社会系统都是相互联系的，并和其他系统有复杂的关系。一个部分的变化将影响到其他部分，生态系统的组成部分是相互依赖的（Trickett，Kelly & Todd，1972）。对于一所学校来说，相互依存的组成部分包括学生、教师、行政人员、秘书长、守卫和其他人员，例如父母、宣传人员、纳税者。这些群体中的任何一个群体的行为将影响到其他群体的每一个人。国家和国家政府，当地和国际经济，甚至会影响地方的教育。对于一个商业公司来说，相互依存的组成部分包括股东、宣传人员、执行官、雇员、公司大家庭，还包括供应商和顾客。

再比如一个家庭的生态环境。如果一个家庭的成员得了感冒，几乎每个人都会受到影响；如果一个年幼的孩子生病了，家庭里的年长者将可能在家里陪伴生病的孩子而耽误了工作或者学业，家庭里的其他人也可能生病；如果主要的持家者感冒了，做饭、洗衣、交通以及家庭成员的日常生活都会受到影响。几天后，整个家庭系统恢复到先前的状态。其他变化可能比较久，比如说让年老体衰的祖父母做家务。

相互依存规则首要的一点就是系统的任何变化都将会产生多种结果，一些结果是意外的，可能也是我们不愿看到的。如果没有明确认识到系统的相互依存，变革系统的努力可能遭受挫败。比如，如果广泛的文化或者父母强烈主张教育中的个体竞争，那么老师在教室里开展的合作式学习的方法将会受到学生的阻抗。

资源的循环　　Kelly 提出的第二个规则是与"相互依存"紧密相关的。第二个规则尤其强调核查系统资源是如何被定位、利用、创造、保存和传递以便使之适用于任何类似的系统的（Tickett，Kelly & Todd，1972）。在社会情境中，资源在情境中的成员之间转换。

> 生态学假设，在社会情境中，有比被觉察到、可用的资源多得多的资源。（Kelly，Ryan，Altman & Stelzner，2000，p.137）

个人资源包括个人的才能、知识、经验、实力或其他有助于他人或情景的素质。社会资源存在于社会情境中成员之间的相互关系，包括共同的信仰、价值观、正式规则、非正式规范、团体

活动以及共享社区感。甚至情景中的物质方面也是资源：例如图书馆中，一个房间是为了小组学习，另一个安静的一隅是为了个人研究。

对于一个家庭来说，什么资源是最重要的呢？时间、教育、注意力、情感的支持和金钱等。核查资源的循环，可以从明确家庭的优势和关系特征开始。同样，什么资源（尤其是无形的资源）循环于你所在大学的大学生之中呢？是信息。它以许多形式发生着交换，比如，所学习的课程中渗透着建议、社会生活和工作。另外，情感支持、实际援助和家庭教师的教导也经常有互换的资源。你可能认识不到家庭成员是对你有用的资源，直到你遇到一个压力事件，他们为你提供相关建议的时候，你才会意识到资源的价值；你的一个熟人，他是物理专业人士，他的存在与否对你而言可能没有什么意义，直到你学习物理遇到麻烦的时候你才会意识到资源的价值。善解人意、很安静的人对群体来说是一种宝贵的资源，但处在很多坦率的成员中间，就很可能被忽视。Kelly 研究思路的一个隐含的方面是，为可能有利于个人或系统健康运转的资源（有形的或者无形的）寻找环境条件（家庭、组织和邻里）。

Stack（1974）的经典研究以低收入非洲裔美国人社区为研究对象，着重强调了资源共享的模式。在经济条件较差的公寓社区里，居民进行家具、孩子抚养、食物资源共享。比如，社区中的一个成员将家具租借给了一个邻居很长一段时间，而她的这个邻居在她外出找工作的时候为她照看了一段时间的孩子。对于这个社区系统之外的人来说，资源的这种互换对那些没钱的家庭而言似乎是冒险的，但是对于处于这一系统中的人来说，这是有意义的。资源被分配给需要它的人，而今天的提供者可能成为明天的接受者。Stack 对这一系统的研究证实了成员间的相互依赖和资源的循环。

适应　　第三个生态系统学规则关注人和环境之间的交易。这是一个双向的过程：个体应付环境中的束缚和要求，环境适应它们的成员（Trickett，Kelly & Todd，1972）。例如，回忆一下你是如何适应你的第一份工作的。为了适应这份工作，在不失你独特身份的前提下，你很可能要学习新的技能。环境也在适应它们的成员，想象一下，

例如，孩子的出生、青少年考取驾驶执照或者母亲上大学等事件引起的家庭变化。对其成员不作回应的社区将很难保持成员参与性或者吸引新成员。个体和社会制度是相互适应的关系（Kelly et al.，2000）。

社会情景也是适应各个大环境的，各个大环境是一个相互依赖的组成部分（Kelly et al.，2000）。例如，一所当地学校的系统要变化以适应每年地方、州和国家政府的需要和资金以及每年学校的学生组成。教育的技术、经济、文化理念的变革也影响着地方学校。

为了阐明适应的规则，我们这里列举有效适应大学环境所需的技能。这些技能包括：良好的笔记记录能力；了解如何复习，以应对作文考试和多项选择考试；学会谈话；结交新的朋友；解决室友的冲突；管理时间的能力；金钱预算；受挫折后的恢复以及寻求帮助的能力等。不论你在进入大学之前是否了解这些技能，或者在大学里是否掌握了这些技能，这些技能都显示了大学环境对个人所提出的适应要求。另外，一个不能提供学习和掌握这些技能途径的大学则很难留住学生。适应既包括价值又包括技巧。例如，在一个认同个体竞争的班级中，与认同合作价值的班级相比，学生有不同的适应形态。

有关适应的更深一层的含义是，各个环境要求不同的技能，学生的适应需要和工厂工人、家庭主妇或警察官员的适应需要差异很大。与安全地区的父母相比，处于危险地区的父母对孩子的管理会更直接，父母会设置更多的规则和更多的限制（Gonzales，Cauce，Friedman & Mason，1996）。

持续性　生态和社会制度随着时间的变化而变化，相互依赖的资源循环和适应也必须以这样的观点来理解（Trickett，Kelly & Todd，1972）。这个规则适用于家庭、情境和社区。"你必须努力以保持健康的婚姻"，这样的劝诫你听到过多少次了？随着时间的推移，夫妇之间相互依赖的模式，情感的支持等资源的循环，夫妻双方的相互适应会在毫无觉察下发生改变。夫妻双方的关系性质可能随着伴侣的疏远而发生变化。在文化水平上，20 世纪西方社会的婚姻形式一直在发生着变化，

离婚和未婚同居的现象也更加普遍，单亲父母和同性恋也日益得到广泛的接受和认可。婚姻形式的这些变化受到更大的社会和文化力量的影响，反过来也影响着个体对婚姻的选择。

持续性的另一种含义是：在心理学家计划对生态系统进行干预之前，他们需要理解生态系统的历史。心理学家应该认真考虑可能的干预后果，包括可能的意外后果。

互助型（自我互助）小组数量的增加为我们说明问题提供了大规模的持续性的例证。互助型小组大多没有专业人士的参与或者干预。互相帮助在精神卫生保健，尤其是对吸毒成瘾、对妇女的暴力行为和应对慢性疾病上已经成为一个重要的方面。另外，地方互助型群体涉及所有 4 个生态原则。它们的主要目的是提高其成员的适应能力。这种互帮互助小组常常鼓励相互依存，包括小组会议之外的个人之间的接触。社会性的支持、信息和其他资源也是在小组间互换的。互助型小组鼓励成员将他们自己看作是有用的资源，强调为他人服务的愉快体验。一个自助小组本身怎样维持自己，尤其是它的先驱继续前进以后，是持续性的一个问题。

贡献　Kelly 提出的 4 个规则为我们说明和阐述社会环境的动力性提供了多样的、有用的概念系统。强调了其他研究者并没有重视的方面，如资源和持续性。Kelly 等人（2002）详细说明了生态化的概念是如何指导社区场景中保护性干预措施的发展的。Speer 和 Hughey（1995）应用这些生态化的概念描述了一个社区组织化的方式是如何动员居民进行有效的社会活动的。

另外，Kelly、Trickett 及其同事（如 Kelly，1979b，1986；Kingre Westergaard & Kelly，1990；Tandon et al.，1998；Vincent & Trickett，1983）已经将生态学规则应用到社区的心理干预和行为研究之中。其中包括建立研究者和社区居民的相互依赖关系，明确和培养有用的社区成员，预测或者干预无关事件。Kelly 及其同事的著作有力地说明了与社区成员建立真诚的相互依存关系的重要性，正确地评价了社区资源的巨大价值。这一研究视角构成了第 3 章所讨论的许多社区研究目标的基础。

社会氛围维度

很多环境造成的心理影响可以以人们对于环境的认知及它的意义作为评估依据。Rudolf Moos 和其同事发展了社会气候量表来评估一个背景中的成员的共同认知。他们同时将社会维度概念应用于个人处理问题的模型中。

社会氛围量表适用于考察微观系统和有组织的环境的氛围。例如，工作场所、家庭、大学的居住区、精神病院的氛围、社区的保健环境、支持性的社区居住设施、部队单元区和学校的教室（Moos，1994）。在许多国家，社会氛围量表都得以推广（e.g.，Moos & Trickett，1987）。社会氛围量表以 3 种测量维度为基础，每一种维度都依赖于被测量环境类型的分量表（Moos，1994）。

人际关系维度　人际关系维度关注环境成员之间的相互支持程度、亲密度以及成员的环境融入度（Moos，2002）。例如，教室环境氛围量表（Classroom Environmetn Scale，CESI）用于测量教室的环境氛围（Moos & Trickett，1987），包括学生参与和融入班集体的程度；同班同学之间的友谊或者依附程度；学生从老师那里得到的支持度等分量表。家庭环境氛围量表（Moos & Moos，1986）包括家庭成员是如何相互依赖和表达情感的，以及他们觉察到的冲突和矛盾的程度等分量表。在概念意义上，这些测量维度与 Kelly 所提出的相互依存、资源的循环是相关的。

个人发展　个人发展维度考察环境中个人的自主性、成熟度和技能的发展程度（Moos，2002）。如教室环境氛围量表考察活动计划和继续完成该任务的强调程度、学生之间的竞争（Moos & Trickett，1987）等；家庭环境氛围量表（Moos & Moos，1986）包括有关个人家庭成员之间的相互依存性、家庭对个人成就的重视度、智力—文化追求、娱乐活动、道德—宗教观等分量表。在工作背景中，测量工人的自治及他们感受到的压力。其中量表考察的环境对个体的要求与 Kelly 所提出的适应原则也是相关的。

系统的维持和变化　系统的维持和变化维度考察个人对环境中的秩序、规则认识的清晰度和对行为控制的强调程度（Moos，2002）。教室环境氛围量表包括在教室内开展的活动组织性和有序性、活动规则和效果的清晰性、教师的严厉程度、活动的创造性程度、活动创意在教室内学生中的受欢迎程度等分量表（Moos & Trickett，1987）。家庭环境氛围量表（Moos & Moos，1986）包括家庭内的组织性程度及父母实施的控制程度等分量表。在工作背景中，测量例如管理性控制和对于创新的鼓励等变量（Moos，2002）。这些测量维度与 Barker 的行为情景理论思想，特别是反向和否定机制的思路相关，同时与 Kelly 提出的适应原则也是相通的。

对于社会氛围的研究　Moos 提出的社会氛围量表包含了测量维度的所有问题。个体需要完成这些题目，然后报告出他们对环境的认识。依据成员对每一维度的反应，社会氛围量表的测量结果报告了个体对环境各个维度的分数分布范围。这些回答的总和构成了个体对环境的共同认识（Moos，1994，2002）。

社会氛围量表在咨询和发展项目方面是大有应用价值的（Moos，1984）。使用社会氛围量表的咨询师可能让某一环境氛围中的成员填写两种形式的社会氛围量表，一个是要求被试报告"真实的"环境氛围，另一个是要求被试报告期望中的环境氛围状况。然后，咨询师统计出全体成员对环境氛围真实的和理想的认识的总体小组分数。最后，小组成员讨论如何改变环境使之成为人们理想中的样子。

社会氛围的测量分数在统计学意义上与个人幸福，比如工作满意度和心理适应等有关（Repetti & Cosmas，1991）。采用社会氛围量表进行的研究发现如下：强调竞争和教师对学生的控制的学校，比强调教师对学生的支持、学生的自主性投入的学校中教室里学生的缺席率更高（Moos，1984）；比较注重心理支持、个人自主和有清晰明确的治疗目标的少年犯罪治疗项目规划，治疗后的犯罪的反弹率较低（Moos，1975）；如果医护人员给予的支持较少、缺少清晰的规则和程序，病人中途退出治疗的情况较多（Moos，1984）。当然，这些是对于很多背景的概括，社会氛围量表也可以应用于一个特定的少年犯罪治疗项目中。

从对许多研究和背景的概括中，Moos（2003）明确了 3 个主题。他强调人际关系、个人发展和背景组织之间的平衡。可以促进组织绩效、个体绩效和个人健康。高度结构化的家庭、工作背景和社区能增强凝聚力，但是也会滋生保守主义，阻碍少数建议，妨碍个人成长。人际关系的质量经常影响到这一背景对于个人有多长久的影响。

社会氛围之外：另外的环境品质　Moos 和其同事明确了社会环境背景其他 3 个重要方面，它们对社会氛围都有影响。如其背景的物理特征，组织政策和规范，超个人因素或者是背景成员个人特征的集合。超个人因素的一个例子是，在一所公寓楼中，学生大多饮酒，寻欢作乐，而另一所公寓楼中，很少有学生这样做，二者是不同的。另一个例子是一所大学中，学生主要以经济学专业为主，而另一所大学中，以艺术生为主，二者的氛围也是不同的。

贡献和局限　社会氛围量表测量的是重要的，同时也是无形的环境氛围。例如，社会支持、规则的清晰性和个人的自主性。测量和考察这些环境氛围的特征依赖于个体的认知，它将个人认知与环境氛围特征联系起来。这是行为情景理论没有做到的。社会氛围概念简明扼要，社会氛围量表方便好用，从而使理论研究应用到多种多样的实际环境中，进而形成了丰富的、有价值的研究著作。在这些著作中，社会氛围概念用于测量不同特征的环境氛围和预测环境对个人产生的重要影响。

社会氛围量表的主要局限性在于，不同的个体对同一环境的氛围认识不一。例如，Raviv 和 Reisel（1990）研究发现，处于同一个教室内的教师和学生会给出不同的社会氛围量表的报告内容；1982 年，Trickett、Castro 和 Schaffner 研究发现，学生和观察者得出的报告也是存在差异的。这些差异表明社会氛围量表受到环境中的个人人格、社会角色以及不同性质群体的影响，而不仅仅受到环境的整体特征的影响。例如，如果测量分数的平均分（选定一个环境成员样本）是处于社会氛围量表（例如，社会性支持）分数的中间水平，至少意味着两点：可能表明成员对中等程度的社会性支持的共同觉知；或者反映了环境成员分布在两大极端阵营——一组成员觉察到的是一个很有支持力度的环境，而另一组觉察到的是支持性很糟糕的环境。另外的研究发现，男人和女人对相同的环境也可能引起非常不同的知觉。因此，应该认真研究环境中的个人和不同群体间社会氛围量表的测量分数存在的差异（Moos，2003；Shinn，1990）。

社会规范

情景经常可以创造出成员间可预见的关系，不管个体卷入程度如何，情景的性质长时间保持一致。Edward Seidman 建议通过被定义为情景中各元素社会关系的常规模式的社会规范来理解情景（Seidman，1988，pp. 9 - 10；1990，pp. 92 - 93）。Seidman 强调的不是个体的人格，而是个体之间的关系。

回忆一下你的求学生涯。在学校或者大学的教室里谁提出了最多的问题？如果你的答案是老师的话，说明你已经注意到了角色关系基础上的社会规范问题。的确，在绝大多数的教室里，教师提出的问题最多（Sarason，1982；Seidman，1988）。但是学生和老师是具有很大差异的，另外，教育水平也是各不相同的，为什么对这个问题的回答是如此的相同呢？老师和学生都经常注重个人的贡献。相反，这些规范是否与学生、老师的角色和关系有关？并且学习是怎样发生的？或许与教室中的权力有关？

为了发现社会规范，需查找反映出情景成员关系间角色和权力的行为方式，例如学生—老师，心理咨询师—来访者，雇主—雇员，父母—孩子。角色是在具体的情景中被赋予的（与 Barker 的行为情景和行为方式相似）。然而，行为规范的角度超过了行为—情景理论，它试图发现什么样的角色关系反映了情景中的权力、资源和不平等。

学校里的另一个社会规范则是关注种族隔离问题。在美国社会，其中一个历史性的社会规范就是美国各个学校存在的分类机制——依据成绩或者考试分数将学生分成不同的类别，然后有意地为他们在社会中充当不同的角色实施准备教育。第二个规则是依据种族和收入来大面积地划分学生的类别。当法庭宣判将非洲裔美国学生单独划分类别的做法是非法的时候，社区就将黑种人和白种人安排在了同样条件的学校里。而研究者在一个中西部城市里所进行的研究发现存在一种新的分类形式。有关工作人员（主要是白种人）首先对黑人学生各方面的能力进行基本的考察，然后就将这些学生不公平地安排到某班级，该班级开设有限制他们能力发展的课程以及限制他们取得未来成就的课程（Linney，1986；Seidman，1988；Weinstein，2002a，b）。通过这样的分类，学校体系继续着（以一种修改过的形式）它以前的种族隔离模式。这种新式的社会分类形式，无论如何都对学生的生活和发展产生了影响。

最后一个有关社会规范的例子是有关专业心理治疗和有心理疾患的人们之间相互帮助的内容（Seidman，1988）。在一个由专业心理人士进行健康指导的群体中，甚至在专业人士试图促进成员之间的互帮互助时也是如此，群体成员可能具有更多的消极的"病态行为"。与此形成鲜明对比的是，在一个由群体成员自己进行管理、所有成员都遇到过群体关心的焦点问题的互帮互助的小组群体中，成员并未出现上述病态行为，而是能够互帮互助。研究者比较研究了有专业心理人士进行健康指导的群体的社会氛围和由先进人物领导、群体成员自己进行管理的群体的社会氛围后发现，后一种群体类型的成员倾向于将他们的群体评价为更具有凝聚力、能够培养其成员更强的独立性的群体（Toro，Rappaport & Seidman，1987；Toro et al，1988）。最好用社会规范来解释这些研究发现的差异，社会规范既包括治疗师的行为又包括群体中的成员的行为，不是单一的一方或者另一方的行为和责任。

贡献　社会规范的概念将我们的注意力转向了角色关系，它可能比其他的生态学概念更容易与个人行为和心理学的研究主题联系起来，同时也为理解一个环境中变化的事物越多，似乎保持不变的也越多这一现象提供了一条思路。想要改变环境，例如改变一个学校或者健康保健环境的努力，常常受到社会规范，特别是并未发生变化的角色关系的决定和制约。只有当那些社会规范发生了变化时，环境系统本身的改变才有可能（Linney，1986；Seidman，1988）。

环境心理学

环境心理学研究环境（尤其是建筑环境）的物理特征对个体行为的影响（Saegert & Winkel，1990；Timko，1996）。美国的环境心理学与社区心理学大约在相同的历史时期发展起来。环境心理学的创始人主要是一些对物理环境和行为感兴趣的社会心理学家。环境心理学和社区心理学都强调从个人—个人到个人—环境的关系的视角转换，在特定的情景下进行研究并应用于社会行为（Shinn，1996b）。

环境压力源　环境心理学研究的主要焦点是周边的环境压力源，如噪声、空气污染、危险的废物和拥挤的住房（Rich，Edelstein，Hallman & Wandersman，1995；Saegert & Winkel，1990）。例如，在 20 世纪 70 年代后期发生的两起著名的事件。这些事件引起的心理效应得到了深入和纵向的研究。1977 年，在纽约的尼亚加拉大瀑布附近的拉夫运河边的居民发现，新生儿身体出现了缺陷。究其根源，他们发现自己正生活在化学废物的垃圾堆上。Adeline Levine 及其同事对这一灾难性的事件和市民对之的反应进行了研究（Levine，1982；Stone & Levine，1985）。1979 年，宾夕法尼亚州的哈里斯堡附近三里岛核电站发生了一起严重的核辐射事故。研究者对这一事故对附近居民造成的心理压力也进行了长期的追踪研究（Baum & Fleming，1993）。以上的两起事件真实地揭示了在核辐射和有毒物质的情景中危险程度的不确定性，以及政府官员对公共居民反应的熟视无睹，而这些又加重了事件对人们造成的压力感（Wandersman & Hallman，1993）。在核辐射事故之后，附近居民的血压升高、免疫力下降，创伤后应激综合征对照组样本更普遍。以上事故引起的消极影响在 10 年内都没有消除（Baum & Fle ming, 1993)。

环境的设计 环境心理学家也研究和考察建筑风格的微观层次以及周边设计特点对人们的影响。例如，对封闭式的工作环境、窗户和房屋其他方面设计的研究（Sundstrom, Bell, Busby & Asmus, 1996）。一个具体的例子就是考察在你的工作场所或者校园等地方的室内家具的摆放情况。本章的一个作者所在的一个心理学研究部门的办公室划定了专门的一片地方，以确保行走的畅通和交流谈话区远离工作区。通过移动桌椅营造了一个新的社交场所。另外的一个作者所在的研究部门为学生专门设有一个公共的地方，有一些成环状摆放的座位，学生的小间阅览室和供应快餐的机器以及公共的邮箱都处在走廊和心理研究办公室的中间位置。这创造了一个全体教员和学生能够在课外彼此相遇的社会空间，当这个空间足够安静时，它就是一个学习的角落。现在校园里空间的竞争是很激烈的，因此需要保存好这个社会空间，以免由于行政意图而被当成办公室使用。

环境设计同时也关注对周边环境的处理。一个有关芝加哥大型公共建筑方案的研究发现，存在于公共空间内的树木和其他绿色植物与更好的社交、安全感以及对周围的适应有所联系（Kuo, Sullivan, Coley & Brunson, 1998）。然而，正如 Jane Jacobs 在她 1961 年出版的著名的《美国大城市的死亡与生活》（*The Death and Life of Great American Cities*）一书中所记载的一样，为了促进安全，草木覆盖不能太广阔，以免妨碍到整体的视觉以及安全。

在住宅建筑以及邻里设计中的新都市化运动强调社区性。Plas 和 Lewis（1996）研究了佛罗里达州海滨的一条城际线附近的一个社区，这个社区有这样一种建筑模式，社区的每个房子前面都有门廊和低的尖桩篱栅，城镇有通往市中心和海滩的人行道，并限制机动车的进入。在社区内商业活动很容易开展。这些特点会促进社区的融洽（Jacobs, 1961）。对滨海城镇的调查、访谈以及自然观察表明，这些特点确实促进了社区的融洽以及社区感的提升（Plas & Lewis, 1996）。在亚特兰大，市议会的成员 Debi Starnes（2004）帮助创造了相似的计划指导方针。

然而，在其他地方的研究显示，物理设计并不总能促进社区感（Hillier, 2002）。例如，在 20 世纪 60 年代，哥伦比亚马里兰州新城镇的规划者为了促进社区的融洽，把所有的信箱都放在一个街区里，但是新的住户都会要求将信箱放在他们自己的住所附近。除此之外，规划者打算开设一家便利商店，但是住户们宁愿开几分钟的车去市中心的大型商店，因此便利商店计划就失败了（Wandersman, 1984, p. 341）。这个问题是前后联系的：在这个案例中，项目规划者所使用的原则，对市内的社区和小城镇是适用的，但哥伦比亚是一个郊区，在这里居民往往希望开车去超级市场购物。在项目规划中，公民参与也是很重要的（Jacobs, 1961）。在亚特兰大，公民参与居民区的规划会议，在会议上争论是常见的，可以讨论和改进计划（Starnes, 2004）。

贡献 通过强调物理环境的重要性，环境心理学补充了其他研究视角不具有的社会视角。虽然环境心理学的研究焦点与社区心理学的关注焦点不同，但是二者有许多重要的重叠领域。

比较不同的研究视角：一个例子

表 5—1 列出了 6 个生态学框架的关键概念。为了比较这 6 个不同的研究视角，我们考察了一所中学学生上演戏剧的例子。

表 5—1 社区心理学中的关键性的生态学概念

生态心理学
　活动情景；人员饱和情景；人员紧缺情景

续前表

活动情景
　主体间性
生态学规则
　相互依存；资源的循环；适应；持续性
社会氛围维度
　人际关系；个人发展；系统的维持和变化
社会规范
环境心理学
　环境压力源；环境设计

学校上演的戏剧是一个行为情景。它有具体的时间（用于排练和演出的时间）、地点（礼堂或者戏剧院）。它具有固定的行为模式：在演出时，演员、观众和其他人都有我们可预期的行为模式并把自己摆在合适的地方。这些行为模式表明了演出的顺序或者日程表：表演一出戏剧来娱乐观众。

如果环境情景可利用的人数少于要求的角色数量，依据生态心理学的规则，我们将预测到环境成员（导演、演员和其他工作人员）将寻求其他的帮助，如可能减少不必要的角色。他们也可能让一个人担任多个角色，学习和练习必要的演出技巧，保持全部成员的参与。一个没有实际演出经验的人也可能被迫加入演员行列，学习、掌握新技巧，挖掘自己潜在的才能。相反，如果人员饱和，就可能发生剔除不合格演员的现象。不能学会和掌握角色要求、不能完成指定任务的人很可能被替换掉，他们中的部分会成为观众，只有最符合要求的才被留下来，其他的人员将作为候补。如果有许多学生寻求机会参与戏剧的演出，剧组将组织不同的演员轮流出演，指定两套演员表，或者组织多余的演员排练第二个戏剧（Wicker，1973）。

表演一出戏剧不仅仅是遵循剧本的框架；还涉及在舞台上重新创造一个世界，这个世界涉及演员之间的联系，涉及观众的参与。演员之间以及他们与观众之间会有微妙的人际情感。行为背景理论的焦点就是主体间性（O'Donnell, Tharp & Wilson, 1993）。我们通过词的含义、手势、背景、服装、灯光甚至音乐来参与戏剧主体间的交流。在很长的时间里，演员与全体工作人员之间的联结，他们共同承担一部作品的工作同样会引发出主体间的活动。

如何利用 Kelly 所提出的生态规则理解高校的戏剧演出呢？通过集体性的参与，可能在学生之间、学生和导演之间建立相互依存的纽带关系。这种相互依存关系为资源的循环、获得鼓励、指导（尤其是来自导演的指导）和社会化的交换提供了基础。另外，戏剧活动与校园内的其他活动建立了相互依存关系。使其他方面（比如，专业、体育）不够优秀的学生感到了与他人的联系，感觉到对学校开展的活动做出了贡献。这也可能使

他们活力四射，因为他们的演出而逐渐被他人认可（Elias，1987）。演出也成为一种学校建立与社区的联系，并被社区认可的途径。

资源可能在演出和学校之间进行一个整体循环。上演的戏剧如果在一个学校里受到欢迎，金钱、设备、学生的兴趣以及所有的一切支持将应有尽有。在一个不重视、不欢迎戏剧的学校里，戏剧演出几乎得不到以上的任何支持。资源的可利用性也依赖于戏剧成员和行政部门、父母、学校宣传人员以及其他人之间建立的相互依存关系的强度。反过来，戏剧也可能使资源从社区向学校流动和转移。比如，家庭、朋友和企业可能捐助如道具、服装、幕间休息用的食品以及鼓励等资源。

参与演出学生的适应行为包括学习掌握演戏技巧、角色设计、灯光安排等。所有的成员必须齐心协力地宣传和管理。这些技能在更大范围的学校或者社区环境里，比如在将来的工作中也有实用价值。另外，这个戏剧将按照预定的顺序上演。它可能是初次演出制作，也可能是成功的、有很高上座率的系列演出。后一种情况可能存在更多的可利用的资源条件，但对演员和全体工作人员的期望值也更高。

根据 Moos 所倡导的社会氛围维度，参与演出排练的所有成员（包括导演、演员和其他的工作人员）应该填写考察有关他们对排练情景的感知和体会的问卷。如果他们大体上同意演员是积极投入的演出、有很好的相互支持，相信导演是支持演出的，那么，戏剧演出情景在关系维度量表上的得分就会较高。这一关系维度同样能够考察成员之间的冲突问题。个人发展维度考察参与戏剧演出是否能够为演员提供发展技能和获得个人发展的机会。系统的稳定和变化维度考察演员对排练的组织性、导演的控制力大小、演员演出的期望的清晰程度以及戏剧编排内涵的创造力大小等方面的情况。

如果小群体中（导演、演员、舞台的全体工作人员；男人和女人等）对群体的社会氛围有不同的认知，（他们的）讨论可能会集中于什么事件和过程导致了认知上的差异。同时，使用社会氛围量表（理想/现实的两种测量），就可以在群体目前的功能状态与子群体期望的理想状态之间作

比较。有关社会氛围的研究结论对下一项目具有借鉴意义。

　　戏剧演出这一情景包含什么样的社会规范和角色关系呢（Seidman，1988）？我们首先来看看导演和演员的角色吧。导演，通常是一个行政人员，是一个拥有权力的角色。导演的责任包括挑选剧本、筛选演员、训练和培训演员，对整个的演出质量承担责任。对于没有经验的导演来说，明确这些权力更有意义。尽管如此，演员也是需要密切配合导演的。如果每一项职责都能够被有经验的演员内化和接受，将能够促进他们技能的掌握和个人的成长。社会角色规范变动也能够更好地挖掘和利用资源。比如通过演出，发现和挖掘学生中潜在的领导人才，这改变了学校里一贯的角色关系，提升了教育以及演出的质量和价值（的

确，比起学校的其他活动，戏剧演出能让学生更充分地充当导演和其他的权威角色）。社会规范概念呼吁我们关注环境中社会角色的权利和资源，以及如何改善它们以便促进个人的发展和环境的优化。

　　最后，环境心理学家将会研究物理环境如何运作来达到该戏剧艺术主题的发挥。舞台设置、灯光、音响以及服装不仅是背景，而且是能帮助创造气氛以及反映情节进展的艺术元素。改变演出环境应该能够提高演出的效果。试想一下演员在演播厅门口就能够遇见赞助的人，这无疑营造了积极的演出氛围。戏剧包括舞台上一个吸引观众的可信世界的创建，通过艺术的元素来与环境心理学家的关心相关联。

在周边环境中的研究和行为

　　在本章的剩余部分里，我们将阐述生态思想如何影响社会研究和行为。接下来，我们讨论周边环境背景如何和家庭生活及干预措施交织，共同改善居民生活的质量。

研究：周边环境、家庭及个体

　　Reid（1999，p.21）讲述了一个邻里和社会环境对个人及家庭生活产生影响的故事。Reid 家从美国迁到了东京，他们家 10 岁的女儿不久就受到新结交的日本朋友的邀请，去一个主题公园参加一日游。这次旅行要在东京有几次换乘，在换乘车站候车，要天黑后才能返回，且没有任何成人的陪同。考虑到在美国城市里的安全性，Reid 表示反对。当他打电话给这个日本朋友的妈妈时，她很吃惊，因为她觉得这个旅行没有任何问题。Reid 放心了；女孩们的旅行很安全，而且在一起度过了美好时光。

　　在美国，当研究人员研究危险性城市的周边环境时，他们听到一个不同的故事（Brodsky，1996；Caughey，O'Campo & Brodsky，1999，p.624）。一个小女孩放学后，想

继续在家附近做游戏，但是如果这样，女孩就要在没有妈妈的陪伴下，在天黑的时候回家。即使母亲安排了其他人来接她，但天黑后他们也不安全。在这样的背景下，父母和其他人面临着巨大的周边问题隐患。

　　周边环境是生态情境与个人和家庭的生活之间关系的例子。上面我们对于两个城市背景的对比有些简单化：两种环境都有自己的优势和资源，都具有局限性。社区心理学和其他相关周边环境的研究都表明周边环境的复杂性以及它们如何与家庭和个人生活联系的。一些研究还表明，许多我们假定的关系也许是错误的，或至少是过于简单化。

　　例如，Gonzales、Cauce、Friedman 和 Mason（1996）对一个非洲裔美国城市青少年样本进行研

究，看影响青少年分数的预测因子是什么。结果是他们周边的环境有不同程度的风险（犯罪、帮派事件及暴力）。周边环境的风险对青少年学业成绩是一个很强的预测因子。如父母教育程度、家庭收入及留在家中父母的数量则是更强有力的预测因子。而且，在不同的周边风险环境中，父母的教养方式与孩子的学习成绩的联系是不同的。在低风险周边环境中，父母如果对孩子限制较少，孩子的学业成绩高。但是在高风险周边环境中，父母对孩子的约束越高，则孩子的学业成绩越高。

对准妈妈的研究是另一个例子。在巴尔的摩周边高犯罪地区的妇女，怀孕妇女面临风险的比率（如早产、孩子出生体重低）是低犯罪区的2.5倍。然而，如果提供产前护理和教育，减少怀孕风险，同其他地区相比较而言，住在高贫困地区和高失业率地区的妇女，怀孕风险要减少很多（Caughey, O'Campo & Brodsky, 1999）。这一发现揭示了居住在贫困地区的妇女，产前护理和教育并不够。在巴尔的摩，健康启动项目在社区内提供工作机会，改善住房质量，提供产前护理（Caughey et al., 1999）。这些问题也和宏观系统密切相关，需要政府与公司的政策变动。

理解周边环境研究　在描述关于周边环境的其他研究之前，我们必须作一些介绍。给周边环境一个确切的定义有点难，它大于街区而又小于城市。周边环境的边界是不确定的（Coulton, Korbin, Chan & Su, 2001; Shinn & Toohey, 2003）。小镇也许有周边环境的一些特点。我们中的大多数对周边环境只有一个粗略、直观的概念。

然而，周边环境非常多样化，对周边环境的抽象、概括会遇到许多反例。周边环境质量与个人行为关系的研究，还处在早期阶段，有许多复杂问题需要解决（Shinn & Toohey, 2003）。另外，在一个周边环境内部可能会有不同的区域。在巴尔的摩的周边环境里，不同区域在收入、房屋自有率及失业率上差别很大。政府为低收入者建立的板式住房街区，只是由少数几个街道组成，街道两旁分布着几个装修很好、有修剪很好的草坪和花园的家庭（Caughey, O'Campo & Brodsky, 1999, p. 629）。

此外，周边环境、家庭以及个人经常随时间发生变化。即使周边环境看上去比较稳定，实际上也仍处在不断变化之中。人口的增加或减少、工作机会、住房供应量这些都处于不断变化中。周边环境、民族融合度和平均收入水平可能也会改变。有可能是从稳定的周边环境过渡到高流动性周边环境，或者相反。当然，随着时间的推移，家中孩子长大，孩子行为和态度也会发生变化，导致个体和家庭随之发生变化。因此，即使我们将描述的许多特征似乎是稳定的，但是实际上它们都是持续变化中的一点。

我们将区分**周边风险过程**和**周边保护过程**。周边风险过程与个体抑郁、精神异常或行为问题在统计的意义上是相关的。周边保护过程是资源、力量，与积极的应对结果相关。保护过程可能会抵消或缓冲风险过程的影响。在不同的周边环境中，风险与保护过程有所不同。

我们也区分**远端过程**和**近端过程**。远端过程在范围上更广，对个体的影响比较间接。近端过程对个体的影响更直接更迅速。近端过程和远端过程并非是绝对化的分类方式，它们是统一主体的不同延续。我们将考虑结构化的周边环境过程（更远端）、周边环境的杂乱和物理环境的压力（更近端），以及周边保护过程（近端和远端）。我们的论述是以社会心理学家最近的研究述评为基础的（Shinn & Toohey, 2003; Wandersman & Nation, 1998）。

远端社会经济风险过程　这包括周边环境作为一个整体，其社会、经济或物理的特性。远端社会经济风险过程与个体问题相关。例如，在低收入地区居民的心理健康和行为问题、违法犯罪、心血管疾病、女性怀孕问题要更加普遍（Shinn & Toohey, 2003; Wandersman & Nation, 1998）。另一个远端社会过程是居民流动性：在居民高流动性地区，青少年犯罪更是常见（Wandersman & Nation, 1998）。

远端社会经济过程不只是局限在城市里。在爱奥瓦州农村进行的一项研究中，研究人员发现，社区劣势（依据失业率、政府救助的接受程度和高中以下教育程度的人口比率统计出社区劣势状况）可以预测到青少年男孩的品行状况；而社区单亲主妇所占的比例，可以预测到青少年女孩的品行状况（Simons, Johnson, Beaman, Conger & Whitbeck, 1996）。

不能因为这些周边环境水平的统计，就把这些问题归结为低收入或单亲家庭本身。经济宏观系统动力（例如失业）常常是问题的根源所在。此外，低收入地区和家庭也有保护过程在起作用。

风险物理环境　社会经济根源过程也产生危险物理环境，这种危险物理环境对个人及家庭有更直接的（近端）影响。低收入地区的居民更可能呼吸被污染的空气，饮用受污染的水。他们忍受更高的交通噪声，已有研究表明：这些因素限制了儿童的学校学习，低收入地区的儿童更容易生活在高铅环境下，铅对儿童的认知发展有影响。低收入地区儿童交通环境风险度更高。儿童受伤率也更高。低收入地区儿童往往缺乏健康的食物，很难找到大超市，住房条件低下，存在许多健康隐患。住房条件差，过度拥挤也与儿童的心理困扰有关（Evans，2004；Wandersman & Nation，1998）。如前所述，如果这样的环境问题得不到解决，在低收入地区的干预措施就很难有效（Caughey et al.，1999）。

周边环境的杂乱　一个更极端的办法是关注周边环境中暴力和粗野行为（Shinn & Toohey，2003；Wandersman & Nation，1998）。例如，约1/4的美国城镇青年在他们的一生中目睹过一宗谋杀。遭受暴力事件，可能会有后应激障碍、抑郁、攻击及行为问题（Shinn & Toohey，2003）。

粗野行为是干扰周边环境的明显信号，使人们对犯罪更加担心。物理粗野行为包括破旧的建筑物、乱扔垃圾、破坏及涂鸦。社会粗野行为包括公共醉酒、帮派行为、毒品交易。Perkins 和 Taylor（1996）报告说，生活在美国城市街区的居民，与周边地区的那些居民相比，有更多的粗野行为（尤其是物理的）。城市街区居民更担心犯罪，更抑郁和更焦虑。周边环境的杂乱也导致父母倾向采用限制性的教养方式，而且，考虑到孩子的安全，他们可能会离开社区（Gonzales et al.，1996；Brodsky，1996）。

保护过程　在周边环境的危险因素中，并不是都与个人问题或高压力问题有关。这就需要我们弄清楚，哪些保护过程在起作用。对个体健康起保护作用的远端因素，如高比例的常住居民和高比例的居民自有住房率。有一些近端因素也是保护性的，如居民间的相互关系、社区感。例如，同那些社区组织化程度不高的地区相比，巴尔的摩那些具有高度社区组织的居民（更多的选举人，更高的社区组织参与度），妇女怀孕时遇到问题的可能性更低。在那些有更多社区服务、商业和健康关怀的社区里，这个风险会更低。在另一项关于美国郊区低收入居民研究中，那些社会联系和居民间相互支持程度比较高的地区会有更低水平的虐童现象。

宏观系统、周边环境、家庭、同辈群体和个体因素之间的交互作用比我们假设的要更加复杂。例如，Roosa、Jones、Tein 和 Cree（2003）建立了一个周边环境对孩子和家庭影响的模型，这个模型用来指导预防项目。在这个模型中，强调了孩子和父母对周边环境的感知的重要性，同辈团体对于青少年的重要性以及这些因素如何与周边环境因素交互作用。预防项目能提高家庭应对周边环境问题的能力。

提高居民的生活质量

保护过程为社区干预提供了一种途径。社区健康和预防项目以及临床干预会把社区资源与家庭联系在一起。社区水平的干预包括创造更多的工作机会，提高住房的质量，政策倡导以解决更广阔的社会问题（Caughey et al.，1999；Maton，Schellenbach，Leadbeater & Solarz，2004；Wandersman & Nation，1998）。

对于纽约的低收入居民，合作住房反映出了居民参与住房决定所造成的冲突（Saegert & Winkel，1990，1996）。当城市没收那些不缴税的在外地的房东的建筑物后，有三种处理方案：把它们收归城市所有，把建筑物卖给新的个体房东或者把建筑物销售给低收入者组成的联合会。与前面两个处理方案相比，低收入者联合会的住宅已经显示出质量更高、更安全、能有效地避免药物滥用及更能让居民满意的优势（Saeger &

Winkel，1996，p. 520）。有效的城市领导者出现了，他们更多地来自于妇女和年长居民中。

达德利大街居民委员会（the Dudley Street Neighborhood Initiative，DSNI）是一个以邻里为基础的社区发展的例子。DSNI 已经把波士顿城市内的一个区域由垃圾场转变成了一个繁荣的居民区。1984 年，这个区域有 1/3 是空地而且充斥着非法倾倒的垃圾，这里还经常发生纵火案，但是政府对此却视而不见。DSNI 组织街区居民并成功给市政府施压，让市政府下令禁止垃圾倾倒，随后 DSNI 取得了空地的控制权。现在，达德利大街的居民在这里建立新的公园、商店、社区花园、游乐场和社区中心，他们为此而感到骄傲。在这个区域建了超过 400 座新建筑，修复了 500 个住房单元。这里的生活是令人激动并且安全的。所有这些都是本地居民通过 DSNI 进行规划和实施的。外部的拨款和城市合作也起到了一定的作用，DSNI 使用本地的资源并且为本地的社区做决定，彻底地改造了他们的社区。虽然在 DSNI 的规划中有大量不同的意见，但是依然存在着真正的社区精神以及一个社区改变的实实在在的证据（Dudley Street Neighborhood Initiative，n. d.；Kretzmann & McKnight，1993；Medoff & Sklar，1994；Putnam & Feldstein，2003）。

在纳什维尔和纽约的城市居民中，市民街道委员会已经对街道环境产生了积极影响。在一个纵向研究中发现，在一个有着街道委员会的社区中，更容易发生有益的改变（既包括有益于个人的，也包括有益于大众的）（Wandersman & Florin，2000）。同时这也让我们回想起来，在对社区组织参与度更高以及拥有更多服务的社区中，妇女怀孕时遇到问题的风险更低（Caughey et al.，1999）。这些定量研究以及案例研究表明，社区发展干预是有效的（我们将在第 13 章进一步讨论这一主题）。要使居民生活得更加幸福，还需要讨论更广泛的社会问题（Caughey et al.，1999；Maton，Schellenbach，Leadbeater & Solarz，2004）。

创造和改变环境

居民不是社区干预的唯一关注点。接下来我们将描述两个社区心理干预案例，它们创造了或者改变了社区环境，提高了居民的生活质量。

社区居住区：创造一个可供选择的社区环境

怎样创造或者改变环境以促进人们的生活质量呢？即使我们能够确认需要环境变量，改变现存的环境条件也不是一件容易的事情。一个特定的环境中，社会体系和居民个人，一般情况下都主张维持现状而反对改变现状。相互依存、适应和社会规范等概念暗含了对环境进行改变的途径和突破口。对于个人来说，提高生活质量的方法之一是创造一个新的环境条件，也就是社区心理学家所说的**可供选择的社区环境**。

早期，社区居民区的建立对社区心理学和社区心理健康都有影响（Fairweather，1979，1994；Fairweather et al.，1969）。而其中包含的一些原理至少在美国的心理健康保健研究中从未得到广泛采纳。那些因素恰好是心理健康的社会性规范中最令人感兴趣的方面。因此，社区居民区运动是可供选择性的环境的一个很好的例证。

20 世纪 50 年代，在精神病住院治疗运动的背景下，社区居民区思想运动开始萌芽。Fairweather 在精神病住院治疗所工作一段时间后，认识到医院的环境条件以及病人住院治疗并不能够实现让有严重的心理疾患者日后独立生活的目标。在住院治疗的情况下，病人几乎没有做出决定和自主活动的机会，"好的行为"常常意味着遵循医院的各种规定；相反，一旦病人得到"解放"（摆脱医院和医生的限制），就需要富有创造力，做出独立的决定，跟上时间的脚步，与其他人形成支持性的联系。因此，医院里和社区里生活的要求和角色规则是不一样的。

Fairweather 的研究小组发展了住院病人小组疗法。这个疗法旨在提高甚至有严重的心理疾患的病人在同伴的帮助下做决定的能力，为出院后的独立生活做准备。尽管如此，只有这些治疗还是不够的。那些病人一旦出院，在经过很短的一段社区生活后仍然会以很高的复发率回到医院。Fairweather 及其他研究者认识到，当病人出院之后，如果没有相应的社区生活环境条件、角色规范及足够的支持，只是改变医院里的社会角色规则是不够的。

因此，Fairweather 及其他研究者在专业的工作人员——病人角色关系设定的基础上，创造了一个可供选择的社区环境——社区居民区。对于那些有严重的心理疾患的人来说，社区居民区是以支持性的同伴关系为基础的。出院的病人租用了一个旧的旅馆，并重新装修作为他们的安身地（Fairweather，1979，pp. 316－322，327－333）。医院的领导几次参观了他们的新的住处之后，可允许他们从医院里搬出来，搬进了他们装修的房子（居民区）里。经过几次锻炼和出错的教训后，居民区的成员变得具有自我约束力。他们制定了居民区的规章制度，这些规章制度使他们与其他居民区的成员（而非邻近的居民区）开展心理疾患症状的讨论成为可能。令研究者吃惊的是，先前的一些心理疾病患者经过住院治疗和这样的居民区的生活后变成了社区的积极分子。居民区成员发展了园艺行业，这样就能变得经济自立。最后，他们有足够的信心结束他们与 Fairweather 等专业人士的专业性接触和交流（Fairweather，1994）。现在美国已经存在许多这样的社区居民区。

社区居民区有以下几个特征：最重要的和最令人吃惊的一个特征是居民区的居民进行自我管理，专业心理服务人员只是一个指导者。专业心理服务人员最终会逐步结束他们与病人的专业性的接触和交流。居民区成员规定，他们有责任监督同伴服药，在居民区内外认真活动、锻炼等。作为一个群体性的组织，居民区有权决定是否批准一个新成员加入或者开除旧的成员（Fairweather，1979，1994）。

Fairweather 开展了一项研究，研究中志愿者被随机分配，去考察社区居民或者一般性的精神病人出院后的健康保健安置机构。Fairweather 发现，虽然在背景变量上与控制组相似，但居民区成员有较少的疾病复发率，在医院里待的时间较短，比起控制组来说居民区的成员被雇用的天数更多、时间更长。历时五年的追踪研究发现这些差异都是存在的。再者，社区居民区的方法比传统的方法更划算、更经济。

从 20 世纪 60 年代开始，社区居民区的研究对普及社区心理健康和保健具有很大的指导意义和应用价值。但是，社区居民区的关键因素，自我管理却很少被采纳。这可能损坏了专业治疗认可的帮助心理疾患者的必要性的社会规则——专业的督察和控制。正如 Fairweather 所指出的，社区居民区的研究暗示了别的方法也是有效的。

STEP：改变学校里的社会规范

回忆一下你第一天进入新学校的生活状况。你有这些印象吗？寻找你的班级和锁柜，迷路了，担心自己不能满足专业和老师对自己的要求，在更大、更复杂的环境里，与老朋友保持联系，结交新朋友、避免戏弄别人或者被高年级的学生戏弄，寻找适应这个新环境的方法。

学生过渡期环境规划（the School Transitional Environment Program，STEP）（Felner & Adan，1988）旨在明确和解决以上列举的问题。STEP 尤其是改变了美国公立初中和高中关键的社会性规范（很明显这不是一件轻而易举的事情）。对大多数学生来说，在过渡时期，专业成绩、对学校里开展的活动的参与性、来自学校工作人员的社会性支持和自尊等因素都会降低（Reyes，Gillock & Kobus，1994；Seidman，Allen，Aber，Mitchell & Feimman，1994）。对脆弱的学生而言，长期的影响尤为严重。

STEP 有两个必要的组成部分：（1）重组学校环境以便降低学生遇到的社会环境和自然环境的复杂程度和变动程度；（2）重新规定教师和指导人员的角色（Felner & Adan，1988）。为了明确第一部分的目标，STEP 规划将学生组织成小组，小组成员一起参加主干课程学习，一起接受各种指导。学习主干课程的地方和学生接受指导的教室相距很近。并由教师组成核心工作团队来指导学生。这些简单的调整促进了多重的、崭新的同伴关系的建立，同时也促进了学生对学校环境的适应。在有多个分校的规模较大的学校环境中，效果尤其显著。

STEP 的第二个组成部分包括对家庭教师角色的重新定位。STEP 里的家庭教师主要充当学校和学生家庭的联系人角色，他被赋予了许多任务，担负起指导作用的顾问角色（比如，如果学生缺席的话，立即联系学生的家长，会面学生父母，

作为学生解决许多问题的一个主要的咨询处）。

在 STEP 最初的实验设计中，研究者随机选取了 9 年级的学生参加实验，同时选取了同一学校的对照样本作为对比研究之用。Felner 和 Adan（1988）报告，在 9 年级的学期期末，参加 STEP 实验的学生，学校缺席率较低，成绩等级较高；这些学生对学校环境有更多的积极正面的感受，认为这一环境更可靠，更具有支持性、组织性和可理解性；这些学生的自我概念得分，一年以来都保持在稳定的水平上。而那些作为对比研究的学生的自我概念得分则下降了。参加 STEP 的教师的报告也有较高的教学满意度。另外，在 10 年级末，学生辍学现象更少。

在对不同层次（高等层次和中等层次）、不同地域（城市、郊区和农村样本）初中学校的重复实验中，STEP 得出了相似的结果（Felner & Adan，1988）。因此，在不同年级、不同场所，STEP 降低了学生转型期的压力。

 结论

环境是心理学中比较重要的一个部分，特别是环境为个人和社区生活提供的资源。然而，Moos（2002，2003）就个体和生态情境的关系提出了未解决 4 个问题。

1. 情境因素对个体的影响既强大又脆弱。情境包含哪些风险和奖赏线索？周边环境、社区情境、医疗情境、家庭和其他情境的影响很大。例如，有凝聚力的氛围，对成员的态度和行动有影响。然而，影响也是危险的，例如，当凝聚力和忠诚度至高无上时，成员意见分歧就是缺陷的标志。"情境的力量如果足够强大，可以使个体发生结构性的变化。而当这种力量足够强大，可以使个体自我怀疑、痛苦，甚至有自杀行为"（Moos，2003，p.8）。促进团结和环境影响力必须理解和考虑其中的风险。建立一个真正尊重不同成员和观点的环境是具有挑战性的。

然而，情境因素对个人生活影响也很脆弱，当人不在情境中时，情境的影响力减弱。研究充

分表明，虽然治疗、预防项目和社区变革对个体和社区有一定的效应，但这些影响是短期的。至关重要的是找到办法，创造一种积极的环境，促进个体生活质量的提高。

许多人忍受着环境造成的心理创伤，并且找办法来战胜这种心理创伤，获得心灵成长，发展新的力量。个体与环境的什么品质能支持发展？Moos（2003）注意到案例研究可以识别促进转变的个人和环境因素。

2. 我们如何理解生态情境作为一个动力系统，随着时间推移而改变？社区、背景及其他情境都有自己的历史，是一个不断变化的过程。虽然我们这一章中提出的概念可能会产生环境是稳定的这种错觉，事实上，它们在不断地发展，随着时间的推移不断变化。当家庭中的孩子长大时，家庭发生了变化。当周边环境的社会和文化、经济资源和机构发展时，周边环境就发生了变化。在开始的时候，社区组织往往积极努力、乐观，但

最后常常失去活力或解散。环境的内部力量和外部影响因素如何影响环境变化，我们现在的了解还很不全面。比如，某一环境和其他情境、宏观系统的关系。

3. 我们如何能够澄清个人和情境之间的相互关系？研究环境的特点是一项富于挑战性的工作，因为环境的许多重要心理品质是主观的（Moos 的社会氛围量表）。虽然有描述环境变量的方法，但仍然由许多特质待定（Moos，2003；Shinn & Rapkin，2000）。此外，个人和环境之间的关系是相互的。个体在选择和影响周围环境的同时，也在受它们的影响。理出它们的因果关系模式是很困难的。

4. 文化、种族、性别和其他的社会过程是如何影响生态情境的？社区、周边环境、背景在文化、历史和社会特性上都不尽相同。例如，要建立有效的社会环境去帮助个人戒酒，其所依据的文化和精神信仰资源，在欧裔美国人和阿拉斯加土著人之间就有所不同（Hazel & Mohatt，2001；Mohatt *et al*.，2004）。因此需要考虑文化背景（O'Donnell，2005a）。

生态环境的概念对社区心理学是至关重要的。从许多方面来看，整个社区心理学试图了解环境和个体是怎么样相互影响的。从这个意义上讲，其余各章都是对这一主题的详细阐述和扩展。

本章小结

1. 生态情境是由影响个人行为、健康和发展的自然和社会方面所构成的，社区心理学研究试图理解生态情境和个人的生活之间的相互作用，包括个人—环境的匹配，寻找改善情境以提高个人生活质量的方法和途径。

2. Barker 所提出的生态心理学关注生活情境里的社会行为问题。Barker 及其同事所提出的*行为情景*一词，是由一个物理意义上的行为发生地点、时间和行为固定模式三部分所组成的。项目的整体安排和规划，例如会议的议事日程，目标的整体设计和规划满足了个人的目标追求，当一个人从行为情景中被排除时，*否决机制*就会发生。*反向机制*则是个人参与行为情景所需的技能。

3. Barker 及其同事还提出人员饱和情景和人员紧缺情景的概念。人员饱和情景使用少部分人，使用*否决机制*排除其他人。人员紧缺情景需要人们积极参与，以满足角色需求，通过反向机制而不是否决机制提高个体的技能和忠诚度。

4. O'Donnell 提出了活动情景的概念，与行为情景的概念相比，活动情景概念更加注重情景参与者的主观体验。活动情景是以*主体间性*为基础的，或者说是以情景参与者共享的假设和意义为基础。

5. Kelly 及其同事提出了 4 个生态学规则：*相互依存*考察人与人之间相互联系的程度；*资源的循环*将注意力转向如何定义、创造、互换和保存有形的和无形的资源；*适应*考察个人如何满足环境对个人所提出的要求；*持续性*关注如何不断地创造、保持和改变环境。

6. Moos 发展了通过环境成员的知觉体验和评价来测量环境的社会氛围。根据 Moos 的观点，社会氛围有 3 个基本的维度——社会关系、个人的发展以及系统的维持和变化。社会氛围量表与个人行为、个人心理健康的研究和测量有关。

7. Seidman 提出了社会规范的概念。社会规范指角色所具有的可预测的、固定的社会行为模式（比如教师—学生这样的角色关系）。社会规范涉及不同角色之间的权力。

8. 环境心理学的研究关注自然环境与个人或者社会行为的关系。与社区心理学研究有关的话题包括环境压力源、工作区和周边环境区的环境设计。

9. 在本章，我们举了一个高中上演戏剧的例子。并试图从 6 个生态视角去阐明它。

10. 周边环境因素影响家庭和个人的生活质量。实际上，在重要性上，周边环境压力源对个体的影响，会超过家庭和个人因素对个体的影响。我们确定了周边环境风险过程和保护过程，包括近端因素（直接影响个人和家庭），远端因素（其影响可能是间接的）。这些因素包括远端社会经济因素、危险物理环境、周边环境的杂乱。保护过程，如社区力量和资源。我们也讨论了社区水平的干预，以提高社区的生活质量，包括达德利大街居民委员会的环境革新。

11. 社区心理学家尤其关心如何改善生态环境以提高个人的生活质量。我们介绍了改变生态环境的两个例子：为有严重的心理疾患者提供的一个环境可供选择的社区居民区，改变学校的社会规范以提高学生专业成绩的 STEP 规划。

12. 关于生态环境，Moos 提出了 4 个问题，情境的强大和脆弱，情境是动态的、不断变化的，个人和环境的关系，环境和个人的关系如何受文化和其他社会进程的影响。

 ## 简短练习

1. 选择两个你曾经加入的班集体（任意教育水平），一个是你喜欢的，另一个是你不喜欢的。试着选择难度相似的班级。

描述作为行为情景的这两个班级存在怎样的差异。尽可能多地列出二者的差异，然后列出能够表现这些差异的变量（比如，信赖讲座—信赖群体活动；学生之间的竞争—合作；教室或者班级大小的差异；有效适应环境所需要的技能；否决—反向循环机制；社会规范）。

将你列出的环境差异变量向你的同班同学讲解，检查你的理由清晰与否；然后利用教室环境量表（Moos & Trickett，1987）或者利用本章介绍的量表，将你列出的变量与以上的变量相比较。

最后，思考为什么不同的学生的最佳行为表现的行为情景/班级类型不同；对你所描述的两个班级中可能有良好表现的学生类型进行预测。

2. 回忆你的生活经历，选择两个行为情景：人员饱和的行为情景，即成员的数量超过需要扮演的角色数量；人员紧缺的行为情景，即角色数量超过成员数量（如果你现在还没有思路，可以分析你学校的课外活动）。描述这两个行为情景及其差异，然后回答以下问题：

人员饱和的行为情景是否产生了无法加入到该情境的多余成员？在这个情景中，否认机制很普遍吗？

通过发展新技能或者获得高度的自尊，人员紧缺的行为情景是否使每一个成员都"获得"了扮演角色？情景成员是否产生了更大的参与感或者责任感？反向机制普遍吗？

作为参与角色的成员，你更加喜欢哪一种行为情景呢？为什么？

3. 步行穿越居民区的周边地区，最好的时间是在温暖天气的傍晚，寻找能促进社区联系的特质：供人们休息的门前走廊、人行道和步行街；街道上汽车流量少；有一个公共区域，儿童可以安全地玩耍，大人可以边聊天边照看孩子。这些特征能够刺激你与不认识的人们互相打招呼、交谈或者与其他邻里友好接触和交流吗？如果没有这些物理环境，会减少这样的接触和交流吗？还有其他能够刺激人们进行交流的环境吗？

参观一些如公园或操场之类的公共场所，不管它的规模有多大。那里有步行街和和睦的交流吗？空间的公众开放性以使个体感到安全了吗？有没有绿化、长椅或其他促进友好接触的设施（Kuo et al.，1998）？

推荐阅读

Kelly, J., Ryan, A. M., Altman, B. E., & Stelzner, S. (2000). Understanding and changing social system: An ecological view. In J. Rappaporty, & E. Seidman (Eds.), *Handbook of community psychology* (pp. 133 – 159). New York: Kluwer Academic/plenum.

Moos, R. (2003). Social context: Transcending their power and their fragility. *American Journal of Community Psychology*, 31, 1–14.

Shinn, M., & Toohey, S. M. (2003). Community contexts of human welfare. *Annual Review of Psychology*, 54, 427 – 460.

Wandersman, A., & Nation, M. (1998). Urban neighborhoods and mental health: Psychological contribution to understanding toxicity, resilience and interventions. *American Psychologist*, 53, 647 – 656.

 推荐网站

达德利大街居民委员会（DSNI）
http：//www. dsni.org

阐述 DSNI 的历史和工作。它是本章描述的周边环境变革革新的范例。

 关键词

行为情景、生态心理学、环境设计、环境心理学、微观系统、宏观系统、外部系统、周边环境、背景、社会氛围、社会规范

 章际练习：情景的生态学评估

第 5 章介绍了生态学概念和许多不同的研究分析水平。在这里的练习中，你将在微观系统或者组织水平上分析给定的情景。

以选择行为情景作为开始，Barker 及其同事定义了行为情景所必须具备的几点：

● 物理意义上的行为所发生的地点和时间；

● 时间或者地点应该具有明确清晰的界限，以便能够从其他情景中将其区分出来；

● 行为的固定模式。

这可能是一个微观系统或者组织性的宏观系统，选择除你家庭之外的某一行为情景，仔细地加以选择；从个人经验角度来说，你应该很熟悉这个环境，特别是现在你能够观察到的环境；如果你能够很好地回忆起某一行为情景，你可以从

过去的经历中选取。选取一个至少有 10 个人的行为情景（首先应该保证有足够的角色和成员以供分析和研究），比如，一个班级、学生社团组织、操场、居民区的大侧厅或者单元、小型的工作间、社会俱乐部或者宗教团体（或者是其中的一个小群体如唱诗班或者某一社会阶层）。

从以下方面分析你所选中的这一行为情景（反复观察情景是一个很好的办法，与朋友一起做观察，常常更有意义）。

物理特征

描述情景的自然的、建筑的和装饰的特征——它的地点、大小、边界、空间安排、家具（和是否能够移动）、小路、绿化情况（如果室外有的话），在什么时间投入使用？是拥挤的还是未占用的？你能够描述一个物理环境的基调和氛围吗？

你能够提出优化和改善这一环境的自然物理特征的建议吗？

行为情景

这一部分引用的概念来自于 Barker 的行为情景理论。

描述一下行为发生的情景状况（或者固定模式）。尽可能地细节化，其中包括有多少人？人员流动性的大小（比如，零售商店、操场）情况（或者一年级的一个班级）。

描述这个情景所要实现的目标，即描述在这种情景中的普遍的个人追求目标。另一条思路是：在这个情景中人们有什么样的增援力量？

最后，思考这个行为情景如何与其他的行为情景发生联系。它是一个较大的行为情景组织的一部分吗？它直接与其他行为情景相关联吗？

人员饱和情景和人员紧缺情景

这个情景是人员饱和行为情景还是人员紧缺行为情景呢？饱和或者紧缺的程度是轻微的还是严重的？

如果是人员饱和的行为情景，这个行为情景是否排除了许多本来可以加入（否定机制）到其中的成员？它倾向于使用只扮演特定角色的个人吗？

如果是人员紧缺的行为情景，这个行为情景包括同时充当许多角色的成员吗？任何人都可以扮演两个或者更多的角色吗？存在没有演员的角色吗？这一情景是如何积极组织参加者的？此情景的组织者会花时间教会演员如何演好他们的角色（反向机制）吗？情景的参与者对这一情景的责任感有多大？

你是否能够优化人员紧缺的行为情景，从而使人们能够在更大程度上受益？

人口/结构的特征

从人口统计学角度描述情景的参与者具有的特征：性别、种族、年龄或者其他方面。这些人口统计特征是如何影响情景运作的？例如，如果情景的成员主要是某一年龄或者从属于某一性别的人，这一点是如何影响情景氛围和基调的？

社会规范

你能够确定一种社会规范或者行为的可预测的固定模式（比如，教师提出比学生数目更多的问题）以供我们加以研究和分析吗？这个社会规范包括什么角色（比如，思考一下教师—学生、老板—员工、组织中的领导—普通成员、专业工作人员—病人等的互相联系的角色）？以这个社会规范为基础的权力存在差异吗？

你能够在社会规范方面提出改变建议，以便完成情景任务或完成得更好吗？

社会氛围

如果你的行为情景类似于 Moos（1994）提出的社会氛围量表中的行为情景，完成这一量表；如果你能够找到其他的行为情景成员，同样完成该量表，计算每一份量表的平均得分和分数分布；如果没有可利用的量表，回顾本章中所开展的讨论，选取能够用于描述这一行为情景的社会氛围概念。

你有什么样的建议以改善行为情景的社会氛围？

生态学原理

在这一部分里，我们将考察 Barker 的生态学原理，你也许能够用到这里其他部分的信息。

行为情景的参与者彼此间是如何相互依存的？他们是怎样频繁地相互作用的（参阅以上社会氛围关系维度中你的回答）？在这一行为情景中的参与者是如何加强相互作用的？该行为情景中存在什么样的资源，有形的或者无形的？无形的资源包括知识、技能、情感支持、时间、能量、责任与承诺、对前景的看法和情景中的宗教仪式或者传统习俗。这些资源在该行为情景中如何得到循环或者相互交换的？怎样更好地得到开发或者利用的？

为了适应它，这种行为情景对参与者提出了什么要求？为了更好地适应这种行为情景条件，参与者应该具备什么样的技能？怎样学会这些技能呢？这个情景条件是如何促进参与者对这些技能的学习与掌握的？

这个行为情景条件是如何不断地发生改变的？行为情景的什么特征会长期保持不变？对这个行为情景的前景和未来你有什么预见性的看法？

总结

以上哪一部分引发了你对行为情景的最有兴趣的思考？除了这些问题和概念，有关行为情景还有其他的重要的东西吗？通过这一练习，你掌握的最重要的东西是什么？

开篇练习：你生活中的社区

我从来没有遇到一个人，无论是年轻人还是老人，富裕的或者贫穷的，黑人或者白人，男性或者女性，受过教育的或没有受过教育的，在我解释心理社区感概念时有很大的理解困难。(Sarason，1974，p.1)

你生活中的一些重要的社区有哪些？经过思考之后，列举出这些社区（为了简化的目的，让我们先排除你的直系亲属和你的朋友网络）。也许你可以列举出在你的生活中很重要的项目：

● 除了你核心家庭之外的，你扩展家庭的成员；

● 校园组织，俱乐部或者球队；

● 工作地点；

● 共同上课的同学；

● 你目前居住的或以前居住的街区或你的邻居；

● 你的家乡或目前居住的地方；

● 宗教集会或宗教团体；

● 你所参加的自助型团体或互助型团体；

● 俱乐部、团队；

● 志愿者联盟：诸如市民俱乐部、政治团体或者是社区推进和变革的团体；

● 你所在的学院或大学；

● 网络聊天室或是你所参加的其他在线团队。

想一想为什么你会列举出这些社区。在这些社区中你有什么样的情感体验？最后，列举出在你生活中你感到被某一社区排除在外的时刻，或者在社区中受到不公平对待的事情。这对你有什么样的影响？（如果回忆唤醒了你强烈的情感体验，找一个你信赖的人，和他一起讨论。）

在我们的经验里，做这个练习的人列举的社

区有很大差异，然而却又有一些共同的心理学主题。在人们列举的社区中，人们体验到共享的情感联结，彼此愿意在一起的情感，是一种信任或关怀、照顾的感觉。社区心理学家把这种感觉命名为社区感。

然而，尽管我们都能识别出在我们生活中的重要社区，学者和公民认为社区或者社区感正在下降。Robert Putnam 的书《一个人的保龄球游戏》（*Bowling Alone*，2000）见证了美国社区形式的重要转变过程。个体对于他们所属社区的疏远感达到了最高值，而对于别人的信任感则达到了最低。从 1965 年到 1995 年，慈善捐款稳定下降，最近比较平稳。在过去的 30 年中，积极参加社区组织的人数也在下降，这种下降的趋势对于为青少年发展提供志愿者服务的组织而言，影响是很严重的。因为与此同时，针对这些群体的政府服务也在减少。非正式邻里沟通以及社会拜访行为也在减少，尽管这种趋势不如别的指标下降得那么明显。在过去的 30 年中，公民参与政府事务的指标也在下降，例如：选民的数量和愿意参与政治活动的人数，写信给编辑的人数，志愿参加政党和政治运动的人数都在下降（Berkowitz，1996；Putnam，2000）。这种下降的趋势不仅发生在美国，在欧洲国家、日本、澳大利亚、新西兰，选民的数量和愿意参与政治活动的人数也在下降（尽管在总体水平上比美国高）（Putnam，2002）。

然而，也不全是坏消息。在美国，参加互助型群体的人数显著增长（Kessler，Mickelson & Zhao，1997）。2/5 的美国人参加到为成员提供帮助的小组中，不仅包括互助型小组，也包括宗教信仰和祈祷群体（Wuthnow，1994）。在青少年和老年人中，社区服务也在增长。在线社区成为社区的新形式（Putnam，2000）。

年轻人开始参加到公民倡导中来。例如，2004 年，对共和党全国代表大会的抗议活动中，其人数远远超过了 1968 年在芝加哥著名的民主党大会的示威人数。"E—活动家"，使用网络资源参与公民行动的，在快速增长。其领导者往往是年轻人。在 2004 年的美国总统选举中，30 岁以下的选民增加率超过其他任何年龄段（kamenetz，2005）。

这种趋势意味着什么呢？是社区联结的作用下降了呢？还是公民参与的社区活动发生了转向？Putnam 用"一个人的保龄球游戏"作为他的中心隐喻和标题，但是他承认数据显示，保龄球俱乐部的参与者减少了；人们更多地去参加非正式打保龄球群体（Putnam，2000，p.113）。也许最严重的问题可能是不同社会阶级、收入和种族间相互联系和了解减少了（Wuthnow，2002）。

"社区"这一词含义的多样性及不确定性，使人们对这一问题的探讨变得复杂。社区，其感性内涵赋予它隐喻的可能性，要科学研究并进行界定则很难。社区涉及不同的生态层面，从微观系统到宏观系统。然而，含义具有多样性未必不好。这可以使人们从社区概念的多层面进行有创造性的探索，只要探索者能从多角度进行思考，发现它们的潜在价值，避免片面性的思维，这种探索就是有价值的（Rudkin，2003）。请记住 Rappaport 规则："当所用人都同意你时，要注意了"（Rappaport，1981，p.3）。当我们对社区概念进行定义时，也请记住这一规则。

什么是社区

长期以来，社区一直是社会科学关注的核心。Tonnies（1887/1988）提出了一个著名的理论，区分出世俗社会和法理社会。世俗社会，是前工业化时代的社区共同体；法理社会，是追求个人目标的工具性关系。生活中既存在世俗社会又存在法理社会。购买生活用品不需要世俗社会关系。然而，Tonnies 认为现代西方社会削弱了传统的世俗社会关系。他是较早提出"社区的消失"这一主题的理论家。Kropotkin（1914/1955）采取了不同的视角。他反对社会进化论的观点，即社会进化必然产生强大的、有攻击性的个体，Kropotkin从自然和社会历史中收集证据，证明互助可以促进个体与社会的生存。他的工作提示人们社区和相互依存是无处不在的。在心理学理论中，Alder（1933/1979）也强调了社区参与对个体健康和社会凝聚力的重要性。

Sarason 的书《心理社区感》（*The Psychological Sense of Community*，1974）中，为社区心理学家如何思考社区和个体的关系奠定了基调。Sarason 把社区界定为"容易获得的，互相支持的

人们能依赖的关系网络"（p.1）。Sarason 认为，"社区心理感的缺失和淡化是人们社会生活中最具破坏性的因素"。社区感的保持和发展是社区心理学的"基本价值"。Sarason 在多个层面上使用社区的概念，他把家庭、街道、朋友、邻里、宗教机构，甚至是国家的职能组织也作为社区的一种形式（p.131，153）。Sarason 强调的孤独的个体对社区的渴望也只反映了社会学家和社会科学研究社区的一种视角（Bernard，1973，Hunter & Riger，1986）。

社区类型

社会学中关于社区的定义与社区心理学中关于社区的定义存在两个方面的区分：社区作为一个居住地和社区作为一个关系型群体（e.g.，Bernard，1973；Bess, Fisher, Sonn & Bishop, 2002）。

地域基础型社区 这是社区的传统概念。它包括城市街区、邻里、小城镇和农村。在社区成员中存在着人际关系的纽带，这种人际间的纽带是以接近性为基础的，而不是一种必然的选择。当聚集在同一聚集地的成员共享强烈的社区感时，他们对地域的忠诚感非常强烈，个体通常通过提及自身的居住地而认同自身。朋友经常是自己的邻里。在许多国家，政府代表机构、公立学区及其他形式的社会组织，通常由其所在地确定。

关系型社区 这类社区通常依靠人际关系社区感形成，而不是受限于地理条件。网上的讨论群就是完全摆脱这种地理限制形成的。社会互助

团体、学生社团、宗教教会通常通过一种关系联结形成。虽然在西方社会，许多地区社区感已经逐渐衰退，但个体却似乎越来越倾向于加入关系型社区（Hunter & Riger，1986）。

尽管一些社区也许是以友谊或娱乐关系为基础的（例如，乡村俱乐部、保龄球俱乐部或者女学生联谊会），但它们多因具有一个共同目标或任务而形成。工作团队、运动队、宗教教会、妇女宣传机构、商会、工会、政府常设机构均是例子。

地域基础型与关系型社区共同形成了社区连续体，它们不是一分为二的两点。许多关系型社区，例如大学和宗教教会，通常坐落于某一地区。网络讨论群几乎完全处于连续体上关系型社区那一极；而一个城镇或居民区则完全属于地域基础型社区那一极。你在表中所列出的社区可能处于连续体不同的维度上。

社区水平

社区存在于不同层次的生态水平中。包括：
● 微观系统，例如，教室、互助群体；
● 组织，例如，工作团队、宗教教会、民众团体；
● 地域，例如，城市街区、居民区、城市、城镇、农村地区；
● 宏观系统，例如，商业社区、美国菲律宾人社区。

然而，各社区在不同水平上又存在着相关性。

教室存在于学校之中，地区、地方政府、当地经济、城市街道布局、学校位置及其他因素，会影响到居民区、组织，甚至微观系统的形成（例如影响到孩子的同学或朋友）。宏观经济、政治力量影响到工作区、学校、社区项目及家庭的形成。改善社区及个人生活通常需要在多层次上做出复杂的改变，甚至是宏观系统的改变。

如果社区存在不同的水平，那么社区概念的最低界限是什么？能够被称为社区的最小群体是

什么？你的直系家庭或者你的朋友网络能被称作社区吗？当然，它们有一些社区心理学意义上的特性。Hill（1996，p.434）认为，为了使概念更加明晰，家庭和社会支持网络或者是友谊都应该被认为是社会支持网络，而不是社区。希尔的观点是：社区应该被阐释为一个大的群体，在这个大群体中，个体间彼此不认识，或者与他人联系不密切。然而，成员彼此却共同承担义务。在本章我们对社区的讨论中，我们把直系家庭和友谊社会网络排除在外。

调节结构 一些群体和组织能使个体与更大的组织、地域或者社会建立联系。加入这样的群体组织，能够使个体建立一种社区感。同时，也为个体提供了一种使其加入到大型社区或社会中的途径。因此，这些作为中介的社区，被称为调节结构（Berger & Neuhaus，1977）。例如，家长—教师协会、民众组织、政治组织及居民区机构均为人们加入到更广泛的社区提供了途径，同时成员可以把对社区的意见统一表达出来。他们协调个人与社区间的关系。在大学中，社团、宿舍管理机构、学生会均是调节结构。

谁定义了社区

当然，社区由其本身界定，但是我们需要认识到，在社区界定过程中存在着斗争，许多外部组织也会卷入其中（例如，政府决策者、政治力量）。例如，Sonn 和 Fisher（1996）研究了南非"有色人种"的社区感。南非"有色人种"是由种族隔离法确定的种族范畴。这些人认为，尽管存在强加的分类，南非的"有色人种"试图去建立一种共同的观念抵御种族压迫，甚至那些移民到澳大利亚的人也坚持同样的观念。在澳大利亚，通常由政界或学术界人士确定原住民社区的概念。这是一种西方化的概念表达，而忽略了本土澳大利亚人的多样性（Dudgeon, Mallard, Oxenham & Fielder，2002；Lee，2000）。在界定美洲原住民与其他受压制群体时，也存在这种主流观点。最后，随着时间的推移，澳大利亚人概念（或其他民族身份）是社会建构概念的观点日益受到挑战（Fisher & Sonn，2002）。

Hunter 和 Riger（1986）发现了美国社区健康中心（第2章中讨论的）是如何界定社区概念的。美国社区心理健康中心把社区定义为"集水区"，这是基于人口普查、自上而下、强制性的概念。"集水区"概念反映不了现存的社会和文化界限，也识别不出关系型社区，如互助组织。2001年，一项针对家庭及儿童的邻里界限研究中，在俄亥俄州克里夫兰市，人口普查区对邻里的界定与居民自己绘制的邻里图不符。对犯罪率及青少年生育这类社会指标的测量又往往取决于是否运用了人口普查或居民图。这将极大影响那些依据人口普查数据所进行的社区研究和社区项目（Coulton, Korbin, Chan & Su，2001）。

社区感

对于社区心理学家而言，极其重要的是那些把社区各成员连接起来的强大内部力量，即Sarason（1974）所说的心理上的社区感。它的定义具体如下：

> 察觉到与他人的相似性，认同与他人间互相依赖的关系，向他人提供他人期待的帮助，愿意保持这种互相依赖的关系，一个人从属于大型的、可依靠的和稳定结构的情感。（p.157）

McMillan 和 Chavis（1986）总结了社会学和社会心理学对社区感和团体凝聚力的研究。他们对社区感的定义与Sarason相似：

成员的归属感，成员彼此间及与所在团体的情感，以及成员通过共同承担工作满足自己需求的一种共享信念。（McMillan & Chavis，1986，p.9）

社区感的4个基本元素

社区感的具体特征是什么？McMillan 和 Chavis（1986）识别出4种主要元素：成员资格、影响、整合和满足需求，以及共享的情感联结。这些要素把 Sarason 社区感的核心思想转变成可用于具体行为研究和测量的量化指标。以上的4个元素在相互关系中彼此依存，没有一个元素是另外一个元素的起因。这4个元素彼此互相促进。我们对这些元素的阐释主要是基于 McMillan 和 Chavis（1986）模型中的观点（参见表6—1）。在这章开篇练习中，曾经让你列举出你生活中的一些重要的社区。请联系这4个基本元素来思考社区。

表6—1　心理社区感的基本元素

成员资格
　界限
　共同的象征系统
　情感上的安全性
　个体投资
　对社区的归属感和认同感
影响
　群体成员对群体施加影响力，以及群体动力对于其成员的反作用力
整合和满足需要
　共享价值
　资源的交换，以及对个体需求的满足
共享的情感联结
　共享激动时刻、庆典、仪式

资料来源：McMillan and Chavis（1986），McMillan（1996）。

成员资格　是指由社区成员投入到社区中，并且归属于某种社区的感受（McMillan & Chavis，1986，p.9）。它有5个属性。第一个属性叫**界限**，它指的是用以界定包括某些成员或者排除某些非成员的界限或品质。对一个以居住地为基础的社区而言，界限包括地理界限。对于以关系为基础的社区而言，它包括共同的兴趣或者共同的人格。对于一个组织而言，界限包括共享目的或者目标。界限可能被清晰地界定，也可能很模糊。界限可能非常严格，也可能具有渗透性。界限对于社区

的自我界定，以及为其成员提供社区的其他品质是十分必要的。在不同的文化中，群体内和群体外的区分很普遍（Brewer，1997）。社区感的其他的品质也依赖于界限。

共同的象征系统可以帮助界定成员的界限，同时也可以加强社区成员的心理统一感。泛希腊字母大学生联谊会、存在于年轻人中或者在体育小组中的颜色和象征、宗教形象、大学在手机上的贴纸、国旗或者国歌，都是共同的象征体系的例子（Fisher & Sonn，2002）。

在一个有清晰界限的社区中，成员会体验到**情感上的安全感**。这意味着从邻里间的互相帮助、预防犯罪而来的安全感。相应地，情感上的安全感指的是在结交朋友的一个安全的地方。情感上的安全感可能还涵盖共享价值。情感上的安全感包括自述和群体认同（McMillan，1996）。

在群体中感到安全的成员会在社区中进行**个人投资**。McMillan 后来把这种行为称为"缴纳社区费用"，尽管这种缴纳常常不是金钱化的。投资意味着个体对社区长期的义务和责任。例如，社区中的房屋所有权，作为宗教集会的成员，花时间参加慈善团体。它还包括为群体承担情感风险的活动。

这些活动加深了社区成员的归属感和对社区的认同感。个体能被社区其他成员所认同，界定个体的身份同社区中成员资格有关。比如你可以是一个社区的常住成员，是某一宗教的信徒，是某一行业或者商会成员，大学学生，或者是某一特定种族集团中的一员。

影响　第二个元素指的是：不仅群体成员对整个群体有影响，还有群体动力对其成员的反作用力。McMillan 和 Chavis（1986，pp.11-12）讨论了影响的作用，他们的讨论部分以社会心理学关于群体内聚力的文献为依据。这些研究支持了群体中影响的几个结论。群体成员更加依附于群体，在群体中他们感受到他们对群体的影响力。

在群体中最有影响力的成员是那些对别人的需要和价值关注最多的人。那些总想着支配别人，或者总想着对别人施加强有力影响的人通常是很孤独的。群体的内聚力越强，群体一致性的压力就会越大。然而，这种群体一致性的压力是每个群体成员共享的义务和压力，而不是针对群体中单独的个体（确实，强烈的社区感有消极作用，我们一会儿再讨论这个问题）。因此，个体影响大的群体或者社区，反过来社区影响个体的观点和行动，形成一个反馈循环。

整合和满足需要　尽管影响更多指的是个体和社区整体的纵向关系，但整合则更多指的是群体成员横向的、水平的关系。**整合**有两个方面：共同的价值观和互换的资源。通过社区卷入，如参加宗教群体礼拜或者提高教育质量，能形成共同的价值观。

第二个概念是满足需要和在社区成员中交换资源。McMillian 把这种资源的交换称作是"社区的经济性"，个体参加社区，部分的原因是因为个体的需要在社区中得到了满足。这些需要可以是生理的需要（例如对安全的需要），也可以是心理的需要（例如学习新的技巧，通过小组活动达到目标，社会化和结交朋友，或者是习得领导才能）。这个元素和 Kelly 生态学视角关于资源的互相依赖和循环的概念比较相似（见第 5 章）。

共享的情感联结　McMillan 和 Chavis 把共同的情感联结看作是"真正的社区的明确的因素"（1986，p.14）。共同的情感联结包含"精神的联结和纽带"，并不一定是宗教—先验的，也不那么容易界定，然而对于社区中分享他们的人来说却很容易识别。在非洲裔美国人中"心灵"是一个例子。社区中的成员可以通过行为、语言或者其他的线索识别这种共享的联结。联结本身的意义是深远的，不仅仅是行为的问题。通过庆祝、典礼、社区叙事和故事，都加强了社区成员的联结感（Berkowitz，1996；McMillan，1996；Rappaport，2000）。

社区感研究回顾

有关社区感的研究在居住地水平以及关系型社区中都在开展。许多研究以 McMillan-Chavis 模型为依据进行社区感测量。另外一些研究者用其他方式定义和评估的社区感（Buckner，1988；Glynn，1986；Puddifoot，2003）。在美国、亚洲、澳大利亚、新西兰和欧洲已经开展了社区心理学研究（Chavis & Pretty，1999；Fisher，Sonn & Bishop，2002；Newbrough，1996；Newbrough & Chavis，1986a，b）。下面是一些社区感研究的例子，记住这些例子只是说明性的。

社区感研究涉及以下内容：

● 地点（e.g.，Bishop et al.，2002；Brodsky et al.，1999；Farrell et al.，2004）；

● 工作场所（e.g.，Lambert & Hopkins，1995；Mahan et al.，2002；Royal & Rossi，1996）；

● 学校（e.g.，Bateman，2002；Solomon et al.，1996）；

● 大学生（e.g.，Loomis et al.，2004；Lounsbury et al.，2003）；

● 精神群体（e.g.，Mankowski & Rappaport，2000a；Trout et al.，2003）；

● 社区组织（e.g.，Brodsky & Marx，2001；Ferrari et al.，2002；Hughey et al.，1999）；

● 在线虚拟社区（e.g.，Roberts et al.，2002）；

● 移民团体（e.g.，Sonn，2002；Sonn & Fisher，1996，1998）；

● 为妇女和人类权利工作的阿富汗妇女（e.g.，Brodsky，2003）。

积极的社区感和以下因素关联：

● 参与邻近的计划或者一起工作（e.g.，Farrell et al.，2004；Garcia et al.，1999；Perkins & Long，2002；Prezza et al.，2001）；

● 参与邻里团体和宗教机构（e.g.，Brodsky et al.，1999；Hughey et al.，1999；Kingston et al.，1999；Perkins & Long，2002）；

● 相信和别人一起工作、共同行动是积极有效的（e.g., Perkins & Long, 2002；Peterson & Reid, 2003；Speer, 2000）；

- 城市选举投票（Davidson & Cotter, 1989, 1993），更高水平的选民登记率（Brodsky *et al.*, 1999）；

- 反对压制（e.g., Brodsky, 2003；Sonn & Fisher, 1996, 1998；2003）；

- 在学校的合作教学与学习（Bateman,

2002；Royal & Rossi, 1996；Solomon *et al.*, 1996）；

- 青少年自我同一性形成（Pretty, 2002；Pretty *et al.*, 1994, 1996）；

- 个人安宁，心理健康，从物质滥用中恢复（e.g., Farrell *et al.*, 2004；Farrair *et al.*, 2002；Pretty *et al.*, 1994, 1996；Prezza *et al.*, 2001）。

 ## 社区感定义的问题

在社区心理学中，人们用多种方式定义和使用社区感，引发了大量的问题。这些说明了社区感概念的优点和局限性。

社区感的元素

McMillan-Chavis 的 4 个元素是描述社区感的最好方式吗？实证研究已经确认社区感概念框架的效度和重要性，但是关于 McMillan-Chavis 社区感 4 个元素的独立性和有效性的研究结论是不一致的。一些研究确认了这 4 个基本元素，或者确认了其效度（Bateman, 2002；Obst & White, 2004）。同时也发现了社区感的其他维度（Obst, Zine-kiewicz & Smith, 2002）。另外一些研究者发现这4 个元素高度相关（Mahan, Garrard, Lewis & Newbrough, 2002）。其他的研究发现社区感的不同维度（Chipuer & Pretty, 1999；Hughey, Speer & Peterson, 1999；Long & Perkins, 2003）。

研究结论的不一致性，其原因部分在于目前对社区感的测量工具有问题，定量量表是一种自陈式测量，远不如 Sarason、McMillan-Chavis 描述的例子那样丰富（Bess *et al.*, 2002；Chipuer & Pretty, 1999；McMillan, personal communica-tion, August 25, 2003）。定性的研究方法是有用的，但是也有局限（Brodsky, Loomis & Marx, 2002；Rapley & Pretty, 1999）。

也许社区感是情境化的，在不同的文化和群体中不同。如果这是真的，McMillan-Chavis 模型（或者其他单一概念框架）也许能描述在一些社区中的基本元素，但是在其他社区则需要不同的概念框架。确实，那是一种解释研究结果的方式。在许多社区心理学家看来，社区感是情境化的（Hill, 1996；Bess *et al.*, 2002）。例如，Hughey、Speer 和 Peterson（1999）在美国城市里，以地域为基础的社区中，发现了社区感的新维度。在非西方文化中，也需要新的概念构架来说明社区感，例如在澳大利亚的土著居民中，就是如此（Dudgeon *et al.*, 2003）。

有一个相关的问题：社区感是一种认知—情感过程，还是也包括相关行动？诸如邻里行为、公民参与决策行为？社区"感"的要点在思维和情感，例如归属感、安全感、共享的情感联结。对社区感的测量是否也包括诸如帮助邻居或者参与社会团体等行为呢？或者说在测量时，行为是否应该与认知、情感区分开来？我们提出上面问题的目的是，我们将把邻里行为和公民参与作为一个独立的概念。但是，要注意到，McMillan 认为社区感的认识、情感和行为不可分割（personal communication, August 25, 2003）。

社区感的水平

社区感只是旁观者眼中的个体对社区的感知吗？还是社区的整体特性？目前大多数对社区感的测量，都是在个体水平上，通过问卷进行。然而，Lounsbury、Loveland 以及 Gibson（2003）发现，在高中和大学的样本中，在学生在学校里能感受到多少社区感的问题上，人格变量能解释25％的变异。对比之下，在城市住宅区的研究，研究者发现在同一个街区，人们对社区感的报告基本相同。同时在不同街区之间，社区感则有很大的差异（Perking & Long，2002）。这些街区水平的社区感不是人格差异能解释的。

个人和邻里因素都有助于对社区感的感知。而且在不同的情境下，其重要性也不同。例如，与大学相比，在居民邻里中社区感发展得更好，邻里相处的时间比大学同学的时间更长可能是原因之一。Perkins 和 Long 关于居民街道街区的研究，虽然是在城市进行的，但其规模小于大学。

Bess 等人（2002，pp. 8 - 9）建议要完善现存的术语。"心理的社区感"指与社区联结的个体体验。这就是大多数心理学家正在研究的，但是常常忽略了"心理"这个修饰语。在同一社区成员中，这种个体水平的变量也会有很大不同，同时受到个体特征和社区经历的影响。社区感是社区的整体品质。社区感是建立在社区成员一致同意，并且对社区的大范围测量的基础上。这种划定可以减少混乱，但一个概念不可能包括所有水平，而且我们在积极行动，不久之后就能确定大多数研究者是否会采纳这一划分。

社区感是个含义丰富的概念，通过多种途径研究社区感比较好：用 McMillan-Chavis 模型和其他框架进行研究，在个体和社区水平上研究，用定性和定量研究方法进行研究，同时保持对情境差异的敏感性。

叙事和社区感

叙事对建构社区感有强有力的影响，叙事也提供了研究社区感的另一种方式。Rappaport（2000）把叙事界定为群体成员共享的故事。文化中的绝大多数人对**主流文化叙事**非常熟悉，并且通过媒体、书籍、仪式传播主流文化叙事。在美国的主流文化叙事中，个人英雄是处于中心地位的，独立自主的英雄受到赞扬，而如果英雄互相依赖，就会受到贬损。主流文化叙事也可以排除那些不在叙事主流中的内容。**社区叙事**是在小一点的社区内传播和表达的，它既可以随从主流文化叙事，也可以反对它。例如，成长组织（GROW），针对严重精神疾病人的互助小组，社区叙事重点强调成员的个人能力，这样可以抵消主流文化叙事中对于他们缺陷的过度关注。社区叙事强调相互依存，而不是个人英雄主义。社区叙事提供共享的情感联结，理解生命的意义，保证相互承诺，并有归属感，所有这些都是社区感的内容。此外，如果社区叙事涉及个人和社会变革，它们会提供相关资源。

个人叙事是个人独特的账户，通过个人叙事建构生活意义。在个人叙事过程中体现个人的自我同一性。个人往往利用共同的文化或社区叙事找寻意义。在一个相互尊重，并且很有归属感的社区中，当个体听到社区叙事的时候，他们经常把社区叙事的元素结合到个体叙事中。他们会把共享的社会身份和自我认同感连为一体。例如，一个有病的人可能通过互助群体的叙事，及共享的价值而获得康复的信心。这种社区叙事和个体故事的一致性可以是社区感的一个定量指标。看起来，间隔一段时间以后，社区叙事也会发生相应的变化，以适应成员经历的变化。除此之外，对于边缘群体社区叙事和个体叙事的研究也会挑战不公正、非公平的主流文化叙事（Mankowski & Rappaport，2000b）。

消极的心理社区感

个体对社区的社区感只能是从中立到非常积极吗？或者社区感也可以是消极的吗？当个体对更广泛的社区有强烈的消极体验时，心理社区感也可能是消极的（Brodsky, Loomis & Marx, 2002）。这样的话，个体可能会抵制社区参与，认为这种社区参与将是有害的。

这种消极的心理社区感是 Brodsky 在其定性研究中发现的。Brodsky 采访了 10 名非洲裔美籍单身母亲，她们都生活在华盛顿特区的高风险高犯罪地区。选择这些女性是为了研究生活在高风险邻里的成功的、精神愉快的母亲们的状况。她们至少有一名小孩，从事全职或兼职工作，也有一些是从事教育或照顾家庭其他成员的工作。她们对邻里的社区感都持消极态度。在家庭和社区之间，她们有强烈的界限。

> 当你走进我的房子，就完全不同了，这都是我的世界，当你关闭了这道门，你就把这个世界隔离在外了。（Brodsky, 1996, p. 351）

身体和情感安全是 McMillan-Chavis 模型关于社区感定义中的关键元素，在她们的邻里中却很少存在。就她们所能察觉到的而言，这些母亲与她们的邻里间共享的价值观极少。社区中确实有一些积极的资源，这些女性参与了其中的一些（学校、居委会），特别是参与那些会让孩子受益的组织。然而，这种参与没有改变她们的看法，作为一名母亲，她们对于社区仍然持有抵触心理，而不是社区感（Brodsky, 1996）。

消极的心理社区感，其适应性价值还不仅仅局限于此。比如，在一个不承认人类多样性的社区，在那里，一致性的压力是很大的。不被该社区认可的人们可能会选择远离该社区，寻找可以接受自己的社区，从而发现自己真正的幸福所在。

Brodsky 的发现提出了这样一个问题：一种强烈的、积极的社区感是否总是"对你有好处"？它总是促进个人福祉或提高压力韧性吗？社区心理学家和其他人对于社区感可能有过于浪漫的想法。在许多情况下，强烈的、积极的社区感的确有利于个体。然而，从 Brodsky 的调查结果中也可以清楚地看到，有时候，消极的社区感也能促进个体幸福。

个体生活中的多重社区

个人属于许多社区（Hunter & Riger, 1986）。作为社区成员，我们有多重身份，如学生、员工、家庭成员和邻居。多重的角色，使我们的时间和精力相互竞争或相互冲突。一个大学生在大学内就读，他既对大学有归属感，同时又对自己的家乡有归属感，但是如果该大学生忠诚于他所在的大学，又对他的家乡或邻里表现忠诚，那么无论他所在的大学还是家乡都不可能理解或欣赏他的这种忠诚。一个成年个体往往生活在多重社区背景下，扮演多重社会身份，并且要尽可能地在多重身份之间取得平衡。另外，在我们的实际生活中，一些社区使我们充满活力，为我们提供资源，使我们能更好地参加到别的社区中。精神信仰社区和互助型社区就有这样的作用。理解多重社区成员的关键是理解个体生活中在每个社区所承担的角色。根据每个社区重要性的不同，个体决定参与该社区的程度（Hunter & Riger, 1986）。在研究多重社区交互作用方面，社区心理学研究才刚刚起步（Brodsky et al., 2002）。

社区内的冲突和变化

心理社区感这个概念有一种善良、德行的意味。它会激发人们的想象，会促进团结和合作，清除冲突、争论和分歧。这种幻觉很难抵制，但是我们一定要去抵制，因为它是虚幻的。(Sarason，1974，p. 11)

因为社区成员还要参加其他社区，有多重身份，在社区内部出现了许多**子社区**（小群体）。子社区的例子包括：在大学里，多种多样的学生社团；在居民区里，多种多样的民族和宗教信仰。这种多样性可能是该社区的优点，但前提是该社区要承认和重视这种多样性(Trickett，1996)。

强调社区内部的共同性，而不去考虑社区内部的差异性，这就是 Wiesenfeld(1996)界定的在社区中的**"我们"**。把社区感的概念理想化，不去考虑社区的多样性和差异，支持了社区中的"我们"这一概念。Wiesenfeld 把社区内全部共享的社区感称为**"宏归属感"**，社区成员的其他社会身份和联结就属于**"微归属感"**。在社区心理学中，有关社区感的研究集中在宏归属感上，对于微归属感的研究才刚刚开始。

这里有个在社区中发生的"我们"的范例(Kaniasty & Norris，1995)。他们研究了美国东南部 4 个城市的居民应对飓风过程中的社会支持。所有的支持模式都显示，遭受更大的损失和更多创伤的人可获得更多的社会支持，研究结果支持了社区联合起来可以应对大范围自然灾害的观点。在这个意义上说，在社区内部，"我们"的感觉是十分强烈的。然而，实际上，一些群体却获得了很少的社会支持，尤其是当他们也遭受到了很大的损失和创伤的时候。这些被忽视的群体包括，非洲裔美国人、教育程度低的人以及（一小部分）

未婚的人。从这个意义上说，"我们"的感觉不是包括整个社区。在美国的其他地区，人们面临灾难时的研究也显示了相似的模式(Kaniasty & Norris，1995)。

微归属感的子社区可能会产生冲突，然而，这种冲突往往是社区建设性变革的开端(Wiesenfeld，1996)。例如，美国的民权运动、女权运动等剧烈的社会变革就开端于子社区，尤其是非洲裔美国人和女性。

如果不考虑微归属感、冲突和变革，社区感就成了一个静止的概念。会支持不平等的社会现状，而不是进行建设性的社会变革(参见 Fisher & Sonn，2002；Rudkin，2003)。忽视冲突、意见的分歧，或者排除微归属感最终会削弱一个社区。但是，对于冲突，采取建设性的解决方案（既考虑宏归属感，又考虑微归属感），则可以促进社区的发展。

社区发生了变化，正在发生变化，并将再次发生变化。(Sarason，1974，p. 131)

对于社区而言，变化是不可避免的。最终，社区感是一个过程。例如，Loomis、Dockett 和 Brodsky (2004)发现，当一所大学里的大学生面临外部威胁的时候，社区感加强；当外部威胁消退以后，社区感也随之消退。2002 年，Fisher 和 Sonn 讨论了对澳大利亚而言，冲突和变化意味着什么。在社区中，类似的问题在许多层面也被提出：该社区如何反映多样性，我们如何应对不断变化所带来的挑战？

外在关系

增强社区感的风险使这种社区感可能会增加社区之间的潜在冲突。也就是说，社区感可能会鼓励成员对于别人的敌对和偏见。有时，在某个社区内社区感非常强烈，从而使外来者成为替罪羊。有时候，在某些特权社区，否认存在贫穷问题和不公正问题，或者某些社区，他们的社区价值是令人极度反感的。例如新纳粹、治安维持会成员、青少年帮派成员(McMillian & Chavis，1986，p. 20；Sarason，1974)。这就是我们在开篇

练习中提出以下问题的原因，即你是否被某个社区排除在外，或者在某个社区受到了不公正待遇。

这些问题涉及社区之间的外部关系。社区和社区之间彼此相互影响，而且社区也受到宏观系统的影响(Hughey & Speer，2002；Hunter & Riger，1986)。然而，这些外部关系在 McMillan-Chavis 社区感模型中并没有得到解决。因为 McMillan-Chavis 社区感模型更加关注社区的内部动力。McMillan 和 Chavis (1986)呼吁建立"自

由、公开、可接受的社区"，"以信仰、希望、容忍为基础"，利用社区感促进相互理解与合作（p.20）。人们已经在利用 McMillan-Chavis 模型来实现这些重要的价值。然而，因为 McMillan-Chavis 模型的重点是社区内部的动力结构，对于外部关系，该模型并没有给出清晰的阐释。

让我们针对这些问题举一个实际发生的例子吧，设想有一个白人邻里组织就社区发展问题向一位心理学家求助，该心理学家不久就了解到他们的潜在目的是想排除非洲裔美国人和其他有色人种，避免他们搬入白种人居住区，成为白种人的邻里。除非那些排斥目的改变，否则，在邻里内部加强社区感就会烙上种族主义的色彩（Chavis, personal communication, October, 1987）。这种进退两难的情况反映了社区心理学核心价值观的潜在冲突：邻里社区感与社会公正和对人类复杂性的尊重的冲突。在刚才的案例中，除非该社区放弃自己的排外主义目标，否则社区心理学家将会拒绝和这个社区合作。

在社区内部的建设性关系常常缘起于该社区

和其他社区的联系，通过该社区中有微归属感的社区成员与外界联系联结。例如，本章作者 Jim Dalton 从小生长在阿帕拉契农村社区，有强烈的宏归属感。当然也有建立在其公民身份基础上的微归属感。他经历了具有历史意义的转变事件——学校废除种族隔离。非洲全国有色人种协进会成员发起诉讼要求废除种族隔离。联邦法院最终实行废除种族隔离。社会转型与微归属感、其他社区、宏归属感关联紧密。

我们刚才讨论的问题涉及社区感与其他价值的平衡。Newbrough（1995）认为，传统的社区概念并没有解决公正和平等问题。他提出了一个概念：公正社区，即其成员无论是在社区里面，还是该社区与外部世界的关系上，寻求社区价值、个人自由和平等（社会公正）之间的平衡。Newbrough 的概念让我们思考下面的问题：一个社区关注其他社区的程度如何？一个社区关注其子社区及社区成员的程度如何？这种关注在行动上如何表达？

与社区感相关的概念

在个体和社区水平上，社区感和许多概念相   关。下面我们将讨论其中几个。

有能力的社区

有能力的社区（Cottrell，1976；Iscoe，1974），指的是能解决社会问题，并做出决定，具有一系列理想社区特征的社区。它解决了我们刚才讨论的几个问题。

Cottrell（1976）以参与社区合作，共同研发计划和资源来促进社区发展的经历为基础，提出了有能力的社区概念的一系列的特征（见表6—2）。

Cottrell 关注社区发展过程中冲突的作用，识别社区内子群体间观点的重要性，强调与大型社区建立外在联系的重要性等。他强调社区成员表达自己以及子社区观点的能力，能够识别冲突，

并且积极地管理冲突，建立公民参与社区决策的机制，管理本社区与其他社区的关系。这些特点都已经远远地超出了 McMillan-Chavis 模型中的界定，看到了子社区（微归属感）、冲突、交流以及外部关系的重要性。Cottrell 也认识到发展公民领导技能的重要性（例如，交流、代表一个社区）。Goeppinger 和 Baglioni（1985）编制了一个量表，用以测量 Cottrell 的概念。

在总结吸收 Cottrell 早期工作的基础之上，Iscoe（1974）又提出了另外3个概念。他强调确定和利用一切可利用的社区资源。Iscoe 还关注发展公民领导技能，特别是当社区成员对自己的社

区有更多的控制力时的权力过渡。他还强调行动　　研究和评估研究对社区决策的重大作用。

表 6—2	有能力的社区的特征

1. 承担义务感
激发个体从事社区内的共享工作，社区和个体彼此相互影响。

2. 自我—他人意识
成员很清楚地明白自己和所在子群体的利益，同时也清楚地了解其他成员或其他子群体的利益。

3. 表达力强
成员有能力向社区的其他人清楚地陈述自己或所属子群体的观点。

4. 交际
具有共享意义的一些观点和术语被用于社区内交际，这是以理解群体内多种观点为基础的，并会促使成员和子群体间的真正合作。

5. 抑制冲突和调节
采用一套获得认同的程序来识别和解决社区内的冲突，这些冲突被认定是不可避免地然而却是可以解决的。

6. 参与做决定
社区成员积极参与社区目标制定、决策决定和有计划地执行。一套获得认同的程序确保成员间进行理想交际。

7. 与大型社会的关系管理
社区识别并利用社区外部可获得的资源，以及应对来自社区外部的需求及威胁。

8. 资源利用
社区充分利用社区成员的有形资源和技能，同时充分利用可获得的外部资源。

9. 领导人员的社会化
做一些工作以便于市民能够对参与、领导、权力和责任等技能有所了解，尽管过去市民不曾拥有这些技能，但在未来可以具备这些技能。这项工作包括在调解冲突的同时传送权力。（见上面第 3 条）

10. 评估
对社区问题的本质和预计的反应进行思考性的、系统的行为研究，容忍失败，运用反馈信息做进一步的改善或提高。

资料来源：1~7 条是以 Cottrell（1976）所提供的定义为基础；8~10 条是以 Iscoe（1974）所提供的定义为基础的。

其他相关概念

邻里　Perkins 和 Long（2002，p. 295）界定了邻里之间非正式的接触和互助。在他们看来，邻里之间非正式的接触和互助涉及具体的行为，而社区感则指向强烈的情感和认知。邻里也指个人之间的互动，而不是参与社区邻里协会。例如，在一项研究中，Unger 和 Wandersman（1983，p. 295）询问城市街区的居民：在这个街区中，有多少人：

- 你会知道叫什么名字？
- 可以很自然地向他们借一些食物或工具？
- 在你离开的时候可以自然地求他们帮忙照看你的房子？
- 当你的车坏了的时候，可以很自然地借他

的车？

邻里之间的关系并不等同于熟悉、亲密朋友之间的关系，但通过信息和新闻交流，邻里之间能认识到共同利益，并提供有限的援助。这有助于整合和实现需要。然而，在某种程度上，即使没有社区感，或者觉得和更广大的社区没有什么关联，邻里之间的互助也会发生。邻里概念与社区感有重叠。一项在意大利进行的研究发现，随着邻里和社区感关联程度的不同，意大利地域的概念也会发生相应的变化（Prezza, Amici, Roberti & Tedeschi, 2001）。

地域联结　社区心理学家很少研究以地域为基础的社区，但是却非常重要。以地域为基础的

社区指的是，人们对某一物理环境的情感联结，以及与该环境的社会联系（Perkins & Long，2002，pp. 296-297）。环境可大可小：一个房间、一座楼、街头的公共空间、一个社区或大学校园、家乡或宗教会所。比如，在宗教集会中，做礼拜的物理环境就有许多共享的价值和意义，具有某种信仰的意义，能唤醒参与者的地域联结和社区感。Brodsky 等人（2004）的研究也阐释了地域的重要性。邻里社区感和地域关联紧密。即使是在民族或者国家层面的社区感也和地域紧密相关（如 Sonn，2002）。下面是一个地理学家的评论，表达了地域的情感和社会力量：

> 我们生活中发生的各种事件，这些事件都是在一定的地域发生的……地域是具有社会建构性的；同时，地域有自然的、生态的历史……地域是一个充满能量的地方，它包含很多故事，塑造我们的记忆，影响个人、集体的认同感。（Flad，2003）

公民参与　正如我们在第 1 章中所讨论的，公民参与意味着社会决策中公民的发言权和影响力。公民参与涉及社区决策，而非简单的社区服务。社区感是公民参与社区协会的强有力保证（Perkins & Long，2002；Saegert & Winkel，2004；Wandersman & Florin，2000）。然而，即使没有强烈的社区感，公民也可能会参与社区决策，所以，公民参与应该与社区感区分开来。在第 12 章中，我们将介绍公民参与的详细内容。

社会支持　社会支持是指从别人那里获得帮助，以应对压力。社会支持和社区感概念有重叠，但也有所不同。当然，一个有强烈社区感的组织也将提供社会支持，这是整合和满足需要的一个方面。然而，个体感到有很强归属感的社区可能规模很大，不那么亲密，而个人的社会支持网络则能提供应对压力的具体支持。而且，社区感不仅仅是一种应对问题的资源，它同时与许多重要过程相关，比如说公民参与。在第 8 章中，我们将介绍社会支持的详细内容。

社会资本

> 如果通过邻里之间相互守望，从而使犯罪率下降，就算我大多数时间行色匆匆，甚至也不和相遇的邻居打招呼，我也仍然可以从中受益。（Putnam，2000，p. 20）

社会资本是与社区感联系最紧密的概念。正如我们早在本章中所提到的，在《一个人的保龄球游戏》（2000）中，Robert Putnam 通过大量的证据证明，近 30～40 年的美国，社区关系和公民参与正在逐步下降。他发现这种下降出现在民间团体、政治团体、宗教团体、慈善捐赠，甚至是对同伴的信任中。同时他记录了有关社区生活质量的怀疑和争论。

Putnam 还试图解释这种下降趋势出现的原因。他记录了"长期公民一代"的社区卷入度，"长期公民一代"都是在经济大萧条时期、第二次世界大战时长大成人的。Putnam 也记录了他们的后代子孙的社区卷入度，以作比较。他还指出，电视机的出现、城市的蔓延以及工作时间的增加，这些都是重要的影响因素。这些发现，虽然只是提示性的，但仍然深深影响了美国大众。即使有各方面指责的声音，许多社会和政治观察员仍然认为 Putnam 的研究具有重要意义。

Putnam 提到的证据并非是社会的全貌。当地社区也在建立着社区资本、社区感和其他一些社会力量（如 Perkins，Crim，Silberman & Brown，2004；Putnam & Feldstein，2003；Saegert，Thompson & Warren，2001；Wolff，200la）。在第 12 和 13 章中，我们将详细描述以上内容。在本节中，我们将着重解释什么是社会资本，以及社会资本如何与社区感相关联。

Putnam 的社会资本概念

社会资本这一概念很早就被应用于教育学、经济学、社会学、政治学（Putnam 的学科）中，但是直到 Putnam 的《一个人的保龄球游戏》发表，社会资本这一概念才引起公众的兴趣，得到了心理学更多的关注。

> 社会资本是指人与人之间的一种联系。这种联系形成了一种社会网络、相互性的规范以及从中而来的信任……公民道德在这个复杂的社会网络关系中是最强有力的规范。（Putnam，2000，p. 19）

Putnam 的这一概念是把社会资本和金融资本作类比，强调社会资本和资源是社会的，它不是物质资产，也不是一种个人技能或品质（需要强调的是，这个类比忽视了社区中人的本质）。这些资源是基于人际关系基础上的，既包含个人关系又包括更广泛的社会关系。Putnam 的定义主要是指更为客观的社会关系，其次才是主观的信任感（类似于社区感）。他的工作主要关注的是地域。

Putnam 并没有直接测量社会网络，而是关注通过调查、日记、组织或社区记录测量到的社会卷入度的行为指标。他分析，社会资本主要集中在 5 种社区参与的行为模式中：政治的、地方市民的、宗教的、社会及周边的和社区服务（这些有时也是可以重叠的）。

Putnam 特别强调这种面对面的、能够加强社会生活关系的沟通和参与。这种参与可以通过正式方式如组织，也可以是非正式的，如通过朋友、邻居或其他社会接触获得。他常津津乐道于意大利语中 machers 和 schmoozers 的区别，前者是通过一些正式的组织来做事，而后者则是通过非正式的网络来解决问题。他们都创造了重要的社会资本的形式（Putnam，2000）。

牢固性关系和桥接关系　这是一个很重要的区别（Putnam，2000，pp. 22 - 23）。**牢固性关系**是指建立和维持强有力的社会情感纽带，这种纽带通常是由一个群体中能够提供归属感、感情支持以及承诺的同一类人形成的。这些内部关系是基于一种同一的社区感和身份。其局限性往往在于缺乏成员或意见的多样性以及排斥异己。

相比之下，**桥接关系**是指建立和维持与群体或社会的联系。桥接关系能够接触到更广泛的人群，其中涉及的人可能会有完全不同的生活经历。当不同的群体面临同样的挑战和需要共同的努力时，桥接关系就显得尤为重要。

个体可以与不同派别、群体或社区的人通过关系而达成共识。为了促进青年发展，社区联盟可以为来自不同地区的人们架起沟通的桥梁，这些人可能来自学校、宗教团体、警察或娱乐团体，他们可以是不同的种族或民族。当然，这其中也包含青年自己的努力。桥接关系也可以帮助一个团体，让社区决策者听到他们的声音（Bond & Keys，1993；Hughey & Speer，2002）。单纯依靠牢固性的关系很少能达到这些目标。桥接关系的好处就在于交流的宽度与广度，获得各种不同的意见和资源，同时也能够获得更广泛的社会合作。然而，桥接关系不会像牢固性关系那样提供一种社会责任感。这两种社会资本都很重要。一些团体可以允许这两种资本同时存在。比如说宗教组织或社会团体，可以跨越阶级和种族的限制，建立一种共享的社区感，这种关系就既包含牢固性关系，也包含桥接关系。

Putnam 的研究结果还表明：在美国，这种桥接关系正在弱化。比如说，在一些地方组织和社区组织中，人们很可能遇到跟自己意见完全不合的同事，这使得社会参与度开始下降。Putnam 发现，在社区的多样化发展过程中，有更强调牢固性关系而非桥接关系的趋势：互助群体、宗教团体、在线社区、政治和宗教宣传团体，都更愿意寻找和自己志同道合的人（Putnam，2000）。他的调查显示，只有青年和离退休人员的社会服务有需要桥接关系的趋势。

社会资本研究

社会资本和个人、集体生活的质量相关吗？Putnam（2000）的研究超越了心理学家的研究范畴。

例如，Putnam 的研究团队对比了美国 48 个州的社会资本状况，研究有两个主要的数据来源：对公民代表的调查以确定正式的、非正式的社区卷入度；在州一级水平上，公民参与和社区组织衡量指标（Putnam，2000，p.291）［阿拉斯加、夏威夷和哥伦比亚特区没有参与这项调查（p.487）；所有都具有文化多样性并能提供有价值的视角］。在州一级水平上，研究人员将这些社会资本指数与社会幸福度进行比较。

社会资本与儿童健康及福利、标准化考试的成绩等有很强的正相关（Putnam，2000，pp.297-300）。在大量的社会变量中，社会资本是很好的预测因子。其预测效力仅次于贫困，社会资本与较低的谋杀率有关。经比较研究后结果表明，在暴力犯罪较低的地区中，社会资本（特别是具有一定效力的、反对社会暴力的社会规范）是比较强大的（pp.308，313-314）。

社会资本与公众健康有十分密切的联系（p.328）。Putnam 回顾了心理学、公众健康及其他领域的有关社会融合及社会支持的研究，指出这些都是社会资本的形式。这些保护性的因素降低了人们得病的概率，但与此同时，吸烟、肥胖、高血压和缺乏运动却又增加了人们患病的概率（pp.326-327）。

> 我们参与社区卷入度越高，我们患感冒、心脏病、中风、癌症、抑郁以及早逝的风险就越低。参与各种形式的社区，可以构成一种保护性因素，亲密的亲属关系、友情网、社会活动、宗教或其他民间团体已得到确认。（Putnam，2000，p.326）

社会支持可以说明社会资本这一概念的创造力和概念的广度。同时，社会支持、社会资本、社区感之间的区别必须熟记于心。正如我们前面讨论的，Saguaro 专题网站（在本章最后有列出）介绍了对社会资本的最新研究。

社区心理学对于社会资本的研究范例　社区心理学家们早就采纳了社会资本这一概念。例如：Perkins 和 Long（2002）从心理学角度提出了社会资本的定义，社会资本由 4 个部分组成：社会感、邻里、公民参与（在本章的前面讲过）和集体效能感（相信可以和邻人一起努力使社会生活得到改善）。他们分析了纽约市街区的数据，发现这 4 个因素相关度适中。社会感与其他 3 个因素有显著相关。

Putnam 研究的优点和局限

Putnam（2000）发现了社会资本这一广阔趋势，注意到了社会和社区中的重要力量。他的工作因为其范围、跨学科视角和公众影响力而变得重要起来，补充和扩展了社区心理学的研究内容和范围。

但是，Putnam 的研究过于宏观，限制了社会资本的情境敏感性。Putnam 团队的很多研究都是在美国州一级水平上进行的，涵盖了许多不同的社区。性别、社会阶层和收入、种族和民族、文化、城市—城郊—乡村人的多样性维度，以及其他维度都会影响社会资本，但这些在 Putnam 的研究中都被忽视了。在 Putnam 的研究中，这些人口学变量往往从统计学角度进行了变量控制，而且 Putnam 也没有考虑这些人口统计学变量和社会资本的交互作用。这种视角不去考虑针对不同问题时社会资本的差异，之后进行的案例研究弥补了上述不足。

其次，Putnam 的研究，包括许多不同情境中的多重数据，而有些数据最初并不是用来测量社会资本概念的。例如，它包含了社会支持和健康的数据研究。正如我们讨论的，这种概念使用的广泛性可能是具有创造性的，但是也可能忽略概念之间的重要区别。

最后，强调地域社会资本（或社区感）会导

致我们低估宏观系统因素。合作决策，一些有效的项目如"提前教育"项目，由于政策的影响，失去了联邦的财政支持。以及其他宏观系统因素都会影响社区生活。加强地域社会资本，对于解决社区问题很重要。然而，在很多社区，当地的资源并不能解决所有的问题。更广泛的社会变革对解决社会问题和应对不正义现象也很重要。

 ## 建设社区：3 个范例

为了说明本章的概念，我们将阐述 3 个有关社区和社区建设的例子：精神社区、社区服务学习和在线社区。记住，这些只是多种多样的人类社区的一部分！

精神信仰、宗教和社区

> 信仰和精神的动力的好处，最好也就是谦虚、个人成就、服务方向、社会主流，这些只是一小部分，我们都是重要的、必要的、互相依赖的。(Maton，2001，p.611)

精神信仰社区在社会生活中扮演着重要的角色。在微观系统、组织、地域以及宏观系统水平上，它们给我们带来社区感。精神信仰，其整体主义视角融合我们日常生活的精神、情感、认知的不同方面（Mattis & Jagers，2001）。Sarason（1993）指出，纵观历史，社区感和某种超验感关联紧密。超验感是一种超越个体即时世界的精神体验。如果没有这种超验感，他怀疑现代社区是否可以持续。他试图探究现代社会是否可以超出经验。由于它对人类和社会的发展的重要性，一些人声称"人类科学应当研究精神信仰"（Dokecki，Newbrough & O'Gorman，2001，p.499）。

在美国，有关宗教的民意调查更具有代表性。超过 1/3 的志愿者活动都是基于一些宗教组织的，这些些组织会比企业捐献更多的资金（Pargament & Maton，2000）。宗教和精神信仰在一些受压迫的群体中扮演了重要的角色。精神信仰、实践和社区为寻求生存的意义，应对压力提供了重要的帮助，对于社区、社区正义都有很大的作用。在社区心理学中，它们的重要性也日益获得认可（e.g.，Hill，1996，2000；Kloos & Moore，2000a，b，2001；Markowski & Rappaport，2000a；Maton & Wells，1995；Pargament，1997；Pargament & Maton，2000）。

但是，宗教和精神信仰的影响并不一定都是积极的。在历史上有很多宗教排挤和压迫的案例。研究指出，一些持特别宗教信仰的美国大学生会比其他的学生对非洲裔美国人、妇女、同性恋有更多的偏见（Hunsberger，1995；Pargament，1997，p.352；Waolo et al.，1998）。在其他社会中，宗教和精神信仰也会给个人、社会带来或好或坏的影响。

在这一部分，以及在整本书中，我们将**精神信仰**定义为与个体意义感紧密联结的，提供超越个体即时世界超验体验的信仰、实践和社区。精神信仰包括传统的宗教，又不局限于宗教传统。尽管在调查中 90% 的人相信上帝或者超能力，但少数人认为他们自己只是相信而并不是信仰（Hill，2000；Kloos & Moore，2000b）。Hill（2000，pp.145-146）将精神信仰定义为人和自然的联系，敬畏我们理解不了的神奇。更多的人将精神信仰定义为"探索对于一个人的真正意义"（McFagre，cited in Dokecki et al.，2001，p.498），还有"研究未知"（Hill & Pargament，2003，p.65）。Rasmussen 仿照神学家 Paul Tillich，将宗教定义为"最终的广泛生活的意义"（Moore，Kloos & Rasmussen，2001）。正如社区的概念一样，尽管界定上有很大的不同。社区心理学家不仅仅关注个人的信仰和实践，更加关注社会群体中的精神表达。我们用精神信仰社区来指以宗教、精神信仰、信念为基础的机构、组织等。当关注信仰、精神经历、行为等不同方面时，精神信仰社区也是不同的。一些精神信仰社区会首要考虑个人，其他会考虑心灵成长、社区服务、社会正义。很多差异是很微妙的。社区心理学家研究精神信仰社区包括：

● 非洲主义中心精神观点（Myers & Speight, 1994）；

● 美国本土文化的精神（Hazel & Mohatt, 2001；Walsh Bowers, 2000）；

● 女性的精神（Molock & Douglas, 1999；Mulvey, Gridley & Gawith, 2001）；

● 十二步骤互助组（Humphreys, 2000）；

● 犹太教、基督教、伊斯兰教、佛教社区（Abdul-Adil & Jason, 1991；Dockett, 1999；Dokecki et al., 2001；Kress & Elias, 2000；Mattis & Jagers, 2001；Stuber, 2000）。

精神信仰社区如何卷入社区生活　　精神信仰有5种重要的社区功能（Kloos & Moore, 2000b；Pargament & Maton, 2000）。第一，它可以满足人们寻找日常生活意义的需要（Frankl, 1959/1984；Pargamert, 1997）。当我们面对不可控情况时，精神信仰提供我们以安慰，让我们积极应对我们可以应对的事情。超验感帮助我们理解生活，而精神信仰为我们的生活指引方向。

第二，精神信仰社区提供社区感，满足了人们归属的需要。这是 McMillan-Chavis 模型四种因素之一。通过一些共同的仪式和象征，使人们感觉到成员感，这种仪式同样提供了一种社会身份。通过小组或者个人分享带来情感上的安全感（Kress & Elias, 2000）。

精神信仰社区不但能促进相互影响，同时也能促进整合和需要的满足。共享的精神信仰影响个人的决定。而且，精神信仰机构给成员提供机会担任领导、做决策（Maton & Salem, 1995）。精神信仰群体成员能满足他人的经济、心理、精神需要。最后，精神信仰社区能促进情感和精神的交流。小组、宗教信仰教育和礼拜促进了社区。例如，加利福尼亚的马鞍峰教会，有上千人在这里集会，包括很多面对面的社区小组（Putnam & Feldstein, 2003）。

第三，精神信仰社区提供重要的社区服务。研究显示，青少年和成年人的社区卷入可以预防危险行为，促进幸福感（Kloos & Moore, 2000a；Kress & Elias, 2000；Steinman & zimmerman, 2004）。精神信仰社区为家庭、父母、夫妻提供支持，支持的形式包括讲习班、小组和会议。很多社区服务都有其精神信仰基础。例如，其他许多社区服务也都有宗教基础。例如，Roman Catholic 创建的 Caroline 中心，为低收入的巴尔的摩女人提供岗前训练。十二步骤互助小组是一种普遍而且有效的治疗形式（Humphreys, 2000）。

第四，精神信仰社区对于受压迫群体有特别的意义。这些群体包括本土美国人、非洲裔美国人以及其他有色人种、同性恋、经济上受压迫的人、女性等。这些群体缺少资源和力量（Hazel & Mohatt, 2001；Mattis & Jagers, 2001；Potts, 1999；Rappaport, 2000）。

第五，精神信仰社区挑战主流文化。在西方文化中，精神信仰社区通过公共福利、被剥夺的公民权、社会正义、同情和服务来抗衡主流文化的个体主义和物质主义。关注社会倡导，挑战文化主流的方式包括大众社会习俗或者社会中一些信仰组织的影响（Maton, 2000；2001）。比如，美国人权运动就包括一些以信仰为基础的社会变革（Putnam & Feldstein, 2003；speer, Hughey, Gensheimer & Adms-Leavitt, 1995）。"基本教会团体"是一些小的宗教信仰团体，它提供相互支持，反映精神理想，采取集体行动促进社会公正和社区发展（Dokecki et al., 2001；Trout, Dokecki, Newbrough & O'Gorman, 2003）。因此，受压抑群体中出现了很多的以信仰为基础的团体，并不奇怪。

当然，一些精神信仰社区只关注个人灵魂的拯救和精神发展，或者只关注会众内的社区建设，对更广阔的社区生活没有什么影响。然而，当你综合考虑精神信仰社区的时候，这五个功能会帮助你理解。

在精神信仰社区中的叙事、身份和意义　　宗教和精神信仰叙事表达了重要的理想，建立了精神的联系（Mankowski & Rappaport, 2000a；Rappaport, 2000）。在犹太传统中的逾越节和出埃及记，在基督教传说中，耶稣死亡、复活；在伊斯兰教中，穆罕默德遇见天使，宣称是先知，升入天堂，这些都是例子。在这些以及其他的信仰中，众多的寓言是通过叙事来教育人的。

宗教叙事给个体理解人生经历，提供资源（故事）。在人生的转折期，或者当一个人或一个群体在主流文化前处于弱势地位时这尤为重要。对于大学生来说，当质疑自己的信仰或者困惑于自己的选择时，以阐释这些问题作为成长新起点的校园福音事，提供了理解人生的积极方式（Mankowski & Thomas，2000）。对于一个已经糟糕到不能再糟糕的酗酒者来说，十二步骤互助小组的原则通过阐释个体如何酒精成瘾并通过其他人或团体的经历为酗酒者提供了有效的康复途径（Humphreys，2000）。对于受到伤害的人，宗教提供了许多治愈、救赎的故事。对于有宗教信仰的同性恋，会众在性和宗教方面提供了一个积极

的观念，使他们拥有一个安全的天堂以及一个供宗教成长的地方。对于有严重精神疾病的人，互助小组关注于力量以及注重实际的应对过程（Rappaport，2000）。

宗教叙事承载着意义和价值的船，它把价值和意义传递给个体，给予人们的成长以支持（Stuber，2000）。在宗教信仰社区中的意义寻求可以引导个人以及社会的转变。Kenneth Maton，一个社区心理学家，长期以来一直从事精神信仰社区的研究，在谈到精神信仰社区时写道：

> 如果没有宗教和精神信仰领域的加入，预防、授权以及其他社会活动几乎没有希望调动资源、建立标准、挑战主流文化，我们解决社会问题的过程将会有实质性的不同。（Maton，2001，p. 610）

社区服务学习

为促进社区进步，社区服务、义工正在美国年轻人和退休人员中间兴起（Putnam，2000；Stukas & Dunlap，2002）。当要求学生写下或讨论他们所学的东西，作为社区服务的反馈时，社区服务学习就出现了（Eyler，2002）。

最有用的社区服务学习是与不同社会阶层、种族、年龄、文化的人们建立并保持良好的关系。这可以加强人们互相间的理解、拓宽社会联系——弥合享有特权的人们和边缘化人们的社会资本（Putnam，2000；Wuthnow，2002）。可以开展的工作有很多，如青年发展和辅导计划、学校辅导、成人扫盲计划、给精神疾病患者做伴以及社区组织工作等。这有助于建立这样一种对社区的认识：更多人感到自己是社区的一员；大家彼此满足相互的需求，并且建立一种共享的情感联结。

社区服务，尤其是社区服务学习，如果同学校课程结合起来，那么将使学生受益无穷（Astin，Vogelsang，Ikeda & Yee，2000；Eyler，2002；Stukas & Dunlap，2002）：

- 向另一种文化、社区或者群体学习；
- 帮助他人以及建立友谊对个体情感上的

好处；
- 对个人价值，尤其是对社会责任认识的增加；
- 分析处理复杂社会问题能力增强；
- 社区事务处理能力和领导能力和信心增强；
- 意识到特权阶层及其资源；
- 更加广阔的社区感及与别人的相互依赖；
- 对社会问题有更清晰的认识，对改变社会有更强烈的愿望。

笔者班上的学生们经常汇报社区服务的价值以及情感上的意义，这些收获也包括接触那些可能永远也不会再遇到的人。志愿社区服务的大学生在毕业后很可能参与到他们所在社区的事务中（Eyler，2002）。学习了大量社区服务的学生发觉，他们的个人成长同社会服务是紧密联系在一起的（Singer，King，Green & Barr，2002）。

几乎没有研究评估过社区服务提供者—接受者的关系如何影响社区服务接受者（Stukas & Dunlap，2002）。有效的社区服务学习，如同任何社区建设举措一样，需要关注社区服务提供者和接受者之间的关系（Bringle & Hatcher，2002；Nadler，2002）。有几种方法可以让社区服务提供

者一接受者的关系更成熟、双向化。允许社区服务接受者自己做出选择是其中一步。让社区服务接受者有机会教社区服务提供者一些内容，是另外一种方法（可以以社区服务接受者为对象进行访谈，撰写论文，是一个很好的方法）。让社区服务接受者参与到服务的计划和评价中（如帮助制订计划；参与到课程学习的讨论中）是更进一步

的举措。学生同社区服务接受者保持长久的关系，或者让学生可以长久地参与社区服务也是建立相互间良好关系的方法。这些方式可以增加学生向服务接受者学习的机会，从而使他们更深入地进行学习（Eyler，2002；Werner，Voce，Openshaw & Simons，2002）。

在线社区

在网络上出现新形式的社区：聊天室、论坛、电子公告板、讨论群、多用户分布式（Multiuser Object Oriented，MOO）环境，在网络社区中，人们可以创造新角色并相互交流（Roberts，Smith & Pollock，2002）。当人们在虚拟空间建立人际关系网，怀着充足的情感进行足够多的公共讨论时，网络社区就形成了（Rheingold，1994，引自 Roberts et al.，2002，p. 225）。当然，有很多人在网上跟已经认识、很熟悉的人交流（如即时通信、电子邮件），这种交流形式对于忙碌的人们而言是很有必要的。当陌生人在网上相遇并建立在线社区时，新的社区就出现了。

有的网上社区和实际的地区关联，通过网络社区进一步增强公民之间的联系，建构社区联结。如 Craigslist.org，就是一个关系型在线社区的典型代表，在那里成员可以筹备当地活动，成员们会面、商讨事务，就像政治组织民主在行动（MoveOn.org）举行的见面会那样。其他的网上社区成员则可能来自世界各地。

Roberts 等人（2002）曾对一组多用户分布式环境中个人样本进行了访谈。大多数人相信 MOO 对社区有积极的意义。受访者的意见符合 McMillan-Chavis 社区感模型 4 个因素。能否成为 MOO 的成员并拥有他们创造的虚拟角色，有很明显的界限。MOO 社区有一套机制，可以把不符合行为规范的成员排除在外。MOO 的编程语言以及在会话中发展出的社区用语，都是此网站的象征系统。在 MOO 的研究中，允许人们互相影响、互相帮助。Roberts 等人认为，MOO 环境是一个有共享社区感的关系型社区。

在网上互助小组内，有共同问题（如乳腺癌、

酗酒）的成员们互相帮助。这种形式帮助了那些不能参加面对面互助小组的人以及那些觉得不好意思或不愿意参加的人。研究指出，网上互助小组同面对面互助小组有类似的效果。我们将在第 8 章详细讨论这种社会支持形式。

Craigslist.org 最开始建立于旧金山，Craig Newmark 给他的朋友发送电子邮件，电子邮件内容是一些他认为他朋友会感兴趣的活动。这个网站已经发展壮大，拥有来自 34 个国家的 175 个地区的成员（截至 2005 年 5 月），并拥有工作、住房、室友、社区活动的列表和信息、个人广告以及其他类别（Craigslist 网上社区，2005 年 5 月）。网站公开宣称非商业性，并免费提供信息（工作信息只对发布者付费，读者不收费），这创造了一种人与人之间的和谐氛围。很多 Craigslist 使用者都成为忠实的客户，在这个社区里，他们分享情感联结、使用行话，并且互相帮助。这里严格执行行为规范；如果访问者们对某一职位提出异议，将会自动进行回复。尽管人们只是访问而不是加入本地 Craigslist，网站还是具备很多关系型社区所具有的要素，并且同其他地域基础型社区拥有同样的特性（Putnam & Feldstein，2003，ch. 11）。

网上社区可以帮助社区发展和改革：

> 一天早上，在沙滩上洗了一个冰冷的户外淋浴后……一个无家可归的加利福尼亚州圣塔莫尼卡居民发现，在他夜间栖息之处，他的毛衣被偷走了。他通过公共图书馆的电脑终端登入公共电子网（Public Electronic Network，PEN），询问有没有人可以另给他一件毛衣。一个住在附近的、富裕的 PEN 用户看到了他的请求，约他在公共图书馆见面，

给了他一件毛衣、一碗汤和一个剃须刀。

　　尽管他俩从未谋面，但是这两个圣塔莫尼卡居民并不是陌生人。他们在 PEN 一个讨论无家可归的项目上已经交流数月了。在这之后不久，这两个原本未必会认识的人就运用 PEN 组织了一个面对面的见面会，致力于改善圣塔莫尼卡草根们的生活。（Wittig & Schmitz，1996，pp. 53－54）

　　PEN 是美国第一个本地公共的（政府建立，免费使用）交互式电子交流系统。PEN 行动小组跨越了社会阶级、教育、种族和地区的界限。各种各样的人们聚集在一起，其观点甚至影响了市政府的决策，他们成功地建立了一个无家可归者中心、一个无家可归者就业服务处。对于有些行动小组成员来说，这是他们第一次参与到公民行动中来。圣塔莫尼卡的 PEN 说明了公民在线交流，参与集体决策的民主、平等的潜力。无家可归者和宿主能够进行对话，达成共同的目标，并且继续他们的集体行动（Wittig & Schmitz，1996）。PEN 还说明了如何在网络中形成社区感，进而促进地域水平的变化。

　　在线社区对于社区建设有几个方面的优势。它们可以超越地理距离和社会地位的界限。为个人提供找到社区以及归属感的机会。缺乏非语言交际同样可以是一个优势：当种族、社会阶层、吸引力、年龄甚至性别都不清楚时，成见与外表的影响将大大减弱。这可以促进民主发展和权力分享。缺乏非言语线索也可能是不利的：沟通情感变得更加困难，同时很容易造成误解。匿名对于许多在线交流而言，是一种优点，但也是一个缺点：它可以使参与在线交流的个体自我披露成为可能，但它也可能会导致不信任和粗暴（“猛烈的”）（为了安全和负责任地使用互联网，请进入此中心：http：//csriu.org。）因而必须建立成员资格制度和行为规则，尤其是当网上社区着手准备面对面的群体交流时。网上社区是一种重要的、新形式的社区，它可以与现有的社区相联系甚至创建出新的社区（Putnam & Feldstein，2003；Rudkin，2003）。

结论

　　社区的概念是社区心理学的核心，包括我们已经讨论过的那些问题和价值。这一章仅仅是对使用这些概念的一个介绍。在接下去的几章中，我们将具体地讨论社区的其他形式。比如互助群体（第 8 章）、人类多样性（下一章）、公民参与（第 12 章）和社区及社会改革（第 13 章）。

本章小结

　　1. 在美国，传统形式的社区卷入度正在下降，但是社区卷入的其他形式有所加强。我们界定了*地域基础型社区*和*关系型社区*。要从多重生态学水平来理解社区：微观系统、组织、地域、宏观系统。通过调节结构，我们在个体和更广泛的社区之间建立联系。我们对谁定义了社区及其边界的问题进行了讨论。

　　2. *社区感作为一个核心概念，最早是由 Sarason（1974）提出的，McMillan 和 Chavis（1986）用更加具体的术语来定义它。他们定义了社区感的 4 个元素：资格、个人和社区的相互影响、整合和满足需要共享的情感联结。这些元素以及它们的属性在表 6—1 中列出。大量有关社区感的研究证明了社区感概念的重要性。*

3. 关于社区感的概念有许多问题。例如，它是否具有 McMillan-Chavis 的 4 个元素，或者其他元素？在不同社区，社区感是否不同？社区感同时作为个体认知和社区特征而存在吗？叙事怎样才能揭示社区感？Rappaport 定义了主流文化叙事、社区叙事和个人叙事。这些叙事相互影响。

4. 对于个体生活的社区，个体可以拥有消极的心理社区感，也可以有多个不同的心理社区感。在社区中经常存在着多个子社区。社区中的"我们"忽视了社区的多样性。共享的社区感是一种宏归属感，在小的子社区成员中有微归属感。社区和其他社区的外在关系是重要的。社区感随着时间推移而改变。Newbrough 的公正社区概念在社区、自由和平等（社会正义）之间取得了平衡。

5. 社区感的相关概念包括有能力的社区、邻里、地域联结、公民参与和社会支持。在表 6—2 中列出了有能力社区的特征。

6. Putnam（2000）的社会资本概念指公民之间的联系，及在此基础上的互惠和信任。社会资本可以是正式的，也可以是非正式的，牢固性关系和桥接关系。对社会资本的研究证明了这一概念对社区生活和社会的重要性，研究也显示，在美国和其他地方，社会资本正在衰退。Putnam 的观点有其优点和局限。

7. 社区宗教和精神信仰是一种重要的社区形式。精神信仰比宗教更宽泛。精神信仰社区有 5 个功能：提供意义、社区感、社区服务、为被压迫者提供资源和挑战主流文化。在精神信仰社区中共享叙事促进了这些功能。

8. 社区服务学习经常包括桥接社会资本，社区服务学习可以给学生和社区带来很多利益。网上社区是一种成长中的社区形式。

简短练习

1. 选择你生活中的一个有强烈的、积极的分享意识的社区。考虑关于社区的以下几个问题，基于 McMillan-Chavis 的社区感的 4 个元素：

成员资格：

成员资格是怎么被定义的？成员有什么其他的相同之处？

成员之间分享这些相同的标志吗？

你对这个社区进行了什么投资（物质的、情感的、其他的）？

在这个社区中，你的情感安全度有多大？

对你来说，成为这个组织一员的身份是不是很重要？怎么重要？

影响：

作为一个个体，这个社区是怎么影响你的？

作为一个个体，你对这个社区有多少影响？

如果你想参与社区的一个决定，你会怎样去做？

整合：

在这个社区中，你个人的需要是怎么得以满足的？

你怎样去帮助其他成员，以满足他们的需要？在这个组织中分享了什么价值？

共享的情感联结：

你感到和其他社区成员有一种情感纽带联结吗？怎样联结的？

有什么仪式、庆祝活动或场合来增强这种社区纽带？

在这个社区中，有什么共享的社区叙事？

2. 考虑怎样把这些社区资本的概念运用到你的生活中去：

你个人参与过学生或社区组织吗？

在你的生活中，什么关系是重要的？为什么重要？

你所在的社区或是所处的人际网络是什么样的？（这里是指那些人际关系比较密切的地区。）

在你的生活中，什么样的社区能为你提供不同群体之间沟通的桥梁？

你认识那些能在不同群体或不同的人际交往圈里起着重要沟通桥梁作用的人吗？

你是否曾经是两个冲突组织中的一员，并且

帮助他们相互之间更好地理解对方？

3. 你曾经参加过何种社区服务？你从社区服务中学到了什么？对此，你经历了怎样的情感？它是否拓宽了你的社区感或社会责任感？它涉及桥接关系吗？

 推荐阅读

Fisher, A., Sonn, C., & Bishop, B.(Eds.). (2002). *Psychological sense of community: Research applications and implications*: New York: Kluwer Academic/Plenum.

McMillan, D.W., & Chavis, D.M.(1986). Sense of community: A definition and theory. *Journal of Community Psychology*, 14, 6 – 23.

Putman, R.(2000). Bowling alone: The collapse and revival of American community. New York: Simon & Schuster.

Sarason, S. B.(1974). *The psychological sense of community: Prospects for a community psychology*. San Frncisco:Jossey-Bass.

Sarason, S.B.(1993). American psychology, and the needs for transcendence and community. *American Journal of Community Psychology*, 21, 185 – 202.

 推荐网站

Saguaro Seminar　www. ksg. harvard. edu/saguaro Website for research and action initiated by Putman'S . (2000) *Bowling Alone*.

 关键词

社区、（心理）社区感、社会资本、邻里、（社区）服务学习、宗教或精神信仰

第 7 章

理解人类多样性

 开篇练习

什么是人类的多样性呢？让我们通过一个简单的练习开始本章的话题——在多样化的生活圈子里找到你自己的定位（Trickett，1996）。虽然描述这些生活环境并不能反映出使你成为一个独特个体的全部特征，但是它能够帮助你去理解每天影响你的一些社会和文化因素。鼓励你与同学或者朋友一块就这个问题谈一下你的想法。

你是男性还是女性？性别是怎样影响你的？例如对你的日常行为，你的人生（包括职业）规划，你对情绪的处理以及对友谊或者亲密关系的态度的影响。

你的国籍和主导文化是什么？第一语言是什么？这些方面是如何影响你的价值观、人生规划、家庭关系以及友谊的？你有多少有关其他文化的经验呢？

你如何形容和描述你所属的民族和种族？它们是如何影响你的生活、与陌生人和朋友的关系、语言和言谈方式、人生规划、选择大学和友谊的？你与不同的种族或者民族的人有多少有意义的关系？你的种族或者民族对社会最重要的贡献是什么？

社会经济因素又是如何影响你的生活的？它们又是怎样影响你所在的社区教育的质量和特征的？社会经济因素如何影响你对大学的选择，又如何影响到你在大学里的经验？你的学业与工作或者其他的经济压力相互冲突吗？你有多少不同于你社会经济状况的朋友？

你有多大年龄？你的年龄是怎样影响你的日常生活、友谊、人生规划和其他抉择的？

你有什么样的性别定位？理解你的性别定位对于你来说是否困难？性别定位是否影响到你的日常生活、友谊、人生规划以及其他抉择？

你有宗教信仰、宗教实践或宗教背景吗？如果有的话，那么你的宗教信仰是如何影响到你的价值观、日常生活以及与其他人的人际关系的？如果你是某个宗教组织的成员的话，你所在的宗教团体在你的生活中扮演怎样的角色？你的人生规划是否已经受到了你的宗教信仰的影响？

我们能列举影响个人日常生活的其他因素，如体力/脑力、有能力/无能力、农村/郊区/城市背景或者其他形式的分歧。考虑一下这些因素在你的生活中是否重要。

当我们谈到人类多样性的时候，每个人都会被牵涉进去。有时我们会发现，在学生和其他群体中会有这样一种臆断："多样性"是对正常人的全面研究而不包括对白人、中产阶级和异性恋者的研究。然而，每个人都具有人类多样性的其中一个维度的特征，比如文化、民族、性别、性别定位和所属地的特征。本章的一个重要目标就是使你能够理解人类多样性的各个维度，理解你自己在每一个维度上的位置和其他人在每一个维度上的位置。

关于人类多样性富有成效的观点是"转移中心观点"，认为没有一种文化或群体代表着标准。在转移中心观点中，每一个人、每一种文化或者每一个群体在每一个维度上都会呈现不同的特征，但是没有哪一种是优越的。每一种都应该在其相应的范围内去理解。这并不意味着差异就是缺陷，而是考察人类多样性中隐含的文化、社区和人类力量因素（Trickett，Watts & Birman，1994）。这正是社区心理学的多样性研究的价值所在。

在这一章中，我们介绍了社区心理学中人类多样性的概念。第一，提出了多样性这一重要的考察维度。第二，探讨文化如何以个体主义文化范畴去描述以及这种描述所带来的局限性。第三，人类的多样性并不全部是文化问题，也包含一些社会权力问题；在这里我们的描述涉及权力的专职与解放的概念。第四，考察社会身份和文化适应。第五，我们关注文化能力对于社区心理学家意味着什么。

纵观本章，我们强调这样的一个主张：理解人类多样性意味着，需要持一种多元的态度来研究他人生活和我们自己的生活，研究我们自己的价值观如何影响我们的观念。本章研究的价值有赖于读者的经验和背景知识的丰富程度（见文本框7—1）。作为作者，我们邀请你读下去，简化你的观点和认识，自行解决与你的经验相悖的观点，接受和吸收更加广泛的知识，使你能够在人类的多样性问题上认识得更加深入。

文本框 7—1　本章主要作者的主要观点

对于读者来说，可能最令人啼笑皆非的是，本章的主题是人类的多样性，而本章的主要作者是一位白人，一个大学教授，在生活的许多方面都享受着优越的待遇，几乎一生都居住在乡村式的美国阿拉契亚山脉的一个城镇中。而我本人是使用环境的视角和选择对环境的融合的手笔来完成这一章的，这样的话，前面提到的问题就不会发生了。因为我有研究多样性问题的好的指导老师，他们其中的许多人并不在大学任教。我曾经在多民族聚居的城市短暂居住过，包括在新泽西州纽瓦克（在大学期间学习经验的社区服务）、火奴鲁鲁、夏威夷等城市内的多民族居住的聚居点。我对人类多样性尤其是对压制问题有着自己独到的看法。我的看法以我的生活经验为基础，我也试图努力消除多种形式的压制。

我研究视野的一个局限性在于，比如说，针对种族歧视问题，我大部分的经验来源于对欧裔美国人和非洲裔美国人这两大群体的研究；在理解世界文化方面，我更局限于以美国为中心的生活经验。当然，我的有关人类多样性问题的观点仍然在发展之中，有优点也有缺点。然而，研究者的文献资料和同行研究补充了我的观点。所有的这一切已经能够拓展和深化本章的内容了。（Jim Dalton）

社区心理学文化多样性的关键维度

我们现在阐述文化多样性的维度当然不能穷尽所有的形式，但是它们的确代表了社区心理学研究和行动中经常提到的维度。我们的释义很简洁，只是来提供一个定向的纵览。我们的主要观点认为文化多样性具有多元维度，包括我们这里所列举的一部分。

文化

随着世界上的各国相互依赖性增强，"文化多样性"也已经成为这个时代的口号。"文化"这一词的含义已经被延伸，不仅指民族群体、文化群体，还包括国家、宗教团体、种族团体以及公司等（Betancourt & Lopez，1993）。

那么什么是文化呢？文化又是如何多样化的？经过几十年的争论，虽然人类学家和其他的社会科学家对什么是文化并没有达成共识，但是文化的某些关键性的因素是能够被确定下来的（Lonner，1994）。值得注意的是，不能够因此解释说"阿斯特丽德做了某件事情，她之所以这么做，是因为她是瑞典人"（Lonner，1994，p. 234）。为了弄明白文化因素对阿斯特丽德在特定情况下所做出的行为的影响，我们需要详细地说明在那种情况下构成她行为的瑞典文化因素。而文化的因素必然体现在瑞典文化的其他方面，这可能包括教给孩子们的行为规范，在文学、宗教或者政治纲领中体现出来的传统习俗，瑞典语的一个词语、方言，瑞典文化表达的一个概念。对于心理学家来说，人们共同的语言、社会角色和规范、价值观和态度等因素尤为重要（Triandis，1994）。文化规范常常体现在一个群体试图向年青一代传递（比如教育）的文化之中。在人口混杂的多重文化社会中，文化群体间的界限很不固定。文化是社区心理学家所要学习的一个不可或缺的因素（O'Donnell，2005a）。

种族

西方心理学家认为，种族长期以来就含有"类似生物性的"之意（Zuckerman，1990）。种族的类似生物性的含义为种族优等的假设提供了智力基础。比如说，纳粹的雅利安人优等论，殖民主义者的欧洲人种优等论，美国对移民的约束性法律，美国历史中的奴隶制和美国、南美的隔离政策等。使用生物学的术语来思考种族给人类生活所带来的破坏，无疑使谨慎地理解种族变得非常重要。

心理学家、人类学家和生物学家已经认识到，作为生物性多样化的种族并不是一个有意义的概念（American Anthropological Association，1998；Betancourt & Lopez，1993；Helms，1994；Jones，2003；Smedley & Smedley，2005；Zuckerman，1990）。种族在生物性上的相似性远多于生物性的差异。当各个种族在 IQ 分数上出现差异的时候，这种差异更多是来源于社会和经济的差异而不是种族的差异。

种族，作为社会建构的组成方式，与不平等的社会地位和权力相关联，在许多社会里都有心理学和社会学的意义（Jones，2003；Smedley & Smedley，2005）。因为存在种族歧视，所以研究种族是十分重要的。在美国，白种人经常无视种族歧视问题，那是因为他们很少或者几乎不会遇到种族歧视。然而，有色人种会经常敏感地注意到他们的种族。生活经验和视野的差异反映了这种社会力量。美国社会的种族差异是建立在历史上的奴隶制、种族隔离以及为白种人享受社会优越待遇辩护的"白种人是优等民族"的假设的基础之上。当今社会政治和经济力量的差异就受这种优等种族假设的持久的（常常被忽视）维护（Jones，2003；Smedley & Smedley，2005；Sue，2004）。

种族并不是简单的民族。种族是社会性的以生理标准为基础来定义和界定的（Van den Berghe，cited in Jones，1997，p. 347），就是说，人们是以可观察到的身体和生理特征，比如肤色作为种族差异判断的标准。民族是以社会性的文化标准为基础来定义的（Van den Berghe，cited in Jones，1997，p. 358），比如语言、民族起源、习俗和价值观等就与身体和生理特征关系不大［详见：Birman（1994）、Helms（1994）以及 Jones，1997）关于种族、民族、类似于团体的观念］。

对于那些有着不同种族或国家背景的人来说，能够体现出种族的重要意义的典型的例子就是美国社会。绝大多数有着非洲祖先血统的人们至少可以分成 3 个群体：在美国有历史家世的非洲裔美国人、最近的来自于非洲的移民和有着加勒比海血统的黑种人。而这些人的共同经历是美国社会的种族歧视。正如最近针对美国人口普查分类所进行的讨论中所指出的那样，如今没有哪一个术语能够完全令人满意地描述美国社会和许多其他社会的种族的差异状况。在本章，在美国的大背景下讨论种族问题的时候，当有必要使用有种族标准而非特殊的民族定义更加宽泛的群体时，我们应该使用一般性的分类术语（例如拉丁美洲人，欧裔美国人）。我们已经认识到这些术语涵盖很大差异性的民族群体；因此，如果有可能，我们会讨论特殊的民族群体（比如，波多黎各、日本裔美国人）。如果我们正在讨论的术语被其他作者使用过，我们会使用其他的术语。当我们使用黑种人、白种人等简易术语的时候，我们是为了利用这些术语来提示你回忆起社会性的构成类别而不是生物性的种族类别。最后，在有必要的时候，我们会使用"有色人种"指除欧洲人以外的其他人种，还有一些时候，使用这个术语来讨论针对多个群体的种族歧视；而在其他的国家里，需要使用不同的分类和术语。

尽管在讨论这一问题的时候，用词有欠缺之处，但是至少在美国，社区心理学开展相关研究的时候不能忽视种族问题（Helms，1994；Suarez-Balcazar，1998；Trickett et al.，1994）。

民族

民族可以是一种社会认同，以一个人的家世背景或者根源文化为基础，同时受当前文化因素影响，不断地发生着变化（Helms，1994，p. 293；Jones，1997，p. 358）。"民族"这个词与古希腊文化中部落或者国籍的"同种同文化之民族"有关，它是用语言、习俗、价值观、社会纽带以及主观文化的其他方面而不是生理特征来定义的（Birman，1994；Jones，1997）。在心理学研究中，民族可能和简单的人口统计学范畴以及群体或某一区域分享共同文化有关（Birman，1994，pp. 262-263）。了解在过去的研究中它的意义是很重要的。在美国的研究中经常将相当多的民族结合在一起形成比较宽泛的范畴。西班牙人或拉丁美洲人（Latino/Latina，Latino 为男性拉丁美洲人，Latina 为女性拉丁美洲人）也许和波多黎各人、古巴人、多米尼加人、墨西哥人或者有其他祖先的很多人有联系。而日本、中国、印度或者越南等亚洲籍美国人来自许多民族或国家。土著美国人代表着部落和文化传统的多样性。

同一民族的身体或长相也会发生很大变化。民族不仅仅是用国籍来界定的，例如，在印度存在很多的民族。

民族不是以单一文化为基础的，而是至少具有两种文化的交互作用，是以个体的祖先和个体生活的社会经历来界定的。例如，一个中国籍美国人不是简单的中国人，而是用美国的和中国的文化的交融来定义的（Sasao & Sue，1993）。

性别

男性和女性之间的差异提供了一个可观察的区分标准，即在社会构建观念下定义了的性别差异以及这些差异如何解释社会角色、社会规则，甚至包括对资源和权力的分配。性别并不仅仅是人类学统计范畴，还代表着重要的心理学和社会学过程（Gridley & Turner，2005；Mulvey，Bond，Hill & Terenzio，2000）。性别还是自我意识和身份的一方面（Frable，1997）。

性取向

我们最好把性取向理解为从完全的异性恋到完全的同性恋的一个连续的维度。性取向是指向吸引、情感和自我概念的，没有必要表现在行为之中。与潜在的取向一样，许多因素和社会压力能够影响个体对性伴侣的选择（Gonsioreck & Weinrich，1991）。性取向区别于性认同——在心理上对男性的或者女性的一种意识，也区别于性角色——对女子气和男子气的社会规范的依附（如服装、外表）。女性同性恋者—男性同性恋者—双性恋者的社会身份对许多人来说很重要（Frable，1997）。这方面的重要性逐渐被社区心理学所认识（D'Augelli，2003；Harper，2005；Schneider & Harper，2003）。

社会阶层、社会经济地位

这一方面只是简单地就收入和资产来定，或者以一种综合的观点：社会地位还应包括职业和教育背景来定。收入和受教育水平还可以单独拿出来研究。

社会阶层是社区心理学的重要组成部分。尽管已经概念化了，社会阶层实际上还是权力、尤其是经济资源和机会不同的标志（Ostrove & Cole，2003）。社会阶层影响着个人的自我认同、自我意象、个人之间相互关系、社会化、健康和生存环境、教育机会以及许多其他的心理学问题（American Psychological Association，2000；Bradley & Corwyn，2002；McLoyd，1998；Ehrenreich，2001，一个低收入者的心理与经济账目）。心理学家对与社会阶层有关的心理问题涉及得比较晚（Lott & Bullock，2001；Ostrove & Cole，2003）。

健全/残疾

大部分人都会在人生当中的某段时间经历过生理或心理方面的残疾。残疾人的生活经历和健全人的不一样。耻辱、排斥和公平问题对残疾人来说都是挑战。社区心理学已经在集中研究和探索关于心理或生理上的残疾（如 Fawcett et al.，1994；Kloos，2005；White，2005）。

年龄

小孩、青少年、成年人在心理的关注点、发展的转折点、社区活动的参与度方面都是有差别的。个体成熟的过程也伴随着个体与家庭、个体和工作、保健等社区活动的关系的变化（Gatz & Cotton，1994）。

居住环境

不同的信仰影响个体生活的方面也有所不同。不同的人生经历构成了多样化的人生。宗教和精神信仰是社区心理学日益感兴趣的一个领域。居住环境一般分为乡村、城市社区和郊区，此外还包括社团或城中村等。举一个例子说明居住环境影响人的生活或者社区行为：大家对乡村的印象是分散居住的，服务差，固定、限制的社会交际圈，所以很难接受外来人口（Bierman *et al.*，1997，Muehrer，1997）。搬迁对大多数的社区变革来说都是一种挑战。特别是土地使用的矛盾，随着人口的增加，农业和住房的用地冲突会上升。正如 Bennett 描述的，当地农民和安曼派的农民家庭之间的矛盾（2003）。

相反，多样化和变化是城市生活的标志。在城市生活中，技能在理解人类多样化的形式、构建新的人际关系以及适应变化的环境来说是很重要的。外界环境与个人生活之间的关系也是不同的。Jacobs（1961）提出了一种经典的分析：城市土地的使用计划一定和乡村和小城镇的不同。郊区和乡村居民重视个人，只有非常了解一个人时才会觉得安全。城市居民并不期盼对每个人都了解，很多人在公共场合和陌生人在一起也会觉得安全。公共场所人很多，所以会觉得安全；但是在偏僻的场所缺乏这些条件（例如，地铁站或街道、灌木丛地很少被使用，因为它们远离了公众的视线）。

最后，处于劣势位置的郊区和乡村跟城市和富裕地区相比只有较少的经济资源。这些造成了可供给的教育、医疗保健服务、重点社区机构和组织资源有限的现状。

并不是说所有郊区、乡村或其他社区是相同的，其实每一种环境都有其独特之处。我们所讨论的这些分类只是一般意义上的富裕的地方和特别的社区。但是，需要强调的是，不同居住环境的生活经历构成了人类多样性的一种形式。

精神信仰和宗教

精神信仰和宗教与社区心理学相关，因为精神信仰和宗教对于个人的发展、充实和健康都很重要。正如我们曾在第 6 章中写的那样，我们用了精神信仰和宗教来说明宗教传统和其他与超验感有关的视角。

精神信仰、宗教和文化、民族相关联。如果不理解一个地区的精神信仰和宗教，就不能够理解他们的文化。但是宗教、精神信仰却不仅仅是文化。除此之外，许多宗教、精神信仰传统是多样化的，许多文化包含了多种多样的宗教和精神团体。它们的相互关系很复杂。Birman（1994）讨论了从俄国到美国面对犹太难民营时左右为难的情境。在俄国，他们只考虑国籍（而非民族），有时甚至只是以身体特征的一些差异作为种族评判依据。犹太教对许多国家来说并不是那么重要。在美国，犹太人经常被认为是信仰宗教的，他们的国籍是俄国；这些事情让犹太移民很吃惊。

其他方面、交互作用

以上提到的 10 个方面，尽管对社区心理学很重要，却只反映了人类多样性的一些形式。其他影响社区心理学比较重要的方面，包括国籍和移民家庭里的每一代人之间的差异。这些方面提供了一个视角，并没有描述任何一个具体的人口样本和社区。再者，这些方面都是有着密切联系的。文化、种族、民族的意义交织在一起。人类多样性是复杂的，语言并不能够表达其复杂性。

在很多特定的情境下，许多多样化的形式在心理学上来说都很重要。当很多方面交叉在一起时，通常最重要的往往是它们的**交织关系**（Ostrove & Cole，2003）。例如，相当多的种族、性别、阶层的不公平性对低收入的有色人种女性来说是很大的负担。社会故事经常混淆问题，使问题像铅印一样永久存在，尤其是种族和社会阶层。例如，当我们说"享受福利"时，从来就没想过那些低收入的欧裔美国人（Ostrove & Cole，2003）。我们尚未考虑很多

方面来帮助增强辨别力，如精神信仰、文化资源、社会支持。除此之外，一个人在种族、性取向、精神信仰或者其他因素的基础上会形成许多形式上的同一性。

 ## 个人主义—集体主义：跨文化维度

为了提高工人的生产力，特克斯公司让工人在开始工作之前照照镜子，并且高声说"我是漂亮的"100 次。出于相同的目的，新泽西的一家日本超市，让工人每天告诉另外一个工人他或者她很漂亮，以这种方式开始每天的工作。在北美有"吱吱叫的轮子得到润滑油"的说法，而在日本却有"突现出来的钉子会被敲下去"的说法。（Markus kitayama，1991，p.224）

让我们把人类的文化领域的多样性想象成从红外线到紫外线可见的光谱。为了作介绍，我们来对比两种通常的生活方式，它们能很好地代表这两种不同的领域（Greenfield, Keller, Fuligni & Maynard，2003；Kagitçibasi，1997；Kim, Triandis, Kagitcibasi, Choi & Yoo，1994；Markus & Kitayama，1991；Triandis，1994；van Uchelen，2000）。第一个引用的例子对于证明这两种领域的不同之处，是很有助益的。但是我们也要记住，对于第二个例子来说，第一个例子总会是过于简单的。

让我们来看一种生活方式：父母总是希望能够给子女传授这样一些经验，比如强烈的自尊、通过自己的能力获得成功、应付年轻人的叛逆等。然而另一种生活方式的特点，是过分地关注自身，而忽略了对别人的尊重。后者更加强调合作和社会支持。相比之下，前者强调遵从，后者更注重团队协作（Gergen，1973；Greedfield et al.，2003）。

在第一种生活方式中，对于个人更加强调的是自力更生、富有主见、勇于竞争、争取收获。个人成长中的关键，在于发展一个**独立的自我**，解决自我同一性以及分清自我与他人的界限。而对于其他人的依赖，是不可取的。

第二种生活方式，强调的是稳妥以及团队的融洽。个人的利益是在团队的成功中得到体现的。这种成长包括培养相互依存的自我，包含认清自我与他人的界限。同一性被定义为与小组成员之间的关系，以及在团体中的人际关系。在团体中落单是不允许的。

文化心理学所描述的文化，包括第一种方式中的**个人主义**以及第二种方式中的**集体主义**。当然，没有哪一种能完全地包含生活的全部。作为本章节的第二部分的引证，它说明了所有的文化和个人都能够在个人主义和集体主义之间找到一个平衡（Dudgeon et al.，2002）。在人类的历史上，集体主义的实践要远早于个人主义，但是集体主义的文化并不是传统意义上的原始文化，也不是经济上发展落后的文化。拿日本来举个例子，这是一个经济发达的国家。在他们的社会文化中，有很多集体文化的元素，当然也包含有个人主义的实践（Markus & Kitayama，1991；Reid，1999）。**个人主义—集体主义**可以作为一个独特的领域，应在文化和社会的背景下去很好地理解。在你了解它的过程中，你要明确一点，那就是：**个人主义—集体主义**是一个拥有很多特例的宽泛的主题。

个人主义—集体主义比较的范例

关于个人主义—集体主义这个领域的差别，可以从自我和情绪这方面着手。举个例子，Markus 和 Kitayama 在 1991 年的时候，用日语列举出了 11 种情绪状态；这些情绪状态专注的感觉是交流协作与尊重。如此强调协作的文化，有的类似于非洲人文化中关于自我的延伸（Nobles，1991）、玛雅人强调的理解（Greenfield et al.，2003）以及男女平等主义者强调的人际关系（van Uchelen，2000）。

在南非、斐济群岛以及加拿大的原住民中，身心健康被看成是一种集体主义价值观所拥有的品质，而非个人主义的特征。心理学、社会学以及精神病理学所关注的治疗方法，都是相互协作；向周围人表达自己，并且从合唱、集体舞等活动中让自己的价值得到拓展和延伸。当我们问及增强身心健康的问题时，加拿大的原住民（与美国本土居民相似）提到，这是他们的文化传统以及家庭、社会的纽带，而并非个人主义的品质。他们彼此之间的关照往往能够提供一个集体治疗的模式（Katz，1984；van Uchelen，2000）。

家庭生活的不同，也有可能反映在个人主义—集体主义的一些模式上。在墨西哥、尼日利亚、喀麦隆、日本以及中国的父母，尤其是年纪稍大的人，会强调对他人的责任，胜于与他人协作、有主见和自尊。而德国、荷兰以及欧美的父母则相反（Greenfield et al.，2003）。当然在这些父母之中，也会因人而异。但是不管如何，父母都希望自己的孩子有出息。这两个群体的不同就在于父母培养孩子成长的方式上的差异。

在一项针对成年人的研究中表现出一种模式，那就是孩子与他们年迈的父母的融洽程度。与年迈的父母的协作，在印度尼西亚、菲律宾、泰国以及土耳其都是得到认可的。然而，在欧美的国家，则更加强调父母和孩子的独立。这并不意味着欧美的孩子不乐意服侍他们的父母，但是这样的差异在当前来说是有重大意义的（Kagitcibasi，1996，cited in Greenfield et al.，2003，p. 471）。类似的差异也会出现在社会中。在拉美裔、亚裔美国人、本土美国人以及非洲裔美国人中，家庭的忠诚度是一个非常重要和经常研究的文化价值和行为元素（Marin & Gamba，2003）。

这样的差异在世界范围内，可以看成实际存在的争论。举个例子，那些注重知识技能本身的基本价值的家长，与西方强调学习与写作的老师，他们不能相互理解和很好地合作，尤其是在语言表达上的差异，以及一些语词的晦涩表达上，容易出现误解（Greenfield et al.，2003）。

对于生活品质的态度，往往在生活的模式中表现出来。当个人主义的观点占支配地位的时候，在独立的人眼里，资源更容易被认为是在竞争过程中的产物。由此，帮助别人就会被认为是带有功利性的，而不是自发的。当个人主义被关注和强调的时候，平等就会在群体中受到褒扬，回报则会在群体中分享（Kagitçibasi，1997）。举个例子，在日本，高收入与低收入的雇员在合作的深度方面，远远不及美国（Reid，1999）（可以回顾第 2 章的"公平竞争与公平分享"内容）。

然而，即使在集体主义占据主导地位的文化中，互相帮助也不能延伸到每一个人。许多集体主义文化背景下的人，同意将更多的权利给男人、老人、领导、宗教首领或者是拥有较高社会地位的人，而并非人人平等（Triandis，1994）。在一个集体主义的文化背景下，一个人是有义务对他所在的集体和成员负责的（比如家庭、道德群体、民族），但并不包括他所在这个群体外的其他人（Hofstede，1994）。而关于组内—组外的界定则成为个人主义文化背景争论的焦点（Brewer，1997）。

社区感与集体主义相互交织，但又有别于集体主义。集体主义是一种描述文化渗透力的方式，它影响着一个人生活的风貌。社区感表达了一个社区与其成员之间的关系。即便是在个人主义非常强势的文化背景下，一些组织也会对社会拥有积极的态度。当然，在个人主义的文化背景下，一个人也可以选择加入某种社会团体。在集体主义文化背景下，社会团体的成员更多的是由大家推选的（比如社会团体中的骨干），而不是自主的选择。

个人主义—集体主义的局限

个人主义—集体主义帮助人们理解了文化多样性的特征，但是它也存在着局限性。

第一，个人主义—集体主义有一些随着文化差异而产生的变化。比如，统治美国文化和政治的制度是个人主义的。然而美国的社会团体则创造了很多集体主义生活方式，比如精神上的社会、种族的社会和女性社会。在美国很多高校中的学生文化，也是吸收了集体主义的元素作为他们重要的组成部分。一些运动组织则强调团队协作，而不是个人主义。

第二，所有的文化都会随着时间而改变，而世界的文化也会变得更加多元，它们的不同之处也不会有那么明显。许多集体主义文化就会与个人主义的实践有交叉，特别是在工作上的全球性合作上体现得尤为突出。西方媒体的全球化研究和个人跨文化的交流，增进了不同文化之间的认识，也促进了文化的融合（Fowers & Richardson，1996；Hermans & Kempen，1998；Tyler，2001，pp. 185 - 187）。

第三，个人主义—集体主义是研究文化差异性的唯一领域。文化的不同取决于时间，包括时间是否被理解为线状的；在一个关于短期或者长期的点上，时间广度的有效性和灵活性是很有价值的。比如说，它们很可能在性角色和女性所获得的机会上有很大的差异；这样的差异还体现在对于权力的态度和正确模式以及交流的方式上（Jones，1997；Triandis，1994）。

第四，我们很容易只做内部比较，而过于简单地看待另外一种文化。举个例子，澳大利亚人和其他的一些欧洲人会更容易遇到土著人。这些土著人在澳大利亚生活了至少 4 万年，尽管他们含有澳大利亚所固有的多样性，但仍作为一个社会团体的集合或者一种文化存在（就算一个单一的土著群体对这种文化的影响也很小）。这种过度简单化的文化，很容易导致浪漫的本土居民做出奉献的行为和私人的行为（而这点，在西方国家正好相反）（e. g，Dudgeon et al.，2002；Lee，2000）。诸如此类的想法影响着欧裔美国人对于美国本土居民的看法，他们认为是这些本土居民代表着文化的多样性。对于产生的误解，进行一分为二的思考，把另一种文化看成异类，而不是多样性背景下的人和社团在他们自己的立场上所能理解的（Tyler，2001）。

第五，个人主义—集体主义的观点的作用，只是能够描述多元文化下的宽泛的主题。它提供了一个通常的视角，并不是描述具体文化下的某一种特点。本土心理学或者人本心理学都在研究具体的文化（Kim & Berry，1993；Watts，1994）。心理学关于非洲裔和美国的文化的描述，更加强调其根源于非洲的重要性（如 Jones，1997，pp. 483 - 493；Potts，2003）。大部分社区研究和行为都聚焦在这种具体的文化背景上，所以，该文化背景下的知识是文化中最重要的先决条件。

第六，想要在一种文化里，单独地理解社区的多元化是不可能的。我们将在下一章节讨论如何去面对平等、压制、解放等在人类多样性中占重要地位的问题。

解放和压制的概念

无论何时，当我想批评其他人的时候，总有一个声音告诉我：要记住，在这个世界上，并不是所有的人都具有我所拥有的优点。（Fitzgerald，1925/1995，*The Great Gatsky*，p. 5）

看看美国社会中存在的这些差异：

● 在美国的全职工人中，女性平均收入大约是男性的 77%（U. S. Census Bureau，2005）。

● 2004 年，白人家庭的年收入中位数是

49 000 美元，西班牙家庭是 34 200 美元（是白人家庭的 70%），黑人家庭是 30 100 美元（是白人家庭的 61%）（U. S. Census Bureau，2005）。

● 家庭收入的不平等状况呈上升的趋势。从 1979 年到 2001 年，排在收入前 5% 的人的收入增长了 81%，但是 80% 的低收入人群的收入则非常低。产生这一变化的标志是第二次世界大战之后（1947—1979），这段时间里，大部分人的收入是相近的。在 1960 年，首席执行官的收入已经是普通工人的 41 倍了；在 1997 年，这一数字超过了 115 倍，甚至更多（Inequality. org，2004；Lott & Bullock，2001；U. S. Census Bureau，2005）。

● 经济增长的稳定性正在降低；同前段时间相比，由低收入向高收入迈进的人变少了（Inequality. org，2004；Scott & Leonhardt，2005）。

● 财富（这里指的是纯价值而非年收入）分配不均。占总人口 1% 的富人拥有本国 33% 的私人资产，多于占世界 90% 的人口资产总和（Inequality. org，2004）。

● 富人和穷人之间巨大的收入差距不仅仅与那些最穷人口的寿命相关，和全体人口寿命也是相互关联的（American Psychological Association，2000）。

● 在 2004 年，大约每 8 个美国居民，每 6 个儿童中就有一个生活在联邦政府所制定的贫困线（不包括住房花费）以下。在白人中，这个比例是 1∶8，而在黑人中为 1∶4，西班牙裔则是 1∶5（U. S. Census Bureau，2005）。如果把住房花费算进去的话，那么贫困率将会提高一倍左右（Lott & Bullock，2001）。

● 如果一个有两个小孩的家庭中只有一份最低水平的工资收入，那这个家庭实际上远不足以令孩子们的生活脱离贫困线（Lott & Bullock，2001）。

● 在 16 个发达国家中，美国的儿童贫困率是最高的（Lott & Bullock，2001）。

● 成长于持续贫困环境中的儿童面临问题和疾病的可能性更大些（Bradley & Corwyn，2002；McLoyd，1998）。虽然许多低收入的家庭过着愉快的生活，但同时，他们也面临一些令人害怕的和与金钱相关的挑战。

在不同的人、不同的家庭中所存在的这些或者是和这些相似的区别并非源于文化因素。就权力和资源的获得渠道而言，这些问题是比较好理解的，理解这些问题我们需要知道解放和压制的概念（如 Bond, Hill, Mulvey & Terenzio，2000；Fanon，1963；Freire，1970/1993；Martin-Baro，1994；Miller，1976；Prilleltensky & Gonick，1994；Nelson & Prilleltensky，2005；Tatum，1997；Watts，1994；Watts & Serrano-Garcia，2003；Watts, Williams & Jagers，2003）。

▎压制：最初的界定

压制发生于不公正或不平等的关系之中，在这一关系中，有一个主导的群体，它不公平地掌握了权力和资源，并授权于另一个群体（Nelson & Prilleltensky，2005，p. 106；Prilleltensky & Gonick，1994；Tatum，1997；Watts *et al.*，2003）。这个更有权势的群体被称作**主导群体**或是**优势群体**，而权势较小的则被称为**受压制群体**或**从属群体**。在不平等群体中，一个人的地位有赖于压制体系的具体内容。压制的不平等性，通常是基于那些被认为是与生俱来的，或是不受个人控制的特性，如性别或者是种族。例如，美国种族主义的压制体系就形成了两个群体：白人优等群体和次等群体，次等群体包括非洲裔、拉美裔、亚裔以及一些土著。在整个性别歧视体系中，男性是优等群体而女性则沦为从属群体；能力主义让那些在生理和心理上没有缺陷的人占据主导；异性主义使异性恋者获得特权而同性恋或是双性恋者趋于附属；阶级偏见使拥有经济权力和资源的人成为主导，其他人尤其是收入最低的群体，则成了他们的附庸。

然而，压制体系同时也可能创造出一个中间的群体。例如，南非种族隔离和英国在印度的殖民主义就造就出两个特殊群体：有色南非人和英印人，他们一方面服从于处主导地位的阶层，另一方面又比最低阶层的人有权势（Sonn & Fisher, 2003）。阶级主义的机器已经在许多西方社会中运行许久。中间阶层比低阶层的人有权势，但他们的权势又远远小于高收入阶层，他们也常受到财富的操纵。在美国历史上，一些移民群体是逐渐被处于主导的英美群体所接纳的，同样在美国，种族主义在不同的有色人种上也有不同的影响。

主导群体所控制的资源包括以下几方面：经济资源、地位和影响力、社会政治权势、与社会精英私人化的联系、在政治机构和公司会议上的代表权，甚至是在婚姻和个人人际关系上的不平等。而最阴暗的恐怕还是通过意识形态和神话来使得那些处于附属地位的社会成员相信他们事实上就属于次等地位。这一层面上的次等感被称作**内在化压制**。

优等群体中的成员被赋予了资源、机会和权力，但这些特权来源于压制体系，而非他们自身的努力（Mclntosh, 1998）。同时，他们也可能对这一体系抱着不认可或是不满意的态度，但不管怎样，他们还是被赋予了特权。在美国，即便许多白人反对种族主义，但他们还是在压制体系中享受着特权。相似的论断也同样能应用在其他优势群体中的个体，比如男性、富人、异性恋者。

从属群体未经主导群体的授权是很难得到他们所满足的、更多的权势和资源的。然而，他们也并非毫无权力，他们可以通过直接或是间接的多种方式来抵制不公正。正如信仰和互助为非洲裔美国人提供了力量源泉一样，处于从属群体的文化的力量同样可以为他们的抗议提供力量源泉，同时他们也可能发展出解决压制和自我保护的方式。例如，作为暴力受害者的妇女通常学会了体

会她们伴侣心情的细微差别（Tatum, 1997）。正如种族隔离下的有色南非人一样，从属群体可能会完全顺从压迫者，同时也创建了只与他们所在群体的人的私人化联系（Sonn & Fisher, 1998, 2003）。

压制体系有着深厚的历史根源，这些体系并不只存在于当前，存在于个体之中，它们是整个社会不公正的源头（Prilleltensky & Gonick, 1994；Freire, 1970/1993）。例如，父权制（赢得男性权力的体制），而非一个个男性个体，是消灭性别歧视的敌人。事实上，**父权制**在伤害女性的同时也伤害了男性。消除压制需要同时将特权群体和压制群体从使他们都失去人性的体制中解放出来（Freire, 1970/1993），因此，压制理论与旨在分析社会体系的社区心理学的重心是一致的（Mulvey, 1988）。

在复杂的社会中，压制存在多种形式。Steele（1997）总结研究成果发现，在美国，甚至是最优秀的非洲裔美国学生也深受种族歧视的刻板影响，甚至是那些最有数学天赋的女性也深受社会对女性数学能力的成见的影响。此外，同一个人可以从一种形式的压制中获益同时也可能会成为另一种形式压制的受害者。在美国，男性黑人深受种族歧视之苦，但也从性别歧视中获益；同样，白人女性虽然饱受性别歧视之苦，但又从种族歧视中获益；低收入的工人阶层中白人男性，虽然他深受社会阶层化之苦，但是他也能从种族歧视和性别歧视中获益。

从某种程度上讲，你有可能作为某一特权群体中的成员同时也是另一附属群体的成员而存在。

文本框7—2阐释了某些在优势群体和从属群体中的个人际遇。

压制：多重生态学水平

在更大的社会群体中，权力关系通常会在多重的生态水平（宏观体系、社区、组织机构、微观体系以及个人歧视）上得以显现。

呼吸"烟雾"：文化神话　权力和资源的分配上的不公正得以维持的部分原因是使之合理化的文化神话被广泛地接受和认可（Freire, 1970/1993；Prilleltensky & Nelson, 2002；Watts,

1994）。谴责宏观经济系统的受害者就是一个例子，因此，主导群体甚至是从属群体的成员通常察觉不到压制体系的存在，以及它是如何产生出不公正的。Tatum（1997）将之称为"呼吸烟雾"，即处于烟雾之中一段时间后，人们就注意不到烟雾的存在，感觉空气似乎是正常的了。

对造成教育或收入方面差异原因的曲解，便

文本框 7—2　不劳而获的优势

　　我和妻子在同一所大学里的同一幢楼里办公。当我需要加班到很晚的时候，我就会加班，不用担心个人安全的问题。对于男性而言，我们校园就算是到了深夜也都还算安全，我不用担心是否有其他人和我在同一楼层中，也不用担心是否有人正朝着办公楼走来。当我走着去开车时，也无须格外警觉。但是，换作是我妻子加班时，就会考虑到个人的安全问题，她得考虑到所有的情况。在这个社会里，我们能够忍受男性对女性的侵犯，性骚扰就是例证。很明显我（还有其他的男性）享受着我妻子（和其他女性）所没有的优势。

　　其次，当我和妻子想在公共场合牵手、拥抱时，我们就直接牵手拥抱，无须考虑到我们的安全问题；当我还是个少年和大学生时，我可以自由地和我的朋友谈论我正在约会或是希望约会的对象，没有人会在我性取向方面开粗俗的玩笑，我们不必为自己该如何将性取向告诉父母而苦恼。但是，我的一个曾经被骚扰过的女性同性恋者密友就享受不到上述的优势了。如果公开自己的性取向，她就可能会被一些主要的社会活动（比如：宗教会众、婚姻、收养孩子以及一些和儿童一起工作的机会）排斥在外，但是如果她隐藏了自己的性取向，她就必须为自己的诚实和健康付出代价。最后，即使是在警觉的情况下，被谋杀的威胁也近在眼前。

　　接着是优势的第三种形式。我的许多黑人朋友和同事都注意到，几乎每天，他们都会或多或少地以某种不愉快的方式被提及他们的种族，虽然这些提示可能是间接或是无意的，但这些提示却不无影响。此外，我发现直接的、恐吓性的种族歧视远远超过我们之前所说的普遍认识到的程度。同时，这也就造成了白人的优势，因为他们在自由地追求教育机会、职业抱负和娱乐休闲方面更加自由。当冲突出现时，白人可以动用工作上的高层人员来保护自己，比如零售业的经理，或者是孩子在学校里的老师，又或者叫警察，白人相信他们可以更轻松地解决与自己同一人种间的纠纷。同样，他们能够避免自己的孩子受到基于性别不同所受的欺负（Mclntosh, 1998）。

　　优势的第四种形式包括我自己童年生活经历中所体现出来的中产阶级的经济、教育等优势条件。我的童年和青少年是在阿巴拉契亚的农村度过的，这些提供了我跨阶层的经历以及在社会经济事业上的觉醒（这很大程度上归功于我的父母）。此后的一个暑假，我在新泽西州内陆城市纽瓦克市从事一个社会项目的研究，这个项目在种族歧视、阶级歧视以及抵制压制上使我深受教育。在另一个暑假中，我在离家不远的地方工作，这是一份和先前的经历完全不同的跨阶级的工作，这些经历影响了我往后的生活，推动着我在研究、发展社会不公平方面的重要觉醒。

　　在性别、种族、性取向以及阶级方面的特权和优势并不是争取而来的。此外，比如那些男性的特权并不是我（或者其他男性）所支持的，我更愿意生活在一个男性和女性同样安全和享有同等特权的社会里。生活在这样的社会里，男性、女性都会更加自由，但同时这也应该鉴于其他形式的压制的存在。对于我乃至许多其他人而言，虽然我们没有制造压制，但我们享受着特权，因而我们有责任去消除这些压制。(Jim Dalton)

是一个"呼吸烟雾"的例子。作为个人的能力或是努力的结果，个人主义的价值会引导我们思考、理解和体会这些差异。虽然这些特性不算重要，但是个人的努力和能力会在主导群体中得到回报，这也是正确的，然而我们也时常忽视在从属群体中的相同特性却得不到相同的回报。意识到不公正的存在，尤其是主导群体的成员，将会产生关乎个人自由信仰上的疑问，有时人们宁愿不去考虑这些事情。因此，当白人得到比其他种族、女性更多的权势时，我们只倾向于将这些差异理解为个人情况所致，忽略了其他方面的因素。Rice (2001) 对揭示社会神话的研究作了评述，尤其是关于贫困中受害妇女的神话。

　　事实上，一个压制体系通常是在某一受压制群体中的少数人通过反抗并得到主导群体特权的情况下，运行效果最好。他们的成功为我们提供了关于独自努力的重要性的案例。然而，研究表明，比起那些受特别待遇的团体成员来说，这些个体常常被推向更高的成就标准（Ridgeway，2001）。

大众传媒的角色　印刷品、电视、电影、收音机和互联网构成了一个非常有影响力的宏观体系。20世纪中后期，尤其在美国大众传媒中，女性、有色人种和其他的受压制群体的地位有所提升，但是在传媒的许多领域也继续体现出受压制群体的非主导地位。

穷人常常在主流新闻中被无情地忽视掉了；失业和经济不平等很少被提起，但华尔街和经济合作新闻依然是头版新闻。当新闻故事被贫穷覆盖时，他们就会更大程度地忽视这个巨大群体存在的实际问题，比如低收入和高住房开销。尽管美国毒品使用者和交易者更多的是欧裔美国人，但是新闻事故和犯罪更多地出现在本地非洲裔美国人和拉丁人身上。低收入的女性也扮演着消极的角色（Gilliam & Iyengar，2000；Bullock，Wyche & Williams，2003）。Gilens（1996）调查了美国主要的新闻杂志和网络电视节目，调查证实，栏目的许多观点是不准确的，但是却对公众具有很大的影响力。比如，虽然只有不到1/3的穷人是非洲裔美国人，但在新闻杂志故事中的"下层"人物都是非洲裔美国人，报道的覆盖面大并且有实效；Gilens列举的公众投票数据显示，美国公民一直都高估了黑人中穷人的人口比例。

民族聚居"临界点"　压制也存在于邻里中。Hacker（1992，pp. 35 - 38）回顾了有关美国居民区，尤其是白种人和黑人聚居"临界点"的研究。综述性研究表明，只有当有色人种的比例低于某个点，通常大约是8%的时候，大部分的白种人将继续在一个不同种族混居的地带活动；一旦超过了这个8%的"临界点"，可预测的结果就会发生——白种居民通常会迅速搬离，也没有新的白人搬进来。黑人，常常在寻找一个不同种族混居的地带，一旦找到就会搬进来，只是为了找到一个居民逐步变为全部是黑人的居住区。这不是简单的个人偏见，而是一个可预测的大约为8%的"临界点"，遍布白人、黑人和其他有色人种。这是一个令人吃惊的一致化的数字。

机构中的压制：工作场所　即使是更友善的

个体管理，组织政策也是有歧视的。举例来说，在大学申请中，依赖于标准化考试分数能排除对于有色人种学生和那些经济劣势学生的歧视。

在组织中，对于女性所谓的"玻璃天花板"是另一个案例。工作交流的研究报告表明，混性别组群中，男性说话更多，更具有建设性，使用的语言和手势会显得更果断，也更多地影响着整个组的决定。

这些事情都提示我们在组群中权力的使用，并且研究提示我们女性和男性更能接受他们的男性领导者。然而，当女性用这些行为来果断领导大家时，反应常常是不同的。许多男性，甚至女性都觉得不舒服、感情上强烈反抗，即使没有开放的发言权。举例说，果断的女性经理比起相同态度的男性经理会更容易被认为是不友善的（Heilman，2001）。不满的源头是果断的女性与早已被建设好的细微社会性的社会期望是相抵触的，似乎女性只有合理地练习那些形象的权力（Carli，1999，2003；Ridgeway，2001；Rudman & Glick，2001）。换言之，果断的女性正在挑战压制体系。其他女性的不舒服、反抗则暗示了她们在压制体系中的权力和角色，而不仅仅是男性。

回顾心理学研究，其中也暗示着即使女性的工作表现比男性做得更好，仍然会常常被认为是不积极的（Carli，1999，2003；Crosby，Iyer，Clayton & Downing，2003；Heilman，2001）。尽管男性和女性提交同样的工作履历，但男性的工作履历会被给予更积极的评价（Ridgeway，2001）。甚至当大学生应聘一些校园职位时，男性和女性的比例也会让男性在具有同样资格的女性面前更胜一筹（Carli，1999）。

Pager 2001年将入职人员的招聘牌放置在麦尔怀基区域。其中两人是白人，一个有完全无犯罪记录的资格，另一个非但没有这一资格，还有贩卖可卡因的重罪并在监狱中服刑18个月。另外两个被试是黑人，有与上面两人类似的背景。被试现身监狱申请职位（他们均会介绍个人犯罪记录证明）。这些人总共申请了350个工作。几乎没有老板实际检查申请者的资格；看起来更多情况下是接受他们的自我陈述。独立性是老板提供工作或者给将来面试回复的重要依据。

结果表明，白人接到回复或者录取几乎是黑

人的两倍。事实上，有毒品重罪记录的白人比根本没有犯罪记录的黑人更有可能被录取。在美国其他地方类似的研究也得到类似的种族歧视结论（Crosby *et al.*，2003；Pager，2003）。

许多社会心理学研究都表明，相信自己没有偏见的人也是存在偏见的（Jones，1997，1998）。广泛的歧视被 Pager（2003）记录下来，其他是机构性和社会性的问题，不单单是个人问题了。

机构中的压制：学校　在美国，学校常常被认为是为种族融合和提高经济流动性提供了一条捷径。这在一定程度上来说是正确的。但是，种族和阶层的区分永远是存在的（Fine & Burns，2003；Hochschild，2003；Lott，2001）。原因之一就是种族隔离的存在（参见之前讨论过的临界点研究）。

另外，学校对于地方基金的依赖、财富的悬殊差距，使学校为某些学生创造了比其他人更多的机会。在学校内部，评价学生，很大程度上是以考试分数为基础的，不合理地将一些有色人种学生和那些来自低收入家庭的学生搁置在更低质量的班级里，且不为他们上大学或者应对充满竞争的工作做准备（Lott，2001；Weinstein，2002a）。

群体之间的关系和个人偏见　社会心理学的群体理论认为，群体内（我们认为和我们类似的人）和群体外（我们认为与我们不同的人）存在差别，这为刻板印象提供了一个理论基础。作为人类，我们对自己的群体内的成员持有积极的态度，而对群体外的人，至少在一定程度上持有偏见和刻板印象，因此，主导群体和从属群体的成员对其他群体也存在偏见和刻板印象。

然而，群体间理论并不能完全解释群体之间的力量的差异。压制理论补充性地认为，因为主导群体（例如，老板、教师、警察、官员、被选举出来的行政官员）的主导地位和影响力，他们持有的偏见和刻板印象在社会和社区更有影响力；从属群体的成员也有偏见和刻板印象，但是他们持有的偏见和刻板印象的影响力较小，因为这一群体处于社会的从属地位。比如，在美国社会，白种人和有色人对其他人都有可能持偏见和刻板印象，而白种人控制着社会经济、政治和社会资源（比如，控制着雇用、房地产、教育和贷款），白种人持有的偏见和刻板印象具有影响力，构成了白种优等人种。简言之，这是种族歧视的广泛信念（Jones，1997）。所有的白种人，甚至是那些反对种族主义的，都受益于此。详细的机制也渗透在社会经济阶层、性别歧视和其他形式的压制中。

表 7—1 概述了解放理论的原则。

表 7—1	解放理论的假设和概念

1. 压制指赋予一个团体以权力和资源，而剥夺另一个团体的权力和资源的不平等、不对称关系。
2. 更具权力和资源的群体是主导群体，具有较少权力和资源的群体为从属群体。出身或者其他的超越个人控制的因素决定一个人的群体成员资格。
3. 主导群体控制的资源包括经济或者其他有形的资源、地位和影响力、社会政治权势、人际关系和为所讨论的问题定性的权力。
4. 压制体制将无须争取的特殊的待遇授予主导群体成员，而不管他们是否认识到或者是否同意。
5. 受压制群体用他们群体所有的权力直接或者间接地反对压制。
6. 压制存在多种形式。一个人可能被一种形式的压制赋予特权，同时也深受另外一种形式的压制之害。
7. 可以从多个生态分析水平来理解压制：宏观体系、地域、组织、机构、人们之间相互的关系和个人偏见。
8. 社会神话和刻板印象使压制体制合理化。Tatum（1997）将之称为"呼吸烟雾"，即处于烟雾之中一段时间后，人们就注意不到烟雾的存在，感觉空气似乎是正常的了。
9. 压制研究的焦点是压制体制而非压制体制中的个人。
10. 压制体制造成了偏见，反过来，偏见的力量又加固了这一体制。所有的人都可能存在偏见，但是主导群体所持有的偏见因与压制体制相联系，所以更具破坏性。
11. 解放理论是对行动的呼吁，意在以集体性的行动消除压制体制。
12. 压制使压制者和受压制者失去了人性，为了真正消除它，反对它的人们必须致力于将压制者和受压制者从压制体系中解放出来。

资料来源：Feagin & Feagin，1999；Freire，1970，1993；J. B, Miller，1976；Watts，1993；Prilleltensky & Gonick，199；Tatum，1997。

解放理论：对行动的呼唤

在感官上，最大程度的解放要求人们对于权力的把握和对没有压制者与被压制者的社会的重新塑造。（Watts，Williams & Jagers，2003，p.187）

解放理论不仅是对理论的分析，也是对实际行动的呼吁。它解释了不公平现象，并将之命名为压制系统，其目标就是改变这一体制，解放压制者和受压制者（Freire，1970/1993）。第一层级改变，意味着目前的受压制群体，简单地与特殊待遇群体换位，即压制体制的重新换位；第二层级改变包括角色关系的改变，消除压制体制和从属差别。这也是解放要达成的目标。

比起那些从中受益的人来说，从属群体成员常常能更好地理解压制理论。频繁地参与在这样的关系里：一个人从中受益会使从中受益人的意识变迟钝，使不公平看起来很自然（"呼吸烟雾"）。

然而，有相同际遇的人能通过从属地位得到深刻的领悟。例如，欧裔美国人很少被强迫面对种族主义的存在，但是其他种族群体成员也许每天都要经历这些。这意味着，解放努力需要从从属群体中选拔领导者，因为他们能意识到真正的问题。一个重要的解放理论家Paulo Freire（1970/1993）认为，对于消灭压制来说，有3个必要条件：第一，对压制体制有清晰的认识和理解。第二，从属群体中的成员有彼此的联系和领导力。第三，集体行动。对抗强大的敌手，单独的个人行动是非常困难的。

文化与解放的冲突

我们认为，文化不能成为消除压制的有利环境，而必须用一个尊重新价值，能领导我们所有人更接近健康、高尚和自由的多样化和参与权的空间来取代。（Ortiz-Torres，Serrano-Garcia & Torres-Burgos，2000，p.877）

在传统文化加速压制并与解放目标相冲突的不利情况下，我们该如何解决这个冲突呢？一些文化的价值观念及实际行为明显以女性作为牺牲者，或者将她们局限在限制性的社会角色之中（需要注意的是，这往往被解释成对女性的尊重及保护）。许多传统的集体主义文化授予了男人、长者和较高阶级的成员们更多的权力。个人主义文化能提供很多个人自由，但同时也可以容忍极大的不公以及对无依无靠之人的冷漠。

Bianca Ortiz-Torres、Irma Serrano-Garcia 和 Nelida Torres-Burgos（2000）在一篇题为"颠覆文化"的文章中讨论了这些问题。作为预防艾滋病行动的一部分，他们的目标是提高波多黎各女性和男性性伴侣的协商能力，以求通过这样的商议双方可以采用更安全的性防护措施。

这样的目标和两种文化价值观是有冲突的。"圣女信仰"在许多拉丁美洲及拉丁美洲女性的文化中定义了文化意义上的女性角色：根据基督教中圣母玛丽亚的形象，将纯洁无瑕视为完美女性的特质，她们教养了男性但又完全服从于他们。这就导致了性只能成为私密的话题，女性对自己的性需求知之甚少。通过对处女的推崇赞美，"圣女信仰"可以预防有危险性的性行为的发生。它在压制对性的讨论与了解以及强调对男性的服从方面起到的作用，也使得许多女性在性方面了解的知识和拥有的权力少得可怜。"男性气魄"则定义了男性的角色，强调了男性的阳刚气概和性的威力。在与性有关的情境中，"圣女信仰"和"男性气魄"联合授予了男性多于女性的权力，而女性要满足这两种对立的文化期许则要困难得多（比如既要保持圣洁又要讨伴侣的欢心）。

在以团体或个人为中心的访问中，大学的拉丁籍女生（在波多黎各和纽约）报告说，她们在和爱人讨论进行更安全的性行为，商议使用安全套、进行非插入性性交和其他一些自我保护措施时会有情绪和人际方面的障碍。参与者提到的障碍包括对遭受拒绝的担心，受伤和焦虑的心情，对方可能认为这是缺乏信任的表现以及她们自己对伴侣的爱。这几乎是人人都会产生的担忧，但在以"圣女信仰"和"男性气魄"为价值观、角色观的背景下，这种担忧会格外强烈。

但是，没有一种文化是完全一成不变的。诸多文化中的女性运动已经使欺侮女性、剥夺女性权力的传统观念和实际情况得到了改变。另外，以前的文化价值观是对女性不利的，但女性现在也拥有了一定的文化资源。在 Ortiz-Torres 和同事们的研究中，这些文化资源包括：从其他女性那里得到的社会支持，女性运动对文化造成的冲击，以及与其他文化中的不同性别角色的接触交往。Ortiz-Torres 等人推断生活在拉丁美洲文化/拉丁美洲女性文化中的主张男女平等的社区心理学家能够靠自身的工作推动性教育，展开关于女性性方面的讨论，改变对女性造成伤害的价值观与现实以及建立女性的个人沟通技巧和社会支持。可以利用传统的"圣女信仰"中节欲和保护女性这样的概念，这样才有可能使这些努力开花结果，并服务于大家。他们还可以提倡安全套的使用、非插入性性交以及女性在性情境中平等的商定权。

有关文化传统和解放思想之间的冲突问题，有三个主要的结论。首先，文化价值观自身往往充满了矛盾。像"圣女信仰"和"男性气魄"这样的文化价值观拥有很久远的历史，但保护女性这样的价值观同样也在拉美文化中传承已久。相类似的是，为了反对移居美国的东南亚移民中存在的以男性对女性的暴权为基础的文化制度，女权运动往往会提倡在东南亚文化价值观中保护女性的传统的回归（Silka & Tip, 1994, p. 518）。

其次，作为对外部及自身环境的反应，包括与不同文化的接触和文化本身的多样性，文化是不断发展的。致力于文化变革的努力是顺应文化不断向前发展的趋势的。

最后，出于正当合理性的考虑，文化变革应当是由该文化中的成员从文化内部发起的。Ortiz-Torres 等人是作为文化内部的成员进行介入干预的。与之相似的是，阿富汗女性建立了阿富汗女性革命联合会，在她们的国家呼吁女性权利以及更广泛的人权（Brodsky, 2003）。作为外来者，将他们自己的理念强加给一个文化，这会引起许多社会道义的问题。处于文化之中，提倡文化的改变才是正当合理的。

解放理论的贡献与局限

解放的思想和文化的视角是互为补充的。解放的观念使人注意到权力的运作，而这在传统文化的视角中往往是被忽略的。

解放的思想也有它的局限性。第一个局限是，由于过于强调权力方和服从方之间地位的不同，两方各自内部具有的多样性和差异性可能会被忽视。并不是所有女性在资源、权力或者观点方面都是相同的，举例来讲，并不是所有的墨西哥裔美国人说话的声音都是一样的。第二个局限是，解放的理论过于强调社会制度问题，只把服从的一方描绘成受害者，除非他们文化的力量和对压迫的反抗得到了明确的认可。

第二个局限体现在解放的观念被付诸行动时。压制造成了支配者和服从者之间的冲突。这种冲突是有现实基础的，不公正是客观存在、不可否认的。同时解放压制者与受压制者的理想在这种冲突的热度下是很难有立足之地的。关于这方面的争议更有可能将矛头对准一些个人或群体，而不是神话基础和社会现实。对群体内部冲突的研究表明，要避免这些障碍，不仅需要对不公的控诉，还要有共同的目标（Johns, 1997）。这种解放理念的长期价值在于它很好地指导了 Freire（1970/1993）关于同时解放压制者和受压制者的观点。

身份认同和文化适应

一个人有时会感到自己有两种不同的身份——是美国人，同时也是黑人；两种内在，两种思想，两种始终无法达成一致的努力；一副黑色的躯体下是两种冲突的理想，只有凭极其顽强的力量才能避免自己被撕裂的命运。

> 美籍黑人的历史就是一种纷争的历史——一种对可以自我觉察的男子气概和将两种自我整合为更好、更真实的自我的渴望。在这种整合中，他不希望丧失掉任何一种旧的自我……他只是单纯地希望使一个人同时作为一个黑人和一个美国人的存在成为可能。（DuBois，1903/1986，p. 365）

在这段著名的段落中，W. E. B. DuBois 探讨了两种很难被整合的身份之间的冲突。他亚裔的身份和美国文化的经历共同丰富了他的人生，但迫于压力它们又很难被整合。DuBois 自己最终迫于种族歧视的压力无法将这两种身份进行整合而离开了美国。

不管是文化的视角还是解放的观点都不能为个人如何解决这样的问题提供完美的解答。于是我们需要第三种视角，即对社会性身份的关注。每个人不仅仅是单独存在的个体，除此之外我们还具有多重的社会身份。它们是以种族、民族、性别、性取向、宗教及精神信仰，或者其他影响着人们对"我是谁"获得认知的社会性或文化性的差异为基础的。社区心理学家对社会身份的观点一般受到两种理论的影响：身份认同的发展理论和文化传入理论。社区心理学家 Dina Birman 已经就这些问题进行了研究（Birman，1994，1998；Biran，Trickett & Buchanan，2005）。

身份认同的发展模型

心理学家已经为非洲裔、亚裔、拉美裔、纯种白人及美国的少数民族建立了社会身份认同的发展模型，其中涵盖了普通人、女权主义者、同性恋及双性恋者（e.g.，D'Augelli，1994；Helms，1994；Phinney，1990；Rickard，1990）。这些模型关注社会身份认同在青少年后期与成年前期是如何发展的。他们假定是按顺序阶段发展的（Frable，1997；Helms，1994；Phinney，2003；Trimble，Helms & Root，2003）。

大多数人开始时会经历一个未经检验的身份认同阶段，在这个阶段里人们是用主流的价值理念认同自己的，而忽视或者否认社会群体性的地位（比如种族、民族、性或者性取向）。生活经历使得社会群体性地位的重要性日益突出，这种身份认同就受到了挑战（可能包括亲身经历或者见到了歧视的现象，或者感觉自己处于少数群体中）。

于是人们开始探索他们的社会性或者文化性的地位和传统，并围绕这些主题形成新的身份认同。这段时期人们往往会沉浸在一些社会群体的活动及聚会当中。这个阶段可能会以受到占主导地位的群体的歧视和压制而产生愤怒为开始，但最终会引起对社会群体或者文化传统的力量的关注。

个体内化了自己新形成的社会身份，更多地为社会群体做出贡献，和主流文化之间得到了变革发展的联系开始出现。举例而言，对同性恋者来讲，对他人宣布"出柜"在这个阶段中是很重要的一步发展（Rosario，Hunter，Maguen，Gwadz & Smith，2001）。

当一个受压制的群体探索他们受压制的现实以及在他们的传统中寻求力量支持时，社会角色的认同程度是尤为重要的（Birman，1994；Helms，1994；Phinney，2003；Varas-Diaz & Serrano-Garcia，2003）。举个例子，在以非洲裔美国青少年为样本的研究中发现，种族身份的认同性越高，面对刺激时积极的解决方式越会被采用，而更少采取侵略性的行动（Caldwell，Kohn-Wood，Schmeelk-Cone，Chavous & Zimmerman，2004；McMahon & Watts，2002）。有特权的群体的成员也会在开始意识到人类多样性、社会界限及不公平的存在时，其社会身份的自我认同得到发展（e.g.，White identity development；Helms，1994）。

身份认同的发展模型是存在局限的（Frable，1997）。一个人可能不会经过所有的阶段，或者不是按顺序经历了这些阶段，再或者这些阶段有可能会反复。这样的变化表明，把"阶段"这个概念理解成"状态"会更好一些，只是对世界的看法不同而已，没有必要非将它们按照发展的顺序来排列。这对识别一个个体的多重而交杂的社会性身份也是很重要的（比如性别、社会阶层、精神信仰）（Frable，1997；Hurtado，1997）。

针对这些局限，Sellers、Smith、Shelton、Rowley 和 Chavous（1998）提出并完善了一个新的非洲裔美国人的种族身份认同模型。这个模型关注的是种族身份认同的多种维度，而不是阶段分层。它揭示了种族身份认同的重要性是受情境以及更多的环境因素的影响，个人是可能同时具有多个社会性的身份的。它关注非洲裔美国人的文化的、历史的和个人的经验以及这个群体中多样性的意识形态及世界观。

许多身份认同发展模型都明确地探讨了压制和解放的问题（Birman，1994）。他们了解了许多人的生活经历所代表的意义，并帮忙对社会群体之间的动态的关系做出了解释，尤其是在高中和大学的环境中。Tatum（1997，2004）对白人学生经常会问的一个问题做出了回答："为什么所有的黑人孩子都要一起坐在咖啡馆里？"她用发展理论描述说，这些坐在一起的非洲裔美国学生（广而言之，也包括其他弱势群体）通常是处于融入群体的阶段：作为将他们的种族地位变得突出的经历（通常是歧视）的回应，也是对自己同伴和传统的资源和支持力量的一种探索。

文化适应模型

● 一个家庭在内战中远离了自己的家乡移民到加拿大。

● 一个学生离开了自己的家乡韩国来到美国读研究生。

● 一个年轻的纳瓦霍人面临着必须要做的抉择，是追求事业光明的前景，但这同时意味着要远离自己的乡土，削弱和自己家庭及文化的联系，还是继续留在家乡从事薪水和声望都低得多的工作。

● 一个非洲裔美国学生必须选择是加入以非洲裔美国人为主的大学还是以欧裔美国人为主的大学。

● 一个亚裔美国人和一个墨西哥裔美国人是大学朋友，他们谈论了很多关于怎样平衡将来的事业和家庭的问题。他们意识到自己正在体验着美国主流文化趋势同他们家乡文化背景的差异。

● 作为从工人阶级家庭考上大学的第一个学生，尽管理论上她也交了朋友，取得了一些成功，但是她仍然觉得自己与校园格格不入，她意识到自己在认同她的同学们那种富有的世界时承受着一些压力。她对此很矛盾。

这些例子透露了两个问题：个人在什么程度上能够继续认同或者保留根源性文化？在什么程度上个人能够认同或者学习新的文化？

心理的文化适应是指经历的两种文化（或者更多）的结合对个体造成的改变（Birman，1994）。广义的文化也包括种族的、民族的、人种的或者其他方面的多样性。尽管心理学讲的文化适应主要强调个体，但不能隔断与大文化群体的关联（Birman，1994）。例如，要研究一个日裔美国大学生的文化适应过程，我们不仅要理解日本的传统文化，还要了解历史上日裔美国人面对的歧视。各个文化群体之间的联系通常会因为每一个群体文化所占的程度而改变（虽然一种群体文化可能会一直在政治或经济上占有主导地位）。个体嵌套在文化群体之间的双向互动过程中（Birman，1994）。对一些个体来讲，他们甚至处在多个文化群体的交互之中。

一个学术的注解：在一些文章中，文化适应意味着个体认同了主流或宿主文化，而丢失了根源性文化。根据 Berry（1994，2003）和 Birman（1994）的研究我们可以称这种现象为同化。当然文化适应也指个体在发展了自己的原有文化的同时却并未受到另一种文化的影响而改变。

心理文化适应可能表现在外显的行为上：例如，选择的语言、服饰、食物、性别角色、教育孩子的策略或者宗教信仰。它还可能表现在内隐的方面：例如，一个人的自我同一性、价值、情感、期望以及根植于文化中的精神遗产。Berry（1994）提出一个心理文化适应的模型来解释移民们适应新文化的过程。它同时也被扩展来解释次要文化、少数民族或者原住民文化的族群。Berry 的模型假设：处在文化适应中的个体会认同一种或者另一种文化，或者两者都认同，或者两者都不认同。这就形成了表 7—2 中列出的 4 种文化适应 策 略（Berry，1994，2003；Berry ＆ Sam，1997；Birman，1994；LaFromboise，Coleman ＆ Gerton，1993）。我们应该将这 4 种策略相互结合起来理解，不能简单地、绝对化地将其分割开来。

表 7—2	4 种文化适应的策略*	
认同根源性文化的程度	认同主导文化的程度	
	较强	较弱
较强	整合（双文化）	分离
较弱	同化	边缘化

*这些策略相互混合。因此我们标记了每种文化认同的相对项：较强和较弱。

资料来源：Berry，1994，p.126。

分离 如果个体认同根源性的文化，主要生活在这种文化的社区中，只通过有限的几个途径与主导文化相互作用（比如，工作或者其他的经济交换），个体就会选择与主导文化的分离。（如果主导文化成员也有相同的行为，为他们的群体保存政治、经济和社会力量，分离就更加恰当。）历史上，分离是非洲裔美国人和讲法语的加拿大人的适应性策略，这种策略也被生活在他们自己种族社区的移民所采用。

同化 另外，如果个人放弃认同他们的根源性文化而追求主导文化，他们就是正在被同化。同化对于移民、难民来说，是一种普遍的文化适应的途径。对于移居美国的移民来说，"大熔炉"一词时常意味着他们在公共行为、经济活动、教育和生活的其他领域吸纳了主流的英美文化。这种同化的力量可能很强大但不是全部，比如家庭里的饮食文化可能反映了一个人的根源性的文化。

在强大的压制体制之下，外显行为上的同化（不是内隐形式的）可能只是一种可利用的策略。在压制的环境中，处于从属地位的受压制者成为主导群体的成员也是"称职"的。"称职"意味着其在公共场合的行为与主导文化相似，在私人生活中又有不同的文化认同。许多男性同性恋者和女性同性恋者，特别在青少年群体中，以"称职"（表面上符合异性恋取向的要求）来反对异性恋体制对他们的压制。然而，个体也要为这种表面的"称职"、这种自我同一性的分离付出心理代价。

对于一些个体和群体来说，因为有些明显的、区别于主导群体的特征，比如肤色、同化的力量可能是有限的。在有强烈的种族歧视的社会里，成员最真诚的、彻底的同化意向也将被断然否定。非洲裔美国人、土著美国人以及许多拉美裔人希望融入美国主流文化中，但是这种努力时常因为种族特征的差异而遭到挫败（Phinney，2003）。

边缘化 如果一个人不认同他的根源文化，也不认同主导文化，就会处于边缘化状态。这种策略可能不被人们选择，除非当个体与根源性的文化的联系中断的时候。边缘化似乎与最大的心理的失落有关（Berry ＆ Sam，1997；LaFromboise，et al.，1993；Vivero ＆ Jenkins，1999）。值得注意的是，边缘化不仅是对主导文化的排斥（这种情况在分离策略里也会发生），还包括失去与其根源性文化的联系。

整合（双文化） 如果个体寻求以有意义的方式认同其根源性文化和主导文化，他们就会利用 Berry（1994）提出的整合策略，一些人认为这个策略是双重文化（Birman，1994；LaFormboise，et al.，1993）。这个策略需要进一步阐述。

双文化能力

LaFromboise 等人（1993）定义了双文化能力的 8 个特征，这为我们认识什么是双文化提供了一个有用的研究视角。总结为表 7—3。

表 7—3	双文化能力的特征	
认同因素	认知/情感因素	社会/行为因素
强自我认同 强文化认同	对两种文化的充分了解和认识 对两种文化的积极态度 对双文化功效的意识	两种文化中的交流能力 两种文化中的社会技能 两种文化中的社会支持网

资料来源：LaFormboise *et al.*，1993，pp. 402 - 409。

第一部分的两个特征是关于个体认同方面的。**强自我认同**是至关重要的。这涉及自我意识和自我区别于他人的价值与选择。**强文化认同**也是很关键的，它基于个体根源性文化的整合。这种对根源性文化的认同是其双文化能力发展的一个来源，为其探索和学习第二种文化提供了牢固的基础。个体根源性文化认同还强调了认同发展模型（Birman，1994）。这种策略因为没能认同至少一种文化，所以个体可能会具有两种文化的知识和技能，但却不能深入地认同其中的任何一种。这种状况似乎是行为上的多文化，情感上的边缘化。

接下来的 3 个特征属于认知/情感因素。第一个是**对两种文化的充分了解和认识**：这种认识包括文化信仰、社会制度以及每个人的社会行为模式。个人可能找到方法来整合不同的价值观，知道何时以及如何使自己的行为与一种文化还是另外一种文化一致。**对两种文化的积极态度**是双文化能力的第二个特征，这样能够认识每一种文化的力量，对二者都持有积极的看法。第三个特征是**对双文化功效的意识**，即能够满意地生活在两种文化中，而不失去对文化和个人认同的信念。（注：环境的压制会使后两个方面变困难。）

LaFromboise 等人研究表明，许多美籍印第安孩子，他们因为上学而搬家，在这一过程中，他们有了对主导的英美文化更多的认识，同时保留了部落的私人之间的规范。在英美文化占主导的大学里，双文化的美籍印第安学生比主要沉浸在其部落文化的同伴了解更多的精通专业的方法；而双文化的学生也更有可能通过各科课程而学习、参加以美籍印第安文化为基础的文化活动。

双文化能力还包括 3 个社会/行为因素。具备**两种文化中的交流能力**和**两种文化中的社会技能**是必要的。比如，对美国的拉丁裔人和美籍印第安大学生的研究表明，拥有两种文化的社会和专业技能促进了个体对大学生活的适应（LaFromboise，*et al.*，1993）。

最后，双文化能力还需要在两种文化内培养**社会支持网**（LaFromboise 将其定义为根基）。社会支持网能够促进个人学会双文化的技能和态度，在面对文化冲突和障碍的时候，能够为他们提供情感的支持。如果关系网不仅包括与家庭、朋友亲密的关系纽带，还能够为信息和交流提供更大的关系网的话，那么这个关系网就会更加地牢固。

双文化有许多形式。一些个体有着强根源性文化认同，他们同时参与主流文化的行为模式但对其不太认同（Birman，1994；Ortiz-Torres，*et al.*，2000）。这个形式很好地诠释了那些长期受歧视的社会群体成员的经历。对于其他人，尤其是移民群体，双文化策略可能是指个体在认同根源性文化的同时，也久而久之地深化了对主流文化的认同（Birman，1994；Phinney，2003）。

情境视角的必要性

犹太人古老的故事暗示了，对于在有权势的、压制的社会里的小文化群体来说，选择文化适应策略比双文化更具有价值和意义。犹太人约瑟夫，被他的哥哥卖到埃及成为奴隶，融入了埃及社会，在某一个饥荒时期，命运的转折使他成为犹太人文化的保护者。几年之后，摩西，一个被埃及王族抚养大的，对犹太文化遗产几乎没有了解的犹太人，依靠约瑟夫保护的那份文化遗产，领导了犹太人进行了一场分离运动，并带领他们离开了埃及。其行为保存了约瑟夫早期试图保存的文化。（改编自 Birman，1994，p.281）

什么是最适宜的心理文化适应策略？正是约瑟夫和摩西那样依靠文化背景的方式（Birman，1994；Trickett，1996）。

双文化整合并非是普遍性的。例如，对全家是从拉丁美洲移居华盛顿的青少年的研究发现，双文化与自我价值的感知没有相关性（Birman，1998）。对移民到美国的俄罗斯犹太家庭青少年的一项研究发现的结果相似（Birman，Trickett & Vinokurov，2002）。对波多黎各裔的纽约居民的研究发现，只有 1/4 的居民实现了文化的整合，大约 1/3 的居民主要融入了波多黎各文化中（分离），1/4 的居民主要融入了美国文化（同化），而剩下的处于边缘化状态（Cortes，Rogler & Malgady，1994）。许多移民追求双文化策略。特别是那些出生在美国的人，但是不是所有移民都如此（Phinney，2003）。

双文化的整合也并非是适合的：关于文化适应和个体适应的研究发现，对于青少年和成人都是起作用的（Birman et al.，2002；Shen & Takeuchi，2001；see also Berry & Sam，1977；LaFromboise et al.，1993；Phinney，1990，2003）。

一个背景文化适应的观点是有必要的。所要求的文化品质（语言、社会行为、更强的身份感）在所在环境里很重要。而在那里所出现的结果（例如，个体的适应、学术成果）是最为重要的。特殊的社会群体环境和主体社会的态度也是相互影响着的。另外一些重要的因素可能包括性别、社会等级、性取向、信仰、家庭动态，还有所在环境的性质：如学校、工作场所或邻里（Chun & Akutsu，2003；Santisteban & Mitrani，2003；Hughes，2003；Hurtado，1997；Phinney，Horenczyk，Liebkind & Vedder，2001；Sasao，1999；Shen & Takeuchi，2001；Ying，1995）。一个关于来自苏联的美国社区里的青少年的研究发现，对于这些年轻人在文化适应和顺应的动态上有许多差异（Birman，Trikett & Buchanan，2005）。

社会同步发展和文化适应都是比我们在这章导言里所说过的更为复杂的进程。两者必须结合多样化的经济水平来理解（有关复杂性的讨论的资料见：Berry，1994，2003；Birman，1994；Birman，Trickett & Vinokurov，2002；Chun，Organista & Marin，2003；Helms，1994；Jones，2003；Marin & Gamba，2003；Phinney，2003；Phinney et al.，2001；Trimble，2003；Trimble，Helms & Root，2003）。

一个更深入的背景问题是：在社区或社区环境的特殊性质下，是什么促进了所在源文化的一致性，也增强了其他社区的文化、更广泛的社区感、积极的差异性的互相赞赏（Jones，1994；Kress & Elias，2000）？

例如，教育策略、课程学习、社区服务还有其他方面的大学生活中，怎么能促进如学生文化意识、身份意识的提升，增强对大学的适应能力和更宽泛的社会责任感（Maton，2000，pp.43 - 44；Stukas & Dunlap，2002；Zirkel & Cantor，2004）？Allport（1954）提出环境对于团体之间的教育是有影响的，如在不同群体之间的相同身份，以及为了共同的目标在一起工作的个人经历。那些概念是否有利于在大学营造环境（如 Gurin，Nagda & Lopez，2004）？大学怎么能认识和促进学生对其所处的源文化身份认同的增强（如 Tatum，2004）？期望环境特性背景是否出现如白人学生与黑人学生在主体白人学校或历史性的黑人学校一样不同（Brower & Ketterhagen，2004）？关于学校以及其他对于与成年人一样的孩子和年轻人的发展背景的相似的问题可能被提出。同时不仅提出关于种族或民族，而且提出关于其他社会身份如性别、性取向和信仰的问题。

 ## 社区心理学的内涵

　　这一章的概念有丰富的社区心理学的含义。在第 3 章里，我们讨论了进行社区心理学研究的内在要求，这里，我们关注社区心理学家进行研究时对文化尺度的把握和个人的文化能力。

个体文化能力

　　社区心理学家提出了参与概念：我们试图通过他们的研究工作来理解社区。社区心理学家需要具有与双文化能力相似的文化能力，不仅需要有进行跨文化研究的志向，同时还需要进行跨越种族、性别或者社会阶层差异的实际研究（Canning，1999；Hanell，Taylor & Burke，1999；Mock，1999；Resnicow，Braithwaite，Ahluwahlia & Baranowski，1999；Sasao，1999）。对社区理论研究者和应用者有不同的文化能力的要求，但通常包含以下因素（注：有几个因素与之前提到的双文化的能力特征有相似之处）：

　　● 对与其一起工作的文化群体的特征、经验、信念、价值观和规范的了解和知识；

　　● 对弱势群体文化的尊重；

　　● 在这种文化中进行私人之间交往的技能；

　　● 在自己所属的文化中和工作所处的文化中，个人所具有的支持性的关系；

　　● 天真、好奇和谦逊的风格（Mock，1999，p.40），包括认识到个人的学识有限，承诺不断地学习；

　　● 对个体自身的文化和经验如何形成自己的世界观的认识；

　　● 文化能力的发展是一个渐进的过程，而不是简单的结果。

　　这些特质不仅包括学识和行为技能，同时还包括态度、对文化传统力量的好奇和真正的尊重，对享有的特权和拥有权势的人敢于提出不同的见解。

设计文化敏感的社区项目

　　文化敏感的社区项目必须包括他们正在为之设计的文化的许多方面。只有与当地文化环境中的成员真诚地合作，才能够更好地发展和推进这些项目。从促进健康的角度看，Resnicow 等人（1999）等人借助于语言学术语提出了一个有用的区分，即表层结构和深层结构。

　　表层结构包括一个项目的最明显的部分，比如，种族、民族、性别、口头交流或者书面交流所使用的语言以及对衣服、食物、音乐的选择和情景问题。尽管如此，只提出表层结构不足以使社区项目见效。比如 Sasao（1999）发现，在为亚裔美国人开展的一个临床服务中，只使用亚裔美国员工（表层结构的因素），不能很好地解决治疗专家和病人之间的文化差异。像另一个例子，仅仅成为一个黑人心理治疗师是不足够来确保获得黑人社区的信任的。信任必须被建立起来（Jordan，Bogat & Smith，2001）。

　　深层结构包括核心的文化信念、价值观和实践。分析文化的这些深层结构需要文化的、历史的、心理的和社会的知识。比如，和非洲人的文化信念中强调自然原因一样，一些拉丁美洲人也强调生病的超自然的原因（Resnicow *et al.*，

1999）。对疾病的多重解释将影响病人报告综合症状的意愿，对本土的医生还是西方健康专业人员的选择以及许多健康行为。设计和评价一个健康促进项目必须考虑到这些差异。Potts（2003）描述了一个引用非洲的文化和信仰的概念来促进美国非洲裔青年发展的学校项目。Helm（2003）描述了在本土夏威夷社区健康促进项目必须借用社区和关于土地和水之间互相关系以及社区和健康互相关系的文化信仰的情况。Harper等人（2004）描述了文化对于性的敏感在美国墨西哥区的社区的影响。我们说过的更早的深层结构元素，讨论"圣女信仰"和"男子气概"价值的性对于年轻拉丁人的干涉（Ortiz-Torres *et al.*，2000）。Jumper-Thurman、Edwards、Plested和Oetting（2003）评估了在本土美国人、墨西哥裔美国人、英国人社区为了营造文化互相有效影响的环境所做的准备情况。深层结构文化项目可能更多地呼吁追求独立或双文化策略的人，而不是那些寻求相似的或处于社会边缘的人。文化敏感项目的效果需要在研究中来评估（Resnicow *et al.*，1999）。

阿拉斯加土著人精神和节制适度　阿拉斯加土著人社区正在利用他们的文化遗产营造一个有节制的社区氛围，帮助个人和社区减少物质滥用（Hazel & Mohatt，2001；Mohatt *et al.*，2004）。这些提供了这样一个例子：关于文化固定社区的原始精神被社区成员发展的同时，也关系到表层和深层结构。

阿拉斯加土著人是多样化的（Yupik，Inupiat，Athapascan，Tlingit，Haida *et al.*）。阿拉斯加土著人享有一些普遍的共同的文化因素，尤其在精神层面，这是他们节制运动的核心。共同的精神文化因素包括：认为上帝、所有生灵的纯洁脱俗，物质和精神世界的结合，个人意识到精神动力的重要性的信仰。这些提供了丰富的有关社区节制、适度的原始精神的资料。

土著人领袖总结了4个相互关联的生存王国与节制有关的文化因素：物质的、情感的、认知的和精神的。物质王国通过以下途径可以节制：通过引导本土人的健康和传统饮食的使用，通过参加本土的洗礼宗教仪式、跳舞、唱歌和其他艺术，通过持续的聚会和狩猎。在情感的王国里，通过允许个人去认识和体现喜悦和痛苦的情感，与家庭和社区建立情感联系以及练习后悔，节制也可以得到加强。在认知王国里，学习自己的文化传奇、历史和实践并以此为骄傲，学习文化语言，为自己的家庭和社区承担责任和义务等，都能够增强节制。在精神王国里的节制包括放眼整个精神世界，与祖先建立联系、调停、祈祷以及用梦的想象作为指引（Hazel & Mohatt，2001）。促进和发展节制包括以上所有的4个方面，包括个人的发展和不断巩固的家庭和社区关系。Mohatt等人（2004）描述了项目发展者与土著人领袖一起工作，为发展文化赞赏评价方法的情况。

结论

我们仍然存在两个重要的问题。第一，这章关于人类多样性的观点是否形成了道德相对论主义，而认可所有像道德强迫一样的价值体系（比如纳粹主义、宗教冲突或者压迫妇女）？

显而易见的答案是：不能。这一章的观点与理解研究情景中的人类多样性有关。这包括了用一些人的思想来理解其他人和他们的文化，尤其是他们的优势。这样理解的一个有价值的副产品就是，常常提升了个人对自己的假设和对自身价

值观的认识，获得对他人和自己的更深层的理解和认识。但这个过程并不简单，只有采用多重主义思想，对人类社会问题才能在原则性的、道德化的立场上加以情境化的理解。

最主要的一些价值观（例如我们为社区心理学提出的7种核心价值观）可以帮助解决这个问题。正如我们在之前的文化与解放冲突部分讨论的一样，基于一些原则，例如社会公平，全体社会成员在他们的文化下都必须遵守的原则性的价

值观所做出的行动，可以带来个人和社会的转变。当然，社区心理学家们定义社会公平或其他价值观的方式会受他们自己的文化经验的影响。但一直为改变而努力的社区心理学家和其他的人们，通过赋予女性权力等，可以和其他文化或社区中与他们有相似文化背景的人联合在一起。

第二，当我们强调人类跨文化、种族、性别、地域的差异时，我们怎样理解人类共同的东西？要建构一个多种族、多元文化，或者社会和社区的多元化，需要什么样可共享的基础？多元文化、多元的社会是可行的吗？

回答这个问题就更加困难，需要一些历史学的视角，因为从属群体成员"知道其位置"，所以这个问题提前假设了对回到似乎与享受特权的群体成员和谐相处的更早时候的渴望和期望。十分

重要的一点是，西方社会科学家常常假定他们的概念和观点是普遍有效的，事后会发现，这些观点是人类学中心化的。对于如何处理这些问题有许多不同的观点（如 Fowers & Richardson，1996；Hall，1997；Sue，2004）。但只要我们牢记每个人的观点难免会受到文化经验的限制这一点，对于寻找共同点的总体价值就会有所帮助。

当然，许多差异都是广泛存在于人类的经验之中的，但是，只有在我们研究了其他人对不同的经验是如何看待时，我们才能理解它们。可能我们更应该同意心理学创始人之一 William James 的观点，即"一个人与另外的一个人之间存在很少的差异，但是这一点很少的差异是什么，是非常重要的"（引自 Hall，1997，p. 650）。

 ## 本章小结

1. 社区心理学中的人类多样性研究维度包括文化、种族、民族、性、性取向、社会经济地位或社会等级、有能力/无能力、年龄、地域、宗教以及信仰。虽然这些维度覆盖社区生活的各方面，但是在概念上将它们区分开来很重要。多重主义是指每一个人都处于这些要素的某一点上，点与点之间没有优劣之分。不同的维度间可能会有交叉。

2. 文化多样性的一个重要维度是个人主义—集体主义，这也是跨文化心理学中研究的一个主题。个人主义文化和集体主义文化在许多方面是不相同的，包括相互依存的自我和独立的自我概念以及群体内的重要性方面。个人和集体的想法、情感以及行为会受到它所属文化是属于个人主义还是集体主义的影响，尽管所有文化都需要处理识别个人主义或集体主义所带来的紧张，但是，个人主义文化和集体主义文化中任何一个单独的概念都有它的不足：（1）个人主义和集体主义文化的社区可能在同一种文化中存在；（2）世界上的各种文化越来越受到彼此的相互影响；（3）它只是文化间不同的一个方面；（4）简单地把其他

文化理解成与我们自身相反的文化是不准确的；（5）它只是在描述文化间大致不同的时候有用，并不适合于精确的对比。

3. 并非所有的人类多样性都是文化力量作用的结果。权势和资源也是造成群体之间的差异的一个重要方面。解放视角论描述了社会压制的制度和解放的目标。压制常常通过个人所不能改变的一些因素进行，如性别、种族，产生权利不平等的主导群体和从属群体。压制不仅仅等于偏见；它是建立在同时影响主导群体和从属群体（不论他们愿不愿意）上的一种社会系统。压制有多种的形式（如种族歧视、性别歧视），并且在多种生态水平上起作用（如神话传说、媒体刻板印象、邻里临界点）。处于从属群体的人们经常抗议压制，但当他们感到自己的确属于下等的时候，便会产生内在化压制。父权制就是一个压制系统的例子，它让女性处于从属地位，但这实际上却会同时伤害男性和女性。因此，废除它会使两方受益。表7—1总结了解放理论的关键要素。

4. 当文化与压制产生冲突时，对价值观的关注就显得重要了，而且文化中的人和价值观也需

要发生改变。每种文化经过时间的积累都会产生价值观的多样性和变化；这可以成为文化挑战和转变的基础。

5. 解放理论的局限性如下：（1）其体系的焦点可能低估了主导群体和从属群体之间的差异；（2）受压制群体仅仅被刻画为受害者；（3）可能在共享目标之外强调群体之间的差异和冲突。

6. 社会身份认同的发展模型是新提出来的一个概念，它是关于种族、人种、性取向以及其他群体的。大多数身份认同的发展阶段包括一个未经检验的开放阶段，其次是探索阶段，往往是在自己的群体以及更高的阶段形成了社会认同和学习关联自己的群体和更广泛的世界。这个模型的确说明了压制和身份认同的一些问题。但是，许多人并没有完全按照这样一连串的阶段发展，所以"阶段"应该理解为"状态"更为合适。

7. 文化适应考察个人对两种文化或者群体的适应。有 4 种文化适应策略：分离、同化、边缘化和双文化（见表 7—2）。

8. 双文化能力指有效适应第二种文化或者主导文化，同时保持对自己根源性文化认同的技能和条件。表 7—3 总结了双文化能力的 8 个特征。虽然有证据证实文化适应策略在许多情况下的适用价值，但是它并不常常是最明智的文化适应的策略/方法。

9. 社区心理学家的文化能力由他们推动一种文化的成员间真正的相互理解与合作的质量决定。文化敏感社区规划项目包括文化的表层结构和深层结构。

10. 理解和尊重人类多样性并不意味着道德相对论：一个人能够持有一种强烈的价值观同时试着理解其他的观点。但更好的理解人类多样性的多种表现方式是必要的。

 简短练习

1. 人类多样性问题的实验研究对象最好是与你有着不同的种族、性别、社会阶层、性取向的人。另外，跨越文化的、宗教的或者其他界限的经验常常包括必须被理解的情感和起初难以辨别的偏见。鉴于以上的原因，我们建议你寻找在你的校园中的多重文化中心，或者其他环境（在校园或者远离校园）的体验和经历，以便研究人类多样性的各个维度。为之留点时间吧，它有可能是你所受的教育中的最有意义的一部分。欣赏环境设施，听听讲座、研讨会或者看看其他的演出，与那里的学生或者员工谈谈话，将你的兴趣放在学习研究上。要有耐心，不要试图立即成为专家；要有恒心，不要被你不期望发生的事情打垮。还要认识到那里的学生可能有兴趣与你交谈，但是他们也可能会有其他的约会。

当然，最好是在已经建立了信任和理解畅通无阻的私人关系中，了解情况和进行有关的学习研究。培养跨越不同群体界限的私人关系是你所受教育的重要部分。

2. 写下你对本章开始部分提出的问题的看法，与你的朋友或者同班同学讨论，参与讨论的群体的差异越大越好。在推荐网站列表中的"多元文化楼阁"和"理解偏见"中也有一些对你很有帮助的练习。

3. 读一本至少包括了人类多样性的一个维度的社会心理学家的日记作品集，（你可以通过 the Info Trac 搜索服务来获得《美国社区心理学》期刊。）并思考下列问题：你读的文章的内容包括了人类多样性的哪些维度？这个研究关注主题是个人主义—集体主义、压制理论或者是文化适应？如果这项研究涉及一次在文化中的调节，它是专注在表层结构还是深层结构呢？

推荐阅读

Bond, M., Hill, j., Mulvey, A., & Terenzio, M. (Eds.) (2000). Special issue part I: Feminism and community psychology. *American Journal of Community Psychology*, 28(5).

Freire, P. (1993). *Pedagogy of the oppressed.* New York: Continuum. (Original work published 1970.)

Jones, J. M. (1997). *Prejudice and racism* (2nd ed.). New York: McGraw-Hill.

Trickett, E. J. (1996). A Future for community psychology: The contexts of diversity and the diversity of contexts. *American Journal of Community Psychology*, 24, 209 – 235.

Trickett, E. J., Watts, R. J., & Birman, D. (Eds.). (1994). *Human diversity: Perspectives on people in context.* San Francisco: Jossey-Bass.

Watts, R., & Serrano-Garcia, I. (Eds.) (2003). Special issue section: The psychology of liberation: Responses to oppression. *American Journal of Community Psychology*, 31, 73 – 204.

推荐网站

美国心理学协会公共兴趣指定网站
http：//www. apa. org. /pi/programs. html
这个网址提供公共兴趣指导计划中人类多样性主题的心理学部分的信息。

多元文化楼阁
http：//www. edchange. org/multicultural/

人类多样性诸多维度的信息、联系以及链接相关网站。主要为教育话题。

理解偏见
http：//www. understandingprejudice. org
大量有关偏见和社会公平问题的练习、信息和链接。

关键词

文化适应、二元文化、文化、多样性、社会（种族、民族）认同、自由、压迫

第8章

理解情境中的应对方式

 开篇练习

想一个在你生活中比较重要的压力事件。它可能是一个单一事件、严重的疾病或伤害、在重要的考试中不及格。也可能是一个生活转型：成为大学生或研究生、成为家长、离婚、失业、痛失亲人。还可能是一个长期的情况：低收入、一种慢性疾病，或需要去平衡几个不同角色要求如母亲、妻子、学生和员工。也许它可能是一个经验，不适合上述所有类别。

考虑下列有关你的经验的问题。

- 对你来说，压力是什么？

- 它是一个短期或单一的事件，还是长期的生活处境？

- 有什么资源帮助你应对这些压力事件，例如：他人的支持、特别的技能、信念或者经历、金钱、时间？

- 为了解该压力事件，你做了什么？

- 经历过这些压力事件后，你是否成长了？你学到了什么，或者通过这些经历你是如何成长的？

文本框 8—1 列出了两位作者所给出的有关以上问题的答案。

文本框 8—1　个体压力经历，应对、资源和达观

成年时期的片段

　　我 21 岁那年，在大三结束升入大四的暑假，我妈妈在长期身患癌症之后去世了。爸爸、姐姐和我知道她将不久于人世，我们甚至希望死期快些来临。因为她深受癌症的折磨，十分痛苦。但是真到妈

妈去世的那一刻，我心里很难受，空虚且失落。以至于十多年之后，关于那时经历的一些事情仍然影响着我。

几个小时以后，来自教堂和城镇的朋友们就开始了许多社区传统的亲人去世时举行的祭奠仪式：他们为我们带来了各自家庭自制的食物，不断有哀悼者加入进来。类似这种形式的友善举动持续了好几天。

随着我们加入到传统的丧亲祭奠仪式活动中，接下来的几天一片混乱。一些亲朋好友不太好相处，但他们很乐于助人，在悲哀的气氛中能使人振作，我突然有种感觉，我从属于一个扩展的家庭和社区。对于他人所给予我及我的家庭的诸多帮助，实在难以计数，文化的和宗教的传统使我母亲的生活和去世对于我来说是一件极富意义的事情。

在那个暑假过后的日子里，我依然偶尔接受他人的帮助，但我已经认识到现在我必须长大，尤其是要学会自己做决定。像大多数的母亲一样，我的母亲，甚至在我无视她对我的建议的时候，一直是我亲密的人生向导。她的去世是我人生的一个转折点。在我的家庭、朋友和我的专业导师以及我的信仰的支持之下，母亲去世的第二年是我飞速成长的一年，是自己做决定的一年，是开始成人生活的一年。(Jim Dolton)

末路

又是一个下着小雨的、漆黑的、温暖的三月夜晚，我正开车去找我的未婚夫。当我行驶在两旁几乎没有房子和路碑的乡村路上时，我注意到有 T 形相交的、停止向前的标志。突然，我被另一条路上的标志迷惑了。顿时，我迷失了方向，然后意识到自己已经错过刹车线穿过相交线了。在下面的一刻，当我穿过路尽头的河堤时，我就像一个空降兵一般思想转得非常快。我意识到我什么都不能做，直到车子停止。我很惊奇我的思想很清晰，并且下意识地想知道，为什么我的人生没有在我的脑海闪现。最后，伴随着隆隆的粉碎声，车子继续前行，冲入前面的灌木丛中。我祈祷不会撞坏它们。我意识到车子已经驶入森林深处，我被发现的可能性很小，而且，如果我伤势过重，我将很难自己走出去。

车子最后缓慢地停止了。没有一棵树受到伤害，但当我恢复呼吸后，我马上意识到我伤得不能动弹。

我不知道自己在那里坐了多久。我努力让自己平静下来，缓解自己的紧张情绪。当我渐渐平静下来时，我在想我能采取什么行动。尽管在这种情况下，我还是清醒的。

看似及时又似很久，我听到一个声音："你还好吗？"一个男人和他妻子靠近我，当他们看到我的车子穿过相交线，意识到车子前行的方向已经无路可走时，他们掉过头来看个究竟。在回答他的问题之前，我先做了一个感恩祈祷。我告诉他自己可能背部受伤了，而且脚踝断了。在我们等救护车来的时候，他就待在我旁边，鼓励我并且说着一些很暖心的话。

最后救护人员到了，他们和我说话，做了简单的检查，然后把我放在担架上送上救护车。我想我当时一定开了一个玩笑，因为我记得有笑声，但不记得说过什么了。当我们离开的时候，一位救护人员看护着我，还说着一些让我宽心的话。

在救护过程中，我知道自己当时的处境是多么困难，在以后的生活中，我知道怎样度过有意义的人生。我记得孩提时，曾看到一张贺卡，它是由一个完全瘫痪的女人做的，她用牙齿咬着画笔绘制而成。我想："我是艺术家，我可以做到。"

我最初在医院的几周以及后来持续数月之久的康复治疗时期，我被家人和朋友的支持包围着。在重症监护室，鲜花是不允许带进去的。但是一个亲密朋友送来的、由一个小精灵提着的、装着水果的小篮子却得到了特许。这是一个奇怪的小礼物，每次当我看着它时，就能想起他们对我的爱。当我从重症监护室转入普通病房时，我被家人、朋友、医护人员送给我的花、卡片、祝福、祈祷和关心簇拥着。我的未婚夫在我房间里放上新鲜的玫瑰花，并整日和我待在一起，以便随时照顾我。我的主治医生、护士小姐还有康复治疗师给我提供专业的治疗并且严格监督我的康复过程。

出乎大家的预料，我恢复得很快，我把这件事作为我人生一个重要的转折点。经过这次事件我成熟了很多。我有了更坚定的信念，更加懂得感恩，而且更加自信。我也更加清楚我的优势与不足。最重要的是，我相信，大多数的困难都是收获。(Elise Herndon)

应对方式：生态学—情境化框架

在这一章中，我们提供了一个社区心理学视角，有关压力、应对、社会支持及其结果。着重于人们怎样融入多元的环境。我们也希望去展示社区心理学和临床心理学在应对和处理患者压力方面，如何取长补短。我们强调的是情境和社区的过程，至于个体应对的过程，则留给个体定向的教科书去详细阐述。

然而，我们认为，为了了解动态的经验，了解压力及应对效果，社区—情境的视角和临床—个人观点都是需要的。在应对压力事件时，个体和情境是相互交织的（Somdler, Gensheimer & Braver, 2000）。

图8—1阐述了本章的概念框架。对关键进程、结果和变量之间相互关系，还有建设性干预的要点进行了界定。它是以 Barbara Dohrenwend、Rudolf Moos 和 Abraham Wandersman 等人（Dohre-

nwend, 1978；Moos, 2002；Wandersman, 1990；Wandersman, Morsbach, McKnight, Herndon & Coyne, 2002）的概念框架为基础的。这个框架是有暗示性的，我们呈现这个概念框架是想让你自己开始思考。图8—1概念框架中，因果路径很复杂，有时包含着多种过程的交织循环，有很多有效的方式来理解这些关系。该框架为本章做了合适的定义。

在这一章中，我们借鉴了 Elise Herndon 的几个案例，他的这些成果都是一些针对美国南部受过洪水和飓风灾害的农村受害人的心理研究项目。

我们已经在第1章中介绍过伊莱恩。伊莱恩是洪水的受害者，当她绝望并且想自杀时被称作危险线。她的经历和我们讨论过的一些案例说明了应用生态学的价值。

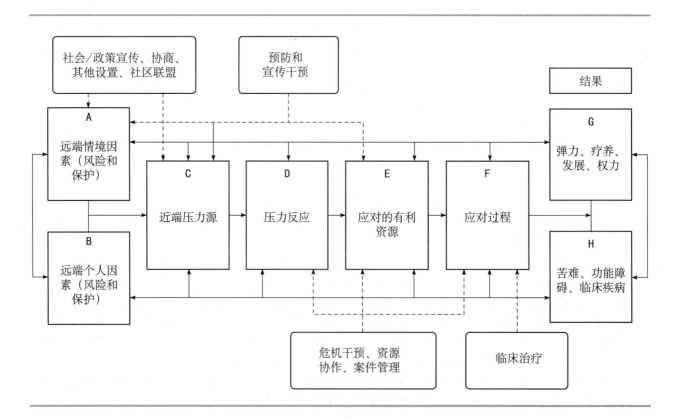

图8—1　生态水平、应对过程和干预之间潜在的关系

风险和保护因素

在我们的生态框架中，我们能分辨出风险的和保护的因素，风险的因素是和个人的问题有关的，例如个人的悲观、心理障碍或者行为问题；而保护的因素是和积极的人生有关的资源和特点。风险的和保护的因素存在于生态的不同层次，包括从个人品质到宏观系统的力量。

风险因素的存在，使得维持期望中的社会角色变得很困难。例如，在妈妈患有慢性疾病的家庭中，对于孩子来说，由于基因方面的问题，他们很可能会得相同的疾病。更进一步说，如果母亲患有慢性疾病，她就无法开车送孩子到朋友家玩或者去学校参加活动或节目。爸爸就要更多地照顾妈妈，因而很少有时间陪孩子玩，或监督他们写作业。父母双方都不可能保持和老师的联系。妈妈的病情会影响家庭的收入，治疗的花费也很高。因此，妈妈的病情虽然是家庭生活中的一个因素，但有可能影响孩子的学习，也会出现社会问题，还有可能影响家庭收入，对家庭、孩子在社会中的表现也会有影响。

相反，保护性的因素为应对问题提供资源，并且代表着个体或社区的力量。Bronfenbrenner (1979) 断言，对孩子而言，成年人非理性的照顾是最主要的保护性因素。他的意思是：当孩子知道有人无条件照顾他们时，对他们的成长有益。其他的保护性因素是有关个人素质的，例如：乐观；人际资源，如朋友；社区资源，如具有相同信仰的教徒或学校的活动或创造性的机会；宏观资源，如医疗保险。社区、社会还有组织的支持都是有利的因素。

上面我们所讲的妈妈患有慢性疾病的例子中，假设这个家庭有亲戚可以帮助他们，并鼓励他们的孩子，而且学校和老师也意识到孩子需要特殊的帮助，有了这些积极因素的影响，消极因素对孩子的影响就能有效减少。

保护性因素和弹性的概念有关，弹性是指一个人的能力，就是在面临压力、逆境和慢性病时，能成功调整并能战胜压力的行动。弹力很普通，但对心理学家而言，却是个惊喜。因为以往的训练中，强调个体缺点而不是其优点。尽管弹力如何定义和测量仍然是个问题，但是更重要的是理解应对的方法（Bonanno, 2004；Luthar, Cicchetti & Becker, 2000；Masten, 2001）。

弹力曾经被定义为一种特性。例如，Garmezy (1971) 早期的著作中提到了"不会受伤害的孩子"。然而，这通常是个体和环境交互作用的结果 (Luthar, Cicchetti & Becker, 2000)。也许有一些关键人物在重要时刻提供过帮助和关爱等有力的资源。从社区心理学的视角来看，通过识别环境的影响，包括心理学家的观点可知，需要从多元化的生态层次开展行动，而不仅仅局限于个人。从图 8—1 中我们知道，弹力是一种产物，需要有效适应万变的环境。然而，获得这种能力常常需要远端的情境和个体因素。

保护因素还与个人和社区力量有关。例如，有危机感的青少年通常能健康成长，因为他们的个人能力是明显的、逐渐增强的、有价值的，而且和艰难的处境有关（Brendtro, Brokenleg & Van Bockern, 1990；Elias & Cohen, 1999）。最近对积极的心理学运动研究使个人能力的研究合法化，并且使这一概念成为心理学研究的主流（Seligman & Gsikszentmihalyi, 2000a）。然而，积极的心理学注重于个人素质，常常缺乏长期发展的远景，并且和基本预防研究、能力干预研究相背离（Cowen & Kilmer, 2002）。在社区心理学中，能力是被定义为在多元化的生态层次而不是个人层次上的，它包括文化传统，邻里、组织和社交网络（e.g., Albee & Gullotta, 1997；Cherniss, 2001；Weissberg & Kumpfer, 2003）。而且，社区和预防性的干预能促进社会和情感能力（Maton, Schellenbach, Leadbeater & Solarz, 2004）。因此，社区心理学观点和积极心理学观点在某种意义上可以相互补充。

远端因素

图 8—1 的左边，方框 A 和方框 B 描述了相互　　　　区别又相互影响的远端情境和个人因素。**远端因**

素是一个前倾过程，它直接或者间接影响了压力、资源、应对及其结果。它们是压力反应及应对的远端变量（见图 8—1 中的方框 D 和方框 F）。在不同的情况下，不同的人应对压力的反应及应对模式不同。远端个人和情境因素会影响压力，压力是怎样发生和被解决的？什么资源可以被利用？人们采取怎样的对策？远端因素和性别、脾气等个体特征有关，远端因素和大的因素如经济趋向、邻居犯罪和家庭暴力也有关。方框 A 和方框 B 都包含了危险和保护的进程。

在图 8—1 中，远端因素和近端因素是不同的，近端因素与压力及其应对的联系更为直接。近端因素包括长期积累的压力，如丧亲或者自然灾害（方框 C），还包括应对资源（方框 E）。个体如果在远端因素中有风险或迟到压力，如果近端压力源不大，有可利用的资源，那么他可以很好地应对。相反，即使他（她）的压力并不严重或他（她）有足够的解决方法，如果近端压力源大，也难以应对。尽管很多人可能会经受诸如飓风等近端压力源的影响，最易受伤害的人也往往是那些有很多长远风险且较少近端资源的人。

远端情境因素　这包括在生活中各种领域持续的环境状态。正如在文本框 8—1 中提到的，文化传统、信仰、习惯、仪式以及制度在不同的时代都能带来巨大的力量和意义。不过这仍可能产生问题，比如说，很多文化都导致了对女性的歧视，使女性在某些工作机会前受到限制。在一个多元文化的社会里，文化上的影响不仅包括处于主导地位的文化影响，还有其他相关文化的影响。经济取决于多层次的发展水平，从全球到当地，同时也产生了挑战和机遇。社会和政治力量也会影响到个人，例如歧视或者在政策上的限制。持续的环境危害，如社区附近有毒的污水会同时带来身体上和心理上的危害。如我们在第 5 章和第 6 章讨论过的，邻里过程诸如暴力、社区感、非正式邻里关系会影响个人幸福感。学校、班级及工作环境的社会氛围及用社会角色及权力所定义的社会规则都会强烈影响到个人生活。最后，来自家庭的力量以及人际关系既给人带来了压力又带来了应对的资源。

远端情境因素也可能形成长期的压力源，不是我们在近端事件中提到的突然变化（Wandersman & Nation, 1998）。这样的例子包括贫穷、环境污染、噪声、拥挤、邻里危机、缺乏医疗保健、

家庭成员照顾生病的亲人，还有抚育顽皮的孩子。长久的环境压力会累积，如贫穷、拥挤、长期患病会带来一系列的关联问题。长期的家庭状况，例如父母一方酗酒或患病，都会给家庭成员带来长期的压力，在这样的环境下成长的孩子也增加了患功能性缺失症的风险（Barrera，Li & Chassin，1995）。如我们在第 5 章提到的，压力源包括长期生活在有毒废弃物环境中和邻里风险（Evans，2004；Levine，1982；Wandersman & Nation，1998；Wandersman & Hallman，1993）。

远端个人因素　这些包括：遗传因素和生物因素；个人特质如害羞和外向；持续的个人状态如慢性疾病；早期生活经历的持续影响如儿童被虐待。和情境因素一样，远端个人因素既可能充当压力源，又有可能是力量的来源，既可能是风险因素也可能是保护性因素。乐观的性格，会提高积极的评估以及成效的应对能力（Scheier，Carver & Bridges，2001）。因为这些原因在其他部分已经得到了很好的体现，所以并不详细论述，在这里我们的重点是情境因素。

情境因素和个人因素的界限互相渗透，并不稳定。举例说，一种慢性病，并不仅仅是个体自身的事。一种疾病对个人的作用受社会文化对该疾病的看法影响。人们在思考如何治好这样的病，同时也考虑得这样的病的人会出现什么行为。尽管家庭力量是情境因素，但他们和个人因素有着紧密的联系。表 8—1 列举了一些远端因素。

表 8—1	应对的远端因素

情境[*]

文化传统、实践

经济条件

社会、政治力

环境危害

邻里过程

社会氛围

社会规则

家庭动态

个体

生物、遗传因素

个体性格、特质

慢性疾病或者相似条件

以往生活经历的持续影响

[*] 这是被证实的分类，而不是所有的分类。

伊莱恩：远端因素　伊莱恩在丈夫的病处于晚期时，思想一直处于消沉状态甚至产生过自杀的想法，伊莱恩的母亲患有慢性病，儿子有行为问题，丈夫又这样，这些一度使伊莱恩的情况变得更糟。严重影响伊莱恩的远端情境因素包括：长期贫穷，住在洪水泛滥的平原地带，需要经常搬家。文化上的性别期望使伊莱恩成了各种家务的操劳者，而且她没有得到家庭中其他男性的帮助。家庭功能失调包括：伊莱恩儿子的毒品滥用，他

住在家里，随便花光家里由伊莱恩的丈夫挣来的有限钱财。伊莱恩和她的家庭在所居住的乡村社区中被孤立了：邻居们都住得很远，能提供公众性帮助的社区以及社区资源很少（这是由于受到宏观经济和政治原因的限制，我们已经在第 1 章讨论过）。伊莱恩不会开车，仅受过一点正式教育和为数不多的职业技术培训，她也没有家庭理财的经验（理财在宏观系统中是女性角色的一个反映）。

近端压力源

在图 8—1 中，方框 C 包括最接近的近端压力源，称为最接近的压力源，是因为它们和压力及其应对直接相关。

压力源是指一种威胁或真实的缺失或者资源的缺失等状况（Hobfoll，1988，1998；Lazarus & Folkman，1984）。压力源综合了个人和环境的风险因素。压力源在持久性、严重性、数量、对个人内涵和影响的含义上有所不同。另外，近端压力源和远端长期压力源的界限常常不明显。举例来说，由于强奸和打斗所遭受的创伤可能会导致当事人在事件发生几年后一直被痛苦所折磨。在这里我们展示了 4 种类型的近端压力源，但是这些类别在一定程度上有重叠，而且还有其他分类方式的存在。

在我们的框架中，压力源是最先呈现的，要早于评估的应对过程。然而，压力源和应对反应在一定程度上相互影响。不良的应对反应会产生新的压力源，进而导致了恶性循环。比如说，回避型应对策略，如饮酒作乐可以在工作或学校及个人关系中产生不利的结果。带有弹性的应对方式就是增加有利资源、减少不利因素，如我们的模式中箭头所示，从应对反应指向资源。

主要生活事件　Holmes 和 Rahe（1967）先进行了主要生活事件影响的研究。在修正社会再适应评价量表时（针对主要生活事件：比如丧失亲人或者失业而进行标准评价列表）首次使用了主要生活事件这个维度。在实验研究的基础上，Holmes 等人为每一个压力源的严重程度设定了一个等级评价尺度；对于个人来说，压力事件严重

程度的总的分值就可以计算出来了。Holmes 证明了个人生活的压力事件分值与疾病的发生率存在相关。

Holmes 的研究包括了大量的不同类型的群体及压力源。不过，这项研究有一些问题（Sandler et al.，2000）。生活事件的分值和结果的相关性是中度的，只能解释 9%～10% 的变异（Hobfoll & Vaux，1993）。另外，由于压力源被定义为需要调整、适应的变化性事件，其中有"来"，比如说婚姻或者孩子的出生；有"去"，比如守寡或者失业。研究表明属于这些"去"的内容相比"来"的内容会更容易产生心理痛苦（Thoits，1983；Vinokur & Selzer，1975）。而且，这样对生活事件的标准化举例对文化、经济及个人的影响都不敏感（Mirowsky & Ross，1989）。例如，离婚指数仅仅是一个分数，而并不考虑其文化的可接受度以及离婚对个人的物质和社会资源的影响。最后，不可控制、不可预见的事件尤其会给人带来压力，然而这些维度在大多数生活事件量表中还没有被测量过。

生活转变　生活转变对于个人生活部分产生了持久的变化，即要求需要学习新角色所具备的新技能和理念。在文本框 8—1 中就有丧失亲人和遭遇交通事故的例子。或者回忆你进入大学或从大学毕业时的生活转变。生活转变可能对你有很大的帮助，包括学业上的，人际关系的，时间控制，还有做出决定的技能。生活转变的影响（如父母离婚对孩子的影响）具有关联性，每种转变都需要相应的应对能力，由于它们都有文化和社

会性的含义（如对离婚的态度），因此人们对这样的转变持不同的态度。

从小学、中学到高中的转变会使学生产生压力，特别是在很大型的事件系统中，学生和老师的联系较少。Seidman 及其同事对纽约市、马里兰州巴尔的摩市和华盛顿的多民族融合背景下的低收入青少年群体进行了研究。Seidman 的研究发现：初中、高中转学对学生的影响最大，主要是他们在专业成绩和对新学校的适应方面。不再是原来的班级，入学前的准备不足，学校各种活动的参与度降低，来自学校员工的社会支持也不同以往，学生的自尊心也在降低，而日常生活的烦恼却与日俱增。相反，与同龄人的交往在增加。但是学生认为，这些不是必要的、具有建设性意义的，因为学生反映说，他们同龄人的价值观日益地反社会了（Seidman，Allen，Aber，Mitchell & Feinman，1994）。在转入高中的时候，相似的问题依然存在，相比较而言，负面效应较少（Seidman，Aber，Allen & French，1996）。Reyes 等人（1994）对芝加哥由小学直接升入中学的学生情况进行了研究（样本主要是低收入的西班牙裔的学生，这一地区的学生直接从小学升入中学）。在这一转变过程中，学生的成绩、出勤率呈下降趋势，学生对来自于家庭的、同龄人的和学校员工的支持感受度也呈下降趋势（Gillock & Reyes，1996）。

学生学习成绩下降趋势明显，这显示青少年早期发展阶段对于人的发展举足轻重（Seidman，Aber & French，2004）。研究显示，对于许多年轻人来说，所拥有的资源在不断地失去，来自于成人尤其是学校的社会支持在减少。在第 5 章中，我们讨论了 STEP，STEP 给学校带来了环境变化，避免了这种效应的发生（Felner & Adan，1988）。

日常烦恼　对日常烦恼和日常生活中的积极事件的研究维度与主要生活事件的研究维度相似，但是它更关注短暂的、程度较轻的压力源（Kanner，Coyne，Schaefer & Lazarus，1981）。日常烦恼的例子包括家庭争吵、与汽车有关的问题。尽管很多日常烦恼从周围环境或者长久的压力中产生，但是并不能进一步找出引起它们的起因。由烦恼带来的伤痛是由烦恼的频繁程度和密度决定

的。尽管有日常烦恼并不会带来长远的偶然因素，但这种方法导致了对于压力的先例的个人化理解。Kanner 和他的同事也得出了日常激励的衡量尺度。日常激励事件可能是微小的，能提升情绪的小事，日常激励事件可以天天发生，例如对同事做个小小的手势或接了朋友的电话。

对种族歧视的研究为我们提供了在一个单一的远端情境条件中，多种压力源是如何产生的例证。Harrell 及其同事研究了因种族歧视而产生的压力问题。涉及的样本有：美国学生的多民族样本，非洲裔美籍人社区居民样本。他们考察了多种多样的压力源：与种族歧视有关的生活事件，如被警察骚扰；申请一个贷款被不公正地拒绝。这些事件并不常见，但是具有压力性。"微小的侵犯"（与生活的烦恼相似），如在商店里被跟踪、被他人拒绝、不被人尊重、产生恐惧等现象几乎每天都会发生。观察到他人遭受种族歧视、看见遭受种族歧视的群体、收入和物质资源的长期匮乏等都是具有压力的。抑郁、焦虑和心理创伤综合征与压力源相关，有趣的是，日常生活中的微小侵犯是与这种综合征相关的最强烈的压力源（Harrell，1997，2000；Prelow，Danoff-Burg，Swenson & Pulgiano，2004）。

灾难　灾难影响到整个社区、宗教和国家。灾难包括自然灾害，如飓风、洪水，还有如核电站泄漏等技术性灾难，还有群体暴力如恐怖主义袭击和战争（Norris，Friedman，Waston，Byrne，Diaz & Kaniasty，2002；Norris，Friedman & Watson，2002）。Norris 等人回顾 160 个实验研究，包括 6 000 名受害者，他们发现灾难确实有影响：群体暴力比自然灾害或技术性失误造成的灾难更能产生心理创伤。灾难会给儿童或青年妇女及少数族裔带来更大影响，在发展中国家的影响也大于在发达国家，在灾难频发的国家的影响更强烈。Norris 等人也发现，在灾难发生时，问题是相互交织的：健康、心理问题、个人和家庭压力、社会网络的破碎、财产损失。或许我们应该采纳一位生态学家的观点：社会、社区、家庭以及个人因素都会产生压力，同时影响我们的应对方式。

2001 年 "9·11" 恐怖主义袭击的心理影响如何？对纽约市的研究提供了有价值的参考。在袭

击发生后不久，对成年人的调查显示，创伤后应激障碍（Posttraumatic Stress Disorder，PTSD）水平可能会提升，曼哈顿居民的抑郁程度可能会加剧。出现压力失控的可能在上升，尤其是那些离世贸中心非常近的人，那些在袭击中失去亲人、朋友的人，那些在袭击后失去工作的人。在袭击不久后的一份全国性的调查结果显示，1/6 的被试表示，对恐怖分子的焦虑不是因为心理紊乱，而是因为日常生活被打乱。表现为工作时不能集中注意力，避免去公共场所，用酒或者药物来放松自己。妇女和有色人种的痛苦程度最高，最初，纽约地区焦虑率最高，但两个月后，全国范围的焦虑度都差不多达到了这一水平（Galea，Ahen *et al.*，2002；Schlenger *et al*，2002；Stein *et al.*，2004）然而，对纽约市的研究表明，焦虑的症状在 6 个月后逐渐消失，表明大多数成年人正处在逐渐恢复当中（Galea，Vlahov *et al.*，2003）。而那些直接接触到袭击的人则显得更加难以恢复过来（Adams & Boscarino，2005）。

　　在儿童和青少年中，影响就显得更细微了。袭击发生 6 个月以后，一项调查显示，纽约市一所公立学校 30% 的学生仍有焦虑或沮丧的潜在症状。自己或家庭成员身处"9·11"事件中，与症状水平存在相关（Hoven *et al.*，2005）（自己身处其中的事件包括逃生或再融进家庭的困难；家庭成员身处其中包括成员死亡或受伤、成员逃离事故发生地点）。不过，以前社区暴力事件（例如邻里中枪击事件）对心理健康的影响比"9·11"事件对心理健康影响还大（Aber，2005；Aber，Gershoff，Ware & Kotler，2004）。因此大规模暴力事件，如"9·11"袭击的心理影响，不可否认十分严重，但一定要在其他创伤性暴力和更大范围的社区生活中进行研究（Aber，2005）。

　　灾难的心理影响不限于精神障碍。"9·11"袭击事件会让人感到痛苦，生活受到干扰，这种痛苦却未达到精神障碍程度。而且，Aber 等人（2004）对儿童的研究显示，"9·11"事件或社区暴力事件都和日益增加的社会不信任感和怀疑感有关。这个结论不仅仅只在精神健康问卷中体现，对社会生活的质量也意义重大。

　　恶性循环　一种资源的缺失可能导致其他资源处于恶性循环的状态之中（Hobfoll，1998）。比如，一位较低收入的单身母亲的汽车坏了，却没有能力去维修。没有交通工具，她就不能去上班，因而失去工作。她不能继续照顾孩子，找一个新工作也显得困难。经济的负担使她不能再继续支付孩子的健康保险，这一恶性循环也降低了她的自尊心和她对自我能力的信念。资源的恶性循环现象，对于物质、社会和个人资源匮乏的人来说尤其普遍。比如，在这个给定的例子中，任何一种资源，如一个善解人意的老板，一项短期的社区贷款，能够暂时帮她照顾孩子的朋友或者亲戚，拥有汽车修理技术的一个朋友等，都可能长时间阻断这种循环，从而使她的境况得到好转。

　　伊莱恩：近端压力源　当伊莱恩的丈夫被告知他的病已经到了晚期时，他就开始酗酒并肆意挥霍。他申请了很多银行信用卡，并且几乎透支了最大限额。一场大洪水破坏了他们的房屋，她的丈夫轻率地花掉了政府赈灾部门发放的救助金，他们的房屋根本就没有得到修整。他们儿子的挥霍程度随家庭中压力程度的上升而上升，增加了家庭暴力的威胁。尽管伊莱恩对家庭有一定的控制能力，人们期望她做一个丈夫、儿子甚至是年老母亲的照料者，但她看不到任何有希望的未来。她丈夫去世后，他对无休止的花费应担负的偿还责任也结束了。她没有职业技能和职业前景，无力偿还自己的债务并有可能失去自己的房屋。这种使罪恶上升的生活事件、自然疾病、转变，还有日常争吵是极普遍的。

压力反应

　　个人对压力的应对包括心理上的、感情上的、认识上的构成（见图 8—1 方框 D）。它们互相联系并循环往复。当一个危险的威胁迫在眉睫时，大脑结构和神经路线立刻做出反应，几乎没有时间来做理性思考。在一个相对安全的环境里，对个人来说有更多的时间来反应和计划。对这些过程的详细叙述超过本章节的范围（Folkman & Mos-kowitz，2004；Goleman，1995；Somerfield & McCrea，2000）。

认知评价、情感和情境 评价是对压力事件或者情境建构意义的过程（Lazarus & Folkman，1984）。评价包括：情境是被视为挑战还是威胁，是预期的还是非预期的，是可控制的还是不可控的（Folkman & Moskowitz，2004；Moos，2002）。经过一段时间，个体对于什么是压力源、什么是资源的评价可能会改变。

评价过程是一种文化和社会的建构。例如，某人对于离婚、死亡或者暴力的观点，是受到文化和情境因素影响的。情感体验和表达也受到文化（Markus & Kitayama，1991）、性别角色以及其他情境因素的影响。

当环境中的资源最充分、个体感受到的威胁适中的时候，评价的个体差异最明显（Hobfoll，1998）。例如，对于有很多存款的家庭而言，失去工作是一个暂时性的挫折，或者是个体的失败。当威胁很大，而可获得的资源很少的时候，个体评价的差异则变得很小。在我们的案例中，伊莱恩的情景对于任何人而言，都要被评价为极度危险的。

伊莱恩：压力反应 在伊莱恩称之为"危机线"的时刻，伊莱恩非常沮丧并且考虑自杀。当面对那些远远超出自己控制能力的压力源时，她感到非常无助、忧心如焚、对未来充满恐惧。这些情感和她的社会情境，包括家庭动态、住房、经济能力和文化、性别、预期紧密关联。

应对的有利资源

为了应对压力源，个体要动员资源去应对（见图 8—1 中方框 E）。在我们的生态学框架中，资源以多种方式存在。情境和个人保护因素是一种资源；干预常常也能提供资源。个体未必要动员所有的资源去应对压力，应对过程可能加强、也可能削弱未来的资源。表 8—2 列举了一些应对资源。

表 8—2	应对资源举例
物质资源	
社会—情感能力	
社会情境	
文化资源	
社会支持	
互助群体	
精神信仰资源	

物质资源 很多压力源和物质资源的缺乏有关。这种物质资源缺乏的心理影响力比预期的要大。物质资源包括金钱、就业、住房、食品、着装、交通和健康保险。对于学生来说，一个安静的学习场所是他们的一个物质资源。拥有舒适的住房对于寡妇和离婚者而言，是避免压力恶性循环的资源。

社会—情感能力 个体应对的能力包括自我调节技巧：管理情绪、动机、认知以及其他的内心过程（Goleman，1995）。在与他人联系以及运用社会资源的时候，需要社会能力。最基本的社会能力是建立关系，是对另外一个人情感的准确理解和把握以及与之合拍。一项针对处在高压力、低收入环境中的美国城市孩子的研究发现，共情与达观、适应有关（Hoyt-Meyers et al.，1995）。搭建个人联系网络的能力，建立关系，管理冲突，这些内容对于成年人和孩子都很关键。自信与孩子的许多积极行为结果相关，包括拒绝吸毒的能力（Rotheram-Borus，1988）。社会—情感能力在社区心理学以及相关领域中，是预防/促进项目的关注焦点（Elias & Cohen，1999；Weissberg & Kumpfer，2003）。我们将在 9～11 章中详细讨论这个问题。

社会、文化和精神信仰资源 非洲的一句谚语"需要一个村庄来养育一个孩子"反映了社会资源的含义。诸如青年团体、互助型组织、宗教团体等社会情境是社会资源。文化传统、仪式、信仰以及叙事提供了阐释压力源的意义系统，应对技巧的范例，为应对选择提供了指导。宗教著作、民歌、流传广泛的故事也是这种资源的范例。在许多文化中，送葬的仪式为失去亲人的人们提供了社会支持。我们在本章的后面将讨论社会支持、互助，以及精神信仰的社会层面。

应对过程

图8—1中的方框 F 代表了个体用以减少压力的反应和策略（例如，行动、认知、自我调节）（Moos，2002；Moos & Holahan，2003）。应对是一个动态的过程，随着时间的推移，受到情境的需要、可得的资源、不断发展的评价和情感状态的影响。

关于应对反应的文献非常广泛。研究者把应对风格、应对策略做了一些描述性的分类。比如接近型—回避型、认知—行为型，以及前社会行为—反社会行为型（Folkman & Moskowitz，2004；Hobfoll，1998；Holahan & Moos，1994；Lazarus & Folkman，1984；Moos & Holahan，2002；Moos，1984，2002；Shapiro，Schwartz & Astin，1996）。

重新评价　重新评价既包括评价又包括应对这一过程，即"重新组织"或者重新评价问题的过程（Lazarus & Folkman，1984；Watzlawick *et al.*，1974）（回顾第1章开篇中我们提到的重新组织九点问题的例子）。重新评价可能包括改变对压力源强度的认识，明确所认识的资源或者发现情景的意义。重新评价不能改变压力源，只能扩大对其意义的认识。例如，你可能将重新评价具有压力感的情景作为一次学习新技能的机会，或者把改变具有威胁性的评价作为一次挑战性的评价的机会。另外一个例子是，你可能会重新评价丢掉工作这件事情，把它作为职业转换的一个机会，同时也可以趁此机会接受更好的教育。

重新评价受文化和社会因素影响，例如文化价值观，就会影响何种评价是现实的或者是具有建构性的。社会支持的一个重要角色就是提醒个体进行重新评价。

应对方式分类　通过实验研究，发现有3种应对反应方式（Folkman & Moskowitz，2004）。**以问题为中心的应对**关注直接解决问题情境，针对问题情境，制订计划，执行计划，解决问题情境。针对考试，改变学习方式；制订计划，改善一下你的膳食；面对新的工作机会，学习面试技巧。这些都是以问题为中心应对方式的例子。**以情感为中心的应对**解决的是问题发生后的情感反应，而不是针对问题本身（Lazarus & Folkman，1984）。以情感为中心的应对包括锻炼、沉思以减少焦虑，或者从家人和朋友那里寻求情感支持。**以意义为中心的应对**指的是通过重新评估压力源，发现压力源的内在意义。尤其是这种压力源可能会使个体成长，或者可以让个体从失败中吸取经验、教训。以意义为中心的应对以内在价值为基础，这种内在价值可以是世俗的，也可以是精神信仰层面的。然而无论是采用以问题为中心的应对，还是以情感为中心的应对，或者以意义为中心的应对，这些都是在个体层面的应对方式，并且都需要外在支持。

这3种分类互相重叠，尤其是个体从朋友那里寻求情感支持的时候。而且，每一种分类下都有一些子类型。例如，以情感为中心的应对包括积极的情感调节和消极的情感回避。个体在面临一种压力源的时候，可能既采用以问题为中心的应对方式，同时也采用以情感为中心的应对方式（例如，在考试之前通过锻炼减轻焦虑，同时复习笔记）。照顾慢性疾病患者的人常常会以寻求意义的方式重新评估情境，从而有更加积极的情感体验（Folkman & Moskowitz，2004）。面临问题的时候，要有明智的行动，需要整合这几种应对策略，也要从别人那里寻求建议和意见。

应对是情境化的　个人主义、重实效的、以行动为导向的风格在美国主流文化中大受称颂，尤其受到男性的欢迎（Hobfoll，1998；Holahan，Moos & Bonin，1997）。然而，在东亚人看来，这些行动可能就很自私（Shapiro *et al.*，1996）。无论你的文化背景是什么，想象一下，在一种情境中，直截了当地采取行动是明智的；然而，在另外一种情境中，管理好你的情绪，不采取公开的行动是明智的。

从生态学的角度来讲，应对是相对于一定的环境条件而言的。不存在总是占优势的应对风格或者策略。我们必须考虑到社会和文化因素，性别和其他方面的差异，生态学水平（比如社区、周边环境、邻里、家庭）和压力源也要考虑在内。

良性循环　在前面，我们曾经提到过，由于压力源的累积，有的时候会导致恶性循环。然而，个体如果能进行积极的、适应性的应对，情况就会完全不同：在良性循环中，个体可获得资源增长，成功面对压力会给个体带来积极反馈，压力源也可以转化为成长的动力（Hobfoll，1998）。例如，当个体通过学习，成功地面对失业造成的压力后又重新恢复了自信心时，个体可能会为这段经历所激发，梦想着进一步获取学位。而这会给他带来进一步的成功。

伊莱恩：应对　当伊莱恩遭遇人生中重大危机，几乎绝望要自杀的时候，她寻求了帮助。通过帮助，她知晓了几种不同方式的应对策略。她的自杀计划是一种适应不良的、以情感为中心的、回避型的应对策略。然而，否极泰来，这个自杀计划也是她良性循环的开始。随着干预和活动的进展，伊莱恩获得的资源越来越多。她的应对方式也扩展了，更加具有开放性。伊莱恩服用抗抑郁药，接受心理治疗，这些方式渐渐发挥了作用，伊莱恩也逐渐可以采用更加主动的、以问题为中心的应对策略。同时，不断增加的可获取资源，例如债务管理和危机干预，这些都帮助伊莱恩有效地应对危机。当伊莱恩和她的丈夫参加了当地一所教堂的活动之后，他们所获得的社会支持也扩展了。对于伊莱恩而言，精神信仰是一种重要的应对资源。

后来，当伊莱恩的儿子毒品滥用旧病复发的时候，伊莱恩采用了以问题为中心的应对策略。她的儿子发作时，变得非常暴力，非常有破坏性。伊莱恩请法律援助中心和专门人士帮助她的儿子接受治疗。她也扩展了自己的支持网络，她的朋友们鼓励她采取积极而有效的行动。尽管她的儿子最初对妈妈的做法感到愤怒，但是，最终他表达了对妈妈的谢意。

当伊莱恩面临的压力下降到正常水平之后，伊莱恩开始以一种轻松、乐观的心情展望未来。这不仅是一种先天的乐观主义倾向，而且是伊莱恩应对资源增多以及心理、情感功能改善的结果。伊莱恩的丈夫"吉米"（化名）几个月以后去世了，她的悲痛可以为积极的情感和幽默感所调和。她在丈夫的葬礼之后，热烈地欢迎来访的顾问。在走过家里菜园子的时候，伊莱恩指着菜园子里的稻草人笑着说："我把吉米的一些衣服给它穿上了，现在我总是说'吉米在那里，他在照顾我们'"。

应对结果

心理学家在研究应对结果的时候，主要是测量精神或者身体的障碍，或者痛苦水平，或是测量功能失调（Folkman & Moskowitz，2004）。然而，这种观点是有局限性的，表现在两个方面：相比较积极的应对结果而言，这种方式更加关注消极的应对结果；而且这种方法关注的是孤立的个体，而不是研究在广阔的生态学水平中（家庭、组织、社区、社会），个体的功能和应对结果的关系。在我们的生态学框架中，方框 G 是积极的应对结果，以及这种积极的应对结果和广阔的生态学水平的关系。方框 H 代表抑郁、功能失调、障碍等应对结果。

健康　健康不仅仅是没有出现精神障碍或者痛苦的症状，它是一种个体应对压力时，对健康和主观幸福感的一种积极体验（Cowen，1994）。生活满意度、工作满意度、积极的情感、自尊、学业成绩等都代表了健康的应对结果，其意义不仅仅是没有精神障碍的症状（Cicchetti，Rappaport，Sandler & Weissberg，2000；Cowen，1994）。

弹力　弹力，我们这里指的是，在压力环境中，个体保持或者回到以前的健康水平。许多人因压力体验到痛苦、焦虑，但是不经过临床干预也能恢复到以往的健康水平。有一些人在面对压力的时候，能保持稳定的健康水平，很少或几乎没有痛苦、焦虑情绪，也基本没有躯体症状。弹力是个体因素和环境因素交互作用的结果（Luthar，Cicchetti & Becker，2000）。

达观 对一些个体而言，面临逆境会唤起他们的心理成长，心理健康水平还要超过以往。这种积极的应对结果就是达观（Ickovics & Park，1998）。在面临压力的时候，不仅保持原有的健康水平，而且通过这段经历获得了心理成长。例如，Abraido-Lanza、Guier 和 Colon（1998）研究了拉丁美洲人以及患有慢性疾病的人群。面临压力时，达观意味着采用以意义为中心的应对策略。文本框 8—1 的例子都表明了达观作用。

社会嵌入性 在面临压力时，许多积极的应对结果和家庭、朋友、社区或其他的社会群体有紧密关联。这种关联为他们自身提供了有意义的关系和心理上的社区感，同样，也为他们提供了将来面临压力时的资源。当然，也可能出现消极的结果。对于伊莱恩来说，从专家、教会成员那里获得的支持，是她恢复的关键因素。

授权 Wiley 和 Rappaport（2000）把授权界定为获得有价值资源的过程。这个定义不是对授权的唯一定义。我们将在第 12 章中详细论述授权。但是现在，认识到授权是以某种方式真正获得力量，而不仅仅是感觉强大，这点是很重要的（Riger，1993）。获得越来越多的资源，这对于应对结果而言是很重要的。例如，当有严重精神疾病的人理解、倡导自己的权利，在案例管理、治疗计划、家庭关系、住房、就业等方面有更多的控制权时，授权就发生了。同样，在互助型群体中，有相同经历的人们汇集在一起，应对具体的问题，因此能资源共享，促进积极的应对结果的产生。

悲痛、功能失调、临床障碍 方框 H 代表了有心理异常或者心理疾病症状的应对结果，也包括只表现为问题，但是没有临床障碍的应对结果。后者包括诸如焦虑、悲伤等情绪，功能不良的行为，或者表现为忽视、敌对、暴力行为。大学生、家庭、职员所体验的心理应对结果包括悲伤、功能失调，这是很严重的，也很痛苦，但还不是心理障碍。

伊莱恩和她的社区：应对结果 在伊莱恩的社区中，在灾难幸存者中，达观是很普遍的。尽管洪水造成的破坏很严重。

> 我们的生活恢复到了正常，但是我再也不想经历洪水了。我们花了几个月的时间修复房子——现在我们已经有炉火可以做饭，很成功。我们非常感谢得到的帮助，这使得战胜洪水带来的灾难变得容易了。（Herndon，1996）

对一些人来说，应对结果就不那么积极。有一些人灾难过去 18～24 个月之后，仍然表现出持续的焦虑和警觉。

> 洪水侵入到你的家中，使你心疼、痛苦、劳作、疲劳，而且每次再下雨的时候，都会感到非常焦虑！（Herndon，1996，p. 1）

最近，在和伊莱恩的谈话中，情况表明，她在逆境中经历了心理成长。她希望和其他人分享自己的故事，并有机会帮助他人。

应对是动态的和情境化的 回头看一下图 8—1，尤其要注意其中的循环路径和箭头。应对结果不意味着事情的结束，而是新的开始。应对的过程是动态的、随时间变化的、情境化的，随着生活情境的不同而不同。

卡特里娜飓风：一场灾难

卡特里娜飓风及其后继影响证明了压力源的范围以及在多重生态学水平中的应对模式，尤其是在社区和宏观系统水平上。2005 年 8 月，卡特里娜飓风袭击了路易斯安那州、密西西比州以及附近的几个州，造成了巨大的破坏。洪水淹入了新奥尔良，造成 1 000 多人死亡，成千上万人无家可归。美国政府毫无准备，尽管在新奥尔良，气象专家预测到了飓风可能会引发洪水（Bourne，2004；Fischetti，2001；Lehrer，2005；Schleifstein & McQuaid，2002）。受影响最严重的往往是最贫穷的人，主要是非洲裔美国人。

恶性事件的交互作用，资源的缺乏，引起恶性循环，导致对事件的反应不充分。联邦紧急事务管理署领导层变动，资金的减少，阻碍了他们的快速反应。国家和地方各级灾难防治预案有漏洞，在面临灾害时做出了一系列错误的决定（De-Bose，2005）。

尽管有强制撤离的命令，但还有约 150 000 的居民没有离开新奥尔良。许多人被困在阁楼和屋顶上，等待救援。"巨蛋"体育馆成为"最后的避难所"，只有少量的物资供应。在救援抵达之前，避难的人们在没有食物和水的情况下坚持了好几天。

Dumas Cater，一名经验丰富的新奥尔良警官，与其他 5 名警官在酒店附近会议中心，安全度过了风暴。在媒体报道抢劫和无法无天的犯罪时，Cater 讲述了自己的故事："97％的人还在我们身后，他们希望我们能履行警察的职责，他们也衷心希望我们一直在那里。"他说，等待撤退的居民晚上一起唱歌来使自己的精神振作起来。乐善好施的人们找回直升机投放的物资，把它们带回到会议中心。"人们是一个团体，他们自己分发物品，没有暴乱、打斗或任何其他事情，"他说，"然后这些人把食品和水一起装在一个箱子中，并把它给我们。我们不能接受它。我们告诉他们，不用担心我们，把它给孩子和老人吧"（Priesmeyer，2005）。在压力的环境下，人们发现了利他主义、乐观主义等个人应对资源，还有互助和社区感等社会资源。

救灾工作逐步取得进展（美国国土安全部）。然而，灾害的破坏程度非常大，许多人无家可归，

这为个体的恢复带来了巨大的挑战。瞬间焦虑，混乱，愤怒和悲痛，这些是面临压力的正常反应。但是由于灾难，社区和支持网络损失却蕴涵着特殊的风险。如果没有这些关键资源，悲伤则很可能成为抑郁症，焦虑症也很可能成为慢性疾病（Garloch，2005；Kohn & Olson，2005）。而此时，互联网在提供信息、联系服务、促进分散撤离居民的社区感意识上发挥了关键作用（美国心理学协会，2005；美国红十字会，2005；疾病控制和心理健康服务中心；美国国土安全部；美国心理健康协会）。

美国的心理健康中心估计，飓风中 1/3 的受影响者将产生与压力有关的临床疾病，如抑郁症或创伤后应激障碍。超过 300 000 的人可能需要长期的帮助（Garloch，2005；Joyson，2005b）。非洲裔美国人是最容易遭受灾难的，但大多数心理健康专业人士却是欧裔美国人。文化上的差异、种族和经济差距、对政府的不信任、资金不足，这些是灾后心理健康保健工作面临的巨大挑战（Boodman，2005；Jayson，2005a，b）。

重要的是要注意到，虽然大约有 1/3 的卡特里娜飓风的受害者可能会有临床水平的抑郁状态，但是大多数都是有弹性的。一些幸存者可能因为认识到了新的力量、通过帮助他人、组织社会变革而更加健康。此外，贫富差距如此巨大，被如此公开地揭露，这一悲剧也可能唤醒美国人，使他们认识到要通过社会变革来解决这些现实问题。

促进应对的干预措施

从生态角度对压力和应对概念化，这为更有针对性和更全面的干预措施提供了可能性（Sandler et al.，2000）。这也表明，社区心理学家、临床心理学家和其他从事社会干预、心理/身体干预的人可以协同工作。

有计划地进行干预，需要考虑几个方面（Wandersman，1990；Wandersman，Coyne，Herndon，McKnight & Morsbach，2002）。时间，即生态框架中的干预点，它的目标是影响远端因素、近端压力源、压力反应、激活资源，还是应对策略？在生态水平上，干预的重点是个人还是宏观

系统？干预的内容包括意识提升（许多心理治疗的目标，解放运动中提高觉悟）、行为改变、技能建设、社会支持、精神促进（如在十二步骤小组）、个人或家庭的宣传、改变社会政策或其他目标。干预所固有的价值系统对其性质和效力是至关重要的。举例来说，在价值系统参与下，配合专业治疗，心理治疗可以成功。对社区健康服务而言，强调公民参与和授权的干预会更有效。个人单独面对压力时，许多压力得不到解决（Somerfield & McCrea，2000）。举例来说，工作压力往往是植根于组织和系统，要应对工作压力，需要

集体行动。

在图 8—1 中，圆形框和虚线箭头代表了干预和目标领域。从左至右，干预从更具有全球性向更个人的趋势变化。图 8—1 所示的干预方法包括社会和临床的方法。在我们以下的讨论中，我们不详细讨论临床治疗方法，而侧重于与社区心理学相关的干预措施。

社会和政策倡导 要提高许多人健康和幸福水平，需要社区、社会变革，或者在宏观系统、地域、组织水平的具体政策的变化（如法律、组织实践、社会项目、提供资金的决定）。政策倡导的目标可能会是政府官员、私营部门或社区领袖、媒体和公众。政策倡导包括如何提高公众对某一问题的意识，如要媒体注意到灾民的需要。社会和政策倡导也会包括社会行动，如抗议削减心理健康或青年发展计划，或举行"找回夜晚"集会，呼吁人们注意对妇女的暴力行为。

社区研究可以支持倡导。社区心理学家和发展心理学家最近联合起来，在美国政府针对儿童、青年和家庭的政策中，倡导能力建设的观点（Maton et al.，2004）。这一观点从以往关注个人和家庭缺陷，转变为促进个体和家庭的能力提升。这种研究视角的转变将影响心理健康、儿童福利、教育和其他系统上的预算、政策和实践。我们将在第 13 章中详细讨论社区和社会变革。

组织咨询 许多压力产生于工作。因为组织的问题，有些服务和学校没那么有效。社区心理学家和组织心理学家一直在寻求：改变组织政策；改变组织角色；做决策、沟通或处理问题，如工作、家庭关系，人的多样性以及机构间的冲突。干预过程能让人减轻压力，增加社会支持，促进员工工作满意度，或更有效地为客户服务（如 Bond，1999；Boyd & Angelique，2002，in press；Shinn & Perkins，2000；Trickett，Barone & Watts，2000）。

替代机构 有时候，传统机构、诊所的局限性十分大，以至于公民或其他专业人员需要成立新的机构，以不同的方式来为客户提供服务。例如，许多社会机构认识不到妇女和强奸受害者需要保护，一些关心妇女权益的人便成立了妇女庇护所和强暴危机中心。起初，这些机构缺少资金，或者缺少外界的支持，但它们已成长为社区的一部分。自助组织是另一个例子。社区居民区（第 2 章和第 5 章中讨论）和牛津住房（第 1 章中讨论）是可供选择的、支持住房的一个例子。替代机构使公民有机会选择提供服务和价值的系统（Cherniss & Deegan，2000；Reinharz，1984）。正如我们在第 1 章指出的，对伊莱恩来说，妇女中心是一个宝贵的资源。

社区联盟 社区联盟这种方法是汇集来自当地社区的代表以解决问题，如防止药物滥用或促进青少年发展。许多阶层的市民有效地联合在一起，可以讨论社会问题，并努力实现共同目标。社区联盟还建立了多个机构之间的协作，其独立的资金流和机构设置创造了丰富多样的社会服务体系。例如，社区联盟会增加幼儿的免疫接种率，在滥用毒品和家庭暴力方面进行有效变革，并帮助减少帮派暴力（Allen，2005；Butterfoss，Goodman & Wandersman，2001；Folayemi，2001；Snell-Johns，Imm，Wandesman & Claypoole，2003；Wolff，2001a）。我们将在第 13 章中详细讨论这个方法。

预防和促进计划 这些措施让人们在生活、精神障碍、疾病，或促进健康、个人发展或学业成就等方面减少发病率（见图 8—1 框顶部中间）。类似的例子包括：以学校为基础的方案，以促进社会—情感能力；以家庭为基础的项目，以加强为人父母的能力；还有的项目，通过全社区的努力来促进健康或预防药物滥用（Weissberg & Kumpfer，2003）。许多预防和促进计划已经在社区合作或者学校组织中出现了。这些项目致力于加强应对技巧，或者其他保护性的因素。在临床治疗中也出现预防和促进计划，但是它们的重点是，在问题出现前就要进行干预。临床取向更加关注背景因素，或建立个人和社会应对的资源。我们将在 9～11 章中详细讨论这些方法。

我们一起看图 8—1 底部的中间，我们接下来将讨论与临床治疗更加密切相关的社区方法。

危机干预 "9.11"恐怖袭击事件后，超过 100 万纽约人接受了公共健康教育，或者通过灾害心理健康计划接受了公共教育或个别辅导（Felton，2004）。最有前途的危机干预方法就是在创伤事件后，立即提供情感支持、实际援助、信息处理，并鼓励接受培训的人使用自己的支持和治疗资源（McNally，Bryant & Ehlers，2003）。这符合社会生态学的观点。对于精神健康专业人员来说，应付灾害的技能包括：帮助个人和家庭处理多个问题；与社区资源合作，如学校、工作场所和宗教团体；利用大众媒体提供信息（Felton，2004）。此外，危机干预项目必须针对具体的文化、需求以及社区的资源（Aber，2005）。

用社区—生态学的方法进行危机干预的典型例子，就是提供给伊莱恩和她社区的危机辅导程序。这个项目强调了以健康的视角，在多重生态水平下提供社会支持和实际援助，并对问题进行多重干预。

与社区资源合作　社区资源是外部的应对系统。包括互助群体、消费倡导者、妇女服务机构，以及精神信仰和宗教机构（Chinman，Kloos，O'Connell & Davidson，2002；Pargament & Maton，2000；Rappaport，2000）。有一个例子就是我们在第 7 章讨论的阿拉斯加土著人的精神信仰（Hazel & Mohatt，2001）。对这些方法的基本价值的尊重是至关重要的。一些社会资源和替代机构欢迎专业人员，有些则不欢迎。然而，它们为有需要的人提供帮助。

案例管理　对专业治疗的必要补充，其方式有案例管理和当事人倡导。这些措施包括自信社区治疗计划（Bond et al.，1990）和为无家可归的精神病患者提供社区居住项目（Tsemberis Moran，Shinn，Asmussen & Shern，2003）。后者表明，帮助无家可归者找到合适的独立住房，然后帮助他们制订一个治疗计划，比为他们提供过渡住房更为有效。案例管理创新侧重于实际需要，如住房；也侧重心理问题，如决策和社会支持。

这份干预项目的名单并不详尽。我们的目的是显示干预项目的丰富性，以及解决压力和应对问题的切入点。

伊莱恩和她的社区　灾后危机辅导采用了多种干预措施。通过传播媒体、邮寄、演示和节日上的摊位展示等方式，该计划可以为灾民提供资源和信息，包括灾民压力反应、应对战略以及他人如何提供支持。对于在学生和托儿所儿童，灾后危机辅导工作人员教给教师如何识别压力和提供支持。他们还给儿童绘制一本关于水灾的彩色图书，使他们从灾害中恢复过来。在这个过程中，

灾民广泛参与，以确保其准确性和实用性。工作人员还让洪水受害者给社会上的居民讲述自己的经历，并为灾民提供压力管理方面的培训。

工作人员还与当地的服务俱乐部、教堂以及医疗保健机构建立联系。这些机构捐赠物品，提供情感支持，并与灾民一起工作。许多人采用了案例管理：寻求临时住房；提供食品和衣物；寻求维修房子的资金；为灾民或残疾人或者有特殊需要的人提供适当的服务。主要干预是积极倾听，提供服务和支持。

一些灾民需要临床干预或寻求自我治疗。跟伊莱恩一样，大多数都是水灾产生的慢性压力或处于恶性循环的灾民。

洪水结束之后，红十字会、救世军、国民卫队、教会团体和其他人提供了许多服务。当这些团体离开后，灾民转向联邦政府紧急救助机构和商业机构，寻求重建和搬迁临时住房的款项，接受赠款或寻求贷款。然而，调用、协调政府机构的工作是困难的。

> 当我成为一个寡妇的时候，在与政府部门打交道时，是我的生命中最困难的时候。他们并不想帮助我，让我产生了很大的压力。我不再需要任何东西。在丈夫最近逝世的时候，我的女儿也由于身患癌症去世了，我几乎失去了所有。我想让一切都变得好一点，但我的身体却变得越来越糟。（Herndon，1996，p.1）

灾害危机辅导项目帮助幸存者跨越了这些障碍。

水灾过去一年后，危机辅导者和社区成员组织了"记住洪水"的活动，给幸存者提供食物和音乐。居民们画了一张展板来描绘灾害和恢复的进程。一方面，他们张贴照片、图画和其他表达水灾的个人、社会和情绪影响的内容；另一方面，整理、搜集生还者的康复经历。通过收集资料，居民了解了彼此的经验，并与对方有所联系。大家在这个困难的时候互相交流。

接下来我们详细介绍了 3 个重要的社会应对资源：社会支持、互助组织以及宗教和精神信仰。这一部分将阐明社区心理学与个人应对、专业治疗之间的关联。

社会支持

社会支持是加强应对和影响个体健康的一个关键资源。20 世纪 80 年代后，人们对社会支持的研究兴趣不断上升。研究表明，社会支持度越高，个人感受的痛苦和患病的可能性就越低，即使面临压力的时候，社会支持也相当重要。不同学科的研究发现，不同类别的社会支持与较小的焦虑、抑郁、一般意义上的精神痛苦相关，和儿童、青少年和成年人的躯体疾病相关。社会支持还与心血管和免疫功能、学业表现、为人父母的技巧以及工作和生活满意度相关。然而，后来的研究表明，在许多相互作用的因素影响下，其影响是复杂的，社会支持的消极影响也已变得更加清晰（Barrera，2000；Barrera & Li，1996；Cohen，2004；Cohen，Underwood & Gottlieb，2000；Hobfoll & Vaux，1993；Putnam，2000；Uchino，Cacioppo & Kiecolt-Glaser，1996）。社会支持不是一个简单的、一致的概念。它是社会、情感、智力和行为过程中发生的个人关系和社会网络的集合。

一般社会支持和特殊社会支持

一般社会支持持续发生在人际交往中，它为个人生活和应对问题提供安全基础。一般社会支持并不针对某一特殊压力，也并不是在特定环境中的帮助行为。一般社会支持是一种**“感知到的支持”**（Barrera，1986，2000）。一般社会支持包括个人感知和环境支持两方面，即在一个人生活中出现“有意义的他人”（Barrera，2000；Cohen，2004）。“有意义的他人”，尤其是指人际关系中的亲密和依恋关系，例如婚姻关系、父母和孩子间的关系、朋友间的关系。一般社会支持总是以某种形式出现的。

特殊社会支持是帮助个体应对特殊压力源的行为。特殊社会支持可以是情感鼓励、信息或建议，或者是物质上的帮助（如贷款）。特殊社会支持针对已经发生的生活事件，因此只有当接受者需要的时候才呈现，并且特殊社会支持针对的是特殊的压力源。

一般社会支持和特殊社会支持能结合在一起。因失去工作而有压力的人就需要这两种支持。紧密关系既可以提供一般社会支持，也可以提供特殊社会支持。在亲密关系以外的其他关系，可能关心较少，有较多工具性支持，也是很有用的。比如，如果你在心理学课程方面遇到麻烦，朋友的关心能给你帮助，一名家庭教师同样也能给你帮助。

特殊支持的功效也部分地依赖于文化因素。在对美国和中国大陆的学生进行比较之后，Liang 和 Bogat（1994）发现，获得的特殊支持在这两种文化样本中具有不同的功效。在中国大陆学生样本中，这样的支持如果是公开提供的话，常常是不具有帮助性的。在一个集体主义的文化社会中，以一种外显的方式接受支持将使他所属的家庭或者团体没有脸面。因此，文化能够影响人们对特殊支持的接纳。

社会支持的关系维度

社会支持不是发生在一个真空环境中，而是在与朋友、家庭、同事和其他人的关系中发挥作用的，它是在这些关系的有机整体中形成的。许多研究发现，亲密的、令人信任的或互惠的关系会形成较高水平的社会支持，并使孤独感降低，生活满意度提高（Hobfoll & Vaux，1993）。就像我们在这一章中已经讲过的伊莱恩的故事和文本框8—1中的两个故事一样，支持是至关重要的。支持关系除提供支持外，也同样造成压力，研究人员研究了大量的例子，我们将重点关注以下几个。

家庭和背景 家庭成员，尤其是父母和配偶，是在许多环境中提供支持（特别是一般性支持）的重要源泉。与其他社会纽带关系相比，家庭关系常常包括更多的责任，更多的私人性信息以及更多的特殊性和一般性支持。当然，这也意味着更大的责任和更多的潜在冲突，这些支持也并不是在应对每一种压力时都有效的。

Pistrang 和 Barker（1998）记录了患有乳腺癌的英国女性分别与她的丈夫及病友谈论自己病情的10分钟谈话录音。患有乳腺癌的妇女们认为，这两种交谈都是积极有效的，但是受训的观察员们认为，相对于自己的丈夫来说，与其病友的交谈更加具有支持意义，患有乳腺癌的妇女们更易宣泄自己的病情感受，对自己的病情也不看得那么严重。婚姻满意度不能解释这些差异，虽然其他的因素也可能发生着作用，如帮助风格的性别差异、病友的第一手资料及信息、丈夫持续照顾所产生的疲劳。

在不同的环境条件下，支持来源的重要性也有所差异。一项针对学生是否适应大学（这是一个位于郊区、主要由欧裔美国学生组成的大学）1年级生活的研究发现，对于非洲裔美国学生和欧裔美国学生而言，他们最重要的支持来源是有差异的。对于欧裔美国学生来说，在大学1年级，来自于同伴的支持是最重要的支持因素，这种同伴的支持在校园内也是很容易获得的。相反，对于非洲裔美国学生来说，来自于同伴的支持在校园内是不容易获得的，来源于家庭的支持是较有力的支持源泉。在取得较高成就的非洲裔美国男性学生中，家庭的支持尤其重要（Maton et al.，1996；Maton，Hrabowski & Greif，1998）。

自然辅导员与自然帮助者 自然辅导员与自然帮助者，是社区中非正式的社会支持资源。这些人成为自然帮助者，因为他们的工作倾向于探讨个人的—情感的意义，就像美容师和调酒师一样（Cowen，McKim & Weissberg，1981）。年长的和拥有较多经验的人，可以成为年轻人或经验较少的人的辅导员（Rhodes，Bogat，Roffman，Edelman & Galasso，2002）。辅导员可能自然出现，也可能以"大哥哥/大姐姐"项目的方式呈现。对辅导性项目的研究回顾发现，项目的积极影响度不高，但是同时也发现了未来有效指导特点（Dubois，Holloway，Valentine & Cooper，2002）。这个回顾也发现，辅导性项目对于在不利条件和危险条件下的青年人最为有效。我们将在第14章对辅导性项目进行更全面的讨论。

人际关系的压力 当然，人际关系在能够提供帮助和支持的同时，也作为一个压力源而存在。最近一项针对HIV阳性的男性研究发现，抑郁症的产生与当事人和他人的消极互动关系有关（Fleishman et al.，2003；Siegel，Raveis & Karus，1997）。一项对未成年未婚妈妈的研究发现，凭借她们的支持网络，成员所获得的社会支持数量以及所感受到的社会压力（批评、冲突和失望）数量能够预测她们的抑郁情况（Rhodes & Woods，1995）。一项针对经历过战争的妇女的研究结果表明，存在"压力汤"效应（Hobfoll & London，1986）。之所以出现"压力汤"效应，是因为所有的妇女都同时感受到了存在的压力，因而许多妇女寻求支持，而群体中这种资源因被分享而变得十分有限。在其他的环境条件下，对于患有疾病或者长期慢性疾病的患者来说，如果他们长期需要支持，而支持者出现倦怠的话，就会出现冲突（Coyne，Ellard & Smith，1990）。从他人那里接受支持，可能会使自己感觉到自己是被照顾的或者是无助的。为他人提供帮助和支持也需要花费一定的时间和精力，如果你曾经为患有情感危机的朋友提供帮助，就会体验到这一点。在人际关系中，研究社会支持有助于澄清社会支持的积极和消极的效应。

社会支持网络

社会支持发生在人际关系网络之中。研究者依据许多与社会支持有关的变量来分析社会网络。

我们将关注以下3种形式的社会支持：多重维度、密度和互惠。

多重维度 多重维度的人际关系是由两个一起做许多事情、分享许多角色关系的人组成的。当某人既是同事又是社会性朋友的时候，或者当我们与邻居分享多种相同的兴趣爱好及活动时，往往会出现我们所说的多重维度的人际关系。单维度的人际关系是与单一的某一角色联系在一起的，比如你只把同事看作工作时的一个人，把邻居不看作朋友或者不认同其是组织中一员的时候，就会出现单一维度的人际关系。作为学生，如果你与邻居同班或者与同一组织中的某一成员同班的时候，你就会拥有多重维度的人际关系，而如果你只是与某一人是同班同学，你拥有的就是单一的人际关系。

因为多重维度的人际关系意味着我们将更频繁地接触另外一个人，所以形成和加深你们的关系常常也是比较容易的。多重维度的人际关系也意味着这种关系更有回弹力。比如，失去一份工作就意味着你与某一同事的单一维度人际关系的失去，而多重维度的人际关系可以挽救和帮助个人摆脱这种困境。

Hirsch（1980）研究了两类群体——最近成为寡妇的重返大学校园的年轻女性和成年女性的社会关系网络中的多重维度关系。在两种群体中，自尊心、社会化的满意度和有形的支持与多重维度的人际关系有关，而与单一维度的人际关系无关。

密度 社会关系网络也包括这一关系网络中除核心人物之外的个人之间的关系。人际关系的密度是指这种关系的程度。当网络成员中存在多种联系纽带时，这种人际关系的密度就较高，例如，当大部分网络成员彼此是朋友时。小型的城镇，甚至一些城市周边地区的居民常常生活在一个高密度的人际网络中。当网络成员之间的关系疏远（当然他们与核心人物的关系亲密）时，这种人际关系的密度就较低了。比如，当一个人拥有许多不同环境条件的朋友，而这些朋友彼此之间又不熟悉时，这个人就拥有一个较低密度的人际网络。

高密度的人际网络经常提供较一致的规范和建议（Hirsch *et al.*，1990），因为网络成员间有更多的相互联系，在危机中能提供较迅速的帮助，尽管如此，低密度的人际网络常常包括更多有着多种不同生活经历的人，因此，当生活出现转型比如离婚、丧失亲人或者升入大学时，这种人际网络能够提供多种多样的支持资源（Hirsch，1980；Hobfoll & Vaux，1993；Wilcox，1981）。当这样的生活转型时期出现时，人际网络之间相互联系的高密度可能会阻止新角色的出现，降低个人的认同感或者降低人们对环境的适应性程度。

Hirsch（1980）分析了以上研究中所提到的（以上已经提及）最近成为寡妇的重返大学校园的年轻女性和成年女性的人际网络密度。在这些研究样本中，低密度的社会人际网络比高密度的社会人际网络更加具有适应性。当这些女性作为大学生或者作为个人进入某一角色时，她们需要多种多样的友谊和支持资源。研究者在对经历过离婚妇女的研究中，也发现了相似的结论。

互惠 社会人际网络在支持的互惠程度、个人所获得的支持程度及所提供的支持程度方面是变动的。互惠是跨越生活时空友谊的最重要的方面（Hartup & Stevens，1997）。

在对自我帮助小组和宗教组织的研究中，Maton（1987，1988）发现，支持的互惠程度与较高程度的心理健康相关，当个人像获得支持一样也提供支持（这是一种互惠的状态）时，所处的健康状况最佳。当个人只是最大化地获得或者提供支持时，或者既不获得也不提供支持时，他们的健康状况较差。

Maton的研究结论是指在个人的社会关系网络中提供和接受支持之间的整个互惠状况，而不是指关系的互惠。一个人可能在接受帮助的时候也提供了一些帮助，就会在整体上有一个提供和接受的平衡感。

Maton的研究结论不能表明原因和结果效应的方向。在获得帮助和提供支持的平衡中，个人的健康状况会得到提升，或者是某一因素强化了另外的因素。尽管如此，研究结论表明接受帮助和提供帮助的平衡的重要性。Stack（1974）分析了住房建筑计划中的低收入非洲裔美国人家庭间互相帮助的情况，如提供金钱，照顾孩子、衣物、食物分享或其他的方面。在一个互惠互利的人际氛围中，当有人需要帮助的时候，需要帮助者就会从他人那里获得相应的帮助。

互助组织

自助型组织和互助型组织是："处于相同情况的人的一个自愿的联盟，人们联合起来以应对困难"（Humphreys & Rappaport，1994，p. 218）。戒酒互助协会（Alcoholics Anonymous，AA），有某种残疾或者某种疾病的人的群体（或者是他们的家属成员），丧失亲属的人组成的小组或者群体……在世界上，有超过 800 个自助群体，每个都有其当地的组织网络。

在以美国居民为主体的样本中，在过去的一年里，有超过 7%的成人参加了互助组织，有 18%的人会参加互助组织（Kessler，Mickelson & zhao，1997）。在参加互助组织的人中，正常成人的比例和参加心理治疗的比例接近一致（Borkman，1990）。在 50 年的时间里，最被广泛认可的互助组织，即戒酒互助协会，从仅有两个创始人发展成为一个拥有成千上万的分支的世界性组织。在美国，多数因酗酒而寻求帮助的人，都加入了该协会（Chinman et al.，2002）。网络形式的互助增加了人群的参与度（Madara，1997）。我们举行了互助组织调查，调查样本涉及美国 4 个城市的面对面互助小组和网络互助小组，这些互助组织成员针对 20 种疾病开展互相帮助。研究结果表明，

在面对面的小组中，酒精成瘾者和艾滋病患者具有最高的参与度；与此同时，网络互助组织中，多发性硬化症和慢性疲劳综合征患者有很高的参与度。而在这两种讨论会中，乳腺癌患者在面对面小组和网络互助组织中都有较高的参与度（Davison，Pennebaker & Dickerson，2000）。

互助组织之间有些不同。**自助**型组织，由从疾病康复的人发起，缺乏专业的参与者（例如，十二步骤小组）。一些互助组织是由同辈领导的，有专业人员的参与，然而另一些互助组织是被一些专业人员培训和监管的，当然也会用到一些互相支撑的因素（如在中学的同伴小组、康复小组、妇女乳腺癌康复小组）（Borkman，1990；Schubert & Borkman，1991）。但是，自助组织中使用的术语与其他情境的术语不同。另外，自助组织已经预见到专业人士和自助组织的合作将要增加（Riessman & Banks，2001）。为了简化和将注意力放到这些背景的社会方面，我们用**互助**这个术语，但我想读者会记住组织的多样性。另外，互助组织范围很广（通常是世界范围的），而不只局限在微观系统中（Borkman，1991）。

互助组织的特点

互助组织有以下 5 个特点（Borkman，1991；Rappaport，1995，2000；Riessman，1990）。
● 关注的焦点：问题、生活危机，或者影响全部成员的问题。
● 所有成员都是平等的同伴关系。不是那种专家和患者之间的不平等的关系。
● 帮助的循环性，所以互助组织中的每一个人都接受帮助，同时也提供帮助。
● 强调体验式的应对知识。
● 能体验社区成员所体验的社区叙事。

互助组织以平等的同伴关系为基础。它包括以人际互惠为基础规范的帮助，而不是以收费为目的的职业服务。互助组织是由有相同经历或体验的人组成的，组织中的每一个人都提供帮助，有时候也接受帮助。这种帮助与职业的来访者的帮助形式不同。我们可以通过**帮助者治疗原则**来理解互助组织（Riessman，1990）。为别人提供帮助会促进个体的主观幸福感。例如，GROW 组织，我们将在下面对其进行详细讨论，该组织强调"如果你需要帮助，那么就帮助别人"（Maton &

Salem，1995，p.641）。除此之外，Riessman 认为，如果一个群体中人们有相同的问题，并且如果人们希望为别人提供帮助，同时也希望得到别人的帮助，那么接受帮助和需要别人的帮助就不会遭到诬蔑和指责。

互助组织的另外一个特性是用来帮助别人的，最受到尊重的知识类型——**体验式知识**。这种体验式的知识是个体应对焦点问题时，以个体经验为基础的知识。在互助组织会议中或者讨论中，这种实践的"内部"知识会得到大家的共享。个体经验是对当前发生的焦点问题的理性理解，这在很多情境下都是有价值的。但是专家通常都没有对焦点问题直接的、日常的、个人的经历。

互助组织能提供**社区叙事**。对于一个大家共同关注的问题以一个大家可以理解的方式提供经历描述和解释，这个可以准确指导其他人解决这些问题（我们在第 6 章中讨论过这些经历和故事）。互助组织中的信仰系统、规则和相互的经历使个体的生活有意义，提高认同度，促进问题的解决。作为成员想要忠于群体，他们需用社区叙事相同的术语讲述自己的生活故事和个性。这是十二步骤小组的特别关注点（Humphreys，2000；Rappaport，1993，1995）。

专业的精神治疗和互助组织可以互相补充（Chinman et al.，2002）。专业的治疗为患者提供科学和临床知识，专业知识在分析和治疗复杂问题时尤其有用。互助在帮助别人时提供对等关系的援助和实际经验知识，而且不需要花费任何费用或者只需要很少的费用。在美国密歇根州，精神分裂症康复者能够很清晰地区分互助组织中的专业的成员/领导和健康专家，认为这两种帮助都很有价值（Salem, Reischl, Gallacher & Randall，2000）。在康涅狄格州一个关于健康康复的专业调查中，那些有着更多专业经验和家中亲人或者自己有精神疾病的患者认为，互助组织比其他专业治疗更有利，而且更能指导他们（Chinman et al.，2002）。

互助并不是对于所有人都适用。当专家将患者交给互助组织时，知识、个人接触和慎重就显得尤为重要。最近所有权威研究机构号召，要加强戒毒专家和互助组织的联系（Humphreys et al.，2004）。专家或者学者可以参加互助组织会议，以促进相互理解和合作（Chinman et al.，2002）。

在线互助

对不能参加面对面小组的人、有个别问题的人，网络互助能提供应对资源（Madara，1997）。关于网络互助小组的调查显示，网络互助能活动和面对面的互助活动，在互动方式上类似，研究的两个网上小组分别关注抑郁人群（Salem, Bogat & Reid，1997）和酗酒人群（Klaw, Huebsch & Humphreys，2000）。有趣的是，两项研究都表明网络互助有很大的性别差异。不愿参加面对面互助小组的人，在网络互助中，参与到抑郁人群的网络互助小组中，而女性更经常参与到酗酒人群的网络互助小组中。一个网络社会支持群体成功地参与了亚裔美国男性大学生对民族同一性问题的讨论，而有相同目标的面对面互助小组却失败了（Chang, Yeh & Krumboltz，2001）。这些发现表明，那些不愿意参加面对面小组的人群更愿意参加网络小组，并且在网络上获得了好处。

网络小组对于那些不大可能离开家的人更有帮助。Dunham 等人（1998）为那些单身、低收入的年轻母亲研发出互助网络。年轻母亲收到当地组织赠送的电脑，然后用这台电脑上网。年轻母亲通过网络互助的方式缓解压力。网络小组对那些有抑郁症的人有帮助。就像我上述提到的，慢性疲劳综合征患者更可能使用网络互助（Davison et al.，2000）。在随机试验中，针对阳性 HIV 感染者患者、乳腺癌患者和 II 型糖尿病患者而举行的网络社会项目，为这些患者提供了很好的帮助（Barrera, Glasgow, McKay, Boles & Feil，2002；Gustafson et al.，1999；Gustafson et al.，2001）。在糖尿病的网络互助研究中，网络建有糖尿病患者相互讨论各自日常生活的论坛，专家提供建议和指导的论坛，还有一个即时聊天室。

互助组织的真实情况

GROW 组织是为解决患有严重的心理疾病的人而设立的互助型群体（在这个群体中，也欢迎患者的亲属或者其他人参加）。GROW 组织开始于澳大利亚的一次戒酒互助协会会议上，该会议成员都曾患有严重的心理疾病，他们开始了彼此之间的探讨。GROW 组织最初和 AA 有几分相似。现在 GROW 组织已经发展成为一个国际性组织，在澳大利亚、新西兰、爱尔兰、大不列颠、加拿大和美国，GROW 组织尤为活跃。

GROW 组织每周一次会议。正如 Roberts 等人（1991）所描述的那样，"会议开始的时候和结束的时候，小组成员都要背诵祈祷文和誓言"。接着要进行关于小组成员问题以及取得进步的讨论。由 Roberts 所主持的 GROW 小组会议一般持续一到两个小时，GROW 小组一般由 8 个人组成。GROW 小组会议中的行为观察记录表明，在 GROW 小组中有很高的互助行为。通常，个体成员会提出问题，或者就以前讨论的某一问题作一个报告，其他成员鼓励发言者或者向其提供建议，或者也谈自己相似的经历。在讨论中几乎有 1/3 的人是采取帮助行动者或者是支持发言者，其他 1/3 的人分享发言者传递的信息，并且倾向于认为这

些信息是有帮助的。其余的人或者提问或者自我揭示问题。持负向态度的成员（1%），和干扰发言者（4%）的成员都非常少。这些发现与强调同辈群体关系，以及相互性、经验性知识是一致的。

GROW 组织的一个重要目标是在成员中"建立和分享社区感"（Maton & Salem，1995，p.648）。GROW 组织的研究文献和研究时间都强调社区成员的相互依赖和团体感。该组织中流行着这样的格言："如果你需要帮助，那么就帮助别人吧"，"不管我的状况有多糟，神爱着我们并且让我们与他人相连"（Maton & Salem，1995，p.641）。GROW 组织的实践活动包括：与你所在成长小组中的同桌联系，并且开展户外小型会议；鼓励 GROW 小组中的朋友，在同伴中建立以同伴为基础的支持系统（Maton & Salem，1995）。

在这种团体的氛围下，GROW 组织鼓励其成员为他们自己的应对方式和个人发展承担责任。这种方法强调成员的力量和成长。该组织中流行这样的话："不管我的情绪状态怎么样，我能让我的四肢和肌肉正常运动"，以及"当事情发生了，它就是发生了，我们能够度过我们必须度过的事情"（Maton & Salem，1995，p.641）。

互助的成果

关于 GROW 组织项目的实验评估已经表明该项目在帮助其成员在改变生活方面的有效性。定期每周都参加 GROW 组织会议的人在心理上、人际互动上以及社区适应上都较那些不定期参加的人体验到了更多的积极变化。与控制组相比，GROW 小组的成员只需要不到 16 个月的治疗时间就可以康复，而因为精神病需要入院治疗的人则需要 32 个月的时间才能康复（Rappaport，1993；Maton & Salem，1995）。

对于参加戒酒互助协会的成员的研究，以及对十二步骤小组的研究都得出了相似的结论。例如，Humphrey、Finney 和 Moos（1994）用了 3 年的时间研究了圣弗朗西斯科地区 439 名酒精滥用的男性和女性。接受调查的人当中，对戒酒互助

协会的卷入程度不同，经常参加该协会的人更可能有积极的应对策略，更少喝酒。他们也可能有更多的朋友资源，尤其是能得到致力于戒酒的人的帮助（Chinman et al.，2002；Humphreys & Noke，1997）。

互助组织也不是对所有的人都适用。参加互助组织的成员的流失率是非常显著的（在职业的治疗过程中更是如此）。而且互助组织也无法从容地应对一些特别复杂的问题（Humphreys，1997）。而且，一些互助组织除了关注个体的问题之外，还关注一些社会不公正问题，而另外一些互助组织则不是这样（Rapping，1997）。

然而，如果仅仅认为互助组织是一种对个人问题的群体治疗形式，那么实际上就忽略了它真

正的价值（Humphreys & Rappaport，1994）。Rappaport（1993）认为，关于互助组织的更能揭示事物本质的一种观点是，它们都是标准化的社团，提供归属感，对于群体的认同感，相互奉献，简言之，是一种心理上的社区感。

一项针对父母间互助组织的研究表明，在组织中存在社区感以及授权。在英国，父母间互助组织帮助生理、心理或学习上有缺陷的孩子。Solomon、Pistrang 和 Barker（2001）研究了这些父母互助组织样本（几乎都是母亲）。研究者以 Moos（1986）的社会氛围概念为基础，用群体环境量表进行了研究。参与者将他们的团队描述成有高凝聚力和表现力，有任务目标和善于自我发现的组织。在聚焦组讨论中，父母们描述了他们的孩子有某方面的残疾，因而在学习上有很大的不确定性，以及这个团队如何帮助他们接受了孩子的问题，并发现孩子的能力和优点。团队成员提一些建议，父母们也描述了归属感、安全感、在团队中被理解的感觉、自我效能感。这些发现代表了在若干生态水平上的改变：与更广大社区的关系（学校），在团队中的社区感，在家庭中人际关系的变化，以及个人的成长。

精神信仰和应对压力

在经受痛苦或失去亲朋好友时以及在欢乐喜悦和深担重责时，很多人开始转向宗教并且加入宗教团体。他们这样做不仅是为了获得支持，而且是为了理解他们的生命或者去感受超凡脱俗。宗教和精神信仰能帮助人们找到"不能理解的、不能预见的、不可控制的"的意义（Pargament，1997，p.8）。当西方文化和心理学强调重点在于控制应对压力结果的时候，个人的应对压力的资源和能力就会显出劣势，而当个人的应对压力的资源和能力有限时，精神追求就很有用。

宗教和精神信仰能为应对提供独特的个人和社会资源。个人资源包括与上帝或其他超然经验体会之间的关系；能指明生活意义的信念系统；特殊的应对方法，例如祷告和冥想。社会资源包括：会员身份和宗教团体内的支持（包括以宗教为基础的互助组织），共同的宗教习惯和礼仪（Fiala，Bjorck & Gorsuch，2002；Folkman & Moskowitz，2004；Maton & Wells，1995；Pargament，1997；Pargament & Maton，2000）。

然而，宗教和精神信仰对个人和社会的影响也可能是消极的。在对受虐妇女的调查中，一半的回答者报告了与宗教有关的消极经历（Horton，1988，cited in Pargament，1997）。宗教和精神信仰能成为一种压力源，例如，当一个人以宗教的方式阐述压力时，这会阻碍健康的应对方式（Pargament，1997）。在针对能很快摆脱打击的离异美国黑人母亲的研究中，研究发现参加到宗教系统中的人感受到了"保障和恩惠"（Brodsky，2000，pp. 213-214）。而其他人则在宗教组织之外发现了力量，并且开始回避宗教组织。

宗教信仰和宗教机构、各种文化形态下的精神信仰，都不仅仅是作为应对方式而存在的。它们都有更大的目的。一定要在宗教和精神信仰更大的目的下理解其应对方式的作用。宗教涉及一系列超过自身和日常生活的超然经验的东西（Sarason，1993）。宗教和精神信仰不能被简单看作是应对的资源（Mattis & Jagers，2001）。我们所关注的应对方式仅仅是宗教和精神信仰含义的一部分。

对精神信仰和应对压力的实验研究

从实验层面来看，宗教和精神信仰因素是如何影响压力应对结果的呢？Pargament（1997）回顾了有关宗教和精神信仰以及应对压力的实验研究。研究发现：许多有关这方面的研究都是相互关联的，所以不能直接对宗教和精神信仰因素是如何影响压力应对的做出直接的因果推论。尽管如此，研究者能够从纵向维度，以精神信仰变量作为压力应对结果的预测指标。Pargament 研究采用的被试大多数是北美成年人，包括患有长期疾病和短期疾患的人，丧失亲人的寡妇和孩子，交通事故和洪水的受害者，白人美国人和非洲裔美国人，男性异性恋者和同性恋者，老年人和其他的成年人。并非研究中的所有人都有宗教信仰或者从事宗教实践活动；有宗教信仰或者宗教实践的大多数人都是基督徒。研究者考察了多种多样的压力应对结果，包括心理失落、心理健康、一般的健康。

宗教和精神信仰的应对方式包括祈祷，与上帝有关的一系列感觉或其他超然经验，在宗教压力的框架内，致力于宗教的惯常行为以及惯例，会在会众中寻求支持。无论是修道者还是非修道者都可以将这些运用到一些特殊的情况中去。Pargament（1997，chap.10）总结了关于宗教和精神信仰应对的 5 个基本结论。

● 在面临压力性的、大而难以控制的情况时特别重要。

● 在统计学意义上控制了非精神信仰应对方法的影响之后，宗教的应对方式与积极的应对结果相关。

● 能取得积极结果的应对方法包括：（a）与值得信赖、值得爱戴的上帝的关系；（b）祈祷活动；（c）对宗教重新评价，即压力性事件促进个体的成长；（d）从宗教团体成员中得到支持。近期他的研究结论也支持这一研究结果（Folkman & Moskowitz，2004）。

● 并非所有的研究都发现精神宗教应对与应对结果有重大关联，并发现一些负面结果。负面影响包括自责和缺乏支持。

● 和其他群体相比，妇女、低收入者、老年人、非洲裔美国人以及丧偶者认为宗教和精神信仰更有用。这些团体似乎有个共同点，较少接触世俗资源。

Pargament（1997）的观点表明，宗教和精神信仰的应对方法对于理解应对方式很重要。其宗教和精神信仰的影响可能是正面的或是负面的。当其他资源缺乏或当压力极大时，宗教和精神信仰将有独特的贡献。然而，这一研究仍处于早期阶段，有很多需要学习和改进（Pargament & Maton，2000；Folkman & Moskowitz，2004）的地方。特别需要研究在不同社会和文化背景下的宗教。例如，在社区心理学中，已经有对非洲裔美国人、韩裔美国人、阿拉斯加本土美国人精神性的研究（Bjork，Lee & Cohen，1997；Brodsky，2000；Dockett，1999；Hazel & Mohatt，2001；Mattis & Jagers，2001）。

 结论

本章中，我们试图说明与压力有关的过程和应对资源，突出社区资源和干预。然而，我们没有期望这些概念充分反映应对复杂性及干预资源的多样性。我们鼓励大家去思考还有什么需要包括在内，并画出自己的应对生态框架。

 本章小结

1. 本章介绍了理解应对过程的生态框架。该框架强调，在应对过程中，社会、文化和情境的重要性。该框架包括风险（因素）和保护（因素）。

2. 远端因素是一种前倾因素。与压力及其应对并不直接关联。远端因素包括风险因素或保护因素。一些是情境化因素，一些是个人因素。

3. 近端压力源是一种威胁或实际损失或缺乏资源引发的压力。包括主要生活事件、生活转变、日常烦恼和灾难。多重压力可能形成恶性循环。

4. 压力反应包括认知评价、情感和情境。

5. 个体激活资源以应对压力。资源包括物质资源、社会—情感能力以及社会、文化和精神信仰资源。

6. 应对过程包括重新评价 3 种类型的应对过程：以问题为中心的应对，以情感为中心的应对，以意义为中心的应对。应付过程是情境化的：最好的应对办法取决于当事人和当事人所处的情境。有效的应对可以促进良性循环。

7. 应对结果指的是应对过程对个体的影响。包括积极的应对结果，如健康、弹性、达观、社会嵌入性、授权；消极的应对结果包括悲痛、功能失调、临床障碍。

8. 促进应付的干预可以在多个生态水平进行。

社区干预包括：社会和政策倡导、组织咨询、替代机构、社区联盟、预防和促进计划、危机干预、与社区资源合作和案例管理。

9. 社会支持包括两种类型：一般社会支持和特殊社会支持。社会支持在一定的关系中发生，包括家庭的支持，自然辅导员或自然帮助者。关系可以是压力源，也可以是社会支持资源。有 3 种形式的社会支持：多重维度、密度和互惠。

10. 互助组织是另一个重要的社会资源。随着专业人士卷入度的不同，从自助型组织到互助组织有很多的变化形态。互助组织有 5 个特点：关注焦点、同伴关系、帮助的循环性（包括帮助者治疗原则）、经验性知识以及社区叙事。在线互助小组是一个增长中的资源。互助组织不是万灵丹，但它们提供了许多积极成果。

11. 宗教和精神信仰是第三个重要的社区资源，提供个人、社会资源和物质资源。当个体面临巨大的、无法控制的压力源，同时又缺少社会资源时，宗教和精神信仰可以发挥积极的应对效果。但是，精神和宗教应对也可以产生消极影响，需要对精神信仰传统进行更多的研究。

 简短练习

1. 回想你第一年的大学时光。回答以下的问题。与你的朋友或同学讨论。

为了获得成功，需要什么样的社会—情感能力？例如，可能包括计划你的时间、复习考试、准备论文、与陌生人交谈、解决室友的冲突、寻求其他人的帮助。

什么样的社会支持对你来说是最重要的？谁提供了它们？你为别人提供了什么样的帮助？什么样的关系能够像创造支持一样产生压力源？

在那段时光中你是怎样成长的？你发展了什么样的力量、技能和重要关系？你克服了什么样的障碍？其他人是怎样帮助你的？

2. 画出你应对过程的生态学框架。你可以参照图 8—1，考虑远端和近端因素、风险和保护过程、资源、应对过程和应对结果。考虑干预你应对的生态学框架的不同干预点。和别人讨论你画的图。

3. 阅读一个关于压力、应对、社会支持和相关主题的心理学杂志文章（你可以通过 Info Trac 检索系统查阅《美国社区心理学》期刊）。考虑这些问题：文章有没有考虑到多重生态学分析水平？是否考虑生态情境、社区资源、社会支持、互相帮助、社会—情感能力和积极的应对结果，如弹力、达观、授权？是否考虑到干预？请描述它们。

推荐阅读

Barrera, M. (2000). Social support research in community psychology. In J. Rappaport & E. Seidman (Eds.), *Handbook of community psychology* (pp. 215 - 246). New York: Kluwer Academic/Plenum.

Dohrenwend, B. (1978). Social stress and community psychology. *American Journal of Community Psychology*, 6, 1 - 14. Reprinted in T. Revenson *et al*. (Eds.) (2002), *A quarter century*

of community psychology (pp. 103 - 117). New York: Kluwer Academic/Plenum.

Folkman, S., & Moskowitz, J. (2004). Coping: Promises and pitfalls. *Annual Review of Psychology*, 55, 745 - 774.

Moos, R. (2002). The mystery of human context and coping: An unraveling of clues. *American Journal of Community Psychology*, 30, 67 - 88.

推荐网站

互助交流中心

美国自助交流中心，在线自助群体源
http：//mentalhelp. net/selfhelp
列举出当地的、面对面的自助群体或组织。有关自助群体的读物以及怎样开展自助群体的介绍。
http：//www. ayuda-mutua. com
由一位墨西哥心理学家发起的多重互助群体材料交流中心。
国家心理健康消费者自助交流中心
http：//mhselfhelp. org
消费者经营的网站，有心理健康消费者运动

以及相关组织的信息。
网络心理学自助资源
http：//psychwww. com/resource/self-help. htm
有心理健康方面的在线信息和自助交流信息以及相关链接。
诺丁汉自助
www. selfhelp. org. uk/
有自助群体的链接以及关于自助群体的研究介绍。

心理健康

美国心理学协会、心理学主题和帮助中心
http：//www. apa. org/topics
http：//www. apahelpcenter. org/
提供有关应对及心理干预的信息。
心理帮助网络
http：//mentalhelp. net
提供关于精神障碍、治疗以及相关问题的信

息。与自助群体资源链接。
National Alliance for the Mentally Ill
http：//www. nami. org
预防和治疗精神障碍的信息。
国家精神健康协会
http：//www. nmha. org
国家宣传组织和当地的信息：精神障碍的预

防和治疗。

心理中心

http：//psychcentral.com

关于精神障碍和治疗的信息、聊天室、支持论坛、与在线资源的链接。

美国疾病控制与预防中心

http：//www.cdc.gov

提供疾病和健康信息，包括预防、治疗、健康信息，与其他健康网站链接。

美国国家心理健康信息中心

http：//mentalhealth.org

提供一般的和面向用户的心理健康信息以及联邦项目信息。

关键词

应对、互助帮助、宗教、弹力、自助、精神　　信仰、压力、社会支持、兴盛、健康

章际练习：绘出你的社会支持网络

社会支持，正如大家在本章中看到的，是个体应对的关键资源。社会支持对个体的意义可以通过绘制一个社会互助网络图很清晰地表达出来。

在这个练习中，你会列举出你的情感支持的资源，绘出它们的发生背景以及相互关系，通过分析这个社会支持网络的特性，来整合你学习过的社会支持的概念。

网络列举

第一，我们列举出当你遇到个人问题或者你自己的情感问题的时候，要去寻求帮助的人。我们要求的不是要你列出所有的朋友，而是当你寻求这类帮助的时候想要寻找的人。可以是通过电话的方式去寻求帮助，不一定是面对面。把这些名单列表写在纸的左边，写完每一个名字后要另起一行。

第二，写出你同每一个能给你提供帮助的人的关系。你可以选择像这样的术语，如姐妹、朋友、同事、邻居。这样的列举方式是对你的支持系统以及非多维和多维关系的指示器。

第三，在同一行写出你在哪里能经常看到能为你提供帮助的人。例如，在工作场所、学生宿舍、公寓、家里、教室或是学生社团中。

第四，列出一个单子，写出每一个你相信能帮助他们解决他们个人—情感问题的人的名单。

网络地图

在这一部分里，需要一张空白的白纸。第一，在这一页白纸的中心部分，画一个圆点或者圆圈，这代表你自己。第二，用虚线从中心部分开始把这张图分成几个部分。每一个部分代表了你的一个社会支持系统的背景，并且在这个情感支持网络中，每一部分中最少要有一个人。画的时候如果这个区的人很多，就把这个区域画得大一些，否则，就画得小一点。

第三，在这些区域里，画上小圆圈或者点表示你在社会支持的网络列举中所列出的人。可以把和你最亲近的或你最信赖的人画得离你近一些。其他的人远一点。要把他们散开，用整张纸的空间来画。这样做可以使我们的下一步工作变得容易些（记住，在这个列表中的每一个人实际上都是在某种程度上和你很亲近的人）。

第四，在代表你自己以及代表和你分享多维关系的人的圆圈之间，用粗线标记出来。标记的线越粗，代表这个人和你的关系越亲密，或者你们之间共享的关系越多维。

第五，在这个网络地图上，把任意两个人用细线标记出来（除了你自己之外）。一个标准是你相信这两个人是好朋友，或者是密友（不用担心这些关系是多维的还是单一的）。画的细线可以穿越网络地图上的背景线（划分每个区域的虚线）。这是你支持网络密度的指示器。

图 8—2 是网络地图的一个例子。

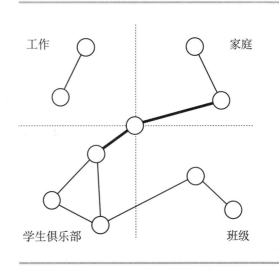

图 8—2   社会支持网络地图

分析你的网络列举和网络地图

网络的大小   这只是你列举出来当你遇到问题的时候，能为你提供社会支持的人的数量。除非人数很少，否则网络大小并不是你应对问题的一个非常好的预测指标（Sarason, Sarson & Pierce, 1990）。一个只有几个密友或者没有密友的人在社会上是孤立的（至少情感上是孤立的）。因而也就缺少了一种重要的资源。除此之外，当人们只有很少几个支持点的时候，冲突、损失以及其他的压力源也会成比例地增加。另外，个体在现实生活中究竟能和多少人保持一种亲密的情感性支持关系也有一个上限，并不总是越多越好。

思考有什么想法可以改变你的情感支持网络的大小？

支持的资源和质量   在你的社会支持网络列举中，你已经标明了你列举的人物和你的关系。在你的列举中，有多少人是你的家庭成员？你感知到他们对你的社会支持的质量如何？你觉得从你的家庭成员那里你能得到什么样的社会支持？在你面临什么样的压力时，你的家庭成员能帮助你？

你的朋友对你的这种支持的数量和质量如何？

你从他们那里得到了什么样的支持？解决了什么样的压力？

你有这样一位辅导员吗？一个岁数大一些的人，他不是你的亲威但能为你提供情感的或者其他形式的支持。他可能在一种环境下，如对你的工作提出建议和支持，或者他们可以为你提供广泛的、更为普遍的社会支持。

还有一种方式可以考察一下你的社会支持网络的多样性。你的社会支持网络中是否既有男性又有女性？社会支持网络中的人的年龄跨度大吗？在你的社会支持网络中是否有人曾经经历一些压力事件，比如丧失亲人、失业、离婚或者是严重的疾病或受伤？这些人在你万一遇到了同类事情的时候，能为你提供必要的支持吗？

思考什么事情能改变你的情感支持网络？

相互性   在建构你的支持网络列举的时候，你曾经写出过哪些人是你认为会向你寻求情感支持解决问题的人。这实际上是对彼此关系的相互性的一个粗略的测量。

在你的社会支持网络中，哪种关系是具有这种相互性的？这种有相互性的关系与那些没有相互性的关系有什么不同？当所有的关系都被考虑进来以后，在你的生活中，接受这种情感支持和提供这种情感支持在整体上是平衡的吗？当你为别人提供这种情感支持的时候，你能获得什么样的心理收益？

思考什么事情增强了你的情感支持网络中的相互性？

多维性　在你的社会支持网络地图中，粗线代表着你和这个人的多维关系。多维关系常常能提供高质量的社会支持（如 Hirsch，1980）。你有这样的多维的社会支持吗？它们是否比一维的结构提供了更为优良的社会支持以及更具有奖赏性的接触呢？

思考什么事情增强了你的情感支持网络多维性？

支持网络的划分　在你的社会支持网络图中，通过虚线对支持网络进行划分。许多学生有这样分区的社会支持网络结构，在每个区中都有支持性的关系，但是不同区域之间很少有联系。Hirsch（1980）发现，对年轻的寡妇以及成年女大学生的样本而言，在她们的生活中的不同背景下，或者是社会支持网络中的不同分区中有支持性的关系的人，要比在单一背景下有复杂的支持关系的人

具有更强的适应性。对你的社会支持网络而言是这样的吗？

思考什么事情增强了在不同的背景下（在这样的背景下，你会度过大部分时间），社会支持网络中的这种支持性关系？

网络密度　社会支持网络密度代表着社会支持网络成员中的关联程度，一个高密度的社会支持网络有很高的联结程度，而一个低密度的网络则没有。有研究表明，低密度的社会支持网络对人们的生活变更事件是有帮助的，比如形成新的关系、离婚、守寡以及成年人重新进入大学读书等（Hirsch，1980，Wilcox，1981）。高密度的社会支持网络在应对危机的时候反应更为迅速，因为其成员之间彼此是相互联结的。

总结　社会支持网络变量对你应对问题的作用是情境性的，我们在上面谈到的一些观点和研究成果可能未必适应你自己的经历。除此之外，你的情感支持网络只是社会支持网络的一个组成部分。其他形式的支持系统列表和图（如你的朋友关系网络，或学业指导，或工作支持）与你的情感支持网络相比可能会有所差别。也试着画出并且分析这些支持网络。

第四部分

预防问题行为和增强社会能力

第**9**章

预防措施和促进措施：重要概念

开篇练习：预防寓言

　　故事讲的是一个在河边的男人，伸出手把掉进河里的人一个接一个地救到岸上，当河里的人被激流冲向下游的时候，所有的人都在挣扎着，结果常常被河水吞噬。一个女人正巧经过并看到了男人所做的事情，她也加入帮忙。他们努力把人一个接一个地从水里救出来，并且一刻不停地工作，但是，他们每救出一个人，就有十几个人被河水冲走。那些在河中挣扎的人感到越来越绝望。

　　女人边工作边问男人："这些人是怎样掉到河里的?"男人也不知道原因。"为什么你不到上游去探个究竟呢?"女人问。"我太忙了，"男人回答，"这有太多的事情需要做。此外，如果我停下来，就会有更多的人丧失生命。"女人想了想男人所说的话，认为有道理，就又投入到工作中。但是随着一天天的流逝，掉到河里的人越来越多，他们自己的力量也即将消耗殆尽，女人决定到上游去一探究竟。"当我走的时候确实有一些人会失去生命，但是如果我能够阻止这件事情，或者减少落水的人数，境况会比现在要好。"带着这样的想法，她去了上游。

　　在上游，女人看见一条路的某一段正把人们引入到河流中。当她朝这条路走去的时候，她意识到这就是她要停下来的地方。她的工作不再是把即将被河水吞噬的人救出来，而是尽可能地避免更多的人被引入到河流中去。她的工作是引导人们离开这条路，并且试图改变路径。不久，其他人也仿效她的做法，站在河流的入口处，以便于在激流把落水者卷入河里之前，把这些人救起，否则，会使营救工作变得更难。最后，一些营救者认为，首先应该想办法使活着的人远离危险路径，避免被引入河流中（毕竟，并不是每个人都可能被引入河流中）。即便是对于那些先到的人，重要的举措也是使他们有所准备不要走危险路径，因而他们可以获得支持或力量抵制危险路径的牵引。女人和她的同伴们开始为这些目标而努力工作。

当你读这则寓言的时候，问问自己这样的问题："预防某事发生究竟是什么意思"？毫无疑问，读者已经具备了接受预防项目的经验。也许你在高中、初中甚至小学的健康课上已经接触到了预防酒精和毒品滥用、吸烟、青少年怀孕、暴力和艾滋病等计划。你所在的大学或学院无疑会提供酒后驾车、预防偏见以及学业成绩不及格等

预防计划。关于这些计划你能记住什么？这些计划是如何帮助你预防一个又一个问题的？它们有效果吗？什么能够说明它们的优势或不足？例如，这些计划是建立在预防促进计划合理的理论基础之上的吗？什么时候以及怎样进行这些计划的？在本章中，我们提供一些工具以便于你能够系统地回答诸如此类的问题，同时和你分享一些社区心理学概念引向预防新思维的方法。

在深入讨论该问题之前，我们需要强调一下对预防的关注和对治疗的关注是互补的。我们的这则寓言，通常是预防拥护者讲述的故事版本，旨在强调多样性方法的需要，从而预防生活中出现的精神障碍和其他心理问题。对那些已经得了精神障碍的人的治疗是人道的目标，并且通常要考虑到生物学和个体以及社会因素。相反，预防关注的是在精神障碍发生前，环境和个体因素的改变。尽管由于预算的限制，预防和治疗计划通常要在某种程度上就稀少的资源进行相互竞争，但它们对所强调的事情采取的行动或选择是互补的，并且值得相互尊重。

 ## 引言：作为研究领域的预防

你认为现在需要对什么进行干预？应该优先考虑哪两三个地区？为什么？你会发现在不同的年代，所侧重的问题各不相同。在 20 世纪 60 年代，就健康和幸福感而言，人们关注贫穷以及贫穷后果所产生的不利影响。即贫困对在校儿童和所有成为贫穷牺牲品的人产生什么样的影响。在 20 世纪 70 年代，随着东南亚战争的结束，资本主义阵营和共产主义阵营冷战的加剧，许多有关社会和经济公正的问题突显出来。20 世纪 80 年代，美国发动了一场关于酒精、烟草和其他药物的"战争"。许多人都感觉到这场"战争"在烟草预防领域成果显著。在 20 世纪 90 年代初期和中期，人们的关注点转移到了暴力预防方面，在本书的

写作期间，人们正在讨论许多社会问题，例如：流产，即所谓的妇女权力计划；福利和医疗保险；移民；以及种族问题和对外来民族的容忍度。这些关注点的转移反过来会影响到立法的改变。在这些关注点中，最值得注意的是无毒品学校和社区法案。向发起物质滥用计划的学校、地方和社区提供基金资助，保证学校安全和社区立法。这样的举措引发了投资的竞争，但实际上却减少了可获得基金的总数。毒品、枪支和其他形式的暴力，以及机能失调的家庭继续成为有害影响的来源，并成为预防努力关注的焦点（见文本框 9—1，它是很多年轻人经历的写照）。

"梦想伴随着香烟的气息升腾"

我过去常常看到我的父亲吸毒。

他吸着他的烟斗。一圈圈可卡因在眼前飘浮，用火柴或打火机点燃。

我希望他不要再继续下去了。

但是我又能做什么？一个刚刚 13 岁的孩子。

同他谈话，拥抱他，他说他不可能停下来。

他们永远也不会告诉我他是怎么死的。

——T. T.（15 岁）

"如果我即将死去……"

如果我即将死去……我希望人们说一些我的善良之举——不是死于枪击或死于毒品战争。我想要成为与工作、教堂或家庭有关的什么，而不是我的姨妈听说的死于枪击——在报纸上读到的这则消息。

我跳起来，我被射中了。下一次我就可能会死掉。

——T. L.（17 岁）

从 2001 年 9 月 11 日，预防行动的焦点转向了各种形式的恐怖活动，包括自杀性爆炸，对个人、建筑、学校、交通系统以及公共设施的袭击；利用生物手段攻击水源及食物供给；在公共场所的核装置爆炸。这些担忧，又被一些自然灾害进一步放大，如 2005 年的卡特里娜飓风，以及 2004 年年底在亚洲发生的海啸和地震，这种自然灾害使得普通大众在一定程度上产生了脆弱、压力和紧张。他们的社会在近几十年内是无法预测的。然而，在很多地方，这种全球化的对恐怖主义和灾害的担心，并没有影响人们把预防的焦点仍然放在摆脱日常生活事件的困扰上。

在前几章，我们提到过社区心理学家理解个体/情境所使用的一些概念。在这一章及接下来的两章中，我们会讲到社区心理学的价值、概念、工具如何运用到问题行为预防、心理异常预防，以及如何用社区心理学的方法和工具提高健全精神，促进社会能力。因为"预防"文献更新很快，所以我们的目标是阐明，而不是追求全面、深入。

在第 9 章我们会概述关键观念；在第 10 章，我们提出各种问题、应用的例子，我们使用一个家庭个案来突出说明临床和预防观点是怎样在实践中结合到一起的；在第 11 章，我们详细说明怎样在多重情境下实施预防/促进项目。

什么是预防

预防来源于拉丁语，是一个具有普通意义的概念，意思是"预期"或"某事发生之前"。有关预防的语言遍布公众生活的各个方面。父母们试图预防孩子避免他们伤害自己；警察试图预防犯罪；设立法律体系是为了预防对某种权力的违背；创制并设立路标是为了预防人们迷路。

在社区心理学领域以及在社区研究和行动中，关于预防概念的观点一直是不断发展的。因为社区心理学与社会实践和生产力休戚相关，这种演变将会持续下去。正是这种动态的演变才使得预防领域如此重要并令人兴奋不已，因此在一本书中很难涵盖其全部。

正如你在第 2 章所学到的那样，预防概念和实践与公众健康和心理学有关。精神病学家 Erich Lindemann 和 Gerald Caplan 是推进这种联系的两个重要人物。George Albee（1959）对心理健康领域现有"人员能力"的分析，激起了人们在预防方面日渐浓厚的兴趣。Albee 的分析表明：没有也不可能有足够数量的诊所为所有人提供所需的心理健康服务。思考一下这一特别发现的含义。

治疗资源非常稀少，而实际上也仍将处于稀少状态。正如本章开头寓言所讲到的那样，对服务的需求要远远超出供给。因此进行心理问题预防（减少需求）已经成为使用稀少资源的合理手段。

Albee 的发现结果涉及的另一个问题是稀少的医疗资源如何分布的问题。一系列有关传染病学的研究（Hollingshead & Redlich，1958；Myers & Bean，1972）显示，社会经济地位、种族和所受到的服务彼此有着强烈的联系。穷人和少数民族团体更有可能接受严格的诊断、接受药物治疗而不是心理疗法，而且通常对这些人的治疗是采用团体诊治的形式而不是按个人进行的。男性、白种人、演说家和成功人士，是受欢迎的病人。预防概念和革新服务都是 1963 年肯尼迪总统倡导的社区心理健康法案的中心内容。就本章开头的寓言而言，有充足的理由到上游以避免更多的人误入河流。

尽管社区心理学已经包含预防概念，该概念还有另一个方面值得考虑。通过回顾早期所提到的例子可见一斑。父母们试图帮助孩子学习如何安全照顾自己；教育者鼓励学习要采用不同的形式。

雇主培训和监督雇员有效工作，设立路标牌帮助人们到达目的地。这些例子关注发展期望的能力、技能。把全面提高健康的生活，注重生活质量作为主要目标。而不仅仅是预防精神障碍和某种类型的问题行为。Cowen（1991，2000a）支持以幸福健康作为预防努力更加恰当的目标。他认为尽管幸福感指的是人在生活中的满意感，这一概念和人们生活中的社会均衡系统紧密关联。Cowen 的观点已经成为社区心理学家如何预防精神障碍、提高能力、增加幸福感思维的核心。

文本框 9—2 引用了一些关于初级预防未来发展情况的文章。看看哪个人的观点与你更接近。然后，在你读了第 9 章、10 章或 11 章的内容后再重读这些观点，看看你的想法是否有所改变。

文本框 9—2　有关初级预防的思考

在 2000 年秋季，《初级预防》（*Primary Prevention*）期刊发表了一系列预测初级预防趋势的文章。以下是一些节选：

"精神障碍的预防就是一堆小土豆，总是被压在社会议题的最后。维和部队从来都不会找心理医生或精神科医师。更直接的需求——对食物、干净的水、免疫接种的需求——是更紧迫的……促进心理健康的最好方式是发起改革，反抗社会不公正现象。"（George Albee，p. 9）

"我们有很好的理由越来越关注预防措施的巨大潜力……我关注的是预防措施的未来发展，然而，在我看来，在某种程度上，我们过度强调了研究的精确性和细节。这种对研究精确性和细节的追求是以牺牲大局为代价的。研究者都在极力探究变量之间潜在的、细微的差异和关系，然而，不容忽视的问题是，我们对变量的控制与操作太强，使我们的研究丧失了生态效度。我们积累了大量有关情境的细节性知识，这些知识都有严格的操作性定义，以至于它们和我们的现实世界并不相像……人们的发展环境从微观到宏观水平都是一个高度动态化的相互作用环境。如果把初级预防工作仅仅局限在个体或者小群体系统中，这是我们无法接受的。"（Lynne Bond，pp. 12-13）

"从微观系统转到宏观系统时，增强幸福感的问题变得更加复杂，改变的方法变得越来越困难，怎样促进变革的知识也越来越多样化。因此，把幸福当作一个理想状态去憧憬会比实现它更容易些。了解在微观、内部、外部及宏观系统中，知识如何影响幸福感，能让知识从多重生态水平上帮助增强幸福感。"

总结起来就是："（a）广义地说，预防活动必须在精神健康的总体框架中起到更大的作用；（b）必须进一步明确区分风险预防和加强幸福感的方法之间的区别，然后给出论据；（c）增强个人及家庭幸福感的方法需要更加丰富；（d）需要更多更加系统化、能贯穿于整个生命周期的发展和维持幸福感的方法。心理学上幸福感的概念为我们在精神健康研究上的概念模型、研究、项目发展等提供了一个启发式的框架结构。我们可能在彩虹的末端发现一罐金子，就是能够加强现代社会的人们的适应性，增加生活满意度。"(Emory Cowen, pp, 17 - 18)

"世界上 3 个最富有的亿万富翁（都是美国人）财产的总和，比世界上 6 亿贫穷人口财产的总和还多。200 个最富有的人的收入加到一块，会超过地球上 40% 的最贫穷人口财产的总和。1960 年，世界上 1/5 的最富人口的收入是 1/5 的最贫穷人口收入的 30 倍。到 1997 年，已经有 74 倍之多了。这些数字是否说明了某种问题？如果是，那么能为此做些什么？我们知道巨大的贫富差距与生活期待减少、犯罪率提高、不健康等问题有关联，但这些只是不公平预示的问题之一。"

"许多人认为，对个人身体、心理以及社会问题的预防，比消极等待问题凸显要好。大部分人认为，社会有责任采取适当的措施。许多人认为，对人们进行教育、劝说并提供帮助，比强迫人们顺从大规模的预防措施要好。有人认为，这些措施应该尊重个人隐私并且不要侵犯基本人权。人们觉得预防性策略应该尽可能高效。同时专家十分关心期望值与预防实际效果的差距。差距的原因很容易发现，但是处理起来就很棘手了。在制订预防策略时，我们仍然欠缺足够的实验或理论基础。在预防工作中，我们发现，我们常常面临以下情况：很难评估预防的效度；在干预以及干预结果之间有很多的潜在变量；在总人口中，某一问题的发生率比较低；在预防过程中，有很多的不可控情境因素影响；在预防过程中，随时间变化很快，在不同地区表现出不同的情境因素影响……为了使我们的预防工作更加专业化，更加以证据为基础，我们应该更精确地使用专业术语和概念，而且我们也要更加清楚地认识到预防科学以及原则的方法论缺陷。"

"如果我们强调日常预防和评估的不确定性，强调现有预防工作的弱点，拒绝那些在经济、技术或者本体论方面不可行的项目，不回避预防工作中方法论的问题，当我们这样做的时候，短期内我们会使我们的客户感到失望，但是长远看来，这些做法会为预防以及评估工作做出贡献，并为预防工作树立良好的口碑。我们中的一些人，被任务的复杂性吓倒，或者由于经济原因从事干预项目，采取机会主义的态度……尽管如此，我对预防已经完成的工作和未来的发展相当乐观。初级预防是一个挑战，尽管有那些局限性，但如果我们深刻地理解自己的专业，有许多方法帮助我们树立信心，免受内在压抑和别人的讥笑。"(Alfred Vhl, pp. 43 - 45)

关注能力的培养：Bower 模型

提高社会胜任能力、幸福感，促进健康和预防问题行为是很多学科的共同关注点，它也是政治决策者、候选官员、教育家、体育运动和娱乐的领导者以及父母共同关注的内容。1972 年，Bower 就社会如何组织起来完成这些目标，提出了一种概念化的方式。他描绘了三种类型的情境，这些情境运用容易记住的首字母缩写词来表示，KISS、AID 和 ICE，为年轻人如何向成年人过渡提供了所需要的社会环境。

关键期整合社会体系

关键期整合社会体系（Key Integrative Social Systems，KISS）包括正式和非正式的情境，从关键期整合社会体系的概念上而言，在该情境中，个体的整个童年时期是相互作用、相互影响的。

关键期整合社会体系的第一体系是关注健康体系，它包括对胎儿期的关注、出生过程的控制，以及出生后的关注。第二个关键期整合社会体系是家庭，家庭不仅是儿童价值观以及对生活的看法形成的地方，而且家庭也为儿童构建重要的认知、情感、原动力、人际交往和学术技能提供了可能性。

学校是第三个体系，随着越来越多的孩子在上幼儿园之前进入到保育所和学龄班，学校的影响在很早时期就能感受到。例如，"提前教育"项目（Head Start）——主要为来自贫困家庭的学龄前儿童设立学校，该学校不仅为儿童提供一些学龄前的学习技能，而且提供医疗和牙科服务、建房、父母支持、工作培训和工作安排，以及提供一些与社会服务体系和交通相关的课程。有些荒谬的是：当孩子们升入公立学校体系，接触到这些服务行业的时候，他们却变得缺乏组织性和系统性。不管怎样，从幼儿园到 12 年级的训练对孩子的各项技能产生了实质性的影响。而在诸多技能中，学习能力仅是其中的一部分。

具有渗透性影响的非正式关键期整合社会体系是来自同辈人之间的影响。亚里士多德是声明人类是"城邦"动物的诸多早期学者之一，意思是说我们生来就是社会性的，我们在这个人类共享特征的活动中完善自我。从初学走路的孩子开始，同辈群体就充当楷模和镜子的作用，他们新的行为、建议、反馈、问题、支持或沮丧都成为彼此相互影响的源泉。发展心理学家已经就人生的不同时期、同辈之间的影响是如何在强度和本性上发生变化等问题，着手进行了研究。前青春期是同辈的影响和父母与老师的影响开始竞争的一段时期，这使得青春期的发展变得尤为重要。和同辈人之间的共同经历可以强烈地影响到未来职业、高等教育、生活方式和宗教的选择。

事实上，宗教是 Bower（1972）所探讨的最后一个关键期整合社会体系。在他写作该书期间，宗教及宗教机构的影响正在减弱。20 世纪 60 年代末和 20 世纪 70 年代初的美国是许多人处于幻想破灭和困惑的时期，宗教的作用和宗教机构的运行受到质疑或被忽略。

20 世纪 80 年代末期和 20 世纪 90 年代中期，宗教的影响开始逐渐增强，宗教的作用也日益突显出来，作为影响和支持来源的宗教组织开始复苏。这种趋势在东欧，以及苏联的一些国家表现最为明显。随着宗教领导者采取坚决立场针对社会问题和人权问题的条款，波兰和俄罗斯是最先宣布宗教的兴盛和繁荣为不合法的两个国家。

辅助性关键期整合社会体系情境是指社会化的其他关键方面，这些方面在 Bower（1972）原理论中没有提及，其内容包括如下：

● 工作场所通过日程安排、角色分配和工作强度、互相交往模式、成长或受挫机会影响个体。

● 休闲/娱乐体系可能是正式的或非正式的：乡村俱乐部或者午夜篮球赛，老年人活动中心，和朋友玩纸牌游戏，参加音乐会或者在咖啡屋阅读。

● 社区组织包括附属于学校的父母团体，如基瓦尼斯俱乐部（Kiwanis，美国工商业人士的俱乐部），童子军（Scouting），彼耐伯瑞斯（B'nai B'rith）等市民团体和反对酒后驾车的母亲协会；地方商业协会；以及针对地方美化和地方保护的倡议者协会。这些协会/组织的存在可能会影响其成员的个体发展，但这些协会/组织的存在也是为了帮助其他人发展（例如，母亲协会）。

● 媒体/网络/电子计算机空间、通信、超越了传统形式的交流和相互作用，其信息"点"流动速度非常之快，并正以许多直接或间接的方式影响个体的发展。

很显然，关键期整合社会体系的影响既可以促进能力的提高也可以阻碍能力的发展。如果关键期整合社会体系情境如预料的那样起作用，通过提供预期健康关注、学校教育、父母关爱、友谊和精神支持，那么获得这些关注的个体就会发展相应的个人能力。在这样的环境下，关键期整合社会体系将会起到实质性的预防效果。但是现实是，关键期整合社会体系情境的运行并不是无缺陷的，资源的不合理分配导致一些学校、家庭和医院的工作状态不理想。进一步而言，这些社会体系彼此整合的程度在国与国之间、州与州之间、市与市之间变化非常显著。因此，关键期整合社会体系可能会彼此冲突，而不是彼此互补。对于许多孩子而言，经历关键期整合社会体系的培训过程将是十分危险的。

困境烦恼援助机构

当在关键期整合社会体系情境中遭遇到困难时，社会提供困境烦恼（Ailing-in-Diffculty, AID）援助，即困境烦恼援助机构。那些在关键期整合社会体系情境中不能取得预期效果的人可以到困境烦恼援助机构获得短期援助。在该机构的帮助下，人们期待良好，能够达到预期效果。如果一个人把关键期整合社会体系作为通向社会化的主要渠道，那么困境烦恼援助机构则被认为是休息站或服务区域。有关困境烦恼援助机构的例子包括：学校提供的咨询准则和特殊服务，门诊病人心理健康设施，地方警察局，短期拘留或者危机中心，医院急救室，以及工作场所的人员咨询服务。

疾病康复机构

Bower（1972）模型的最后一部分是疾病康复，即疾病康复机构（Illness Comectional Endeavors, ICE），疾病康复情况由精神病医院、监狱和长期关注健康的部门提供。这些部门是那些需要高度帮助的人可能去的地方，通过这些部门的康复治疗，"病人"可以回到困境烦恼援助机构或者关键期整合社会体系中去，但现实是：他们来到疾病康复机构通常是很容易的，但想要离开该机构回到关键期整合社会体系中去则难上加难。Bower 认为这些机构受社会控制太多，而不是作为疾病康复的场所。

同 Bower（1972）写作此书时的情况相比，对于那些感觉被社会排斥和不适应环境的人而言，目前的社会力量（例如大部分公众对健康关注部门的审慎态度，以及健康关注管理费用的上扬趋势和短期服务）使疾病康复机构情境不再像智囊团那样具有效力。然而，某些国家，特别是一些专政国家和其他一些极权主义政体的国家，疾病康复机构继续被公开使用以容纳那些不能很好地适应关键期整合社会体系的人。然而，Bower（1972）坚持认为，那些"不同的"、"有缺陷的"、"低等的"、"邪恶的"或者"坏的"人，仍然被以一种微妙又不太微妙的方式，排除在构建关键期整合社会体系和困境烦恼援助体系等主流体系之外。

总体而言，Bower 的模型可以用下述方法进行表述：在人生早期如果实施好的、有爱心的关键期整合社会体系，那么需要借助困境烦恼机构援助的人以及进行疾病康复治疗的人将会越来越少。从这一简单的概念化含义中，随着国家、社区、机构或社会组织以及家庭的社会化进程，许多深层含义将会一目了然。如果社会化能够顺畅地进行，那么诸多大型的康复性机构和消遣性机构将会减少。各种问题也能得到及时的预防，出现问题的数量将会大大减少。

与社会生态学和发展心理学的联系

运用第 1 章中你所了解到的社会—生态水平分析的观点，去思考关键期整合社会体系是非常有益的。父母和其他给与关爱的人，如教育者、医护人员，他们的职责是引导孩子进入到关键期整合社会体系情境中，他们自己也置身于微观系统、组织、地域和宏观系统中，在他们对孩子执行社会化的任务中，这些系统及组织会影响到其执行状况的好坏。宏观系统包括对孩子及孩子的培养和一些社会政策的信心。这些政策包括可变通的工作日程安排及父母的身份地位，这些都对父母及父母关系有着普遍性的影响，这种影响的本质主要依赖于宏观体系、组织和对父母产生直接影响的社区（Belsky, 1984）。一些相关的组织和社区包括：宗教集会、承租人协会、邻近地区或市图书馆、学院、商会、农民合作社、邻近地区监督犯罪组织或者政治俱乐部。一些微观体系的例子包括：家庭、小型市民团体、普通朋友群、保龄球队、缝纫组，或家庭经营的小规模生意。

社会—生态的观点为 Bower（1972）概念的付诸实施和动态应用提供了途径，例如，宏观经济发展态势给一些公司带来了经济压力，于是公司通过缩小规模、减少成本、解雇工人、延长剩余工人的劳动时间等手段来应对压力。这些手段及措施，反过来也减少了父母们投入到家庭或与学校、市民、娱乐和宗教生活相关的自愿者组织中的时间与精力。如果关键期整合社会体系被剥夺了资源，那么它就不可能达到最理想的工作状态，这时就会有更多的个体要求获得困境烦恼援助机构的服务和疾病康复机构的治疗服务。

Bower 关注关键期整合社会体系概念的实践价值，并把它同社会化成果知识方面的进步联系起来。在社会—生态模型中，个体被认为是在许多交互作用的环境中不断成长和不断适应的（如 Belsky，1980；Bron fenbrenner，1979；Holahan & Spearly，1980）。

我们的生理特征、在所有主要领域的知识和态度、个人身份、个人历史、社会情感技能以及身体特征等等，所有这些都是在社会模型中不断发展变化的。Masterpasqua（1981）就发展心理学

和社区心理学的重要的协同作用进行了评价。他提出把**发展权利**的概念作为关键期整合体系的概念，自从社区心理学家和那些对法律和儿童权利交叉点感兴趣的人一直突出强调发展权利的概念以来，这一概念不断地被重提（Melton，1991；Wilcox，1993）。

发展权利是指生于现代社会的孩子们有权要求社会具备促使他们健康成长的条件，如果达不到这一点，至少可以促使他们成功。这些条件是预防问题行为和促进能力发展的强有力的力量。其中一些条件来源于 Bower（1972）的模型，例如，在怀孕期间，对胎儿给予充分的健康关注及为准父母们提供合理的技能培训。然而，还有必要进行一些研究，从而不断地对细节加以补充，以便于帮助我们发现成长和影响力的关键期，并对干预及服务实施的具体时间和具体内容进行指导。由于受文化和种族、性别、社会经济地位、教育状况及发展水平等因素的影响，为加强我们对一些变量的理解，还有必要进行相关的研究。

因此，早期社区心理学家建议，在干预计划开始实施和贯穿整个过程之前，使参与者在头脑中对干预计划形成概念化的认识，是明智之举。这样就认同了社会体系的历史及其丰富性、复杂性，以及社会体系中的个体和他们对变化的反应。参与者概念化，正如其名称所暗示的那样，是理解预防和促进等关键性概念的基础。

 ## 理解预防和促进概念

在这部分中，我们描述了预防精神障碍、促进能力发展、加强个体实力和促进个体成功等概念的

历史进程。这样做的目的是，我们能够在一些关键性概念应用的语境中，对其进行阐明和解释。

Caplan：初级预防、中级预防、三级预防

预防概念有着丰富的历史，它立足于公众健康领域和 20 世纪初期的心理健康运动（Heller et al.，1984；Spaulding & Balch，1983）。然而，Gerald Caplan 是使用预防概念，并使预防概念成

为心理健康词汇的人，Caplan（1964）对下面 3 种预防形式进行了明确的区分。

初级预防　初级预防面向的是整个群体，这些群体不是处于需要预防的情况，也不是处于危

难中。初级预防的目标是，降低精神障碍新情况发生的比率（从公众健康的角度而言，是为了减少事故的发生）。初级预防是指，在潜在的伤害境况可能制造麻烦之前，对其进行干预以减少该境况的出现。如为学龄前儿童接种疫苗，在饮水中加少量氟以防止儿童蛀牙的出现，提供决策制定，以及问题解决技巧项目。同样，初级预防也被认为是针对所有指定情境下的人实施的项目，无视其潜在需要（例如，所有五年级准备升入初中的学生，或者所有大一学生）。

中级预防 中级预防主要针对那些表现出精神障碍迹象或处于困境中的群体。我们也可以把它称之为早期干预。该概念是目前"危险"观念的前身，仅进行简略的探讨。中级预防的范例是针对目标群体（一些害羞或者孤僻的儿童，那些在学习方面感到吃力的人，或者是一些与同事在工作中发生冲突的成年人）实施的计划。

中级预防预先设定了某些方法，以此来确定哪些人处境危险或表现出精神障碍的早期迹象。识别出这样的个体为描述提供了潜在的可能，这既是因为他们目前没有出现精神障碍迹象，也是因为他们也许永远不可能出现精神障碍。加强危险识别的方法是社区心理学工作的重要领域。

三级预防 三级预防主要针对的是已经患精神障碍的群体，目的是为了限制因精神障碍（智力或脑力受损）引发的残疾情况，减少精神障碍的强度和持续时间，预防精神障碍的再发生，或者额外并发症的发生。

如果你觉得很难把三级预防和治疗区分开来，并因此使你备受打击的话，那么你不是在孤军奋战。Caplan当初的目的通常被今天他的批评家们遗忘。通过培训儿科精神病学家，Caplan正试图把思维的预防方法引入以治疗为导向的医学的、

精神病学的心理健康和社会服务领域。通过强调预防和治疗的相似性，Caplan能够把二者关注的内容结合起来。最终他成功地使预防的观点统领全局，使其成为社区心理学和学校心理学领域的中心准则，并且，越来越成为临床心理学和健康心理学的中心准则。

然而，Caplan（1964）的框架吸引了那些寻找治疗资源的人，一些早期的预防基金提供了这样一些计划项目，如精神分裂症的三级预防计划。三级预防计划是一个有价值的目标，但它与Caplan头脑中所想的并不完全一致。然而，正如许多人所指出的那样，预防是一个很难领会的概念。人们试图对不存在的东西或事情进行预防或远离。如果预防结果没有达到预期效应的话，那么所预防的事情会出现吗？其他人陈述说，如果预防是值得的，那么一定要对他正在预防的内容进行阐述。最近一些人强调说，一定要对具体情况的预防进行阐述，如自杀、沮丧以及部分国家心理健康机构所反映的行为失常现象。

Klein和Goldston（1977）是试图对Caplan（1964）定义中提到的问题和其他人的解释进行阐明的诸多社区心理学家中的两位。尽管他们对初级预防定义持赞同态度，但是由于最初对中级预防和治疗的认同，他们感到把中级预防重新标明为治疗，把第三级预防重新标明为康复服务是很重要的。这有助于对某些具体或严重问题的预防和治疗进行明晰的区分。紧随而至的争议问题是，对害羞儿童进行的干预应被认为是预防还是治疗呢？但是目前其他模型已经突显出来，因此当目前的可获得的矛盾能被用于考察研究的时候，人们很少会关注过去的矛盾。

医疗协会的报告：普遍性、选择性、指示性措施

医疗协会的报告可能对预防思维有很大的影响，这种影响将会持续到21世纪。它主要的概念性贡献是关于普遍性、选择性、指示性预防措施或预防方法的观点。

普遍性预防措施 这些干预有益于所给目标群体中的每个人。典型的干预主要针对那些不是处在困境中的群体。这一点与初级预防相似。

选择性预防措施 这些措施对于那些处于危险平均水平之上，容易诱发精神障碍的人们是非常有利的。这种危险可能是由于环境因素（如低

收入或家庭冲突）或个人因素（如自尊感极低，在学校中遭遇的各种困难）导致的。这些危险性特征与某种精神障碍的发展有关，但这些危险性特征却不是精神障碍的症状。

指示性预防措施　这些措施针对处于高风险的个体，这些个体在不久的将来可能发展成精神障碍，特别是如果他们表现出某些精神障碍的早期症状。然而，他们却不符合完全诊断为精神障碍的标准。

有趣的是，医疗协会的报告把促进心理健康（包括与能力和幸福感相关的概念）作为一个单独的领域，同预防区分开来。编者们把自尊和掌控，以及普遍用于描述心理健康促进成果的术语，如能力、自我—效验、授权等作为促进心理健康主要关注的内容。医疗协会的报告关注某种方法是否能预防某一具体的精神障碍，而不是关注能力的提高。

Weissberg 和 Greenberg（1997）就医疗协会的报告框架，提出了一些思考性的问题。例如，暴力预防计划应该对很少发生暴力事件的学校进行普遍性干预吗？还是对暴力频繁发生的学校进行选择性的干预？经诊断，同男孩相比，女性更容易产生沮丧情绪。那么应该对男童子军实施普遍性预防沮丧的计划吗？对女童子军则要实施选择性预防沮丧的计划吗？对于一些失常现象如行为失常，失常的预测因子（选择性预防）和早期症状（指示性预防）的分界线是什么？思考对班级中迥异的学生实施的计划：（a）一个学生行为失常，另一个学生不能集中注意力，极度活跃；（b）几名叛逆的、学习成绩较差、学习动机不明的学生；（c）一些学生不存在行为和情感障碍，还有一些学生甚至有很强的意志力。同样的计划普遍适合于后者群体吗？对一些叛逆的学生进行选择性干预，而对一些经诊断为失常的孩子进行指示性预防干预吗？隐藏在这些定义背后的问题是，人们对预防研究和行动的未来努力方向的关注。

两个观点：预防精神障碍，促进幸福感和提高能力

正如我们在以往的研究中所看到的那样，关于预防初始时间以及预防资源的分配使用一直存在着争议。而且，不同地区强调的重点也不同（例如，不同的年龄、社会经济地位、性别、种族等等）。这一定会被认为是与 Uhl 和其他人在图 9—2 中提出来的关键概念背景是相悖的。各种观点交互出现，读者们也参与到这场争论中来。概括而言，这场争议是在预防精神障碍的支持者和促进幸福和社会能力的支持者之间展开的。

预防精神障碍观点的拥护者们争论说，我们已经了解了大量有关如何预防某些具体的精神障碍现象如沮丧、自杀、行为失常和精神分裂症。研究应该针对如何隔离和减少直接导致某种具体失常行为的危险因素的存在。这种观点最有可能和医疗协会报告中的选择性和指示性干预联系起来。

持促进幸福感和社会能力观点的拥护者们谈到，尽管许多人没出现具体的失常行为，但他们并不是处于健全的心理幸福感状态。我们知道很多有关如何促进合理健康和社会能力的计划。这些计划部分来源于对公众健康领域的干预如预防心血管疾病，对学校情境的干预如社会和情感技能构建，以及对致力于提高组织有效性的工作场所努力的干预。研究的方向应该是对促进日常生活中的有关健康、幸福感和能力的因素予以识别和理解。这些因素将会因不同的生活环境、跨文化和国际化而各不相同。

正如在第 2 章中所了解到的那样，预防和心理健康问题从来就没有脱离政治和意识形态而存在。在美国社会，保守主义时期的社会思潮取悦个体，推崇心理健康等以疾病为导向的概念和其他社会问题。保守主义时期的预防倾向于被理解为预防某种具体的失常行为。

在更激进的时代，对环境的关注支持预防的定义，激进时期对预防的定义更接近于促进全面的健康和幸福感及能力。

美国现在正处于保守主义时期，其强势状况在 20 世纪 90 年代有所缓和，但在 2001 年 9 月 11

日悲剧性袭击之后又有所加剧。近年的研究关注心理健康领域的生物学因素，心理健康领域正致力于证实其自身的严格性（至少像检查医药一样严格）和成本意识。保险公司和联邦授权机构宁愿为明确的预防成果提供费用支持，而不愿提供基金改善健康状况。然而，一些组织，如世界心理健康联盟和世界健康组织却与美国的观点不一致。它们从全盘的角度关注健康——心理健康和身体健康。身体健康包括一些最基本的问题，如住房、食物、免受战争之苦的自由、社会无政府状态、奴役状态等，这些内容是对健康全盘考虑的最基本部分，许多社区心理学家都拥护这一宽泛的健康观点。

预防具体精神障碍和促进健康及能力的目标并不是互相排斥的，在某种特定的情况下，达成这些目标的方法可能是一致的。促进健康的活动是与身体健康相伴而行的，例如合理的节食是极其有益的，并且可以预防某种疾病，如心脑血管疾病的发生。但是在某些具体的条件下，或针对某种疾病，促进健康的活动可能不具有预防效果。社区心理学家试图从这一视角理解预防，预防好似一把伞，为两种观点提供了共同的保护，又好似一座桥，把两种观点联系起来。社区心理学家有时运用社区心理学知识来对某些特定人群的具体失常行为提供预防干预，而在其他时候，他们对处于关键期整合社会体系的普通群体进行预防干预，以促进其全面的幸福感。对这些干预成果的测量依据是：某种具体失常行为发生率的降低和/或适应力的提高。

下面我们要谈到的是社区心理学家关于危险和保护过程的概念框架，正是这些框架激励了预防和能力促进工作，并提供了各种各样的背景和环境，这些多样性的背景和环境为某种创造性方法的产生提供了刺激性因素。

压力和应对概念与预防和促进概念的联系

在第 8 章，我们提到压力和解决压力的框架。有 5 个关键概念：危险、保护、弹力、优点和达观。这些概念对这一时期的预防和促进极为有用。最后，关于预防和促进最好的概念化是那些最具启发性的价值和具有最大的社会利益，这与社区心理学的价值相一致。在本章，我们发现我们从以前的经验里总结出来的东西很具有启发性。这包括社会生态学、社区感，还有伴随压力的自我增强方法和压力应对框架。而且，我们发现，将来工作的领域是引导那些将来想从事预防和促进工作的人。

我们在第 9 章、10 章和 11 章提出来的框架和案例虽然是不完整的，却反而可以提供一个框架，在这个框架中，许多相关概念、案例和事件有效关联。当这个框架不再能把现实事件、理论与研究发现联系起来时，我们将改变我们的概念。事实上，相比这本书的前一版我们已经做了一些改变。

在本书写作期间，一些有关优点和达观的要素我们已经构建起来，有关这些观念的初步探讨也已经准备就绪（Seligman & Csikszentmihalyi, 2000b）。在迄今为止的大部分作品中，有关危险和保护内容的描述一直是就因素而言的，即危险性因素和保护性因素。然而，从因素方面谈危险和保护，使危险和保护被错误地理解成是静态的和不变的。相反，危险和保护最应该被看作一种动态的过程。将其描述为一种过程，或者至少把这些因素重新描述为动态的、变化的过程，更有助于对它们之间的相互联系和正在进行的状态进行明晰的传达。

社区心理学反映在预防和促进上，是与优点和达观相关联的。关于优点的焦点问题是：一个人的优点是什么？这些优点尤其是在困难时期是如何改善生活质量的？2004 年，研究机构提出成人和儿童优点发展框架（按年龄分）。在年轻人、家人、学校以及社区范围内发展优点是心理上的保护因素。研究发现，发展优点对孩子和年轻人的发展有促进作用。加强这些因素是促进计划的目的。例如，青少年发展优点框架从生态学水平列出的 40 个优点，一些优点的例子是：家庭支持；关心的成人及邻居；富于关爱的学校环境；家长卷入学校生活；对家人、学校及邻居的行为明确的期望；社区认同青年的价值和确保他们的安全；社会能力，即诸如决策能力、人际能力、了解其他文化的能力、解决冲突的能力、生活的意义感。社区团体、学校和其他组织已经以不同的方式运用过这些优点。在这个网站可以查到所列举的优点：www. search-institute. org/ assets/。

同时，优点与达观概念获得了神经生物学的支持，神经生物学中关于补偿性功能的概念，长久以来被理解为大脑通过不断的尝试以扩大我们的功能和适应性能力的方式避开缺陷（Sylwester，1995）。实际上，康复心理学更多关注的是：当该功能的主要机制受到破坏的时候，如何发现途径使其功能得到恢复。健康心理学正致力于识别幽默和乐观在同疾病做斗争和预防疾病方面的强大作用。那些投身于青年工作的人意识到，在危险时刻，当青少年的优点被识别、提高、获得认同并体现其价值时，结合当时困难的情况，他们的能力就能被激发出来（Brendtro，Brokenleg ＆ Van Bockern，1990；Elias ＆ Cohen，1999）。在不久的将来，社区心理学家建立在"优点"视角基础之上的研究可能变得更加突出。

我们通过列举 Abraido-Lanza、Guier 和 Colon（1998）的研究来举例说明，他们对居住在贫困邻近地区患慢性病的拉丁美洲女性的达观过程进行了考察。考察结果发现，个体在某种程度上的达观被认为是她克服了生活环境中的不利因素，经历了积极的成长过程。此外，她所经历的生活激发了她的优点、洞察力并使她发现了生活的意义。尽管作者承认他们研究中的许多方法很复杂，但主要的发现结果似乎一目了然：达观与积极的影响、自尊，甚至是超出协调性或弹性以外的东西。

两项其他的研究清楚地表明生态学因素可以阐释个体成就的差异。O'Leary（1998）对在面临逆境时激发优点的文献进行了回顾。他确定人们在面临紧张性刺激的时候，会有 3 个阶段的反映：生存、复原和达观。达观被描述为个人优先权、自我感知和生命角色的一种转变。有趣的是，Erich Lindemann 观察到这种现象，并成为他为危机干预工作的动力。

O'Leary（1998）也确定了微观体系和组织资源是促进达观的要素。社会关系似乎对妇女特别有效，妇女拥有和获得很强社会支持的程度与妇女免疫系统功能的改善有关。组织内如工作场所和学校的某些条件提供了达观的机会。这些因素包括：关爱，开放式的人际关系，鼓励个体的贡献和成长，有组织地从事危险性活动。在这样的条件下，个体似乎可以自由考虑新的角色，对他们的工作和角色作以改变，在一个组织内感觉到被他人接受，并且感觉自己能够参与到组织决策的制定中来。

某些国家以某种方式应对挑战的过程也对达观起了促进作用。O'Leary（1998）回顾了非洲国民大会的出现和南非的民主政体，总结出集体主义传统和面对挫折时采取的一套强有力的积极的、支持性的、再次获得肯定的仪式所产生的结果，远不止使一个国家恢复到原有的状况。另一个例子如亚美尼亚在经历了 4 000 年的太平盛世之后，遭遇了一系列的灾难，导致了邻近的国家和文明几乎毁于一旦。什么能够解释这一谜团呢？Karakashian（1998）识别了 3 种主要因素，她尖锐地指出这些因素不是预防（预防暗含的意思是某种疾病不存在），也不是弹性（弹性的含义是恢复到原有的健康状态，一种"反弹"回原有状态的平衡状态），而是达观（达观的含义是不断地强化和成长，超出平衡状态）。这些因素包括：（a）证实身份的家庭传统和社区生活的发展。（b）一种"dogal"身份，与逆境中的生存有关，例如被迫放逐和被迫移民。（c）亚美尼亚历史、文化和价值观上那种严格的家庭教育。（d）父母对子女的养育方法似乎使亚美尼亚的儿童获得足够的情感支持，而且其以标新立异的思维技能、克服障碍和情感交流的技巧深受其他国家人民的关爱。其中情感交流技巧被认为是感情智能必不可少的因素之一（Goleman，1995）。通过关注文化传统和实践，Karakashian（1998）认为该过程不包含个体的弹力。

对于那些对预防感兴趣的社区心理学家而言，优点和达观是有着巨大潜能的概念，它们使我们超越了个体化的视角范围，并使我们弄清楚了以下问题：预防、社会能力、幸福感和相关结果是如何受到多维生态水平的集中影响的。下面我们采用预防方程式手段为预防这一普通术语的概念化及加强与预防有关的生态学的影响提供一条可行的方法，同时该方法也能推进广义范围的幸福感目标。

预防方程式：研究和行动的综合指南

如果孩子从小形成健康的人际关系，长大成人后在社会中担当有益的并富有成果的角色，那么他们一定非常擅长和他人沟通而且工作协调能力也很强。他们需要表达自己的意见和信念，理解和欣赏与他们不同背景的人的思维角度、需求，或经历与自己不同的他人的观点。当他们自己的需求或利益与他人的需求或利益冲突时，他能够娴熟地处理合理的意见、分歧，经过协商找到解决问题的方法。实际上，随着资源的减少，全球互相依赖程度的提高，我们认为这样的品质对我们的生存是必要的。那么，问题并不在于我们是否一定要提高孩子的社会能力，而是如何完成这一目标。（Battistich, Elias, & Branden-Muller, 1992, p. 231）

生态的、发展的和相互影响的模型的复杂性令人畏缩不前，将其应用到危险、保护、弹力、优点和达观等概念中更是让人觉得难上加难。为了使一些研究和行动方向更明确，采取一些简化策略是必要的。预防方程式正是起了这样的作用。

两种预防方程式

在过去的 10 年中，有关社会能力提升的文献可以用 Albee（1982）和 Elias（1987，见表 9—1）的预防方程式进行概括总结。Albee 方程式是为个体、以人为中心的标准设计的；他的关注点是减少个体紊乱发生的可能性（或者尽可能地提高个体幸福感）。在他的方程式中，个体的危险增加到足以使个体经历压力或身体不适的程度时，个体拥有的应对技能，感觉到他或她获得很好的支持，并伴有积极的自尊，也可以使个体危险降低到一定的程度。对于方程式中的每个术语而言，都有相应的办法对个体进行干预。见表 9—1 中的 1～5 点。

Elias（1987）将这些观念扩充到环境层面，从而弥补了 Albee（1982）方程式的不足。在社会学习理论中，预测个体的危险实际上要牵涉人们居住环境多样化的一套方程式。进一步而言，这些方程式将不得不被修改，以反映个体的发展变化。此外，社区心理学要求寻找方法考察居民和社区的危险（和保护）因素，而不仅仅是考察个人的危险（和保护）因素。

表 9—1 中环境层面的方程式表明：随着紧张性刺激的运行和环境中风险因素的存在，危险增加了。随着保护因素的增强，危险降低。请注意，在关键的社会化环境中、积极的社会化实践、获得社会支持和社会经济资源、积极联系的机会、社会联结以及价值感发展这些术语，正尝试表明环境的特性，而不是个体的属性。表 9—1 中 6～10 点关注的是围绕个体进行的生态学水平干预。

你可能会有这样的想法，每个方程式的分子概括了风险因素的文献，分母概括了保护因素的文献。好！我们也这样认为！在下面的内容中，我们运用一些介绍性的例子表明如何运用方程式指导研究和行动，同时对用于个人和环境水平术语的互补类型进行阐明，反映了积极心理学的视角，Meyers（2003）引入了一个有趣的预防方程来强调健康、积极的心态。

积极心理学结合个人及环境水平，整合最近的研究（Huebner & Gilman, 2003），扩大了方程，包含了这样的元素：

● 主观幸福感：自我，生活的满意度，希望。
● 能力：情感和社会的能力、社会认知、循环、道德意识。
● 支持：组织气氛、结构、接纳、社会、教育、功能和健康资源。

进一步说，它介绍了希望、道德情感、支持组织的条件、健康资源优化等，作为运行的基本要素。

表 9—1	个体和环境水平预防方程式

个体水平（Albee，1982）

$$个体的行为和情感失常发生频率 = \frac{压力（1）+身体不适（2）}{应对技能（3）+社会支持（4）+自尊（5）}$$

来源于个体方程式的干预：

1. 减少/更好地应对可觉察的压力。

2. 减少由身体或生理的不适带来的负面影响。

3. 提高应对技能、问题解决和决策制定技能及社会技能。

4. 提高可觉察的社会支持。

5. 提高自尊/自我效能。

环境水平（Elias，1987）

$$环境中行为和情感失常的可能性 = \frac{紧张性刺激（6）+环境中的风险因素（7）}{积极的社会化实践（8）+社会支持资源（9）+积极联系的机会（10）}$$

来源于环境方程式的干预：

6. 减少/消除关键性社会化环境及环境中其他方面的紧张性刺激。

7. 减少物理环境中导致身体/生理不适的风险因素的作用/出现。

8. 提高关键性社会化环境执行任务的社会化实践及方法。

9. 提高可行的社会支持资源。

10. 提高各种机会，加强同其他人的联系，同进步社会机构的联系，进步社会团体、部门和其他正式和非正式的环境的联系。

在预防方程式中阐释术语

压力（在个体水平方程式上）与个人的忧虑和各种类型的心理病理学有关。尽管人们意识到缺乏压力和压力过度都会令人衰弱不堪（Goleman，1995），但人们通常会注意到，超出理想水平的压力会抑制具体任务或生活角色达到理想成绩。

一些技巧指导人们如何更好地协调压力。例如沉思（Kabat-Zinn，1993）或放松训练（Cartledge & Milburn，1989）就减少了烦恼发生的可能性，当然，有许多其他因素会促使烦恼的产生。

以同样的方式，人们会意识到，紧张性刺激（在环境水平方程式上）、环境或情境中给居民造成压力的因素，与功能障碍有关。学校的转换，特别是上幼儿园、中学或高中以及高中毕业，作为一名转校生，始终伴随着下面这些情况：是心理健康和相关性服务提名率最高的人，学习成绩的持续降低可以形成一条曲线，或呈负增长趋势，甚至不能完成学业（纽约卡内基有限公司，1994；Chung & Elias，1996；Reyes *et al*.，1994）。尽管

每个学生都不由自主地受这些条件的影响，在转学升入高年级的时候，功能障碍比率呈上升趋势。针对如何减少转学过程中给学生造成压力的因素而制订的一些计划，如第 5 章所探讨的学生过渡期环境项目（STEP），在转学时通常通过改变环境的结构特征，来减少造成压力的因素。由于实施了 STEP 计划，学生们出现障碍的情况发生率极低（Elias *et al*.，1986；Felner & Adan，1988）。

个体出现身体或生理的不适有许多原因，这些原因都会产生一个共同的效应：它们使人很难参与到关键期整合社会体系的主流情境中去。

这里面很少谈到个体的能力问题，而更多地谈及社会情境中的自发性和弹性是如何适应个体特殊需求的问题。在个人水平上，以人为中心的干预通过提供手段使人更好地融入到主流文化中去，同时加强对个体需要帮助领域的援助，以此来减少不适带来的影响。对于许多孩子而言，"提前教育"项目干预的积极效应是：它使孩子们在视觉、听觉、牙科和健康等器官受到损伤时，很

早就得到了服务。如果孩子们在入学后这些不适没有被发现，他们就会陷入学习和社交困境，丧失学习动机，受挫，甚至产生自我怀疑。

环境中的风险因素是指：涂料中和水中含铅，营养不良，怀孕期间不能提供很好的医疗观察，所有这些都促使生理和心理不适的产生。而这些反过来又妨碍应对技巧和能力的发展。这样的例子包括暴露在危险的废弃物下导致患癌症的儿童越来越多。提示环境危险情况的流行病学研究在社区心理学中占据极其重要的地位，它能采取干预手段以弥补这些危险因素带来的影响，或者改善其负面效应。例如，当在纽约市的拉夫河中发现有毒性废弃垃圾时，Levine（1982）对社区的反应进行了研究。当儿童倡议团体如新泽西州儿童协会、国际儿童拥护组织协会和儿童防御基金协会或联邦立法就有关允许儿童居住在危险环境中的铅和住房政策提出异议的时候，环境水平预防方程式干预术语（7）正是针对此事应运而生的。

个体的应对技巧也许是在预防领域获得广泛研究的技能，所有构建个体社会、情感和认知技能的计划模式都受应对技巧的影响。这些计划模式形成了与医疗、学校和其他应用心理学分支及相关领域的分界面。许多计划关注教授技巧如问题解决技巧、交际技巧、自我调节和社会方法行为。社会技能培训在学校、心理健康计划和工作场所展开，以加强个体的实力和那些经历过问题的人及残疾人的实力和应对未来的需要。

积极的社会化实践为关键期整合社会体系、完成社会化功能指明了一条途径。关爱实施者们为他们的角色做了充分的准备，以帮助个体学习和运用应对技巧和社会技能。正如 Bower（1972）所观察到的那样，那些从事该工作的人能够提供良好的关键性整合社会体系的能力吗？他们愿意这样做吗？父母们为迎合社会的需要而时刻准备着吗？教师们也会如此吗？例如，我们知道，几乎 50％初为人师的人在 5 年内离职，因为他们还没有准备好如何掌控学生的行为，把课堂变成有教育意义的学习环境。这件事情并不是反映新教师融入一个群体的能力差（尽管同任何领域一样，一些人可能不是天生注定要成为教师的，除非他们尝试教师这一职业，才会最终发现自己适合这一职业），原因是太多的培养师资人才的社会化机构的失败，以及他们工作环境的不利。

工作场所作为一个生态、分析情境与精神健康和总体幸福感的关系，受到越来越多的强调。思考你所干过的各种工作，你的雇主曾为你和其他新员工进入积极的角色做过准备吗？例如，工作场所的监督团如果非常娴熟地对手下的员工进行培训，并发展他们的能力，那么工作场所中发生心理问题的可能性就会降低。再比如，如果学校教师知道如何应对学生的心理问题，同他们知道如何应对学生的思维问题一样清楚，同样，学校管理者知道如何应对教师同样的问题的话，那么社区将会更健康。

在第 8 章中，我们探讨了社会支持概念，把它作为主要针对个体和微观系统（社会网络）水平的应对资源，Albee（1982）的个体水平方程式识别了这一资源。而社会支持资源很容易获得并且容易在某些情境下应用。但在另外一些情境下社会支持资源缺失并不易获得。社会支持资源的活力和可获得性是一个重要的情境特征。

自尊和自我效能领域同积极的心理健康结果间有着长期的联系。Rotter（1982）和 Bandura（1982）的研究表明：那些对个体能力施加环境的影响持否定态度的个体以及对自己的实力评估较低并缺乏欣赏自己的个体，都容易出现某种心理障碍。同样，情境也在某种程度上做相应的改变，以便于为情境中的个体提供相关和联系的机会，并使情境中的个体做出积极的贡献（Barker，1968；Cottrell，1976；Sarason，1974；Wicker，1979）。能够向个体提供这样机会的情境就可能促使更多的个体有积极的自我效能感，该情境中个体出现精神或心理障碍的比率将会降低。相反，不能够提供这样机会的同类情境下，个体出现精神障碍的比率会增加。

我们可以回顾第 5 章中讲到的行为情景，人员紧缺情景比人员饱和情景更有可能促进个体的发展和联系感。处于人员饱和情景中的个体更有可能表现出不忠诚，更加不满，感觉被忽略，甚至不久就会离开。毫无疑问，你会想起有过类似情感经历的情境。然而，许多有着人员紧缺情景的组织会使个人产生巨大的参与感、联系感和个人满足感。在人员紧缺情景中，有许多事情需要去处理，那些在这种情境中工作的人，通常会意识到，他们为该情境提供了某种有价值的东西。希望你也会有这种经历。

个人和环境的整合

在个人和环境水平上，把健康和心理健康同危险和保护过程联系起来的是 Perry 和 Jessor（1985）。他们在这方面起了领导带头作用。他们识别了 4 种领域的健康和能力：身体的，指的是心理功能；心理的，指的是主观幸福感；社会的，指的是完成社会角色的有效性；个人的，指的是个体潜能的实现。在每一个领域中，知识、态度和行为构成了健康—损害（危险）或健康—促进（保护）过程。

在 Perry 和 Jessor 的模型中，3 个方面的干预必须会聚于一点以最大限度地促使成功发生的可能性：环境情境、人格和行为（应对）技巧。人格作为一个重要的整合角色，对个体的行为技巧和影响个体如何应用这些技巧的环境情境进行调和。正如 Perry 和 Jessor 所阐释的那样，人格的关注点在于个人与事件的关系，以及和自我联系的意义。例如，个体无论是作为问题的解决者、一个有价值的人、被赋予良好健康状况的权力并想要获得良好健康状况的人、一个可以对个人的生命进程产生积极影响的人，人格都可以对其身份产生影响。社区心理学的未来工作有可能建立在 Perry 和 Jessor 的整合模型基础上，对预防方程式进行修改，以便于把它作为研究和行动的指南。

 ## 结论：应用概念

我们使用预防方程式可能会有助于预防和促进概念及干预的精确性。然而，那却不是我们的意图。作为概念化的参与者，社区心理学家能够清楚地意识到个体和情境的复杂性。预防方程式为探索杂乱的、富有挑战性的、使人激动的世界起到了指南作用。

此外，在预防/促进干预实施的最初情境中起作用的预防/促进干预，可能在其他情境中完全失去效用。即使高度有效的干预手段，也不可能自动普及到新的环境。正如许多世纪以前圣人西莱尔评论的那样，一个人永远也不可能和另一个人处于同一情况下，因为时间并不是静止不动的。没有任何两种情况是一致的。尽管我们知道生态情境的多样性中蕴涵着连续性。我们是在尊重独特性的同时，做到与人类共享其他方面的平衡，求同存异，以及当前的环境同超验的现实的平衡。

把这些复杂的概念比喻成比萨饼岂不更好？当某人咬一口"内容丰富的"比萨饼的时候，该比萨饼的某种味道很难归因于其中所含的哪一特定的成分。是什么使比萨饼如此好吃呢？是沙司吗？奶酪吗？干酪吗？调味香料？还是外壳部分？是它的焙烤方式吗？用来和面的水吗？我们是戴手套还是不戴手套和面？比萨饼上面的调料该放多少？该放在哪？什么时候放？许多因素结合在一起才会影响到全面的结果。然而，在比萨饼中仍然有些东西取得了一致的看法，即：尽管人们不能对比萨饼好吃的原因进行精确的阐述，但人们对比萨饼的味道却持一致的意见。

社区心理学家却不满足于拥有大比萨饼。我们想知道什么使比萨饼的味道如此好吃，人们也许原本并不认为比萨饼好吃，为什么不这样认为呢？我们怎样才能确信更多的人会连续吃到更好的比萨饼呢？

下面我们通过 Sideman（1991）的青少年路径计划来举例说明。他的兴趣在于理解 5 套成果产生的方式：心理学症状、反社会行为表现、学习成绩、课外成绩，以及健康的身体。对于社区心理学家而言，模式的得出通常是基于对一系列事件的考察。Sideman 回顾了 32 项对城市地区低收入家庭的小学、初中、高中生的研究。在结果中发现，理解路径方面的种族差异性是非常重要的。例如，当对整个样本的数据进行考察时，参与积极性不高与否定发展成果、反社会行为有着显著的相关。然而，当考察子群体时，我们发现，黑人和白人女性间的关系不是很重要，但是拉丁女性间的关系却很重要。

在实施预防方程式的时候，怎样精炼我们的观点、预测发展结果？什么样的预防努力用在什么样的情境下有可能最有效？很显然，没有任何一个比萨饼能够满足所有国家和所有生态学及其居民的胃口。

从最基本的预防和能力促进理论来看，添加不同的因素来强调情况的差异性是非常必要的。通常来讲，那些添加的成分会适当地反映出厨师、厨师指导者的厨艺水平、环境、所用的配料成分，以及制作顺序的先后。有名的厨师知道最基本的配方，但是他们的知名之处在于他们不是按部就班地准备一切，而是知道如何更改和临时应对突发状况。

在下面两章的内容中，我们对有效预防和促进计划的突出配方和成分进行考察，并对在某种特定情境下挑战厨师的临时准备情况进行考察。在第 10 章中，我们将了解在美国和在国际间实施的示范性的和充满希望的促进能力和预防问题行为方法。我们开始回答这个问题："如何预防工作？"通过家庭案例的研究来检验日常生活应用的预防措施。在第 11 章中，我们将详细调查这些方法的执行情况，并且对预防和促进能力切实可行的方法的关键性成分和过程的特征进行识别。

本章小结

1. 预防是社区心理学和相关学科进化的研究领域。我们以一则寓言开头，用普通的术语阐释采用预防方法处理精神健康问题的逻辑。

2. Bower（1972）的模型阐释了个体的发展是怎样通过社会化过程与预防联系在一起的。这些模型包括关键期整合社会体系（KISS），*困境烦恼（AID）援助机构，疾病康复（ICE）机构*。关键期社会整合体系情境关注预防努力，这些预防努力包括孕期关注、学校、父母、同辈人之间、宗教组织和网络。发展权利的相关概念强调了人们有权去允许他们应对和成长。

3. 社会生态方法强调环境的重要性、人们的个体属性、这些元素是怎样相互关联的，以及对预防成果的有效性是怎样施加影响的。不是通过医学接种进行预防，而是当人们参与到有实力的和支持性的社会机构中的时候，预防才得到加强。

4. Caplan（1964）的关于预防包括*初级预防、中级预防和三级预防*的观点是早期的并具有高度影响力的预防概念化的观点。在 1994 年，医疗协会报告就*普遍性、可选择性*和*指示性*方法对预防进行了阐释。概括而言，预防是表示两种互补观点的术语：*预防精神障碍和问题行为、促进幸福感和提高社会能力*。

5. 对预防和促进的关键性概念进行阐释和探讨：风险、保护、弹力、优点和达观。这些动态的过程是干预的重要指南。

6. Albee（1982）和 Elias（1987）创制了两种预防方程式，这两种预防方程式对整合目前的概念是非常有用的。从这些方程式中，我们可在个体或环境水平上获得 10 种具体类型的干预。表 9—1 对这 10 种具体类型的干预进行了列举说明。

7. 社区心理学并没有回避现实社会的复杂性，并且试图避免以偏概全。无论如何，预防和促进存在跨情境连续性。理解预防以及它的各个方面，就像理解制作成一个大比萨饼所需的成分一样。

简短练习

1. 在你所在的社区，识别 KISS、AID 和 ICE 情境。解释一下为什么把每个情境分属于不同的类别。一本电话簿、服务目录，甚至在社区内的一次散步都可能帮助识别情境，我们可以和一名伙伴做这项活动。试图发现健康情境、心理健康、教育、公正和其他人类服务系统。一些情境，特别是 ICE 情境，可能服务于你的社区，并随处可见。

2. 查找心理学家与研究机构列举的青少年发展优点的项目（http://www.search-institute.org/assets）。注意，并不是所有资源都必须在个人的生活中展示出来。对于外部的资源，要考虑到如何让你现在住的地方——你的家乡或街坊邻居变得强大。而对于内部的资源，要考虑到在这里如何让孩子或者年轻人变得更加有教养。与你的邻居或是同学讨论彼此间的印象。

3. 自从 Bower（1972）创建关键期整合社会体系以来，关键期整合社会体系得以迅速发展的一个方面是媒体/网络空间/网络。它对未来提出了以下几个关键性的问题。

● 我们向儿童和成年人提供的教育体制，如何转化，进而考虑儿童和成年人获得信息来源的变化？

● 对于收入水平不相同，身体和学习能力的条件各不相同的社区和个体，我们怎样才能做到最公平？

● 面对各种信息以各种形式渗透进我们的家庭、汽车和我们的大脑，关键期整合社会体系怎样应对这种情况？媒体/电脑空间/网络是减少了我们对家庭生活、社会网络、社区的参与呢？还是增加了我们的参与呢？

● 建立在人与人直接联系基础上的社区感和建立在电脑空间的社区感二者间有何不同？视频技术，例如相隔万里的面对面的网络聊天，会改变这样的感觉吗？

● 家庭如何应对大量信息流入的情况？应该向孩子们展示什么？在什么样的年龄？为了达成这件事情，应该向成人展示什么？

4. 举出一些预防/促进干预的例子，并与同学讨论。

● 选择一个生活中的问题，该问题至少在本质上要部分地属于心理学范畴。可以通过运用症状或行为对该问题进行阐述（例如，压力、焦虑、健康问题、学业成绩差、罪犯拘捕）或者通过压力形式进行阐释（例如，亲人去世、离婚、失业、贫穷）。也可以选择你感兴趣的有过这种问题经历的年龄组；或者选择你熟悉的、会发生这种问题的社区。

● 对于年龄组和社区这样的问题，列举出你能识别的风险和保护因素。用一句话来阐释每个因素；讲述一下为什么每个保护因素是保护性的？运用表9—1中的预防方程式帮助阐释风险过程（方程式中的分子）和保护因素（方程式中的分母）。

● 对于年龄组和社区这样的问题，识别初级预防活动和中期预防活动或早期治疗活动的例子。列举一下现有的活动以及你能够推荐的活动。用一两句话对现有获推荐的干预进行描述。其中包括干预是以什么样的情境为基础的（例如，学校、邻里、工作场所）。讲述一下它是初级预防还是中级预防的原因。

推荐阅读

Albee, G. (1982). Preventing psychopathology and promoting human potential. *American Psychologist*, 37, 1043–1050.

Elias. M. (1987) Establishing enduring prevention programs: Advancing the legacy of Swampscott. *American Journal of Community Psychology*, 15, 539 - 553.

Maton, K., Schellenbach, C., Leadbeater, B., & Solarz, A. (Eds.) (2004). *Investing in children, youth, families, and communities: Strengths-based research and policy. Washington*, DC: American Psychological Association.

Mrazek, P., & Haggerty, R. (1994). *Reducing risks for mental disorders: Frontiers for preventive Intervention Research*. Washington, DC: National Academy Press. ["The IOM Report."]

推荐网站

学术、社会和情绪学习的合作
http：//www. casel. org
国家精神健康协会
http：//www. nmha. org/children/prenvent/index1. cfm
第一预防
http：//www. prevention. org

搜索研究所
http：//www. search-institute. org
美国物质滥用预防中心
http：//www. samhsa. gov/csap/index. htm
美国精神健康服务中心
http：//www. samhsa. gov/cmhs/cmhs. htm

涉及预防的社会问题网站

美国儿童基金
http：//www. unicef. org
孩子和家庭统计论坛
http：//childstats. gov
Annie E. Casey 机构：Kidscount（美国社会儿童指标有影响力的年度报告）.

http：//www. aecf. org/kidscount
美国贫困儿童中心
http：//www. nccp. org
儿童保护基金
http：//www. childrensdefense. org
（见第 10 章"推荐网站"）

关键词

能力、健康、干预、预防、初级预防、促进、　保护、风险、二级预防

章际练习：浏览预防/促进创新项目文献

　　预防/促进创新项目文献扩展的速度远远超过任何教科书能够容纳的速度。相关文献来自于许多领域，包括大众传媒和互联网，特别是后者。如何辨别有利于预防/促进创新目标高质量的工作

成为重要的事情。

本练习的目的是为你提供自行开展文献调查的途径，以便你能保持领先，并能判断什么是值得详细研究的东西。我们请你从大量的成果中选择反映预防/促进创新项目的范例。第 1 章列出的期刊文章会告诉你预防/促进创新努力方面各种各样的主题和学科。主要报纸和新闻杂志定期讨论社区心理学主要关注的社会议题，虽然你很少发现人们提及社区心理学这个词。这种阅读的一个特殊原因涉及我们作为公民所担负的责任，使我们自己掌握这些议题。有些领域需要媒体和立法机关的公开思考，预防/促进创新项目就与这样的领域相联系。预防/促进创新文献也能渗透到极大地影响学生政策的许多学院和大学中。

我们推荐的分析方法总结如下，它反映了我们这样的观点：文献的回顾以及学生对文献的回顾，在特殊情境和特殊目的下可以得到最好的完成。我们发现有目的的阅读比一般阅读更有价值。以下的框架也得益于 Bower（1972）的 KISS-AID-ICE 区分，社会生态学概念，关于风险和保护因素和实施的文献资料。它为读者提供了把握重要的有关论文信息的方法，也是我们和我们的学生认为有效的方法。

你可能发现还有你从实施方程式中想加进去的一些其他的考虑。你也许还想跟踪某些问题领域，把美国和世界各地的工作做一个单独的文件归档，或者特别关注大众传媒和互联网资源，或者关注在你当前社区或家乡的活动。你可能发现你调查的初始资源不会给你提供我们所提的问题的答案，你需要其他材料。社区心理学家的参与者—概念创造者角色的一部分就是引发有责任感的公民身份意识。你现在可以有一个收集关键社会议题信息的格式了。

回顾预防/促进创新论文/材料的原则

1. 记录完整的参考文献信息，确信你了解材料的来源和情境。

2. 材料的目标如何？是否讨论预防/促进了创新项目可以针对的社区和社会议题？是否记录了某些特殊的预防/促进介入？

3. 如果描述了预防/促进介入，该项目试图强调的保护性过程是什么？项目试图弱化的风险过程是什么？

4. 何种人群受到关注？如何选择专门的参与者？有的分类标准可能包括年龄、性别、种族和民族、社会经济地位或阶级、城市/郊区/农村地区或地理分布、国家，或历史/政治/文化情境。

5. 涉及什么关键的取消种族隔离的社会体系？卫生医疗（包括产前/出生/产后医疗），家长/家庭，同龄人，学校，宗教背景，工作场所，休闲/娱乐，社区组织，媒体/互联网/网络空间或其他？

6. 论文针对哪一个生态层次或分析层次？个人、微观系统、组织、地域和/或宏观系统？在那个层次上，文章针对什么特殊人群？目标层次正确吗？

7. 如果描述的是预防/促进介入，它是否回应了计划中的或可预测的生活状况（例如与教育相关的转换）？或是回应了不可预测的生活事件（对压力或危机事件的反应，例如离婚、亲友去世、失业）？

8. 论文是否集中于更广泛的社区或社会议题，例如贫困、社会不公、偏见或毒品？在此议题下，"小胜"思维如何在预防/促进创新项目中运用？

9. 如果执行预防/促进干预，谁来计划？不同的选区或利益共享者涉及程度有多深？在哪方面？项目中受决策影响的人们是否在决策中发挥作用？对文化和情境因素是否有足够的敏感度？

10. 干预如何实施？在哪里？谁实施？在什么条件下？何时实施？频度如何？多久？项目开发者是否检查项目真正按照计划实施？

11. 干预效果的证据是什么？证据来源是什么？

12. 哪一个目标明白无误地实现？没有实现？部分实现？对更大的社区有无影响？如何影响？

13. 干预是否在多种背景或情境下实施？是否在所有背景下有效？

14. 你是否确信作者对效果的解释或陈述实证是真实的？为什么是？为什么不是？

15. 你认为从你阅读的材料中能学习到的最重要的东西是什么？它提出了什么重要问题？

第10章

预防和促进：目前状况和未来应用

 预防和促进：伴我们左右

在《经常穿干净的内衣》（*Always Wear Clean Underwear*）一文中，Gellman（1997）以幽默诙谐的语言指出，为什么听父母建议的孩子具备促进幸福和预防困难的潜力？比如，我们知道，和别人分享玩具传达了这样一层意思，对我们而言，人应该比东西更重要。Gellman 相信，经常说"请"和"谢谢"是很重要的。因为对偷车的认识是从偷糖果开始的，在生意场上欺诈的商人是从学校考试作弊开始的。通过说"请"，我们知道了我们并非有权得到我们想要的任何东西。通过说"谢谢"教会我们应该对所发生的事情心存感激。我们应该让那些帮助我们的人知道我们感激他们。这样，他们就会更多地关爱我们，为我们付出更

多。这时你不禁想到，这一章的主题究竟是有关什么的呢？它不是有关细菌的问题，也不是当你遇到麻烦的时候如何避免尴尬的问题，而是向我们传达了这样一条信息：个体的行为，当别人不在场的时候，应该和别人在场的时候表现得一样好。

毫无疑问，你可能会质疑，这和社区心理学有什么关系呢？我们的观点是这样的：孩子的父母以及其他一些执行预防/促进项目的人，在大多数情况下，是没有社区心理学家的援助的。但是每天，有关预防和促进的尝试事例比比皆是。我们不妨尝试下面这个练习：想一想在生活中预防和干预的事例（无论是正式的项目还是非正式的

努力均可），这些预防和干预的事例用以帮助人们提高社会竞争力或者帮助人们预防问题行为。以第 9 章学过的知识为基础，问自己以下问题：通过这些预防和干预的努力，哪些风险行为可能被削弱？哪些保护性作用得以增强？哪一种努力效力更持久，为什么？

此外，问一问自己：一个正式的预防/促进项目是否是社区心理学家的工作？这很重要吗？Snowden（1987）在针对社区心理学的"特殊成功"时写道："社区心理学的方法是被广泛采用的，但是作为一个领域，它却鲜为人知。"从社区心理学成立之日起，社区心理学的许多研究领域就成为诸多学科的共同关注点。在预防和促进领域涉及众多的学科，例如法律、教育、政府、公共健康、社会工作、合作团体以及心理学的各个领域（特别是发展心理学、组织心理学、教育心理学和临床心理学领域）。与此同时，其他学科的成员经常就预防和干预问题和社区心理学家开展合作。在本章中，我们将帮助你认识一些社区心理学家正在做的预防/促进工作，以及与之并肩的很多国家其他学科从业人员的工作，我们在多个社会生态水平回顾预防/促进项目，评价预防/促进项目的效度。

 ## 预防/促进的生态旅行

首先，我们从 3 个生态层面回顾预防和促进的努力：微观系统、组织/背景、周边环境。过去，很多研究回顾（包括我们的这项研究回顾）都注意到不同发展时期的预防/促进项目，我们选择已被纵向实验研究证实有效的干预项目，该项目在实施中重视情境因素和预防/促进实践。

然而，你应该理解，很多预防/促进项目实际上致力于多个社会生态层面，不仅仅是一个。例如，国家社会政策的改变，也会涉及个体、家庭、工作场所以及地域。关注教室、课程和学习的项目可能也会导致学校气氛的改变，以及家庭和邻里关系的转变。我们在这里进行分类，其目的是突出一些干预目标的重要区别，而不是限制你去思考干预的过程和结果。

我们选取的预防/促进项目涵盖了第 9 章预防方程式中的术语和分类（详见表 10—1 和表9—1）。由于篇幅的限制，我们省略了很多模范的、有效的和有希望的创新项目。预防和促进是一个正在成长的领域，有很大的发展前途。我们希望你选取一些书籍，包括在线资源，去学习更多的预防/促进创新项目。在本章的最后，我们提供了一部分预防/促进网站以供读者浏览。

表 10—1	来自预防方程式* 的干预

来自个体方程式的干预：
1. 减少/更好地应对可觉察的压力。
2. 减少由身体或生理的不适带来的负面影响。
3. 提高应对技能、问题解决和决策制定技能、社会技能。
4. 提高可觉察的社会支持。
5. 提高自尊/自我效能。
来自环境方程式的干预：
6. 减少/消除关键性社会化环境及环境中其他方面的紧张性刺激。
7. 减少物理环境中导致身体/生理不适的风险因素的作用/出现。
8. 提高关键性社会化环境执行任务的社会化实践及方法。
9. 提高可行的社会支持资源。
10. 提高各种机会，加强同其他人的联系，同进步的社会机构、进步的社会团体、部门和其他正式和非正式的环境的联系。

* 也见表 9—1。

微观系统层面的预防/促进：家庭、学校和工作场所

微观系统层面的干预关注小组成员间的互动改变方式。因为家庭、学校和工作场所对大多数个人有强烈和持续的影响力，所以我们强调这些因素。

基于家庭的项目

胎儿期/婴儿早期项目 干预的目的在于援助初为人母者，因为初为人母者可能是低收入者，或是十几岁的未成年人，或是未婚妈妈。因此孩子不是面临出生危险，就是在童年时代饱尝艰辛。该项目包括：经过培训的护士对孕期妇女进行家庭拜访及健康检查，护士的家访始于怀孕30周后，一直持续到孩子2岁。心理学方面关于家庭拜访的争议是以不断发展的家庭观念、社团关系（Bronfenbrenner，1979）、自我效应（Bandura，1982）、母子联系为基点的。该项目首次在纽约市埃尔迈拉施行，主要对象是一些欧裔美籍母亲。在孟菲斯实行该计划时主要针对的是非洲裔美籍母亲，而在丹佛实施该项目时，针对的是其他种族的母亲。

以埃尔迈拉样本为基础进行的随机化实验，实验组被试为接受家庭访问的母亲和孩子，对照组被试仅仅在诊所接受健康检查。很显然，对照组在虐待儿童、紧急医疗服务、家庭安全隐患、母亲怀孕期间吸烟、幼儿健康风险等方面与实验组比较有显著性差异。对照组没有为儿童的文化以及情感发展提供更多的环境刺激。显然，家庭拜访使年轻母亲的生活发生了变化。

Olds（1997）的项目因为资金的缺乏而无力雇用服务人员。因此，该项目无法广泛进行推广。随着护士需要照顾人数的增多，项目的效度也降低了。然而，从长期效应上看，针对低收入家庭的家庭访问项目费用，大约是每个家庭3 000美元。到孩子4岁的时候，针对低收入家庭的家庭访问项目费用就要少于对照组的费用。因此，预防所需要的费用要远远少于健康关注以及问题出现以后进行治疗的费用（Olds，1997）。

基于家庭的有效项目 有强有力的证据显示，以家庭为基础的预防是有效的。表10—2总结了一些基于家庭的有效预防/促进项目的基本原则，这些原则来自 Karol Kumpfer 和 Rose Alvarado（2003）的实验回顾，并略有改动。最有效的项目经常是多元化的，它常常能整合家庭内外资源，如同辈群体、学校和社区资源。

表 10—2	基于家庭的有效项目的原则

基于家庭的有效的预防/促进项目

1. 关注整个家庭，而不仅仅是父母或者孩子。
2. 通过认知、情感和行为来改善家庭关系和父母关系。
3. 孩子适当的年龄和发展水平与家庭的文化传统要相宜。
4. 家庭有更大的需求，在项目和家庭之间积极的协作下，开始孩子的早期生活。
5. 雇用有天赋、热情、信心、能力的教师。
6. 包括相互交往的技能训练和实践，不仅仅是知识说教。
7. 组织一次协调活动，要家庭自己去识别应对挑战时的解决方法。
8. 处理家庭和学校或者家庭和社会之间的关系。

Elias 和 Schwab（2004）建议以学校为基础的项目应该更关注父母的力量。尽管许多教育者和研究者呼吁，父母应更多地参与到学校活动中去，但是另一些家庭因素经常会分散孩子们在学校的注意力。例如，父母在家陪伴孩子的时间少；在处理和学校有关的问题时，父母的能力是不同的；孩子们从早上醒来到到达学校的这段时间，由于遇到各种各样的心理紧张，故没准备好到学校学习。要有效解决这些问题，需要更多有效的家庭教育，同时也需要社区及社会工作制定以家庭为基础的政策。促进家庭教育，解决好学校—家庭之间的关系，需要处理好以家庭为基础的干预项目与以学校为基础的干预项目之间的关系（Christenson & Havsy，2004）。研究表明，不同的家庭技能训练计划（如加强家庭计划），有效地降低了解决这些问题的成本（Kumpfer & Alder，2003；www. strengtheningfamilies. org）。这一章的后面，我们将讲述家庭项目和离异家庭儿童项目，以及这些项目是如何将家庭和学校联系起来以促进家庭能力提升的。

在学校的微观系统计划

学校是关键的 KISS，同时也是大量预防/促进项目发展的焦点。对脑发育的研究清楚地表明，儿童早期教育对于儿童学业的发展，特别是阅读及语言能力的获取是至关重要的。从特定的方面考虑，也是大脑左右侧额叶在发展注意力、挫折容忍度、解决社会问题的能力以及大脑右半球发展非语言能力的关键期（Kusche & Greenberg，2006）。在儿童发展阶段特别是在儿童早期教育阶段，如果这些方面没有经历过适当的刺激，他们就有可能在学习能力及社会能力上落后。因此社会—情感读写能力项目（Sacial-emotional literaly，SEL），致力于增强孩子相关领域的能力，对于孩子健康的发展很关键。

研究人员在学校做了大量预防/促进项目的研究。大多数项目都是在教室这一水平进行的，尽管还有很多内容扩展到学校环境的不同方面。这些项目的概要、项目的特性以及支持它们的证据在《社会—情感学习教育者指南》（Safe and Sound：An Educational Leader's Guide to Evidence-Based Social and Emotional Learning Programs）中都能找到（学业、社会及情感学习协会，2003，在 www. casel. org 可下载）。浏览一下这些内容，你就会对这些项目的研究质量，以及支持这些项目的证据留下深刻印象。几乎所有最成功的项目都聚焦在关键领域培养学生技能。项目的内容和进行过程已经被认真地研究和鉴定过。由于篇幅的限制，我们只能介绍一些美国教育部指定的模范项目的案例。

派瑞学前计划

派瑞学前计划（Perry Preschool Project，PPP）是一个被广为接受的非常重要的社会和教育创新项目。派瑞学前计划采用涵盖范围很广泛的课程表。它的理念是为儿童提供全面的早期教育，特别是对那些公立学校中经济条件较差，同时学习也比较差的孩子提供全面的教育。这样可以预防早期教育失败、辍学、贫困以及一系列相关问题。派瑞学前计划的课程中包含许多内容。所有的内容都得以实施，以取得积极的效应。派瑞学前计划既包括课堂的内容，也包括学生以群体的方式在日常生活中执行的内容。以 Piagetian 关于儿童思维发展理论和早期儿童发展理论为基础，派瑞学前计划把孩子看成是主动的学习者，成人在实施教育过程中，应该以孩子为中心，是孩子学习的合作者（Weikart & Schueinhart，1997）。

派瑞学前计划对孩子发展关键期的主要微观系统进行改革，并为孩子以后的发展建立了积极的轨迹。对参加派瑞学前计划的孩子们 20 年后的调查数据表明，该计划对孩子有积极的影响，特别是衡量下列指标时，如拘捕、教育方面的成就、收入以及婚姻的持久性（Berreuta-Clement, Schweinhart, Barnhart, Barnett, Epstein & Weikart, 1984；

Weikart & Schweinhart，1997）。对派瑞学前计划实验组和对照组的成本效益对比分析表明，该计划每投资 1 美元，未来费用可节省 7.16 美元（未来费用包括：社会健康及教育服务）（Weikart & Schaweinahart，1997）。无论这些利润如何被估算，人们都一致认为，该计划中的货币以及利润问题是最实质的问题。

最近，人们开始关注美国早期教育发展的国家政策。正如上述发现一样，在儿童发展中，由于贫困带来的发展风险，早期的干预对儿童的发展有很大的好处（Brooks & Buckner，1996；Carnegie Corporation of New York，1994；Rickel & Becker，1997）。美国现有的早期教育政策，有把早期教育政策恢复到由地方各州来实施的倾向。这很可能造成早期教育的多重标准，造成对提前教育所用的综合模型的妥协（Ripple & Zigler，2003）。社区心理学家在保持对提前教育的完整性，以及在早期教育政策制定中倡导综合一体的家庭和基于学校的预防服务方面扮演着重要角色。

人际认知问题解决

人际认知问题解决　Myrna Shure（1997，Shure & Spivalk，1988）研发了针对学前儿童的课程表，旨在提高孩子们人际认知问题的解决能力（Interpersonal cognitine Problem Solving，ICPS，意为"我能自己解决问题"）。这些能力的关键是思维技能，学前课程的标准是关注孩子们的情感词汇（悲伤、高兴、疯狂、骄傲、烦躁等词汇）以及一些学前认知概念（"或者"、"其他"、"之前"、"之后"以及"不"等）。这个方法的关键是在别人的帮助下，向孩子及其照顾者（比如学龄前教师）传授某些内容，并且给他们提供练习的机会。使孩子们在学校的每一天都能学以致用。

ICPS 的要旨在于教会老师和孩子对话，这些对话包括一些随意的问题，通过对话促使孩子们自己思考并且解决问题。只有在需要的时候，才恢复到教的模式。比如，下面谈到的两个例子，是讲述老师如何在幼儿课堂的情境下处理对话内容的：

例 1　谁会帮助戈尔娜？

1. 戈尔娜，你怎样才能找到别人和你合作，并在该街区帮助你建堡垒？

2. 是邀请彼得罗或者瑞芙加和你合作，还是和帕特合作？

3. 去问问萨拉吧，如果她拒绝了，告诉我，我会告诉她和你合作，或者我会告诉乔治和你合作。

例 2　萨马拉和她的朋友在短暂休假的时候，怎样找到事情做？

1. 姑娘们，当你外出的时候，想一想，你能做些什么？

2. 你准备荡秋千，还是跳绳呢？还是玩儿童捉人游戏？

3. 当你们外出的时候，我想让萨马拉去攀爬区，朱丽亚去自行车或者停车区，凯罗去柏油路。15 分钟后，我们交换活动的内容，这样每个人都有机会做两件不同的事情。

在每个例子中，都有促进孩子发展独立思维方法的 3 个水平的阐述。第一，是提供一个开放的、简单随意的问题。这样的问题可能会促进孩子和成年人的交流，要求孩子们思考自己的喜好，预想其可能性并做出决定。第二，把选择权交给孩子并且通过刺激使可能性更加丰富化，尽管这种做法比第一种方式可能更加结构化。第三，告诉孩子们做什么，给出解释或者不做解释。人际认知问题解决强调我们上面谈到的例子中前两个过程，在对话中进行教育。

经常采用"告诉"方法学习的直接后果是，我们在许多课堂上经常看到学生坐在那里一言不发，这丝毫不奇怪。学生只有通过主动地领会材料，联系上下文，理解意义，学习才会提高。这就是 ICPS，一种完整的问题解决和决策制定方法（Elias & Clabby，1992；Elias，Zins et al.，1997）。ICPS 技能方法适用于许多学龄前的环境。特别是在"提前教育"项目中。然而，由于无法获得足够的资金，从而无法进行大规模的人员培训以及接下来的工作，没有正规的初始培训以及接下来的工作，人际认知问题解决相关的计划和程序便无法证实该方法的有效性。

社会决策/社会问题解决　Elias、Gara、Schuyler、Branden-Muller 和 Sayette（1991）考察了小学版 ICPS 和社会决策/社会问题解决项目（Social Decision/Making/Socia/Problem Solving Program, SDM/SPS；Elias & Bruene-Butler，2005a）对问题行为的影响。

SDM/SPS 有两大方面不同于 ICPS 计划：社会决策和社会问题解决项目强调现有技能，并促进课堂的规范化，以促使这些技能充分发展，从而增强学生的自控以及团体参与能力。社会决策和社会问题解决项目也包括一个应用阶段，在这一个阶段，该计划中的技能与学校常规工作的各个方面相融合，其中包括学科体系，还涉及语言艺术、社会研究以及社区服务。Elias 等人（1991）发现接受 2 年的干预之后，小学生们在接下来的 6 年时光里，同控制组相比，吸烟和酗酒的可能性显著降低了。

第二步：预防暴力课程　人们发展了"第二步"课程，用以教导从学龄前儿童开始一直到 9 年级学生的社会和情感技能。通过展示大量的与恐吓及冲突解决有关的人际互动情境，教会孩子们共情、对于冲动的控制以及情感管理等技能。有大量的理论和实践经验支持"第二步"预防暴力课程。通过严格的研究，纵向观察学生在操场上、食堂里以及在课堂上的行为举止，表明"第二步"预防暴力课程降低了学生的侵犯性，提高了学生在学校的亲社会行为。相比之下，一学年之后，控制组学校（没有开展课程的学校）的学生在肢体及语言上都变得更加具有侵略性（Grossman et al，1997）。"第二步"的另一个特点就是，它有强硬的执行支撑系统，有儿童委员会和国际组织的支持。在美国以及加拿大，有大约 20 000 所学校正积极使用预防暴力课程，在欧洲和亚洲，有上千所学校在使用"第二步"暴力预防课程（Duffell，Beland & Frey，2006）。

生活技能培训

生活技能培训　该计划向初中生中年龄较大的孩子提供知识、动机、技能、培训以使他们抵制香烟、酒精和毒品的影响（Botvin & Tortu，1998）。生活技能培训（Life Skills Training, LST）课程主要是要人们意识到物质的负面影响，对同龄人的物质滥用行为有一个精确的判断标准，能自如地应对社交焦虑，以及提高社交交往技能（包括抵制来自同辈群体的压力）。生活技能培训课程结构为 7 年级 15 课时，在 8 年级和 9 年级的时候是对该课程的巩固和提高。在此期间，老师们接受广泛的培训，并备有详细的指南手册。对于生活技能培训计划效度的评估结论是：该计划使吸烟人数锐减并在防止酒精和毒品滥用方面大有裨益（Botvin & Tortu，1988；Botvin，Baker，Dusenbury，Botvin & Diaz 1995；Epstein，Griffin & Botrin，2000）。生活技能培训的元素在很多学校中被采用，用于预防毒品滥用项目中。

成功地预防青少年毒品滥用项目结合了其他内容，训练社会影响和技能（抵制同辈群体的压力以及媒体广告的宣传），以及通过干预改变学生关于流行和对同龄人毒品滥用接受度的标准。减少酒精滥用项目之后，紧接着进行青少年干预试验（Hansen & Graham，1991）以及警示毒品危害预防项目（Ellickson & Bell，1990），但是很少有项目达到持久效果，显示了情境因素对项目的最终结果有影响。

Lions-Quest 行动学习技能　国际 Lions-Quest 行动学习技能项目包括 3 个部分：（a）以课堂为基础的课程设置，旨在培养社会—情感以及做出决策的技能，同时解决一些问题行为，例如物质滥用。（b）一个高度结构化的社区服务组织。（c）一个包含一系列丰富活动的"技能库"。因此，活动技能（Skills for Action, SFA）不仅是一个预防问题行为的项目，而且是一个提升社会—情感能力和社区公民权利和义务的项目。

一项对 9～12 年级的 29 所学校（分布于城市

和郊区）的学生的评估研究初步支持了该项目的有效性。在两所高中，运用该项目进行了选择性干预（见第 9 章的 IOM 模型）。参加活动技能的学生不会经常被停课，而且同控制组的学生相比，成绩要高。没有发现该项目对物质滥用有何影响。在另外的 27 所学校中，该项目最强烈而且最全面的影响是制止了学生的失学现象，9 年级的学生受益最大，包括吸烟和毒品滥用的比例最低（Laird, Bradley & Black, 1998）。总的来说，学生对这个项目报告的满意度很高。

对 SFA 评估的评估者也发现，如果给学生提供少于 15 个小时的社区服务，该计划就不会取得效果。他们对操作过程的注意使他们对该项目具有高度的满意感，但是该项目在实施过程中有很多其他的变量。此外，实施 SFA 计划的学校在实施中究竟采取了什么样的元素，彼此之间差别比较大，而控制组有的时候也采取一些相似的计划。这些因素使得我们对该项目很难得出一个严格的结论。然而，该项目涉及 3 500 个学生以及 29 000 小时的服务，接触到 12 000 人，显然 SFA 在许多学校和社区中有着重要的作用。

其他基于学校的项目　在小学水平上，其他有证据基础的项目包括：开放圈、响应教室以及提供另一种思维策略。这一章后面，我们要讨论初级心理健康计划、离异家庭儿童项目以及儿童发展项目/关爱学校社区项目。在初高中有效项目包括：创造性解决冲突项目、社会能力促进项目（Weissberg, Barton & Shriver, 1997）、社会决策制定/社会问题解决项目（Elias & Bruene Butler, 2005b）、青少年健康教育模块、部落学习社区、面对历史和自我项目。这些项目的具体更新信息以及网站链接都可以在 CACSEL 的"社会—情感学习教育者指南"文件里找到。在这一章的总结部分，我们会给出这些项目的网址。

学校计划效应综合模型　Zins、Bloodworth、Weissberg 和 Walberg（2004）以实验研究为基础，提出了一个概括化模型，阐述学校预防/促进项目怎样产生积极的长期效应（见图 10—1）。当社会—情感项目（social-emotional literacy, SEL）融入安全、关爱、组织化、合作的学习环境中时，对积极参与的学校给予机会和奖励，讲授 SEL 能力（例如图中列举的内容），这些会反过来促进学生增强情感结合力和行为约束力，建立积极的行为和心理优势，同时减少风险性行为。

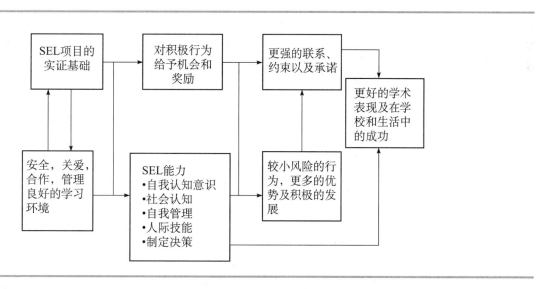

图 10—1　学校因素对学术及生活成功的影响

在工作场所的微观系统计划

对于青少年和成年人而言，工作场所也是一个关键的 KISS。在社区心理学中，在工作场所范围内开展预防/促进项目不如在学校、家庭那样普遍。但是在开展的项目中，有几个还是很有特色的。

JOBS 计划　失去工作的成年人会面临患各种各样心理问题的风险。JOBS 计划干预的干预点就是针对这些寻找新工作的人，开展一种有选择的干预。它向失业者提供 20 小时的群体培训机会，旨在解决这些问题：克服受挫心理，增加寻找工作的技能，交流社会支持网络。采用实验设计的一系列评估结果表明：该项目减少了严重抑郁症的发病率，并能帮助失业工人找到一份好的工作。成本—效益分析也表明，用于该计划的费用大约是每个人 300 美元，一旦工人返回工作岗位，不到一年时间，这笔钱就会以税收的形式补回来（Caplan, Vinokur & Price, 1997；Price, Van Ryn & vinokur, 1992；Van Ryn & Vinokur, 1992, 1997）。

工作应对技巧干预　Kline 和 Snow（1994）开发了一个干预计划，该干预计划主要针对从事秘书职业的母亲。他们最初的研究揭示了该群体主要承担的工作风险和家庭压力。他们的干预计划主要是针对压力的调节，问题、情感的处理技巧以及认知调整技巧。该计划在 4 个不同的公司开展，结果表明，在同对照组做对比分析时，参与者的压力感降低，吸烟和酗酒的现象也很少，并且在工作中获得了他人更多的支持。这些结果在 6 个月以后的研究中获得了支持。在 6 个月之后的研究中，除了上述结果得到支持之外，研究还显示了参与者较低的心理负荷症状发病率。

员工能力　Spencer（2001）报告了基于情感智力的员工选择项目的元分析结果。通过聚类分析，得出了情感智力的 5 个基本维度，包括成就、归属、力量、管理和个体效能。使用情感智力的这 5 个基本维度，选择会表现优秀的员工，避免选择会表现不良的员工。使用这种方法进行员工选拔之后，平均生产率增加了 19%，员工平均流失率下降了 63%。用情感智力选择员工的方法，其成本很低，要低于你雇用了一名员工，后来他对工作不满意所带来的工作损耗成本。Pepsi 公司发现，情感智力项目使得工人流失率下降了 87%，仅此一项，就为公司节省了近 400 万美元。一家大型计算机公司在员工培训时，使用情感智力方法，从而使减员率从 30% 下降到 3%。仅此一项，就为该公司节省了 315 万美元。在以情感智力方法训练员工时，Spencer 也报告了类似的成果。除此之外，用情感智力方法对现有员工进行培训，其效率几乎是其他培训方法的 2 倍。

超越微观系统：组织、社区和宏观系统中的预防/促进项目

预防/促进包括改变非正式环境或者正式组织（如学校、工作场所）。许多环境能够对个体产生压力，通过减少环境带来的这些压力，提高环境保护作用，将会起到预防效果。下面我们介绍在整体环境中，减少风险，促进保护作用的一些项目。

改变环境

针对学校氛围的项目　社会发展模型是一种针对小学的普遍预防干预模型（Hawkins, Catalano, Morrison *et al.*, 1992, Hawkins & Lam, 1987）。该模型强调有必要向孩子传授技能，同时有必要改变家庭规范、教室环境，以及为孩子们实践新的技能创造可能性。教师应该在教室管理、合作学习以及应用人际认知问题解决课程方面接受培训。父母也应该接受培训以便在家庭中建立规范，从而有利于孩子学会自控和完成学习。研究者对孩子 1～5 年级进行跟踪研究，他们把干预组的孩子们同控制组的孩子们相比较发现，干预组的孩子们很少喝酒，在心理上更加信赖学校，他们与家人在交流与联系上更为密切，学校的奖赏与规范也更能发挥

积极的作用（Hawkins, Catalano & Associates, 1992）。

性格教育合作伙伴项目推进以学校为基础的项目，帮助孩子根据核心伦理价值生活。核心伦理价值，类似社会—情感能力，但是范围更广。例如，照料、诚实、公平、负责任，并且尊重自己和他人。学校政策、教学和社会环境能帮助创造一个良好的氛围，通过改善学校环境来促进个人行为、思想和情感的发展。性格教育合作伙伴项目的信息可以在其网站上浏览到（http://www.character.org）。

学校发展计划是一个著名的、有效的、以学生整体为目标的干预方法（Comer, 1988）。学校发展计划对学生、组织和全体教职员工进行多重干预，促进合作，维护学校环境。我们将在本章的后面验证这个项目。

学校结构的转变（STEP）　正如我们在第 5 章所讨论的那样，Felner 和 Adan（1988）开发了 STEP 计划，该计划能够改变高中环境的普通结构，以使新入学的高中生处于一种可控制的环境中，并能够使他们获得更大的社会支持。升入高中的 9 年级学生，在大多数课堂上，仍然和同班同学一起上课，教师的数目较少。因此，教师非常了解班上的每一位同学，学生们也会很快彼此熟悉。这样促进了来自同辈群体和成年人的社会支持。整个年级的老师也学习如何处理学生过多的指导需求的状况。到年底，参与 STEP 的学生获得了良好的成绩，他们很少有旷课现象，同对照组的学生相比，他们对学校有着更为积极的态度。医疗协会关于预防的报告表明，通过 STEP 计划，减少了学生失常行为发生的风险性（Mrazek & Haggerty, 1994）。

最近的研究显示，创造小规模高中或者校中校，通过学生伙伴间更多有规律的互动，同成人团体间固定的交流，将会得到与 Felner 和 Adan 的研究同样的效果，会提高学生的学业成绩，降低对学校的不满意度和退学率，这种情况在城市尤为明显。然而，执行起来比最初的预期要更加困难。

宗教教育的改变　研究越来越关注宗教教育，一种期待已久的发展趋势，对社区心理学家来说，他们特别感兴趣并达成共识的是，宗教教育不是以个人为重点的服务。例如，著名非洲谚语"一个村养一个孩子"，已经被犹太教育引用，并做了恰当的修改。

"整个社区来培养一个高尚的、道德的、无私的、关爱人类的人"，然后从生态发展方面考虑来进行补充："需要每个人都这样做，历经多年，以整合合作方式"（Kress & Elias, 2000）。这种观点有助于视角的转换，使宗教教育可以概念化，并且可以在当地水平上被完成。在宗教教育中，已经引入了平行化的教育视角，增强了这样一种观点：在社会化过程中，儿童可以从多重生态水平中获得持续的、一致的对宗教的理解。而且人们对精神信仰的正式/非正式教育经历的相互作用，有了更多的体会（Kliewer, Wade & Worthington, 2003）。

创造情感智力车间　情感智力的范例在世界范围内已经连续地得到应用（Cherniss, 2002; Cherniss & Goleman, 2001; Goleman, 1998）。在最近几年中，许多公司领导已认识到，他们员工的优点可以带来许多经济利益。美国快递公司、金伯利公司以及福特汽车公司都已经投入了大量的人力、物力和财力，用于改善组织和一些微观系统的环境，并构建主要管理者和员工群体的情感能力。反映社区心理学观点的一个例子来自福特公司。在福特公司，尝试重新设计林肯汽车的时候，董事们让设计团队的成员们广泛接触汽车车主以及潜在的汽车车主。移情作用以及研究视角的转变激发了设计者们的灵感，从而使他们成功地设计出了性能优良的汽车。除此之外，员工们强烈地感受到了来自公司的授权，以及来自组织的强大支持（Goleman, 1998）。一些大组织，像迪斯尼公司，开展了大量的工作，以确保员工拥有很高的社会—情感技能。并且迪斯尼主题公园和商店都尽可能地减轻消费者的压力，向消费者提供最大的支持。

社区范围与宏观系统干预

预防/促进的努力可以在邻里、地域和宏观系统中进行。这些革新包括许多新的项目。正如我们刚才讨论过的，或者改变政策，或者在地域以及更大范围内（包括国家层面上）实践和变革。

建立社区合作　长久以来，加拿大就被认为是一个通过预防措施使本国儿童获益的国家。在 20 世纪 80 年代，安大略省就创造了"更好的开始，更好的未来"计划。政府代表和由当地居民服务人员组成的董事会积极制订计划来预防孩子可能出现的情感、学习和健康等问题。这一计划尤其针对经济条件比较差的人群。研究表明社区居民参与开发预防计划有很多好处，比如，拥有一种授权感，能促进新的个体和新社区能力发展（Nelson, Pancer, Hawward & Peters, 2005）。然而，在如此长的时间里，让一个社区保持有干预的资源和能量是非常困难的（Sylvestre, Pancer, Brophy & Cameron, 1994; Nelson et al., 2005）。

最近，加拿大安大略省约克当局参与了一项名为性格问题的活动，用来创造所谓的社区性格。首先，从当地学校举办一系列的会议开始，社区居民一起来鉴别 10 种存在于个人、家庭、工作场所、教育和公共场所的特质。这些特质是：尊重、责任感、诚实、同情心、公平、主动性、勇气、正直、坚持不懈和乐观。不同社区组织强调不同的社区特质，以及构建社区性格的方式。每年，人们一起来庆祝他们所完成的工作，分享将理念付诸行动的喜悦和行动方式（York Region District School Board, n.d.; web site: http//www.yrdsb.edu.on.ca/）。

在美国，很多地区已经形成了社区护理联盟，以促进青少年积极的发展，预防青少年问题。这些联盟是以社会发展模型为参照框架的，既促进了实验测验项目，又促进了当地社区对目标和项目的选择。每个联盟评估社区需求资源，设置目标和计划，以达到项目目标。项目实例包括：基于学校的使用，促进能力项目，学校内的合作，青年服务社，警察，青少年法院和其他社区资源；发展志愿者，使年轻人和优秀成年人、大学学生接触；用社区事件促进人们对年轻人和家庭问题的觉醒，对解决问题资源的关注。在宾夕法尼亚 21 个地区的关注社区发展方式的评估结果中发现，社区对于合作的准备程度，以及构成一个团体的社区会员容量，是产生合作效用的关键因素

（Feinberg, Greenberg & Osgood, 2004）。

在第 13 章、14 章中，我们将阐述社区和社会的变化，以及怎样评价社区项目。在谈到这些主题时，我们将为社区成员在如何合作以促进健康、青少年发展以及避免个人和社区问题等方面提供更多的参考范例。

大众传媒的干预　Leonard Jason（1998a）执行了一系列的干预计划。这些干预计划旨在改变人们居住地或者人们居住的宏观系统，进而推动人们生活的微观系统和个体生活的变化。在这些干预计划中，效率最高的是芝加哥肺健康协会和芝加哥教育部的合作。二者合作共同致力于非洲裔美国年轻人的吸烟预防计划。一个由美国肺部健康协会发起的反吸烟课程，以学校为基地，同时结合三种广泛使用的媒体干预手段，其内容如下：

（a）在《芝加哥防御者报》（*Chicago Defender*）——一家拥有大批非洲裔读者的地方报纸的儿童版面，每周刊登一次有关吸烟预防课程的内容。

（b）在 WGCI 广播电台连续 8 个公共服务频道中插播简短通告，WGCI 是一个拥有 100 万听众的广播电台，大部分是非洲裔美国人。同时电台还有为父母准备的来访谈话节目。

（c）开展反吸烟广告牌竞赛，张贴 5 位最优秀选手的名单。

结果表明，青少年吸烟率很低，家庭中吸烟、酗酒、吸大麻的比率也极低。Jason 的工作表明，媒体干预直接针对微观系统才能更为有效，同时媒体应该谨慎选择目标，并且注意到文化差异和种族问题（Jason & Hanaway, 1997）。

对国家教育政策的影响　在美国，对于学校内预防/促进项目来说，个人状态是一个很重要的生态水平。越来越多的努力表明：社会—情感学习和国家教育标准相匹配（Kress, Norris, Schoenholz, Elias & Seigle, 2004），并且帮助国家通过立法、授权进行性格教育和相关项目（Brown & Elias, 2002）。最步调一致的努力是，国家教育委员会通过公民学习和发展国家中心（National Center for Learning and Citizenship, NCLC），制定国家公民教育标准，以此来引导国家政策。NCLC 界定了关键的公民能力：公民知

识、认知思考能力、参与技巧和公民合适性格（Torney-Purta ＆ Vermeer，2004）。在这方面，社区心理学家能提供知识、技巧，然而，要想真正参与民主，需要促进公民的参与能力（Gerzon，1997；Tyack，1997）。

国际案例

我们在纯粹的专业性期刊中并不能找到在系统水平中进行的一些很有趣的预防工作。我们最主要的资料来源是《社区心理学家》期刊，它是社区研究和行动协会的季刊，它提供了以下干预、革新的案例。

在哥伦比亚预防社区的动乱和暴力　哥伦比亚的 Guatiguara 是一个有 6 000 人的社区，其中 2 500 人是孩子，该社区处于贫穷、贫民窟状态，没有社会福利。拥挤的人群、游击战一直困扰该社区。玻利瓦尔大学和布卡拉曼加市田园社会主教领导了一个项目，用来预防社区暴力，降低贫困的恶性循环带来的负面影响。他们利用社区心理学的原则：倡导多样性；追求共同体验的社区感；被看作是有能力的人；有基本的物理、心理和精神需求。研究者通过一系列个体访谈、群体讨论和人类学观察展开干预。这些干预导致社群（小社区）的创立。这些社群中，每个社群包含 10 个成年团队（共 100 人），20 个儿童团队（共 400 人）和一个少年团队（共 20 人）。这些社群由项目促进者和领导者引领，而项目促进者们自己每周也要参加大学和助教开设的培训会议，获得他们的不间断的支持与帮助。

社群发展了他们自己的计划，包括建立一个礼拜堂，提供更多的食物，组织社区范围的假期庆祝活动，活动吸引了 2 000 多名参与者。社群内的群体隔几周见面，讨论他们的权力，并且通过民间传说、假期和文化来发展授权感；实施计划；庆祝取得的成绩。Martinez、Toloza、Montanez 和 Ochoa（2003）报告说，暴力行为降低，社区参与者增加，他们把出现这一文化的原因归结于组织社区的努力和促进个人参与集体的行为。

墨西哥预防毒品滥用政策　墨西哥提供了在国家水平上，通过预防毒品滥用来对抗毒品滥用问题的范例（Garza，2001）。把墨西哥和其他深受贫困和失业困扰的发展中国家做一个比较，关于这个问题的公共政策分析包括：

> 预防毒品滥用在街道上（针对消费者）实施起来更加有效，在边界地带（针对分销商、生产者）就没那么有效。这是因为消费者是毒品链中最后一个链条，他们是促进毒品生产者去冒险的人。消费者为毒品链上所有的供应环节买单，并且消费者是唯一能破坏现存供应链的人。（Roemer，2001，p. 277）

然而，政策变化却是令人沮丧的（见文本框 10—1）。在多重生态学水平上的现实计划及政策支持对未来的成功非常重要。墨西哥和许多发展中国家发现：制定一项综合、有效的毒品预防政策是很困难的。

土耳其防止欺骗和盲从　Serdar Degirmencioglu，是伊斯坦布尔比尔基大学的社区心理学家，他为土耳其年轻人创造了一系列预防/促进方法。他的第一个关注点是街头的孩子，这些孩子在经历一件可怕事件后，曾引起短暂的社会关注。Degirmencioglu 认为，现有的针对这些孩子的服务只是第一层级的改变。他从社区机构那里召集代表、社区领导、公民形成一个委员会，并且组织针对这个问题的会议。专家小组讨论孩子的权力和有关的法律观点；主题演讲者使问题更加可信，观点呈现多样性。会议工作小组为促进实践，制订了指导原则，制订的解决问题框架也开始实施。

项目的另外一个灵感来自于 1999 年马尔马拉海的一次破坏性地震。差不多一年以后，Degirmencioglu 发现，提供急救的外国人对于土耳其幸存者和大众的态度有着积极的影响。因此人们对于希腊人和犹太人的误解也有所减轻。根据这些经历，Degirmencioglu 开始创立 KayaFest 节日，将希腊和土耳其两国的年轻人聚在一起，举办一个有来自两个文化的音乐、舞蹈和艺术的庆祝会。

希腊和土耳其两国关系史比较敌对。消极、敌对的态度在两国政府的历史来往中孕育，并一

文本框 10—1　墨西哥预防毒品滥用的政策条例

商业、教育、政府和家庭必须在共享价值的基础上，以预防的态度一起努力。

需要更多的资源和培训专家治疗长期吸毒者及低收入滥用毒品者。

采取有效的治疗和预防计划，预防由于偶然因素或好奇的原因导致的毒品滥用行为。

反兴奋剂的测试必须扩展到公司和大学。

神经学、免疫防御学和代替治疗等科学研究的长期支持，通过强大的国际合作，增强墨西哥在毒品预防方面的知识与实践。

在学校和家庭开展教育、文化运动和娱乐活动，以培养创造内在价值，进而使孩子降低药物滥用的风险。

应该通过广播、电视和平面媒体，加强国家禁毒委员会的公众服务运动，仅仅传播"不要吸毒"的信息是不够的，只谈论后果也是没有保证的，最重要的是要解释问题所在及其基本的原因。

艺术资源，尤其是剧院，应该告知年轻人毒品的真面目。

影院对人们的意识有着很大的影响，即使电影情节是有关走私而不是吸毒的。此外，官方组织、学校、工作场所及家庭应该采取一种严肃的姿态，作为情感慰藉药物的解毒剂。

在孩子看电视的高峰时间段禁止播放烟酒类广告。针对个人和家庭水平，应该按下面的条例制定政策：

确保在孩子成长期间，给予他们爱和信任，这样可以教他们建立自由界限。

必须采取有效措施加强孩子们的自制力，倾听他们的想法，找出他们每个阶段的需要，并与他们建立好直接的沟通。

家长们应该通过训练来预防滥用毒品造成的家庭危机，通过与孩子的有效沟通，培养发生事件时的沟通基础。

社会和学校应避免因为孩子们没有到达年龄就不惩罚他们的做法。

应该教育孩子们毒品的短期影响，重点强调吸毒的负面作用，如烟草难闻的气味、衣服上酒精的味道、口臭、焦黄的牙齿等。这样做对于孩子来说会比警告他们健康危害更有效果。

家长应该与孩子进行交流，奖励孩子的进步，但家长们要表现出他们的爱是无条件的，与孩子们的学习表现无关。

家长教育计划应该由学校来组织，并进行定期的指导，因为大部分家长不大可能自行实施并完成这些项目。

资料来源：改编自 Roemer & Garza, 2001。

代代延续，并且没有意识到最初敌对行动的政治起源。在许多地区，人口交换法令使得希腊人和土耳其人由互相合作、一起生存的状态，转变到分开、互相隔离的状态。

Degirmencioglu 在 KayaFest 节日创办了一个工作坊，向希腊和土耳其的年轻人展示两国的分离史，以及由于缺少沟通，两国人变得一见到对方就像看见了敌人一样，而忽略了他们中的很多人在其他乡村还有亲戚这一事实。（作者 Maurice Elias 的观点：我的祖父母分别是希腊人和土耳其人。因此，他们经常会说我家是希腊还是土耳其要取决于这个问题是哪一年或是哪一月被提起的，因为他们居住的地方频繁地变换执政方。我的祖母是土耳其人，能说一口流利的希腊语，整个家庭从来都不能理解 20 世纪末希腊与土耳其之间的战争。对于他们来说，因为他们不曾被迫分离过，希腊人和土耳其人只是普通家庭的一部分。）

在 KayaFest，Degirmencioglu 开展了积极的组间接触交流，这些活动有很多益处，并可以促使两国人民间积极的沟通。工作坊的最后一部分是在当地人家里吃一顿家常便饭，拜访一位 90 岁高龄的土耳其妇女，她在人口交换政策颁布前住在 Festival 地区。她向大家讲述当时人们是怎样一起居住、生活的，并且告诉年轻人他们都是"这片土地的孩子"（Degirmencioglu，2003，p. 29）。Degirmencioglu 总结道："现在，80 年后，有宽阔胸怀及远大抱负的年轻人前来帮助其他人，更好地了解这片土地承受的巨大痛苦。他们也帮助其他人理解，为什么'希腊人'及'土耳其人'的分离使人们无法把握好这片土地丰富的文化内涵"（p. 29）。

背景的重要性

社会心理学的生态学观点认为，宏观系统、居住地、情境可以强烈影响预防/促进项目的本质。在许多国家，政治行政者们根据他们对政府责任理解程度的不同来建立、委任或者组织干预有关心理健康的问题。也许，在美国，目前最有力的例子是一项 2001 年颁布的《不让一个孩子掉队法案》，旨在缩短少数差生与大部分做得很好的成功白种同龄人之间的距离。地方学校和州立教育部门以学生在统一标准学业能力测试中的表现来评判好坏，这些测试将重点放在数学和阅读能力的技巧考核上。基金、本地自主权、奖赏以及惩罚都视测试成绩的高低而定。

Sadker 和 Zittleman（2004）指出，测试、分数、评分方法以及对进步与变化的解释都存在着巨大偏差。Davison、Seo Davenport、Butterbaugh 和 Davison（2004）对 47 361 名在明尼苏达州参加考试的 3 年级和 5 年级的学生统计数据进行了分析。结果发现：3 年级时，数学成绩差的一组学生，在他们升入 5 年级时，一直没有赶超成绩好的那组学生。低收入的学生比相对富裕的同龄学生的进步更慢。Davison 及其伙伴（2004）提出这样的问题："如何通过高效的学习，让低收入及少数民族学生弥补失去的时间，从而超过其他学生"（p. 758）？在《不让一个孩子掉队法案》的刺激下，各个学校及地区花费越来越多的时间在数学及阅读上，并让家长担任学业上的导师。为了提供更多的资源，资金已经由其他项目转向预防吸烟、吸毒、酗酒以及促进建立安全、无暴力的学校。社会心理学家同其他人一起，需要根据社会研究和预防/促进概念检验现有的教育政策。

有趣的是，一些国家正对预防和促进措施越来越感兴趣（Elias，2003）。在北美发展起来的预防和促进措施应用到其他国家和文化上的效果怎样呢？Sundberg、Hadiyono、Latkin 和 Padilla（1995）研究了这一问题。他们在美国选择采用经验主义支持的计划并且选派作为美国心理学联合会的防御模型（Price，Cowen，Lorion & Ramos-McKay，1988）。这些包括胎儿期/婴儿早期项目（Olds，1988）、派端学前计划（PPP；Schwein-hart & Weikart，1988）、人际认知问题解决（ICPS；Shure，1997）和生活技能培训（LST；Botvin & Tortu，1988）。

充分考虑实行这种项目国家的需要以及实施项目的可行性。Sundberg 及其助手们请求亚洲和拉丁美洲的 12 个国家的专家们来测验每个项目，考虑到需要，只有 LST 项目在拉丁美洲国家有较高排名。亚洲的专家们在估计需要上有很大的不一致，但都至少对 PPP、ICPS 及 LST 的项目感兴趣。所以看起来只有 LST 计划在多数国家可行。

在印度，胎儿期/婴儿早期项目很有可能只被应用到已婚妇女身上，因为印度社会不接受未婚妈妈。训练孩子独立解决问题的能力在许多国家是不被认可的，因为他们认为对长者的尊重是最重要的。（回想第 7 章中个人主义与集体主义的概念，思考怎样能使北美解决问题的能力训练在个人主义文化不太浓郁的社会中得到应用。）吸烟在除了美国以外的很多国家不是什么大问题，人们很少关注到吸烟很有可能成为通向使用更具危害性的物质的大门。抵御或拒绝同龄人的诱惑的能力，作为 LST 计划及许多其他预防药物滥用计划中的一部分，可能与拉丁美洲的气概的价值观相冲突。最终，有关预防概念的未来不明确的研究方向与目前许多文化的焦点相冲突：泰国有关"mai pen rai"的观念，即不要担心的意思，就是一个例子。除了文化上的差异，资源问题，如贫穷和人口都限制了这些项目的可行性。

然而，Sundberg 等人（1995）也发现了预防方程式（第 9 章）中的多种因素在不同的国家中都得到了高度重视。具体的预防工作针对这些方程可以根据文化的喜好而量身定制，并以详细熟悉该地区的背景与历史以及涉及的人口为基础。

即使在同一个国家内，对一个地区或文化适用有效的方法在另一个地区可能就无效。例如，Bierman 及其同事（1997）发现，在城市进行的行为障碍预防计划不适应宾夕法尼亚州农村的特点。地域分散，有限的服务和娱乐设施，政治上的保守氛围，年轻人与成年人之间稳固、孤立的人际关系网，同质的人口，以及建立信任感，都是农村面临的主要挑战。Gager 和 Elias（1997）发现，以学校为基础的项目，在应用到高风险或低风险情境中时，其效果有很大差异。在项目实施过程中，如果有计划协调员，有持续的培训，明确项目与学校目标及其任务之间的关系，那么即使在非常艰苦的环境下项目也非常有效。正如我们在第 1 章指出的，Potts（2003）发现，对于一所城市学校中的非洲裔美国男孩来说，一项以非洲为裔主要内容的课程要比通用的 ICPS 方法更适合他们。

预防/促进：一个家庭的例子

预防/促进工作怎样能应对家庭面临的挑战呢？Inez Watson 和她的 3 个孩子一起生活：Jamal（3 岁）、Maritza（6 岁）和 Carlos（12 岁）（所有名字都为化名）。Jamal 上学前班，Maritza 上小学 1 年级，Carlos 上中学。Inez 的第二任丈夫 Robert，也就是 Jamal 的爸爸，在美国军队服役，刚刚在阿富汗服兵役期间阵亡。Inez 和她的第一任丈夫 Rafael 几年前就离婚了。Rafael 是 Maritza 和 Carlos 的父亲。Inez、Robert 和 Jamal 是非洲裔美国人，Rafael 是拉丁美洲人，因此 Carlos 和 Maritza 兼有拉丁美洲和非洲裔美国血统（为了简便，我们使用 Inez Watson 的姓代表这 3 个孩子）。

Watson 一家经历了很多困难时期。最显著的就是失去 Robert 这件事。Maritza，本身就很害羞，现在变得更加沉闷。Carlos 开始和他中学里比他大的学生混，并且抽烟。他逃学的次数也在不断增加。Robert 死后不久，Inez 就下岗了。她以前的收入很宽裕，并且家里也可以从军队得到补助。现在虽然补助还有，但是钱数少了。

当然，Watson 一家也有优势。Inez 是一位负责任的母亲，她决心在生活上给她的孩子们坚固的基础。她很了解他们的需要，并且保证他们的安全及健康。孩子们爱她并且尊敬她，即使是惹她生气时。每个孩子都很有天赋：Carlos 喜欢跳舞，并且嗓音很好。Maritza 喜欢文学和艺术。Jamal 笑起来很漂亮，并且很神奇地能让大家都笑起来。这个家庭常参加社区里的礼拜，在那里孩子们有很多朋友。Inez 经常在唱诗班里唱歌，并且帮助教堂里的其他成员。

Inez：JOBS 项目　人们发动了一系列的预防计划帮助 Watson 一家。首先，Inez 参加了 JOBS 项目（Price et al.，1992），该项目包括 24 小时的课程，在两周左右上完，由两个培训员组织。这一项目提供找工作的技巧，并安排模拟面试，组成一个问题解决小组讨论进程，假想障碍以及制订解决困难的策略、来自教练及组员的支持以及教练的激励。通过随机对比研究，JOBS 项目对再就业率、再就业质量以及工资标准都产生了积极影响。深入研究分析产生这些效应的原因，发现预防科学中一个很重要的又容易被忽视的方面：找工作的意图和自我效能感是关键因素。通过支持和加强参与者有计划的行动，教练们可以很好地解决参与者失去工作的焦虑感，帮助参与者面对挫折的消极影响（Caplan et al.，1997；Van Ryn & Vinokur，1992）。对于 Inez 来说，教练和组员们形成了一个相互支持的小组，并且在训练结束后还保持联系。几个月后，她成功地找到了工作，尽管工资比她前一个工作的工资要低。

家人去世项目　Watson 一家都参加了家人去世项目（Sandler et al.，1992）。这一项目包括两方面。首先，Watson 一家与其他失去亲人的家庭一起参加了一个悲痛工作室的 3 次培训。在那里，他们讨论与悲痛相关的经历，家长们学习怎样更好地与孩子们交流有关死亡的不愉快话题与情感。其次，他们又参加了共 12 期的培训，每一个家庭都与一位顾问交流，顾问主要关注以下 4 方面因素：

- 情感支持与任务援助。
- 增加父母与子女间的感情，重点培养积极的沟通方式与对亲情中力量的认识。
- 计划有规律的、积极的活动，比如家庭聚餐，讲故事以及床前夜谈。
- 使用特定的问题以及情感应对策略来处理令人郁闷的家庭事件。

针对家人去世项目的随机对比实验显示，该项目对父母与子女间感情的培养以及社会支持产生了积极的影响，并可以预防潜在的抑郁和大一些的孩子们的行为障碍问题（Sandler et al.，1992）。Sandler 及其同事们（1992）也调查了干预的影响效果。比如，Watson 一家在父母与孩子们的关系上已经有所改善。

以学校为基础的促进　　Watson 一家也从以学校为基础的干预项目中获益。学校使用 CASEL 的"安全和无害"准则设计了一门综合课程，帮助所有学生建立社交—情感能力，预防机能障碍。下面是具体项目：

- "我能解决问题"课程，针对学前班、幼儿园和小学一年级的孩子。
- "响应教室"以及"开放圈"的方法，在小学中培养积极的班级关系，培养自控和共情能力。
- "第二步"及"社会决策/社会问题解决"课程，为中学生提供非暴力的冲突解决方法，通过学业指导和小组指导，帮助面临多种多样的社会压力以及困难抉择的学生，以整合方式进行问题解决。
- "面对历史和自我"项目以及研究"Lions-Quest 行动学习技能"项目，将关注重点放在应用社会—情感技能及道德准则方面，来理解历史及当代令人痛苦而难忘的事件，以及通过参与到社会行动，使班级、学校、社区以及世界成为一个更和平的地方。

如果计划适当，课程安排合理，当学生面临困难时，这些课程能为学生的应对技能打下坚实的基础，进而其他的干预项目也可以完成。

Jamal　　Jamal 所在的学前班与初级心理健康项目（PMHP）合作，PMHP 是一项最易于被研究的项目，全美国有超过 2 000 个实验点（Johnson & Demanchick，2004）。通过学校心理健康专家，如学校的心理学家、社会工作者或者顾问监督初级心理健康项目。该项目的第一步是对适龄的孩子做系统性检查，以评估他们的行为、情绪以及学习障碍问题。通过标准分数可以辨别出那些很可能存在问题的孩子，但这些孩子还没有严重到接受治疗的地步。因此，这是一种间接的预防，或者说是一种选择性项目。然后，这些孩子与经过训练的医生助手配对，每周孩子们要接受共情、包容心、积极主动的倾听能力以及学业辅导。Jamal 在行为和情绪问题上的分数很低。他每周接受两次单独辅导，每隔一个月接受团体辅导。如果他再大些的话，他很有可能每周要接受 12～15 次的会谈。

最近一项对明尼苏达州一个多种族地区的初级心理健康项目的评估发现，孩子们在行为控制、自信、同龄人之间的交往以及任务取向上有明显的进步。在初级心理健康项目中，孩子与他们的配对伙伴们之间温馨的、互相照顾的关系，又一次成为项目成功的关键。这项研究也高度赞扬了初级心理健康项目对像 Jamal 这样害羞孩子的影响。参与这个项目能预防心理健康问题及学习困难问题，对小孩来说，在发展关键期，参与该项目对孩子学习语言和阅读能力有很重要的影响。

Maritza　　Maritza 所在的小学，学校心理学家和指导顾问一起领导干预小组，这是离婚家庭儿童项目的一部分（Pedro-Carroll，1997）。Maritza 与 4 个五六岁的同龄孩子一起，其中 2 个男孩 2 个女孩，每周在她的学校进行一次 45 分钟的小组会面，共 12 次课程，这 12 次课主要系统地关注以下几点：

- 把这个小组建立成为一个安全的、支持性的地方，在这里，可以探索情感，为谈论父母离婚对其感情的影响铺平道路。
- 探索可能会导致离婚的变化，尤其是孩子的误解，例如，认为他们自己是父母离婚的原因。
- 教孩子们社会问题解决技巧和交流技巧，

提高他们的应对能力，以应对未来。

● 支持孩子们对关于自己和家人的积极看法。

Inez 和其他家长保持着密切的联系，通过直接接触、问题解决援助、集中于离婚影响的交流、共同的反应以及如何解决这些问题，使家长关注育儿问题的冲突，以及交流为人父母的实用技巧。

Pedro-Carroll 和 Alpert-Gillis（1997）在一项实验组—对照组研究中发现，与对照组的孩子相比，在实验组的儿童挫折容忍度增强，在与同学相处、寻求帮助、适当的自信方面都有所改善。与对照组的孩子们相比，实验组的孩子看上去不那么焦虑，更忍让，在困难面前不退缩。

Carlos　因为 Carlos 的年龄和他显示出来的问题的性质，他面临的困难也许是最严重的。你想在哪些方面、怎样对 Carlos 实施干预？要怎么做、按照什么顺序、在什么时期做？你会如何决定？青少年往往需要的是一个有计划的、全面的预防/促进服务体系，而不仅仅是孤立的计划。

Carlos 有高度的、威胁健康的成瘾行为，其潜在的影响因素很多。作为一个公共卫生问题，预防吸烟需要一个协调的战略，包括：媒体宣传、社区干预，以影响吸烟的社会准则和社会情境增加烟草消费税、禁止青少年使用烟草计划（Lantz et al.，2000）。从生态学角度看，在青少年微观系统中，吸烟者对青少年吸烟行为影响力是最大的（Wang, Fitzhugh, Eddy, Fu & Turner, 1997）。预防青少年吸烟不是一项简单任务，它需要宏观系统、邻里和组织及所有微观系统密切合作。

学校的专业人士使用了双管齐下的办法来帮助 Carlos。首先，他被视为新的吸烟者，接受了一个帮助拉美裔和非洲裔美国青少年拒绝吸烟技能的培训，这个培训同时培养他的社会决策和生活技能，提高整体素质（Epstein, Griffin & Botvin, 2000）。在一项为时两年的研究中，研究者们研究了城市中 6 年级和 7 年级孩子的吸烟率，发现拒绝吸烟时的自信对吸烟率影响最大。决策能力和自我效能是拒绝技能的重要预测因素。这反映了 CASEL（Elias, Zins et al.，1997）的一般性结论，跨越了具体问题预防领域，将问题决策、问题解决和社会—情感能力相结合，以及针对具体问题（例如，欺凌，使用酒精，不良的健康习惯）的具体技能，这些对重要而持久的预防是必要的。

Carlos 还参加了控烟意识项目（the Tobacco Awareness Pragram，TAP），一种以学校为基础的、针对青少年的戒烟项目。TAP 适用于其他药物使用问题。这个项目的前提是行为的变化需要经过 5 个阶段：预沉思（不考虑改变行为），沉思（开始评价行为的积极和消极后果），准备（决定改变并制订行动计划），行动（积极的行为改变）以及保持（保持这样的改变）（Prochaska & Di-Clemente，1983）。

在一项为期两年的、对 6 所高中的 TAP 实施研究中（Coleman-Wallace, Less, Montgomery, Blix & Wang, 1999），研究结果发现，影响项目成败的关键要素是自愿加入、团体模式、解决吸烟的诱因问题。制定应对战略、详细说明吸烟的短期和长期后果、体重管理以及个性化的具体戒烟方法等，TAP 项目针对少数青少年具有一定的文化敏感性——对 Carlos 很有帮助。

评估结果显示，自愿参加 TAP 的学生中，有 16% 戒烟了（如果被强制分配到 TAP 项目中，则只有 9% 的学生戒烟），明显优于对照组。对照组的学生很少能戒烟，加入 TAP 的学生中，相当数量的学生发展到了开始戒烟行动阶段，提高了自我效能，同时会影响亲密的朋友，在烟草使用差额中占 53%。对像 Carlos 这样的青少年来说，一个有组织的、以学校为基础的戒烟项目，比单靠惩罚好得多。但是，吸烟仍受微观系统的影响。

社区支持　Watson 一家从教堂提供的非正式支持中获益。宗教团体在促进儿童和青少年发展方面发挥作用。它提供宗教教育，旨在让儿童形成符合其传统的、感情和精神发展的价值观。这不仅包括宗教教育课程，而且体现在音乐和艺术的活动中。宗教团体也是情感支持的一个强有力的来源。

总结　这个案例是假设的，但现实生活中，类似 Waston 一家的家庭很多。当然，具体的情况会有所不同。如家庭有不同年龄的儿童；倾向于年龄较小或更小；是农村的；种族背景或多或少有所不同；强烈信奉其他宗教；富人或中产阶级；移民；在另一个国家的居民；人类多样性方面的其他差异。尽管如此，我们还是非常欣喜地看到，预防领域的知识和实践取得了进展，已经在为解决人类面临的问题服务。在这种情况下，要对不同层次的预防概念做区分，并且在"社区"干预和"临床"干预之间作区分。很多干预都有"预防性"的效果；在实际生活中，许多家庭需要多重干预，以避免潜在的功能障碍，增加家庭功能。

 ## 我们怎样确定预防/促进的效度

在预防工作的发展中，任何实施预防/促进项目的人必须回答一个基本问题："预防/促进项目起作用吗？"进一步的问题是，预防/促进项目所起的作用有多大？对谁起作用？在什么情况下起作用？解释它效果的机制是什么？……给出明确的答案是决定预防方案编制、政策导向和资金分配的前提。但是，给出明确的答案是很困难的。

在本节中，通过系统的行动研究，我们提出 3 种方法，来寻求解决问题的答案。第一，元分析方法，代表了定量方法。第二，最好的实践法，是定性研究方法。第三，经验、教训法。我们将通过这三种项目评估方法，从不同的目标人群、不同生态水平去说明项目运作及评估的复杂性。

对项目结果研究的元分析方法

元分析是对符合某种方法学标准的，针对某一课题所有定量研究的统计学结果进行比较的一种方法（比如，如果一系列实验都采用随机化设计，所有的实验都采用了相同的因变量，那么可以对所有实验的预防组和控制组进行比较）。对于预防/促进项目的实验研究，元分析方法可以计算出效用量的统计学估计值，干预的效应量（自变量）以及结果的效应量（因变量）。在多重研究中，对一系列预防/促进项目的测量，就可以计算出平均效应量。尽管人们对元分析方法不无争议（e. g.，Trickett，1997；Weissberg & Bell，1997），但元分析方法还是一种进行大范围比较的、测量预防计划效度的行之有效的工具。

Durlak 和 Wells（1997）运用元分析方法考察了针对儿童和青少年的 177 项初级预防计划。这是一次大范围的研究，提供了实用的、全面的观点。作者们既关注了人与环境（如学校）的干预水平，同时也关注了高风险人群的选择以及普通人群的选择（Mrazke & Haggerty，1994）。他们的结论是：59%～82%的初级预防计划参与者的平均成绩超过了控制组的人。这一点清楚地表明了预防组相对于控制组的优越性。帮助人们应对重要生活事件的计划产生了连续的正效应，这些生活事件包括：初为人母，父母离异的儿童，入学以及转

学，儿童应对使他们感到紧张的医疗、口腔疾病治疗过程（Durlak & Wells，1997）。

Durlak & Wells（1998）也把元分析方法应用到中级预防计划中。中级预防计划是在孩子较早显示出困难或者障碍的情况下实施的。比如，持久的害羞或者退缩，早期的学习问题（如阅读问题）以及反社会行为。这些计划的参与者比 70%以上的控制组成员还好些。这些计划对那些因外部行为而使自己处于行为混乱和犯罪危险中的儿童是特别有效的，但其后期的治疗是很困难的。

Catalano 等人（2002），Greenberg、Domitrovich 和 Bumbarger（2001），Roth 等人（1998），Tobler 等人（2000），Wilson，Gottfredson 和 Najaka（2001），Weissberg and Purlakc（2006）等人回顾了相关研究，这些相关研究支持 Durlak 和 Wells 的研究结果，也有一些细微的差别。成功的预防干预措施是发展的、敏感的。获得社会—情感能力似乎能降低学业问题、社会问题和行为问题，包括药物使用、品行问题、逃课和辍学。这个文献中也出现了两个附加说明：（a）执行强度（"剂量"）和项目质量强烈影响干预的效果；（b）有同辈群体、学校、父母和社区环境支持时，干预效果会更好。总之，这些元分析方法为以技术为导向的预防/促进项目的有效性提供了一致性的

支持（Elias，2004）。

促进社会—情感学习的最好实践法

评估预防/促进项目的第二种方法，被称之为最好的实践方法。它涉及对某一具体计划的研究。在本节中，我们着重于研究一些特殊的项目，这些项目通过实验研究，已经被证明在多重情境中是有效的，进一步的研究表明，这些有效的项目在程序上有共性。需要做比期刊发表文章更加详细的实地考察和定性研究才能做到这一点。

合作和促进学业、社会和情感学习协会（CASEL）在以学校为基础的问题行为预防和促进社会—情感能力的过程中，确定了最佳实践法。CASEL 高级社会—情感学习推进了学校各年级社会—情感学习综合性计划的有效实施，不断完善评估方法和体系，并提高了综合性计划的精确性。9

名行为研究者，通过对该领域多年实践经验的总结，编制了一本反映如何能够在学校内更好地实施这些计划的文献——《促进社会情感学习：教育者指南》（*Promoting Social and Emotional Learning：Guide Lines for Educators*）（Elias，Zins *et al.*，1997）。在《美国心理学家》（Weissberg & Kumpfer，2003）、CASEL 的（2003）《促进社会情感学习：教育者指南》、CASEL 对社会—情感学习学术研究的概要和分析中有更多的资源（Zins，Weissberg，Wang & Walberg，2004），本章结尾的推荐网站一栏中也列举了部分资源。针对儿童和青少年的有效预防/促进计划原则，见表 10—3（表 10—2 是基于家庭的项目的最佳实践法）。

表 10—3	儿童和青少年的有效预防/促进项目原则

有效的预防/促进项目：

1. 处理在研究中确定的风险和保护过程。
2. 家庭、同辈群体、学校和社区要共同协作，解决多重且相互关联的目标。
3. 适合儿童的年龄发展和发育水平，对文化传统敏感。
4. 加强社会情感—技能和道德价值，并促使其应用到日常生活中。
5. 使用恰当的教学法，让参加者在多个点上积极发展。
6. 集中情境和社区上的第二层级变化，包括在正式政策上的变化和具体的实践，为儿童和青少年的积极发展开发资源。
7. 包括技能培训和工作人员培训，以促进项目的高质量执行。
8. 监测当地的需要和项目质量，以促进项目持续改进。

资料来源：改编自 Weissberg，Kumpfer，& Seligman，2003；Zins，Weissberg，Wang & Walberg，2004。

从大规模预防/促进评估中得到的经验、教训

第三种方法是采用全面的、大规模的评估工作，以更全面的视角来了解预防/促进项目的有效性。下面的 3 个例子说明了这种方法。

儿童发展计划　这个计划现在被命名为关爱学校社区，儿童发展计划致力于把小学课堂和学校创设成一个充满关爱的社区，以使儿童在这样的环境中培养自我决策、社会能力、社会联系以

及道德导向（Slomon，Watson，Battistich，Schaps & Delucchi，1996）。其课堂组成包括制订纪律（学生参与制订和维护规范，学生自己决定如何处置违反规则的人）、合作学习和协作小组教学工作以及以文学为基础的阅读教学。在整个学校范围内，增加包容性，减少竞争，促进共同目标，建设民主社区学校。在家庭层次上，开展各种家

长—教师活动，促进家庭和学校的联系。

在 6 个区（西海岸有 3 个区，东北、东南和中西部各一个区）12 所学校的全面评估中（每个区两个学校），以学校大小、种族、有限的讲英语者和成绩测试分数具有可比性的学校作为对照组（Solomon, Battistich, Watson, Schaps & Lewis, 2000）。利用 3 年时间收集数据，包括观察和测量教师完成的状况；学校环境和学生的学业成绩调查，学生个性，社会态度和动机；以及认知/学业成绩。当参加预防/促进项目的学校结果与对照组学校的结果相比较时，在学生社会—情感结果、课堂行为或成就方面没有发现显著性差异。

但是，实施项目的 12 所学校中有 5 所学校显示了更加优质的项目实施模式。当与对照组学校比较时，发现了小到中等的差别，主要表现在学生态度和动机、社区感、学校参与、民主价值、冲突解决和自己选择阅读的频率方面。进一步的分析表明，项目实施的质量和社区感对项目的社会效果有很大的影响。从这个评估中得到的经验、教训包括以下几点。

● 没有参与项目执行过程的评估结果会产生不准确的结论。

● 即使有强有力的支持和资源，实施复杂的学校社区项目也是很困难的。

● 执行项目要求建立一致、持久的效果，但是在项目执行中，并没有很好地做到这一点。特别是学业成绩指数。

● 案例研究方法可以识别出导致项目在不同学校或地区实施差异的原因。

归根结底，这是个别学生的定性"故事"，研究人员可以利用它去理解更复杂的发现和情境。

学校发展计划　学校发展计划是由 James Comer 开发的，以"Comer 过程"而为人熟知，学校发展计划（School Development Program, SDP）是以学校为基础的方法，通过这种方法可以改变教育者、学生和父母之间的关系（Comer, 1988；Comer, Haynes, Joyner & Ben-Avie, 1996；Joyner, Comer & Ben-Avie, 2004）。学校发展计划包括学校决策过程，强大的社会投入和儿童发展的 6 个途径（身体、心理、语言、认知、社会和伦理）。学校发展计划最初在康涅狄格州进行，针对城市学校中的贫困家庭学生。

学校发展项目在每个学校创立 3 个团队：一是学校计划和管理团队（School Planning and Management Team, SPMT），由学校行政管理人员、老师和其他职员、学生组成。学校计划和管理团队是一个管理机构，它开发、支持和监控学校的综合改善计划。二是社会支持组（也被命名为以学校为基础的精神健康组），包括学校心理学家、顾问、社会工作者、护士和特殊教育的老师。社会支持组处理儿童的特殊需要，通过向老师和父母传播信息，预防问题行为，组织发展技巧和相关方案。三是家长组，参与学校管理、筹款、宣传、志愿服务，分享为人父母的技巧，增加家庭—学校的联系，为教育提供支持。

这些团队是必要的，但不完善；团队以致整个学校，必须按照 4 个过程准则来运行，这样才能使学校更人性化、更有效。

● 合作式工作。

● 问题解决型（vs. 责备型）定位。

● 集体一致决策（vs. 投票）。

● 优先考虑孩子的需要，保证他们健康发展。

总的来说，这个模型产生了有力的辐射效应，Comer 描述到，这种力量渗入教室，影响到学生们；而且流向社区，影响了当地与学校有关的居民和服务提供者（Comer, 2004）。

评估这种以过程为导向的项目是很具挑战性的。Cook、Farah-Naaz、Phillips、Stettersten、Shagle 和 Degirmen Cioglu（1999）对学校发展计划做了独立的评价（即不是由学校发展计划相关研究者进行的评价）。在 4 年的时间里，Cook 等人在 23 所中学里进行了专项实验，这些学校分布在马里兰州的乔治县，这些学校在经济和种族上都有很多差异。该实验包括了 12 000 个学生，2 000 个员工，1 000 个家长的多重评价，研究发现 SDP 学校比对照组完成了更多项目部分，在以下维度中，存在关键区别：

● 有实施项目必需的设施，拥有有经验的老师。

● 有更多的家长和社区参与。

● 员工、学生、家长、学校愿景更多地达成一致。

● 学校计划与管理执行得更好。

与对照组相比，学校发展计划在共同管理、

民主决策、学校提高计划的质量上没有显著的区别。良好的学校氛围看起来能影响学生的身体健康，但不能提高学生的学业成绩。

随着对儿童发展计划的评估，评估结果让人失望，但也揭示了一定的问题。两个评估结果都表明，如果能高质量地执行项目，学校氛围干预确实起作用，对学生的社会—情感方面也产生作用。

从这项研究中，得到一个清晰的信息，那就是在项目实施过程中，必须十分关注关键要素，并要确保项目强力地、谨慎地和一贯地推行。仅仅呈现项目的关键要素不足以产生变化，对处于高风险的青少年尤其如此。因而一贯的、高质量的项目推行是必要的。

一个复杂的现象是，在实验组学校干预的内容（被评估的项目），在对照组学校中，在没有人主动实施的情况下也会发生。这一现象在学校发展计划的研究中很明显。

Cook 等人的评估是学校发展项目的最终结论。Comer 小组采取行为研究方法，并做出重要的调整：

在改革过程中，或者在学校发展项目中，获得行政管理层面的理解和支持是非常重要的。这一认识首先来自我们的学术理解，然后，又在不断的实践中得以强化。有的人可能会有这样的概念，项目执行就好像一个治疗过程，不需要行政层面的支持也可以取得治愈的效果。的确，项目可以提供概念框架，甚至提供具体的实施内容，但是，只有当项目执行者充分利用信息，以广泛性支持为基础，项目才会获得提升和成功。同样地，因为在项目执行过程中，会有人员的调整，因此，项目必须以广泛的支持作为基础，而不能只靠一位或几位领导。如果没有全体教职员工的一致性支持，人员的主动性会受到打击，也不会持久实施。

直到项目实施的第 8 年，项目的关键因素，测试成绩才有所提高。教职员工与家长配合得非常默契，并且项目已经达到了最高的效益。学生的行为问题最少。如今有了更多的知识和技能，在平均条件下，这个模型可以帮助功能较差的学校在一两年内提升社会地位，并在 3～5 年的时间内提高学生的学业水平。许多学校在一年之内两个目标就都实现了。(Comer, 2004, pp. 126 - 127)

家庭计划 这个计划对家庭、学校和社区共同解决预防物质滥用现象进行了整合 (Spoth, Redmond & Shin, 1998; Spoth, Guyll & Day, 2000)。该家庭计划需要两个能够胜任的家庭共同促进计划的执行，该计划为无毒年的准备计划，及在艾奥瓦州乡村社区的艾奥瓦州家庭关系加强计划。这两个计划是通过家庭分组训练的方式，同时为了加强家庭保护过程，并减少行进中的风险而设计的。在一项对家庭计划的实验性评估中，22 所实验学校的家庭接受了这个项目，其他 11 所学校的家庭作为对照组。结果显示，这个项目可以引发某些特定的家长行为、家长们普遍的行为管理方法以及家长与孩子在情感质量关系上的改变 (Spoth, Redmond & Shin, 1998)。

在实践中，这样的社会关系涉及许多机构与部门，例如，地方或国家级的健康和社会服务机构，以及学校和家庭。建立一个组织结构来管理合作伙伴关系并协调参与情况是很重要的 (Adelman & Taylor, 2003)。随着干扰变得越来越复杂，互相牵涉以及潜在的力量的存在，项目的实施和协调的质量变得更加重要。

此外，评估研究变得更加重要且更加困难。在第 14 章中我们将会讨论评估方法。

 预防/促进的新领域

预防/促进领域还将继续发展。此外，有几个领域成为预防/促进项目新的关注点。这些领域包括预防欺凌、暴力、伤害和自杀、青少年犯罪、恐怖主义的直接和间接影响、艾滋病毒/艾滋病。我们本来还想讨论其他问题，如家庭暴力和虐待儿童，但是基于篇幅有限，我们不能详细展开讨论。此外，我们对各地域出现的、具有很强相似性的新问题的分析还不很明确。

以学校为基础的预防欺凌和自杀

到一所中学集会，要求学生回答以下 3 个问题中的任何一个：

在过去的一个月里，你或者你所认识的任何一个人想过要伤害自己吗？如果有这种情况，就举手回答"是"。

你是否想过关于自杀或自残？

你有没有和有类似想法的同学讲过？

您可能看到房间里一半的同学在举手。

到任何小学、初中、高中的集会上，要求学生回答以下 3 个问题中的任何一个，如果有这种情况，就举手回答"是"。

在你的学校里，你有没有欺负别人？不管是言语威胁还是行动威胁。

你在学校里被别人欺凌、威胁或恐吓过吗？

有没有看到或听到过有人在学校里被恐吓了？你对此有什么反应？

您可能看到有 3/4 的同学举手。

这些有数据支持的例子表明，自杀和欺凌行为是全球问题（Elias & Zins，2003；Malley，Kush & Bogo，1996；World Health Organization，2000）。当然，人们可以找到很少发生这些问题的学校。在第 9 章提到，自杀和欺凌可以在生态学领域被概念化，是通过在个体和环境一级的预防方程式。

对于这两个问题关键的、预防性影响来源于：学校和家庭生活的相关性和连通性；支持自己的朋友、家人和其他有爱心的成年人；处理失败、挫折、压力和冲突的应对技巧，以及关于自己和他人情感线索的准确看法。预防自杀和欺凌，需要多层次的、生态的方法进行干预（Henry，Stephenson，Hanson & Hargett，1993；Kalafat & Elias，1995；Miller & DuPaul，1996）。

预防学校暴力的保护性因素　社区心理学家极力敦促对那些暴力事件及其他破坏他人财产的行为发生率很低的学校进行考察，考察这些学校的组织管理情况，下面提供的条件将有助于学校暴力事件发生比例的降低（Felner & Adan，1988；Hawkins & Lam，1987；Pepler & Slaby，1994；Wager，1993）。

● 学校课程的设置与学生的生活有高度的相关。

● 学生们能够根据学校规则，对发生在他们身上的事件进行自我监控。

● 学校的纪律政策应是严厉的、公正的、明晰的，并不断地被强化。

● 学校在认可学生的成绩方面设立合理的奖赏制度。

● 设立强有力的、高效的学校管理体系，主要的领导层牢固而有力。

● 采用多种方法降低学校非人性化的东西，增强教师—学生间的积极联系。

● 课程设置包括社会—情感能力教育，其内容包括自我控制。

这些个体技能和环境特征是我们本章中所描述的许多预防/促进计划关注的焦点内容。当对这些技能计划进行综合性、发展性的强化时，孩子们就能够成为有效的学习者。并且，更重要的是，能够参与到他们所在社区的社区活动中来。当孩子们发现他们拥有社会生活技能，能够参与到充满竞争的社区活动中时，学校暴力将会随之减少。然而，一定要确保所有的学生都被赋予参与的机会，不能对他们的身体或心理进行划界和威胁（Cottrell，1976；Coudroglou，1996；Elias，Zins et al.，1997）。

关于项目结果的实证研究　虽然在理论上和实践中有明确的指导方针，但是，有关预防自杀的实证研究结果却并不一致。例如，以应激模型为基础，尝试把自杀行为标准化，进而实施预防自杀行为的课程，不但是无效的，有时反而是有害的（Kalafat，2003；Miller & DuPual，1996）。Kalafat（2003）指出，我们很难得出令人信服的实证支持，认为通过干预可以预防自杀或者自杀尝试。自杀预防的具体实践做法是，对学校员工进行在职培训，查明有自杀倾向和其他高风险的学生，重视青少年同辈群体的报告，并有效处理，采取恰当的行动，同时在必要的时候转诊（Miller & DuPual，1996）。这些做法似乎同样适用于防止其他问题行为。

在学校里，学校开办用来减少或消除恃强凌弱、以大欺小事件的课程激增，我们对恃强凌弱、以大欺小现象以及如何预防的了解也越来越多（Zins，Elias & Maher，in press）。然而，开展有效的干预措施不这么简单，即使一些项目设计得很好，在实施过程中执行得很好，就像多伦多反欺凌干预项目那样，实际上，项目对减少受侵害率的贡献也很有限，对于人们如何开展干预工作的作用也很有限（Pepler，Craig，Ziegler & Charach，1994）。干预项目的关键因素，其元素内容以及持久性还都不确定。最近的研究表明（Goldbaum，Craig，Pepler & Conolly，2003；Neft & Elias，in press），传统的受侵害者分类过于简单。受害者可以被分为：消退型（开始的时候，受害人比率很高，一段时间后消退）、延迟型（一段时间过后，受害人比率增加）和平稳型。同样，可以在恃强凌弱者和旁观者之间做出区分，还可以区分出有的年轻人可能既是受害人，同时又是恃强凌弱者。还有性骚扰、网络上的胁迫、针对残疾儿童的暴力、恐吓，这些恃强凌弱事件这几年有增长趋势（Elias & Zins，2003；Willard，2005）。

学校范围的方法 预防恃强凌弱、自杀的最大项目来自综合学校，综合学校创造了一种氛围，对恃强凌弱、自杀现象绝不容忍，建立积极的社会概念，记录应对威胁、恐吓事件的有效反应，开设课程培养学生的社会—情感能力（Elias & Zins，2003；Silverman & Felner，1995）。学校确立了明晰的、稳固的、针对全校的政策，制订了转介程序，进行员工培训，以有效地处理学生汇报的问题。但是，在建立一套跨情境有效性的程序，能把项目应用到不同情境中，经历一段时间后仍然可持续等问题上，仍然是悬而未决。下面是我们对在某些方面初显成功的 3 个方法进行的回顾。

Olweus：预防威胁 Olweus（Olweus，Limber & Mihalic，1999）模型已经在挪威取得了成功。它主要体现在：建立学校规章制度，强调周边环境各个因素的交互作用（例如操场）。干预内容包括：所有学生人手一本关于恃强凌弱现象的教育手册，一本父母教育手册，一盘描述受欺侮学生的录像带和一本学校纪律规范手册。在这个纪律规范手册里，把最下流的口语词汇标为侮辱性词汇，并要求对说这些词汇的学生立即给予惩戒。屡次犯错的学生则要求其父母到校。数据评估表明，学生对学校生活满意程度、安全感和舒适感有很大改进。最重要的是，恃强凌弱的现象减少了。本质上，Olweus 模型营造了不同的社会交互作用和不同的环境感受性（这也是早期讨论的 CDP 和 SDP 的目标）。应用 Olweus 模型的学校一定要以有效的方式，促进学生以非暴力的方式解决问题，促进交流，注意对暴力事件旁观者和受害者的反应方式，无论是事件发生时还是事后。

在美国应用 Olweus 方法取得了一定的成功，实施中也遇到了挑战（Limber，2004）。美国和挪威的文化差异是项目的结构设计、实施过程中必须要考虑的问题。

ACHIEVE 项目 在美国，出现了以学校为全系统的预防方法。这种方法整合了许多预防恃强凌弱、受害者/暴力项目的有效因素。ACHIEVE 项目阐明了其中的策略：

● 以学校为全系统，开设社会技巧课程，关注友谊，预防暴力事件。

● 个人、年级、学校建立责任系统，对预防恃强凌弱事件给予奖励，对发生的恃强凌弱事件追究相关责任。

● 校内教职员工、管理政策以及行动的一致性。

● 对发生恃强凌弱事件的情境做"特殊情境分析"。

● 家长和社区达成一致意见：胁迫、戏弄、嘲弄、扰乱和侵犯行为是不可接受的、被禁止的。

和其他社会—情感课程相比较，ACHIEVE 项目用日常语言来解决出现在不同层面上的、可能会导致威胁的行为。该项目的一些步骤包括：学习"停下来思考"，问"你要做明智的选择还是不明智的选择"和"你选择什么"。

"特殊情境分析"分析咖啡厅、走廊、公共汽车和其他学校地带，还有和问题行为最相关的地点。这种对情境的敏感性与社区心理学的原则一致。ACHIEVE 项目已经被美国毒品预防和心理健康管理局作为示范模型、合作和促进社会—情感学习协会的示范项目、白宫学校教育委员会安全问题指定项目（Knoff，in press）。

学校心理健康革新项目　其他解决恃强凌弱和自杀问题的干预项目包括学校心理健康革新项目（Hunter *et al.*，2005），积极的行为干预支持项目（Sugai & Horner，1999），学生支持新方向项目。这些革新项目的目标比较单纯，旨在解决在学校的心理健康问题、问题行为和学习困难问题。

然而，在实施过程中，每一个又都扩展到更加广阔的范畴，如教育的氛围、全体学生的学习成绩以及社会—情感能力。现在，所有的这些创新项目还在发展的早期阶段，有关项目有效性的研究数据还在积累中。在这 3 个方法中，学生支持新方向项目是阐述得最详细的。Adelman 和 Taylor（2006）概述了 3 种相互关联的系统，这 3 种系统可以为学生提供整合的、综合的心理健康服务：促进健康，预防问题行为系统；早期干预系统；关爱系统。通过研究以及讨论这种综合的方法，人们发现，从某种意义上说，这些旨在防止欺凌和自杀以及改变学校学生心理健康的综合措施，是学校结构在纵向、多层次的生态学改变的副产品。

总结　以学校为全系统的预防方法可以用一个古老的寓言来阐述。一个建筑者在隔壁村造了一座房子，他希望一次带上所有东西，这样他只跑一趟就可以了。所以他用一头驴来驮运所有东西，但由于他一直想着可能会用到的东西，而没有意识到随着驮运的东西越来越多，那头可怜的驴已经开始撑不住了。当建筑者发出"我们出发吧！"的命令时，那头驴回答"你自己走吧，我动不了了"。这是故事的一个结局，另一个结局是那个建筑者愤怒地说："如果你现在不马上出发，我就打你。"驴的腿一直摇晃着，直到大部分东西掉到地上，然后驴跑向了那个村庄，并说："你用我搬过来的东西去造房子，你没有选择权，我来决定。"

像那个建筑者一样，关于如何应对恃强凌弱和自杀问题，学校必须自己考虑。在第 11 章我们将阐述如何实施干预问题。从社区心理学角度看，今后预防欺凌和自杀最好的、最直接的方式在于培养孩子的积极品质，并确保孩子在学校有意义地度过，反映出孩子的优点和兴趣。积极的关心能预防个体对自己或他人的破坏性行为，与好朋友、老师、有经验的成年人的联系，与正式、非正式的咨询机构的联系，这些都会发挥积极的作用。未来的研究趋势是：检验这些过程的影响力，以及这些内容如何在以学校为全系统的预防方法中发挥主导作用。

预防青少年犯罪

青少年犯罪是法律问题，不是心理学问题，因为其关注的是青少年违反法律的行为。然而，随着公众越来越关注城市和市中心的青少年帮派问题，预防青少年犯罪成为一个公共健康问题（Roberts，2004）。社区心理学在了解青少年犯罪方面有其独特的洞察力，犯罪可以被认为是年轻人发泄情感上的不满，因此，青少年犯罪和一些概念，比如社区感、授权、压力及其应对紧密相关。目前的研究认为，预测青少年犯罪最有效的因素是家长因素，其他风险因素包括：青少年在儿童期的经历、认知能力、学校成就、情感规则、附属物、家庭社会地位、所处家庭婚姻是否和谐、社区犯罪和暴力水平。

在对青少年犯罪预防项目的回顾中，Welsh 和 Farrington（2003a）认为，一些家庭拜访项目包括胎儿期/婴儿早期项目（前面提到的），关爱儿童和学前项目，及以学校为基础的项目等，这些项目都采取了正确的策略。

休斯敦家长—儿童发展中心（Johnson，1988），是关爱儿童项目的范例。在这个项目中，通过家访以及课堂教学等方式，教授孩子妈妈们有关儿童发展的知识，促进家长—儿童关系发展的知识和技巧以及认知能力技巧。在这个历时 8 年的跟踪研究中，与控制组的孩子相比较，实验组的孩子们打架和冲动现象更少发生。

我们以前阐述过的派瑞学前教育计划，以高

质量的教学水平著称，它强调了孩子的认知能力和社会—情感能力的成长。Welsh 和 Farrington（2003a）报告了有关派瑞学前计划的一系列研究，其中有一项历时 22 年的追踪研究，研究显示，接受派瑞学前计划的孩子，在长大成人之后，在拘留和严重犯罪方面比例很低。最后西雅图社会发展项目（Hawkins, Catalano, Kosterman, Abbott & Hill, 1999）在 8 所学校进行了长达 6 年多的测试。西雅图社会发展项目侧重：培训家长，社会技能发展，创造氛围以促进学校组织成长，从而达到与对照组相比减少暴力和酒精滥用的目的。Welsh 和 Farrington（2003b）指出，对青少年而言，预防青少年犯罪获得最多实验支持的做法是：青少年放学后的娱乐活动。辅导制和以社区为基础的项目也发挥了作用。

Roberts（2004）和 Yoshikawa（1994）建议，今后预防犯罪的努力必须着重于多因素理论，重点放在早期家庭支持、社区网络和早期教育，最好与下面所列实践原则保持一致：

- 在孩子 5 岁之前，实施以家庭为基础的计划。
- 高质量的托儿所或学前关爱。
- 有规律的、以家庭为基础的情感和信息支持，这些与孩子成长、家长关爱和家长自身教育目标及社会目标相关。
- 项目时间最少两年。

他们还指出，青少年犯罪越来越表现为严重的犯罪行为。因此，对这一群体展开预防犯罪项目就越来越有必要。

预防恐怖主义的消极影响

事实上，每个国家的公民都生活在恐怖主义的威胁下。不可否认，恐怖主义威胁已经影响了个体性格、家庭和社区。在未来的几年中，社区心理学家将会探讨社会公正、个体健康、合作和社区感如何相互作用以减少恐怖主义的负面影响。

恐怖主义影响到直接受害者、目击者，让他们感觉自己可能成为下一个目标。恐怖主义也会影响到周边环境。Danieli、Engdahl 和 Schlenger 描述了恐怖行为和大规模的伤害事件是如何影响个人、社区和社会生活，影响人际关系和生活观念的。Moghaddam 和 Marsella（2004）探讨了恐怖袭击影响的细微差别。着重于直接受到恐怖袭击或间接接触到恐怖袭击事件的差异，和遭受到恐怖袭击的人们的紧张恐惧度如何。

回忆第 8 章中关于调查"9·11"恐怖袭击事件影响的研究，恐怖主义对人的心理行为造成的广泛影响。越是直接受到恐怖袭击，体验的悲痛越强烈。然而，后续的调查也表明，大多数纽约市儿童和成年人的症状在大约 6 个月后有了好转（Calea, Vlahov et al., 2003；参见第 8 章的其他资料）。对这种复原现象的研究，可以为防止和减少人们对恐怖袭击恐惧的研究提供新的视角。

学校如何应对恐怖主义威胁，Alpert 和 Smith（2003）区分了在恐怖袭击发生后中级预防和学校应对可能的恐怖事件整体的初级预防。在恐怖袭击后，二级预防包括在社区和组织开展工作，减少混乱，减轻危机产生的短期、长期的消极影响。像我们在第 8 章中提到的，社区心理学方法可以帮助学校和社会团体认识创伤后反应，注意适当的反应和可利用的资源。社区心理学概念也帮助建立危机干预中心，调查并展示它们是有效的、具有文化适应性的。例如，组织干预，像危机事件、压力报告常常是无效的，有时还会使事情变得更糟。社区心理学家在学校和工作场所开展工作，可以组织发展相互支持，确保最哀伤的人可以得到帮助，并建立起监控系统，以监控最新情况（Aber, 2005; Felton, 2004; Gist, 2002; McNally, Bryant & Ehlers, 2003; van Emmerick et al., 2002）。

初级预防面临更大的挑战。应该直接针对什么而努力呢？在防止实际的恐怖事件上，社区心理学并不是孤军奋战。是否应该预防心理上的恐慌感？我们如何在有先见之明的准备和危言耸听的信息之间取得平衡？需要安全和自由的核心原则，需要求异思维，保持平衡并想出创造性解决方法（回顾第 2 章中的这个概念），并将这些理论进行到底。例如，在机场和地铁，这些公共场所的安全，通过政府制定法律，授权监控电子邮件，向大众媒体传播预警信息。发展一项危机干预计划或危机干预团队也涉及这些问题。就像 Alpert 和 Smith（2003）指出的，制订干预计划，创建干预团队的目的是为了减少焦虑。但为了确保计划的有效性，练习和实践应该保持在什么水平上？

确实，在学校中反复教授大量的安全思想，学生似乎变得不是担心就是习以为常，在危机发生时，没有什么是可以运用的。没有唯一的答案，相反，需要分析、推理和实践方针、决定和结果的行动研究。

再看看社区和社会，社区心理学家和其他心理学家能让公众了解面对恐怖主义的社会和政治举措吗？社区心理学家的宏观系统、社区、个体生活的生态学概念，在国际化视角中及个体的视角中，如何建设性地解决冲突？社区心理学生态学水平思考如何让公众对恐怖主义有更深的了解以应对恐怖主义威胁？社会心理学的健康的核心价值，社区感和社会公正如何使讨论更活跃？Moghaddam（2005）和 Marsella（2004）收集了许多相关问题上心理学的观点。如何理解恐怖主义涉及冲突的社会和政治价值观，更深入地了解恐怖主义，需要求异思维和实践研究。社区心理学家不是对该领域做出贡献的唯一学科，但是他们的多重生态水平的观点和求异思维都很有价值。

艾滋病防治

艾滋病依然是影响世界所有地区和民族的传染病（疾病预防和控制中心，2003）。强大的医疗措施，改变了病程，预防工作似乎已经成为常规化，没那么紧迫了。Wolitski（2003）的报告表明，"安全的性疲劳"和"艾滋病倦怠"急剧增长。这导致预防信息被忽视，从而加剧了健康风险和艾滋病的蔓延。令人不安的是，在有色人种中，在非英美国家中，有更高的发病率（Centers for Disease Control and Prevention，2003）。

Marsh、Johnson 和 Carey（2003）建议针对青少年的预防工作，最好是直接减少青少年危险性行为。有效的干预包括关注青少年与潜在性伙伴的沟通和交流技巧角色扮演法，还包括使用避孕套的注意事项（Coates，2004）。在结构上，防治艾滋病项目最好是性健康教育的一部分。

对于社区心理学家来说，艾滋病预防过程中包含许多挑战和机遇。行为研究可以发挥有益的作用，通过确定感染或未感染艾滋病毒，对预防工作做相应的修改。生态学理论、对多样性的理解有助于我们研究家庭的影响、亲密关系、环境因素、青少年和成年人的积极性健康概念（Kotchick，Dorsey，Milller & Forehand，1999；Power，1998）。正如 Wolitski（2003）指出的那样：

> 预防艾滋病的信息，像其他形式的沟通方式一样，有保质期，如果不经常改变和更新，注定要成为单调、陈旧的信息。以反映新的科学信息或改变社会的看法和规范……需要定性研究与定量研究，以促进更深入地了解社会、社区、环境因素如何影响个人的风险行为，从有安全性行为的人那里学习经验。（Wolitski，2003，p. 15）

微观系统项目、宏观社会政策和各个生态水平对于艾滋病预防都是很重要的（Coates，2004）。

项目的执行和可持续性

正如你所看到的，"预防工作起作用了吗"？回答这个问题很像是回答"手术"起作用了吗？"教育起作用吗"？如果你的答案是"是"，那么，一定要知道项目是如何执行的，这个回答才是合格的。更完善的问题是："该项目是否按照设计实施，是否与理论和研究一致？"和"它是如何适应特定人群和背景的？"

因此，研究和实际行动关注的是预防/促进项目在当地的具体执行情况。正如我们已经指出的，某种预防/促进方法可能在一个组织、地域、文化中很适用，但在另外的情境中，就未必适用。在多种背景下，通过实证研究证明有效的项目，或者通过元分析研究获得支持的项目，也一定要进行调整以适应"当地的、独特的"情境。社会心理学家倡导不断学习的重要性，认真考虑实施计划的背景。另一个问题是，预防/促进项目成功实施后，如何保持项目的可持续性，我们将在第 11 章中详细阐述这个问题。

 本章小结

1. 关于预防和促进方面的文献不断地增多，我们可从执行多年，并且其有效性已经经过实验研究证实的计划中得出最可靠的结论。详细的影响因素见预防方程式（见表 10—1）。

2. 我们挑选了一些在家庭、学校、工作场所等微观系统内的项目。家庭项目常常关注父母的技巧，例如，*胎儿期/早期婴儿项目*。在本章的后半部分，我们阐述了家人去世项目，以及以家庭为基础的项目和以学校为基础的项目的联结，*离婚家庭儿童项目，家庭项目*。基于家庭的有效项目的原则（见表 10—2）。

3. 以学校为基础的项目往往侧重于社会—情感能力或社会—情感读写能力。如派瑞学前计划；人际认知问题解决；社会决策/社会问题解决；第二步；*Lions-Quest 行动学习*。稍后介绍的以学校为基础包括：*初级心理健康项目；离婚家庭儿童项目；控烟意识项目*。在工作场所中进行的项目包括：*JOBS* 以及加强员工社会—情感能力的努力。

4. 其他的预防/促进方法侧重通过改变环境以改善生活质量。以学校为基础的项目侧重改变学校的社会氛围，包括性格教育；社会发展计划；*STEP 干预项目；学校发展计划；儿童发展计划/关爱学校社区项目*。还有的项目采用宗教教育的方法，或者在工作场所创造"情感智力"车间。

5. 预防/促进项目如果在更大层次上进行，就会扩展到社区和宏观系统。包括加拿大的社会性格以及在美国的社区护理联盟。我们也阐述了 Jason 利用大众传播媒介进行的反吸烟计划；通过倡导、宣传从而影响国家或者州的政策，也可以为预防/促进目标服务。我们也阐述了在哥伦比亚预防社区动乱和暴力项目；墨西哥预防毒品滥用政策；土耳其防止欺骗和偏执项目，以促进文化间的相互理解。

6. 情境因素、特殊文化的生态、人口、社区、背景，这些因素对于有效的预防/促进项目而言都是很关键的因素。在美国，"不让一个孩子落后"法案对学校的预防/促进工作影响很大。我们也讨论了 Sundberg 等人的跨文化研究，他们的研究表明，在北美开发的项目，要想移植到其他地区，会受到许多的限制。即使是在同一社会内部，项目也必须进行调整以适应不同的文化和社区。

7. 我们阐述了一个家庭个案研究，即 Watsons 一家人的个案研究，来说明各个层次和类型的预防计划如何满足家庭的多重需要。这个案例研究中也包括一些讨论，即我们以前讨论的一些项目如何应用到家庭中。

8. 怎么确定预防/促进项目的有效性？我们认为元分析是一个不错的方法。元分析方法是系统地概括在多个研究中预防/促进项目效果的定量分析方法。有关初级和中级预防的元分析例子我们已经做过介绍。

9. 评价预防和促进干预有效性的定性分析方法是最好实践法，它着重阐述了有效计划的要素，使用这些要素作为标准来评估项目。我们是通过合作以促进学业、社会和情感学习协会（CASEL）的成果对此进行阐释的。强调了对以学校为基础的预防项目的指导方针（见表 10—3）。

10. 第三个方法是大型项目评估，从实际的经验、教训出发，揭示预防/促进项目的复杂性。实施项目的当地情境、在多个生态学水平中开展工作，项目实施的质量是关键因素。

11. 以下是预防/促进研究和行动的 5 个新兴领域：以学校为基础努力防止欺凌和自杀；预防

犯罪；预防恐怖主义造成的心理影响；艾滋病预　　　防；预防/促进项目的执行和可持续性。

 简短练习

1. 阅读下面的问题，然后和你的一个同学共同讨论：

本章中所描述的哪一个预防/促进项目你最感兴趣或是对你最有吸引力？为什么？

在什么样的环境或社区或文化背景下，预防/促进项目效果最好？为什么？在什么情况下该项目没有效果？为什么？

2. 设想你是当地校董事会的一名成员，你会提议把本章中的哪一计划纳入学校的课程和（或）服务中（如果有必要从预算中支出一笔钱用于该计划）？

3. 设想你自己是你所在社区的当地政府官员。你会建议在你的社区中开展本章中所描述的哪一项计划（如果有必要运用税收所得，开展该计划）？为什么？

4. 设计一个预防或促进项目，围绕你的想法跟你的同学进行讨论。

● 选择一个目标对象（例如，可依据年龄进行选择，或最近处于同一压力下的人，或处于同

一环境下，或其他情况相似的人）。

● 选择你希望实施你的计划的环境，如工作场所、社区等微观系统。实施计划中，你应该不断变换实施环境或实施环境中的目标对象。如果你选择的环境是你很熟悉的，你将很可能获得更多好的想法。你选择的微观系统环境要能影响很多方面，如改变地方的、国家的或国际政策。

● 选择至少一个目标：预防问题和（或）促进能力。

● 确定一下，你的计划最好是被定为初级预防还是中级预防。

● 建议用一种方法来衡量或评估你的计划的有效性。

● 对你的计划将采用何种具体方法完成既定目标进行描述，这些方法是如何与预防问题和促进能力相关的？

● 对你的计划与第 9 章和第 10 章社区心理学概念之间的联系进行描述。

 推荐阅读

Albee, G., & Gullotta, T. (Eds.) (1997). *Primary prevention works*. Thousand Oaks, CA: Sage.

Gullotta, T., & Bloom, M. (Eds.) (2003). *Encyclopedia of primary prevention and mental health promotion*. New York: Springer.

Weissberg, R., & Kumpfer, K. (Eds.) (2003). Prevention that works for children and youth [Special issue]. *American Psychologist* 58(6/7).

 推荐网站

部分具体预防/促进计划项目列表

性格问题项目：加拿大安大略省约克区教育局　　　http://www.yrdsb.edu.on.ca/

发展研究中心：关爱学校的社区项目（学前儿童发展项目）

http：//www. devstu. org

希望基金会

http：//www. communitiesofhope. org

我能自己解决问题（ICPS）：社会决策/社会问题解决

http：//www. researchpress. com

开放圈/深入到学校的社会能力项目

http：//www. open-circle. org

和平工程

http：//www. peaceeducation. com

促进替代思维战略（Promoting Alternative Thinking Strategies，PATHS）

http：//www. channing-bete. com

创造性地解决冲突计划（Resolving Conflict Creatively Program，RCCP）

http：//www. esrnational. org

响应课堂

http：//www. responsiveclassroom. org

第二步

http：//www. cfchildren. org

青少年技巧，行动技能，暴力预防

http：//www. quest. edu

社会决策/社会问题解决项目

http：//www. umdnj. edu/spsweb

http：//www. eqparenting. com

加强家庭计划

http：//www. strengtheningfamilies. org

部落学习社区：提出了一种在一起学习的新方式

http：//www. tribes. com

以学校为基础预防/促进的信息和最佳实践法

合作以促进学业、社会和情感学习协会

http：//www. casel. org

性格教育合作

http：//www. Character. org

国家学校心理学家协会

http：//www. NASPonline. org

国家心理健康协会

http：//nmha. org/children/prevent/index. cfm

学习和公民权国家中心

http：//www. ecs. org/nclc

美国教育厅安全和无毒品学校办公室

http：//www. ed. gov/offices/OSDFS/exemplary01/2 _ intro2. html

预防药物滥用中心

美国药物滥用和精神健康服务管理部门

http：//modelprograms. samhsa. gov/template _ cf. cfm? page＝model _ list

美国疾病控制和预防中心

http：//www. cdc. gov/hiv/projects/rep/compend. htm

美国卫生研究院国家药物滥用研究所

http：//www. nida. nih. gov/prevention/prevopen. html

蓝图项目的研究和预防暴力中心

http：//www. colorado. edu/cspv/blueprints/index. html

美国国立卫生研究院，对青年的暴力行为协商一致的结果

http：//consensus. nih. gov/ta/023/023youthviolencepostconfintro. htm

社会和情感教育中心

http：//www. csee. net

学校心理健康项目

http：//smhp. psych. ucla. edu

教育者的社会责任

http：//www. . esrnational. org

部分国际预防/促进资源列表

联合国教育、科学及文化组织

http：//www. ibe. unesco. org/International/
Publications/Educational/Practices/prachome. htm

（以多种语言写作的、关于社会—情感学习方面的书籍，可下载、复制）

世界心理卫生联合会

http：//www. wfmh. com/

丹麦社会和情感学习中心

http：//www. cesel. dk/

情绪智力研究联合会

http：//www. eiconsortium. org

德国心理健康网络

http：//www. gnmh. de/

以色列教育部心理和咨询服务/生活技能计划

http：//www. eduacation. gov. il/shefi

日本 EQ

http：//www. eqj. co. jp/

新西兰警察局的青年教育服务

http：//www. nobully. org. nz/

挪威青少年在线

http：//www. nasjonalforeningen. no/
BarnogFamilie/artikler/folkeskikk. htm

反对暴力伙伴关系

http：//www. pavnet. org

苏格兰促进社会能力项目

http：//www. dundee. ac. uk/psychology/
prosoc. htm

南非兰德大学教育科学系

http：//general. rau. ac. za/cur/edcur/
eduscie/krige. htm

6 秒钟（关于促进情感智力在学校、组织和家庭中的信息）

http：//www. 6seconds. org

瑞典社会情绪训练

http：//www. set. st/

土耳其的情感智力信息

http：//www. duygusalzeka. com/

公民学习和教育服务的资源

国家学习和公民权中心

http：//www. ecs. org/nclc

公民学习和参与的信息和研究中心

http：//www. civicyouth. org

国际教育和资源网络

http：//www. EARN. org

（见第 9 章提到的网站）

关键词

以社区为基础、能力、以家庭为基础、干预、初级预防、问题解决、促进、以学校为基础、社会—情感能力、社会—情感学习

第11章

预防和促进：实施项目

 开篇练习：从成功中学习的经验

当我们在电视里看到某地发生饥荒或者流行病时，看起来好像离我们很远，而且我们推论，问题很严重，要预防这些问题会很浪费钱，或者是我们什么也做不了。然而许多公共医疗和其他领域的专家不同意这种看法。过去的经验支持了他们的观点。

Levine（2004）在《纽瓦克明星纪事报》（*Newark Star-Ledger*）为世界艾滋病日所写的文章里，谈到一系列过去在公共医疗领域预防成功的案例。

● 一项由世界卫生组织领导的全球免疫计划，在1977年年底消灭了天花病毒。如果有更多的钱和适时的努力，也许在10年前我们就可以取得这项成就。同时，也可以避免很多不必要的死亡。

● 专注免疫工作，使南非儿童麻疹的发病率从1996年的60 000人减少到了2000年的200人。

● 在斯里兰卡，政府致力于"安全母亲"服务，已经使婴儿死亡率减少了5％。

● 在西非，横跨11个国家，一个几乎全由非洲专家运营管理的公共医疗项目预防了成百上千的失明案例。

● 在埃及的一项国家运动，促进了对于脱水病的治疗，婴幼儿痢疾死亡人数减少了82％。

● 在泰国的一项国家运动，要求使用避孕套，艾滋病的病例减少了80％，预防了将近200 000个新病例。

● 1985年，拉美和加勒比海政府开始进行一项为每位儿童预防接种的工作。这和早期发达国家的大规模行动相似。今天，脑灰质炎对西方已经不是威胁了。

● 1990年，波兰在世界上有很高的抽烟率。通过联合健康教育和严格的烟草立法，一年内因吸烟而死亡的人数减少10 000人。肺癌发病率减少了30％，波兰女性对男性的生命预期增加了4年。

● 预防的费用远远小于治疗的费用，也远远小于处理社会混乱的成本。

● 在这些成功案例中，大多数人一致同意，关键因素是采用了最好的方法。在适当的水平有基金会的持续支持，政治以及社会领导，技术创新，有效的治疗和教育，很好的预防工作管理，以及正在进行的有效的程序监控。这些因素可以让那些贫穷国家取得成功。在很多成功的案例中，国家机构、政府、私人公司和当地专家、市民通力合作。

对于这些你有什么反应？从中可以学到哪些经验？

如果不去实施，预防研究的知识不会有什么效果。即使实施，也需要高质量地完成。这还不够。为了有效果，预防工作必须广泛传播。Levine提供了一个关于如何将已有的知识付诸实践去克服诸如天花、脑灰质炎、吸烟的范例。事实上，社区和预防心理学家已经掌握了大量有关实施预防努力的艺术和科学。把你在第9章、10章读到的那种好想法和扎实步骤变成高质量、持久的实施不是不可能的。这种挑战可以比作在图书馆复习考试和真正考试的区别，或比作在牛栏里投球与运动场内每次要在人群欢呼声中面对活生生的棒球击球员投球。练习的表现并不总是合乎"真实世界"中展示的那样。想想其他的例子，表演在"真实世界"与"受保护"条件下的区别。如何克服和沟通这样的鸿沟？现在你可以更好地知道为何本章是社区心理学在预防/促进项目理解上的重要部分了吧。

社区一直是看待这个迷人且重要的问题的前沿，即：当社区将社区行动计划引入一个新背景会发生什么事情——这些目标是促进能力的发展、预防问题，还是处理现存问题，或是几方面的结合。这个主题使我们可以结合个性理论、学习理论、社会心理学、环境心理学、社区精神健康、公共健康、健康心理学以及社区心理学。对行动研究、行为和研究循环感兴趣的人，"实施"这个话题代表了行为与研究的重要前沿。

预防/促进项目在社区实施时会发生什么

"看见的经常不是真的；真的经常是看不见的。"

这个谚语如何应用到预防/促进创新项目上？"看见的"指的是什么？我们在研究刊物上经常看到有文章描述运行良好的示范项目：项目中有甘愿奉献、训练有素的职员，有多种资源的支持，有项目评估研究者的仔细研究。"看不见的"是什么？看不见的是在社区情境中发生的：教室、提前教育中心、放学后的青少年群体、工作场所、老年人项目、社区毒品预防联合机构以及其他环境。这里几乎没有合适的实验计划，也没有人记录实现预防/促进项目目标过程中的关键事件。

这个谚语还意味着什么？有人想把项目运用到家庭环境，对于这些人意味着什么？从社区心理学的角度看，重要的是在项目展示的环境与未来实施环境之间应该有一个生态匹配。有些项目，是在有大量资助、鼓励和资源的条件下进行的，在未来的环境中，很少会有类似的条件。因此，有些人想复制文献报告中的"成功"的预防/促进项目，很多都遭遇了失败。

当然，预防/促进项目所包含的内容对其他地方会相当有价值。不过，对这些项目如何运用的文件也许不多、不充分、很少推广。在前面几章中，我们回顾了预防/促进项目的许多类型，有丰富的实证证据证明它们的有效性。本章，我们描述缩小理论与现实鸿沟的方法，将期刊文章展示的项目、示范项目、资金充分的项目所提供的可能前景转移到日常工作背景下，例如邻里以及资源有限的背景。我们致力于回答这样的问题：怎样才能使预防/促进项目真正为社区所应用？

在本章，我们将讨论预防/促进项目复杂的"实施者依赖"。有人认为，持续、高质量的实施这些预防/促进项目很难，这种想法是很古怪的，因为实施者所做的重要决定极大地影响预防/促进项目的实施。第一，我们询问已有的、有效的预防/促进项目是否能有效地、广泛地实施，答案常常是"不能"。第二，我们探讨这种现象的原因，主要是关注组织和背景的生态特点。第三，我们提出计划和实施预防项目面临的问题，特别是预防/促进项目和情境限制、资源限制的关系。第四，通过阐述指挥和管弦乐队的关系，指出指挥对实施过程的指导作用，通过描述一个预防/促进项目 20 多年的实施过程，对此进行了说明。第五，我们关注在现阶段以及未来，实施预防/促进项目的重要性。

 ## 随着时间的推移，良好实施的预防/促进项目的持续性如何

我们用一个在学校开展的项目表明预防/促进项目面临的挑战。正如你在第 10 章所了解的，证据表明，基于学校的预防/促进项目可以锻炼儿童的能力，创造支持性环境，减少健康风险。我们已经学到了很多关于如何有效实施预防/促进项目的知识。社区心理学面临的下一个问题是：项目实施得很好，项目的持续性如何？以及有什么因素影响项目的持续性？

CASEL MODEL 网站可持续性研究

1997 年，合作以促进学业、社会和情感学习协会（www. CASEL. org）发表了《促进社会和情感学习：教育者指南》。这本书的部分内容是鉴别由 SEL 项目支持在美国范围内由学校负责实施的高质量网站的调查结果。

5 年以后，CASEL 问：有多少网站还作为模范网站正常运行？在多大程度上，项目被忠实地执行，体现了长期、可持续的特点？被用来检测这些模范网站的理论框架，聚焦于 3 个要素：学校申请项目动机，这个项目的可用资源，关键决策者的评价。研究者进行了 21 个访谈，样本代表了在美国的 14 个项目。访谈包括当前项目的情况、项目的进展细节、支持项目持续进行的因素。

结果如表 11—1，在接受访谈研究的 14 个项目中，有 6 个项目体现了长期、可持续的特点，4 个项目停止了，其他 4 个项目处于正在开发状态。很明显，不是每个项目都能持续进行。在长期、可持续进展的项目和表现出衰退的项目之间有 3 点不同（Elias & Kamarinos，2003）。

第一，积极的项目管理者的支持是至关重要的：要老师和项目参与者采用并且发展该项目，要获取项目资金和其他资源，要想让家长和社会了解这个项目，这些都需要项目管理者的积极支持。当项目管理者出现人员更换的现象时，项目

表 11—1   持续的、完美实施项目的特点
1. 积极的管理者的支持。领导层长期、持续的支持，员工、父母、社区的高卷入度。 2. 持续的训练和专业的发展计划。包括员工培训、提高忠诚度、技能丰富的教师做榜样、教师团队的同辈群体支持。 3. 将项目整合到学校。在学校的制度层面规定项目，体现在预算、每天的练习中，使项目成为学校日常工作的一部分。

进展受到的影响很小，通常因为项目开发者雇用了新的管理者，新的管理者多向学校的老员工请教，从而保证了此项目的顺利过渡。

第二，持续的实施项目需要不断进行专业的项目团队建设（教师和其他人）。这需要一些员工变成项目的倡导者以及榜样。只有当专业化的项目团队建设不断开展，项目参与者对指导项目的理论原则不断深入理解时，项目的持续进展才有可能。当项目实施团队对项目有深度卷入时，即使项目管理者出现人员更换，项目的持续性也不会受到影响。最重要的是，深入地理解项目原则，可以使项目执行者适应开展项目的环境，同时又保留项目的关键元素。

第三，持续开展项目的特点是：项目内容被

整合到学校课程中，成为学校日常生活的主流，也成为学校日常生活的一部分。项目已经融入阅读、健康、社会学习、学校集会、学校纪律和学生之间的冲突、运动场和食堂管理中。在项目被整合几年之后，学校就会把它作为常规的项目预算予以支持，也可以利用外部基金。

这些发现和其他的研究结合在一起。McLaughlin 和 Mitra（2001）分析了历时 5 年的学校改革的持续性，他们发现，深入的理论学习和有计划的员工和管理者培训是至关重要的。有清晰的项目发展规划并且能很快见到好处，这要比管理者和员工开始的支持更重要。管理者的能力和方向是项目持续性的根本。要想克服项目管理者更换造成的损失，需要受过良好教育的、忠诚项目的员工。管理者的忠诚、员工的高卷入度都会促进项目的持续进展（Elias & Kamarinos，2003）。

一项关于项目发展的行动研究

Lewin 的行动研究概念是指导框架，用以指导在学校和社区开展预防/促进项目。Lewin 的行动研究设计有这样的理念：将理论和方法付诸实践加以测试，评估影响，根据结果完善未来的理论、方法和实践。行动研究是不断循环的问题分析过程，项目设计，实地测验，创新传播。通过行动研究产生更精确的变量，使项目适应接受人群和环境（Price & Smith，1985）。整个模型是循环的，对问题的持续监控得出该问题是否有影响，何种人群与此相关，在何种背景下等相关信息。通过信息反馈进行完善或新的问题评估，评估反过来激励新一轮的预防研究、开发、评估，目的是更进一步地减少问题，增进健康，提高能力。在这个过程中，重要的模型包括实验社会革新（ESID）（Fairweather，1967；Hazel & Onanga，2003）和医疗协会关于预防的报告（Marzek & Haggerty，1994）。

Rossi（1978）关注项目如何真正产生公共健康影响。他认为要理解的一个中心问题是，当代理人而不是开发者来实施时，该项目如何运作。这个问题正是本章的核心。将他的工作与社区心理学相结合，可以确定项目发展和实施的 4 个步骤。人们有时把从预防/促进项目的初始设计到普遍实施的过程称为"**放大**"（Schorr，1997）。

（1）**实验发展**　与一个控制组相比较，在小范围的、最佳的、严格控制下，一个项目表现出它的功效。

（2）**技术应用**　在真实条件下，与其最终应用条件状况相似，但有开发者的指导，一个项目表现出它的功效。

（3）**传播创新**　其他组织或社区采用该项目，在真实条件下表现出它的功效，但没有开发者的直接审查和指导。

（4）**广泛应用**　从社区心理学角度，传播阶段是将该项目引入一个或几个社区。当项目继续在更广的、多样性的背景下表现出功效性，并且开发者将其传授给新的实施者，这些实施者反过来又会指导更多的项目传播时，实施才会变得普遍。只有在最后阶段出现时，这个项目才对社区、社会有广泛的影响。

可以用以下的例子说明广泛实施项目遇到的挑战。美国科学进步协会的创新科学教育项目开发者提到，他收到来自全国各地的电话、请求、信件等，对他的创新计划感兴趣，要求他帮助他们在他们社区实施。他答复说他不能。为什么？因为"你们人数太多，而我们人手不足"（Rutherford in Olson，1994，p. 43）。

学校干预执行研究

学校干预执行研究（School Intervention Implementation study，SIIS）是以实验为基础的研究。其研究目的是想知道，严格控制变量的实验项目，在自然条件下会如何？即：在严格控制的条件下开发的项目，在学校中实施时会发生什么状况，尤其是在资源缺乏、没有系统评价的情况下。在新泽西州，大约 550 个学校管区收到调查问卷。新泽西州非常典型，该州可以代表美国其他地区的趋势（Elias，Gager & Hancock，1993）。SIIS 总的反应率达到 65%，这个结果对于此类研究来说是相当令人满意的。

SIIS 调查了新泽西州全境正在运作的许多项目的情况。结果表明，项目在实施中几乎没有什么一致性。大部分校区工作中的"重要事情"，是与预防毒品、提高社交能力相关的。不过，采纳的程序并非系统化的。尽管有训令和鼓励政策，支持从幼儿园到 12 年级的项目，只有 10% 的管区有一个横贯小学的项目，6% 的管区只有一个初中项目，12% 的管区只有高中项目。1/3 的管区至少有 4 个年级没有预防项目。孩子在社区内、社区外没有一致的预防项目。出现了一个无法理解的项目疏忽：忽略特殊儿童所需的项目。而且，项目并没有实验证据跟踪记录，也没有有效的、产生积极影响的文献。一个惊讶的事实是：即使在有利的条件下，实施者有良好支持的情况下，实施成功的案例与失败的案例相当，最后，即使最具希望的项目也未必会被采纳。

Goleman（1998）对许多在工作场所实施项目的研究发现了类似的趋势。在宾馆、警察局、装配车间、教学医院和其他工作环境下，强化员工社交和情感健康的项目通常在某个环境下成功，在另一环境下失败。实施项目的最佳做法常常不被认可或采用。因此，了解预防/促进项目的实施，如何将"最佳实践法"引入普通实践，成为预防/促进项目关注的中心。

那些取得成功的学校改革和社区进展的示范模式，如 Sizer "基础学校联盟"；Slavin 的 "所有人的成功"；Pinnell 的 "阅读恢复"；Levin 的 "加速学校项目"；Dryfoos 的 "完整服务学校"；Comer 的 "学校发展计划"；Wandersman、Chavis 和 Florin 的 "街区推进和预防麻醉品滥用联盟建设项目"；还有 Wolff 的 "社区伙伴项目"。这些项目在特定环境背景下取得了某种程度的成功，但是如何把它们更广地引入公众生活是一个大问题。在精神健康领域工作的人们也有类似的烦恼（Schorr，1988）。

那么从社区心理学角度实施和普及预防/促进创新项目的好办法，是把重心放在已有的环境中，使之更有创新性。当这样做时，背景变得很重要，因为背景因素对于个体健康的持续改善有积极影响。在第 9 章我们提到的关键期整合社会系统（KISS）中尤其如此。人们一直在讨论，在学校中，创建如此的组织文化，是保持和提高儿童或成年人能力的最有力方法，也是实现预防目标的最有力办法（Elias & Clabby，1992）。

为何预防/促进创新项目未被广泛采用

在《最受抵触的道路：关于新未来项目教训的反思》（*The Dath of Most Resistance：Reflects on Lessons Learned from New Futures*）中，Annie E. Casey 基金会的职员（1995）描述了一个不成功的项目，该项目 5 年中花费了 1 亿美元，以期帮助 10 个中等城市开发和实施预防危险青少年发生问题行为项目。获得经费支持的城市保证，它们的计划将反映迄今为止的知名文献资料的成果。所有的计划都受到了广泛的关注和评论。资金筹措的水平比现在预防/促进创新项目达到的水平高得多。下面是报告的节选。

新未来项目的核心是这样的认识：青少年被各种诱惑包围，缺乏有效的多层次服务提供系统。如果现有有限的公共资源难以成为青少年服务体制的重要补充的话，就要求对现存机构和体制进行根本的、深刻的变革。这种方法不仅能更有效地服务于脆弱的孩子和家庭，而且还是唯一可实施的方法。

通过挑战社区、设计全面的系统改革而不是增加项目，新未来项目开始了最受抵触的道路……当前做法的既得利益、财政限制和政治风险创造了一种持续的力量，使体制变化最小化。改革计划的某些部分威胁到当前体制的稳定，其他部分似乎淡化了现存体制优势的重要性……我们知道，服务供应水平上的真正一体化，要求校董会、儿童福利机构、其他青少年服务机构前所未有的承诺，削减它们凌驾于传统批评功能上的传统权威——包括预算、人力资源配置——以满足集体决策。（Annie E. Casey Foundation，1995，pp. 1-2）

我们能——必须——吸取什么教训？发生的事情说明了什么？有无希望继续这样的尝试？你可能遇到过这样的问题：金钱本身未必能有效地预防问题行为；最佳做法和计划的结合不能保证成功；而且，虽然新未来项目失败了，但在其他更小、资金更缺乏的项目里预防措施却获得了成功。

CASEL、SIIS 和 Goleman（1998）的研究表明，预防/促进项目的有效性偏弱，甚至预防/促进项目在本质上是非常不一致的。为什么？一个原因是上文中提到的每个环境中的生态特征。我们在第 5 章描述的环境的特征，第 6 章人类多样性，第 7 章的社区本质和其他因素，极大地影响了对预防/促进创新项目的本质的理解。

让我们想想环境的术语，Kelly 的生态概念（回忆第 5 章的相关内容）（Kelly，1970）。每个背景各有一组独特的成员之间的相互依赖关系。例如，在工作场所，管理者对他们的员工更亲近、更随意，这样可以帮助员工加入工作场所练习项目或小组的促进团体工作的会议。在其他背景下，如果管理者和生产线员工关系更正式、更疏远的话，相同的项目可能不会达到预期效果。

此外，有形的与无形的资源循环贯穿每个环境。一所高中可能有一名英语教师，该教师的交流技能和可信赖度使许多学生向他寻求建议。他也许是引导预防自杀或毒品滥用项目的理想人选。然而在其他背景下，足球教练甚至来自校外的人都可能成为这一理想人选。这些人将会被贴上标签，使其看上去适合开展该项目，或者不适合该项目。其他资源包括资金、来自父母或管理者的支持水平，甚至包括房间是否适合开展该项目。

毫无疑问，预防/促进创新项目成效受到个体适应背景/环境方式的影响。例如，主要由加勒比海血统的学生组成的城市学校的文化和风俗与欧裔美国人的郊区学校不同。因此，人际交流技巧和适应性行为也会不同，任何预防/促进创新项目必须认识并重视这些。

最后，Kelly 的持续性原理指一个背景有其历史、连贯性和演变。一个有效的预防/促进创新项目必须重视这个历史，提供新发展方向，同时尊重背景的文化传统。总之，Kelly 的概念揭示了预防/促进创新项目的实施者在把一个有效的创新项目转到一个新背景时要考虑的问题。在下一节，我们将详细说明这些问题。

在受体背景中执行预防/促进项目的 7 个特征

根据表 11—2 与实施背景的生态关系，我们列出了预防/促进创新项目的 7 个特征。这些特征可能会成为项目从一个背景普及或转移到另一个背景的障碍。当创新项目的策划者重视这些问题时，他们的努力才可能有效。

表 11—2　受体背景下执行预防/促进创新项目的 7 个特征
实施者依赖
情境依赖
在设计中难以明确规定
核心成分与适应性成分
组织无限性
挑战性
纵向性

实施者依赖　Rossi（Rossi，1978）最早使用这个术语，用来指创新和社会变革对项目实施者的依赖。一种新药的临床测试在每个测试背景下都使用相同的麻醉品，按标准计量和治疗程序进行。预防/促进创新项目恰恰相反，依赖于参与的人员。比如，在一所学校的课堂中进行的预防/促进项目，其目的在于减少学生毒品使用。那么教职员工对该项目的态度、承诺，比如是热情还是冷淡都重要。学生领袖或演讲者能否发挥作用，取决于他们如何被选择、培训和使用。管理当局和孩子父母的支持对项目成功至关重要。类似的因素影响社团或社区项目如何开展。

在任何与心理相关的预防/促进创新项目中，

项目策划人员和参加者的决策对项目效果影响巨大。项目开发者和实施人员之间的关系又强烈影响这些决策（Stolz，1984）。

有关实施者依赖，一个必须要考虑的因素是，预防/促进创新项目必须与项目发展阶段和实施者的自我概念相吻合，这是要认真对待的。训练有素的人员在任何背景下以自己的技能为自豪，把工作看作是自己分内的事。为获得他们的支持，预防/促进创新项目要考虑工作本身必须符合他们的价值观和身份。比如，警察对警察工作的感情。同时，预防/促进创新项目要有效率。除此之外，不同年龄的人员，组织中的头衔或等级层次可能会支持或阻碍项目的发展，这依赖于项目实施者如何理解他们的工作和角色。

情境依赖　项目实施者不是预防/促进创新项目涉及的唯一人员。预防/促进创新项目参加者或接受者也会影响项目效果，实施情境的社会生态状况亦是如此。在前面所提的以学校为基础的预防毒品滥用项目，学生文化和期待会影响班风，可能还会暗中破坏项目的实施效果。例如，研究表明，这样的项目在年纪尚小的青少年中更有效，因为在这个阶段，毒品尝试或不信任成年人还不十分普遍（Linney，1990）。因此，对项目参与者、实施者同样重要的因素是，项目的开发阶段和自我概念。

不同学校、工作场所或社区，其成员年龄、性别、种族和民族、收入水平、认同感都不同，这是预防/促进创新项目必须重视的。这些因素影响社区成员需要适应背景的社会标准、技能和资源，同时也影响预防/促进创新项目目标的实现。还有，成员社区感强的背景与没有社区感的背景相比较，预防/促进创新项目引起的反应不同。

最后，项目实施的情景背景（Barker，1968；回忆第5章）有时会限制预防/促进创新项目。比如，在初高中实施的项目，大部分活动严格地限制在特定时间段上。街区项目必须提供儿童看护和其他实际支持才能满足参加者的需求。

在设计中难以明确规定　正如老师的教学方法很难统一，产生社会影响的方式很难一致一样，预防/促进创新项目的关键因素在设计中是很难明确规定的（Tornatzky ＆ Fleischer，1986）。首先，我们设想，在以学校为基础的预防/促进项目中，

课程是关键因素。在其他项目中，公司、社区的新政策是重要因素。但经过短暂思考就会消除这样的设想：这种心理上的变革是依赖实施者的，不是标准化的。然而，实施者依赖的什么方面是关键？是参与者期待，人员技能或承诺，人员培训或监管的程度，该组织能投入多少时间、金钱到该项目，还是最高领导层表示支持，抑或其他？专心致志的人员是关键，而不论他们使用什么课程？小组练习和讨论是关键，而不是讲座？在某些背景里，这些因素之一可能是关键，而在其他地方，别的变量又成为重要的了。这种不确定性使项目易于失败，从这个意义上说，预防/促进创新项目会产生不同的形式，有不同的效果。在不同的背景下，同一个项目从来不会按同一个模式实施。

将一个有效预防/促进项目原封不动地运用到一个新的受体背景下，从某种意义上说，是不可能的（London ＆ MacDuffie，1985）。新背景下的实施者会更改项目以满足他们的需要、价值观和本土文化。实际上，有些变化是必须的，以便尊重该背景下的历史与文化。

从长期来看，这可以成为一种力量，因为当人们致力于变革、革新时，可以开发出适应其情境的预防/促进创新项目。但是，一开始，变革与革新的内容在项目中很难明确规定，这会让实施者无法确定他们的角色和责任。针对这种不确定性，勇敢的人和确信可以获得上级支持的人会欢迎，不过守旧的人士或认为没有上级支持的人会反对。

核心成分/适应性成分　预防/促进创新项目开发者应明确项目中的关键部分。尤其是他们试图将创新转入新的受体背景时，需要分清两种成分。即项目的核心成分和适应性成分。核心成分对项目的同一性和效果至关重要。适应性成分则不是，可以进行修改，以适应社会生态或新受体背景的实际限制（Price ＆ Lorion，1989）。

对以学校为基础的预防/促进创新项目而言，核心成分也许是传授书写课程和技巧。对其他项目而言，小组练习和讨论的方法是核心成分，书写课程反而成为适应性成分。对一些预防/促进项目来说，在项目参与者中树立社会支持为其核心特征，而不看它如何实现。对另外的一些预防/促

进项目来说，特别是教育方面的，学习技能是核心成分，而促进这种学习的方法可能随背景不同而作修改。

预防/促进项目开发者和倡导者需要注意，在新的受体背景下，实施者如何利用核心特征。他们要帮助实施者开发出适当的方式，以适应背景环境。当然，要是很难明确核心部分，这项工作就会很困难。

组织无限性　对许多预防/促进创新项目来说，效率意味着受体背景或组织许多方面的变化（Tornatzky & Fleischer，1986）。预防/促进创新项目不是孤立的，而是与该背景下许多人和活动相关联的。这与 Kelly 的互相依赖原则相似。例如，Comer（1988）的改善校风的系列方法就强调强化教师、职工、学生和家长之间的关系。Comer（1992）写到，在使用这个方法的初中里，一个新生的脚被人踩了，马上就摆姿势要打架，这是他原来学校的通行做法。"喂，小伙子，我们这可不兴这个。"其他几个学生告诉了他，成功地化解了这场矛盾。这就是一个组织无限性创新；它从强化大人与大人、大人与学生关系着手，再延伸到学生与学生的关系中。教师或管理层对成果的取得贡献很大，护门人、秘书或家长志愿者对成果取得的贡献同样大。学生行为的转变不仅体现在课内，也体现在课外。

有效的、组织无限性的创新是一件好事，但不易引进。受体背景成员会觉得它缺乏中心。那些以为问题仅限于该组织某个方面的人会拒绝参与。比如，某校采取一系列预防/促进创新项目防止校园暴力。那些认为暴力预防只不过是纪律小事的人士会拒绝那些教育学生处理矛盾的课程，对培训学生同辈群体调解员开展非正式的解决矛盾方法持拒绝态度。他们会认为"这种是副校长的事，不是我们的"，或"处理行为不端是成年人的事"。

挑战性　任何创新都是对背景的挑战，创新本身就是一种挑战。同时，项目参与者应理解这种挑战是成长的机遇，孕育着解决问题的答案。这些感知取决于组织是否感应到危机，以及人们认为是否需要创新加以改变。而这种变革也许是困难的，也许是容易的，也许是突变的，或者是渐进的。甚至创新者的语言也对这些感知有贡献。

如果你学过发展心理学，你应该知道 Piaget 对同化和顺应的区分（Flavell，1963，p.47）。与 Piaget 理论中的个体一样，组织也倾向于同化各种经验以适应现有思维方式。只有必要的情况下，我们才顺应新思想或新做法。不尊重和利用原有文化——历史、意识、象征和惯例——的介入，将被拒绝，或者只是部分地甚至歪曲地吸收。预防/促进创新项目如果是因上级或组织外部的压力而采用，也有可能在压力缓解后被废除。尊重组织文化，与利益共享者合作为基础的创新，能够引导组织思维和实践走向顺应，从而达到长久的改变。

Weick（1984）从社会心理学和认知心理学中搜集证据，总结出当组织内部的人被要求做出重大改变时，他们的受威胁感增强，他们对变革的抵触也就增强了。当变化看上去更小时，感受到的威胁就变小了，风险似乎可以忍受，就能被调动起来了。"小胜"是 Weick 的术语，表达了有限却有形的创新，或者带来成功感和动力感的变革。

在这样的情境下，预防/促进创新项目倡导者必须考虑他们的语言。如果他们把创新描绘成当前历史背景的逻辑成果，预防/促进创新项目会被接受。事实上，在这些条件下，小胜不再是适宜的了。不过，大多数预防/促进创新项目产生在不大有危机感的气氛下。

纵向性　这个概念与 Kelly 的持续性原则类似。预防/促进创新项目是在历史文化的背景中产生的。创新要有效果就得在某种程度上改变这个背景（Tornatzky & Fleischer，1986）。创新要想持久就得成为这个历史文化的一部分，而不是依赖于某个有影响力的人物或几个职员，这些人最终是要离开这个背景的。创新必须**制度化**，成为背景日常功能的一部分。设想一个青年小组，一个老年人服务小组，或是你的大学的正式或非正式组织，一种情况是这些群体每年都由一个没培训过的新领导来管理；另一种情况是由一个领导人长期管理，当她离开时，她的接班人已训练有素。这两种管理有何不同？任何有效的预防/促进创新项目必定定期重复或精心设计以保证效果。短暂的展示或活动很少能够产生持久效果。教孩子阅读是一种长久的努力，从辨认字母到阅读小说，这是一个长久的过程（Shriver，1992）。掌握社会—情感技能，培养约束危险行为的态度是不能一蹴而就的，这一点难道还有什么奇怪的吗？

小结 如何被组织和社区吸收、接纳，这是预防/促进创新项目要面临的一个难题。预防/促进创新项目依赖于实施者，还依赖于社会情境和实施创新的物理环境。预防/促进创新项目的关键也许难以指明或规定，且不易转移到新背景中去。

预防/促进创新项目挑战组织思维和传统，因此会遇到阻力。同时预防/促进创新项目还需要时间以检验项目的效果。这些特点都表明了预防/促进创新项目可能遇到的困难。项目实施者和参与者是产生这种创新的潜在资源，如果这些人士被当作伙伴，并且他们的生活经历和文化得到尊重的话，改革遇到的阻力也许植根于对背景或社区的忠诚和承诺，这是可以引导到改革的资源。

预防/促进创新项目倡导者需要理解这些挑战，尊重他们的资源，与背景或社区的成员合作以克服挑战。

广泛而有效地实施预防/促进创新项目

在一篇谈论社区背景下有效预防工作挑战的论文中，Kelly（1979b）挑了 20 世纪 40 年代一首热歌"不在于你做什么，而在于你怎么做"，作为文章的题目。改善社区生活，改善的方式或我们如何做事，这些与预防/促进创新项目的结果或目的一样重要。预防/促进创新项目的实施者如何与合作者、公民建立关系，这对于他们的努力是否成功很关键。我们以上关于预防/促进创新项目复杂性的讨论，分析了事情为何会这样的原因。教师、护士、父母、项目成员参与或实施项目，实施者的工作是要和各方面的人建立关系。实施者必须清楚地传达项目的核心成分，因为核心成分必须忠实地重复，同时实施者还要与受体背景的人士合作，调整适应性成分以便项目"适应"背景的本土特征。还有，项目的预期效果与非预期效果都必须要研究，因为这些效果不一定符合项目开发原初背景中所展示的模式。要理解 Kelly（1979b）"不在于你做什么，而在于你怎么做"的意义，"你做什么"和"你怎么做"两者都很重要。

影响实践和执行的 10 个因素

未来的实施者预防/促进计划必须考虑多种因素。表 11—3 所列因素是从大量的社区心理学实践和研究中得出来的（如 Chavis，1993；Elias，1994；Price，Cowen，Lorion & Ramos-McKay，1988；Vincent & Trickett，1983；Wolff，1987，1994）。

没有确切的方式表明表 11—3 中因素之间的关系。每一个因素可能是必要的，但不是充分的条件。就是说：计划执行情况，采取行动，研究和思考，随着计划的发展，随着时间的推移，要考虑到该计划的目标和目前的实际成果。因此，实践过程在具体执行情况时有所不同。

表 11—3 中所列因素，**情境**是指项目发展水平和人员的关注点（例如，他们的年龄问题和他们

表 11—3 预防/促进创新实践的思考因素
实践：
实施计划，整合行动，研究和思考的计划目标，正在进行项目的实际成果。
考虑：
情境：项目的发展、历史和情景语境
基础：理解问题和文献
理论：明确的理论观点
学习：建立有效的原则，相互支持的学习环境
指导策略：合适的战略，针对特殊群体的学习者
格式：有吸引力的合适的交付系统和格式
材料：以证据为基础的，利于用户使用的材料
友好的组织背景：项目准备
资源：可获得的资源，以支持项目实施
制约：约束、限制和障碍，计划执行情况

的资历），历史（如与以往相似、创新中的经验）以及显著的情景因素，文化传统和规范可能会影响历史或情境行为。对问题、文献**理论**的**基础性**工作是指我们不仅要理解问题和研究文献，而且要理解项目的概念。以往哪些工作能提供有益的指导？从中能吸收什么理论或概念？有什么样的内隐价值？这些特点与目前的主环境中有哪些是相匹配的？以往的实施环境与项目目前的实施环境有什么相同之处？

你是否参加过一堂课，或者一个工作坊，其主题似乎很有趣，最后却发现这不过是一个讲座，目标不明确，资料差劲，课堂讲授缺乏细致安排，讨论时间也不充分？这种经历说明接下来的四个因素的重要性：运用原则创造有效的支持性的学习环境，合适的**指导策略**，有吸引力的合适的交付**格式**，以及以证据为基础的、利于用户使用的**材料**。这些术语与变革的细节有关。

变革、革新经常包括某种类型的教育或再教育。教育的方法、技巧已经学了很多，虽然这些方法、技巧很少被心理学文献引用。出现这种状况的原因，主要是传统的研究设计和出版印刷上的限制。即使是最"合理的"干预措施或"实践"思想，要达到预期目标，也必须运用有效的学习原则，比如注意呈现信息的量和频度；制定适合不同听众的策略，无论是针对成年人还是儿童，新手或是专家，还是某些特殊文化团体的成员；制定协调的行为策略，包括主动学习、范例和传达关爱的风格；提供能强化学习，给人启迪的材料。

友好的组织背景指的是受体背景实施项目的准备。Price、Lorion（1989）和 Van de Ven

（1986）强调组织及成员要有接受创新、预防项目的准备。对于预防/促进创新项目而言，一定会有环境压力，或者最少的支持，受体背景成员对问题的觉察，及项目实施者的态度、信仰和实践。预防/促进创新项目一定要在现有机构和服务中找到属于自己的位置，参与项目的职员一定要清楚自己如何和该项目紧密联系。

任何行为研究，必须考虑到资源和制约因素的平衡。某些资源如资金、设施和专业知识一定要是可以获得的，项目实施者需要确认，所有这些支持已经到位。制约因素，包括资源短缺，也包括否定以往的预防/促进创新项目，士气低落，组织不同层次间的不信任，雇用关系不稳定，其他类型的组织不稳定，所有这些都会阻碍预防/促进创新项目的有效执行。如果资源不到位和（或）限制相当严重，在预防/促进创新项目开始之前，要做更多的基础性工作。这就是 Sarason（1982）已经描述过的"开始之前"。即使粗略地看一下表11—3 也能明确，在贫困、暴力、不信任和冷漠背景下实施预防/促进创新项目所面临的巨大挑战，因此，要想使项目充满希望，获得持久的成功，就要在项目开始之前做大量的工作。

总之，改革推动者必须准备投身到本地情境和背景之中，要有耐心，通过参与、协作和解释建立和扩大他们的队伍（O'Donnell, Tharp & Wilson, 1993）。正如我们之前学到的，另一个原则"小胜"是强有力的，是未来持续变革的基本要素（Weick, 1984）。如果改革者在准备实施中，富于创造性、坚韧性和整体性，那么预防/促进创新项目的许多方面都会成功。

应用 10 个因素：练习

假设你负责在一所中学实施预防/促进创新项目，以减少在学生中发生暴力行为的风险。以表11—3 的内容为指导，设计你的办法。

首先，你将收集学校和社区的发展、历史、情景语境（**情境**）。在这里，关注什么暴力行为？在这里经常发生什么样的暴力行为？打架、欺凌、侮辱还是性骚扰？这有哪些相关的因素，如学生

中的集团、帮派活动，或使用药物？成年人在学校纵容暴力意味着解决冲突的手段吗？社区对暴力是什么样的态度？还有谁在社区进行类似的努力？他们学到了什么，如何将他们变为资源？学校之前如何处理这一问题，结果如何？

其次，针对这些问题以及问题如何解决，你仔细研究了理论与实践文献（**基础**），你在示范项

目中发现一所学校为解决这些问题曾经实施过的、很有意义的预防项目。然而，这所学校在许多方面不同于你的学校，包括学生的社会经济和种族状况，教学人员构成，以及项目开发者监测计划执行情况的程度。然后，你决定好计划结构的方式。你提出一种积极的、以技能为导向的方法，有许多互动活动、多媒体和模块，以针对不同的文化群体（**理论、学习环境、指导策略、交付格式、材料**）。查阅教育材料图书馆显示材料合适。当你将注意力转向你准备去工作的中学时，你发现这所中学有经验丰富的员工和热心参与及支持性的父母团体。教师和家长都认为，应该做一些事情应对暴力问题，但在具体怎样做的问题上，他们有各种各样的想法，总体而言，**资源**似乎大于**制约**，只要经验丰富的工作人员支持预防/促进创新项目（**友好组织背景**）。你现在的问题是：在这所学校中实施项目，如何保持项目的核心要素，保持其有效性，同时使之适应当地的情境和特殊情境？

文本框 11—1 说明其中的一些问题，尤其是集中和组织资源的重要性，注意情境的重要性，以及预防/促进项目在不同国家的应用。

文本框 11—1　多个国家和文化情境下的 JOBS

　　JOBS 项目（第 10 章中所述）已在不同的文化中全面实施。它的主要开发者 Richard Price（2002），识别了许多在合作过程中潜在的文化误解。这些可能发生的误解包括：时间定向、权威定向、谈判风格、性别角色、人性假设、自我意识、工作取向、沟通风格。回忆一下，我们在第 7 章曾讨论过个人主义—集体主义。Price 认为，在多个国家或地方开展成功的合作，要有"当地文化的合作伙伴"，他能对当地情境提供具体的指导。因此，项目合作方包括代表项目开发者的技术专家和熟悉当地文化的技术专家。Price 介绍了在芬兰、中国和美国加利福尼亚州的项目进展情况（pp. 3 - 4）：

　　　　让我们首先考虑芬兰。随着苏联的解体，芬兰失去其主要的贸易伙伴，失业率飙升至近20%。芬兰仍然具有很强的作为福利国家的政治经济传统。政府官员认为，重要的是要加强政府服务的安全网，以减轻失业的打击。此外，在芬兰，国家为其公民的福利承担相当的责任，政府的基础设施也在为社会服务。

　　　　在中国，实施 JOBS 项目，则是一幅不同的画面。中国正处于经济改革的重大转变时期，向社会主义市场经济过渡。"铁饭碗"及与工作有关的福利被打破。这意味着以往在国有企业"安全"工作的人正在消失，"下海"意味着一个不确定的就业和经济未来。与此同时，在中国，政府官员非常关心大规模失业和就业不足，因此积极研究实施方案，以帮助国有企业下岗工人实现再就业。

　　　　在美国加利福尼亚州，情况仍然不同。加利福尼亚是"繁荣与萧条"的经济。和美国其他许多州一样，在加利福尼亚州，社会化服务体系是一个时期的权力下放。在加州的健康、劳动、教育和其他领域，有一种强烈的摆脱国家事务和公共服务的倾向。公共服务体系被拆解。私人非营利和营利组织与国家签订合同提供服务。此外，私人基金会试图修补私人慈善事业安全网中的漏洞，支持服务项目的脆弱人群。

Price 也强调，当地的"执行冠军"对项目成功发挥着重要作用（p. 4）：

　　　　每一个"执行冠军"能做到这一点，是因为他们很清楚 JOBS 项目要在他们自己特定的文化和政治背景中实施，这是很重要的。他们也很清楚 JOBS 项目在开始之前将面临的挑战和困境。他们一定要在自己的政治和文化情境中，创建组织形式以回应所要面临的挑战和困境。最后，他们用自己的文化地图，以独特的方式利用他们自己的文化和政治背景作为有力杠杆达成了协议。

在芬兰，JOBS 项目冠军是职业健康研究所的科学家，他认识到实施将不会进行，直到一个试点项目表明 JOBS 项目是符合芬兰文化并安排了一个研究报告。在中国，冠军是中国科学院的一位心理学家，她同时也是一位有影响力的政协委员。她承认，自上而下的模型是必不可少的，所以她用自己的社会网络和社会资源，通过"红头文件"的方式，引导地方机构在 7 个城市合作施行 JOBS 项目。在美国加利福尼亚州，冠军是一位社会企业家。他利用收敛 JOBS 的办法和地方对长期失业风险的担心，这也是一部分基础任务。

Price 总结项目实施个案研究时，确定了三个关键要素，区分"执行冠军"的跨文化和跨情境工作：

● 社会资本与网络。"在中国，这需要联系到正确的官员；在芬兰，是联系到正确的政府机构；在美国加利福尼亚州，是联系到正确的网络机构和慈善基金会。"

● 有关问题框架的知识。"他们知道，在中国，失业这一危机，会导致社会动荡；芬兰的失业率是政府的责任，并要求政府采取行动；美国加利福尼亚州的失业率不是政府的责任，而是与慈善基金会有关的健康问题。"

● 程序性知识。"程序性知识在本质上有深刻的政治和文化特性。通过程序性知识，革新者可以知道如何在特定的文化和政治背景中完成任务。在中国，红头文件打开了支配资源的大门。在芬兰，政府间协定和实证证据打开了支配资源的大门。在美国加利福尼亚州建立联合的机构和基金会，提供了多重利益，这使联盟成为可能。

资料来源：Price，2002.

改进预防/促进项目适应情境的阶段

历史上，如何最好地将有效的教育项目引入到新环境中，或者如何修改以适应受体背景？关于这个问题的思考经历了 4 个发展阶段（RMC 研究公司，1995）。总结如下：

● 菜谱式：20 世纪 70 年代，人们认为项目必须完整地记录下来，最好是能够一步步地机械照搬"成套做法"。

● 重复式：后来，复制项目模型，人们按项目开发者使用的方法培训职员，然后把这些方法带回各自的学校，尽可能"照葫芦画瓢"地执行，允许针对背景做某种修改。

● 调整式：20 世纪 80 年代晚期，人们认为模型需要针对受体区域的独特情境做调整，理想做法是在做必要改动时由开发者做顾问进行指导。

● 发明/创新：最近，已有模型被认为是思想和灵感的源泉，不再仅仅是重复或调整步骤。强调创建自己的项目，按特定的时间，特殊的环境加以改进，利用从最佳的实践文献中收集到的思想。上面的那个练习就是预防/促进创新方法的体现。

有趣的是，这 4 个阶段与 Jean Piaget 和 Erick Erikson 的个人发展阶段理论的某些方面相似。类似于 Piaget 的认知发展阶段理论（感知运算阶段、前运算阶段、具体运算阶段和形式运算阶段），从具体的体验和思维进展到运用于特别问题的抽象原则（如预防/促进创新项目）。

此外，许多成人在实施预防/推广计划中发挥着主要作用（如教师、家长、卫生专业人员、社区领导人）。这些人正处于 Erikson 的人格发展阶段理论的成年中期（Erikson，1950，1982）。在这一阶段，人们已经积累了一定的智慧。传递给他人的不仅仅包括项目步骤，还包括对项目原则的理解。从这个角度看，没必要"说话的说话，走路的走路"；而是"说话的谈走路的"，以一种清晰的、启发性的、创造性的、指导性的、鼓舞性的方式阐释实践活动（Elias，1994；Fullan，1994），就像实施方程式指出的那样。这为在新的情境下预防/促进创新项目的发展提供了指导。目标和总路线已经指明，但具体的途径、时间选择、障碍与迂回、休整点，要由情境中的成员来选择。

这就涉及实施方程式中的 D. H. S 变量，即发展的、历史的、情境的变量。社区心理学，蕴涵着丰富的生态、历史概念，可以为研究和实践提供许多支持。

回到前面所提的实施预防校园暴力的例子，你可能决定深入研究学校情境，在实施项目之前，弄清楚教师、管理者、校董会、家长和学生的想法、支持度和卷入度。你可能还会同意相关职员锻炼他们的创造性，控制项目的适应性成分，而不是照搬别人的项目。你可能还希望辨清项目的核心原则，按照项目的基本前提和切实可行的方式实施项目。在实施基本原则和具体措施之间如何取得平衡？也许一个音乐上的类比可以帮助说明这个问题。

 ## 持久实施项目指南

可以把乐队的指挥，尤其是乐曲的编排和预防/促进创新项目实施相类比。当指挥家在音乐厅演练某段曲子时，小节、拍子、声音力量要做调整。演奏音乐不是读谱或简单再现乐谱，演奏者和指挥必须找到表现作品精神的方法。即使他们要做出某些独特的创新，也要遵循一些基本原则。同样，在从事预防/促进创新项目时，对复杂的、实施者依赖的任务，也要有基本原则起指导作用（Elias, Zins *et al*., 1997；Kelly *et al*., 1988；见表 11—4）。

表 11—4　预防/促进创新项目实施者指南

1. 开展环境调查。
2. 保证所有利益共享者在项目目标上的高度一致。
3. 保证项目目标与受体背景核心使命的联系。
4. 与相关机构建立联盟。
5. 建立强有力的、清晰的领导层。
6. 用简单的术语来描述创新，尤其是刚开始时。
7. 项目开始后，确保其核心原则和因素的实施。
8. 在项目整个运行期间，测评项目实施和项目目标达成情况。
9. 探查项目非预期效果。
10. 为项目制度化做出规划。
11. 与其他类似项目建立联系。

1. 开展环境调查（Trickett, 1984）　不要承诺或夸口能提供"完美的"产品，而是以行动研究为基础，通过仔细研究项目在该背景下的效果，讨论修改项目，使之能适应情境。指导原则是：利用与自己的背景最接近的背景下使用过的

最基本的一个模式开始试点，然后调整修正。可在这样的程序下操作：监测项目实施步骤，评估结果，为背景提供反馈，做恰当的项目改动。我们将在第 14 章详细讨论（亦见 Elias & Clabby, 1992）。

2. 保证所有利益共享者在项目目标上的高度一致　教师、管理者、家长、学生和其他重要团体都是学校背景下的利益共享者。在街区，利益共享者包括政府官员、社区代表、私营组织和感兴趣的公民。利益共享者应当参与广泛的预防/促进创新项目所关注问题的讨论。比如，他们需要讨论你的学校和社区的暴力性质。他们还要设置干预或项目目标。一旦目标确立，参与者要有决策的指导，这些决策涉及了项目模式选择、实施细节、衡量项目效果、对批评者的回应等。

3. 保证项目目标与受体背景核心使命的联系　一个受体背景（如学校、工作场所）不大可能接受预防/促进创新项目，除非它的成员清楚地把握了项目目标与他们的内在联系。例如，在学校，预防/促进创新项目与学生对行为和健康方面的需求有关，但它也可与学业有关。像人际认知问题解决项目（Shure, 1997），这个预防/促进创新项目的目标是传授决策和问题解决的技能，在学业方面，对提高推理技能也有帮助（Elias, Zins *et al*., 1997）。

4. 与相关机构建立联盟　许多预防/促进创新项目关注社区问题，这些问题并不限于单个学校和单一背景。如果项目目标涉及了社区层次的

问题，那么在目标形成和项目开发过程中就要考虑到相关的社区机构。对于以学校为基础的预防暴力项目而言，这些机构可能包含警察局，家庭暴力机构，精神健康或家庭指导机关，麻醉品滥用处理中心，青少年中心或休闲项目，当地的企业和宗教团体。有时利益共享者比预想的要多。

5. 建立强有力、清晰的领导层　项目实施过程中，有时要做出艰难的抉择，有时要进行修正，这是常有的。预防/促进创新项目需要协调多重的，甚至相互竞争的群体利益，并进行资源共享，这就需要建立有力的、清晰的领导层。通过认真听取意见、稳健工作积"小胜"，让参与者专注于共同的目标，有助于建立合作关系。

6. 用简单术语来描述创新，尤其是刚开始时　Price 和 Lorion（1989）强调，即使项目实施过程非常复杂，项目组成部分众多，专注于少数简单目标和创新特征也是非常有价值的。向其他人说清楚"我们要做……"和"完成这件任务的步骤是 1……2……3……"，这使内部资源得到动员，使项目管理质量得以提升。尽管现实情况复杂，还是可以保证核心要素在计划上得到优先考虑（见文本框 11—2）。

7. 项目开始后，确保其核心原则和因素的实施　区分预防/促进项目的核心因素，在你的背景下尽可能地忠实重复。这特别需要对项目职员进行集中培训，持续的指导和监督。同样有价值的是原始项目开发者的建议和曾经在类似背景下实施过这个项目的人的建议。

8. 在项目整个运行期间，测评项目实施和项目目标达成情况　测评包括评价项目的实际运行效果以及用科学的方法进行精确的评估（见第 14 章）。评估的形式是必要的。首先，这是价值的表述，是达成目标的保证，是对实施项目和接受项目人们的责任。其次，对项目过程和结果的持续评估，这使项目随着情境变化而修改成为可能。最后，通过评估，为基金投入者和利益共享者提供了项目成效的证据。

文本框 11—2　创新项目的使用层次

使用层次	
不使用	几乎没有相应的知识、没有行动帮助他们使他们参与其中。
定位	创新所需要的信息和价值定位，还有项目实施所需的东西。
准备	准备使用新的方法或程序。
技术	专注于短期、日常使用，掌握实施时的任务和技术。
规则	创新已经开始。执行过程中，遵循常规模式，很少有变化。
精练	基于用户和他们自己经验反馈的微调努力。
整合	回头看他们所做的改革模式。专注于怎样与同事合作。
更新	重新评估实践过程，考虑如人数变动、学生需求、员工模式、材料的更新。

资料来源：基于 Hord, Rutherford, Huling-Austin & Hall, 1987。

---

9. 探查项目非预期效果　任何在新背景下的预防/促进项目都会产生额外的积极或消极的效果。注意在评估过程中，这些积极的或者消极的效果对项目修改或改良会有影响。例如，在早期预防项目中，外部专家进校开展干预。教师感到兴奋，他们会离开教室，去做额外的准备。但是，当专家们走了之后，这个项目几乎也就结束了，教师没有什么机会强化项目原则，这种项目非预期效果已经使人们重新思考在预防/促进创新项目实施中背景成员的角色，考虑他们直接、持续参与的要求。

10. 为项目制度化做出规划　假设项目实施周期很长，就要考虑如何使之制度化，使预防/促进项目与受体背景的日常工作结合，以便创始人离开后项目还能继续实施。另外，开发出项目升级步骤，使之能适应背景需求，环境变化。在实施过程中，对这一特点的忽视很可能是好项目不能持久的主要原因。

11. 与其他类似项目建立联系　通过会议、远程学习、互联网、共享业务通信、电话会议等方式，与其他实施者联系。这些方式能提供思路和技术支持，分享成功经验与失败的教训，提供同行的社会支持。此外，通过广泛联系建立起来的网络能为更广泛的议题提供行动基础，如项目倡导和资金筹措。

如果你在考虑为了成功是否要完成所有这些工作，答案为"是"也"不是"。当人们还未掌握乐谱记谱法，第一次看乐谱时，乐谱没有什么意义，他会想能否弄懂乐谱。通过练习、反思、学习，经常与别人合作，他就学会了演奏第一次看起来可畏的音乐作品。

预防/促进创新项目也是如此。它以行动研究为基础，不断反馈，根据情境进行调整。反馈通常涉及定量和定性研究（第 4 章）。通过不断反馈，平衡和加强项目的核心成分和适应性成分。富于创新的领导，针对情境的灵活变化，利益共享者相互依赖和相互赞赏，资源共享，所有这些结合起来，就能创造出长久的、高质量的项目。

实施预防/促进创新项目：案例

在这部分，我们给大家介绍一个案例。这是一个以学校为基础的预防/促进创新项目。该项目在实施中曲折颇多，受行动研究影响，也受到对持续的项目发展的承诺以及学校和社区生活的可行性的影响。我们的例子是社会决策和社会问题解决项目（SDM/SPS）（Elias，1994；Elias & Clabby，1992），这是一个以学校为基础的预防/促进项目。

社会决策和社会问题解决项目是按照项目实施指南操作的，历时 17 年。它从 2 个实验班和 3 个对照班的示范项目，发展到遍布几个国家，24 个州，成百上千个班级的项目。社会决策和社会问题解决项目的核心是促进学生社交、情感技巧、关注自我控制、集体参与和社会意识、在压力下或在项目中面对选择如何决策等。其最终目的包括促进成功的社交能力、学习能力的提升以及预防问题行为（Elias & Clabby，1992；Elias & Tobias，1996）。

本章的主要作者 Maurice Elias，在该项目的策划、组织、推广中，一开始就参与其中。设想在这样一个乐团情境下谱写乐曲：在一个汹涌的海上，乐队所有成员穿着溜冰鞋。风呼号着，乐谱时不时被吹到水里，有时还有几个人要做指挥。如果你想象这样的情景阅读下面的文章，你就会更接近文字所能描述的现实状况。不过请记住，17 年后，这艘船没有沉没，越来越多的人加入这个乐团，我们不仅知道乐团，也知道在暴躁的大海上航行是什么滋味儿。

我们从先前的实施思考因素原则中获得指导，尽管开始的时候，我们对那些术语只有模糊的认识。需要提醒的是，从项目开始，我们试图使初始实施条件与学校环境相符合，因为项目最终要在学校中实施。在创造理想的培训条件、为教师提供资源和材料、支付培训工作或实施工作的费用、请专家进入课堂、寻找以往创新项目和目前情境的结合点方面，几乎没有什么资金可用。因为，我们追求的是在尽可能类似真实世界的环境条件下开展工作。而且，我们重视开发因素，并意识到针对不同的人群，要适当修改计划，特别是对特殊教育的儿童尤为如此。

在小学预防/促进项目的发展

Elias 和 Clabby（Clabby，1992）详细描述了这段历史，也详细记录了在项目实施过程中，预期的、非预期的变动和修改过程。在这里，我们对项目的重点做一个说明。在小学阶段，经过历时 9 年，以行动研究为基础，不断完善，不断发展，我们制作了项目课程表以及大量的配套材料。

我们通过其他行动研究来制定针对特殊教育、初高中学生的策略。FIGTESPN，社会决策 8 个步骤的首字母，在提供该项目给特殊教育学生时，它产生了戏剧性的效果（Elias & Tobias，1996）。另一个重要发现是，人们希望在学会问题解决技能之后，能迅速把这些技能运用到学习、人际沟通中。

我们还发现，在项目实施地区系统地分享学习非常有价值。我们创立了"问题解决新闻通信"，作为使用社会问题解决项目或相关干预项目的资源交换网络。这里成为提出问题和分享创新的场所，成为将多样性和变革引入实施情境的场所。在这里，像"保持平静的谈话"，以及"做到最好"——根据迪士尼《美女和野兽》（*Beauty and the Beast*）"做我们的客人"的曲调改变后开始传唱的歌曲，都体现了富有创造性的适应和调整。最近，这个计划的各个分支关注远程学习联盟和网络交流，把它们视为分享和支持实施的载体。

针对中学的修改、适应

局外人可能会觉得小学之间没有什么差异，实际上，小学之间的差异很大。而中学之间的差异更大。这意味着干预项目不容易从小学转到初中。这还意味着某一初中情境下成功的干预项目转入其他情境时必须小心。我们试图将小学阶段社会决策和问题解决项目引入初中时，发现有许多地方需要调整。这是一项行动研究成果，是通过对项目的核心特征与目标的清晰把握实现的。然而，即使成功地进行示范项目后，相关人士也没有完成工作的感觉。我们需要提供一份使用手册（类似一份编好的乐谱）方便其他人使用。于是有了这本书《社会决策和生活技巧发展》（*Social Decision Making and Life Skills Development*）（Elias，1993；在 Elias & Bruene，2005b 中得到修正和更新）。

提供一份编好的"乐谱"，在这一点上，我们非常慎重。因此我们选择重要原则和特别案例，而不是提供所有的项目实施细节。在案例中，那些成功引入社会问题解决项目的人们（在我们乐团的类比中就是指挥，不同乐队层次的第一演奏员，一些个体乐手），清楚地解释了自己如何运用问题解决原则的。这使得读者能够想象自己使用项目材料的样子：起初发生的方式可能会与案例相似，运用过程很快就会与自己的技术和情境相整合。

要把创新项目介绍给未来的实施者，首先要定下基本的调子，使项目听起来有吸引力和可行。接着讨论项目如何使用。接下来是项目效果的例证，同时列举后续和支持资源。最后，提供一些活动样板，以便读者尝试一下特别单元，不但可以感受特殊细节，还可对个人与团体的活动流程有些认识（Elias & Bruene，2005b）。一些样板单元如下：

1. 录像节目，教育儿童如何看电视，然后使用社会决策和问题解决技巧制作自己的节目、系列片、纪录片和公益广告。

2. 允许学生制订学校和社区服务的计划。

3. 制作家长通信栏目和其他学校—家长联系方式；细节包括印刷相片时要告诉印刷工人的事宜。

4. FIGTESPN，一种社会决策和问题解决项目的方法，它考虑到许多儿童的特殊学习需求。缩略词字母的意思是：

F＝FEELING 情感是我解决问题的信号。

I＝I 我有一个问题。

G＝GOALS 目标指导我的行动。

T＝THINK 考虑可能要做的事情。

E＝ENVISION 预想每个解决办法的结果。

S＝SELECT 以目标为基础，选择你的最佳解决办法。

P＝PLAN 计划、实践、预测风险和坚持。

N＝NEXT 下次，照旧还是改变？

5. 疑难解答部分，本领域的实际工作者讨论项目实施的困难，以及如何处理这些问题。例如，项目如何启动，时间不足，对侵略性行为有正面评价的儿童如何应对等。

设置基础以支持广泛实施

在各种情境中，要想忠实和有效地实施项目，就要非常注意实施的基础。以音乐做类比，人们可以想象，没有完整听过一段管弦乐却要将它演奏出来有多么困难。要使之成功，就要经常举行人们可以参加的音乐会；培养指挥和乐手，他们将学会如何演奏音乐作品，能够回去传授给别人，而且有能力派出指挥和音乐家到各个当地背景中以利于当地人学习演奏，帮助当地人根据自己的管弦乐方面的优、劣势做调整，同时避免改变音乐作品的性质。

罗格斯大学及其附属精神健康中心成立了一个社会问题解决中心。该中心的使命是在国内或国际有效实施 SDM/SPS 项目，它倾向于行动研究。我们在本章中讨论的在多重背景下的有效实施原则大部分来自这个中心的经验。SDM/SPS 项目和实施中心得到国家精神健康协会、美国教育部国家推广网络、国家教育目标小组的认可。因此，可以获得项目有效与否的关键证据，并且该中心通过与项目实施者、项目潜在实施者的交流来推进项目的实施，并且获得了更多的资源。

可以从 3 个研究中获得 SDM/SPS 项目的评估数据。Commins 和 Elias（1991）检查了首批实施 SDM/SPS 项目的 4 个地区，主要用实证方法去识别会使项目长期实施的关键因素，通过研究，识别了 10 个关键因素。在首批实施 SDM/SPS 项目的 4 个地区中，有两个地区具备所有 10 个关键因素，并且对该项目制度化做了扎实的铺垫工作。一个地区具备项目长久实施的八九个因素，这个地区的项目实施也取得了扎实的进展。剩下的一个地区只有 4 个项目长久实施的因素，项目实施几乎没有什么进展。这是第一个证明该项目可以有效传播的研究。值得指出的是，在 Commins 和 Elias 研究 11 年后，原先满足所有条件的两个地区，SDM/SPS 项目仍旧有明显的、可见的实施，在那个符合 9 个条件的地区，SDM/SPS 项目被整合成一个基础的指导性项目，在其他地区只是偶尔才会实施。

在一些实施过长期社会和情感学习项目的学校中，Heller 和 Firestone（1995）开展了学校领导资源研究。作为研究的一部分，Heller 和 Firestone 确定了 9 所至少实施过 3 年 SDM/SPS 项目的小学。为确认 SDM/SPS 项目的制度化程度，研究者还设置了访谈步骤。他们发现，9 所学校中，有 5 所学校该项目制度化建设达到了显著水平。其中 4 所是完全制度化的，意指所有教师严格实施了该项目。另外一所学校为混合型，因为有一个核心小组的教师是项目的忠诚执行者，而其他组没有这么严谨。9 所学校中的其余 4 所制度化建设不完整，是指它们与 SDM/SPS 项目保持联系，教师也使用这个项目，但方法有限，不够严格。

对中介因素的仔细分析表明，SDM/SPS 项目完全制度化主要与领导的坚持不懈有关，还与以学校为基础的 SDM/SPS 项目协调委员会有关。在 SDM/SPS 项目制度化过程中，教师扮演着关键的角色。如果在学校中，有一批活跃的教师实施这个项目并且了解项目的影响，那么项目就能长期得以实施，进而制度化就更有可能实现。重要的是建立项目发展愿景，提供支持鼓励，建立内容进程监督措施和提高实施效果（Heller & Firestone，1995）。

通过国家推广网络，SDM/SPS 项目在新泽西州得以推广。我们认为不仅仅要关注项目实施，对项目的检查也是很重要的，即检查该项目的教师和学生接收者，在技能方面是否能达到原有样本同样的程度。在原有的样本中，项目不大，实施地点也少，项目管理更贴近、更集中。在更近的研究中，新泽西州有 3 个新区，加上阿肯色州和俄勒冈州地区，都被列入研究当中。

Bruene-Butler、Hampson、Elias、Clabby 和 Schaylen（1997）总结了研究成果。简单说，在所有项目新实施点中，教师在"对话"和"促进提问"技巧掌握程度上等同于甚至超过原有样本。将俄勒冈州新样本与新泽西州原初样本作一比较，从前测到后测，抑制性提问策略运用量减少；促进提问（以讨论为中心）策略的使用大量增加。在人际敏感度、问题分析和规划技巧方面，新实施项目地区的学生表现出很大的进步，在所有案例中，有效程度与原初样本的有效程度相同，有的甚至是原初样本有效程度的两倍。Bruene-Butler 等人（1997）的数据表示，对 1994 年和 1995 年实施 SDM/SPS 项目的地区进行评估，结果发现，项目实施对于教师和学生产生的影响，与 1980 年项目刚开始实施时对教师和学生产生的影响一样强烈。

扩展到资源不足城市环境

下一个挑战就是在城市经济不发达学校环境下实施 SDM/SPS 项目。这些学校现在正面临前所未有的压力——要完成学生通过标准化测试的行政命令。在这些压力下，学校也开发了社会—情感和性格发展的项目。教育者也认识到，教育是一个人际互动的过程，在相关的环境中发生，通过社会情感技能调节。这需要社会情感学习（SEL）或者相关的项目与城市学校的优势、局限密切协调。在城市经济不发达地区的学校中，一些效度很好的社会能力和性格教育项目已经开始系统地实施，有的项目已历时 7 年。

我们工作的地方是新泽西州的 Plainfield，这个地区的学生 95% 是非洲裔美国人，5% 为拉丁美洲学生。这里曾经是新泽西州有特殊需要的区域。我与 Plainfield 的合作开始于 1998 年，当罗格斯大学社会情感学习实验室团队接触学校负责人和其他管理人员，讨论一种方法，帮助有学业和行为困难的学生时，我们以 Price 行动研究模型为指导，双方就在全区范围内实施社会情感学习创新项目达成了一致。该项目要致力于分析学业不良和行为问题产生的原因，以及采取何种方式去改变风险因素。Plainfield 教育董事会在所有公立学校推广一个政策，这个政策清晰地表达了他们要致力于儿童、年轻人、家庭和员工的社会和情感发展。这个政策表明了一个价值定位，那就是学业成绩低的学生如果没有提高 SEL 技能，是不可能改变自己的。

关于这个项目的展开讨论超越了本章的范围，但是有一些重要的意义。第一，存在合理的课程，如 SDM/SPS，这些课程是必要的但是却不是充分的，应该对这些课程进行修改以使之适应当地文化，而且，对于城市学校而言，课程安排必须和授权协调一致，尤其是那些涉及文化的。第二，应该发展有特色的、按序列发展的、不重复的课程，应该在所有年级中忠实地上这些课程，尽管

学生和老师有流动性。第三，要考虑建立强有力的执行支持系统。第四，应该有一些可行的程序来监督、评估、反馈和修改程序。最后一点是尤其重要的，例如，拉丁美洲学生的比例剧增创造了需要，要继续监督和适时改变项目的文化背景。

任务　社会情感学习项目的目的是整合和监督 Plainfield 公立学校的课程标准。在学校预防/促进项目的关键是州和当地管理部门规定的任务。在 Plainfield，这些任务包括：学校整体改革要求，新泽西州核心课程标准（New Jersey Core Curriculum Content Standards，NJCCCS），新标准化测试标准（New Standards Performance Standards，NSPS）。正如在 Plainfield 学校网站上指明的那样，每一个都对学校系统规定了方向，有相应的约束和限制。学校整体改革（Whole School Reform，WSR）是新泽西州 30 个地区协商的规定，要求列出低于"雅培诉伯克诉讼案中"标准的高风险学校。依据这项计划，这些地区的每一所学校一定要选择、采纳、支持学校的整体改革，并且投入资源保证其顺利实施。文学和数学在每年的标准化测试中都考试，因此在 WSR 中也得以强调。社会情感学习课程必须和地区文化目标、教育学、执行计划保持一致。正式和非正式的课程必须和具体的文化标准保持一致，这个标准是 Plainfield 的 WSR 中的关键部分。

连接识字项目和社会—情感学习项目的关键环节是生活规律项目（登录 www.lawsoflife.org 浏览更多信息），该项目能让 2 年级以上学生通过写作或者其他形式表达引导他们生活的价值和规律（Elias，Bryan，Patrikakou & Weissberg，2002）。可以通过生活规律项目，把全区各年级实施的项目连成一条线，整合起来。NJCCCS 指的是新泽西州学校所采用的主修学科成绩标准。NSPS 指的是辅修学科的成绩标准。教育委员会通过了区域范围的 SEL 政策，陈述了 SEL 作为核心课程

的重要性。SEL 的 5 种能力（见第 10 章图 10—1）与学业标准相一致，在 6 个地区目标里，有 2 个体现了这种能力的培养（目标 1：学生成绩；目标 5：全体职员），在 Plainfield 学校管理者绩效评价系统中也有表现。

课程　在第一年，我们一起合作，在 3 所小学的 2 年级、3 年级教室里，设计和试验测试 SDM/SPS 课程——"跟 TJ 说话"的变异性（Dilworth, Mokrue & Elias, 2002），"跟 TJ 说话"是一个录像课程，它提供学生学习和实践社会技能的机会。课程情节是，一个黑人小姑娘出现在录像上，作为电台节目主持人支持一个无线脱口秀。黑人小姑娘可以寻求同龄小孩典型问题、解决问题的建议，接受问题，表达感受的难度、折中的难度。随后开展行动研究，以此为基础完善课程。2~3 年级强调的是团队合作，4~5 年级强调的是冲突解决方法，每个年级都有各自的重点主题。为一些 K~1 年级的学生以及有早期阅读困难的学生开设了一系列阅读技能预科课程，5 年以后，引入了另外一个解决问题导向的课程："克服障碍"。"克服障碍"课程目标群体是 6~12 年级的学生。自然，当任务改变时，课程和相关的项目设计也必须进行相应的调整。

执行支持　应该在多重生态学水平上提供支持。在管理水平上，负责人把社会—情感学习项目和性格教育项目分配给专门的项目协调者。她被任命为社会—情感学习管理联络员。在这个职位，她必须和学校、区里的管理者，学校以及区里的职员紧密合作。在每个学校，都设立了站点协调者，以帮助项目的实施和执行。在小学，如果审视站点协调员的角色功能，可以看出执行支持的基本结构：

- 监督课程的执行。
- 在整个学校，促进学生间的积极问候。

- 通过协调，确保课程基本原则在全校整体改革模型素质街区项目中能得到执行。
- 确保在任何时候，学校张贴宣传技能建构的海报。
- 在教室里，鼓励孩子们实践技能建构原则。可以以团队、小组的方式进行。
- 鼓励孩子们写一些生活规律的随笔。
- 与学校员工合作，在整个学校应用社会—情感学习项目，并且把该项目融入学校的日常生活中。
- 鼓励孩子生活独立。

社会发展协调委员会决定项目的方向、人员训练和资源分配。注意，人们用的是"社会发展"这个术语，所以社会发展委员会可以包括社会—情感学习，性格教育，预防恃强凌弱现象。委员会主席由管理联络官担任，委员会成员包括来自每所学校的成员，同时他们也作为站点协调员开展工作。支持中学、教师、社会—情感学习项目管理者以及社会—情感学习项目实验室的工作。有开创意义的是，团队成员为帮助教师、站点协调员实施项目，他们提供现场的帮助和指导。最高峰的时候，有 50 名受过良好训练的研究生从事这项工作。但最后，这种做法并没有坚持下来。

监督和评估　人们记录了社会发展协调委员会和罗格斯大学团队合作进程，设定目标、发展工具以及形成反馈报告（Bryan, Schoenholz & Elias, in press；Romasz, Kantor & Elias, 2003）。一个问题是，由于用途的不同，数据分析在数量、格式、发布的时机上都会呈现不同的特点。例如，是出于专业期刊发表的需要，还是考虑为项目实施和资源分配决策提供决策依据。经过 6 年的合作之后，数据分析系统移交给学校，以方便其使用。

案例：结论性观点

本案例的实质是什么？它记录了社会决策方法的使用，渗透了社区心理学原则和实施中需要考虑的事情，包括预防和实施思考因素，创新开发的 4 个阶段，预防/促进创新项目实施者指南

（见表 11—4）。SDM/SPS 项目注重情境和实施者依赖，但仍忠实于项目的基本原则。基本点是项目在适应不同的受体背景时，仍然要实施项目核心特征。在不断发展的精神下，SDM/SPS 项目开

发者和调整者要通过持续的行动研究，使项目效果最大化，为广大人群和不同背景服务。实际上，这个阶段，是社区心理学作为一门独立的学科所能贡献的核心。没有捷径；相反，每一个成就，每一个"小胜"（Weick，1984）和"婴儿步"（Cowen，1977）都被认为是积极的行动赞赏，这些榜样具有指导意义，使问题预防、能力和健康促进从文字逐步走向现实。

总结：最后的思考、未来的想法

暴力、滥用酒精或其他物品、艾滋病、学业无成、对学校无好感、退学、儿童侵犯和忽视，解决这些问题需要大胆、肯定、有效、广泛、持续的努力。问题是：青少年，当他们长大成人，承担民主社会的公民责任时，他们将来的健康如何并将成为怎样的人。

社区心理学家特别关注预防/促进创新项目实施、推广中，各种幼稚的、不现实的或错误的实施。这种实施的结果常常是失败，并且会导致解决社区问题的宿命论。在缺乏监管、持续监督和反馈的情况下，没有什么捷径，没有什么预防方法可以成功。假如预防项目要在公众健康问题上产生广泛影响的话，政策倡导也是需要的。

SDM/SPS 项目是一个范例，阐释了在多种情境下，如何创造条件，将健康促进和风险降低项目引入学校，并完全地实施，提高技能。受篇幅的限制，我们不能描述在其他背景下的创新项目，但回顾第 10 章的项目可以帮助我们理解，广泛实施的项目对家庭、邻里、工作场所和其他背景的影响。

最后，没有什么可以替代实施预防/促进项目所必需的基础设施。要认真开展预防/促进项目，如果实施不细致，我们很可能发现公众对预防/促进项目兴趣逐渐消失。对于项目实施过程和结果的文献记录是很重要的，只有这样政策制定者、公众、陪护领域的专家、科学家才可以放心地使用这些材料。最后，目前强调的一些干预项目是以大学背景为基础的，所以在项目实施过程中，必须考虑智力价值的现实化问题，必须了解在实施者依赖非示范情境下如何实施项目。这种挑战既是智力的也是实践的，如果我们打算为我们的后代和所有公民提供保证健康的社区的话，我们必须接受这样的挑战。

本章小结

1. 期刊上介绍的一些成功预防/促进项目，在多重背景下重复实施并不一定成功。高效的、持续的项目要有积极的管理者的支持，员工的持续训练和支持，以及将项目整合到学校（见表 11—1）。

2. 行动研究是发展预防/促进项目，把它们应用到多种环境下的好方法。这个把有效项目推广到多重情境的方法有 4 步：实验发展，技术应用，创新，广泛应用，这个过程有的时候称为"放大"。

3. 很多有效的预防/促进项目，在学校、工作场所和其他环境中应用得不很广泛。我们可以用 Kelly 生态学观点的相互依赖、资源循环、适应、持续性来解释在当地的环境下鼓励改革的重要性。

4. 预防/促进项目有 7 个特征，如表 11—2 所示。这 7 个特征分别是实施者依赖，情境依赖，在设计中难以明确规定，核心成分与适应性成分，组织无限性，挑战性和纵向性。有效创新要辨别项目核心成分和适应性成分。项目实施者必须具有特殊技能以便开展成功和持久的预防/促进创新项目。"小胜"有的时候更可行，能适用于各种环境。为了高效和持续地开展项目，项目和改革应该制度化，预防项目的倡导者应该拥有专业的技能，把成功、持久的改革进行到底。

5. 有效地实施预防项目面临许多挑战。为应对这样的挑战，表11—3列举10个预防/促进创新实践的思考因素。通过行动、调查和实践来实施这些项目。包括"你做什么"和"你怎样做"。

6. 如何将项目引入到新环境？如何对项目进行修改使之适应新环境？人们对于这个问题的思考，经历了4个阶段。这4个阶段分别是：菜谱式，重复式，调整式，发明/创新。实施一种发明/创新方法要求考虑到实施者的开发水平，例如，对工作创新的愿望。

7. 以发明/创新方法为基础，我们提出了预防/促进创新项目实施者指南。这些指导方针见表11—4。

8. *社会决策和社会问题解决项目是长期预防/促进创新项目的例子，在实施中遇到了许多挑战，使用本章提出的原则能应对这些挑战。*

9. 一个项目模式，要想成功、广泛地实施是没有魔力方程式的。不过长期监督、反馈、调查、尊重当地生态和实施者的需求、鼓励各种输入、建立社区感，这样的一个过程使得创新项目可以获得最佳机会去适应其所处的环境。

 简短练习

1. 回忆你作为参与者或实施者经历过的一个预防/促进项目。比如：一个预防毒品滥用项目，或者家长技能课程，或者解决矛盾的培训，或者是社交或沟通技能教学项目，或其他的干预实例。运用本章的概念，分析其实施效果。

首先，利用表11—2的7个特征来描述项目执行的状况。

- 是实施者依赖还是情境依赖？程度如何？
- 效果是否是组织无限性？程度如何？
- 项目的核心成分与适应性成分是什么？
- 你认为项目是否有效地实施？什么因素使之有效或无效？
- 项目在纵向性上是否获得评价和改进？

其次，如果可能，用表11—3的术语描述项目的教育效果。

- 项目是否使用了合适的指导策略？例如，是否使用了小组讨论、练习或其他方法来促进学习？
- 材料（如书面的、视觉的、电脑的）是否利于用户使用？
- 组织或背景是否真正投入到项目中（友好的情境）？
- 项目实施的局限、限制、障碍是什么？
- 什么人提供智力、承诺或其他资源，提高了项目的有效性？

2. 本章关注教育背景。列出其他一些实施者依赖、情境依赖的KISS和AID系统，或列举出社会中的其他系统，它们是组织无限性，在设计中难以指明的。

健康医疗、零售服务、金融、电脑技术、宗教、政治以及外交领域中的哪些方面代表着这些系统？以最近的新闻故事或自己的经历证明你的观点。

3. 想象你刚刚成为一名大学咨询中心的主管。你一直在为同学提供一些服务，你想要采取预防/促进的方法来为校园社区服务。为了实现这个目标，详细描述这些创新和项目。

推荐阅读

Blankstein, A.(2004). *Failure is not an option: Six principles that guide student achievement in high-performing schools.* Thousand Oakes, CA: Corwin Press.

Collaborative for Academic, Social, and Emotional Learning ［CASEL］(2003). *Safe and sound: An educational leader's guide to evidence-based social and emotional learning program.* Retieved from http://www/casel.org.

Joyner, E., Comer, J.P., & Ben-Avie, M. (2004). *Comer schools in action: the 3-volume field guide.* Thousand Oaks, CA: Corwin Press.

Novick, B., Kress, J.S., & Elias, M.J. (2002). *Building learning communities with character: How to integrate academic, social and emotional learning.* Alexandria, VA: Association for Supervision and Curriculum Development.

Osher, D., Dwyer, K., & Jackson, S. (2004). *Safe, supportive, and successful school step by step.* Longmont, CO: Sopris West.

推荐网站

社区工具箱
http：//ctb. ku. edu
计划、实践和评估社区革新，包括预防/促进资源。

新世纪学校
http://www. landmark-project. com/ncsh
该网站包含一个特殊计划，要求教育者参观一个 20 世纪 60 年代风格的学校建筑，以便彻底颠覆教育者所持的工业时代教育理念。这个计划的目的是建立创新思想的资源，清楚学校应该是什么样子，学生、教职员工应该做什么以便更好地提高孩子应对未来的能力。

有效合作和实践中心
http：//cecp. air. org
信息和资源正在建立中，是对孩子和年轻人有效的项目。

个性教育 11 条法则
http：//www. character. org/files/home/htm
对高质量的个性教育项目实施的综合指导。

关键词

行动研究、传播、实验社会革新和传播、执行、干预、预防、初级预防、促进

第五部分

促进社区和社会变革

第12章

公民参与和授权

如果我不是我自己，那我会是谁？如果我只能为我自己，那我是谁？（Rabbi Hillel，引自 Loeb，1999，p. 1）

 导论

首先，我想告诉你一个故事，我是如何自愿投入到社区工作，好好享受一番的。那是在1997年，我找了一个承包商在地下室修建一个淋浴设备。1年后，设备瘫痪了。我打电话给他，他答应1周内过来。3个月后，他还没露面。我于是致电商业改进局。他们的第一个问题是："你属于哪个街区协会？你是哪个社区委员会的？"我那时并不知道还有社区委员会这回事。后来我找了社区委员会，他们记录下我对承包商的投诉，最终我获得了赔偿。直到那一刻，我才知道公民参与是什么意思。

1989年，成立了东48街街区协会以改善我们街区的生活质量。很快就能看到变化，

例如，房产改善，沟通，更卫生清洁的街区。从此，我们组织了一个街区巡察组；我们有不间断的巡逻；每家每户门前安装了室外照明灯……无论相信与否，这就是对犯罪的威慑。我们还有一个青年足球队……夏天，我们为青年人和各个家庭安排公园旅游。去年7月4日，我们举行一场街区晚会。我们每年都办。我们有扬基棒球赛的免费球票。这一切都得益于我加入了各种社区团体。

虽然志愿者服务是辛苦活，但我们获得了很多回报，而且它提升了生活品质。（Louis Burgess 1990，pp. 159 - 161；文献使用获 Kluwer Academic/plenum publishers 许可。）

"有些大人认为它不会成功。他们只是在看我们如何失败。"（Cameron Dary，引自 Putnam & Feldstein，2003，p. 143）

在威斯康星州 Waupun 中学，大约有 30 个小学 6 年级的学生在课后聚集在一起，他们商讨采用什么样的项目以帮助学校和社区。这 30 个学生分成若干小组，分别讨论可能的服务活动。然后各小组分别提交讨论结果，由学生投票表决其可能性。最后，他们一致决定采取下列 3 个行动：为那些付不起学费的学生筹集实地考察旅行的经费；为学校添加新的体育场设施；说服政府当局在 Edgewood 街的铁路十字交叉口设置警示标志。现在，在那里只有一个很小的警示标志。

Cameron Dary，一个小学 6 年级学生，他领导铁路警示标志设置项目，他的同学给他提供建议和意见，以参加 Waupun 城市会议。为了搜集证据支持他们的想法，他们对十字路口附近的居民进行了一个调查。14 个被调查者中，有 10 个认为十字路口很不安全，12 个人曾经看到人们到那里后不停，13 个人想要一个更好的警示标志。经过一年多的努力，铁道部门安装了一系列的警示标志使之更加清晰。（引用和改述自 Putnam & Feldstein，2003，pp. 142-144）

"所以我参加了城镇会议，那里有 100 多人，并且……我尽我的最大努力表达我的意见。我觉得脸红、犹豫和尴尬。"这就是 Alison Smith 在开始陈述社区问题时的体会。她不久就加入了女性团体，在她住的 Connecticut 镇和后来的 Maine 镇，开始积极从事环境保护工作。"刚开始我很犹豫。我没有大学学位。我是一个在幕后的人。但是我一直觉得有人在乎，即使我并不知道应该做什么。"

当缅因州妇女投票联合会要求 Alison 为"公正的选举"全民公投活动搜集签名时，她按照大会的要求做了。

"我只是坐在桌后，桌上放了一个标语，写着'你想让政治资金撤出选举吗？'几乎所有的人都过来对这个问题做出回答而且还签了自己的名字。"在缅因州，人们对这个创举很支持，Alison 是 1 000 多个志愿者中的一员。"当协会要求我去做一些新的事情，比如在新闻大会上演讲时，我感到非常紧张。但是我也发现，作为一个普通人，我比那些专业的政治家具有更高的信誉。""公正的选举"活动以 56% 的支持率获得通过，并且成为财政改革运动的典范。"这件事让我感觉到，我确实能做到一些事情。就像我所说的，我已经卷入其中，我要挑战那些对我自己和我的社区的讥笑和打击。"

这个故事包含了这一章的 3 个主题：公民参与社区决策、公民授权以及公民的社区感。像这样的故事是出人意料的普遍。类似的改变不仅在大的社会活动中发生，在邻里、学校和工作场所也屡见不鲜。

公民参与和授权看起来好像不是心理学，但是这些概念的确涉及很多心理动力学，包括认知、情感、价值观、和他人一起工作的技能、个人发展、锻炼能力等。很多社区会促进人们学习这些技巧。理解公民参与和授权并不强求揭穿那些关于私人生活和社区生活的神话（见表 12—1）。

表 12—1	关于私人生活和公共生活的神话和洞察

神话：公共生活属于名人、政客和积极分子，属于那些想引人注目或兴风作浪之人。

洞察：每天，在学校、工作场所、祈祷场所，在市民或社会团体内部，我们的行为改变公众世界，同时也被它们改变。我们都处在公众生活中。

神话：卷入公众生活太令人沮丧了，太容易耗尽心思。

洞察：公众生活服务于人类深层需要，例如，与其他人一起工作或发挥彼此的作用。公众生活与个人生活同样重要。

神话：公众生活总是肮脏的、残酷的、充满矛盾的。

洞察：公众生活涉及遭遇的不同，但矛盾不一定是肮脏的。在理解和处理好的情况下，矛盾可以是健康的、提供信息的，是成长的源泉。

神话：公众生活总是追求个人私利。

洞察：自私与开明的个人利益不是同一回事。了解我们的真实利益与别人的利益如何重叠只能通过参与公众生活实现。

神话：公众生活干涉私生活。

洞察：公共生活常常强化私生活，使之更有意义和更愉快。

资料来源：改编自 Lappe & DuBois，1994，pp. 21，24，29，33，39。

在这一章里，我们首先解释公民参与和授权，还要思考各种不同的权力概念。然后我们讨论个体怎样发展成为社区决议的积极参与者，还有参与、授权和社区感是如何相互交织的。最后，我们分析那些授权给社区成员的社区特征。在第 13 章里，我们会继续这些讨论，并且着眼于社区和社会的变革。记住，这样的划分是因为篇幅的限制。在现实世界里，对公民的授权是与社区和宏观系统不可分割的。在第 14 章，我们将阐述如何使用项目评估方法，通过开展社区项目，授权公民及社区。

什么是公民参与和授权

公民参与

一个有用的公民参与的定义是：

> 个人参与到对之产生影响的组织、项目和环境的决策过程。（Wandersman，1984，p.339）

让我们解释这个定义："组织、项目和环境"包括工作场所、健康机构（如医院或精神健康中心）、邻里、学校、宗教团体和整个社会。还包括以影响更大环境为目的的草根组织，这种团体包括街区协会、政治行动团体或工会。另外，公民参与还包括决策行为。这不一定意味掌握控制所有决策的权力，而是指以民主方式表达个人观点，影响决策过程。

公民参与不仅仅是贡献时间或资源，公民更多的是参加社区决策。支持幼儿园班级的郊游，支持私人疗养院的休闲活动，这些只是社区服务而不是公民参与。公民参与包括在团体、社区或者社会中对集体决策的影响。它以不同的形式出现，比如：为一个社区同盟服务，写信给编辑，在学校董事会议上为预算辩论，为了举办一个活动和政府官员会见，在公众听证会上作证，还有在选举中投票。公民参与活动在很多人共同行动的情况下会更有效。威斯康星州 Waupun 中学的青少年团体和 Alison Smith 等人的事例，都证明了集体活动对决策的影响。

参与：方法或目的　公民参与可能是一种途径，一条通向目标的道路，或者本身就是一种结局或者目标。作为方法，人们鼓励参与作为一种技术，例如，决策或计划得到改进是因为受其影响的公民参与了修订，或是因为如果公民参与制订计划，他们对决策的承诺更大（Bartunek & Keys，1979；Wandersman & Florin，2000）。作为目的，是一个民主社会必需品质中的一个，不论它作为一种技术是否产生了实际收益，比如达到更好的决策或者更高的承诺。

这个方法—目的的区分不只是学术上的。首先，参与并非总是取得更佳决策的途径，尤其是当矛盾爆发、未能解决时，或是忽视有效的专业知识时。其次，参与和效率是社区组织矛盾的两端。Riger（1993）关于女权运动组织（如妇女中心、受虐妇女庇护所、强奸危机中心）的研究表明，组织成员在决策上的最大化参与导致要求会议时间的延长，这妨碍了组织资源最有效的使用（钱、人员时间、专业知识）。类似地，在新英格兰这样一个当地的民主组织城镇会议中，在做出决策之前都会牵扯到长时间的讨论和很多的矛盾。Starnes（2004，p.4）将社区会议视为"沙哑的民主"。

Klein、Ralls、Smith-Major 和 Douglas（2000，pp.278-279）讨论了在工作环境中，员工的公民参与活动目标的不同。有一些追求员工、经理和老板中权力的平等性；另一些是想要促进员工的个人发展；当然还有一些追求更高的产量，但是几乎没有引起权力关系上的变化。

尽管如此，公民参与还是有很多优点的。在组织领域调查中可以发现：成员的参与通常（但不总是）会提高决策和整个组织的效率。当把意见的分歧视为信息的资源而不是威胁时，这一点显得尤为正确。对志愿组织的研究表明：参与能促进有效的领导并能达到目标（Bartunek & Keys，1979；Fawcett *et al.*，1995；Maton & Salem，1995；Wandersman & Florin，2000）。

授权

授权是意义丰富的更具价值的术语。这个概念，在美国政治中的激进时代与保守时代，有不同的含义，是一个非常时髦的术语（Perkins，1995）。公司提到授权他们的员工，有时并无明显分权的打算。常听到体育锻炼、沉思或心理治疗被描述成授权；这与公民参与相关的授权有很大的区别。Riger（1993）批判了在社区心理学中对该术语多变的、不持续的使用。代表任何东西的词语意味着它什么也说明不了；有时候授权好像也遭受着这样的命运。

然而，让我们更近距离地观察这个问题。在社区心理学中，Rappaport（1987）最初将授权定义为"一个过程，是人们、组织和社区事务的机制"（p.122），在此之后，Riger（1993）发表了一篇极具影响力的论文。Rappaport 等人采用了被 Cornell 授权组织推崇的更为具体、更具有社区导向的定义：

> 围绕当地社区有意义的、持久的过程，涉及相互尊重、批判性反思、关怀、团体参与，通过这样一个过程，缺乏平等资源的人们可以更多地接触和掌握资源。（引自 Perkins & Zimmerman，1995，p.570，以及 Wiley & Rapaport，2000，p.62）

在这种定义下，授权过程是和其他过程共同实现的。它包括得到更强大的力量（获得资源）。通过公民参与的集体活动，个人、社区和社会所发生的变化。在 Waupun 的 Edgewood 街与铁路十字交叉口设置警示标志，Alison Smith 参与的选举改革活动都体现了授权。如果 Louis Burgess 所说的街区联盟为市民提供了更多获得重要资源的途径，在社区决策中有强大影响力，他们也是在进行授权。

当然，这个定义包含了和公民参与定义类似的成分。两者主要区别在于参与是一种行为，授权是一个范围更广的过程。对个人而言，授权涉及了认知（"批判性反思"，在上述 Cornell 定义中）、情感（"关怀"）、动机、其他可能因素，不仅仅是参与行为。Rappaport 认为，授权定义应该具备开放性，他认为一个简单的定义可能限制了对不同语境下授权的不同形式的理解。我们对授权的界定以 Rappaport（1981，1987，1995）和 Zimmerman（1995，2000）的理论工作为基础，参照 Riger（1993）关于授权这一概念的评论文章。

授权的特性　授权是一个多层次概念，个人、组织或社区中都可以被授权（Zimmerman，2000）。一个人，如果他越来越怀疑传统权威，反对不公正，并且有更多的公民参与，他就正在被授权。一个工作组织可能会授权小团队，让他们自己做日常决策。通过和别的群体交流，一个社区组织会影响到更广的地方，如地域。通过更高级别——如对政府的政策建议和倡导，地区可以获得对当地事务更多的控制权。授权也涉及在宏观系统或其他水平中，分解或抵抗不公正的压制系统。

某一层次的授权并不一定在其他层次产生授权。授权并非总能产生实际的资源控制权或决策权。个体的授权不一定给他们的组织或社区授权。将竞争议程授权给组织可能会释放出竞争的资源，这些资源会减弱较大社区的力量（Riger，1993）。一个组织中，领导紧握权力，就不会授权给他的员工。一定要在多水平、多层次上理解授权（Zimmerman，2000）。

授权是"自下而上"而并非"自上而下"的视角（回想第 2 章提到的这种差别）。自下而上的视角，来自于社区公民中的"草根组织"而不是领袖或权势人物，反映的是普通人控制自己日常生活的尝试。自上而下的授权，即便是善意的、包含有益的思想，也反映了权势的视角和经验，隐含着现存的权力结构（Gruber & Trickett，1987）。

不同的历史、经历、环境中，各个组织、地域、社区和文化的授权也是不同的（Zimmerman，2000）。例如，在某个志愿者群体中，某人可能培养了影响这个志愿者群体决策的技能，该志愿者群体注重的是团体工作、讨论、友谊和呵护。但他会发现，这些技能在工作场所中无法发挥有效的作用，因为工作场所的酬谢是直接的，是以任务为中心的。他在第一个语境中是授权的，在第二个语境中没有授权。授权的本质在工作场所和志愿者团体中是不同的。

授权是一个需要时间的动态发展过程。是获得资源、权力、影响或决策话语权的过程。它既是可以培养的过程，也是可逆转、恶化的过程，但小小的挫折还不足以使之倒退（Zimmerman，2000）。要在纵向研究中才能更好地理解授权。Louis Burgess 和 Alison Smith 从普通公民发展成社区领导。威斯康星州的 Waupun 青少年团体为他们的目标工作了一年，但他们学到了很多。

授权只有参与到一个团体或组织中才能得以实现。这包括那些规模有限、拥有积极的社区感、拥有能影响决策的成员和注重分享领导权并相互影响的草根团体（Maton & Salem，1995）。授权也包括组织间的联系（Zimmerman，2000）。在这一章的开篇练习中，授权发生于集体活动中。

平衡授权和其他价值　授权会促进或者抵触不同团体的社会公正、平等、尊重和社区感。在个人主义的西方社会里，授权可以用个人主义的术语加以定义和理解，可以用来促进个人自我晋升，不用关注个人所在社区或其他人。或者理解为以团体外竞争为代价，强化个人在团体中的地位和资源（Riger，1993）。例如，反移民团体或白人至上团体。

这个问题表明，有必要详细说明授权与价值观念（如社区感）的联系和潜在矛盾。思考以下 Stephanie Riger 的评论：

> 授权是否⋯⋯带来了更强的社区感，同时加强了我们社会的联系？或者它是否促进了某些个体或团体的竞争意识和凝聚力？⋯⋯我们应该好好考虑这种和授权同样重要的联系。（Riger，1993，p.290）

回想 Rabbi Hillel 在本章之初的评论：必须平衡个体的自我决定和社区健康之间的关系。通过问下列问题，可以将这个问题明确："谁将被授权？""出于何种目的？""牵涉到什么社区？""它的文化传统是什么？"（Berkowitz，1990；Riger，1993）。我们将在第 12 章、13 章，以讨论授权案例的方式来明确这个问题。

权力的多种形式

理解授权和公民参与，要考虑到权力的不同形式。我们的意图是阐明经常受到忽略的权力概念，以帮助市民和社区更好地被授权。在阅读这部分之前，先思考这些问题：

在你自己的生活情境和关系中，你是如何行使权力的？别人呢？在不同的情境或关系中，权力的使用是否不同？怎样不同？

你的教授对你有多大程度的支配权？在不同的课堂上，你是否体会到教授们的不同权力？作为一个学生你如何行使权力？这些权力有哪些局限？

现在更广泛地思考你的社区和社会。这里有哪些类型的权力呢？像你这样的公民如何行使权力？

权力的 3 种类型

我们可以识别出 3 种类型的权力（Hollander & Offerman，1990，p.179；Riger，1993；Rudkin，2003；van Uchelen，2000）。

领导/支配力是一种强迫和支配别人的能力。这种权力表面看起来很柔和，实际上却带有一种明确的暗示：如果别人不遵从的话，就会使用强硬的方法。领导/支配力通常根植于社会结构中。比如，组织中的权力是"发布并实施关于利用资源的命令的能力"（Levine，Perkins & Perkins，2005，p.382）。组织结构创造了这种能力，这种能力与参与其中的个体无关。同时，我们在第 7 章所说的主导群体就有权力，就像社会习惯于男人的权力多于女人。对别人施以支配力就像经典的社会学（特别是马克思主义者）理论中的权力概念（Giddens，Dunerier & Appelbaum，2003）。领导/支配力包括层级性的上下级关系，并且会导致不公正。当然，也可以利用领导/支配力促进公正，如制定法律，禁止种族歧视。

合作权力是指个体和团体达到自己的目标，开发潜能的能力。与领导/支配力不同，合作权力包括个体的自我决定、分享权力，是通过说服而不是强迫来影响别人的。然而，合作权力并不必

然是相互协作的。**抵制的权力**，是拒绝别人不恰当需要的一种能力。例如，抵抗有权威的老板、朋友的不恰当要求或者各种各样的社会压力。一些女权主义者通过驳斥父权制（统治/支配制度）来抵抗支配。

比如说，在工作场所，经理可能会通过传达指令，说服员工做经理想做的，或者授予员工参与决策的权力（即允许他们使用一些权力）来实现自己的领导/支配权力。在个体和集体水平上，员工使用合作权力和抵制的权力。他们既可以使用说服性和协商性的策略，也可以忽视或抵制老板的命令。更极端的话，他们还可以辞职或者集体罢工。这并不是说雇主和员工的权力是一样的。员工使用权力面临的障碍（例如组织集体活动）比老板面临的障碍要大。然而，因为雇主与员工都拥有某种形式的权力，从长期看，追求的利益是他们共同合作的基础。

领导/支配力、合作权力、抵制的权力，可以应用到很多情境中。

整合力量

Boulding（1989，p.25）把**整合力量**定义为建立团体，把人们团结起来并激励忠诚的一种能力。有时候，这也被称为"人民的力量"。这种力量和社区感相似（见第 6 章）。Mohandas Granhi 等人认为，世界上存在一种比暴力更强大和更广泛的力量，而这种力量如果没有人际关系（亲情、友谊、社会关系）就无法存在。人们每天都在形成、发展整合力量。某种意义上，整合力量的社会来源是不确定的，它不像金钱的来源那样确定。

整合力量建立在道德和精神准则之上。甘地提出的非暴力抵抗和不合作观念，从字面上翻译成坚持真理，或者"真理的力量"。非暴力抵抗和不合作主义是甘地提出的抵抗英国殖民主义的基础，也是美国民权运动的基础，同时是波兰、南非、智利和其他国家近期非暴力抵抗运动的基础。整合力量建立在道德和精神信仰的基础上，积极和公开地抵抗压迫。这种力

量与社会公正关联紧密。

整合力量也以其他形式存在。工会长期将罢工作为"人民的力量"的一种形式。抵制是整合经济力量的一种具体表现：殖民时代，美国人抵制茶叶表示对英国政策的抗议；之后美国北方抵制南方种植园主的棉花和白糖（奴隶劳工制成的），抗议奴隶制度；在本章开始的时候，Alison Smith 倡导了公正的选举（我们将在第 13 章讨论更多的案例）；Louis Burgess 也提到了街区联盟，依靠整合力量，形成网络支持和自助群体。然而，在地方和宏观系统中，成功运用整合力量常需要借助媒体的力量，进而给主要决策者施加压力。

和其他力量一样，整合力量可以有积极影响，也可能会带来消极影响。它可能会造成对外围集团的偏见，也可能加强团体的整合性。

奖赏权力、强制权力、合法权力、专家权力和参照权力

社会心理学家 French 和 Raven（1959；Raven，1999）提出 5 种形式的权力，权力被他们定义为一种影响他人的力量。**奖赏权力**即有价值奖励的控制；其他人要获得奖励就要改变他们的行动。**强制权力**是一种惩罚能力。这两种权力都可能迫使目标对象表现出顺从，但是也会导致目标对象秘密或公开的抵抗。两种权力类似领导/支配权力。

French 和 Raven（1959）将**合法权力**定义为职位权力，合法权力建立在优势地位组织关系中具有重要角色的基础上（类似于领导/支配权力）。因此，雇主有权力向员工下达命令，老师可以给学生打分。当社会认同男性优于女性时，职位权力可能被用在等级压制中。然而，如果人们普遍认为职位权力是不公正的话，它的合法性就可能被削弱。

在广为认可的社会规范的基础上，Raven（1999）深入探讨了合法性的概念，不是仅仅依赖等级地位。比如说，互惠的概念使人们有这样一个预期，即帮助别人总会有回报，社会责任概念暗示每一个人都有责任帮助比自己不幸的人。这些规范可能会被忽视，但是他们被社会广泛认同。在一些情况下，弱势群体还可以使用这些规范，反抗强势群体。

专家权力是职位权力的必要补充。专家权力以个体或团体的知识、技能以及经验为基础。心理健康专业人员被认为是这方面的专家，但互助团体也可以在心理障碍和心理异常方面提供帮助。Klein、Ralls、Smith-Major 和 Dougllas（2000，p.277）强调专家权力的优势。他们断言，在快速发展的新形势下，组织的灵活性和生产力同知识和学习能力的相关比保持地位和等级控制的相关大。因此，在工作场所赋予权力将会使个体获得和锻炼专业技能，例如收集新信息的能力，解决问题、理解不同文化和团队决策的能力。我们在第 3 章和第 4 章提到的参与研究方法可以是社区专家权力的基础。在这章开篇提到的 Waupun 青少年团体做了一项调查，这项调查对市政府和铁路部门施加了很大的压力。

参照权力建立在人际联系和人们共有的社会特征的基础上。它可能包括任何人与人之间的关系。比如说，参照权力是互助组织成员康复的关键资源。Broom 和 Klein（1999）描述了 3 种形式的影响力，都涉及参照权力。一种形式是以喜欢、尊重和人际关系为基础。另一种形式涉及呼吁团体团结和重视团体价值。还有一种形式是网络的，在社交网络中寻找别人的帮助。

参照权力通常指的是人际关系和微观系统关系；整合力量通常指的是组织、社区或者宏观系统。

社会权力的 3 个要素

社会活动家 Gaventa（1980）曾使用政治学的理念描述过社会权力的 3 个要素（也见 Speer & Hughey，1995）。有一个故事可以作为范例。

在纽约北部的乡村地区有一个生产草坪的农场，一家公司申请利用该农场进行垃圾的回收利用。州政府在没有考虑任何当地居民意见的情况下，向公司授予了倾倒垃圾的许可证。垃圾倾倒开始了。当地居民在没有任何征兆下发现了臭气，表达了可以理解的愤怒。在相关部门的法律判决前，州环境保护部门（Department of Environmental Conservation，DEC）对是否可以在该农场永久地倾倒垃圾的问题举行了广泛的公众听证会，其中涉及技术专家和居民搜集证据的时间问题。理论上，所有的一切都在州环境保护部门的掌握之中。

然而，实际上，正式的过程很明显是一边倒。在律师卷入案件之后，当地居民被安置得很有秩序。当地居民没有法律培训，也没有该公司雇用专家的技术背景，既不知道法律程序也不知道听证会中使用的日常术语。直到他们雇用了自己的律师，才知道听证会

的大量程序错误。当许多当地居民为缺乏真正的证据而沮丧时，他们用拖拉机把草坪农场的路给堵住了。然而，他们只是暂时成功了。

或许大多数人会说当地居民对当地情况的了解是有限的。数年积累的实际经验形成了他们对过程的直觉的、现实的理解，就像可以理解雨水流入当地河流和 Walkill 河的影响一样。然而，所有的证据都是由没有生活或工作在社区中的顾问提供的，这些证据最终影响了法官的判决。当证据显示出公司计划符合州政府的所有法律规定时，倾倒垃圾的永久许可证就被授予了那家回收利用垃圾的公司。

实际上，在 5 年之内，当地居民所预测的那些消极结果都发生了。污水流入 Walkill 河，地表水被镉污染了，不合法的危险废品被储存在河流的一边。DEC 曾以重复污染罪起诉该场所的经营者，并最终把该场所定性为危险废品场所，需要进一步调查和清理。

第一种形式是**交易、奖赏和惩罚的资源控制**（Gaventa，1980）。这是普遍意义上的权力。它与作为征服和强迫他人的能力的权力观念密切相关。在 Walkill 河这个范例中，公司花钱聘请了专家和律师，使用法律程序压制地方的反对。然而在其他情况下，有组织的公民系统能够进行惩罚以形成威胁，如进行负面消极宣传或抵制，或者双方互相让步，达成妥协。

社会权力的第二种形式是**对公民参与社区决策方式的控制**（Gaventa，1980；Rich, *et al.*, 1995）。它指的是对参与形式和方法的控制。公共听证会、请愿、选举是这些过程中的传统例子。此外，Gaventa（1980）还提到微妙的过程，如控制会议议程来排斥公民的评论和争论，要求公民

雇用代理人来支持他们。在 Walkill 河案件中，这种形式的权力经常被用来限制公民参与授权。理论上，DEC 的听证会给公民提供了参与并影响决策的机会，而且这些决策可能会影响他们的健康和生活。实际上，法律程序有效地阻止了一切有意义的公民参与。然而，在其他情境下，有组织的公民系统可能会开拓新的参与渠道，比如说公众集会或者利用媒体。Walkill 的人们建立了橙色环境部，当需要参与决策时，它在某种程度上提供了法律援助。

第三种形式的权力是通常被忽视的，因为它是抽象的而不是具体的。它是**界定一个公共问题或冲突的能力**（Gaventa，1980）。它通常决定或支配对社区问题的公众解释，形成关于问题的争论结果。例如，在 Walkill 河的例子中，决策者更喜欢科学知识，而不是本土、实际的知识。大众传播媒体影响了社会问题如何界定，但是对社会问题进行界定，这种权力并不是大众传播媒体独有的。在媒体背后，是社会制度及其利益群体，他们有能力通过媒体发出自己的声音，创造媒体和公众的概念。在社区或社会中占主导地位的理念，会影响到社会问题是怎样被定义的。有一个这样的例子，Tatum 将广泛被接受的社会定式比喻成"呼吸烟雾"（见第 7 章）。然而，在某些情况下，普通公民熟练地利用媒体，或者通过口头转述渠道也影响了舆论。我们在表 12—2 中列出了社会权力的主要概念。

表 12—2	社会权力的主要概念
领导/支配权力、合作权力、抵制的权力	
整合力量	
奖励权力、强制权、合法权力、专家权力、参照权力	
社会权力的 3 个要素	
交易、奖赏和惩罚的资源控制	
对公民参与社区决策方式的控制	
界定一个公共问题或冲突的能力	

有关权力的思考

什么是社区心理学家认为的有用的权力？

行使权力（会影响决策）需要掌控资源，至少有具备一定能力驱使反抗的人，使他们赞同或

者妥协。很多资源都能授权给社区，个体如果掌握这些资源的情况，愿意与他人合作，就能够调动资源（回想本章的例子，或者在第 1 章中 Debi

Starnes 的故事）。

权力不是纯粹的内心状态，比如仅仅只是感觉有权力，或者自信有权力。掌握权力需要你有能力对决策发挥实际的影响。

最好将权力理解成连续的整体，而不是一分为二，"全"或"无"两个部分。我们很少看到个人或集体彻底集权或彻底没有权力的情况。掌握更多权力的人会反对改变，而其他人则会利用权力的其他资源进行改变，甚至很小的一个行为都能反映出一定程度的权力。没有权力的个人或群体会找到反抗有权力者的方法。我们并没有忽略在反对机制中权力的区别，我们尽力关注公民能使用的社会权力。

权力也可以被理解成关系（Gaventa，1980；Serrano-Garcia，1994）。随着家庭、背景、社区和社会关系的改变，权力也跟着变化。权力的更迭有时候是不可预测的。权力也是发生在具体情境中的：你可能在某些情况下拥有权力，例如，你可以影响学生的决定；但权力并不是到处都存在的，例如，你在工作中并没有发言权。社区心理学，作为一个新的研究领域，在了解权力，平衡授权以及社区价值和社会公正方面还有很长的路要走。

 ## 公民参与、授权和社区感是怎样交织在一起的

公民是如何在其社区内成为参与的、有权力的领导者的？首先，从发展的角度，我们描述了有权力个体的特征，并且介绍了社区感与参与之间的联系。

发展的角度

在教堂的一个社区组织会议中，Virginia Ramirez 举手了。她说："我有一个问题，我的一个邻居因为没钱修理房屋而冻死了。我希望有人能处理一下。"

社区的组织者问："你希望怎样处理呢？"Virginia 很生气，离开了教堂。几天后，一位组织者去了 Virginia 的家。Virginia 让她进来了，因为她是修女。修女问了 Virginia 为什么会那么生气。Virginia 回答说，这不仅与我的邻居有关，也与贫穷的学校和种族主义有关。最后，Virginia 同意在她家举办一次邻里间会议。

Virginia 从来没有举办过会议，很快讨论就转移到邻里们关注的问题上：糟糕的住房、肮脏的下水道、欠缺的社会服务。参加会议的人一起寻找市政府发布的文件，发现原本应该发放到他们社区的维修房屋资金，已经被用于一个富裕社区建设街道了。当人们去市议会反映时，Virginia 颤抖了一下。"我不记得我说过什么。我只记得我的名字。然后我……意识到我在说关于我们社区的问题。应该把属于我们的钱拿回来。这很困难……但是我开始理解对人们负责的重要性……"

社区的组织者鼓励 Virginia 继续学习，让她更深入地了解产生问题的社会原因。他们对她的每一次参与活动进行反馈，并鼓励她学习新的知识。Virginia 通过了 G.E.D 考试，最终大学毕业。她的丈夫最初极力反对。当他质问 Virginia 为什么不做家务事而要去读书时，Virginia 颤抖着告诉他："这是为了我以后的生活。如果你不喜欢，很不幸，因为我决定一定要这样做。很抱歉，学习才是我首要考虑的。"渐渐地，她的丈夫接受了，甚至对她的成绩感到骄傲。

Virginia 成为社区的管理者，指导志愿者推广健康教育，鼓励教堂和社区的人们，特别是女性成员发表自己的意见。她与政治家和商业领导合作，促进社区的发展，为社区

成员提供更好的工作机会，Virginia 见证了她参与其中的美国国会的创新工作培训计划。在整个过程中，Virginia 的信念让她坚持下来，引导她不断向前。（引自和改述自 Loeb，1999，pp. 15-20，55）

理解公民参与和授权的一种方法就是研究个体的公民参与随着时间的推移是如何发展的，就像案例中 Virginia Ramirez 那样。例如，1984 年，Kieffer 对 15 个社区活动者的发展历程进行了研究。研究样本包括：成为组建社区健康诊所的主要力量的工人母亲；变成组织者和联合抵制行动协调者的劳工移民；现为城镇住宅项目的领导者的前毒品吸食者和黑帮头目；领导抗争棉尘肺病的退休工人（Kieffer，1984，pp. 13-14）。从另外一个角度，在 2003 年，Watts、Williams 和 Jagers 对 24 名非洲裔美国青年和青少年活动者进行了社会政治发展的研究。Kieffer 寻找不同文化背景和社会关系背景活动者之间的相同点；Watts 和同事专注于非洲裔美国人的发展。两个研究都用了定性研究方法，能够对参与者的经历做出详细的描述。尽管过程和结果不同，但还是有相同点。

两个研究中，个体最初都接受了社会和政治的现状，但是越来越认识到社会的不公。他们看出社区和个人事件中有权力的影子，而权力主体只做对主导群体有益、有利的事。Watts 的被试，经历过种族歧视。Kieffer 研究中的参与者，可能会体会到愤怒。例如，一个企业企图以淹没村庄为代价修建水坝，被信任的雇主出卖，在自己的院子被袭击。对于 Virginia Ramirez 而言，当她的邻居死后，自己意识到社会的不公平时，公民参与过程就开始了。像这样的事会导致公民参与，会大胆面对责任。两个研究中，参与者都经过发展的中间阶段，在社会行为中，在公民参与过程中转变了意识。这些参与者有共同点。许多人都和 Virginia Ramirez 有类似的经历。

● 冲突和发展相互交织，这包括家庭事务与社区义务之间的竞争和冲突，普通公民与强势精英之间的冲突。

● 实践经历和批判性反思相互交织，导致对未来的洞察，以及为未来而学习的动机。

● Kieffer 研究的参与者强调嵌入社区、获得当地组织的社会支持，拥有提供建议和支持的指导者的重要性。Watts 等人研究中的年轻活动家提到和社会环境相似的主题，比如针对非洲裔美国年轻人的培训班。

● 活动家们在他们的社区中形成了权力关系意识，每天在一起生活伴随着这样一种感觉，就是如果公民团结起来，权力关系将会改变。

● 令人鼓舞的、有共同愿景的解放有助于他们形成工作的特定目标。

● 从来没有参与的普通公民成长为活动领导者，这是需要时间的。Kieffer 的研究样本中，这个过程平均为 4 年，不过也有许多可变性。

这些研究结论非常有用，是理解参与、授权和社区三者如何交织在一起的一个方面。另一方面是公民参与和获得授权者的素质。

公民参与和获得授权者具备的个人素质

> 授权看来似乎不像一个吸引许多观众的体育比赛。（McMillan, Florin, Stevenson, Kerman & Mitchell, 1995, p. 721）

研究表明，公民参与和获得授权者普遍存在 6 种个人素质［亦见 Berkowitz（2000）和 Zimmerman（2000）的评论］。授权是情境性的，在特定情境、社区和文化中发展，并且受到情境因素的强烈影响。因此，下面列出的素质只是建议性的，并不是任何情况下获得授权者都应具备的特征。

批判意识　这是对权力和社会政治力量如何影响个人和社区生活的理解（Friere, 1970/1993; Zimmerman, 2000）。Serrano-Garcia（1984）列出两个成分：“对于局势的批判性判断和问题背后原因及其结果的追寻（p.178）”。批判意识包括对权威和现状的质疑，认清关系中的权力如何影响个人与家庭的日常生活质量。女权主义的座右铭“个人即政治”就是这种批判思想的表达。

批判意识来源于 3 个方面：不公平的生活经历，对这些经验教训的反思，与他人的对话。批判意识开始于质疑现存社会条件和权力的合理性，通过学习认清问题，认识到现存问题是能够改变的社会实践，而不是不能改变的秩序。接着，着手回答以下问题，谁界定了社区问题？社区决策如何制定？考虑谁的观点排除谁的观点？谁拥有权力？他们怎么使用权力？他们如何被挑战？

Virginia Ramirez 的故事尤其阐明了批判意识。Virginia Ramirez 群体通过自己的努力，把本应属于自己的钱要了回来，这加深了他们的批判意识，更加深刻地认识到城市决策如何影响他们的生活，并更加关注这些决策行为。

参与技巧 公民要有效地进行公民参与，同样需要行为技巧。实证研究提出了以下技巧（Balcazar, Seekins, Fawcett & Hopkins, 1990；Berkowitz, 1987, 1996, 2000；Foster-Fishman, Berkowitz, Lounsbury, Jacobson & Allen, 2001；Kieffer, 1984；Lappe & DuBois, 1994；Watts *et al*., 2003）：

- 用批判意识明确表述社区问题。
- 想象和说明一个更佳社区的前景。
- 肯定地、有建设性地提倡某人的观点。
- 主动听取包括对手在内的他人的观点。
- 识别和动员个人和社区资源。
- 与不同文化和生活经历背景的人保持良好的互动。
- 建立合作关系和进行令人鼓舞的团队合作。
- 识别、处理和解决冲突。
- 为社区的改变制订计划策略。
- 发现、使用并提供社会支持。
- 避免职业倦怠。
- 共享领导能力和权力。

无论怎样，参与能力是情境化的。这些技巧的性质和用处依赖背景。有时其中某些技巧在一个背景里显得比在其他背景里还重要。

参与能力中一个特别重要的技巧是识别和动员资源（Zimmerman, 2000）。资源包括可见的因素，如时间、金钱、技巧、知识和有影响力的同盟者。还包括无形品质，如合法性或社区中的地位，社区成员的天赋与思想，他们对社会变革的承诺，还有社会支持。其他资源还有共享价值观、共享仪式和体现这些价值的故事（Katz, 1984；Rappaport, 1995）。对一个社区资源和力量的重视促进参与和授权。还有，与授权有关的许多资源（如社会支持、承诺、知识）是不可少的，但通过

一起工作可以更新和增加（Katz, 1984；Rappaport, 1987）。这些技巧是能够学习的，正如 Alison Smith 和 Virginia Ramirez 的故事特别阐明的那样。

集体效能感 集体效能感是公民相信集体行动会对改善社区生活发挥作用的信念（Bandura, 1986, pp. 449 - 453；Perkins & Long, 2002, p. 295）。单纯依靠批判意识和行为技巧不会导致行动，只有人们相信集体行动，并且依靠集体行动，才能有建设性的变化（Saegert & Winkel, 1996；Zimmerman, 2000）。

其他人就把这简单地定义为集体效能。而我们的定义是集体效能感。注意这两个概念的区分。集体效能感的概念突出了个体的认知。对集体效能的信任感通常产生于公民参与中的个人经历。集体效能感是情境化的：一个人在这个情况下可能会相信公民能够集体影响社区决定，而在另一个情况下就不能（Bandura, 1986；Duncan, Duncan, Okut, Strycker & Hix-Small, 2003；Perkins & Long, 2002）。

对美国城市社区的研究表明，具有批判意识和集体效能感的公民更多地参与到社区组织中来，并且体会到更强烈的社区感（Perkins, Brown & Taylor, 1996；Perkins & Long, 2002；Speer, 2000）。具备高水平集体效能感的社区犯罪率很低（Snowden, 2005）。

个人参与效能感 个人参与效能感是指个体相信他们自己有能力有效地从事公民参与并影响社区决定。甚至，还包括个体能成为公民行动中有效领导者的信心。个人参与效能感不仅仅是感受到被授权，更是与具体的行为参与相关联。这是情境化的信念，在某些情况下，公民参与会更有效。个人参与效能感是自我效能感的一种特殊形式（Bandura, 1986）。Virginia Ramirez 和 Alison Smith 的集体效能感和个人参与效能感都有增长。

研究者还关注一些相似的概念。如社会政治控制、感知控制和政治效能感（Zimmerman, 2000）（我们再次加入"感"来突出个体认知）。这些信念与公民参与相关联（Speer, 2000；Zimmerman, 2000）。不管怎样，情境性很重要：在一个研究中，大学生从事社区服务工作。这段经历

使得大学生的承诺感增强，但也导致了政治效能感的减弱（Angelique, Reischl & Davidson, 2002）。或许这些学生发现的社区和社会力量没有最初他们预期的那样易变。

有关社区活动家素质的定性研究发现，乐观主义精神会支持公民的长期参与，乐观主义包括享受挑战，一种"能做"的精神，对工作的激情（Berkowitz, 1987; Colby & Damon, 1992）。在这些研究中采访的公民积极分子倾向于将挫折归因于当时和情况因素，从中吸取教训，而不是归因于个性因素。他们庆贺成功，并以幽默的方式回应困难。这些乐观主义的思维方式看起来与参与的个人效能感信念有关。

参与的价值和承诺　光有效能的信念是不足以激发公民行动的。通常，参与使公民行动开始，承诺使其维持根深蒂固的价值观。

两个定性研究也发现，精神信仰或道德承诺能使公民参与过程得以持续，至少在受访者中是这样（Berkowitz, 1987; Colby & Damon, 1992; Loeb, 1999; Moane, 2003; Nagler, 2001; Schorr, 1997）。对某些人而言，这是精神信仰和实践；对其他人来说，是对道德原则如正义的承诺。社区参与的精神支持包括内在价值和信念、渴望工作、精神需求确立、谅解的能力等。在一个令人不快的、杂乱的社区环境中进行社区决策时，宽恕的能力非常重要（Colby & Damon, 1992; pp.78 - 80, 189 - 194, 296）。Virginia Ramirez 阐明了参与承诺的精神基础。

2003年，Moane 在对爱尔兰妇女解放运动中的授权进行了研究，包括建立在创造性和精神信仰基础上的个人力量和更大的、积极的解放。Berkowitz（1987, p.323）发现，在受访者身上，存在他称为"传统美德"的东西：如关注他人、正直、坚持和承诺。Colby 和 Damon（1992, p.78）发现类似的内容：如对正义、和谐、诚实和慈善的承诺。Schorr（1997）的有效社区组织研究发现：许多组织促进了个人之间关系，它以精神理想或世俗理想为基础，提升了团体共享氛围，提供了共享的意义和目标。

相关联系　授权和公民参与在社会真空中不会出现。它们包括多种多样的关系，桥接和弥合关系就在其中（Putnam, 2000；见第6章）。还包括社会支持和对参与、邻里和参与社区组织的指导（Kieffer, 1984; Moane, 2003; Putnam & Feldstein, 2003; Speer & Hughey, 1995）。相关联系是 Virginia Ramirez、Alison Smith 和 Louis Burgess 从普通公民成长为领导者发展历程中的关键。

表12—3列举了公民参与的6个素质。当然，这些素质列表仅仅只供参考（Berkowitz, 2000; Zimmerman, 2000）。

表12—3　　　公民参与具备的个人素质
批判意识
参与技巧
集体效能感
个人参与效能感
参与的价值和承诺
相关联系

邻里组织中的社区感和公民参与

邻里组织这种形式非常形象地说明了草根群体、公民参与、授权如何与社区感相互交织。以 Louis Burgess 的故事为例，志愿者街区协会提供了许多机会，让公民参与到社区决策中。（街区包括相对的两边街道、一个街区这样长。）街区协会处理各种社区问题，如分区制、房屋、社区外观、犯罪、交通和娱乐。街区协会是居民和市政府之间的中介机构。一项研究表明，如果有街区协会，居民对街区问题的看法会随着时间的推移而减少；相反，如果没有街区协会，则会增加（Wandersman & Florin, 2000, pp.263 - 264）。

在美国几个城市中如纳什维尔、纽约、巴尔的摩和盐湖城，社区心理学家研究了公民参与到街区协会和大型邻里组织的情况。研究者以公民参与度为测量变量，以参加会议、参与协会任务、成为协会领导为指标对公民参与进行测量。调查样本涵盖多民族、多种族和中低收入者（Chavis & Wandersman，1990；Florin，Chavis，Wandersman & Rich，1992；Florin & Wandersman，1984；Perkins，Brown & Taylor，1996；Perkins，Florin，Rich & Wandersman，1990；Perkins & Long，2002；Unger & Wandersman，1983，1985；Wandersman & Florin，2000）。

大体上，这些研究论证了 5 个因素的相互关系：

- 邻里的社区感。
- 非正式邻里沟通，比如和邻居交谈或在邻居不在家时帮忙照看房屋。
- 对邻里问题的初始不满。
- 集体效能感，尊重邻里组织工作。
- 公民参与邻里组织的程度。

这些发现表明，公民参与的途径与我们研究的内容有相似之处（Kieffer，1984；Watts et al.，

2003）。这些内容是：社区卷入、识别挑战、能集体应对挑战的意识、参与基层组织的螺旋式模型和效能感的加强。这个过程通常从社区问题开始，但是高犯罪率会抑制公民参与（Saegert & Winkel，2004）。对纽约市数据的纵向分析显示出：公民参与，导致了公民个人和集体效能感的增加（Chavis & Wandersman，1990）。越来越多的研究关注社区感、社会资本和参与基层组织（Hughey，Speer & Peterson，1999；Peterson & Reid，2003；Saegert & Winkel，2004）。当然，不是每个人、每个组织或者每个地点都遵循同样的模式，但是都包括上述因素。

这些研究表明，社区感、邻里关系和公民参与都是社区的资源。有的人，即使物质资源匮乏，也具备上述这些社区资源。要记住，社区心理学中所说的个体，不是脱离了社区的单独的个体，而是社区中的个体。

 ## 社区组织怎样能赋予其成员以权力

当我回到亚特兰大的时候（作为联合国的外交使者，参与了一场长期的民权运动），我一点也不想参与政治的事。一些埃比尼泽浸社会的妇女要我竞选市长，我非常不愿意。但是她们中的一个人告诉我："我们需要你这么做，也是我们让你做的。"我告诉她："那就有趣了，我以为是马丁·路德·金让我这么做的。""哦，不是的。"她回答道，"他也是我们让他这么做的。"（Andrew Young，speech to the Society for Community Research and Action，June 2001）

这个故事表明，亚特兰大埃比尼泽浸社会在民权运动方面是一个关键点（就像它的成员们期望的，Andrew Young 真的当选了亚特兰大市市长）。为了能充分理解公民参与和授权，我们必须知道社区组织是怎样授权，怎样促进公民参与的。我们把社区组织区分成已经授权和正在授权两部分。举例说明了两个正在授权组织的例子，识别了这种组织的 9 种特征。最后，我们讨论了创造和维护正在授权组织的一些困境问题。在第 13 章，我们将讨论已经授权社区组织。

已经授权和正在授权社区组织

社区和社区组织可以被描述为已经授权和正在授权组织（Zimmerman，2000；Peterson & Zimmerman，2004）。**正在授权组织**在群体决策和行动方面鼓励成员参与和权力分享。**已经授权组**织是那些能够以有意义的方式影响更大群体的、能够帮助进行社区变革以及提高居民生活质量的组织。

确实，要变成已经授权组织常常需要为成员

创造正在授权的机会（McMillan，Florin，Stevenson，Kerman & Mitchell，1995）。但是，已经授权和正在授权不是一起出现的。从决策过程中，排除了普通成员的组织在社区和社会里可能还是有很强大的权力。例如，Putnam 在 2000 年的时候指出，美国国家性宣传组织通过邮寄和网络来筹集资金，利用大众传媒和游说来行使权力，但是缺乏积极的当地活动。

除此之外，一些组织授权其成员，却不愿意扩大自己的影响。比如说，互助组织或精神信仰群体可能会赋予成员在团体中参与决策的权力。

然而，这些机构不是去考虑如何影响社区或者社会。个人主义心理学，甚至是社区心理学，直到最近才把重点放到授权的个人过程上。这样，在机构或者组织中，研究者常常考虑影响个人授权的因素，而不是公民组织怎样在社区/社会获得和行使权力（Peterson & Zimmerman，2004；Riger，1993）。现在关注的焦点也扩大到已经授权组织如何扩大影响。这和 Rappaport 强调的授权多层次是一致的（Zimmerman，2000）。

接下来我们来看正在授权社区组织的两个故事。

街区推进：社区组织的能力构建

街区推进项目应用社区心理学方法来强化纽约的街区协会。这些协会都是在布鲁克林和皇后区，那里的房屋密度比曼哈顿小得多，而且也具有代表性。社区里的居民都是中产阶级的工薪阶层，主要有欧裔美国人、非洲裔美国人，种族具有多样性（Florin，Chavis，Wandersman & Rich，1992；Prestby，Wandersman，Florin，Rich & Chavis，1990；Wandersman & Florin，2000）。

街区协会因公民参与而蓬勃发展，反之就会失效。在街区推进者的研究中，有接近 1/4 到接近 1/2 的街区协会随着时间的推移而变得不积极了。成功的协会在很多地方不同于那些失败的协会。它们做了更多的努力来招募成员，想了更多的办法来使公众参与进来，为参与者提供了更多的奖励，扫除了一些障碍，让更多成员参与决策，开展了更多的活动。

街区推进项目依据这些调查结果，帮助街区协会发展组织，从而加强公民参与和执行社区活动的能力。街区推进项目的员工对每个街区市民做了一项调查，内容主要有他们对街区协会的态度、街区活动的参与情况，他们所认为的一些对社区有用的技能。街区协会的成员则被调查了团体凝聚力、领导者支持、团体秩序和组织以及一些相关概念（Moos，1994；可以从第 5 章回忆这些内容）。街区推进项目调查数据主要用来描述每个街区和街区协会的特点。

接下来，街区推进项目的员工给街区协会的领导者开展了一些培训。从每个协会里抽出两个领导人，参加一个强化训练工作坊，同时和街区推进项目的工作人员一起参与一些咨询工作。培训强调利用成员资源、分权决策、发展领导人、联系其他组织和外部资源等方面。工作人员也会依据调查数据解释每个街区协会需要提高的地方。例如，如果调查表明，一个协会没有聚焦在有形的目标和任务上，那么领导者就可以想一些方法来举办更多的组织会议，制定团体目标。如果公民表示，由于缺少儿童保健而限制了他们的会议出席率，协会领导人就应该努力去提供儿童保健。街区协会领导人也应该为团体制订行动计划，并把它们付诸行动，评估它们的影响。

针对街区推进培训的一项实验评估显示，在工作坊举办 10 个月之后，得到了街区推进项目培训和咨询的协会比只得到有限协助的对照组表现得更加积极（Florin et al.，1992；Wandersman & Florin，2000）。

中西部的 ARC：社区组织中的冲突和授权

生活是有冲突的。如果没有冲突，你就没有在做任何事情。（一个社区组织领导人的

谈话，Lappe & DuBois，1994)

冲突是社区工作的生活现实。社区组织者和研究者认为如果欣赏和应对矛盾而不是排斥或反对矛盾的话，这样的社区组织从长期来看更为积极 (Bartunek & Keys，1979；Chavis，2001；Kaye & Wolff，1997；Lappe & DuBois，1994，Wiesenfeld，1996)。冲突是新思想或原先被忽视的思想的源泉；是对未经权衡假象的挑战。它为能更广泛地为所有成员提供机会。矛盾的出现经常体现了背景、经历和观点的多样性，因此是一个真正包含多样性团体的积极标志。如果矛盾得到创造性的、明智的解决，将产生更好的计划，大大增强团体内部成员的自信心以及一个更强大的组织 (Lappe & DuBois，1994)。Bond 和 Keys (1993；Bond，1999) 的案例表明在一个社区组织中，管理建设性冲突是怎样使它变得更具授权性和被授权性的。

中西部 ARC 是由有发育缺陷家庭建立起来的，提供社区服务的组织。它提供日常看护、职业服务、住所和一个早期干预等服务。该组织是由家庭而不是由专业人士来管理的；该组织建立的原因是专业服务一直都是高高在上的态度且效率低下。

然而，经过一段时间，中西部的 ARC 组织规模扩大以后，开始往管理委员会补充新成员 (通常是专业人员)，这些专业人员有机会成为社区领袖和获得资源 (包括筹措资金)。因此，组织里出现了两个派别：家长派和社区成员派。对组织发展的远景也出现了不同的、矛盾的观点。家长派大多是工人阶级，看重实践技能，在中西部的 ARC 中资历较高。但是他们的想法总是受专业人员的漠视，因此有人养成了对质式的沟通风格，以便能够得到重视。社区成员派大多是受过教育、表达能力强的专业人员，相信自己的专业知识，对实践细节不耐心，对发育缺陷或组织日常管理工作没有经验。

大量的冲突出现了，因为冲突，从而导致了员工和理事会成员流动性很大，也干扰了组织的工作。常常由小部分人做出决策，子团体之间的不信任感逐渐尖锐。这些冲突不单纯是个人之间的，它们涉及家长和专业人员两个子团体以及更广泛的社会背景，即专业人员有许多的优先权，而一般的家长却没有。

然而，一些中西部的 ARC 成员认为，两个子团体对组织来说都是需要的。一些这样的成员，拥有在冲突的子团体之间建立起桥梁的沟通网络。有一个社区成员，他在中西部的 ARC 的工艺品商店工作，店是由家庭成员经营的。另一个是中西部 ARC 的创始成员，他可以接触到社区成员和专业理事会成员。新的执行总监跟两个子团体都建立了牢固的关系。这种边界延伸帮助子团体学会了尊重其他团体所做的贡献。

边界延伸营造了一种组织氛围，就是认识和运用中西部 ARC 成员所提供的一切资源。他们也开始注意到中西部 ARC 的目标，特别是为残疾人提供更多服务的承诺。两个子团体都越来越多地认识到要实现这些目标，都需要另一团体的帮助。

组织章程、制度正规化，从而确保决策做得更开放和更公正。和中西部的 ARC 历史是一致的，理事会成员也是由家长和社区成员组成的，家长占大多数。这项规定使得家长提倡接受委员的角色。同时，家长协会的权力也被限制了。这样可以加强社区成员的信心，使他们认为自己的努力是有用的。由理事会制定决策，而不是由少数官员或者内部人员做出决策。理事会成员更加多样化。既有专业人员，也有来自工薪阶层的社区成员。中西部 ARC 继续为实现组织目标而努力，包括成功筹款，为更多的服务增加资金。这个组织的变革被称为**"分权"**。体现了合作、社区和授权的概念。

授权社区组织的特点

社区组织授权给成员的时候有什么特点？我们收集了正在授权组织的 9 个关键特征。我们通过社区背景的案例分析，对有效邻里组织、社区联盟以及组织性授权的研究发现了这些特点 (Bond & Keys，1993；Foster-Fishman，Berkowitz，Lounsbury，Jacobson & Allen，2001；Peterson &

Zimmerman，2004；Speer & Hughey，1995；Wandersman & Florin，2000；Wolff，2001a）。我们发现，在组织情境中，有一些因素对促进个人发展是很重要的（Maton & Salem，1995），而有一些因素，对于促进公民参与社区决策是很重要的。这里我们所列举的这些特点，大家可以作为参照，别的研究者可能会强调不同的特点。

以群体为基础、以力量为基础的信念体系

授权社区组织推广这样的原则或信念体系，界定成员和组织目标，给行动提供意义和灵感，发挥优势，在挫折面前保持乐观主义。通过分享社区活动、仪式和叙事植入核心价值观，巩固社区感和个人对团体的承诺意识。例如，中西部ARC的信念系统强调残疾者及其家庭的力量。然而，这样的信念系统会给团体之外的人留下刻板印象，产生冲突，最后又因为情感诉求而促进了控制欲（Pratkanis & Turner，1996）。培养与团体外部的联系，认识超越团体的价值可以减少这些风险。

社会支持　授权组织通过成员之间的社会支持促进社会变革。一个以信念为基础的社区倡导组织的案例研究结果表明，成员之间一对一的会议可以帮助成员建立互相支持的关系，找出存在的问题（Speer，Hughey，Gensheimer & Adams-Leavitt，1995）。成员之间的社会支持和人际关系也可以增进组织凝聚力，从而影响更广泛的社区（Putnam & Feldstein，2003；Speer & Hughey，1995）。

共享的，鼓励人的领导层　组织领导宣传了该组织的前景，率先垂范，运用个人交际和组织技巧，培养新领导。在Kieffer（1984）的研究中，在社区积极者发展过程中，辅导制发挥了关键作用。在中西部ARC，新领导人的分权能力是很重要的，这些能力包括：阐明组织整体目标，在家庭和专业人员之间建立相互依赖的关系。在社区推进项目中，分享领导力和发展新领导人也是很重要的。

机会角色结构　授权组织创造角色，从而为成员提供参与和承担责任的机会（Speer & Hughey，1995），或者可以称为机会角色结构（Maton & Salem，1995）。"成长"组织，第8章中所说的互助组织，成员人数不多，角色多样化，是一种促进成员参与的有效方法（Zimmerman et

al.，1991）。在街区推进项目中，有效的街区协会有更多的办公室和委员会，在那里人们可以在一起积极地工作（Wandersman & Florin，2000）。这创造了人员紧缺情景，从而促进了成员参与（Barker，1968；Schoggen，1989；见第5章）。机会角色结构，促进了个体角色的流动，提高了成员的领导力，也巩固了团体之间的人际关系。

成员们能给一个社区组织带来不同的技能。例如观点、主张、情感的敏感性、财务管理、写作、策划活动、保安志愿者，或者改建破旧的办公空间。有关文化、语言以及社区历史的知识都可能是有用的。社会网络和联系，作为社区领导人的威望或合法性，以及其他的社会资源都是重要的。正在授权组织的领导人及其成员就是这样来识别和使用资源（Foster-Fishman et al.，2001；Peterson & Zimmerman，2004）。

工作重点　公民更喜欢参与通过明确的目标和富有成效的会议来把事情做好的社区组织（Wandersman & Florin，2000）。此外，有这样的组织结构增加了组织影响其社区的能力（Allen，2005；Fawcett et al.，1995；Foster-Fishman et al.，2001；Wandersman，Goodman & Butterfoss，1997）。它包括拥有组织目标和具体的行动目标，能制订会议行程、有时间限制，有能总结冗长讨论和做明晰抉择的领导人。街区推进项目培训目的就是在强化这种能力。在中西部ARC，理事会和家长协会的责任具体化可以减少冲突。

包容性的决策制定　这是公民参与的本质：在制订组织决定和计划时，更广泛地表达公民的意见。中西部ARC，由内部人员发展成为更具代表性的理事会和委员会从而做出重要决策。街区推进项目研究表明，更多的包容性决策强化了公民参与和组织多样性。当决策更具包容性时，社区联盟功能是最佳的（Foster-Fishman et al.，2001）。

在美国，Allen（2005）研究了一个州43个家庭暴力协调理事会。这些理事会的成员来自刑事司法、健康组织、教育组织、社会服务组织以及另外一些社区团体。预测理事会有效性的最佳预测因子就是：成员来自不同的社区组织，他们是否可以在一个包容的气氛中共同决策和积极参与。

参与的收益和成本　社区团体依靠志愿者。

如果志愿者发现投入没有回报，或个人代价太高，他们将会放弃。如果投入有回报，他们会投入更多。正在授权社区背景能为公民参与提供收益，并且收益超过个人付出的成本（Prestby, Wandersman, Florin, Rich & Chavis, 1990；亦见 Kaye, 2001；Kaye & Wolff, 1997）。

参与往往是由关注引起的，比如说"这个问题或者决定是怎样影响我和我家庭的？"Louis Burgess 参与街区协会的原始动机是取得赔偿。然而，这个动机发展成为提高她所在社区的生活质量，奖励的方式也是她没有预期到的。

Lappe 和 DuBois（1994, p.30）询问了美国公民在社区参与中所得到的奖励。回答包括：

- 令人自豪的成就。
- 觉得行动符合自己的价值观。
- 发现我必须去奉献什么。
- 与有相同梦想的人一起工作。
- 学习新技能，比如如何谈判。
- 我的成就会为我所爱的人创造一个更好的世界。
- 享有更好的交际圈、学校教育、工作、住房和医疗。

参与的障碍包括：在时间和精力上的竞争；寻找照顾孩子的人；不好的感觉；不愉快的会议（比如漫无边际的讨论）。在街区推进项目中，提供奖励和降低参与障碍的协会使得更多会员参与，并更有可能在一段时间内保持活力（Prestby et al., 1990）。

促进多样性　正在授权社区组织成员认同多样性的价值，因为多样性可以扩大知识、技能、资源、合法性，并增强与情境的社会联系。对社区联盟和其他组织来说，寻求多样化是至关重要的。

然而，提倡多样化并不只是提交一份不同成员的名单，更困难的工作是建立一个真正包容所有观点的氛围。对于中西部的 ARC，社区领导人或专业人员在讨论中占主导地位，工作组必须设法使群体成员畅所欲言，相互支持，并影响决策。

促进多样化应该包括弱势群体成员。最后，直到领导充分认识到多样性时才是多样性（Foster-Fishman et al., 2001；Goodkind & Foster-Fishman, 2002）。

促进机构间的协作　促进多样性，也会使社区机构面临一定的挑战。社区成员既属于宏观系统，也属于微观系统（Wiesenfeld, 1996）。

在中西部的 ARC 案例中，表明了"边界延伸"的力量。在组织心理学中，边界延伸指连接两个或者多个群体，通过联系能互相帮助和理解，开展建设性合作。在中西部的 ARC，边界延伸使两个小组彼此尊重（Bond & Keys, 1993）。边界延伸与桥接关系相类似（Putnam, 2000；见第 6 章）。

组织也需要讨论、管理和解决冲突的技能（Chavis, 2001；Foster-Fishman et al., 2001）。一个重要的技能是认识到压制是整个系统都参与，而不仅仅是个人形式的参与（如中西部 ARC）。冲突往往是一个可以利用的资源，是寻找共同的价值观和目标的基础。要学会解决和管理冲突，促进机构间的合作。

我们建议把上述这 9 个因素分为 3 个组：团结，成员参与，多样性和协作（见表 12—4）。当然，这 3 项职能重叠，在一定程度上，我们鼓励您按照对您有意义的方式安排它们。

表 12—4　　　　授权社区背景的特征
团结
以群体为基础、以力量为基础的信念体系
社会支持
共享的、鼓励人的领导层
成员参与
机会角色结构
工作重点
包容性的决策制定
参与的收益和成本
多样性和协作
促进多样性
促进机构间的协作

创建授权组织的两难选择

创造一个授权其成员的背景不像说的那么容易。在寻求授权成员时，我们面临两难的窘境。

所有这些引发两个关键问题：谁将被授权？如何做？

来自成功的挑战　Riger（1984，1993）对女性主义运动组织（如妇女庇护所、强奸危机中心）进行了研究，说明为当事人提供高效服务的目标（在这里，指授权妇女）与授权职员目标相矛盾。许多女权主义组织开始只是小小的集体，授权妇女的决策由志愿者共享。然而，随着对他们服务要求的增多，决策过程中的自下而上的参与过程是耗时的，效率很低的。而且，许多女权组织开始寻找资金、聘用员工。资金提供者要求资金合理有效地使用，这也导致更多的自上而下的决策。

女权主义组织的这些变化导致成员/雇员较少参与决策的工作背景。不过，对组织而言，这意味着能提供更多的服务。职员参与决策越少，能被授权的有需要的妇女就越多。Riger（1993）把这些平衡标记为"来自成功的挑战"。这些挑战与刚才的问题有关：谁将被授权？

顽固的社会规律　Gruber 和 Trickett（1987）研究了社区高中的建立。由家长、教师和学生建立的可选择性的高中，学校管理董事会由教职员工、家长和学生按相同比例组成。董事会是学校的决策机关，是为培养家长、学生、教职员工参与事务而设计的。但在实践中，董事会与教师之间很快就职员聘用和入学政策等事项产生了矛盾。3年内，教师削弱了董事会的权力，由教师负责重要的决策，提到董事会讨论的议题越来越少。最后，董事会的意义衰退了。

产生该结果的一个主要原因是教师拥有更多的知识和资源。他们在教育决策上有更多的专业知识，对学校面临的日常问题有更多的信息，可以轻易地完成与学校相关的任务。其他学校和资金机构与学校的联系总是离不开教师。教师对大多数争议有最后的决定权。他们打分，对他们不喜欢的董事会政策给予推延或改变。在中西部的ARC中，另一个因素是社会课程，中产阶级的老师不能和工薪阶层的家长合作开展工作（Trickett，引自Bond & Keys，1993 p.53）。许多传统学校的社会规则在新学校中被重复（Gruber & Trickett，1987）[回顾第5章 Seidman（1988）对于社会规则的定义，或者角色和关系的不平等]，在理想和现实间有一定的差距。

尽管如此，家长和学生还是感到被授权了。或许学校确实创造了一个能够增加他们教育方面的选择或者资源的环境（Gruber & Trickett，1987，p.369）。不过理事会的能力、资源和关系确实难以改变。

社区高中理事会的经历也产生了一个问题：这些有很强能力或牢固职位的人能授权别人吗（Gruber & Trickett，1987）？当一个有更大能力的群体寻求和一个能力欠缺的群体分享权力时发生了**自相矛盾**的授权（Gruber & Trickett，1987，p.366）。社会系统（和它的社会规律）维持现存的权力关系，破坏给别人（如家长和学生）授权的努力（Freire，1970/1993；Gruber & Trickett，1987；Tseng et al.，2002）。事实上，Gruber 和 Trickett（1987，p.37）质疑了一个更有利的群体能否真正授权给别人的问题。

对困境的小结　这些研究提出了创造正在授权社区背景的几个难题。

第一，谁将被授权？Riger（1993）的"来自成功的挑战"识别了授权员工的目标与服务妇女需求目标的对立。社区高中也经历类似的矛盾：授权教师在某种程度上妨碍了授权父母和学生（Gruber & Trickett，1987）。不过，我们回顾的这些研究都发生在工作背景。在一个志愿者组织里，志愿者组织必须吸引和保持社区成员，这些措施包括做更多的参与活动。然而志愿者组织也要权衡众人参与和有效达成目标之间的关系，或者是顽固的社会规律与难以克服的不平等问题。

第二，在实践中授权如何能成为法律？对授权的口头承诺并不能保证对授权实践的行为或组织上的承诺。

第三，我们需要仔细研究在多样性的文化背景下，怎样促进公民参与和授权。多样性的文化传统如何会促进授权？在什么时候，这种文化传统可能是一种障碍而不是资源？回忆我们在第7章提到的在特殊文化群体中对女性的授权（如Brodsky，2003；Ortiz-Torres，Serrano-Garcia & Torres-Burgos，2000）。《美国社区心理学》期刊提供了在多样化背景下的大量研究成果（Watts & Serrano-Garcia，2003）。

理解并促进公民参与和授权是一项充满挑战性的工作。这个过程并不简单。然而，正如本章

中的案例所说的那样，这个过程也有很大的回报。在 13 章，我们将阐述已经授权组织如何促进社会

和社区的变革。

本章小结

1. 公民参与、授权和社区感是相互交织的过程，通过这个过程，公民参与社区生活。通过交互作用，彼此得以加强。

2. 公民参加社区决策时，即为公民参与。社区意指团体、组织、地域或更大的宏观系统。公民参与不是社区服务，而是对集体决策施加影响。它是一种行为，是一种决策的方式，是如何做出决策的方式或价值。

3. 不能平等分配资源的人们，当有机会接近和控制资源时，*授权过程*就会发生。授权可以是一种行为，也可以是其他心理过程，和公民参与的概念相比，授权概念承载了更大的价值。它是指行为、认知、情绪和发展，但是必须取得外部资源，或者影响集体决策。

4. 授权发生在从个人到宏观系统的多个生态水平上。它是从*自下而上*的角度发展而来的。它是随着时间的推移不断发展的过程，并且在不同的背景下有不同的表现。授权给部分个人或部分团队，而不给他人，这种做法会引发竞争和争议。我们应该在授权、社区感以及社会公正等社区心

理学核心价值之间取得平衡。

5. 权力有多种形式；表 12—2 列举了部分形式。权力涉及对资源的控制，对集体决策制定的影响，强迫别人的能力。通过个人或者团队间的关系，我们可以更好地理解"权力"。权力是连续的整体，而不是一个全或无的二分法。

6. 表 12—3 说明了个人素质和公民参与及授权之间的关系。随着时间的推移，通过公民参与，这些关系在不断地发展。

7. 社区组织的公民参与度与社区感、邻里关系、对当地问题的不满和集体效能感（公民团结起来就可以更有效地解决问题）都有关。

8. *正在授权情境*促进了公民参与和授权。在更广泛的社区生活中，已经发挥作用和影响。正在授权社区情境的特征请参见表 12—4。

9. 创建正在授权情境有几个困境。包括来自成功的挑战和顽固的社会规律。有关的问题包括：谁将被授权，授权应该如何被实施，在不同的背景下区别又是什么。

简短练习

1. 采访社区领袖或积极分子（你的教员可以帮助你找到）。这里有些问题：你在社区中的工作是什么？你如何参与进来的？社区中的决定涉及什么内容？是否包括对社区现状的挑战？在这个工作中谁影响到了你？你在工作中是否有辅导员或榜样？你现在有工作伙伴吗？社区感是否成了你工作的一部分？你工作的回报是什么？在工作遇到困难时，是什么支持着你？在工作中你是如

何成长的？如果可能，将表 12—2、12—3 和 12—4 所提到的概念应用到该受访者的经历中。

2. 参加一次致力于组织或社区变革的街区协会或社区团体的会议。如果可能，采访一下该团体成员。尽可能掌握该团体的目标和历史，他们是如何决策的？会员是如何鼓励参与的？他们对范围更大的社区的影响是什么？

3. 查阅一下社会活动家。很多书籍都提供了

从事个人形象和行动研究的专家（如 Ackerman & DuVall，2000；Berkowitz，1987；Boulding，2000；Colby & Damon，1992；Collier-Thomas & Franklin，2001；Loeb，1999；Nagler，2001；Putnam & Feldstein，2003）。个人传记是另一种资源。报纸和杂志上的专题文章描绘了行动主义者。在你阅读此类文章的时候，思考一下在练习 1 中涉及的问题。

4. 阅读一篇近期在《社会心理学》期刊上发表的关于授权、公民参与、自由或者相关主题的文章。（你可以通过 Info Trac 搜索服务去看一下《美国社区心理学》期刊）这篇文章是否与本章节的一些概念有关？有何种关系？你从这篇文章中学到了什么？

 ## 推荐阅读

Berkowitz, B. (1987). *Local heroes*. Lexington, MA: D.C. Heath.

Loeb, P. (1999). Soul of a citizen: *Living with conviction in a cynical time*. New York: St. Martin's Griffin.

Putnam, R. & Feldstein, L. (2003). *Better together: Restoring the American community*. New York: Simon & Schuster.

Riger, S. (1993). What's wrong with empowerment? *American Journal of Community Psychology*, 21, 279 - 291.

Wandersman, A. & Florin, P. (2000). Citizen participation and community organizations. In J. Rappaport & E. Seidman (Eds.), *Handbook of community psychology* (pp. 247 - 272). New York: Plenum.

 ## 推荐网站

社区工具箱
http://ctb.ku.edu
学习公民参与和计划社区改革的优秀网站，它是由社区心理学家设立维护的。网站中拥有计划、实施和评估社区倡导行动的工具和推荐资料，还有很多有关网站的链接。

青年与社区发展变革中心
http://www.atthetable.org
致力于青年发展和公民积极行动方面的网站。包括青年影响社区的故事，年轻人活动的工具和资源，关于青年和社区发展的研究，网上调查和论坛。

 ## 关键词

公民、公民参与、集体效能、社区组织、授权/已经授权、解放、参与、权力、社区感

第13章
社区和社会变革

"绝不要怀疑小群体的人们能够改变世界，他们善于思索并且忠于某一立场；事实上，这一现象是确实存在的。"

——Margaret Mead

 开篇练习和导言

我们以一个练习开始，引出社区和社会变革的心理方面。写出来是最好的表示方式。

● 选择一个你们地区或社区所面临的难题或疑问，如贫困、暴力问题、卫生保健、失业、无家可归，或者是环境问题。注意，一定要是很确切的问题。

● 列出与此问题相关联的心理障碍。考虑一下是否有特殊人群（如婴儿、小孩、青少年、老年人），他们对这个问题是特别敏感的。

● 通过多层次的生态分析，列出可能导致该问题的原因。

● 考虑该问题是怎样成为受争议事件的，每

个都要附上各自的原因。简洁地确定该问题至少两方面的不同意见，并给出各自的理由。

● 简要地写下每个问题是如何作为一个整体影响你们社区和社会的。

社区和社会如何处理这些问题？这就是本章要讨论的内容。在第12章，我们回顾了社区概念、公民参与及心理学授权的访谈过程。在本章，我们将通过关注以下问题继续讨论：公民是如何通过集体行动获得权力，并利用权力去推动社区和社会变革的？

本章我们主要是就社区和社会水平的变革来讨论。这个层次的变革与个人、小集体和组织水

平是紧密相连的。社区和社会的变革对于学心理学的学生来说，有时是极其困难的，它超出了他们的能力范围。关注这些，我们有 3 个根本原因。第一，个人、社区和社会的变革紧密联系。当公民联盟的成员一起工作以促进积极的青春发展时，当被殴打的妇女离开施虐者去追求自己的生活时，当被剥夺话语权的个体去追求自己的合法权利时，这三个因素就都包括在内了。第二，个人、社区和社会的变革在我们的生活中一直存在着。在每个生活模式里，我们都将自己投身于不同生态水平的动态变化中。第三，在本章中，我们提供了很多有利于我们进行目标选择和行动的工具，阐述了许多鼓舞人心的故事，这些内容的概念性、实用性都很好。在本章末，我们希望你能看到，关于 Margaret Mead 改变世界的格言是如何得以实现，以及你自己是如何被卷入其中的。

 ## 社区与社会变革的案例

我们以一项现实生活中发生的有效的变革举措的例子作为开始。

PICO：为社会力量组织的社区

太平洋社区组织协会（Pacific Institute for Community Organizing，PICO）是一种基于当地信仰团体的全国性网络。其社区组织策略是，建立稳固的人际、社区关系，对社区领导人和习俗施以影响。Paul-speer、Joseph-Hughey 以及他们的同事和社区组织一起研究 PICO 方法的进程和结果（Speer & Hughey，1995；Speer，Hughey，Gensheimer & Adams-Leavitt，1995）。

PICO 组织是基于低收入社会的宗教组织。它需要得到宗教组织的允许才会在它的成员和其他的公民之间建立一个社区组织。社会公正和同情心的宗教价值，神职人员和宗教工作者的社区能见度和组织体制的合法性，这些都是社区变革的资源。

PICO 社区组织经历了一个组织周期。在初始阶段，即评估阶段。社区组织的成员和公民们一对一地见面，界定社区问题，并发展能加强组织的工作伙伴关系。这个阶段建立了相互依存和相互支持的关系。

在第二个阶段，即研究阶段。组织成员召开集体会议，来为组织确定最紧急的社区问题，以公民之间的对话为基础。成员们从采访、搜索文献或者其他的来源收集到了更多、更深入的资料。一个最关键的目标就是，区分出政府、商业以及社区服务的实际做法与政策之间的矛盾。

接下来是第三个阶段，动员/行动阶段，即实践阶段。组织成员见面来决定一个实践计划，以一位领导或官员为对象，与之讨论社区的变化。如果计划中和一位官员的会议没有成功，将会安排和该官员的责任制会议。该会议的主要目的就是能够遇到该官员：向他介绍社区问题的实际情况，公民要求的解决这些问题的举措。通过这样的会议，能把该市的官员和被通知到的公民聚集在一起。公民们经常能得到官员许下的承诺，就像下面所叙述的。

> 一个组织的成员在研究过程中发现：私人社会服务机构把顾客安置在外出房东所拥有的不合格的住房里，以补贴房东的房屋维护费用。这种方式不仅危害到入住者也危害到他的邻居，因为公寓不合健康标准和防火规则。私人服务机构的官员拒绝与社区组织机构成员合作，拒绝通知房东遵守那些规则。然而，当面对有 500 名社区居民参加的公众集会，而其中绝大多数的社区居民要求服务机构说明资金来源的有关问题时，服务机构"在这个问题上屈服了"。（改编自 Speer & Hughey，1995，p.742）

在同一个城市里，14 个这样的组织已能独立解决一系列的青少年问题，包括避免药物滥用和暴力问题。他们已经认识到没有任何一个群体有能力独自获得青少年积极发展所需要的全部资源。通过共同工作，他们发现因为城市的学校、政府和娱乐委员会不能互相合作，旧城区的年轻人和家庭在放学后便被隔离在健身房、游泳池、电脑和简易健康设备以外。在一年的调查和计划之后，大约 1 000 名公民晋见市长、学校督察、董事会成员、城市议员代表和城市媒体。从成人和孩子那里得来的资料表明人们对健身设备的需要。组织要求形成有关学校、政府和娱乐委员会互相合作的具体协议。政府官员在那次会议上签署了协议，并在以后互相合作，为组织提供了必要的服务。（改编自 Speer & Hughey，1995，p. 741）

尤其对政府官员来说，面对数百名有明确要求的公民群体为一个政策的变化进行清晰陈述，这是一个很好的经历。而且，社区组织举办了这次公众会议并仔细修改会议议程，此间，行使了在第 12 章讨论过的第二种和第三种权力工具：提出问题，进行讨论并参与，以最大限度地表达公民的心声。

最后阶段，即映射阶段，回到了循环开始的起源之处。参与者对组织努力结果和经验教训进行评估。召集会议，讨论这些主题。PICO 组织也监督官员和机构的承诺。组织从一个新的评估体系开始又一次地循环了。

Speer 和 Hughey（1995）研究表明，美国中西部城市中团体是如何发挥作用进而影响广泛的社区。这些组织能动员大量的城市成员（通常是上百人，有时是上千人）参加有城市政府官员参与的公众集会和个体组织，并促使政策与实践的具体变化。1995 年，Speer 等人比较了基于 PICO 组织的人群和对没有花同样多的时间来建立组织成员之间的关系的基于邻里组织的影响。经过 3 年的时间，基于教会组织的人群更为高度地关注社区的重大事件。他们的想法通过当地的媒体以较高的视听率被报道，此举扩大了他们的影响。

几个心理因素增强了 PICO 组织的效果：稳固的人际关系，相互支持，基于教会人群的风俗和价值，轮流办公所产生的参与空间，以特有的争议和风俗的改变为目标，召开大型的会议提出具体的要求。通过使用这些工具，代表低收入社区的 PICO 组织对私人和公共机构产生了强有力的影响。

哈佛职员和技术工人联盟（Harvard Union of Clerical and Technical Workers，HUCTW）

我意识到我们会输给这些人。我可以给他们一份很好的福利；我可以给他们可观的薪水。但是我不能给他们一种归属感，一种属于较大团体一部分的感觉……

一个雇主绝不可能打败一个拥有合唱团的组织。组织成员一起歌唱促进了团结统一、和谐和奉献。（Anne Taylor，哈佛大学法定代理人，quoted in Putnam & Feldstein 2003，pp. 175，177）

在劳动中，我们的团体是非同一般的。我们试着用一种能够加深劳动者和管理方关系的方法来解决冲突……当人们来工作的时候，他们不是来寻找一场战争。他们想要一份好的工作并且和同事好好相处。（Kris Ron-deau，联盟组织者，quoted in Putnam & Feidtein，2003，p. 178）

对于大学来说，文秘和技术人员是极其重要的：秘书、实验室助手和大学附属医院的药剂师都属于此类人员。这些工作者的薪水和津贴通常要比教员和管理者的薪水低很多，而且他们的贡献常常不被认可。整个 20 世纪 80 年代，哈佛大学工作人员的薪水普遍过低，生活费又非常昂贵，这使得工作人员越来越不满。然而，将职员和技术工人联合起来，构建社区联盟在工人中遇到了阻力（主要是女性）。他们不喜欢传统的、对抗性的工人联盟的方法。大学管理员也极力反对联盟。包括具有较高权力的法定代理人，与学校还有较好联系的有钱的毕业生和常春藤联盟。管理人员答应要改善工作人员的工资、福利和工作环境，然而当工人投票反对成立联盟后，他们却没有履行当初答应的条件（Putnam & Feldstein，2003）。

职员和技术工人联盟决定依靠它自己独特的社区建设方法。该方法包括在成员之间建立面对面的关系。首先是一对一的交谈，然后是以小组形式会谈，再后来是以大型会议的形式座谈（注意与 PICO 的相似之处）。通过最大限度的个人之间的交流，联盟生成参与空间。HUCTW 的成员成对地或以小组的形式聚会，如一起吃中饭；他们组建了一个合唱团并在各种会上演唱。在完成联盟的工作之余，他们也常常帮助需要帮助的人，例如，为母亲生病的同事购物。该联盟经常引用"找出某人的声音"这个隐喻，帮助那些认为自己是非常害羞的人学会大声地说话：首先是和一个朋友大声说话，然后是在大型的会议上发言，再后来是在工作中发言。该联盟有一个正在授权情

境的许多特征（我们在第 12 章中已经阐述过）。

随着时间的流逝，HUCTW 得到了工人的支持并始终坚持它的目标：愿意和管理者建立良好的、建设性的工作关系。管理者开始和该联盟一起工作，为形成一个好的薪水和福利，同时也为创建一个能解决雇主—雇员冲突的方案而努力。这些努力在早期获得了成功，但是在 20 世纪 90 年代末，哈佛的管理人员又采用了具有对抗性的方式。该联盟别无选择，只有通过公开反对来解决争端。除了公开反对来解决争议，包括为了解决冲突，包围管理者办公室。

社区建设的个人—个人的方法花费很多时间。HUCTW 继续聆听员工的声音并坚持大学也要聆听员工的声音，同时通过解决问题的方案，在一年内解决了超过 1 000 次的工作冲突（Putnam & Feldstein，2003，chap. 8）。

测量社区关系网

在草根社区组织内部，增强社区组织的凝聚力能促进社区整合力，但单单有凝聚力远不足以使社区发生变化。社区组织经常需要从外面的组织获得资源，例如资金等。为了在大社区里能获得资源，Hughey 和 Speer（2002，expecially，pp. 77-82）描述了一个社区联盟应怎样使用边界延伸，边界延伸我们在第 12 章已经讨论过了。这个案例也解释了第 12 章的权力（力量）概念。这个案例的故事有 3 幕情节。

在肯塔基州的一个小城市，形成了一个社区联盟，该联盟主要解决邻近关系毒品滥用问题。本地社区服务机构为联盟选择了目标和争取到了资金。当社区服务机构代表试图组织邻近的居民加入联盟时，居民们拒绝了。居民们觉得毒品滥用是个问题，但是在他们的社区中却不是最重要的问题。在计划成立联盟以及选择社区的目标时，也从未征询过居民们的建议和意见。在讨论问题时，不住在社区，相互间有重大关系的专家支配着会议。居民非常关注来自毒贩子的赔偿而专家们则不会考虑这个问题。在第 12 章所描述的发生在美国中西部 ARC 的冲突做出了回应。

关于他们自己的信誉，专家们迅速意识到了这些问题并使联盟转向了居民。从第 1 幕中吸取的主要教训是，来自社区外的专家们自上而下的计划没有起作用；公民不得不自己重新规划。但是，自上而下的规划方案已经为联盟合作者带来了资金，这对于该联盟的工作来说是很重要的。

在这个故事的第 2 幕里，公民采用了与 PICO 社区建设策略相似的方法。他们从现存的社会关系和社区开始，以家庭会议的方式与居民沟通，收集居民所关心事情的背后故事，并在社区会议上讨论这些。这些做法将大大增强组织的凝聚力和能力。公民现在与近邻保持着重要的关系，并且正在发展一种代表自己发言的能力。

讨论主要集中于居民对本地警察的不满。尽管居民口头上说社区警察不好，但是居民继续要求警察在停车的地方巡逻，警察不常和居民说话，他们和居民之间有一道鸿沟。这样会削弱抵抗非法毒品交易的努力。

从警察代表和组织联盟之间召开的会议显示了一些警官同意居民的意见。然而，在自上而下的等级系统中，警察局和市政府都没有权力去实

施真正的社区警察的做法。他们也没有能力去影响市长，从而进行这些变革。从故事第 2 幕中吸取的主要教训是建立邻里和组织之间牢固的社区网络，这对于社区居民的意见表达是非常必要的。但是，甚至是和一些有同情心的警察一起，对于产生所需的变革来说，只有这些还是不够的。

在第 3 幕里，联盟的成员重建了与专家们的关系。但是，专家们贡献的不是他们的专业知识能力，而是他们与能对市长施加影响的社区领导者的私人关系。这种关系需要一个退了休的慈善家，这位慈善家首先和公民以及专家见面，然后安排市长、警察和公民都参加的会议。由于市长的支持，警察获得了资金并履行了作为社区警察应该履行的义务。

在故事第 3 幕里，当市民、警察、有影响的社区成员和市长之间形成了边界延伸的关系时，变化产生了。社区警务真正的转变会引起市长的注意，因为它能引起全社区注意，有来自警察和市民的支持。总之，团体间的凝聚力和边界延伸两者对于成功来说是重要的。回顾第 6 章讲的社会资本的牢固性关系和桥接关系两种形态。在这个案例中，这二者都是非常必要的（Hughey & Speer，2002）。

诺福克的儿童免疫联盟：社区健康联盟

人们经常认为健康是个人的责任。要想获得健康，人们很容易想到锻炼、健康的饮食和不吸烟等个人行为。其实，健康也是一个社区问题。像青少年和家庭暴力、滥用毒品、性别歧视、种族歧视、贫穷和失业，这些社区问题都和健康有千丝万缕的联系，并反映在急诊室和诊所里。如刀伤、精神伤害、强暴创伤、毒品依赖、传染性疾病、肺癌、胎儿期和孩童期的健康问题和其他一些疾病。在美国，许多人尤其是住在城镇和乡村地区的人付不起医疗护理所需的费用。解决这一问题对于社会公正和社区安康是非常重要的。还有另外一个理由：传染性疾病传播速度快，传播范围广，对于个人来说，最好的防御措施是所有的市民都付得起预防疾病的医疗费。这个问题引发下面一些问题：当一个社区需对共同健康负责任时，会发生什么？一个健康的社区看起来是怎样的？

建设健康的社区通常包括要创建社区联盟。社区联盟里包括多重社区组织的代表，他们整合资源，以达到他们任何一个人都无法达到的共同目标（Kaye & Wolff，1997；Wolff，2001b）。

儿童接种免疫预防传染性疾病是诺福克的儿童免疫联盟（Consortium for Immunization of Norfolk's Children，CINCH）的重点，CINCH 是位于弗吉尼亚州诺福克的一个社区联盟。尽管美国经济发达，但是在疾病预防基本方法方面，美国落后于其他国家。在 20 世纪 90 年代，麻疹的肆虐和咳嗽症重现，这使美国人更关注公共健康，提高免疫力。在诺福克，在孩子两岁的时候，仅有 48% 的小孩接种了疫苗，具有了免疫能力。对于城镇地区来说，这种情形异乎寻常（Butterfoss，Goodman & Wandersman，2001）。

在 1993 年，几个诺福克社区组织的代表们成立了诺福克的儿童免疫联盟。经过 6 个月的时间，他们收集到了个人资料。他们招收社区组织的 55 个代表为新成员，包括健康护理者，服务组织，民间组织和学术、宗教研究所。诺福克的儿童免疫联盟职业本身反映了诺福克居民在年龄、职业、民族、种族和宗教方面的多样性；诺福克的儿童免疫联盟也吸收那些具有制订计划、教授、动员志愿者等能力的成员。联盟成员负责保管所获得的款项，当地组织负责保障工作人员的时间。

诺福克的儿童免疫联盟成员形成了一个清晰的工作重点（回忆第 12 章中正在授权情境的特征）。他们发表了一次任务的声明，以 5 个具体目标阐述行动的主旨：提高诺福克对儿童时期免疫系统的公共意识，找出造成低免疫率的原因，制订并实施计划以提高免疫率，评估并重新修改这些策略，和其他社区共享所取得的成果。诺福克的儿童免疫联盟雇用了工作人员来训练联盟志愿者。他们为成员、领导、工作人员等角色，为会议制订了程序。这些措施有助于克服社区联盟常有的一个问题：联盟形成早期方向感的缺失，同时导致会员流失和有效性丧失（Butterfoss et al., 2001；Kaye & Wolff，1997）。

诺福克的儿童免疫联盟也形成了成员之间的凝聚力和义务。成员把标题从标签和讨论中单列出来，并通过工作识别出相互之间的技能以及对联盟所做的贡献。他们强调包罗万象且能共享的社区目标。通过把许多诺福克的儿童免疫联盟任务分配给处理特殊问题的工作组来分散领导任务。联盟成员发现一些人是有技能的规划者，另一些是熟练的实践者。凝聚力和共享目标的承诺有助于解决冲突，并且可以促进联盟成员间的关系。

联盟对了解诺福克低免疫问题进行了一次需求评估。和父母在一起的聚焦组，在诊所对病人的采访以及健康护理者和家庭调查都显示出：免疫力低下存在于所有社会经济水平。诺福克的儿童免疫联盟工作组后来为父母和健康护理者提供的教育、为处于风险中的家庭提供赞助，以及为免疫力的改善制订策略性计划。联盟领导者把各种各样的详细计划和一个具有预算的整体战略性计划相结合。

然后，联盟成员和组织实施这些计划，必要时对这些计划进行评估并予以修改。经过 3 年的时间，联盟有效地实施了 77% 的计划，而且其中大多数被健康机构和社区居民当作日常惯例。通过整体免疫率的提高，我们可以来考量社区的影响力。经过 3 年的努力，整体免疫率从 48% 上升到 66%。这虽不能仅仅归功于诺福克的儿童免疫联盟，但是诺福克的儿童免疫联盟的影响是显而易见的。诺福克的儿童免疫联盟的努力也引发了全州性免疫联盟的崛起，同时也引发了训练研究所全国性的发展。该联盟扩展到了附近的 6 个城市，同时，关于孩子健康问题的任务也扩大了，不再仅仅是免疫问题。现在，该联盟以作为婴幼儿健康联盟而闻名。

诺福克的儿童免疫联盟因以孩子健康为焦点，以及几乎没有公众对手的争议而受益。另外，它的效能，例如免疫率，是通过样本条款来测量的，并能够提供明确的目标。但是，类似的联盟建设方法却与更具争议且不易被测量的目标同时存在，例如遏制物质滥用，接下来我们会对此有所了解。

列克星敦/里奇兰联盟

在美国北卡罗来纳州的中南部包括哥伦比亚州首府列克星敦里奇兰郡酒精和药物滥用联盟最先采取行动以减少社会和个人对药物的滥用（包括酒精和烟草制品）。这些行动最重要的成就是在区域范围内，在法律、政策和社区规范方面，药物滥用都有所改变，也使获取毒品的途径以及由毒品产生的意外有明显的改变。联盟制定了 3 个措施：制定并完善政策，靠其他社区制度推动政策的发展，调解社区由于药物滥用而产生的纠纷（Snell-Johns，Imn，Wandersman & Claypoole，2003）。

联盟政策发展委员会是行动最积极的一个，它聚集了警察、犯罪公证系统、学校和大学、社区代理处和公民组织代表。早期行动由娱乐管理处执行，旨在帮助里奇兰郡的学校制定无烟政策，禁止娱乐场所滥用药物（包括酒精和烟草制品）。该联盟还发展了一个模范项目：为年轻人的运动项目培训教练，该教练作为年轻人的模范和指导员，教导他们认识到不滥用药物的重要性。这个项目得到迅速发展，所有的教练都被要求接受培训，因此该项目和政策被广泛效仿。

该联盟组织了一个商人教育项目，该项目试图让商人减少向未成年人销售酒精和烟草制品。这最初遭到商人的拒绝，但随着与联盟会员友好关系的发展，商人们变得很乐意参加此项目，并为此感到自豪。1995 年调查发现，在里奇兰郡的商店，未成年人试图购买烟草制品时有 77% 得到供应，但到 2003 年时这个比例只有 8%。

联盟还与北卡罗来纳州立大学的学生事务成员和警察合作，通过制定政策来干预校园里未到法定年龄学生的酗酒和吸毒行为。联盟发起一项概念运动旨在影响学生对饮酒频率和吸毒严重程度的态度，由此，在大学里涉毒犯罪事件的累犯比率有了明显的减少。

联盟被邀请去调解在大学附近大街上因为庆祝圣帕特里克节而发生的社区冲突，这个纪念日广受学生和商人的喜爱，可并不受街区协会的欢迎。冲突持续恶化，市政府认识到存在的问题，可并不知道该怎么做。该联盟成员坚持认为，酒精问题应当得到妥善解决，并观察其他社区如何处理类似事件，然后采取了折中的办法：在每一个街区开设一个啤酒园，由警戒线围着并由警察巡逻，进入该啤酒园时需出示身份证。在其他地方公开饮酒将会遭到禁止。同时，家庭聚会之类应当在附近公园举行。这个调解得到了接受而且已经顺利实施了5年。

有一个家庭，他们的儿子死于因饮酒引起的船艇事故，事故发生在莫雷湖附近，这个家庭请求联盟帮助禁止酒后划艇。该联盟与这个家庭、州法律人员等一起向公众宣传这个问题，起草拟议法律并由立法机关核实，组织草根群体来协助。最后在1999年，这项议案被写入法律条文中。提高公众划艇安全意识的活动也在莫雷湖开展起来了，此后，酒后划艇事故下降了30%。

Snell-Johns等人（2003）总结到，这些努力取得成功有几个相关因素：联盟有广泛的社区代表，和其他社区组织建立了合作关系。联盟坚持追求自己的目标。药物滥用方面的核心价值已经得到清晰的证明，并受到广泛的支持，然而联盟并没有被看成是公开的政治组织或单边日程的组织。联盟也需要支付其员工工资和一些长期发行的债券，当机会来临时也能够迅速采取行动。然而联盟的成功还是依靠来自广大市民和志愿者代表的努力！

防止无家可归：政策研究和倡导

根据社区心理学家和其他社会科学家的研究，至少7%或者高达10%的美国公民在他们一生当中至少经历一次无家可归。大约2/3的美国人支付稍高一点的税款来帮助那些无家可归者和防止无家可归。然而问题依然存在且可能会更加糟糕：对于穷人来说，住房费用持续攀升，而收入却没有随之增长（Toro & Warren，1999；Tsemberis，Moran，shinn，Asmussen & Shern，2003）。

对许多无家可归者采取一刀切的处理是有难度的。在美国城市，无家可归者包括成年人（通常是单身汉）、家庭（通常是年轻母亲及其孩子）和那些离家出走或者被逐出家门的青少年（Roll，Toro & Ortola，1999）。低于30%（在一些研究中只有20%）的无家可归者患有严重的精神疾病，目前大约30%的无家可归者吸毒或是酗酒（Toro & Warren，1999），无家可归人群中半数以上目前没有以上两种问题出现。研究已经确定了对无家可归者会造成危险的许多个人和环境因素，然而所有这些因素对那些没有失去家园的人来说再正常不过，这无疑会降低研究者预测无家可归者和制定防御措施的能力（Shinn，Baumohl & Hopper，2001；Shinn et al.，1998）。此外，影响无家可归的因素是动态的，它们随经济趋势上升或下降而浮动，随地区不同而变化。

关于无家可归的定义也是复杂的（Shinn et al.，2001；Toro & Warren，1999）。它仅仅是指那些待在紧急庇护所的人们和流浪街头者，还是也包括在庇护所里（因家庭暴力）被殴打的妇女和儿童？这些庇护所本来是为生活困难的妇女和因为失去家园而和亲人、朋友搬来长住的人们安排的。在这种情况下，人们被认为是无家可归者是因为他们没有自己稳定的住所。

社区心理学家以及无家可归者联盟，已经阐明了无家可归的复杂性和多样性，并制定了有效措施和政策以减少无家可归现象。然而，他们却影响了政策制定者和公众对无家可归的看法。

在以个人主义为主体的文化体系中，认为无家可归是个人问题再正常不过了，这就需要采取措施来帮助无家可归者做出改变：例如治疗精神病患者，禁止滥用药物，提供教育和就业培训。回想第1章的类似情况：无家可归就像一场抢座位的游戏。在一个社区中，预测无家可归程度很好的预测因子是，能够买得起房子的人和找房子的家庭/个体的比率。增强无家可归者家庭或个体的能力，仅仅能帮助他们增强找到稳定住处的可能性，而无家可归者能够买得起房子的数量却不会增加。

公共政策制定者开始以能否拥有房子来考虑无家可归问题，而不仅仅考虑无家可归者的个人缺陷。这种在观点上的改变已经有几年时间了，并不是任何一位研究人员，一项研究，一个建议或倡导性策略的结果（Shinn，人际交流，September 22，2004）。政府官员、社区服务、公众健康管理程序和解决无家可归问题的倡议者、研究人员在谈论和考虑无家可归这一问题的方式上已经有了很大的改变。在政策文化中，如此模糊却显而易见的改变间接地影响了公共政策决定，这通常是政策研究和倡导的结果（Phillips，2000）。许多社会学家、政治家和经济学家将决定采取哪种特殊的公共政策，解决无家可归问题。而且，在他们眼中，观察无家可归现象的视角发生了转变。其中一个例子是：纽约市已经采取了一个"有权进入庇护所"的政策，他们承担了向无家可归者提供庇护所的责任。

这种视角上的改变已经得到社区心理学家研究结果的支持。Marybeth Shinn 和其他人员已经进行了一项研究，这项研究证明了拥有房子对减少无家可归现象的重要性。例如，在纵向研究中，拥有公共的住处，或者政府减低房子租金费用，这对于帮助个体和家庭保持稳定住处是最重要的因素（Shinn *et al.*，2001）。即使对患有精神病的无家可归者来说，把稳定他们的住房放在第一位，

是比较有效也是成本比较低的。把患有精神病的无家可归者安置在政府资助的房子里，然后再提供给他们其他治疗和服务，比他们在没有稳定的住所而被要求直接接受精神康复治疗的情况要好得多（Gulcur，Stefancic，Shinn，Tsemberis & Fischer，2003；Tsemberis *et al.*，2003）。

然而仅仅依靠研究是不足以影响政策的。Shinn 为联邦无家可归委员会写了一篇建议性报告，同时他担任纽约市政府副主席，为城市如何应对无家可归问题写了一份长期计划，帮助"城市发展和无家可归服务机构"成立了一个研究顾问座谈小组（Shinn，人际交流，September 22，2004）。另一位社区心理学家 Paul Toro，与无家可归人员和倡导者一起致力于政策研究和倡导工作。Toro 及其合作人已经调查了无家可归者，以便确定无家可归者对服务的需要，他们还研究美国国内和国外无家可归的问题和政策，在底特律他们因地制宜地为无家可归者制定本土服务（Acosta & Toro，2000；Tompsett *et al.*，2003；Toro & Warren，1999）。就像在第 1 章描述的那样，在为无家可归者制定城市政策和建立服务方面，Debi Starnes（2004）已经是一位领导者。Shinn、Paul Toro 和其他人员已经对社区心理学家关于无家可归者公共政策的观点进行了讨论：要认识到生态水平的多样性，注意倾听来自无家可归者的声音，激发政策制定者和公民的合作关系，形成新颖的研究方法，把认识贯彻到政策当中。

社区和社会变革的 7 种途径

我们接下来将讨论社区和社会变革的 7 种途径。每一种途径其实代表着一个家庭掌握和使用权力的相关策略。虽然这 7 种途径在概念上是分离

的，但大多数社区和社会运动组织把它们结合起来运用。

意识提升

意识提升包括：提高居民对影响他们的社会环境因素的批判意识，提高他们挑战和改变周围

环境的参与度。Paulo Freire（1970/1993）倡导的教育理论——"受压制人们的教育学"，以及多种

形式的女权主义思想也体现在这个途径之中。通过向人们说明在工作和家庭中存在着男女不平等，来提高他们的批判意识，特别是当这些理论与他们的个人经验相关的时候。然而，意识提升不单纯是一种认知、情感过程。关于意识提升新的个人理解是，意识提升和行动也有关联。如与别人一同工作或采取行动追求变革。行动和反馈彼此互相促进，行动可能还包括其他的社会变革方法，但是意识提升着重强调个体和社会的转换。

意识提升在第 12 章提到的一些人物当中有所反映：Virginia Ramirez、Alison Smith 和 Kieffer 的社区活动家，非洲裔美国人的年轻领导者（Watts et al., 2003）。人生经历、个人反应和别人的讨论促使他们对社会不公正性有批判意识。他们质疑公开言论的可信度，尤其是对社区和群体领导的言论。这导致他们觉得有更大的责任去反对挑衅，坚持居民对决策过程的参与。在所有前面章节提到的例子中，意识提升确实发生了，可程度不同。在 PICO 和 HUCTW 的社区建设过程中，公民需确定和分析社区的问题和出现问题的原因。从公众的视角看，公众对诺福克的儿童免疫联盟和列克星敦/里奇兰联盟达到了变革的目标，这是以成员对联盟目标卷入为起点的。

Geraldine Moane（2003）通过研究爱尔兰妇女解放运动来阐释意识提升。参加妇女组织能够提升对个人、人与人之间和政治变革途径的理解。从个人角度来看，女性把解放看成是建立势力的过程：发现自己积极的形象；找到自己的模范；变得更加自信；能够发挥自己的创造力；更加性感和得到精神满足。人际间，女性建立了相互帮助的关系，学习其他女性处理同样事情的方法，培养社区感。这导致在相互关系中，对权力批评意识、解放政策的想象和生活中不尽相同的行为，如是否要坚持操劳家务、照顾小孩或者是参加社会保护组织。

我们这里谈论 7 个途径之一的意识提升，主要直接针对个人价值、意识和责任。在社区和社会变革的 7 种途径中，意识提升通常先于或者与其他途径同时使用，目的是加深批评意识、协作关系和解放行动。

意识提升能够在整个社区得到延伸。**社区准备就绪**的概念是指，一个区域认识到自身问题并采取措施来解决该问题或者防止它的发生。研究人员提出了 9 步模型，该模型是特别针对药物滥用和健康问题而提出的（Edwards, Jumper-Thurman, Plested, Oetting & Swanson, 2000）。在他们的模型中，准备就绪包括：问题认知，解决方法，现存努力，社区领导力，其他资源的利用，整个社区人员的态度和对问题的责任。

9 个步骤如下：

● 不了解问题。
● 即使问题存在，也否认是本地的事情。
● 对问题有模糊意识但没有采取措施去解决它。
● 事先为社区问题收集本地信息。
● 由当地组织领导，为社区改革准备策略。
● 为解决社区问题拟定计划和政策。
● 结合当地资源与本地组织如学校一起确定变革。
● 评估，完善，扩张计划。
● 维护计划的支持度，评估和完善。

自上而下地执行这些步骤的策略包括：确定和影响社区领导，向目标群体或媒体收集和发放信息，注意当地社区问题的例子和数据，培养社区领导力，基于当地文化氛围制订计划，把规划或政策与当地组织结合起来，通过评估，促使正在执行的计划或政策得到完善。外部咨询也能够提供帮助，但是执行以上策略还需要当地领导力、资源和允许。社区准备就绪模型在研究中被证明有效，以及对美国人、墨西哥人和英国人的干预是基于文化基础而且是健康有效的（Engstrom, Jason, Townsend, Pokorny & Curie, 2002; Jumper-Thurman, Edwards, Plested & Oetting, 2003; Oetting, Jumper-Thurman, Plested & Edwards, 2001）。

社会行为

社会行为能识别授权贫穷阶层的具体障碍，通过直接非暴力行为创造建设性的冲突来解决这些障碍。

这种方法有悠久的历史，包括波士顿茶叶党，许多国家的劳工运动，甘地的自由印度运动，美国民主权利运动等。社会行为在智利，被用来推翻垄断的专政；在南非，带来了民主政治变革，而在这一变革之前，许多人认为会有大范围的暴力行为（Ackerman & Duvall，2000）。社会行为能否取得成功取决于其情境，但是在适当的环境下，社会行为能够带来意想不到的改变。

Sawl Alinsky 在他的经典著作《激进规则》（*Rules for Radicals*）中描述了社会行为原则（Alinsky，1971）。要想有效地与组织强大的利益群体做斗争，公民必须明确他们自己的能力（社区群体成员的优势和他们共同合作起作用的潜力），也必须明确要抗争的社区组织或协会的能力。另外，公民也要认识到，可以用来规范社区变革所需要的情况和由此产生的优势。最好的情况是，他们的对手没有遇到过这种情况，以至于对手不能处于掌控地位。

社会行为包括权力和冲突。如果掌权的高管不让公民参与到决策当中，社会行为选择本身就能够反映公民的意见，并以公民自己的方式来成功地解决该问题。以下的例子清晰、深刻地阐明了组织起来的人们如何制造一个竞争对手没有遇到过的情景。

> 美国城市一个很大的著名百货公司，通常只在非常低贱的岗位上雇用非洲裔美国人。而且与竞争对手相比，这家百货公司更歧视雇工，并且抵制那些要求停止这些策略的呼吁。非洲裔美国人社区曾经发起联合抵制这家百货公司的活动，但由于该公司的实力强大最后以失败告终。非洲裔美国人的社区群体举行集会并决定实施"买入"计划。
>
> 该计划要求非洲裔美国人顾客的消费量要达到百货公司在最为繁忙的星期六的消费量。这些顾客分成很多小组，他们选购百货公司各个门类的商品，仔细地检查商品，要求售货员提供帮助。顾客们没有做非法的事情，但他们的做法却极其占据百货公司的空间。这些顾客使百货公司的各种部门都忙碌地运转。普通的顾客在到达百货公司时会发现这里很拥挤，如果他们感到极大的拥挤或不舒服的话，他们很可能就去另外一家百货公司。最后，在百货公司停止营业前不久，顾客们开始购买他们所能购买的、用邮寄支付并且在周一投寄的一切商品。他们计划拒绝这些投递，以便引起百货公司更多的花费。（改编自 Alinsky，1971，pp.146-148）

在安排开始之前，社区群体故意把这些计划泄露给百货公司。在星期六的"买入"计划实施之前，百货公司的官员们便召开讨论会，与非洲裔美国人的社区群体来讨论新的雇工策略。事实上，"买入"计划从来就没有执行过。

"买入"计划有几个明显带有社会行为痕迹的元素（Alinsky，1971）。第一，目标清晰明了。抗议者不是要求全球性的种族态度的改变或良好意愿的模糊承诺。他们坚持在雇工政策和策略上的具体改变。第二，计划要求的是抗议者日常经历过的事情。购物是他们知道该如何做的事情，那甚至是愉快的事情。如果要求居民去做那些他们没有经历过的事情，那么就不会造成广泛参与，也是无效的。同时，情况是他们的对手所不熟悉的：百货公司从来没有真正地面对"买入"计划，它的管理部门忽视了联合抵制和公众请求的威力。第三，该策略会导致分裂、潜在的不良影响及增加商店的花费。然而它是完全合法的，百货公司的保安部或警察机关不能有效地制止它。第四，威胁是可信的。因为非洲裔美国人社区是有组织的，并且乐意实施这样的计划。第五，来自其他零售商的竞争威胁增加了目标百货公司的压力。第六，该策略还反对不公平地使用经济力量，并团结受到区别对待的雇工。目标是恰当的，策略是精明的。当百货公司迅速意识到威胁并尝试解决时，社会行为的力量就显示出来了（Alinsky，1971）。

PICO 的"责任会议"方法是社会行为的又一范例。他们针对具体目标，澄清基本需要，动员组织社区，获取力量。有效的社会行为需要有组织的社区，要能召集大量团结的居民去反对权威。因而，它可能需要我们前面提到的意识提升和接下来我们要讨论的社区发展这两种方法。

社区发展

社区发展是加强社区成员之间关系的过程，目的是弄清楚社区问题、资源及行为策略。这就扩大了公民参与的机会，并且能够影响整体决策。与社会行为不同，社区发展不强调"冲突"。"社区"通常意味着一个地点，就像街道，但同样可以解释成社团组织。社区发展的方式通常是集成同一个地点的多个小团体的资源，就像街道和公民组织、宗教团体、商业、学校、青年组织、图书馆和其他社区资源（Kaye & Wolff, 1997; Kretzmann & McKnight, 1933; Lappe & DuBois, 1994; Nation, Wandersman & Perkins, 2002; Putnam & Feldstein, 2003; Saegert, Thompson & Warren, 2001）。Perkins、Crim、Silberman 和 Brown 进行了总结。社区发展重点放在了以下 4 个领域里的一个或多个（Perkins *et al.*, 2004）。

- 经济的发展：例如商务等工作的发展。
- 政策上的进步：社团组织在更广的程度上影响社区决策。
- 改善社会环境：例如健康、教育、警卫，以促进年轻人的发展。
- 改善自然环境：例如住房、城市服务、公园、公共空间。

在第 12 章描述过的街区推进项目证明了以地域为基础的社区发展。Louis Burgess 在纽约街区联盟发起了犯罪侦查巡逻，改善街道照明，鼓励清理资产，阻止非法药品的出售，赞助户外活动和娱乐，并且定期会面商讨街区活动及问题。这些集体行为降低了犯罪率，增强了邻里关系和社区感。以地域为基础的社区发展通常会产生如此的结果（Wandersman & Florin, 2000）。

孟加拉国乡村银行的行动融合了经济的发展和微观系统。在孟加拉国乡下，格莱蒙银行在 18 000 个村庄进行经营，为 100 多万无地的贫穷妇女提供小额贷款以资助她们的小本生意。贷款通常贷给 4～7 人的小组，该小组对偿还债务负责，通常小组还必须有一个被银行批准的生意计划。格莱蒙银行的做法在国际上得到广泛的推广。不论在城市还是乡村，那些旨在帮助穷人做生意的人们作为借贷者，贷款的拖欠率通常很低（Lappe & DuBois, 1994, pp.99-100）。在弗吉尼亚州做过一个类似的尝试，一个教堂与社区团体联盟提供贷款，使孤立团体中的妇女们合办了一个行业（Kretzmann & McKnight, 1993, p.308）。

社区发展能够为社会行为提供支持。PICO 社区组织以公民一对一会议开始，在群体中识别社区问题，统一行动。哈佛职员和技术工人联盟解决大学管理层的主要资源就是成员的忠诚和归属感。妇女意识的提高也涉及社区发展（Moane, 2003, p.98）。

在得克萨斯的里奥格兰德河大峡谷地区，一个教堂和学校组成的草根联盟，融合了社区发展、意识提升及类似 PICO 的社会行为。Valley Interfaith 合作，目标是保证为当地群体提供更好的服务。Valley Interfaith 合作同样也主张保证最低工资系数（最低工资反映了最真实的生活状况），展开工作培训和职业计划，并且提供公民教育课程（Putnam & Feldstein, 2003）。第 12 章中的 Virgina Ramire2 就在圣安东尼奥加入了相似的组织。

社区联盟

社区发展的一个结果就是社区联盟。社区的联盟汇集了当地广泛的公民代表，以解决社区问题。社区联盟包括公民、社区组织（如机构团体、学校、政府、宗教团体、商业、媒体、草根群体基层团队）。社区联盟在任务上达成一致意见，然后制订计划并且实施。计划可能由社区联盟本身制订，也可能由其附属机构制订，计划的实施可能会引起社区项目政策的改变，或者促进社区的发展。

诺福克的儿童免疫联盟（CINCH）和列克星敦/里奇兰联盟体现了这一点。社区联盟已经变成流行而且有效地加强公民参与，催化社区变化的一种方式（Allen, 2005; Fawcett *et al.*, 1995; Feinberg, Greenberg & Osgood, 2004; Hawkins,

Catalano & Associates, 1992；McMillan, Florin, Stevenson, Kerman & Mitchell, 1995；Wolff, 2001a）。

健康社区运动经常用到社区联盟这种形式。健康社区运动起源于这样的认知：环境的力量可以影响个人的健康，除了治疗之外，也需要预防。例如，治疗哮喘需要药物治疗，也需要环境治理。一个当地的哮喘联盟指出，吸入发动机的废气可能会引发哮喘，在这之后不久，康涅狄格州的一所学校与学校校车订立合同，要求校车在学校等待人的时候要关闭引擎（Wolff, 2004）。在马萨诸塞州，当地健康社区联盟开展了"健康快车"项目，包括：减少向未成年人销售烟草产品；为经济和住房发展拟定计划；为无家可归的人建立临时住所；为低收入人群发展健康项目；在没有牙科护理的地方引入牙科诊所；为儿童开设健康项目（Hathaway, 2001；Wolff, 1995, 2004）。

社区护理联盟运动是另一个例子。它的任务就是在全社区范围内开展行动，预防毒品滥用，促进年轻人积极地发展，提高心理能力，包括了9～11章提到的许多概念。社区护理联盟要求在以对当地社区需求及资源的基础上，以实验研究为基础，制订相应的预防/促进计划（Feinberg et al., 2004；Hawkins, Catalano & Associates, 1992）。

社区联盟变得流行，有几个原因（Wolff, 2001b）。从1980年以来，在保守主义时期，社会服务基金减少了，用很少的钱做更多的事，这增加了地方的压力。病人急需治疗，很少时间去考虑预防或是考虑社区的力量。政府社会服务基金类别化（例如，把基金拆分到精神健康、公共健康、教育、儿童保护服务、犯罪的法律制裁等方面）使机构之间的联合变得复杂。社区联盟使组织为了统一的行动而聚集起来，利用非政府组织机构的资源，如宗教团体、慈善基金、公益金，还有公民和商业团体，开展预防项目。

这些多重角色包括：联盟任务及方法的抉择，从联盟成员的招聘开始（Foster-Fishman et al., 2001）。社区联盟可以采取自上而下的方法，利用现有资源（如现有社区领导、警察、学校的管理者、获选官员）。社区联盟也可以在普通市民、草根群体中招募成员。如果社区联盟成员是多样化的，联盟要鼓励成员倾听，并授权成员参与。例

如诺福克的儿童免疫联盟，在会议讨论中省略了发言者的职业头衔。社区联盟也要考虑到冲突的问题，冲突也可以作为学习的方式，并且要尽量找到解决冲突的方法。因此真正代表了一个社区多样性的社区联盟拥有在第12章提过的正在授权情境特征。

例如，在加利福尼亚的圣巴巴拉，建立亲青年联盟，用以减少年轻人犯罪及帮派暴力行为。亲青年联盟汇集了社团机构、未成年人法庭、宗教团体、父母和前帮派成员的代表，让前帮派代表加入亲青年联盟，并积极听取他们的经验、教训。这个方法起作用了：团伙暴力在3年内降到了53%，与帮派犯罪相关的杀人案降为0（Folayemi, 2001）。

社区联盟也要做关于其目标的抉择（Chavis, 2001；Himmelman, 2001）。联盟是把资源、努力的目标放在一个问题上，还是放在了一个更宽泛的主题上？例如，起初，诺福克的儿童免疫联盟把重点放在免疫上，然后转换到更广泛的儿童健康主题上。列克星敦/里奇兰联盟将重点放在药物滥用问题上，健康组织与保健团体着重于更宽泛的健康与年轻人发展问题。

社区联盟的工作重心是在一个小的区域，还是大的区域？例如列克星敦/里奇兰联盟起初将重点放于一个区域，但最后在全州范围内主张并且制定了安全划艇法律。诺福克儿童免疫联盟从一个地方转移到另一个地方，帮助发展州范围内和国际范围内的革新项目。

社区联盟是在目前的政治、社会氛围下开展工作，还是寻求变革当前的政治、社会氛围？例如，诺福克儿童免疫联盟就是在现有的健康护理系统下开展工作的。与此相反，列克星敦/里奇兰联盟挑战在娱乐的时候喝酒的概念，并且坚决反对过度饮酒之后划船的危险行为。这种做法无疑挑战了当地商人的利益。另外一个例子是，在马萨诸塞州的普罗温斯敦，HIV传染率很高，居民不得不到波士顿医院去治疗。没有私家车的人就要坐公共汽车，一天之内到不了波士顿，而即使他们到了波士顿，也要再转乘公共汽车，长途跋涉到医院接受治疗。美国科德角社区联盟说服不同的汽车公司开展合作，以便人们更加快捷地到达波士顿。在亲自驾驶公交车后，公司的负责人

让波士顿的驾驶员在医院那里设了一站，以方便病人（Wolff，2004）。

社区联盟的挑战力不会像社会行动组织那样强大。在社区联盟内部，强调彼此的合作，可能会阻碍坦率的、激烈的讨论和冲突（Chavis，2001；Himmelman，2001）。然而，真正代表了社区成员多样性的社区联盟会达成一致，可以充分讨论观点，可以开展合作，采取行动。

社区心理学家 Tom Wolff 是社区联盟运动的领导者，他对社区联盟参与者的经验进行了总结（Kaye & Wolff，1997；Wolff，2001a，2004）。社区工具箱网站（http：//ctb. ku. edu），由社区心理学家开发，包含众多有价值的指导性资源、材料，提供给社区联盟和相关组织。调查显示，高效的社区联盟数量在增加（Allen，2005；Foster-Fishman et al.，2001；Feinberg et al.，2004）。

组织咨询

组织咨询，即专家为组织提供咨询和建议，可以是营利的，也可以是非营利的，以改变组织的政策、结构和实践。为了取得社区或社会的变革，组织咨询的目标是针对组织本身，而不是针对某一具体的个人。通过组织咨询，要引起更大范围的社区或社会变革。组织咨询可以改变组织的政策；影响社区的决策；影响组织内的交流；处理像工作—家庭关系这样的组织问题；理解人类的多样性问题；理解组织间的冲突。街区推进项目以及诺福克的儿童免疫联盟应用组织咨询策略，更有效地从事社区变革。我们在第 12 章提到的中西部 ARC 使用边界延伸等组织概念（Bond & Keys，1993）。Bond（1999）讨论了应对人类多样性问题冲突的组织咨询。在非营利组织中，对组织变革的评估范围包括：学校内的改革，提升家庭资源，促进移民群体的公民权发展。

替代机构

这些机构的共同点是什么：妇女庇护中心、强奸危机服务、可选择的学校、互助组织、社区花园、街区健康车（宣传预防艾滋病的信息，免费发放避孕套）、低收入居住者合作建房、牛津住房、社区居民区？

所有这些替代机构的产生，都起源于人们对主流服务机构的不满。因而，发起另外的机构，为人们提供相应的服务（Cherniss & Deegan，2000；Reinharz，1984）。妇女们对传统的心理健康和社会服务机构不满意，建立了自己的家庭暴力和强暴受害者服务中心。这个服务中心不但帮助那些女性受害者，而且还进行工作，促进人们对社会上的男性至上主义、对女性偏见的觉醒和公共意识。互助型组织，如戒酒互助协会，同样也是如此，人们对传统的戒酒方式不满意，于是就萌发了这样的思想，有共同问题的人们聚集在一起，可以互相帮助、分享，以解决问题。事实上，从某种意义上说，社区心理学就是一种替代机构。主流服务机构和替代服务机构不是简单的二分法，而是一个程度上的差异问题。例如，互助组织在与专业人士合作的程度上有区别。

替代服务机构可以促进社区感、社会正义感、对人权的尊重等价值，以及传统组织无法做到的公民自治。而这些在主流的服务机构中是很少见的。替代服务组织结构很少有官僚制和等级制。而且，替代机构也具有正规组织没有的相互支持、信任、承诺的精神。替代机构这种形式已经有几个世纪的历史，包括以精神信仰为基础的社区、妇女组织和乌托邦社区。替代机构在政治上可以是保守的、激进的，或者是不涉足政治的。

替代机构为社会变革提供了肥沃的土壤。采用替代机构这种做法，并不是要在主流系统内部解决问题，而是超越传统的、主流的机构，尝试建立新的替代机构。这些机构也为公民提供服务，从而增加了公民选择的范围。通过替代机构这种方式，常常产生出以后被广泛认同的服务机构，比如说互助型组织和女性服务机构。

然而，替代机构也面临两难的选择（Cherniss

& Deegan，2000；Reinharz，1984）。这些替代机构在创立之初，除了开创者的理想和热情之外，几乎没有什么资源，这样会导致工作者的倦怠。替代机构的存在，也减轻了主流服务机构的改革压力，因为人们有替代机构可以选择。替代机构正努力找到方法以克服上述障碍，致力于在社区/社会开展有建设性的、持续的变革。

　　实验社会革新方法可以用来评估替代机构，促进其适应多重情境。这种方法可以解决替代机构面临的许多两难问题。在前面提到过的社区居民区项目就是使用这种方法的典型范例（Fairweather，1979；Fairweather, Sanders, Cressler & Maynard，1969）。在实验社会革新中，一项社区革新项目在研究中得到阐述、发展、严格评估。如果研究结果验证该革新项目有效，那么该项目经过修改之后，就可以推广到其他情境和社区中（见第 11 章）。Sullivan（2003）在妇女庇护项目中讨论了上述过程（见第 4 章）。

政策研究和倡导

　　它包括以舆论形式去影响公共（通常是政府）决策、政策或法律。它通常涉及试图说服政府官员，也可能是在私人生活方面影响领导、记者或其他人。这种倡导没有讨价还价带来的有威胁的压力，而是试图以信息（特别是研究发现）和合理的证据去说理。

　　可以从地方、州、国家、国际等多重水平上进行政策研究和倡导，关注政府的立法、实施或者司法部门。社区心理学家所倡导的政策例子包括：公众诉讼中专家的证言、法庭中的简要备案、以采访或其他形式给媒体提供的信息、结交执法者或政府官员，还有公众听证会上的证词，作为法律部门或其他政府部门工作人员，甚至要为选举官员提供服务（从当地学校委员会到政府部门）（Rickel，1997；Shinn，1994；Toro，1998，Vineent，1990；Wurten & Sales，1988）。

　　政策倡导通常以社会问题提供经验性信息的政策研究为基础，一个早期的例子就是，在 1954 年，美国最高法院简要备案中采用了社会科学研究结果，即"布朗诉教育局废止种族歧视案"（*Brown vs. Board of Education*）心理学研究也可以用于社区心理健康改革以及早期儿童教育项目如"提前教育"项目（Phillips，2000）。

　　通过政策研究，可以发现社会问题的本质，或者发现需要解决社会问题的新政策。评估研究既是针对存在的有效性或可革新的项目或政策，也包括它们的目的或非目的性的结果。对研究文献的回顾给政策提供了有力的暗示，因为这些研究是基于多重背景之上的多重研究。我们在本书中所引用的社区研究，提供了很多政策研究以及倡导的例子。社区心理学的特点尤其表现为对政策的关注：既关注研究又关注行动；强调在多重生态学水平中开展研究，强调与公民合作开展研究（Melton，1995；Perkins，1988，1995；Phillips，2000；Vincent，1990）。

　　然而倡导不仅仅以不偏不倚的方式分享研究结果。它还涉及进入公众领域并且与争论双方的一方结盟。它要求明确一方的价值准则并且认同结盟的选择。倡导要求用有效、合乎情理的证据为其支持的一方提供最好的条件。然而，歪曲研究结果既是不道德的也是不聪明的。为了具备影响力，一项主张对于政策制定者来说必须具备可信性，同时也能对行动起到明确的指导作用。例如，提前教育项目，妇女、儿童营养项目，这些项目在保守主义时期，尽管在大规模削减预算，却都保留下来，部分原因在于，这些项目有很好的实证基础，而且，从价值层面上，这些项目关注儿童—家庭的健康发展。实验社会革新项目，我们以前提到的一个项目，也可以用来发展、评估、传播社会政策。列克星敦/里奇兰联盟，无家可归政策的研究者，它们制定并评估政策，例如安全划艇法律。

　　在制定政策和科学研究之间有重要的差别（Phillips，2000；Solarz，2001）。在政策辩论过程中，很少会允许对研究结论科学家式的因果阐释，也不会花更多的时间从多重研究中获取结论。科学家通过数据来获取地位优势，而政策制定者通过建立联盟而获取有利地位。在科学界的交流，常常表现为论文、论著，强调研究的精确性，知识的积累。而对于政策制定者而言，更多地表现为人际间的交流，强调实际的效用和即时关联性。例如，授权这个术语，在不同的政治意识形态下，会有不同的意义。理解"政治文化"对理解授权意义语境的不同很关键。

文本框 13—1 呈现的是"贾森博士去华盛顿"倡导性证言。

文本框 13—1　　"贾森博士去华盛顿"倡导性证言

　　在 12 月 2 日，星期二，我应美国国会众议院贸易委员会健康与环境分会之邀，去调查十几岁的青少年吸烟者的行为方式。国会议员要求我提出预防策略并且在特别辩论中谈论年轻人对于烟草产生的接近问题。他指出我有 3 天的时间去准备我的论据。我毫不犹豫地同意了这个要求。在辩论中，我将有 5 分钟的时间去陈述：十几岁的青少年吸烟者的行为方式。另外还有其他两个报告，分别是由政府官员和烟草工业顾问所做的。剩余的时间是回答提问时间。

　　辩论会包括多种烟草解决方案，而且它们包括了这样一些辩论，如：限制青少年对烟草的接近方式，缩减烟草预算，实行征税，公众教育，广告，国际贸易及科研基金等。挑战是明确的，主要集中到那些能对在场的国会议员产生最大影响的信息上。我庄重宣读的许多关于烟草决议的新法案被纳入会议议程继续讨论，并得到美国心理学协会成员的咨询与帮助。在那个星期里，我受到国会议员的欢迎。我已经写了 20 页双倍含量的正文，但不知如何又把它们压缩到薄薄的几页。我最后写了一个简短的提纲，涵盖了我在辩论会上论证的大体意思。带着反复修改的讲稿度过了周末以后，在下个星期一的早晨我最终有了一个新的讲稿。在登机去华盛顿之前，我能继续把新的观点融入进去。我和来自美国心理学协会的 Pat 在星期二的早上去了瑞杰众议院办公大楼。我们是进入辩论房间的第一批人。房间里有来自 CSPAN 的电视摄影机和为人们提供的 100 把椅子。当人们开始陆续涌进房间的时候，紧张的气氛也开始上升，我深深地吸了一口气。每个发言者都表明了他们的论点，我是最后表述论点的人，虽然那天早晨我已经把我的论证过程预演了 5 次，但我还是很紧张。随着时间的推移，我的自信慢慢恢复……我的声音变得清晰有力。

　　我强调说，有相当数量的数据表明减少青少年吸烟人口的数量是可能的。开始、持续和停止吸烟是一个基本的行为过程。接下来，我又证明大量减少卖烟给青少年的小商贩的数量是可能的。然后我又提到在科学论证的基础上，学校的预防方案能够有效减少将要吸烟的孩子数量。最典型的方案包括抵制大众媒体的烟草广告和学校联合抵制方案。我接着谈到，孩子们将暴露在充满想象的烟草广告中的问题，如果我们想解决这个问题，我们必须要使烟草广告与反对吸烟的广告的比例是 1∶4，甚至更大。当然，我更希望所有的烟草广告都被取缔，但我知道这将会引起对第一修正法案的争论。我又谈到，尽管联邦政府能够领导或发起行动，以减少与烟草有关的疾病发生率和死亡率，但它却很难保证其他各州、各地方政府也采取同样的行动。并且我补充说我们应该鼓励基层组织的努力。最后，在总结发言时，我提到心理学研究可以使人们更好地理解烟草广告的影响，理解学校、社区的烟草预防方案。

　　在接下来的 1 小时 15 分钟里，每个与会者都有 5 分钟的时间向我们提问。他们的注意力并不仅限于一方谈话，我非常惊奇他们对谈话如此地有兴趣。有很多问题是冲我而来，其中包括人们经常谈论的年轻人接近烟草的问题。有一位国会议员问我是否认为吸烟应彻底被禁止。在随后的一系列问题中，他不断使用"禁止"、"限制年轻人接近烟草"这样的字眼，我不得不经常指出这两者在原则上的不同。时间过得很快，一个半小时很快就结束了。

　　那么，我是如何看待这种经历的呢？首先，能够在国会中发言是非常有幸的。而且，实际上在你的研究与观点中有决策者感兴趣的东西。做这种类型工作的人，需要能够相对快地找出提出问题的关键点，并能减少特别话题的复杂性认识。良好的掌握重点的能力和公众的演说技巧是必需的但不是充分的。在该事件中，美国心理学协会与其他组织合作是获得众多观众的关键。保持幽默感与谦和圆润的态度是必需的。

除非政策制定者们认真倾听，说服工作才会有效。因此，要接近决策层的人物，或者通过传媒来影响政治辩论，这些都是很重要的方式。明智的政策倡导者会寻求与草根群体结盟，而且会开展参与研究。政策制定者们以及大众通常都容易被某个真人的真实故事所打动。因此，制定政策是一个双向的过程，既包括自上而下的过程也包括自下而上的过程（Phillips，2000）。

制定政策是一门充满各种可能性的艺术。政策的制定受到预算压力的限制，同时也受公众的影响，即该问题在公众眼中是如何界定的。在美国的民主制度是分权的，强调在立法、司法、行政三权之间或在政府各部门之间实行相互牵制的制衡原则。这种分权原则意味着要在变革中获取能量。要从危机的角度看待社会问题，这种危机氛围可以让人们更倾向采取长远的观点（Heller，1984）。

政策制定的过程也包括冲突管理的过程。社会问题往往有多个层面，一个社会问题甚至有多重界定（Rappaport，1981；Sarason，1978）。因此，政策制定的过程不可避免地会反映竞争、协商、妥协的过程。社会政策的制定往往受到以往决策的影响，是对危机事件的即时反应，很少有条不紊地发展。而且，一旦制定了政策，政策的实践价值主要依赖于它的实施状况。

社会科学研究对社会政策制定的影响还比较模糊（Phillips，2000）。社会科学研究很少能为具体的规则、项目、政策元素提供建议。相反，政策倡导能教育政策制定者，影响政策制定者关于某一问题的观点。正如我们在前面提到的，在针对无家可归者的政策制定过程中，Marybeth Shinn等人以研究支持为基础，进行了多年的政策倡导。他们认为，解决无家可归问题，根本上是要为无家可归者提供足够的住房。现在，在地方、州以及国家层面上的政策制定者越来越多地从这一观点出发思考问题，采取行动。政策制定者观点的转变是政策倡导者多年努力工作的结果。政策倡导比某一研究结果或者是某一研究项目更加能影响政策制定者的思维方式（Shinn，personal communication，September 22，2004）。

另外一种影响政策制定者的方式是，社区心理学家和发展心理学家提倡发现儿童、家庭、社区的优点，以此为基础来制定社会政策。他们总结了这个领域的关键研究，出版了一本书，为政策制定者提供一本小册子，使专家群体有能力影响政策制定。

影响政策制定者的思维方式，这是一个长期的过程。这表明对政策倡导而言，政策制定者、公民、研究者之间的关系是非常重要的。政策制定者、公民的信任和研究者的专业知识一样重要。具有多重身份往往是有帮助的：接受社会科学研究训练，体验政治文化，加入社会政策制定者的社会政治网络（Phillips，2000）。Solarz（2001）和Meyers（2000）表述了他们的角色经历。

我们已经阐述了社会和社区变革的7种方法。没有一种方法是万能的。每种方法都有其优点和局限性。我们可以尽可能地整合这些社会和社区变革的方法。

 ## 社区和社会变革问题研究

在社区变革中，自上而下的方法和自下而上的方法有何不同？那些有效的社区变革项目是否有共同点因素？哪一个过程促进了社会变革？现在我们讨论这些问题。

社区改良还是社区授权

促进社区变革的努力，特别是以联盟和以其他公民组织为基础的社区努力，必然包括社区改良或社区授权的目标和方法之间的选择（Himmelman，2001）。

社区改良　社区改良主要采用自上而下的策略。它是由提供社区服务的专业人员和机构发起的，而不是那些居住在社区或受社区变革影响的人所发起的。社区成员可能被邀请加入这一过程，但专业人员处于主导地位。要进行社区改良，通常有一定的社会需求推动，然后筹划和实施新计划，或者改善服务去满足这一需求。社区改良过程要求社区凸显其问题，而不是其优势（Kretzmann & Mcknight，1993）。在本章前面提到的扩展社区网络研究中，其早期阶段就包括社区改良（Hughey & Speer，2002）。

社区授权　社区授权采用自下而上的策略。社区成员和居民参与到变革的努力中，并且起主要的影响、控制作用。社区授权努力评估社区资源，然后在此基础上确定其社区变革的重点（Kretzmann & Mcknight，1993）。社区变革包括与社会改良类似的服务，也包括社区界定的其他变革，根本的不同在于：在授权方式上，社区成员保持对决策的控制，即由那些生活在社区中，将受到社区变革最大影响的人做出决定 Himmelman，2001；Kaye & Wolff，1997）。在扩展社区网络研究中，第二阶段和第三阶段就包括社区授权过程（Hughey & Speer，2002）。

Kaye 和 Wolff（1997）描述了一个社区会议，在那里社区联盟成员表达了他们的观点和对他们自己社区的希望。当问到有多少人实际上居住在这个社区时，仅有少数人举起他们的手。这意味着这个社区联盟采取的是社区改良而不是社区授权。在另一个例子中，社区健康中心与有色人种社区组织合作以获得少数民族健康许可。当获得这个许可的时候，有色人种社区组织的成员不会被雇用，极少数人被给予咨询理事会委员的职位。社区成员因此从影响力量中被排除了。与上述两个例子截然不同的是，CINCH 联盟采取措施，努力实现社区授权。包括代表诺克福公民的多样性，把出席会议人员名字标签的头衔去掉，强调对联盟工作贡献的价值而不仅是顾虑个人的地位（Butterfoss et al.，2001）。

自下而上和自上而下的两种策略都有它们的优缺点，它们的有效性都部分地依赖于情境因素。社区改良措施可能可以成功地获得城市和农村社区无法获得的外部资源。社会授权措施的优点是社区资源的充分运用和对当地资源的控制和保留。所以，社区组织可以采取措施，吸收两种方法各自的优点。

有效社区变革革新的因素

什么因素能促进社区的有效变革？Schorr（1997，pp.360-368）回顾了改善社区生活质量的研究，提出了促进社区有效变革的因素。Peterson 和 Zimmerman（2004）回顾了已经授权社区组织的特点，这些特点在社区和社会变革中发挥着关键作用。在这里，我们整合他们的研究，提出了有效社区变革革新的 8 个因素。

有效的社区行动　已经授权的社区组织在社区决策、政策以及实践等环节具有行动力（Peterson & Zimmerman，2004）。他们可以直接地**实施行动**，例如，直接的影响决策，或者实施社区项目。太平洋社区组织协会举办的公共责任会议是有效的社区行动例证之一。哈佛职工和技术工人联盟赢得了自己正当的权利，并且使用自己的权利与大学谈判。列克星敦/里奇兰联盟帮助当地以及州政府制定了相应的政策。诺福克的儿童免疫联盟实施了很多针对儿童健康的社区变革。

社区组织同样也**传播信息**，以影响决策制定者，或者影响公众（Peterson & Zimmerman，2004）。社区及社会变革很容易招致争议，因此需要很多基础性工作，以影响决策制定者的观点。太平洋社区组织协会在美国的一所城市中，努力影响新闻媒体和公众对他们所提出问题的感知。这种宣传和倡导既在短期内对公民决策产生影响，又在长期内改变公众的观点（Speer & Hughey，1995）。政策研究和倡导主要依赖于信息的传播。

我们可以依据社区行动对实际政策和决策的影响、创造一种可供选择的环境、社区项目、资源在社区/社会中的分布来评估社区行动的有效性（Peterson & Zimmerman，2004）。

多区域行为　社区问题很少只关注教育问题，或者只关注家庭、犯罪、经济发展等问题。变革倡导者经常关注单独的问题，并假定这个领域的改善将在总体上提高社区生活水平。但 Schorr（1997）的研究和她所采访的社会领导的实际知识表明，一个领域的变革很少导致社区本身更大的变革。有效的社区变革计划包含多种因素（亦见 Caughey, O'Campo & Brodsky，1999；Wolff，2001a）。

对于一个社区来说，立即解决所有的这些问题是不可能的。但成立 Schorr（1997，p.361）倡导的"广泛智力集合"是可能的。这能够导致社区变革例如发展经济，为参与工作培训计划的毕业生提供工作机会，以及招募老年志愿者参加儿童护理中心的工作。

在佐治亚州的萨凡纳，青年权力委员会（Youth Futures Authority，YFA）致力于低收入街区的社区发展。在为中学危险儿童设立的紧急病例管理服务的初级阶段失败后，青年权力委员会采取了更为广阔的视角。成立了一个家庭资源中心，该中心提供关于健康和营养、药物滥用、学校筹划和儿童发展的预防计划，也组织像巡逻组、竞技比赛、街区壁画和冲突解决课程等社区活动。在非洲裔美国人占优势的地区，很多服务是在强调家庭社区联系、自律和指导性的工作，这是在非洲中心主义框架指导下进行的。青年权力委员会的革新也包括政策和地区制的变化（Schorr，1997）。

新泽西州的纽瓦克新社区公司（New Community Corporation，NCC），被认为是美国最成功的社区发展公司。它是由一个基督教牧师 William Linder 开设的。NCC 已经分出 30 个组织，拥有和管理房产，为年轻人提供一系列的家庭服务，也管理一个信用联合体，提供家庭健康看护和幼儿园管理工作的培训项目，并在纽瓦克市中心拥有一个商业中心和零售网点（Schorr，1997）。

当地控制　有效的社区变革革新，对计划和实施的变革有足够的当地控制。当地居民最知晓资源、文化和最迫切的问题及社区变革可行的方法。而且，当居民集体决定他们自己的目标的时候，他们的天赋得以展现，信念得以树立。当然，制定社区决策要以社区代表的参与为基础，而不应该是社区的强势领导追求自己利益的结果。太平洋社区组织协会强调社区变革革新的当地方案，诺福克的儿童免疫联盟也强调制定针对当地的计划。

在当地组织中建立联盟更有利于获取资源，取得公众合法性（Peterson & Zimmerman，2004）。诸如列克星敦/里奇兰联盟、诺福克的儿童免疫联盟就提供这样的联结。太平洋社区组织协会与当地的宗教团体交往，共同致力于社会公正。

外部联系和资源　有极少数的社区，在面对严重的困难时能够完全独立地克服。然而，尽管社区变革在当地得到最好的发动，但它经常要求在原有的水平上从外部获得资源，这种资源有三种形式：资金、知识和"辅助"（Schorr，1997，p.363），如果变革耗尽了当地资源就要求外部资金的注入。这在欠发达社区是尤为重要的。社区需要知识和专门技能，不是定义问题或指定目标（这在社区内得到很好的处理），而是提供技术支持。

社区可以与外部人士建立人际关系网络，通过与其他组织建立联盟来获取外部资源（Peterson & Zimmerman，2004）。

我们前面提到的范例，扩展社区网络就使用了外部人际关系网络（Speer & Hughey，2002）。当地的草根组织倡导社区政策的变革，即使有一些警察的帮助，当地的草根组织也不能确保能进行社区政策变革，直到他们有机会接近一些人，这些人的观点可以影响到市长。当然，这些人都是在组织和邻里之外。

和社区外的组织建立组织联盟，可以更加便捷地获取资金，交换成功、有效的组织策略。在波士顿达德利街区创新项目中，当地社区与市政府、大学建立了联系，获取了项目所需的外部资源。同时，达德利街区的居民要坚持自己对社区决策的控制权，要来自外部的力量尊重他们的决策权。诺福克的儿童免疫联盟建立了一个全国范围的联盟以促进免疫工作的进展。该联盟与许多外部资源开展合作，以达到它的目标。无家可归政策研究者们也寻求在州、国家、国际范围里与外部资源合作（Shinn *et al.*，2001；Tompsett *et al.*，2003)。在美国北卡罗来纳州，非洲裔美国妇女们克服了当地政府对项目的阻力，直接和北卡罗来纳州政府取得联系，获得项目资助，采用了自上而下和自下而上两种方法(Lopez & Stack，2001)。

社区变革的合理理论 成功的社区变革需要一种理论或计划的指导(Nation *et al.*，2003；Schorr，1997，p.364)。这些理论可以以社会科学研究为基础，也可以以公民实践经历为基础。每一个公民头脑中都有关于社区变革如何发生的观念，以及可以通过简单测量验证变革是否有效。一个合理的理论是以居民搜集的证据为基础的，并基于他们的社会如何变革的细微推论。这种推论不仅仅是观点的变革也不仅基于专家建议。在这一章之前提到的 PICO 方法中，居民开展了社区基本问题的实情调查，针对变革进行行动，以期评估他们的工作和筹划未来的努力方向(Speer & Hughey，1995)。社区行为的效用基于一个合理有效的理论变化。

效度 社区变革的革新必然包括足够强大的以致给居民的日常生活造成显著影响的特别变革。这里有一个对社区问题有效反应的临界点，低于这个临界点的革新是无效的。那些仅仅提供很少工作岗位的小企业不会明显影响街区的失业率。个别乐于奉献的老师们进行的教育改革可能会使一些学生的人生发生改变，但对于改变整个校园气氛和提高社会的整体教育水平只能起到微不足道的作用。如果一个阻止犯罪的议案对街上的居民起不到显而易见的作用，那么它是不会被坚持下去的。

"强烈"革新涉及资源、资金及公民参与性等指标。在美国很多社区项目不具备足够的资金水平。尽管这些革新在特定的社区预防性项目中是有效的，但除此之外便没有足够的资源去达到产生广泛社区变革的临界点。因而，它们在解决重大社区问题中只能取得较小的进步。社区变革革新需要通过对包括资金和人员在内的有效资源的调动产生足够强烈的深刻性(Nation *et al.*，2003；Schorr，1997)。

加强社区感 在 1997 年的 Schorr 对有效社区变革革新因素的讨论中，有一个隐含的因素是社区感对社区变革的重要性。有效的社区变革促进了这一资源的使用和提高。提高下列质量能有助于社区资源产生：社区内个体的归属感，个体和较大社区之间的相互影响，成员的相互整合和相互支持及他们之间的感情交流。你认同这些观点吗？它们是第 6 章中 McMillan 和 Chavis (1986) 所提出的社区感的要素。

长期视角 在 1997 年的 Schorr 对有效社区变革革新因素的讨论中，最后的因素是长期视角的必要性。社区变革不是突然间就发生的。在这一章描述的社区变革通常是在社区成员之间常年建立一个社区组织和实施社区活动的结果。工作联盟如 CINCH 通常是在可测量的社区结果出来之前的两年或三年前成立的(Fawcett *et al.*，1995；Butterfoss *et al.*，2001)。PICO 组织经过数月的认真努力才建立了人际关系和承诺的根基(Speer *et al.*，1995)。对于那些需要通过广泛参与而做出的决定来说，时间是必需的资源。然而，无论环境怎样变化，那些慢慢地一步一步地建立的革新依然可以被执行，因为它们的参与基础是稳固的。

对于社区变革而言，没有固定的模式(Alinsky，1971)。我们最好把这 8 个要素理解为规则，有很多种方式可以把它们付诸实践。事实上每一个社区问题，都是情境性的，包括独一无二的资源、障碍物、联合与对立、手段与目的，以及可预知的不可预知的结果。社区变革革新是一门艺术，一门综合性艺术，包括个体关系和共享成功及失败。它们不仅影响社区，而且还影响个体的生活质量。

在社区变革革新中，也会碰到许多障碍，这一点一定要考虑到。例如，Caughy 等人(1999)发现，孕妇健康项目，在巴尔的摩就有比较好的效果，但是在贫困地区或高失业率地区，这个项目就很难奏效。所以，产生经济不平等的宏观系统力量就一定要考虑。这是我们下一部分要关注的问题。

促进社会变革存在的问题

Tseng 等人（2002）提出了促进社会变革的概念框架模型。我们将他们的讨论概括成为社会变革中存在的 3 个问题：价值、背景以及社会变革的动态过程。通过阅读 Tseng 等人（2002）的东西可以获得他们的全部观点。

价值和语言 Tseng 等人强调价值在社会变革中的领导地位。虽然对有效的社区行动而言，在价值上高度一致没有必要，但是对核心价值和需要进行坦率的讨论还是很有必要的。而且，随着时间的推移，对项目的核心价值和需要进行重新审视也是有益的。像社会公正、尊敬多样性、社区合作、加强社区感，这些价值会引导项目走向成功。而且强调社区感可以促进社区和社会变革。但是，就像我们在前面几章所讲的那样，这些价值中也会产生冲突。

语言也是非常重要的。因为很多的社区与社会变革需要沟通：界定问题，设置问题框架，阐明变革的价值和观点，解决或处理冲突。Tseng 等人提倡语言应该关注生态层次的内容，而不仅仅是个人因素。社会变革也需要语言来识别冲突。例如，社会议题，指的是一个问题有多重的甚至相互矛盾的观点；而社会问题，就暗示着我们常常希望找到解决问题的答案。

动态的、变革中的系统 Tseng 等人也强调社会变革的动态过程。社会系统（组织、地域、宏观系统）一直处于变化之中，并不是一成不变的。Linear 认为，关注简单的因果过程，可能将复杂的、难以预料的事情简单化了。因此 Tseng 等人认为，应该从不断变化与成长的角度看待个体和社区。例如，我们前面讲过的 PICO 案例，就说明了社区组织的一系列循环过程。社区行动会使我们思考学过的课程，同时这个过程又孕育着新一轮的变革。

Tseng 等人建议寻求角色关系和权力的社会规律以开始社会改革的循环（Seidman，1988）。例如，STEP 项目（见第 5 章）改变了中学的社会规律，创造条件尽可能多地让同学在一起，以增强学生的社区感，建立社会支持网络。同时 STEP 项目也采取措施加强学生和老师之间的联系（Felner & Adan，1998）。STEP 项目关注在个体生活中的转折性事件（例如，升入中学）。社会系统也有转折点，比如，学校中有学生自杀事件，或者是一个当地的大雇主倒闭关门事件。

Tseng 等人认为，我们对社会变革的结果关注太多了。一旦达成了预期结果，我们就会认为进一步的变革是没有必要的。实际上，社区生活是持续变化的过程。当然，要适时展示项目的成果，包括可以看见的、预期的成果，这些对于吸引项目资金，建立社区联盟、影响决策过程都是非常重要的。关键问题是，不要以为达到预期结果万事大吉，就不需要继续改革了。

我们要在多重生态学水平上考虑社会变革过程。改变个体行为的社会变革革新项目不会改变环境或者其他社会系统。Tseng 等呼吁以社会系统为社会变革、革新目标，包括学校、社区和社会政策。

情境过程 Tseng 等人识别了促进社会变革的 3 个重要因素。要想促进社会变革，首先必须理解**时间**因素：历史对目前的现状有何影响？随着时间的推移，社会变革革新发挥了怎样的作用？第二个因素是**文化**因素，即社会变革革新要考虑共享的文化价值和实践（它们也是持续变化着的）。第三个因素是**权力**：了解多个生态水平的权力关系，思考谁被授权，变革是怎样发生的。Schorr（1997）、Peterson、Zimmerman（2004）以及 Tseng（2002）一致认为：在设计社会变革革新的时候，一定要考虑情境因素。

结论

在表 13—1 里，我们列出了所讨论过的有效的   社区和社会变革的关键因素和问题。

表 13—1	社区和社会变革的因素和问题

有效的社区变革行动

　　有效的社区行动

　　多区域行为

　　当地控制

　　外部联系和资源

　　社区变革的合理理论

　　效度

　　增强社区感

　　长期视角

续前表

促进社会变革的问题

　　价值、语言

　　动态的、变革中的系统

　　情境过程：时间、文化、权力

资料来源：摘自 Schorr, 1997, pp. 360 - 368；Peterson & Zimmerman, 2004；Tseng et al., 2002。

　　如果你渴望参加社区或者更广泛的社会变革，可以在社区工具箱网站学习实际行动步骤，这个网站是由社区心理学家建立的，为公民提供在线资源。它的网址是 http：//ctb. ku. edu。

本章小结

　　1. 公民如何集体行动，获得并利用资源去推动他们的社区和社会变革？心理学关注这些问题，因为个体、社区和生活质量互相影响。

　　2. 我们描述了 6 个关于社区和社会变革的案例：PICO 社区组织；哈佛职员和技术工人联盟；扩展社区网络影响社区决策的两种社区联盟，诺福克的儿童免疫联盟和列克星敦/里奇兰联盟；政策研究以及关注无家可归问题的研究。PICO 的方法包括组织的循环反馈过程：评估、研究、动员/行动以及反映。

　　3. 社区和社会变革的 7 个要素包括了意识提升、社会行为、社区发展、社区联盟、组织咨询、替代机构，以及研究。社区观念的形成归功于基于社区层面的意识提升。

　　4. 一个关于社区变革革新的至关重要问题是：是自上而下的*社区改良*还是自下而上的*社区授权*。有些社区组织两者兼用。

　　5. 我们在表 13—1 列出了有效社区变革革新的 8 个要素以及用于考虑促进社会变革的 3 个问题。有效的社区行动包括实施行动和传播信息。外部联系和资源包括人际网络和组织联盟。

简短练习

　　1. 回顾在开篇练习中那个社区或社会问题。说明社区与社会变革的 7 种方法（意识提升、社会行为、社区发展、社区联盟、组织咨询、替代机构、政策研究和倡导）的每一种是怎样解决这个社会或社区问题的？是怎样影响社区成员生活的？你对哪种方法最感兴趣，或者是你可以想象你愿意使用哪种方法？

　　2. 了解在你的社区或者社会中发生的一种社区或社会变革。你可以仔细阅读报纸文章，采访那些曾经经历过或者正在经历相关事件的人们。解释社区和社会变革的 7 种方法中的任何一个方法是怎么起作用的？它是否包含了有效的社区变革革新的 8 种因素或者在表 13—1 列出来的社会变革革新的 3 个问题？改革活动是否达到了目标？用你的观点解释一下为什么是，为什么不是。

　　3. 写一封提倡政策变革的信。选择一个你有亲身经历或背景知识的问题，并且表明你的观点。选择你支持的个人或协会，越具体越好。（例如：立法者、市长、你们学校的校长或学生会的主席、报纸主编、私营企业主或雇主）

你的信应该包括下列要素：

- 界定你列出的具体问题。
- 描述该问题极少受到关注的方面。这可能包括它被忽视的原因。标明具体的信息来源。
- 倡导明确可行的行为方案来说明该问题的

这些方面。例如，一项新政策、执行已有政策的新途径、一项新的或有改进的社区计划，或进一步分析该问题的研究。认识到你的想法可能会耗费下列的资源（金钱、时间、群体合作）。坚定地支持你的行为方案。

- 记住你的收信人可能会因为信的冗长而降低兴趣。确定在包含所有上述要素的同时，要使你的信简洁明了。

是否发送你完成的信件，全在于你。

 ## 推荐阅读

Hughey, J., & Speer P. (1995). Community, sense of community, and networks. In A. Fisher, C. Sonn, & B. Bishop (Eds.), *Psychology sense of community: Research, applications and implications* (pp. 69 - 84). New York: Kluwer Academic/Plenum.

Perkins, D., Crim, B., Sliberman, P., Brown, B. (2004). Community development as a response to community-level adversity: Ecological theory and research and strengths-based policy. In K. Maton, C. Schellenbach, B. Leadbeater, & A. Solarz (Eds.), *Investing in children, youth, families and communities: Strengths-based research and policy* (pp. 321 - 340). Washington, DC: American Psychology Association.

Peterson, A., & Zimmerman, M. (2004). Beyond the individual: Toward a nomological network of organization empowerment. *American Journal of Community Psychology,* 34, 129 - 146.

Phillips, D. (2000). Social policy and community psychology. In J. Rappaport & E. Seidman (Eds.), *Handbook of community psychology* (pp. 397 - 419). New York: Kluwer Academic/Plenum.

Tseng, V., Chesir-Teran, D., Becker-Klein, R., Chan, M., Duran, V., Robert, A., & Bardoliwalla, N. (2002). Promotion of social change: A conceptual framework. *American Journal of Community Psychology*, 30, 401 - 427.

Wolff. T. (Ed.) (2001). Community coalition building: Contemporary practice and research [Special section] *American Journal of Community Psychology*, 29(2), 165 - 330.

Kaye, G., & Wolff, T. (Eds.) (1997). From the ground up: *A workbook on coalition building and community development*. Amherst, MA: AHEC/Community Parters.

Kretzmann, J., & McKnight, J. (1993). *Building communities from the inside out: A path toward finding and mobilizing a community's assets*. Chicago: ACTA Publications.

Wollman, N., Lobenstine, M., Foderaro, M., & Stose, S. (1998). *Priciples for promoting social change: Effective strategies for influencing attitudes and behaviors* (booklet). Ann Arbor, MI: Society for the Psychological Study of Social Issues. [To order, email: spssi@ spssi. org]

推荐网站

社区工具箱

http：//ctb.ku.edu

对于想了解公民参与和社区变革的人来说是一个非常好的网站，并且它获得了社区心理学家的支持。它包括计划、实施和提高社区变革革新的建议，同时也提供了网址链接。它为社区和社会变革提供了独立的、实用的资源。

PICO 国家网站

http：//www.piconetwork.org

这个网站包含了许多有关 PICO 的价值、工作和当地隶属机构的信息。在该网站的多媒体视频里，可以看到个人故事以及社会改革的例子。

心理学家的社会责任

http：//www.psysr.org

一个关心国际和美国社会问题的心理学家组织。包括战争与和平，民族政治暴力，冲突的解决，社会公平以及其他问题。

关键词

倡导、替代机构、社区联盟、社区变革、社区发展、社区变革革新、社区组织、意识提升、授权、政策研究、社会行为、社会变革

第14章
项目评估和项目发展

 评估每天的生活

到饭店吃饭教会我们如何评估？

你驻足在一家以前从未来过的饭店。饭店外边的窗户贴着一张菜单。那些菜名看上去很令人感兴趣，而且环境看起来也很吸引人。你坐在桌边等了又等。你的服务员终于出现了，告诉你他的名字，说他马上回来取你的点单。你又等了 10 分钟他才回来。然后他拿走了你点的饮料单子，10 分钟后他拿着你的饮料回来了。又过了 10 分钟，他才来拿食品点单。拿走之后 10 分钟，开胃小吃呈上来了。小吃味道不错。然后你多等了 20 分钟主菜，主菜端上来的时候是温的。鱼很可口，但是不够热，菜好像是罐装的。因为饿了，你吃光了这些东西。吃完主菜后，你不想再为甜品和咖啡等待了，所以告诉服务员你不再要了。服务

员为给你造成的耽搁向你道歉——原因是店里有个服务员病了，所以他要两边换着工作，之后他把账单递给你。

你下次还会再来这家饭店吗？你再三考虑这家店的服务质量，菜的品质，环境气氛。你一定决定不再来，因为不值得。然后你想到你在社区心理学学到的生态学分析水平。也许事实并不像我们所见到的那样。问题可能只不过是某一个服务员不能胜任。一个饭店应该作为一个团队去运作：包括服务员、迎宾、厨师、管理者。而仅作为一个机构的饭店，不能积极应对像员工缺席这样的小事。也许饭店会通过雇用更少的员工来使利益最大化。也许员工生病只和工作中的压力有

关，而不是店里的管理造成的。

你对你的经历进行评估，然后你决定，不再在那家店投入你的时间和金钱。你告诉服务员，你明白当时的情形不是他的过错，但是你的反应是：你对管理不满并且不打算再来。饭店经理来到你的桌前向你道歉。她很高兴，你能反馈信息给她，她说她以前也听过这个问题，并且下星期，她会请两个服务员以减轻工作负担。她给了你一张免费的晚餐券。

经理和雇员很关心评估。当你稍稍有点满意的时候，经理设法让你再到店里来。甚至是员工也会关注你的印象，因为这关系到你给他们多少小费。即使得失左右了许多决定，他们还是要从长远考虑，处理多变的情况，诸如顾客、员工满意度和饭店的名声。

足球怎样教会我们评估？

任何一所重点大学的足球教练都知道整个评估体系。他知道他赢得和输掉的分数，每场比赛的分数和每一个球员在上一场比赛的表现。他知道球员的能力，比如说他们跑 40 英尺可以多快。并且他知道球员上一场比赛打得如何（阻截铲球，接传来的球，罚球）。教练不只把比赛看成队员间的竞争，也当作是教练之间的较量。他们指出哪些招式起作用，哪些招数不管用。他们对改善技术和结果感兴趣。

不只是教练们知道这些事情；许多忠实的球迷也知道。一个教练可以得到足够的建议，比如从广播谈话节目的主持人那里得到：上场球哪里打得好哪里打得不好，谁打得好谁打得不好，以及大量的提高建议。

除了输赢，学校的足球还有其他的价值：球员的关系，大学的名誉，最低限度，要体现学业价值（比如运动员的毕业率）。从多重价值、多重等级来评估这些项目：包括有个体球员的评估，教练的评估，学校本身的评估。一所大学的足球项目和评估项目有关。实际上，各种层次的运动，无论是为了输赢还是只是玩玩，都和参与者、教练和粉丝的评估和改进有关。

预防毒品滥用教育计划怎样教会我们评估？

在美国，预防毒品滥用教育计划（Drug Abuse Resistance Education，DARE）是以学校为基础的很受欢迎的预防毒品滥用项目。数以百万计的学生和市民参加到这个项目中，DARE 计划是针对从幼儿园到 12 年级的学生设计的（K～12）。一开始，这个项目介绍了一个常识性的预防方法：学校中的警察这样的社区资源；通知学生毒品滥用的危险，教导他们拒绝的技巧，使学生在面对同龄人使用毒品的压力下说"不"。（为 DARE 网络设计的课程建立在 20 世纪 80 年代的有效项目知识之上）。

然而，评估发现，很多由 DARE 提供的课程，在孩子们处于危险的时候（中学，初中，高中）起有限的作用。例如，在伊利诺伊州 36 个学校对该项目纵向评估，结果表明，DARE 对学生在抵制毒品方面起作用的证据很有限。接受 DARE 教育一两年后，没有直接证据表明该项目在毒品使用上有任何影响。另外，DARE 项目在心理变量（如自尊）上有极其有限的正面影响，在社会技能变量上则没有影响如同龄人压力抵制技巧（Enett et al.，1994，p.113）。对其他项目的评估显示：其他的方法在减少青少年毒品滥用上是有效的（如 Botvin & Tortu，1988；Greenberg et al.，2003；Hawkins，Catalano & Associate，1992）。然而，许多学校继续运用 DARE 方法，部分是因为他们熟悉了，有时也因为法律强制力，以及有资金的支持，使得学校系统可以出较少的钱。很明显，评估的结果并不是决策的唯一因素。这是社区项目一个广为人知的故事，不只局限于 DARE 或者毒品滥用问题。

到现在 DARE 的故事还没有结束。在许多年的评估后，评估结果令人失望。DARE 进行了课程和技术上的大改动，运用预防物品滥用的研究成果，孩子如何学习的研究成果，以改进项目。这个新项目在很多社区被运用和评估；结果还没有出来（Z. Sloboda, personal communication, January7, 2005；February 13, 2005）。

上面的一系列论述阐述了本章的一些主题。评估项目和项目发展需要连接起来，这样，经验信息才能影响决策。没有这种联系，社区项目决策伴随着许多误导和主观的想象。有一个适当的链接的话，即使最初的结果另人失望，也可以促使项目系统性的提高。

我们知道，评估诸如 DARE 这样的社区项目，不同于评估一个大学运动项目或者评估饭店是否成功。在体育界和商业中，"赢"或者说"盈利"和"损失"是很重要的。然而，它们不是一切，至少在情境中不是：一个大学可能会选择留住一个没有胜出记录的足球教练，一个高质量的饭店可能只吸引一小部分顾客。然而底线是不容忽视的。一个亏损的饭店在一定程度上要为亏损负责。像 DARE 这样的社区项目，在公民之间或决策者之间，在基本价值和测量目标上不容易达成一致。因此决定项目是否有效将更具挑战性。

对项目提高和项目有效性而言，评估是必要的，尤其是当价值和观点有冲突时。社区评估项目需要对项目实施的情境具有敏感性，注重项目的价值问题，而且注重项目在一定时间内的改进。评估可以提供项目真实结果，并且告知在价值、目标和方法上的争论。

这看起来好像一个好主意，但是它真的奏效吗？

每年，千百亿的税金、慈善捐款被用来为社区做好事。数以百万计的市民志愿者投入时间和精力，达成这个目标。甚至社区组织中的员工，为达成该目标，只要求较低的工资。在那时候，精力、钱有什么区别呢？政府、非营利性组织和私营部门被要求提供结果（例如，美国会计总署，1990；美国联合劝募协会，1996）。起初，项目评估是令人害怕的。下面是有关项目评估的一些常见投诉和担心（compiled by the Northwest Regional Educational Laboratory, 1999）。

- 评估能引起项目成员的忧虑。
- 成员不知道如何实施评估。
- 评估会干扰项目活动，占用服务所需的稀缺资源。
- 评估结果会被人们误用和误读，特别是反对项目的人。

想象你是基金会委员会成员，你可以为社区项目投资做最终的决定。许多社区项目需要资金。这意味着寻找更多的保证。"我们如何知道我们资助的项目实际上是否已经完成了？" Schorr（1997）描述了非营利机构和政府机构常常提供的几种类型的回答：

- 信任和价值。"相信我们。我们所做的是非常有价值的，非常复杂，用证据证明非常难，要判断非常难，所以我们希望公众给予我们支持，而不要什么效果证明。不要让那些所谓的知道一切成本、对价值却一无所知的统计专家阻碍我们勇敢的尝试，以完成这个世界上伟大的工程。"（Schorr, 1997, p. 116）。

这种回答的潜在问题：我们不了解项目如何运作，我们也不会知道它是否有效果。

- 过程和成果。"我们机构每年会见 20 个家长教育项目的 200 个有资格的客户，我们为这些项目提供两名持资格证的职员，他们获得贵资金的支持。"这可能是最典型的回答，详细记录了项目或提供的服务和消耗的资源。

一个潜在的问题：仅仅提供服务并不意味着那些服务是有效的，服务也许是错误的，因此没有解决真正的问题。他们也许计划周详，但是不是很坚实或者没有足够的资金支持。项目可能会有未预料到的负面作用。许多社区项目很有希望，但是没有充分的证据证明其有效。

- 以结果为基础的解释。我们通过运用项目分析，表明一个项目确实起作用，达到了预期效果，正如利益共享者期待的那样。我们还可以进一步修改项目，使之更具效力。这与第 11 章讨论的思想相似。

潜在问题：机构成员通常未受评估方面的培

训。另外，如果评估表明项目未达到预期成果又将如何？这个项目会提供一个提高的机会并且给予他们所要的资源吗？

我们并不需要害怕项目评估。以结果为基础的解释要求我们了解项目评估以及如何改进项目目标。操作好的话，项目评估可以加强项目质量，增强批驳反对者的能力。

项目评估的逻辑

我们早就注意到，社区用 DARE 程序进行的社区决策很少受实验评估的影响。一个社区项目，甚至是在有利结果证据很少的时候，如何保持受欢迎的状态？

对于 DARE，像许多社区项目一样，评估研究要产生一个项目效果的最终定论，而不是提供如何改善的具体信息。这样的研究经常把一个参与项目的干预组和一个没参与项目的对照组进行对比。无论这些组之间差别是否大，这样的研究不能告诉我们，为什么干预特别有效（或者是无效果的），或者需要特别做什么来改变结果。没有这些信息，项目员工和社区成员对项目的未来改进就不会起引导作用。

至少有两个导致项目失败的原因：理论失败和实施失败。理论失败涉及项目理论：一个专门干预项目适合一个特殊目标人群的特殊问题，其理论依据是什么。项目理论还帮助选择合适的测量手段或方法来研究项目的效果。实施失败关注的是项目实施的质量。你可能有一个优秀的项目，在其他地方的实施中对目标人群发生了作用，但在你的社区，这项实施由于缺少资源、人员不熟练、培训不足或其他原因而无多大作用（见第 11章）。

自 20 世纪 60 年代起，项目评估领域形成了检验项目理论和实施的概念和方法，它们以社会科学的方法为基础。人们常用过程评估和成果评估来研究理论与实施。本章使用了项目评估领域中的许多基本概念。请参阅本章的"推荐阅读"以便获得更详细的项目评估领域的资料（Patton，1997；Rossi，Lipsey & Freeman，2004；Worthen，Sanders & Fitzpatrick，1997）。

职业的评估者受训去随机思考。他们意识到一个干预或预防活动以项目理论或随机因素模型为基础，这些因素产生了要预防的问题。这个模型可能由预防项目开发者清楚地表达，或者这个项目仅仅建立在绝对的假想上。如果发生以下情形，是不会有效果的：

● 关于项目理论的假想不适合项目的情境。

● 项目，即使实施得很好，也不会影响项目理论指定的变量。

● 活动或项目没能适当地实施。

对社会科学家而言，这种思维如此根深蒂固，以至于容易忘记它并不是普遍的真理这一点。项目规划者常常需要"批判性的思维"去辨明自身对项目理论、目标、实施的理论构想。

例如，一个普通的社区预防活动赞助一个红带子活动。活动目标是大量削减酒精、烟草和其他毒品滥用，方法是让公民系上红带子。为何带红带子就能减少酒精、烟草和其他毒品滥用？逻辑可能是这样的，红带子唤醒了人们对酒精危害的意识，这样要么就少喝酒或不喝酒，要么提醒由未醉的朋友驾车。对系红带子与最终减少酒后驾车之间联系的质疑，要求对因果关系的批判性思维。对学校和社区的从业者来说，运用批判性思维，尽可能评估社区项目的因果关系模型是重要的。这个模型就能够提出关于项目评估进程和结果评估的问题，有助于展示项目的有效性。

因果逻辑模型的首要目的是，用简洁、可理解的方式去展示社区项目需求和实际条件之间的逻辑关系，活动的目标、结果，以及由活动导致的影响（Julian，Jones & Dey，1995；McEwan & Bigelow，1997）。

逻辑模型是项目的平面展示图。图 14—1 说明了适用于项目评估的四步逻辑模型。它的顶排由四个圆圈组成，代表项目状况、活动、成果、影响。对一个特别项目而言，逻辑模型在每个圆圈里有多个样例，代表各种状况、活动、成果和影响。以项目理论为基础，线条连接圆圈，表明圆圈的逻辑关系。圆圈之间的关系也表明作为项目活动结果发生的预计事件的顺序。

在第一个圆圈里，状况包括风险因素、社区矛盾或项目所要解决的问题。第二个圆圈包括针对每个状况的活动，一个或多个活动可以解决每个状况。第三个圆圈包括活动产生的直接成果（例如，项目参与者态度的变化，组织和社区的变化）、中间成果（例如，个人行为变化或社区组织间的规章、立法或关系上的变化）。第四个圆圈关注项目对整个社区的主要影响。例如，削减酒精、烟草和其他毒品滥用项目，其影响可能包括减少社区酒精和其他毒品滥用，降低犯罪率，改善健康。

图 14—1 第二行说明项目发展的步骤以及它们与逻辑模型的关系。一个项目开发者评估项目需要（通常用社区调查或采访）进行项目策划，实施计划，评估项目是否成功。

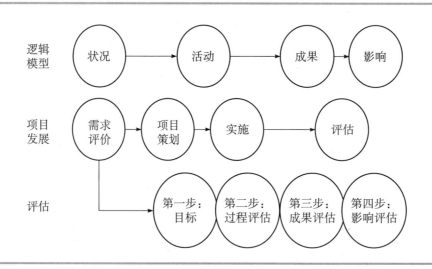

图 14—1　四步逻辑模型

项目评估的四步模型

Linney 和 Wandersman（1991）寻求设计一些程序，这些程序能够激发有关预防项目是如何影响结果的分析思考，有关预防努力效果的现实思考以及制定实施计划的认真思考。他们的书《四步预防加三评估模型》（*Prevention Plus* Ⅲ）教导人们如何对自己的项目做基本的评估。该书的项目评估被压缩为四个与逻辑模型相关的基本步骤：目标和预期成果，过程评估，成果评估，以及影响评估（见图 14—1）。

第一步：辨明目标和预期成果

从目标开始设定计划。目标代表计划要努力实现的东西（例如，有积极的社交关系、受过良好教育的儿童将来是富有创造力的人）。目标一般是高远的，是成果的框架。成果是更具体的，代表计划要负责的对象。目标可以是一般的，但成果必须是具体的、可测定的 (Schorr, 1997)。

如果社区预防/促进项目，其目标和成果关注预防问题的产生或关注促进能力的发展或关注健康的成果（见 9～11 章），或者如果一个社区创新项目针对更广的社区议题或问题（见第 12 章、13 章），那么，它所追求的创造性变革则预示着其目标和成果。在第一步，项目开发者描述：

● 项目基本目标，如促进家长参与学校事务或减少毒品使用活动。

● 项目的目标群体。项目要影响什么人（如教师、特殊年龄段的儿童、家长，还是一般大众）？描述目标团体可用的人口统计学特征（如年龄、性别、种族、社会经济地位），发展的转折阶段（如上初中、离婚、亲友去世），风险过程（如低年级、校内各种行为事件），地域或其他标准。

● 预期结果。例如，提高人们禁烟的态度，减少学校缺席率。规划良好的项目，对其结果应该做清晰的界定，是具体的、现实的、可以达到的、可以测量的。

图 14—2 用工作表单的方式说明了四步评估方法。第一步是，项目计划者要问自己项目的目标、目标群体和预期结果。

第二步：过程评估

在第二步里，描述了用于实现预期成果的活动。它们回答了这样的问题："这个项目真正做的是什么？"

目标评估的目的　过程评估有几个目的。第一，监控项目活动有助于项目的组织策划者。监控活动帮助保证项目所有部分如期实施。它还有助于项目使用那些必需的资源，例如，不把大部分经费只用在某个活动或某个目标团体上。另外，它提供信息帮助管理项目和调整活动，促成中期改正以强化计划的成果。第二，过程评估中的信息提供项目说明，指出项目实施按承诺的方面进展。这些信息可以提供给管理层、投资者、董事会或其他利益共享者。第三，对成果和影响进行评估后，过程评估能够提供关于项目是否有效的信息。通过提供关于完成了什么、接触了什么人的信息，项目策划者能判断项目是否达到目的并分析其原因。过程评估信息还能为项目改善、为其他类似项目的策划者提供资料。第四，过程评估帮助你评定是否你做好了评估项目。例如，如果一个项目只存在了一小段时间，你只实施了含有 7 个活动的项目中的第一个，做项目成果评估就显得仓促了。第五，有时情况发生变化，计划的事情不是实际发生的事情。过程评估帮助追踪这些变化。在策划的活动发生之前、中间、之后回答过程评估问题可以记录下实际发生的过程。

指导过程评估　过程评估集中在两个相关问题上：项目的预期和实际活动是什么？在其实施后，项目策划者和职员从各自的经历中学到了什么？

关于活动，过程评估问：是谁去做什么事？和谁？应该什么时候完成？

谁——指的是提供服务的职员，有多少职员？他们需要什么资格和训练？

什么——指的是这些职员被要求做什么事（例如，上课、放电影、模范行为）。

谁——指的是每个活动的目标团体。

什么时候——指的是活动的时间和背景（如学校集会，放学后）。

问题回答得越清晰，过程评估越有用。过程评估收集的所有信息可以用于改进（或抛弃）已有项目。

第三步：成果评估

成果评估即评估项目效果。项目评估的"底线"关注这些效果（注意：项目评估领域使用的 Outcomes 和 Impacts 是本章描述定义的概念。公共健康领域反过来使用这些术语，用 Outcomes（成果）指长期表现，Impacts（影响）指短期表现）。

第一步：辨明目标和预期成果

A. 将项目主要目标列表

问你自己："我们要努力完成什么？"

1.

2.

3.

B. 你想参与什么团体？

问你自己："我们想接触什么人？"

对每个团体来说，你打算接触多少人？

1.

2.

3.

C. 你期望什么成果？

问你自己："作为项目结果，我们期望参与者如何改变？他们要学到什么？什么态度、情感或行为会起作用？"

1.

2.

3.

第二步：过程评估

A. 实施了什么活动？

问你自己："我们真正做了什么以实施项目？"列出一个事件过程表。

日期　　　　　　　　活动描述

1.

2.

3.

对以上的每个活动，说明以下的内容：

活动时长（小时）　时间目标百分比　活动参与人数　参与目标百分比

所有活动总时长（小时）＝

所有活动总参与人数＝

提供的其他服务：

B. 从现存状态中学到了什么？

什么主题或活动策划了但没有实现？在这样的情况下发生了什么？

活动　　　　　　　　　　　　　　问题

你期望参与项目的人中有谁缺席？

对策划与实际参与的差异你有何说明？

为将来项目的改进有哪种反馈信息可以利用？

第三步：成果评估

预期成果　　　　　　　　　　　方法

1.　　　　　　　　　　　　　　1.

2.　　　　　　　　　　　　　　2.

3.　　　　　　　　　　　　　　3.

第四步：影响评估

预期影响　　　　　　　　　　　方法

1.　　　　　　　　　　　　　　1.

2.　　　　　　　　　　　　　　2.

3.　　　　　　　　　　　　　　3.

图14—2　项目评估四步模型的具体问题

资料来源：改编自 Linney & Wandersman，1991，pp. 44-51。

成果评估，正如项目评估和社区心理学中使用的那样，关注项目对参与者或接受者的短期或迅速的影响，它试图判定项目的直接效果，例如，一个预防毒品滥用项目，提高人们对毒品的相关知识，增强人们关于毒品使用危险意识程度，就是该预防项目的直接效果。

基本上，第三步关注第一步定义的预期成果，寻找有关这些成果实现程度的证据。预防毒品滥用项目的成果证据可以包括毒品危险意识的提高，抵制毒品的社交技巧测试分数的提高。如何收集这种数据？这种规划最好与项目目标和成果计划一起开始。

成果测定　成果与目标紧密相关，不过更具体。有几种可能的测定成果的方法。

自我陈述问卷调查表是常用的测定成果的方法。你可能从先前方法论课程中知道，必须要小心选择自陈式问卷调查；要考虑问卷的信度和效度。如果一种测试方法要在干预项目之前和之后进行的话，问卷的再测信度（稳定性）尤其受到关注。结构效度，测验能够测量理论上的构想和特制的程度，也是一件重要的事。一个专门的解决问题技能的测试实际上测试了这些技能吗？预测效度也是一件重要的事。对毒品滥用态度的测试是否能预测一年后实际的毒品使用情况？项目开发者和评估者需要根据他们的项目理论来考虑这些问题。应该考虑建构的合理方法是否最好地反映了项目的真正成果。对成年人有用的自尊测试，对判断青少年或与毒品相关的成果而言，可能不会起多大作用。

自我陈述问卷调查表不是收集成果数据的唯一方式。出于某些目的，从有关参与者的其他资源中获取信息也是有用的，例如家长给孩子的评估，教师给学生的评估。填表汇报别人的人被称为关键信息提供者。行为观察评估也是有用的，虽然它们常常是不方便收集的。

第四步：影响评估

影响评估关注项目预期的终极影响。在预防酒精和其他毒品项目中，终极效果可包括：整体上滥用毒品的人数减少（普遍），初次使用毒品的学生比率降低（程度），酒后驾车减少，违法使用毒品和酒精的纪律惩戒数减少。

成果（第三步）是项目的迅速或短期的结果，而影响（第四步）是终极或长期的效果。扎实的项目理论和目标成果策划有助于描述什么是预期成果和影响。

档案数据，因其他目的而收集的记录是其基础，有利于评估影响。包括医疗记录，少年法庭或警察局记录，学校成绩单和出勤记录。

四步评估模型的小结性说明

设想你社区里的联盟实施一个减少青少年滥用酒精、烟草和其他毒品的预防项目。四步预防加三评估模型可以按照下面的方法运用。图 14—3 提出了使用四步预防加三评估模型改进形式的每一个步骤（Linney & Wandersman，1991）。

第一步：辨明目标　该步骤涉及辨明项目目标、目的和目标群体。整体项目目标是减少年轻人中（最终是成年人的）整体毒品滥用和与毒品相关的拘捕、事故与疾病。两个具体的项目目的是：增加公民有关毒品问题的知识，公民对这些问题采取行动并做出承诺。其他目的包括：增加青少年的技能，以抵制同龄人使用毒品，尽可能减少烟草在当地的销售。具体目标群体包括：社区，青少年的家长，7~9 年级学生，当地销售烟草产品的商家。

第二步：过程评估　该项目以几种方法实施。开展一个媒体运动和公众见面会，提高对毒品问题的公众意识。学校课堂（7~9 年级），包括练习和戏剧小品，学校集会讨论毒品问题，学习抵制毒品滥用的技能。开设家长培训课程，该课程关注与青少年的沟通技巧。实施一个行为干预项目，测试商家减少烟草制品销售的意愿以及强化他们的禁售意识（见 Biglan et al.，1996，第 4 章的讨论）。为指导项目测评，以下内容将被记录：会

第一步：辨明目标和预期成果

A. 将项目主要目标列表

问你自己："我们要努力完成什么？"

1. 降低青少年酒精、烟草和其他毒品的使用

2. 减少事故、疾病、其他涉毒状况的比率，减少涉毒拘捕率

B. 你想参与什么团体？

问你自己："我们想接触什么人？"

对每个团体来说，你打算接触多少人？

1. 当地公民（街道的所有居民）

2. 培训课程的家长（第一年20个家庭）

3. 7~9年级的青少年（第一年500名）

4. 销售香烟的当地商店（25个商店）

C. 你期望什么成果？

问你自己："作为项目结果，我们期望参与者如何改变？他们要学到什么？什么态度、情感或行为会起作用？"

1. 增加公民对涉毒议题和问题的知识

2. 增加公民对这些议题采取行动的承诺

3. 增加家长同孩子讨论毒品使用时的沟通技巧

4. 增加青少年抵制使用毒品压力的技巧

5. 尽量减少当地烟草销售

第二步：过程评估

A. 实施了什么活动？

问你自己："我们真正做了什么以实施项目？"列出一个事件过程表。

日期　活动描述

1. 公众意识运动：电视、收音机、报纸（广告、信件、专栏、传单、采访）

2. 公众见面会：学校、宗教团体等

3. 课程和学校健康课堂的材料

4. 学生团队的校内幽默戏剧

5. 家长沟通技巧培训

6. 干预测试和减少商店售烟给青少年的意愿，用Biglan等人（1996）的模型

对以上的每个活动，说明以下的内容：

活动时长（小时）	时间目标百分比	活动参与人数	参与目标百分比
1. 46小时	92%	250	50%
2. 100小时	80%	400	80%
3. 10小时	100%	400	80%
4. 12小时	100%	18	90%
5. 25小时	25%	25次商场测试	25%

所有活动总时长（小时）＝293小时

所有活动总参与人数＝1 068人

提供的其他服务：

1. 100次增加社区意识的全体行动，有媒体运动的参与（1号活动）

2. 在社区课堂的客座讲座

图14—3　项目评估四步模型范例

B. 从现存状态中学到了什么?

什么主题或活动策划了但没有实现? 在这样的情况下发生了什么?

活动　　　　　　　　　　问题

烟草销售测试未完成　　培训、后勤花了比计划更多的时间

你期望参与项目的人中有谁缺席?

青少年、来自高危家庭和街区环境的家长

企业、世俗和宗教领袖不足

对策划与实际参与的差异你有何说明?

具有竞争性的新闻事件掩盖了部分媒体运动

给青少年的课程、材料还应更有吸引力

为将来项目的改进有哪种反馈信息可以利用?

提高课程材料的"青少年吸引力"

幽默戏剧很受欢迎, 可以多采用

辨明潜在学生和社区领导, 使之参与

在策划时, 使青少年、来自高危环境的家长参与

第三步: 成果评估

预期成果	方法
1. 增加了公民毒品滥用议题的知识	知识调查表的分数
2. 增加了公民采取行动预防毒品滥用的承诺	反毒品活动的志愿者的数量
3. 增加了家长同孩子讨论毒品使用时的沟通技巧	培训之前、之后育儿技巧自我报告调查
4. 增加学生抵制力	教师评价, 培训之前、之后关于学生抵制技巧的学生问卷调查表
5. 减少烟草销售	在行为干预之前或之后, 当青少年评价小组尝试买烟时, 售货员愿意售烟的次数

第四步: 影响评估

预期影响	方法
1. 减少涉毒交通事故和拘捕	警局记录: 涉毒事故、拘捕的数量 (项目之前和之后)
2. 减少涉毒的学校纪律惩戒	学校记录: 涉毒的纪律惩戒数量 (项目之前和之后)
3. 减少涉毒状况和事故的概率	医院记录: 涉毒急诊数量, 涉毒状况入院数量 (项目之前和之后)

图 14—3　项目评估四步模型范例 (续)

资料来源: 改编自 Linney & Wandersman, 1991。

议、课堂、集会次数; 计划的和实际举办的训练, 职员投入时间, 每次会议的出席人数。训练学生测试者、实施针对商家行为干预项目, 该项目所投入的时间和参与人员也应被记录。在每个项目实施以后, 过程评估也将包括讨论项目职员和策划者学到的经验教训。

第三步: 成果评估　在众多会议之前或之后, 在媒体运动之前和之后开展的社区成员调查, 调查表可以评估公民关于毒品滥用问题知识的变化, 志愿参与联盟活动人员的数量变化。在家长培训课程之前和之后可以进行家长与青少年沟通技巧的调查, 以测定课程参与者在这些地区的变化。

在课堂干预项目之前和之后, 在学校、学生和教师中进行调查, 可测量出学生抵制毒品滥用技能上的收获。学生调查表也可用于测定对毒品滥用态度和行为的变化。最后, 开展商店职员销售或禁售烟草的意愿的行为并记录下来。

第四步: 影响评估　项目的长期效果可以通过下列方式进行测定, 如与毒品相关的惩戒、警察拘捕和青少年事故记录、毒品治疗的医院记录。

虽然四步预防加三评估模型项目评估方法原先是为评估酒精、烟草、其他毒品滥用领域开发的, 但它适用于任何项目领域, 如以社区为基础的精神健康预防项目 (McElhaney, 1995) 和过失

预防项目（Morrissey，1998）。

 辅导员制：项目评估视角

"Mentor" 这个单词来自希腊神话，是奥德赛信任的朋友的名字。当奥德赛外出时，他是奥德赛儿子的守护人兼导师（Haskell，1997）。Mentor 关系一般涉及一位年纪大些、经验丰富的人（辅导员）和一个年纪轻些、经验不足的人（辅导对象）。Mentor 帮助培养学生的性格和能力，或帮助学生实现目标，同时表现出信任、自信心、鼓励、正面的模范行为，是学生的拥护者（Haensly & Parsons，1993；Haskell，1997；Rhodes，1994；Rhodes & Bogat，2002；Slicker & Palmer，1994）；然而请思考下面对辅导员制项目的研究总结。

10 个可用于评估的证据一致说明，非偶然的、支持性的辅导员制并没实现预期效果。例如学业进步，上学考勤，退学，儿童的各方面行为（包括不端行为或就业等）。

被描述的效果缺失出现在这些情况下：辅导员是否有报酬；他们是否是在校大学生、社区志愿者、商业社区成员或学校职员。不过在一个小型的短期研究中，辅导员使用了行为管理技法，学生上课考勤改善了。这与学校行为管理干预研究的发现是一致的。在另一场大型的长期实验评估中，非指定的辅导员关系导致原先无挑衅行为的青少年不良行为明显增加。［青少年正义与预防不良行为办公室（Office of Juvenile Justice and Delinquently Prevention，OJJDP），1995］。

这些结果使我们想更多地了解一个具体项目，因为许多项目未实现预期效果，有些又实现了。值得花费这么多时间、精力、金钱去保证一个辅导员项目有正面的效果吗？从已表述的目标、过程、成果和终极影响出发，假如我们要理解为何某些辅导员项目成功而有些失败的话，对辅导员项目的检验是必需的。一个例子是"大哥哥/大姐姐"（Big Brothers/Big Sisters，BB/S）辅导员项目。几乎

是类似上面引用的 OJJDP 报告留给媒体的那样，公众/私人冒险事业（Public/Private Ven tures，PPV）发布了一份报告，认为 BB/S 辅导员项目发挥了作用。

最有名的结果是该项目对毒品和酒精使用初期的阻碍作用，辅导员制对学生学业成绩发挥了积极作用。孩子们平均成绩的提高，虽然百分比还不够高，但仍然是鼓舞人心的，因为非学业干预很少能够在分数表现上产生作用。（Sipe，1996，p. 65）

关于 BB/S 的 PPV 研究在 18 个月里跟踪了 487 名有"非偶然"辅导员关系的学生。有辅导员的儿童不太可能滥用毒品或酒精，或参与暴力事件，或逃学。OJJDP 和 PPV 研究的反差说明了什么？有几种可能性。OJJDP 研究强调将儿童或青少年分配给单独的辅导员。实际上，这种做法给辅导员制以消极影响，按原先的研究者（Fo & O'Donnell，1974）的阐释，这种消极影响来自于同辈群体，他们会阻止别的孩子与团体中有导师指导的学生接触。这种行为的扩散发生在学生团体成员之间，不能运用在个体的学生—辅导员对子上。PPV 研究和 OJJDP 研究的另一个显著差异是研究辅导员关系的时长。OJJDP 评估的项目中很少有用一年以上的时间来检验辅导员关系的。最后，OJJDP 评论总结了青少年和儿童辅导员项目的项目评估，没有区分青少年和儿童的差异。

BB/S 辅导员项目和 OJJDP 评论的项目都从类似的目标和预期成果开始（不端行为的预防，促进精神健康和成绩）。但是，它们的不同之处在于，项目执行过程活动与预期成果逻辑关联的方式。思考 6 个月的辅导员关系与 18 个月的辅导员关系的不同。或思考同一个成年人辅导一个 17 岁和一个 11 岁青少年的不同。我们发现两个简单的过程变量（辅导关系时间长短和受辅导青少年年龄）对我们所能期待的成果产生了多么深刻的影

响。因此，谨慎对待过程和成果的项目评估是必需的。下面我们描述一个辅导员项目的评估，它是以项目评估的四步模型作为指导方法的。

　　最近，DuBois、Holloway、Valentine 和 Cooper（2002）使用元分析方法评估了 55 例辅导员项目。他们发现辅导员制有非常显著的效果。对于项目会产生良好影响的特性包括："对辅导员持续的培训、辅导员和年轻人开展结构化的活动、建立年轻人父母支持的卷入机制以及监测整个的项目实施过程"（pp. 187-188）。其他的一些项目特性，虽然不是影响项目的关键因素，但是也非常重要。包括辅导员的筛选、最初的培训以及辅导员和年轻人的匹配。同样，O'Donnell（2005b）阐述了几种会对辅导员项目产生积极影响的几个因素，他也考虑了一些其他相关因素，例如对于高风险青少年犯罪人群而言（同辈群体的影响、有被监禁的父母），两个研究回顾并没有说项目评估一定要仔细考虑项目过程和项目结果。接下来，我们将讨论应用四步预防加三评估模型的项目评估对辅导员制的评估。

辅导员制：应用四步评估模型

　　南卡罗来纳乡村的儿童获得了积极环境项目（COPE），将有危险倾向的学生与成年志愿者辅导员配对，他们到学校辅导学生。学生的危险倾向是由教师和其他学校职员根据一些特征，如社交逃避、破坏倾向、学习落后、逃学等来判定的。当评估者介入该项目时，项目已实施有 3 年了。COPE 辅导员制项目目标和成果见图 14—4。Wandersman 等人曾对辅导员项目有详细的叙述（Wandersman ＆ Goodman，1995）。

> **第一步：辨明目标和预期成果**
> **A. 将项目主要目标列表**
> 　　问你自己："我们要努力完成什么？"
> 　　1. 建立满意的和谐的辅导关系
> 　　2. 提高辅导对象的自尊
> 　　3. 减少校内问题
> **B. 你想参与什么团体？**
> 　　问你自己："我们想接触什么人？"
> 　　对每个团体来说，你打算接触多少人？
> 　　1. 危险的初中生：逃避、侵犯性的、学习落后、逃学、怀孕、社会问题
> 　　2. 联系尽可能多的学生（当前 100 人）
> **C. 你期望什么成果？**
> 　　问你自己："作为项目结果，我们期望参与者如何改变？他们要学到什么？什么态度、情感或行为会起作用？"
> 　　1. 对项目和辅导关系高度满意
> 　　2. 自信评价分数提高
> 　　3 学习成绩和上课出勤率提高
> 　　4. 减少校内行为问题

图 14—4　辅导员制项目目标和成果
资料来源：改编自 Linney ＆ Wandersman，1991。

　　评估过程的第一步是与学校职员合作，将辅导员项目的目标和预期成果分类（四步法中的第一步）。辅导员项目的大目标是在 3 个领域改善受辅导者的生活质量：关系、自尊以及与学校有关的问题。接着，将这个目标分解成可测定的、更具体的成果集合。预期成果包括：项目满意度；对辅导员与学生间关系的满意度的提高；学生自尊评估中获得高分；学习成绩提高和学生上课出勤状况改善；校内问题行为减少。

　　为了评估项目成功实现其目标和预期成果的程度，进行了过程评估和成果评估。调查了项目中的利益共享者，试图了解他们对当前项目的反馈及改进意见。这些利益共享者包括辅导员、教师、管理项目的学校职员。另外，填写工作表以记录项目重要的成分（如辅导员征募，支持会议，午餐），同时记录参与者希望开展而没能包括在内的部分（如辅导员会议，辅导员与辅导对象的团体郊游）。

　　过程评估结果表明，53％的辅导对象与辅导员联系是每周一次；23％每月至少见一次；24％一个月见不上一次。征求意见的开放式问卷表明，几乎所有的辅导对象都想与辅导员多见面。很多学生不能指望辅导员经常来或按预约的时间来。

　　COPE 辅导员项目的结果是混合的。对利益共享者的调查表明，所有参与者有一致的、积极的反应。如大部分辅导员和辅导对象认为该项目对学生"有用"或"非常有用"。他们都视他们的关系为"好"或"很好"，认为他们的关系是"起改

进作用的"，描述辅导员和辅导对象的配对是"好"或"很好"。不过，辅导组与对照组相比较，自尊、成绩、上课出勤、校内行为问题上的成绩在数据统计上并无显著性差异。

项目参与者对项目感觉很好，但行为的测量表明辅导无效。出现这种现象可能是因为项目不够长久或程度不够，未能产生这些成果，例如，

成绩和自尊，辅导员未能充分培训，需要每周花更多时间实施项目或者换一种方式实施，或是选择的测定对象（如自尊）受除了辅导之外的更多因素的干扰。不管是何种原因，这些结果都表明项目策划者需要退后一步，更仔细地重新审视他们的目标和方法。这是下一节的主题。

 ## 把项目评估与项目发展联系起来

COPE 辅导员制项目的结果令人失望。许多治疗、预防和教育项目的测量结果也经常令人失望，如 DARE 的早期结果。但是，正如 COPE 项目一样，许多社区项目参与者和观察者认为，如果项目加以改进，一个有好指导思想的项目，其思想会产生效果。传统上，项目评估关注已开发的项目是否发挥作用以及为什么。不过，这个方法并不研究如何先去开发一个有效项目。

正如你在第 11 章中学习的那样，通过对项目的数据评估，策划和实施项目改进，项目得以持续发展，在这个过程中，项目策划者和职员在有效地使用反馈。信息方面，可能会遇到许多障碍。第一，项目使用一个外部评估者，一个与项目成功或失败无利害关系的人（假定其是更乐观的人）。这个步骤建立了一个"我们对他们"的关系，限制评估发现的质量和可用性（回忆第 3 章，研究人员与所研究社区的关系的重要性）。但是项目执行者常常认为他们没有时间、资源或专业知识开展评估。第二，项目评估常常在项目实施结束时提供评估反馈，没有中期修正的机会。项目职员由此常常认为没有什么改善项目的有用信息。第三，评估研究和发现解释得太复杂、太理论化，不利于用户使用。

项目评估可以提供有关项目过程和结果的信息。这种信息是非常重要的。但是，如果项目参与人员理解了社区项目结果怎样有效、为何有效，那么，信息本身就更彰显其意义了。如果项目结果是积极的，利益相关者就能指出项目成功的过程因素。相反，如果项目没有达到预期要求，利益相关者就能判断还需要做什么样的改进。

▍授权评估（enpowerment evaluation，EE）

一种新的项目评估方法，让人们越来越多地探讨评估者的新角色。新的评估方式将鼓励项目执行者的自主权（如 Dugan, 1996; Fetterman, 1994, 1996, 2001; Fetterman Kaftarian & Wandersman, 1996; Fetterman & Wandersman, 2005; Linney & Wandersman, 1991; Stevenson, Mitchell & Florin, 1996）。授权评估，试图打破传统评估方法的内在障碍，反映了授权和公民参与的理念（Fetterman, 1996）。授权评估是一个进步的方法，项目策划者和开发者从中学到项目评估的基本原则，这样他们可以更系统地策划和实

施他们的项目，从而更有可能取得预期成果。

　　授权评估：一种评估方法，它的主要目的是通过以下方法增加达到目标的可能性。（a）为利益相关者提供项目计划、执行状态的评估工具，以及项目执行者的自我评估工具。（b）评估作为项目/组织计划、管理的一部分，并且是工作中的主流。（Wondersman, Snell-Johns, Lentz *et al.*, 2005, p.28）

通过授权评估，与社区成员、项目执行者合作，判定项目目标和实施策略。评估者不是作为

外来专家指手画脚，而是作为促进者提供服务，提供技术支持，以帮助社区成员和项目职员学会如何做自我评估，强调在持续的项目进程中使用评估信息的重要性。总之，通过提供改进策划、实施和项目结果测量的工具，授权项目帮助项目开发者和职员实现项目目标。

EE 原则　在某些方面，授权评估与其他的评估方法有共同的方法和价值。包括传统的评估方法以及和授权评估相近的方法：合作、参与和以效用为中心的评估。然而，授权评估还是有其独特性，授权评估的原则就体现了这种独特性，从而把授权评估方法与其他的评估方法区别开来。这些原则是一些核心价值，用以指导授权评估者的工作。这些原则可以与社区心理学的核心价值相匹配，有时候又和这些核心价值重叠。这些原则是 Wandersman、Snell-Johns、Lentz 等人（2005，pp. 29 - 38）工作的缩略，这 10 个原则见表 14—1。

表 14—1	授权评估的原则
原则 1：促进	
原则 2：社区所有权	
原则 3：包容	
原则 4：民主参与	
原则 5：社会公正	
原则 6：社区知识	
原则 7：以证据为基础制定策略	
原则 8：能力构建	
原则 9：组织学习	
原则 10：责任	

原则 1：促进　授权评估的理论和实践受这样一个基本假设的影响，即绝大多数项目对参与项目的人要有积极的影响（例如教育、健康、社会福利）。授权评估要使项目取得成功。要达到这个目的，在个体、项目、组织和社区中，授权评估非常认同和推进个体、项目、组织和社区的成长。授权评估者使用这样的方法和工具帮助个体、项目、组织和社区达到目标。这种做法和传统的评估不同，传统的评估强调价值中立性和客观性，强调不受评估者主观影响的客观评估。现在，许多项目投资者对授权评估非常感兴趣，因为他们觉得授权评估对帮助他们达到项目目标非常有利。

原则 2：社区所有权　授权评估者认为，社区有权力对影响他们生活的社区行动做决策。授权评估者也认为，当社区被授权、实施自己的法定权利、引导项目实施时，评估过程最有可能推动项目的进展。在授权评估过程中，利益相关方，在授权评估者的帮助下，可以进行项目评估，并且充分应用评估结果。项目的利益相关方有责任针对项目和评估做出决策。这种方法和传统的评估方法也不同，传统的评估方法中，评估者和项目投资者有权决定项目的目的、项目的设计以及评估的过程。

原则 3：包容　授权评估承认社区的所有权，而且这种所有权是包容性的，只要情况允许，利益相关方就可以直接参与到项目的决策中。授权评估者认为，利益相关方在各个水平的参与（计划和决策），将有助于对项目的评估过程。这种包容性不同于群体形式的决策，例如参与的民主形式（见原则 4）。

原则 4：民主参与　授权评估假设，如果提供利益相关方合适的信息和条件，项目的利益相关方完全有能力进行判断和采取合理的行动。这种观点回应了 John Dewey 参与民主的观点，John Dewey 就认为，如果提供合适的条件，人们完全有能力进行判断和采取合理的行动（Dewey，1940，p. 224）。在社区所有权、包容原则的指导下，民主参与原则是让利益相关方支持参与的一个关键原则。民主参与同样强调：（1）评议和真诚合作的重要性，并且把评议和真诚合作作为理解和使用社区现有知识的关键过程；（2）公平、公正是授权评估的基础。

原则 5：社会公正　授权评估相信并且致力于社会公正：对资源、机会、义务公正而且合理的分配（Dalton，Elias & Wandersman，2001；Nelson，Prilleltensky，2005）。这意味着授权评估者意识到在社会中存在不合理、不公正现象，通过帮助人们使用评估过程，改善这种状况，从而在评估过程中，积极影响社区和社会环境。现在，随着人们变得越来越自信、自主，越来越可以自主地控制自己的生活，人们就越有能力面对生活中的不平等现象。授权评估的目的就是要人们从另一个视角重新审视社会利益。

需要注意的是，并不是所有的项目都认同把社会公正作为项目的目标。然而，授权评估者认为，所有的项目，无论在任何水平（个体、家庭、邻里）以及任何领域（教育、健康、经济），只要是帮助社区以及个体改善生活质量的，最终都对推进社会公正有帮助。

原则6：社区知识　参与、合作研究方法把社区成员看作是了解社区情况的专家。作为一种知识转化，参与评估、流行知识对于科学知识的建构都是有帮助的（Cousins & Whitmore，1998）。授权评估也非常重视社区知识和智慧。授权评估欢迎社区知识，并且认为，知道自己问题的人也最容易找到解决问题的方法。对于授权评估者而言，尊重社区知识，常常要识别出利益相关方的隐性知识，并且要把这种隐性知识清晰地表达出来，以便在社区活动中，人们可以共享这些社区知识，并且可以综合、创造，产生出新的知识。

原则7：以证据为基础制定策略　授权评估重视科学和以证据为基础的策略，并相信对相关证据的回顾和最好的执行干预对设计和选择项目以满足社区需要是重要的。授权评估尊重社区工作和社区知识基础，也尊重学者和实施者的知识基础，因为他们为关于什么样的项目在特殊地区起作用（如预防、治疗）提供经验信息。运用现有知识的价值在于避免重新构建而是在现有文献或实践基础上再构建。然而，不应该盲目地采用以证据为基础的策略，而不考虑当地情境（Fetterman，1998；Green，2001；Wandersman，2003）。

原则8：能力构建　Patton（1997）将能力构建阐释为个人思想或行为的改变以及在评估过程中通过学习所引起的项目或组织程序及文化上的改变（Patton，1997，p.90）。授权评估者们认为，当利益相关方了解了执行项目评估所涉及的基本步骤和技能后，他们就处于更有益的立场，从而能更好地改善自己的生活和参与项目者的生活。授权评估旨在提高利益相关方执行评估的能力，同时也能促进项目的计划和执行。

原则9：组织学习　促进是授权评估的基本原则（见原则1）。当存在某一过程能够鼓励组织学习或存在组织结构鼓励学习时，促进就会得以增强。关于组织和管理文献中，有许多有关组织学习和学习组织的文献（如 Ang & Joseph，1996；Argyris & Schon，1978；Argyris，1999；Senge，1990）。

原则10：责任　授权评估是一种重要的工具，帮助项目实施者对自己以及公众负责，同时这种以过程和结果为导向的数据，也为评估提供了一种参照框架，可以提高组织对公众以及自身的责任的敏感性。和大多数授权评估方法一样，授权评估关注责任问题，并且关心项目达成的最终结果。同时，授权评估认为，当项目的利益相关方搜集过程评估的信息，并且有专人负责项目的活动和计划时，项目才有可能获得更好的结果。由于过程评估是获得好的项目运作结果的前提，因此，授权评估高度重视过程评估。与此同时，授权评估的责任原则和授权评估的其他原则（社区所有权、民主参与、包容）一起，引领人们自觉地进行项目发展和项目改进。

授权评估范例

希望基金会　当意识到青年人正处于各种风险因素的威胁下之后（例如，贫穷、缺少家庭支持），南卡罗来纳州的斯帕坦堡的男孩和女孩俱乐部，创建了一个社区伙伴同盟——希望基金会（the Foundation For the Future，FFF）。这个组织为男孩和女孩俱乐部成员提供额外的帮助，同时，发掘现有服务机构的潜力，把服务对象拓展到项目以外的人群。希望基金会伙伴联盟是基于这样的信念建立的，社区中现有组织和项目如果能够形成合力，那么这要比每个项目单独运作发挥更大的效力。希望基金会伙伴联盟包括5个艺术发展项目，一个少年成就项目，一个针对少年儿童家长开展的"父母作为教师"项目，以及一个针对男孩和女孩俱乐部成员的家长开展的"父母大学项目"。希望基金会伙伴联盟的一个主要组成部分是一个课后服务项目。在希望基金会伙伴联盟中，尽管每一个机构都有其自己的目标和预期结果，但是整个伙伴联盟在促进家庭归属感、家庭的影响力和能力方面是统合的（Keener，Snell-Johns，Livet & Wandersman，2005）。

希望基金会伙伴联盟创造性地利用斯帕坦堡

地区已有的项目。授权评估小组认为，授权评估的首要目标就是帮助他们建立一套有效的自我评估系统。为了完成这一目标，授权评估小组成员与希望基金会伙伴联盟成员组织一起工作，以帮助他们开发自我评估系统。然而，评估的主要责任在希望基金会伙伴联盟（而不在评估者），这和授权评估的原则（社区所有权、民主参与、包容、能力构建）是一致的。

评估结果部分地证明了希望基金会伙伴联盟方法是有效的。希望基金会伙伴联盟的目标之一就是提高学生在学校的标准化测验成绩，该目标由男孩和女孩俱乐部的课后辅导项目来实施。这个项目包括督促学生按时完成家庭作业，以及提供职业和教育发展咨询。当地的男孩和女孩俱乐部负责该地区超过 1/3 的周计划，项目职员每周要准备跟踪报告。对该项目进行结果评估时，项目评估小组分析参与项目的 334 名学生的成绩，与来自同样学校的 836 名学生的学习成绩进行比较，在一年的标准化测验成绩中，FFF 的参与者的英语、数学、社会研

究、科学成绩都明显地好于对照组。该项目最大的效果是，通过努力使学生从低分组进入到良好组，尽管我们应该从多重水平看待项目的积极效应。

评估授权评估　Campbell 及其同事（2004）对授权评估方法进行了评估。他们研究了密歇根州所有的州政府资助的预防强奸和受害者服务中心。州政府想让每个机构都提高自己的评估能力，以便以后能评估自己的项目。Campbell 用授权评估的方法在组织的各个水平开展评估，包括培训、技术支持和指导手册。他们接着研究了使用授权评估的方法究竟发生了什么，结果他们发现，90% 的预防项目和 75% 的受害者服务项目成功地启动了项目评估。在开展评估的项目中，有 90% 的项目在项目资助结束一年之后，仍然在开展持续的评估过程。Campbell 及其同事同样测量了各个机构评估能力的增长，研究发现，随着时间的推移，各个机构的评估能力有了显著的增长。这项研究为授权评估的许多关键概念提供了数据支持。

达到预期结果

对于项目的投资者以及项目实施者而言，授权评估听起来很好，也很有吸引力。那么在实际运作中，你如何开展授权评估？你怎样达到预期的效果？Wandersman、Imm、Chinman 和 Kaftarian（1999，2000）使用授权评估哲学，开发了一套

10 个步骤的方法，叫"达到预期成果"（Getting To Outcomes，GTO）。项目实施者通过询问以及回答这些关键问题，可以达到项目预期成果，促进项目进展。

达到预期结果的 10 个解释性问题

达到预期结果是使评估过程通俗化的一个简洁的方法，并且可以在项目实施过程中，向项目实施者证明授权评估的价值。无论是开始一个新的项目，还是在进行以往的项目，通过回答达到预期结果的 10 个解释性问题，项目实施者能思考项目的有效性，并且能促进项目的进展。这 10 个问题可以成为成功实施项目、项目评估的向导。每一个问题都包括一些自我评估步骤。对这个问题的回答，会引导我们思考下一个问题。通过仔

细地思考这些问题以及这些问题的答案，组织能极大地提高达到预期目标的可能性。

表 14—2 列举了达到预期结果的 10 个解释性问题以及回答策略。在表 14—2 中，我们按照时间顺序，从项目的计划阶段开始呈现这 10 个问题。然而，在实际的操作中，实施者可以从任何一个问题开始。对于项目投资者以及项目实施者而言，这 10 个问题是很有价值的教学演示，可以充分地说明和阐释评估的重要性（Wandersman，Imm，

Chinman & Kaftarian，2000）。

在表 14—2 中，在解决问题的策略环节，尤其是策略 2、6、7 和 8，我们可以看到 GTO 模型已经超越了"预防加三模型"（本章前面讨论过）。Wandersman 等人意识到，"预防加三模型"可以帮助项目实施者把项目做得更好，但是不能帮助他们知晓是否在做"正确"的项目。因此，单纯

使用"预防加三模型"可能就像一部汽车，开动了发动机，跑得很快，你可以让它从 30 迈/小时，加速到 70 迈/小时，但是你有可能是在错误的道路上越跑越快。GTO 模型中的问题 1～5 帮助项目开发者选择正确的项目，实施、改进项目，促进项目的进展。

表 14—2	达到预期结果的 10 个解释性问题以及回答策略
解释性问题	**回答策略**
1. 对于你的组织/学校/社区/州而言，什么是需求和资源？	需求和资源评估
2. 对于你的组织/学校/社区/州而言，什么是目标、目标人群和预期成果？	辨明目标和预期成果
3. 你的项目使用何种科学知识作为研究基础？	回顾研究文献的最佳做法以及这些方法如何使用
4. 新项目如何适应现有项目？	合作能力
5. 高质量的实施项目、发挥项目效用需要什么样的能力？	能力构建
6. 你将如何实施该项目？	策划、实施
7. 该项目实施质量情况如何？	过程评估
8. 该项目效果如何？	成果和影响评估
9. 下一次你会采取什么办法提高该项目的质量？	总体的质量管理、持续的项目改进
10. 如果项目（或项目的部分）是有效的，你将采取什么措施继续该项目（使之制度化）？	持续性、制度化

问题 1：对于你的组织/学校/社区/州而言，什么是需求和资源 你如何知道你需要一个项目？人们选择项目，常常是因为这些项目很流行或是在其他地区实施过，而不是因为它们被证明能够预防你的生活情境下的一个特定问题。例如 Kaskutas、Morgan 和 Vaeth（1992）描述了一个指导顾问的经历，他服务于一个团体间合作项目，他花了两个月为项目中没有工作的高中生规划一个反毒小组，但这之后他才发现，该项目中没有哪个高中生是没有工作的（p.179）。结果，没有理由需要这个项目。

为了决定在一个指定社区、学校及其他团体机构中需要何种项目，人们常用需求评估的规划策略（Soriano，1995；Witlein & Altschuld，1995）。这种策略用来收集某一社区或组织最需要改进或干预的议题的信息（例如，青年暴力、酒精和毒品滥用）。好的需求评估同时也包括识别和评估社区和组织力量资源。Kretzman 和 McKnight（1993）讨论了评估社区资产的必要性。这引起对

社区资源的讨论，讨论可以用来开发适应社区文化的项目。资产包括人才，为个人参与项目提供社会支持体系的微观系统，提供资金、会议场所的组织，项目目标公众讨论的会场。资产评估还提供了需求评估的对比，涉及需求评估中的社区问题识别由社区力量来平衡。

问题 2：什么是目标、目标人群和预期结果 在项目需求确立后，项目目标、项目具体目标团体、项目预期成果，这些信息的明确就是非常必要的。（这是本章早先讨论过的四步评估法的第一步）。

问题 3：要达到你的目标，要使用什么样的干预手段 一旦项目人员确定了社区需要，他们如何决定使用何种项目或干预措施呢？例如，学校和社区项目管理者收到大量的多媒体课程广告信函，推销诸如预防暴力、性教育、毒品滥用预防等项目。人们如何决定选择哪种项目呢？决定常常是以便利性或可用性为基础的。不论成功与否，人们依靠去年用过的项目，或是使用从别处免费借

来的项目，还是使用在上次会议上做了广告的项目？要记住，虽然便利性和可用性是重要的，但它们并不保证项目的成效。

预防科学的目标是提供两种信息。一种是既定目标实现项目成效的实证发现（通常是定量的）。另一种是有关项目最佳做法、因素和方法的信息（通常是定性的），它们能解决某一特定种类人群中的特定问题（回忆第 11 章）。这些知识在回答选择何种项目的问题时是有用的。为了有效，项目需要建立在目标问题的推测上，要与当前的相关研究结合起来（Buford & Davis，1995；Goodman & Wandersman，1994；Green & Lewis，1986；Leviton，1994 Nation et al.，2003；Weiss，1995）。最佳的实践知识不仅有助于项目选择，还有助于项目策划与实施。

问题 4：新项目如何适应现有项目 该项目是否强化或干扰了已有的其他项目，或与之无关？它是否成为全面协调的一揽子项目的组成部分？还是一长串项目中的新成员？

在设计新项目时，重要的是要保证新项目与社区需要以及已有的服务相适应（Elias，1995）。当在社区或者其他情境中实施项目时，首先要考虑的是，新的干预措施要能促进现有状况。为减少相似，执行者要熟悉学校或社区已有的项目。为避免项目重叠，或者项目实施不适应整体机构或社区目标，就要使用被称为"项目映射"的步骤。

项目映射评估一个提议项目，其目标和方法在多大程度上与赞助组织的大目标或动机相结合。项目可以用 3 个基本方式匹配一个组织。"额外"效果（一个项目加到另一个项目），"增效"效果（一个项目使另一个项目的效果翻倍），或"干扰"效果（一个项目削弱另一个项目）。问题 4 关于适应的问题也包括文化能力这个重要的概念（见第 7 章）。

问题 5：高质量的实施项目、发挥项目效用需要什么样的能力 组织能力包括组织实施和持续开展干预项目所需要的资源（Livet & Wandersman，2005）。有一些示范项目可能太难了，或者需要很多的资源来实施，因而很难进一步推广。GTO 要评估的组织能力包括：（a）项目参与的职员人数充足，能互相信任以实施项目；（b）项目职员角色清晰，对项目实施有高忠诚度；（c）强有力的领导，该领导能充分地理解项目；（d）项目运作需要的足够的

资金和技术支持，或者有切实可行的计划获得必要的资金和技术支持。

问题 6：你将如何实施该项目 项目人员采取什么步骤执行该项目？在策划阶段，项目开发者必须识别他们该如何实施项目。项目实施草案包括：项目执行的具体步骤，培训人员实施的每一步骤，项目的时间表或日程表。项目职员应该明确开展活动期间会发生什么事情，在什么地方开展这些活动。所有这些部分必须解释清楚，以有效规划并实施项目。

问题 7：该项目实施质量情况如何 项目是否按计划严格执行？项目所有部分是否都实施了？如果没有，是哪些部分没有实施？哪些运转正常，哪些运转失败？对项目如何实施的评估被称为过程评估（先前讨论的四步预防加三模型的第二步）。

问题 8：该项目效果如何 项目是否产生了预想效果和成果？是否有意料之外的结果？效果和成果评估组成先前讨论的四步预防加三模型方法的第三、第四步。

问题 9：下一次你会采取什么办法提高该项目的质量 我们知道，没有哪个项目是完美的，什么方法可以提升项目效果和效率？如果我们完好地记录了项目过程和成果，那么就可以从以前的实施努力中吸取经验教训。运作良好项目的优点，可以保证在未来项目中包含这些优点。对未起作用的项目评估提供了精细化和改进的机会。项目运作良好状况、改进意见、经验教训，来自于非正式信息源，如个人观察或参与者、职员口头报告；也可以是正式来源，如项目评估和成果的参与者满意度测量和评估。不管是怎样收集到的，我们都可以从问题1~8 的回答中，获得项目改进的信息。

对评估结果持开放态度的项目，职员能够持续改进他们的项目。不应把评估看成纯粹的记录工具，而应该视其为指导未来策划和实施的反馈机制。

问题 10：如果项目（或项目的部分）是有效的，你将采取什么措施继续该项目（使之制度化） 在服务提供者消耗时间、精力、金钱以开发一个成功的项目后，他们如何做才能使之持续下去？不幸的是，这是预防项目中常常被忽视的问题。即使项目有成功的结果，它们也常常因缺乏资金、人员变动或动力消失而停止。Lerner（1995）在对青少年发展预防项目的回顾中总结道：有许多有效的预防

风险和问题行为的项目，但不幸的是，它们很少能持续下去。

Goodman 和 Steckler（1987）将制度化定义为：寻求社区和组织的支持促进健康和预防项目，这样它们可以长期实施。他们辨别了与成功制度化相关的因素，如辨别资源，使项目各部分为受体组织职员利用、易于操作。第11章讨论了在背景下项目实施的类似议题。

GTO 不会终止。即使对一个成功实施、完全制度化的项目而言，也总是要从第一个问题重新开始。

■ 一个在实际行动中的 GTO 例子：WINNERS 项目

在北卡罗来纳州的一个中等规模的乡村社区，青少年问题行为不断增加，这种趋势使中学领导越来越忧虑。这些问题行为包括：因为违纪被叫到办公室的学生人数增加，涉及违反法律的事件增加，学生饮酒与吸烟率攀升，学习状况糟糕。在这种氛围下，一个6年级学生被抓到向他的同学出示大麻。这个事件引起了社区成员的广泛关注，他们呼吁采取实际行动，解决不断增长的问题行为。社区领导举行会议，这次会议是由学校管理者、家长、当地各行业代表和老师联合发起的，他们成立了一个联盟。联盟成员联系了当地大学的一位教授，这位教授同意让他的学生协助项目发展、执行和评估（称之为"GTO 团队"）。学生和老师利用 GTO 系统作为咨询的基础（Chinman, Imm & Wandersman, 2004；Everhart & Wandersman, 2000）。

步骤1：需求/资源 联盟成员很快认识到，这次事件是学校更大问题的一个征兆。学校校长号召老师、指导老师和社区领导形成一个联盟，仔细检查以便发现更大的问题，以学校领导和社区领导为基础的联盟建立了。

联盟决定对由学生和家长组成的目标人群，进行一次完整的需求/资源评估。评估将有助于确定真正的、潜在的问题。GTO 团队发挥了很大的作用，诸如帮助联盟成员确定使用什么方法，需要解决什么问题等。为了尽可能多地收集信息，实施了几种不同的数据收集方法。在学校举行家长论坛，让家长对特定问题做出回答，比如，对于你和你的家庭而言，重大的压力源是什么？在你的孩子的生活中，你发现了什么特别的压力源吗？你认为什么解决方法是最有帮助的？因为并不是所有的家长都参加了论坛，所以联盟决定给家长邮寄一份后续调查，这份后续调查在搜集同类信息上同样是有用的。另外，也从各种记录中收集档案数据。

档案数据表明，学生的学习成绩下降了，6年级和7年级违纪人数增加，此外，档案数据表明，50％的在校生生活在贫困线或者贫困线以下，并且，70％的学生接受资助午餐。40％的学生来自单亲家庭或者家中兄弟姐妹很多。

对家长论坛的数据分析表明，家长关心他们的孩子，同时感觉到众多的挑战和压力。工作优厚的福利、待遇使很多家长忙于工作；然而当家长忙于工作的时候，对孩子教育和管理的时间就很少了。家长还注意到，他们的孩子与成年人接触很少，尤其是同男性榜样角色接触得很少。

在纸笔调查中，家长表达了自己的主观感受：被压抑，经济方面的问题，对孩子不恰当行为的担忧（比如偷盗、撒谎、打架），怀疑孩子可能酗酒和吸毒，对不断增长的青少年吸烟率的担忧。

在社区中，几乎没有可行的项目来解决这些问题。然而，评估也确定了社区资产和资源。学校愿意敞开大门，为孩子提供课后活动的场所，基督教青年会有一辆可以运送人员的货车。公众—个人的合作是可能的。例如，一个当地的生产商表示，他们没钱可捐，但是他们可以为员工提供更多可自由支配的时间。

步骤2：目标、目标人群和预期结果 联盟确定目标、目标人群和他们想要达到的预期结果。这些数据见图14—5。

步骤3：最好的实践 联盟回顾了以往有科学依据的项目，试图通过已有项目满足目标人群的需要。然而，经过比较人们发现，相比较目标人群的需求、人口统计资料和项目目标，以往研究中没有哪一个项目是合适的。因此，联盟必须开发自己的项目。

通过回顾已有研究文献，人们发现有一个塑造5年级学生性格的项目。这个项目叫"性格塑造教育"，该项目在文献中得以重点强调，有积极的效果。深入的分析表明，"性格塑造教育"是以课程为基础的项目，强调性格特征的培养（比如诚实、正直、信任）。联盟联系了项目开发者，开发者和他们分享了课程的基本结构。联盟着手开发自己的课程，但在策划目标如何实现时遇到了挑战。

目标：
1. 将吸烟和饮酒的初始年龄从 11 岁提高到 14 岁。
2. 提高目标青少年的学习成绩。
3. 改善在校青少年的性格和纪律状况。

目标人群：
　　50 名小学 5 年级的学生，他们因高风险性而被选择

预期效果（基于 GTO 构成）：
　目标 1：
　　改变内容：平均学分
　　改变程度：增长 10%
　　改变发生时间：一年后
　　衡量途径：学生成绩报告单
　目标 2：
　　改变内容：受纪律教育者
　　改变程度：降低 10%
　　改变发生时间：一年后
　　衡量途径：办公室记录
　目标 3：
　　改变内容：性格、具体的问题行为
　　改变程度：增长 20%
　　改变发生时间：一年后
　　衡量途径：调查、包括问题行为量表

图 14—5 WINNERS 项目目标和预期结果

校长提醒说，当地生产商想要参与进来，而且生产商提议说可以让员工有更多的自由时间（比如午休时间）。通过调查青少年的需求以及商人乐于提供援助，最后在学校开展了一个辅导性项目。项目在学校实施，主要培养学生的技能：

- 强化学生在性格塑造课堂中学到的内容。
- 培养学生的交流、责任和诚信技能。
- 确定学生需要什么社会支持来降低吸毒、酗酒、吸烟的风险。
- 确定学生应具备什么对他们的未来有用的特殊技能（比如运动、学术）。

这些结果表明，"性格塑造教育"课程对于学生

是有用的。为了解决社会支持和关系建立问题，辅导性项目成为整体项目中一个重要的组成部分。结果是，联盟开始构建以学校为基础的性格塑造项目，同时辅助以辅导性项目。

步骤 4：项目匹配　在项目开始前，联盟成员审查了在社区中针对该目标人群还有什么服务项目。结果发现，除了一个由教堂举办的周日学校和由基督教青年教会举办的一些娱乐活动之外，就没有针对目标人群的其他项目了。考虑到学校地处乡村，很明显，交通是许多学生不参加户外项目的原因（大约 25% 的学生参加教堂课程）。

在确定了这个项目并不是在做重复工作之后，联盟开始考虑该项目怎样和主导机构（如学校）、较大的社区的价值相匹配。联盟很快确定，该项目价值匹配良好：社区想要解决孩子的问题行为，社区中的公共—个体合作有优势，项目不包含有争议的议题。

步骤 5：能力　联盟发现它们具备必需的资金（财政能力），社区的支持（结构/联合能力），并且具备合适的、有经验的人员（人员能力）来执行项目。GTO 团队能够提高联盟在评估方面的技术能力。评估显示，对人员和市民开展相应的训练，这种需求很明显。

步骤 6：策划　学校领导和社区利益相关者批准了这个项目之后，制定详细的计划就很必要了。他们运用当地酒业委员会的资金，聘请了一位兼职的项目指挥，负责项目的协助组织和运行。项目指挥和联盟一起用 GTO 方法，研发了灵活机动的项目实施方案。首先，团队确定项目构成的具体要素，这些要素与既定目标相联系。例如，让辅导员协助学生完成家庭作业，提供辅导，帮助学生树立履行学习义务的观念。将项目的主要构成元素与既定目标相联系后，挑选具体的任务就变得很必要了，要在每个构成元素中执行具体任务。例如，在执行课程和向孩子们提供额外的学习帮助中，确定老师和辅导员将起什么作用是很必要的。团队还需要开展一个计划来招收、选拔和培训辅导员。

步骤 7：执行和过程评估　GTO 团队和联盟设计了几种方法以保证项目实施的完整性，并且记录项目的进展。辅导员每周写一次日志，记录与辅导对象的会面情况，并且运用性格教育课程评估孩子们的进步。日志中也可以记录与辅导对象的关系，

辅导员正在思考的问题和顾虑。此外，老师要填写一份清单，记录课程材料的使用状况，对它的有效性和年龄适宜度进行评估。

每个月，团队和项目领导需要填写一份开放式问卷，确定什么因素有利于项目执行，什么因素阻碍项目执行。他们运用执行工具组织信息，以确定WINNERS项目执行度如何，执行效果如何。

步骤8：成果评估　GTO团队成员选择了最有利于衡量目标群体变化的研究设计。GTO团队认为，最合适的设计就是有前测—后测和对照组的研究设计。因为接受项目服务的孩子们不是随机选取的，选择他们是因为他们的高风险性。对照组由附近学校相同数量的孩子组成，对照组孩子的社会经济地位、成绩水平和性别与实验组相似。GTO团队帮助联盟选择老师—学生比率作为最基本的结果测评方法，因为这种方法在类似的项目中被成功使用过。根据项目和预期结果和项目特点，制定评分等级，设计其他的调查题目。评估结果表明，与对照组相比，实验组的课堂表现（比如受纪律教育）有所提高；与对照组相比，实验组性格分数显著提高。

当然，并不是所有的预期结果都取得了，实验组和对照组在平均学分上没有显著性差异。在平均学分上，两个组都有较大的提高，表明这个变化并不来源于项目，而是来源于其他未被衡量的因素。

步骤9：持续的品质提升　联盟成员用GTO团队建议的方法，通过过程和成果评估，进行有效的反馈，以促进项目的改进。这包括来自孩子、辅导员、老师和家长的反馈。通过执行项目，显著的变化是，确定了更多的可利用资源，辅导员和老师之间沟通增多，孩子们对辅导员指导关系的感知不断提升，孩子们纸质作业减少，使用了更加系统化、更明智的衡量方法。此外，联盟认为，不应该在学校体育馆进行辅导活动。

步骤10：持续性　当WINNERS项目会有积极结果的这种趋势显而易见时，项目运作者从校区财政预算中获得了持续的资金支持。此外，当地制造公司（项目中主要负责提供高水平的辅导员）决定在雇用新员工时，在情况介绍中加入关于项目的描述，以保证辅导员的稳定来源。

 结论

Chelimsky（1997）阐述了评估的3个目的：
● 项目开发（例如：收集信息以加强项目或者机构）。
● 可说明性（例如：结果或效率的测量）。
● 更宽广的知识（对于潜在的公共问题的因素的不断提升的理解）。

传统的评估侧重于第二个目的。本章阐明的方法将焦点扩展到第一和第二个目的，并且阐述了有关第三个目的的相关研究。然而，本章所阐明的方法并不排除传统的评估方法（Fetterman, 2001）。任何评估方法的价值都取决于评估的目的（Chelimsky, 1997; Patton, 1997）。

正如我们在本章所见，项目评估可以整合到项目计划和项目执行过程中。当这样做时，项目开展和项目评估之间的界限就会变得模糊，因而，通过评估可以提高项目实施过程的质量，提高项目成功

的可能性。GTO是这种方法的一个例子。Wandersman（2003）注意到解释性问题也应用于资金赞助者和研究者/评估者上。例如，当资金赞助者考虑开发一个创新项目时，就必须提到并回答这些问题：他们如何知道需要一个新的创新，如何运用科学和最佳的做法，如何适应其他创新项目等等。对评估者而言，同样的问题也关系着是否需要或证明一个新的或强化的评估过程是正确的，它在多大程度上适应现有的评估方法，项目评估的优秀做法是如何运用到评估的策划中的。

当我们的社会越来越关注我们的学校、我们的健康和人性服务机构的成果和解释时，评估可以带来恐惧和抵制，也可以带来开放、诚实、授权和进步。人们不需要害怕评估和解释——只要我们共同努力、争取好的结果。

本章小结

1. 项目成功依赖于一个好的关于事情为何起作用的理论，并高质量地实施这个理论。逻辑模型将社区需要或状况与活动、成果和影响联系起来。项目评估和项目发展因此就有了相同的成分。

2. 四步项目评估模型（来自四步预防加三模型）将项目评估压缩成辨明目标和预期成果，过程评估，成果评估，效果评估。图 14—1、14—2、14—3、14—4 阐明了这种方法。档案数据也可以用来衡量项目的影响。

3. 可说明性涉及将项目评估与项目开展联系起来。尽管四步模型有助于提高已有的项目，但是它并不能阐明什么样的项目是需要的，或者对于背景环境而言这个项目是否是最好的。授权评估（EE）和达到预期结果（GTO）的方法有助于干预项目达到预期结果。表 14—1 总结了 10 个 EE 原则。表 14—2 总结了 GTO 的 10 个解释性问题。

 简要练习

考虑你在实践中可能怎样运用四步评估模型。对于后面的每个例子，考虑像这样的一个项目在你熟悉的地区或环境中可能起怎样的作用。请确认：

- 总体目标。
- 具体目标。
- 目标人群。
- 怎样收集过程评估信息。
- 怎样衡量或者评估项目成果和影响。

例子：

- 一个通过训练学生冲突解决和相关技巧在中学减少暴力的项目。
- 一套降低青少年酗酒、吸烟和吸毒风险的相互协调的社区项目。
- 一个在初为父母的家长中提高抚养技巧的项目。
- 一个提高大学成年学生的学习和个人支持以及集体感的项目。
- 其他你选择的社区项目。

 推荐阅读

Fetterman, D. & Wandersman, A. (Eds) (2005). *Empowerment evaluation: Principles in practice.* New York, Guilford.

Fetterman, D., Kaftarian, S., & Wandersman, A. (Eds.) (1996). *Empowerment evaluation: Knowledge and tools for self-assessment and accountability.* Thousand Oaks, CA: Sage.

Linney, J. A., & Wandersman, A. (1996). *Empowering community groups with evaluation skills*: The Prevention Plus III Model. In D. Fetterman, S. Kaftarian, & A. Wandersman (Eds.), *Empowerment evaluation: Knowledge and tools for self-assessment and accountability* (pp. 259 - 276). Thousand Oaks, CA: Sage.

Rossi, P. H., Freeman, H. E., & Lipsey, M. (1999). *Evaluation: A systematic approaches (7th ed.)*. Newbury Park, CA: Sage.

W. K. Kellogg Foundation. (1998). *Kellogg evaluation handbook*. Battle Creek, MI: Author.

Worthen, B. R., Sanders, J. R., & Fitzpatrick, J. L. (1997). *Program evaluation: Alternative approaches and practical guidelines (2nd ed.)*. White Plains, NY: Longman.

 推荐网站

美国评估协会
http://www.eval.org
评估交流（在线评估期刊）
http://www.gse.harvard.edu/hfrp/eval/issue27/index.html

《达到预期结果》2004 工作手册（Chinman, Imm & Wandsman, 2004）
http://www.rand.org/publications/TR/TR101/

 关键词

（影响、成果、过程或项目）评估、评估研究

第15章

展　望

社区心理学将会发展到何方？现实生活中你的生活将会怎样变化？这些都是非常重要的问题。在这一章中，我们将探讨社区心理学研究和行动的发展方向与目前面临的挑战。然后，我们会考虑社区和社会变革和时间问题，并介绍一些成功改革的例子。最后，我们一起想象社区和社会生活在今后的发展。

社会心理学的新趋势

对人类社区的全球性、多样化认识

超过半数的社区心理学专业组织现在在美国以外。社区心理学的会议经常在澳大利亚、新西兰、欧洲、日本和拉丁美洲举办。在社区研究和行动协会（SARA）的成员中，少数族裔占到了23％，这个数字是美国心理学协会少数民族成员的4倍左右（Toro，2005）（当然，在美国人视角中，有色人种是"少数人"；在全球范围内，欧裔美国人是少数）。

社区心理学杂志发表越来越多地基于文化基础的研究和干预。我们在书中已经强调了一些重要项目。在社区心理学公开出版的著作，以及在社区成员中，人们越来越意识到，社区心理学的价值和视角，体现了多样化的价值，要能倾听并容纳不同的声音。这种认知正改变社区心理学家与社区成员如何开展研究，如何设计出干预措施，如何使工作概念化。这是一个逐步进步的过程，在这个过程中，必须继续坚持这种理想（Martin，Lounsbury & Davidson，2004）。

多样性的社区形成了创造性紧张。对了解人类社区来说，这两个概念都是需要的。社区心理学家真正理解和尊重人类的多样性，并进行认真的研究，加深了这种理解。人们有很多东西需要学习。与此同时，同样重要的是阐明广泛认同的人类理想和明确的理想，特别是在社区心理学领域，以便我们可以更好地了解自己和他人。

更加关注社会公正

在社区心理学中，许多趋势相结合，越来越倡导社会公正、解放和社会变革。社会公正的观点强调所有公民可以获取资源（物质的、社会的、个人的），以促进个人和家庭的健康和高质量的社区生活。

此外，从历史和现实的角度，理解人类多样性以及社区的多样性需要了解社会公正。而且，理解人类多样性需要了解宏观系统，甚至是全球化的力量。

书中引用了几个近期发生的案例，选自《社区心理学家》特刊。第10章介绍了Degirmencioglu（2003）的工作，他要改善希腊和土耳其青年的关系，并改善流落在土耳其街头儿童的生活。Martinze、Toloza、Montanez和Ochoa（2003）报告了他们的工作与社区发展和哥伦比亚政治暴力下人们的生活。Mulvey、Guzman和Ayala-Alacantar（2003）讨论了女性主义者反对伊拉克战争，以及社区心理学家就如何把它表达出来，在观点上的冲突和分歧。Conway、Evans和Prilleltensky（2003）创建的"心理学家共同行事"（Psychologists Acting With Conscience Together，PsyACT），心理学家提倡社会公正网络，通过信件、报纸，以提高人们对贫困问题的重视。Sloan、Anderson和Fabick（2003）报告了心理学家的社会责任，自从1982年心理学家参与到促进社会公正项目以来。他们目前正在做的两个项目关注公众教育的群体冲突，帮助受害者从政治暴力所造成的创伤中恢复过来。Olson（2003）报告了促进社会行动和社会变革的会议讨论。Israel和Toro（2003）详细阐述了研究者如何采取行动，以解决贫困和无家可归问题。这些行动包括：在心理学课程中，越来越重视经济不平等的心理影响，与无家可归者的父母沟通，让他们说出他们的孩子对学校的兴趣与渴望，创立商业和社区团体，为无家可归的儿童提供社区资源。在2005年SCRA会议上，Lykes（2005）报告了她在危地马拉、南非、北爱尔兰、美国等国家的当地社区开展的长达20年的解放行动研究（亦见Lykes，2003）。这只是社区心理学家关注社会公正的一些例证。参与研究、政策研究和授权评估提供了更多的例子，说明社区研究可以涉及社会公正（见第3章、13章和14章）。

在社会公正研究领域，社区心理学家并不是孤军奋战。2004年，美国心理学协会颁布的奖项涉及虐待儿童、艾滋病毒的预防、国际健康促进、在心理中的种族中心主义，所有这些都关系到社会公正（Cichetti，2004；Coates，2004；Stout，2004；Sue，2004）。

关注社会公正可能会引起冲突，例如，与文化传统或社会组织的规范相冲突。如在第7章，我们详细阐述了Ortiz-Torres、Serrano-Garcia和Torres-Burgos（2000）在拉丁美洲青少年中开展解放价值观念和性行为的工作，其工作倡导与拉丁美洲社会、社区和家庭传统性别、角色既有共同点，又有冲突。我们还提到阿富汗妇女解放联盟的工作，其倡导女权和人权，并已获得国际社会的支持（Brodsky，2003）。在这两个例子中，活动家识别价值观念冲突，找到办法，促进文化的发展和社会公正。

作为社区心理学的核心价值，社会公正必须与尊重多样性和社区感这两种核心价值平衡。每个角度都能提供真理的重要方面。对社区心理学而言，理解价值冲突，寻找办法来解决或超越，是社区心理学面临的重要挑战。

合作、参与研究和行动

社区心理学对社会科学最独特的贡献是文化扎根，概念和实践的发展，合作研究，促进公民真正参与决策。整个这本书，特别是在第 3 章、4 章和 14 章，我们已经举例强调了合作、参与研究（亦见 Jason *et al.*，2004）。参与—合作研究方法不尽相同。即使在社区心理学和相关领域内部，社会联盟授权评估，参与行动研究，以及各种文化扎根技术也是基于不同的价值观和世界观来进行的（Trickett & Espino，2004）。这种思想和实践的多样性，为促进社区的合作和参与提供了许多丰富的资源。它还为将来在真实社区生活情况下，讨论不同社区的差异、力量及局限提供了对话的基础。因为社区是多种多样的，公民参与协作的概念多样性将有助于应用于不同的社区。

社区科学

Wandersman（2003）提出了社区科学这一跨学科概念，这一概念将在实证研究，项目和政策发展，社区日常工作之间建立沟通的桥梁。Wandersman 的关注重点主要是在预防和促进上，但 Wandersman 对社区科学的定义与更广泛的政策宣传和社会变革也有契合。《美国心理学》特刊（Wandersman，Kloos，Linney & Shinn，2005）提供了具体的例子，讨论了社区科学的方法和问题。

Wandersman（2003）在社区科学与预防科学之间作了对比，预防科学的研究和发展方法为医学研究所倡导（IOM；Mrazek & Haggerty，1994）。在 IOM 方法体系中，研究者要识别出障碍或行为问题及其相关的风险和保护因素。要通过预防性干预措施解决风险，并通过研究改进保护因素。有效的行为措施要通过实验设计去检验，最终在多个站点进行大规模推广。最后，专家对有效实施的项目进行归纳总结，在形式上尽可能进行行之有效的干预。

预防科学的方法与社区心理学家使用的方法有很大的差异。社区心理学家在社区情境中推进变革时，对社区和变化情境有很强的敏感性，强调公民控制和义务的合作与参与方法，发展或调整干预措施以适应当地情境，推进项目实施（如 Miller & shinn，2005；Wandersman & Florin，2003）。在若干社区有效的干预项目不一定会推而广之，普适四海。这一观点是第 11 章、14 章的基础。Wandersman（2003，p.299）认为，预防科学是有用的，但不足以应付这些挑战。因此需要一个新的研究领域——社区科学。

Wandersman 所界定的社区科学概念与我们这本书讨论的许多概念相契合。它涉及以下方面：

● 明确的核心价值观，推进变革以达到目标，指导社区中的工作。

● 理解历史、文化、社会及其他情境，并且把这种意识贯彻到研究和行动中去。

● 参与方法使得公民成为社区项目和政策的积极影响者，并且由于公民的参与使社区有能力发动并支持社区变革。

● 认识分析的多元生态水平，并且以多重社会及社区变革为目标。

● 实验的、环境的研究包括多重方法，如访谈法、实践法、统计学上的显著性检验，开展纵向和社区研究的时间系列分析。

● 要在多个水平开展跨学科协作，解决社区问题。

● 利用知识进行社区变革，包括对变革进行自我评估（Wandersman，2003，pp.236-237）。

Biglan 和 Smolkowski（2002）对社区心理学家的角色进行了描述，包括公民参与、合作和实证研究。这些都是社区科学的基础因素。在他们的观念中，一个本地的社区心理学家应该依靠本地公民制订计划和实施计划，推动社区健康幸福。这包括四项基本任务。

监控本地健康，通过调查、信息档案资源以及其他资源，搜集关于行为和社区问题的信息（例如健康、毒品滥用、青少年犯罪、个人和家庭问题）。一个社区心理学家应当有把研究成果有效地呈现给公民的技巧。

促进计划包括，帮助组织社区联盟以解决当地问题，推进计划进程，在这个过程中，公民能识别出社区变革的具体目标和策略。正如我们在前面第13章中讨论过的，社区联盟要有代表性，代表社区的多样性。在这个过程中，社区心理学家也应当从以上的监测活动中提供研究成果。

从公民选择的问题或目标中，社区心理学家应当指明什么起作用，识别出以实验为基础的、已经在其他地方被证明是有效的社区干预和政策，这并不是说以实验为基础的干预项目在当地情境当中一定会成功，但是社区心理学家的支持暗示了项目的潜在价值。

通过咨询、培训和评估，社区心理学家将帮助社区、组织实施和评估项目和政策。这需要注意干预的过程和社区持续实施项目的能力。这就像在这本书第11章中提及的项目实施方法和第14章中的项目评估方法。

Biglan 和 Smolkowski 的方法把社区心理学家描述为一个本地的角色。然而，这是社区心理学家承担的众多角色之一，社区心理学家在多元的生态水平上推动社会和社区的改变。例如，倡导社会公正包括的技能和角色远远超出了 Biglan 和 Smolkowski 所界定的角色（如 Nelson & Prilleltensky, 2005; Tseng et al., 2002）。社区心理学家研究方法的多样化也存在共享价值，即以实验为基础，因此他们都体现了斯维姆斯哥特会议中提出的角色：参与者—概念构建者。

社会心理学：在大帐篷中的对话

在这本书中，我们提到了社区心理学家的许多角色，这些角色包括这个领域的核心价值。社会心理学家不是要去扮演每一个角色，在每一个价值上社区心理学家关注的深度也不同。一些人可能主要追求个人/家庭健康和社区感，另外一些人可能主要追求社会公正和公民参与，一些人可能关注以实验为基础的知识，为未来行动打基础。另外一些人则参与到社区或更广的社会行动中，当然，所有这些努力需要尊重和理解人类的多样性，要懂得社区的力量，要和公民合作。

正如这本书所指出的，社区心理学是一个大帐篷，其概念和行动方法丰富多样。同时又有共享的价值。社区心理学家聚合在一起，在社区中采用多种方式践行这些共享价值（Toro, 2005）。这种多样性成为一种优势，其差异性促进了讨论，加深了理解。另外一个针对社区心理学家有用的比喻是，社区心理学是对话，通过表达、倾听、思考，各种观点可以修改、调整、发展。或许社区心理学是在大帐篷中的一段对话，参与者众多，观点众多，这也证明了 Rappaport 法则："当每个人都同意你的观点时，你就应该操心了"（Jozefowicz-Simbeni, Israel, Braciszewski & Hobden, 2005; Olson, 2003, 2004; Toro, 2005）。

时间、社区和社会改变

社会和社区的改变历史阐述了两个关于时间的看似很矛盾的观念价值：**抓住这一天**和**抓住长远的视角**。在社区心理学历史上的早期，Kelly (1970b) 提出了两者的重要性。

政府的民主形式是为平衡权力在多样的、竞争的利益条件下而设计的。尽管这种分布式的结构有许多优势，有一个弱点就是它使得关于存在的社会问题达到十分一致的意见很困难，更少的是在怎样应对。为了获得更多的注意，一个社会问题（例如无家可归、毒品滥用、贫穷、种族主义）经常严重到必须承担危机的地步。在像这样的危急的焦点上，市民和决策者需要快速处理。对于长期的支持和困难的改变很难去维持，尤其是在短期的政治选举运动中（Heller，1984；Marris & Rein，1973；Riger，1993；Schorr，1977）。

对社区心理学家来说，抓住今天意味着将他们的观念、看法、研究和技能运用到今天的社会和社区问题上。那包括利用机会学习：社区的事情、处理和资源（Kelly，1970b）。它也同样包括通过研究和倡导，来呼吁对那些无力的和被忽视的经验和观念的注意（Price，1989；Rappaport，1981）。它意味着要大声说出来，同市民和社区一起，一旦有可能，用基于实验研究的观点。

抓住长远的视角意味着理解历史波动的视角和力量，它影响着社会和社区的事情处理方式（Levine & Levine，1992）。它也同样意味着学习社区和人口的历史，与社会心理学家协作和认识到这些历史怎样影响一天的事情（Tseng et al.，2002）。而且，它包含维持承诺和参与特定的社区。也许是许多年，仔细处理（例如个人—情感关系和动力）那项工作（Elias，1994；Kelly，1970b，1990；Primavera & Brodsky，2004）。它意味着设计、实施、评估社区干预，它能提供合理的、科学的证据来证实目标明确的有效性。这样，我们能提供实践支持的方法，它不仅对本地情境更简单而适用，而且更有可能感觉社会、政治和经济气候的变化（Heller，1984，p.47）。最终，它意味着通过挫折和挑战（Tseng et al.，2002），用维持个人和社区的方式说出核心价值。在这些方式中，社区心理学家能持续追逐社区和社会的改革，尽管在现在的社会情境中有一些变化。

抓住长期的视角同样包括认知社区和社区变革持续的、动态的本质（Tseng et al.，2002）。它

很容易，尤其是对心理学家得出这样的结论：关于复杂的社会和社区问题，什么也不能做。这种观点忽视了一个基本事实：社会变化每天都发生在我们周围。Don Klein，一个美国社区心理学的创建者，在 1995 年的采访中指出，当他在 1950 年开始他的职业时，认为这种现象将不可思议：有一天吸烟将会被广泛地认为是一个健康问题，并且在公共场所被禁止。然而这在现在却成为事实（Klein，1995）。在 20 世纪 50—60 年代，非洲裔美国大学生采取实质的措施抵制种族隔离（很快学会同社区中的人一起工作）和开展静坐，投票登记，以及其他的国内权利运动，反对暴力的反对党，看似有不可克服的矛盾（Lewis，1998）。他们的最高目标现在还没有实现，但是实质性的改变已经发生了。在全世界范围内，妇女运动正在改变社会。Berkowitz（1987）采访了 22 个社会活动家，他们曾经在维持社区和社会的变化中扮演着领导者的角色。一些人很出名，并且他们的首创性很出名；许多人并不出名，但是要是只按当地的水平，他们的贡献却是无价的。这些和其他的例子阐述了社会的改变很普遍，尽管不容易（Ackerman & DuVall，2000；Loeb，2004）。

关于时间的另一方面，它关注社区心理学需要不仅听取年轻人包括学生，而且还有老人包括那些参与了可以追溯到最开始把它作为一门对立的学科出现的时候（Olson，2004）。年轻的社会心理学家把激情和快速反应带到这个领域。他们的关注点不经常基于传统（和受限制的）领域。这是一个优势，它推动了质疑的假设，使得鲜明的观点和创新的行为出现，并且帮助把焦点集中到一天的事情上。与此同时，经验丰富的社区心理学家，如果他们愿意用合作的方式倾听和分享他们的观点，随着时间的推移能提供个人经历和成长的智慧。在理解社区和社会生活的复杂性方面，所有的社会心理学家都是学生。无论是年轻人的观点还是经验的结晶，都很珍贵而不能忽视。

社会心理学家需要具有的品质

在社区心理学这个领域出现后不久，James Kelly（1971）描述了社区心理学家 7 种理想的个人品质。这些品质对今天的社区心理学家，仍然是一个有远见的、有用的概括（Rudkin，2003）。

明确的可识别能力　社区心理学家应当向社区展示有用的技能，无论是作为一个参与研究者、计划评估者、政策分析者、提倡者、授权者、临床辅助者、咨询师、车间领导还是其他角色。社区心理学家这种能力应当用某种方式教给社区成员，把它作为一种资源分享，而不是简单地把它作为一种专家模式。

创建一种生态辨别能力　把自己融入一个社区，认同这个社区，关心这个社区。这种情感参与可以有助于社区心理学家长期的承诺，对社区有深层次的理解，并且尊敬社区成员的选择。

对多样性的容忍　这远远超越消极的容忍，是理解和拥抱多元化。一个人可能与你非常不同，你要理解这种差异对社区而言也是一种资源，甚至在你们发生冲突的时候，冲突本身也是一种资源，对多样性的容忍，也包括理解社区成员差异，以及寻找方式来运用这些资源。

对多种资源的有效处理　所有的社区成员既是资源，也拥有资源，但是这种资源在社区生活当中不易被觉察。当和社区成员一起工作时，识别出社区成员当中潜在的技能、知识以及其他资源并利用它们就非常重要，这需要经常转换角色（专家身份/合作伙伴），把他们当作同伴，并且尊重他们的技能和见解。

承担风险　这包括为了真理推动积极的社区变革，可能要经常站在微小的、非主流的、底层人士的一边对抗更强势的利益集团。倡导一项运动在没有成功之前，会有失败的风险。而你的倡导行动不是冲动的，是在对社区价值的慎重考虑以后做出的。

耐心和热情的平衡　要在社区中持续开展工作，社区心理学家不仅要对个人工作目标和价值有热情，而且要有足够的耐心等待社区变化。知道什么时候说话，什么时候保持安静是一种需要学习的艺术，要在耐心和热情间取得平衡。

一个因素就是和促进你了解社区的人们积极相处，在工作中勇于承担风险。那可能是个人关系网络，或者是社区和团体网络。

第二个因素就是工作情感意识。观看美国早期社区心理学家的访谈录像，可以觉察到在期刊、杂志中看不到的情感（Kelly，2003）。这些情感包括推动社区心理学家进行政策倡导的愤怒感，个人和社区相互联结的骄傲感，对不公正事件感到生气而找到观点相近的支持者时的兴奋。当一个社区准备追求自己的未来，对心理学家说再见时，社区心理学家能体验到自豪和失落的双重情感。情感能表达价值，给承诺以能量，加强社区团结。社区心理学可以富有激情。

抛弃界限　社区心理的目标是加强社区资源，和社区伙伴一起工作，推进社区变革。庆祝成功和分享荣誉是很重要的。

 ## 希望的符号，变革的例子

我们将阐述4个充满希望的、以实验为基础的社区变革例子，以阐述"把握今天，放眼未来"的观点。这些案例和社区心理学家及居民的努力密不可分。在社区心理学中，当然还有其他成功的故事。其中一些在前面的章节中已经谈到。这里的4个例子都关注教育，是社区心理学工作多重社会系统之一。它们阐明了社区心理学的主题和价值。

社会情感素质/性格教育

在美国，社会情感素质/性格教育取得了令人兴奋的进展，正如我们在第10章、11章讨论的那样。许多州，包括新泽西、伊利诺伊、俄亥俄、艾奥瓦、罗得岛、纽约和佐治亚，为落实社会情感素质/性格教育制定了许多重要的政策。许多学校都把社会情感素质/性格教育作为他们当地教育目标和政策的一部分。另外，许多州把发展社区服务学习作为有效学历教育的一部分。

社区心理研究和行动在社会情感素质/性格教育中发挥了关键作用，社会情感素质/性格教育项目有很强的实验依据。项目实施者非常注意社会情感素质/性格教育在当地情况下的忠诚实施。确保成千上万的师生接受高质量的社会情感素质/性格教育。而且社区心理学家 Elias 建立了新泽西性格教育中心，是新泽西学校实施社会情感素质/性格教育的行动研究和技术辅助中心。新泽西社会情感素质/性格教育中心的首要任务是，帮助学校协调不同的、建构良好的项目，如 K～5 课程，中学课程和社会情感素质/性格教育学习。各社区的大小、位置、学生的社会经济状况都不同。新泽西实施社会情感素质/性格教育中心，创造多种方法适应情境的多样性，这些领域的创新能够在 www.casel.org 网站以及性格教育网站中读到（www.character.org）。

把社会情感素质/性格教育和社会责任作为教育的一部分，不仅仅在家庭里，而且要在公共学校里，要尊重学生的多样性。

学校授权评估

正如第 10 章所指出的，在美国 2001 年通过的"不让一个孩子落后"的法案的核心是提高 K～12 教育。通过缩小学生学习成绩的差距，改变美国的学校文化。如果学生的学习成绩低于国家标准，必须对其进行辅导，如果不提高成绩，就要"在学校中进行剧烈的变革"（U. S. Department of Education）。这些"剧烈的变革"包括解雇校长和教师，或把公立学校的资金转入到私立或特许学校。很明显，该法案的意图是提高学生们的学习成绩。但是依靠标准化考试和惩罚性补救措施有许多问题（Sadker ＆ Zittleman，2004）。此外，依据联邦和州的标准，学校将面临惩罚，但学校往往很少或根本没有额外的资金来解决这些问题。在繁华地区，可以使用当地的资金解决这个问题。但在低收入地区，没有钱去解决该问题。以下是阿肯色州两个贫困地区学校面临的问题，它们被阿肯色州列为"学业不良"学校（Fetterman，2005）。

David Fetterman 是授权评估的先驱之一。他被邀请在这些地区开展授权评估。阿肯色州法律规定，"学业不良"指的是超过 40％的学生得分等于或低于第 25 百分位的阿肯色州国家评估等级一级的学生成绩（标准化测试）。一个学校被列为"学业不良"学校已经 6 年多，根据"不让一个孩子落后"的法案，国家有权接管"学业不良"学校，解雇全体工作人员（Fetterman，2005）。

解雇校长和所有的教师既不适当也不现实。第一，在乡村和贫民区，学校是当地最大的雇主。第二，这些偏远、贫困地区很难招聘到合格的教师。Fetterman 与当地学校领导一起工作，开展合作以加强现有的能力，当地学校促进学生学习，提高学习成绩，不再处于"学业不良"的地位。

Fetterman 报告说，"初步的需要评估显示，有改进的潜力。要加强个体、项目和学校的能力，以便为未来发展打下坚实的基础。在关键区（以组为单位）侧重每一个人的发展。我们的重点是提高考试成绩，改善纪律，强调父母的参与和管理支持。学区教师、行政人员、工作人员和社区成员通过比较基准数据与第二个数据点，见证了学生学习的进步和纪律的改善"（Fetterman，2005）。

学校在每个领域都取得了明显的改善，包括提高学生的考试成绩。阿肯色州教育官员认为，授权评估，其重点是增强当地的能力，记录程序和结果，这将促进项目的改进（Fetterman，2005）。例如，59％的学生得分处于阿肯色州国家评估等级标准化考试第 25 百分位。经过授权评估干预，在 2003 年春季，只有 38.5％的学生处于第 25 百分位。这 20％的改善是非常重要的，它帮助学校摘掉了"学业不良"的帽子。在另一个学区也出现了类似的结果（Fetterman，2005，p. 116）。Fetterman 在这两个地区继续努力，进一步改善学

生的学习。授权评估为这些学校和社区解决了紧迫的问题，而且也有助于建立一个机制，来长期

改善学习。

梅耶赫福奖学金

在美国，有一些非洲裔美国人已很成功，但总体而言，非洲裔美国人在一些行业的比例仍然很低。尤其是在自然科学、技术、工程和数学领域。在马里兰大学，一所以欧美学生为主的大学里，针对非洲裔美国学生设立了梅耶赫福奖学金，以鼓励他们从事自然科学、技术、工程和数学的学习。梅耶赫福奖学金反映了一种以力量为基础的方法，它不是去关注个体的缺陷，而是识别和发展个体的力量。其中包括个人的才能，家庭和社区的资源，大学的设置，以促进学生学习和取得成就。社区心理学家 Ken Maton 一直在从事制订和评价梅耶赫福奖学金项目（Maton & Hrabowski, 2004; Maton, Hrabowski & Greif, 1998; Maton & Salem, 1995）。

梅耶赫福奖学金项目由几个部分组成，研究表明这些对学业成功和其他领域是至关重要的：经济支持，以便让学生把重点放在研究上，在班级中设置高绩效标准，进行项目评估，强调成绩和支持，同辈群体研究组；个性化的学术咨询和个人支持；教师参与课堂以外的活动；暑期研究实践；家庭卷入和社区服务（Maton & Hrabowski, 2004）。

研究人员对参与梅耶赫福奖学金项目的人员

和对照组成员的学术生涯进行了比较（对照组成员申请参与梅耶赫福奖学金，但是在别的大学学习，因此，他们与实验组相比，资源上有不同）。71% 的梅耶赫福奖学金毕业生就读博士，或从事自然科学、技术、工程和数学领域。而对照组的数字是 56%。调查和访谈揭示了影响学生成就的因素：在梅耶赫福奖学金计划中的社区感；同辈群体、参与梅耶赫福奖学金项目工作人员的咨询和辅导；教师，研究和辅导的机会，以及财政援助。因为对照组包括同样优秀的学生，这些因素似乎就更预示着影响学生成就的关键因素（Maton & Hrabowski, 2004）。

参与到梅耶赫福奖学金项目的非洲裔美国学生在家庭相当大的支持下能进入大学深造。对这种支持的研究表明了这些特殊家庭的优势，它们体现在：可以持续地投入到孩子的教育中，对儿童的爱和支持，纪律严明，可以与外界保持沟通，包括大家庭、宗教和课外活动（Maton & Hrabowski, 2004）。在学期前和学期间，这些资源是对项目支持的有益补充。梅耶赫福奖学金的长处、观点和多种资源可适用于各种不同兴趣和背景的学生。

地位的力量

Catherine Stein 等人在大学开展了一门课程。这门课程把传统的大学生和一组来自社区的学生有机地结合起来。这组来自社区的学生有严重的心理疾病。Stein 他们的课程不像校园里的其他课程那样，学生只是"病人"的照顾者或者同伴——一种虽然很有价值但是却有帮助者－病人的不公平关系的倾向。Stein 等人反对这种倾向，他们用社会关系技巧开展这门课程。在这门课程里，传统意义上的大学生和来自社区的学生是平等的。Stein 等人的研究，题目是"地位的力量"，

证明了通过改变社会规则能提高学生的学习以及学生之间的依赖程度。

Stein 的课程里有几个与众不同的元素。这门课程是一个 3 学分的心理学课程。每周两次。一次是教学以及结构化的小组合作学习训练。另外一次是模仿互助组织的小组会议（来自于 GROW 组织的方法，在第 7 章中讲过的互助组织）。尽可能地，教师及其助手们都把自己的角色界定为推动者或者是促进者，而不是讲师。学生们从帽子中抽出自己的名字，这样一个传统意义上的学生和

一个来自社区的学生组成一对。这些成对的学生会共同解决作业问题，以及在课外开展讨论。教师以及在课堂上的内容都传达这样一种思想，教室中的每一个人都有他自己的资源（独特的生活经历和技巧）可以教给别人。同样，也要从同学那里学习。教师鼓励所有的学生积极参与，并且要遵循互相帮助的基本原则。

评估结果是令人振奋的。非正式的调查结果表明：课程为所有的学生提供了一个平等的机会，使他们都能够完全参与到活动中去。通过对学生们的调查，以及学生日记的内容发现：传统学生和社区学生间实质上是互相依存和互相支持的关系。两类学生组的日记也描述了他们在接受该课程间的个人收获。每个学生组的几名被试成员均报告说：他们是伴随着其他组的一些陈规开始该课程培训的，但是通过课程活动那些陈规渐渐地消除了。此外，两组学生均报告说，同控制组的学生相比，他们的个人关系发生了积极的变化。

Stein 等人（1992）的课程明显促进了两组学生间互相依存互相支持的关系的发展，此外，该课程是在大学教室、"家庭场景"中进行的，针对的是传统学生而不是社区学生。通过把生态分析、合作学习与相互帮助的方法结合起来，并通过大学和精神健康中心的合作关系，Stein 创建了一个授权情境。他们的课堂提升了个人发展，培养了社会支持网络，削弱了诱发人们精神疾病的陈规老套。该课程把两组学生彼此联系起来，并促进了学生和更广泛社区的联系。

我们在第 4 章讨论过一项最新研究，Stein 和 Wemmerus（2001）采访了几名有严重心理疾病的患者和他们的家庭成员（See also Stein & Mankowski，2004）。这项研究促使 Stein 开了一门课。在这门课中，精神分裂症的人配合临床心理学研究生，教他们日常应如何应对疾病。以上两项研究都利用了大学课程的机会和有心理疾病的患者的资源去活跃学习、建设社区和促进强大的发展前景。

作为本书的结尾，我们特邀请你回顾一下我们在第 1 章介绍的两个例子：

● 我们在第 1 章和第 8 章介绍的关于伊莱恩的研究实例，阐明了个体成功应对关系和发展关系转变成了社区的资源。

● Debi Starnes（2003）在亚特兰大市议会的工作，阐明了社区心理学在城市范围内领导和宣传的规则。

 ## 最后练习：展望未来的社区和社会

我们通过一个练习来总结这本书的内容，以引导你用未来的眼光看问题。

放眼未来并不是白日梦，放眼未来有助于我们识别个体、社区、社会生活的价值，也有助于目标的清晰表达，明了达到目标的步骤。放眼未来更有助于我们理解价值和目标之间的相互关系和冲突。要更深刻地理解和辨认出我们的社区需要什么样的价值和目标，需要采用多元化的视角。

放眼未来有助于我们理解那些不同于专家、领导、权威、利益群体的声音和观点。与别人争论问题，尤其是在小群体中讨论问题，能够清晰地表达在公共生活中不被认可的理想和行动。

放眼未来的研究视角可以通过一定的方式得以激发，探索我们对于社区和社会生活的感情，能丰富我们的研究视角，有助于我们产生工作的热情。要形成你对未来的研究视角，考虑以下问题。你可以通过画图、地图或者是绘制图表来表达和丰富你的观点，与别人一起探讨你的观点（Community Tool Box，2005，chap.；Dobson & Vancouver Citizen's Committee，2005）。

● 在你的心目中你希望的理想社区或者邻里是什么样的？社区成员中最重要的共享价值是什么？社区的物理布局是怎样的？有什么样的社区组织和情境？与你现在生活的社区做一比较，理想化的社区是否能够更加促进个体和家庭幸福、社区感、社会公正、尊重人的多样性、公民参与？

是怎样做到的？

● 选择一个你特别关心的地域、组织或社区情境，它们是如何被转化和强化的？这种转化是否可以增强个体和家庭的幸福、社区感、社会公正、尊重人类多样性以及在社区决策中的公民参与？是怎样做到的？现有的社区价值、力量和资源对这种转化有什么样的贡献？

● 在你心目中理想的社会是什么样的？社会成员之间最重要的共享价值是什么？与你现在的社会做一个比较，这种理想的社会形态是否能够更加促进个体和家庭幸福、社区感、社会公正、尊重人的多样性、公民参与？是怎样做到的？

● 现在的社会是怎样得以转化和强化的？这种转化是否可以增强个体和家庭的幸福、社区感、社会公正、尊重人类多样性以及在社区决策中的公民参与？是怎样做到的？现有的社区价值、力量和资源对这种转化有什么样的贡献？

最后，针对以上任何问题，考虑怎样激发你放眼未来的视角：

● 在今天或者在不久的未来你将采取什么措施使你的理想变成现实？这些措施包括与社区和社会成员合作吗？你有什么潜力来做这样的工作？

记住这些个体和社区变革的原则：

> 一小部分善于思考的、衷心的公民能够改变世界，永远不要怀疑这一点，而且这也是在不断发生的事情。（Margaret Mead）

本章小结

1. 我们阐述了社区心理学的未来发展方向：越来越意识到人类的多样性；越来越关注社会公正；合作、参与研究和行动；社区科学的概念和方法。为了阐明社区心理学关注内容的多样性，我们用大帐篷下的对话来作比喻。

2. 对于社区心理学而言，把握这一天以及抓住长远的视角，二者都是重要的时间取向，关注这两个研究领域，倾听二者的声音都有助于促进社区心理学的发展。

3. 我们阐述了社区心理学家的7种品质，这7种品质是James Kelly在1971年首次提出的，直到今天仍具有现实意义。这7种品质是*明确的可识*

别能力、创建一种生态辨别能力、对多样性的容忍、对多种资源的有效处理、承担风险、耐心和热情的平衡、抛弃界限。

4. 我们举了4个成功的社区变革的例子以阐述以下主题：在学校中的社会情感素质/性格教育；在学业不良的学校中开展授权评估，以促进学生的学习；在自然科学、技术、工程和数学领域，在非洲裔美国人学生中开展梅耶赫福奖学金项目；以及Stean在大学中开发的课程。这使学生能够从精神病人那里学到知识和应对技巧。

5. 最后，我们让读者展望未来的社区和社会，并且要识别出把理想转化为行动的步骤。

简短练习

考虑在毕业典礼的时候做出这项保证：

"我保证，把探索和考虑社会和环境后果作为我考虑的工作，不管在什么组织，都尽我最大的努力在这些方面有所建树。"

这个毕业宣誓已经被大学和研究生学院采用，

来自各个国家的学生都在上面签名。签署这项承诺的学生必须心里明白在他们的一生中如何遵守这项承诺，他们的行动包括消除种族主义语言的培训手册，在学校运动中为两性平等工作，说服雇主拒绝签订化学武器的合同，在工作中促进循环再生。这个保证适用于不同的生态水平：个人的承诺和行动，促进对价值观的教育而不仅仅是技能的教育和在工作场所和社区的实际行动（信息是由曼切斯特大学的心理学家 Neil Wollnan 提供的）。你可以在毕业典礼宣誓申请网站为你或大学组织这项毕业宣誓活动查询到更多的信息：http：//www. graduationpledge. org。

参 考 文 献

Abdul-Adil, J. K., & Jason, L. A. (1991, Fall). Community psychology and Al-Islam: A religious framework for social change. *The Community Psychologist, 24,* 28–30.

Aber, J. L. (2005, June). *Children's exposure to war and violence: Knowledge for action.* Keynote address presented at the Biennial Meeting of the Society for Community Research and Action, Champsign-Urbana, Illinois.

Aber, J. L., Gershoff, E., Ware, A. & Kotler, J. (2004). Estimating the effects of September 11th and other forms of violence on the mental health and social development of New York City's youth: A matter of context. *Applied Developmental Science, 8,* 111–129.

Abraido-Lanza, A., Guier, C., & Colon, R. (1998). Psychological thriving among Latinas with chronic illness. *Journal of Social Issues, 54,* 405–424.

Ackerman, P., & DuVall, J. (2000). *A force more powerful: A century of nonviolent conflict.* New York: Palgrave.

Acosta, O., & Toro, P. A. (2000). Let's ask the homeless people themselves: A needs assessment based on a probability sample of adults. *American Journal of Community Psychology, 28,* 343–366.

Adams, R., & Boscarino, J. (2005). Stress and well-being in the aftermath of the World Trade Center attack: The continuing effects of a communitywide disaster. *Journal of Community Psychology, 33,* 175–190.

Adelman, H. S., & Taylor, L. (2000). Moving prevention from the fringes into the fabric of school improvement. *Journal of Educational and Psychological Consultation, 11,* 7–36.

Adelman, H. S., & Taylor, L. (2003). Creating school and community partnerships for substance abuse prevention programs. *Journal of Primary Prevention, 23* (3), 329–368.

Adelman, H. S., & Taylor, L. (2006). *The implementation guide to student learning supports in the classroom and schoolwide.* Thousand Oaks, CA: Corwin Press.

Adler, A. (1979). On the origin of the striving for superiority and of social interest. In H. Ansbacher & R. Ansbacher, (Eds.), *Superiority and social interest: A collection of later writings* (pp. 29–40). New York: Norton. (Essay originally published 1933.)

Albee, G. W. (1959). *Mental health manpower trends.* New York: Basic Books.

Albee, G. W. (1982). Preventing psychopathology and promoting human potential. *American Psychologist, 37,* 1043–1050.

Albee, G. W. (1995). [Untitled videotape interview]. In J. G. Kelly (Ed.), *The history of community psychology: A video presentation of context and exemplars.* Chicago: Society for Community Research and Action.

Albee, G.W. (2000). The future of primary prevention. *Journal of Primary Prevention, 21* (1), 7–9.

Albee, G. W., Bond, L., & Monsey, T. (1992). *Primary prevention of psychopathology,* Vol. 14: *Improving children's lives: Global perspectives on prevention.* Thousand Oaks, CA: Sage.

更多参考文献，请在中国人民大学出版社人文分社网站上下载：www. crup. com. cn/rw

译 者 后 记

当我终于完成了这本《社区心理学》的翻译工作时，心里感觉沉甸甸的。这本书终于完成，可以和广大读者见面了。在翻译过程中，难免有许多不足，还希望学界同人、广大读者批评指正。

这本书的翻译完成是集体力量的结晶。李亚玲参与了第 5 章、6 章、8 章的翻译工作，李菲参与了第 3 章、4 章的翻译工作，李飞参与了第 13 章的翻译工作，刘军参与了第 11 章、12 章、14 章的翻译工作，王广新、王艳芝完成了第 1 章、2 章、7 章、9 章、10 章、15 章的翻译工作。最后由王广新、王艳芝统一审校完成。这里对他们的辛勤工作表示感谢。

社区心理学的诞生是以 1965 年斯维姆斯哥特会议为标志的。目前已经发展成为国际性的研究领域。社区心理学从生态学水平上关注个体与社区、社会的关系，通过相互合作研究和采取共同行动，社区心理学家致力于理解和提高个体、社区和社会的生活质量。社区心理学关注的不单是个体或环境，而是个体与环境的交互作用。文化、信仰或传统影响着社区或组织的特征，而社区或组织的特征反过来又影响着人际关系和个体生活。社区心理学关注的许多问题代表了社区的永恒的主题。这些主题包括：个体与社区生活的相互交织、相互作用与影响；对人类的多样性的理解；关注社会公正；社区知识和社区行动的整合等。

为了理解个体、社区和社会的联系，社区心理学进行了生态学水平分析，即社区存在着不同的水平。目前，在社区心理学领域，社区和社区感的概念可以在不同的存在水平中使用：微观系统、组织、地域、宏观系统。

在研究中出现了生态学转向，这表现为巴克的生态心理学和行为情景理论、凯利的 4 个生态学规则、莫斯的社会氛围维度、西德曼的社会规范以及环境心理学的研究中。社区心理学的生态化或者建立生态化的社区正成为西方社区心理学研究的新取向。例如巴克的生态心理学目的就是确认行为情景，理解维持行为情景的物理环境特征和社会机制。生态心理学是社区心理学的一个重要组成部分。生态心理学对社区心理学环境问题的主要贡献是行为情景概念。生态心理学仍然为社区心理学提供了一个重要的研究视角。通过关注情景和行为，生态心理学已经形成了一个理论概念和实际研究持续的融合，也影响了其他生态心理学视角的发展。凯利及其同事借鉴了生态学的生物学领域的概念后，提出了作为社区心理学框架的 4 个生态学规则：相互依存、资源的循环、适应和持续性。在理解生态学方面，这些概念是很有影响力的。我们应该将它们作为环境的特征而非个人的特征加以认识。例如，不同的工作场合，员工之间的相互依存的程度不同，参与循环运作的资源不同，个人需要的适应环境的技能也不同。当然，这些环境因素在很大程度上影响着个人、学校、家庭和工作场合以及其他环境条件下的生活。社会规范的概念将我们的注意力转向了角色关系，可能比生态学概念更容易与个人行为和心理学的研究主题联系起来；同时也为理解一个环境中变化的事物越多，似乎保持不变的也越多这一现象提供了一条思路。想要改变环境，例如一个学校或者健康保健环境，这种努力常常受到社会规范特别是并未发生变化的角色关系的决定和制约。只有当那些社会规范发生了变化时，环境系统本身的改变才有可能。通过强调物理环境的重要性，环境心理学的相关研究补充了其他研究视角不具有的社会视角。这一社会视角在研究微观系统、邻里和社区方面是有参考价值的。虽然环境心理学的研究焦点与社区心理学的关注焦点不同，但是二者有许多重要的重叠领域。

社区心理学的生态学转向不仅表现在理论框架中，也表现在具体的预防/促进计划中。例如以人为中心的预防/促进计划关注个体的变化及微观生态系统——主要指家庭的变化。这些计划主要是培训社会—情感能力和与人协调的技能，有时关注社会支持。另外一些预防/促进方法关注不断变化的机构、地域及宏观生态系统。例如有的关注组织背景如学校和工作场合，致力于改变学校和工作场合的"气氛"及社会标准。有的预防/促进方法关注市民和地方组织在预防/促进计划方面的合作情况，也对宏观生态系统下具有预防效应的政策（如法律）和计划予以关注。社区心理学家认识到，情境——即某一特定文化、人口、社区或背景的生态学，对预防/促进结果的有效性起着至关重要的作用。描述的一些计划在一些国家或文化背景下行之有效，而在另一些国家或文化背景下则认为不必要或不可行。即使在同一国家，不同的环境和社区实施的计划也各不相同。

总之，生态学思想以及社区心理学研究中出现的生态学转向是该书的一大特色。这也反映了社区心理学未来发展的重要方向。

在本书的翻译过程中，要感谢北京市社会科学院应用心理学研究中心许金声教授对我的信任和关爱！感谢中国人民大学出版社陈红艳编辑给予的帮助，她的耐心、鼓励和信任帮助我完成了这项工作。感谢北京林业大学心理学系我的全体同事给予我的关心和厚爱，在这个温馨的团队中，我体会到温暖和力量。感谢北京林业大学人文学院严耕院长以及全体同人的帮助与支持。感谢北京林业大学心理学系研究生王大丽、王颖在本书翻译过程中所给予我的帮助。

王广新

2009 年 12 月 19 日

于北京林业大学心理学系

图书在版编目（CIP）数据

社区心理学——联结个体和社区（第2版）/〔美〕詹姆士·H·道尔顿等著；王广新等译.
北京：中国人民大学出版社，2010
（心理学译丛·教材系列/许金声主编）
ISBN 978-7-300-12617-3

Ⅰ.①社…
Ⅱ.①道… ②王…
Ⅲ.①社区服务-心理学-教材
Ⅳ.①C916-05

中国版本图书馆 CIP 数据核字（2010）第 162671 号

心理学译丛·教材系列
许金声　主编
社区心理学——联结个体和社区（第2版）
　　詹姆士·H·道尔顿
〔美〕毛瑞斯·J·伊莱亚斯　著
　　阿伯汉姆·万德斯曼
王广新　等译
Shequ Xinlixue

出版发行	中国人民大学出版社	
社　址	北京中关村大街 31 号	**邮政编码**　100080
电　话	010 - 62511242（总编室）	010 - 62511770（质管部）
	010 - 82501766（邮购部）	010 - 62514148（门市部）
	010 - 62515195（发行公司）	010 - 62515275（盗版举报）
网　址	http://www.crup.com.cn	
经　销	新华书店	
印　刷	北京七色印务有限公司	
规　格	215 mm×275 mm　16 开本	**版　次**　2010 年 9 月第 1 版
印　张	23.25 插页 2	**印　次**　2022 年 4 月第 4 次印刷
字　数	620 000	**定　价**　79.80 元

推荐阅读书目

ISBN	书名	作者	单价（元）
	心理学译丛		
978-7-300-26722-7	心理学（第 3 版）	斯宾塞·A. 拉瑟斯	79.00
978-7-300-28545-0	心理学的世界	阿比盖尔·A. 贝尔德	79.80
978-7-300-29372-1	心理学改变思维（第 4 版）	斯科特·O. 利林菲尔德 等	168.00
978-7-300-12644-9	行动中的心理学（第 8 版）	卡伦·霍夫曼	89.00
978-7-300-09563-9	现代心理学史（第 2 版）	C. 詹姆斯·古德温	88.00
978-7-300-13001-9	心理学研究方法（第 9 版）	尼尔·J. 萨尔金德	68.00
978-7-300-16579-0	质性研究方法导论（第 4 版）	科瑞恩·格莱斯	48.00
978-7-300-22490-9	行为科学统计精要（第 8 版）	弗雷德里克·J. 格雷维特 等	68.00
978-7-300-28834-5	行为与社会科学统计（第 5 版）	亚瑟·阿伦 等	98.00
978-7-300-22245-5	心理统计学（第 5 版）	亚瑟·阿伦 等	129.00
978-7-300-13306-5	现代心理测量学（第 3 版）	约翰·罗斯特 等	39.90
978-7-300-17056-5	艾肯心理测量与评估（第 12 版·英文版）	刘易斯·艾肯 等	69.80
978-7-300-12745-3	人类发展（第 8 版）	詹姆斯·W. 范德赞登 等	88.00
978-7-300-13307-2	伯克毕生发展心理学：从 0 岁到青少年（第 4 版）	劳拉·E. 伯克	89.80
978-7-300-18303-9	伯克毕生发展心理学：从青年到老年（第 4 版）	劳拉·E. 伯克	55.00
978-7-300-29844-3	伯克毕生发展心理学（第 7 版）	劳拉·E. 伯克	258.00
978-7-300-18422-7	社会性发展	罗斯·D. 帕克 等	59.90
978-7-300-21583-9	伍尔福克教育心理学（第 12 版）	安妮塔·伍尔福克	109.00
978-7-300-16761-9	伍德沃克教育心理学（第 11 版·英文版）	安妮塔·伍德沃克	75.00
978-7-300-29643-2	教育心理学：指导有效教学的主要理念（第 5 版）	简妮·爱丽丝·奥姆罗德 等	109.00
978-7-300-18664-1	学习心理学（第 6 版）	简妮·爱丽丝·奥姆罗德	78.00
978-7-300-23658-2	异常心理学（第 6 版）	马克·杜兰德 等	139.00
978-7-300-17653-6	临床心理学	沃尔夫冈·林登 等	65.00
978-7-300-18593-4	婴幼儿心理健康手册（第 3 版）	小查尔斯·H. 泽纳	89.90
978-7-300-19858-3	心理咨询导论（第 6 版）	塞缪尔·格莱丁	89.90
978-7-300-29729-3	当代心理治疗（第 10 版）	丹尼·韦丁 等	139.00
978-7-300-30253-9	团体心理治疗（第 10 版）	玛丽安娜·施奈德·科里 等	89.00
978-7-300-25883-6	人格心理学入门（第 8 版）	马修·H. 奥尔森 等	98.00
978-7-300-14062-9	社会与人格心理学研究方法手册	哈里·T. 赖斯 等	89.90
978-7-300-12478-0	女性心理学（第 6 版）	马格丽特·W. 马特林	79.00
978-7-300-18010-6	消费心理学：无所不在的时尚（第 2 版）	迈克尔·R. 所罗门 等	79.80
978-7-300-12617-3	**社区心理学：联结个体和社区（第 2 版）**	**詹姆士·H. 道尔顿 等**	**79.80**
978-7-300-16328-4	跨文化心理学（第 4 版）	埃里克·B. 希雷	55.00
978-7-300-14110-7	职场人际关系心理学（第 12 版）	莎伦·伦德·奥尼尔 等	49.00
978-7-300-15678-1	社会交际心理学：人际行为研究	约瑟夫·P. 福加斯	39.00
978-7-300-13303-4	生涯发展与规划：人生的问题与选择	理查德·S. 沙夫	45.00
978-7-300-18904-8	大学生领导力（第 3 版）	苏珊·R. 考米维斯 等	39.80

* * * *

更多图书信息请登录中国人民大学出版社网站：www. crup. com. cn